湖北省公益学术著作
Hubei Special Funds 出版专项资金
for Academic and Public-interest
Publications

MAKESI ZHUYI ZHONGGUOHUA
DIYICI FEIYUE SHILUN

马克思主义中国化第一次飞跃史论

◎张乾元 主编

華中師範大學出版社

新出图证（鄂）字 10 号

图书在版编目（CIP）数据

马克思主义中国化第一次飞跃史论/张乾元主编. —武汉：华中师范大学出版社，2022.12

ISBN 978-7-5769-0064-4

Ⅰ. ①马… Ⅱ. ①张… Ⅲ. ①马克思主义—发展—研究—中国 Ⅳ. ①D61

中国国家版本馆 CIP 数据核字（2023）第 020865 号

马克思主义中国化第一次飞跃史论

© 张乾元 主编

责任编辑：张建英　　**责任校对：**王　炜　　**封面设计：**罗明波

编辑室：学术出版中心　　**电话：**027-67867792/3280

出版发行：华中师范大学出版社有限责任公司

社址：湖北省武汉市洪山区珞喻路 152 号　　**邮编：**430079

电话：027-67863426（发行部）　　**传真：**027-67863291

网址：http://press.ccnu.edu.cn　　**电子信箱：**press@mail.ccnu.edu.cn

印刷：湖北新华印务有限公司　　**督印：**刘　敏

开本：710mm×1000mm　1/16　　**印张：**35.5

版次：2023 年 12 月第 1 版　　**印次：**2023 年 12 月第 1 次印刷

字数：582 千字　　**定价：**128.00 元

欢迎上网查询、购书

序言 “重大时代课题”与马克思主义中国化史

马克思主义的普遍真理同中国具体实际相结合，是中国共产党百年奋进全部历史经验中最根本的经验，也是最根本的思想原则或思想路线。马克思主义中国化则是这一根本经验和思想原则对理论自身提出的要求。其思想内涵有二。其一，必须使马克思主义在中国具体化，按照中国的特点去应用它，使之带上中国的特点和民族形式，具有中国老百姓所喜闻乐见的中国作风和中国气派；这是因为“思想本身根本不能实现什么东西。思想要得到实现，就要有使用实践力量的人”①；马克思主义又是行动的指南，其原理的运用，必须随时随地以时间地点为转移。其二，“使中国革命丰富的实际马克思主义化”②。因为实践出道理，中国的实践超过了马克思，必然产生中国自己的理论。中国的马克思主义学者有责任用中国的创新理论来丰富和发展马克思主义理论宝库。马克思主义中国化史作为一门理论科学和历史科学，所研究的核心问题就是马克思主义的普遍真理同中国具体实际相结合的过程和规律。

一

马克思主义中国化与重大时代课题有什么联系？

马克思主义中国化的实质是马克思主义的普遍真理同中国具体实际相结合的过程。这里的“中国具体实际”内容十分丰富，涉及经济、政治、文化、社会、生态、历史传统、国际环境等各个领域、方面和层次。但在“结合”中作为中国共产党根本经验和思想原则的客观关系方面，只能是中国的国情、世情、党情相统一的总体。这样的总体就是中国社会主要矛盾的集中体现和凝结形式。

---

① 《马克思恩格斯全集》第 2 卷，人民出版社 1957 年版，第 152 页。

② 《毛泽东文集》第 2 卷，人民出版社 1993 年版，第 374 页。

历史唯物主义认为，社会发展的根本动力是社会基本矛盾，即生产关系和生产力、上层建筑和经济基础的矛盾运动。在一定的社会形态和历史阶段上，社会基本矛盾性质和状况具体体现为社会主要矛盾。社会主要矛盾决定一国的社会经济发展，并使之与其他国家的社会经济及发展规律相区别。准确把握和正确处理社会主要矛盾，实际上是从社会的深层解决生产关系和生产力、上层建筑和经济基础这两对矛盾关系，使之从不相适应到相适应，推动社会发展进步的运动过程。

重大时代课题是什么？时代是反映社会发展特定历史阶段的历史范畴。自从人类社会进入文明时代以来，各个时代都有居于时代中心，决定着时代的主要内容、时代发展的主要方向、时代的历史背景的主要特点等的历史主体即阶级。课题和人们要研究或讨论的主要问题是同义的。马克思曾这样形象地描述“问题”：“问题却是公开的、无所顾忌的、支配一切个人的时代之声。问题是时代的格言，是表现自己时代内心状态的最实际的呼声。”① “支配一切个人”“表现自己时代内心状态”，说明了“问题”的统治地位和深刻的根源性。

“问题”不管有多少层级和类别，总是在一定时空里发生的，总是时代的问题。一个特定时代里多层级和多类别具体问题之综合或统一，就是一个时代中的主要问题。重大时代课题就是从业已把握住的时代主要问题中提炼出来的。在现实社会生活层面上，它是基于一定社会生产力发展水平上的、特定的经济关系、政治关系、社会关系、思想文化关系之综合表达，是“中国的具体实际”的集中体现。在这个意义上说，马克思主义的普遍真理同中国具体实际相结合，主要是同中国社会发展各个历史阶段上的重大时代课题相结合。推进马克思主义中国化的过程，就是运用马克思主义立场、观点和方法研究、探索、揣摩、发现、回应和解决重大时代课题的过程。

二

一部中国共产党党史，就是一部不断推进马克思主义中国化时代化的历史；是一部中国共产党人不断地运用马克思主义立场、观点和方法，研

---

① 《马克思恩格斯全集》第 1 卷，人民出版社 1995 年版，第 203 页。

究、探索、揣摩、发现、回应和解决重大时代课题，夺取一个又一个胜利的历史。

中国共产党诞生后，面对的总的时代课题是什么是马克思主义、怎样对待马克思主义的问题。中国共产党在百年奋进中做出的总回答是：马克思主义的普遍真理同中国具体实际相结合、同中国优秀传统文化相结合。从而在马克思主义思想体系中，创新和补充了一条马克思主义普遍原理。

中国共产党在百年奋进中具体经历了四个时期、三次伟大飞跃，先后形成的马克思主义中国化的三大理论成果——毛泽东思想、中国特色社会主义理论体系、习近平新时代中国特色社会主义思想，它们都是正确提出和回答重大时代课题的理论结晶。

第一次伟大飞跃跨越两大时期：新民主主义革命时期，社会主义革命和建设时期。新民主主义革命时期，党面临的主要任务是，反对帝国主义、封建主义、官僚资本主义，争取民族独立、人民解放，为实现中华民族伟大复兴创造根本社会条件。社会主义革命和建设时期，党面临的主要任务是，实现从新民主主义到社会主义的转变，进行社会主义革命，推进社会主义建设，为实现中华民族伟大复兴奠定根本政治前提和制度基础。这两大时期的主要任务融汇成一个时代课题就是，中国要不要走社会主义道路，怎样走上社会主义道路？

以毛泽东同志为主要代表的中国共产党人，面对重大时代课题，在新民主主义革命、社会主义革命和建设两个时期的伟大斗争中，在艰苦卓绝、波澜壮阔的斗争中，始终坚持把马克思列宁主义基本原理同中国具体实际相结合，进行了伟大的实践创造和理论创造；以此为基础，对中国革命的一系列独创性经验和正确理论原则做出理论概括，创立了马克思主义中国化的第一个理论形态——毛泽东思想，实现了马克思主义中国化的第一次历史性飞跃；并在把马克思列宁主义基本原理同中国具体实际进行“第二次结合”的过程中，结合新的实际提出了关于社会主义建设的一系列重要思想，包括社会主义社会是一个很长的历史阶段，严格区分和正确处理敌我矛盾和人民内部矛盾，正确处理我国社会主义建设的十大关系，走出一条适合我国国情的工业化道路，尊重价值规律，在党与民主党派的关系上实行“长期共存、互相监督”的方针，在科学文化工作中实行“百花齐放、百家争鸣”的方针等，丰富和发展了毛泽东思想。毛泽东思想的活的灵魂是贯穿于各个组成部分的立场、观点、方法，体现为实事求是、群众路线、独立自主三个基本方面。在毛泽东思想科学指引下，我们党成功地回应了时代课题，完成了主要任务，取得了新民主主义革命胜利的伟大成就，建立了人民当家作主的中华人民共和国，实现了民族独立、人民解放；取得了社会主义革命和社会主义建设的伟大成就，确立社会主义基本制度，推进社会主义建设，实现了迈进社会主义社会的伟大飞跃；为在新的历史时期开创中国特色社会主义提供了宝贵经验、理论准备、物质基础，也为实现马克思主义中国化的第二次历史性飞跃奠立了厚实基础。

在改革开放和社会主义现代化建设新时期，党面临的主要任务是，继续探索中国建设社会主义的正确道路，解放和发展社会生产力，使人民摆脱贫困、尽快富裕起来，为实现中华民族伟大复兴提供充满新的活力的体制保证和快速发展的物质条件。这个时期党的主要任务表现为三个紧相联系的时代课题，即什么是社会主义、怎样建设社会主义；建设什么样的党、怎样建设党；实现什么样的发展、怎样发展等重大问题。党的十一届三中全会以后，我们党先后以邓小平同志、江泽民同志、胡锦涛同志为主要代表的中国共产党人，团结带领全党全国各族人民，深刻总结新中国成立以来正反两方面经验，特别是改革开放的经验，借鉴世界社会主义历史经验，不断深化对人类历史规律、社会主义建设规律、共产党执政规律的认识，创立了马克思主义中国化的第二个理论形态——含邓小平理论、“三个代表”重要思想、科学发展观在内的中国特色社会主义理论体系，实现了马克思主义中国化的第二次历史性飞跃。在毛泽东思想、中国特色社会主义理论体系科学指引下，科学回答了三大时代课题提出的一系列基本问题，成功开创了中国特色社会主义，成功把中国特色社会主义推向21世纪，成功在新形势下坚持和发展了中国特色社会主义。习近平同志在全面总结四十年改革开放的重要讲话中，明确指出改革开放和社会主义现代化建设推进了中华民族从站起来到富起来的伟大飞跃。

党的十八大以来，中国特色社会主义进入新时代。在中国特色社会主义新时代，党面临的主要任务是，实现第一个百年奋斗目标，开启实现第二个百年奋斗目标新征程，朝着实现中华民族伟大复兴的宏伟目标继续前进。完成这一主要任务，涉及新时代党和国家事业发展的一系列重大理论和实践问题，习近平同志对这些问题进行了深邃思考和科学判断，概括出“新时代坚持和发展什么样的中国特色社会主义、怎样坚持和发展中国特色社会主义，建设什么样的社会主义现代化强国、怎样建设社会主义现代化强国，建设什么样的长期执政的马克思主义政党、怎样建设长期执政的马克思主义政党”的重大时代课题。在回应这一重大时代课题时，以习近平同志为核心的党中央，坚持把马克思主义基本原理同中国具体实际相结合、同中华优秀传统文化相结合，高举毛泽东思想和中国特色社会主义理论体系的伟大旗帜，深刻总结并充分运用党成立以来的历史经验，统筹把握中华民族伟大复兴战略全局和世界百年未有之大变局，科学定位新时代的历史方位和确切内容，提出了一系列原创性的治国理政新理念新思想新战略，创立了马克思主义中国化的第三个理论形态——习近平新时代中国特色社会主义思想，实现了马克思主义中国化的第三次飞跃。习近平新时代中国特色社会主义思想是当代中国马克思主义、21 世纪马克思主义，是中华文化和中国精神的时代精华。确立习近平同志党中央的核心、全党的核心地位，确立习近平新时代中国特色社会主义思想的指导地位，对新时代党和国家事业发展、对推进中华民族伟大复兴历史进程具有决定性意义。

三

习近平总书记指出：“中国共产党为什么能，中国特色社会主义为什么好，归根到底是因为马克思主义行。马克思主义之所以行，就在于党不断推进马克思主义中国化时代化并用以指导实践。”① 这一论断表明，不断推进马克思主义中国化时代化并用以指导实践，是中国共产党为什么能、中国特色社会主义为什么好、马克思主义为什么行的归根到底的原因。这就清楚地告诉我们，不断推进马克思主义中国化时代化并用以指导实践，是事关中国共产党的领导、中国特色社会主义道路、马克思主义指导地位的国之大者。作为中国的马克思主义理论研究的学者，必须以强烈的政治意识、理论自觉、责任担当，加强马克思主义中国化时代化理论和历史的研究，为不断推进马克思主义中国化时代化并用以指导实践作出贡献。这涉及多方面的内容，这里只提出三点思考。

首先，要始终坚定不移坚持“两个相结合”。马克思主义基本原理同中国具体实际相结合、同中华优秀传统文化相结合，是马克思主义中国化

① 习近平：《更好把握和运用党的百年奋斗历史经验》，《求是》2022 年第 13 期。

的实质和精髓，也是中国化马克思主义的一条普遍原理。坚持马克思主义指导地位就是要坚持“两个相结合”。学习和研究马克思主义中国化史，只有始终紧紧抓住这条思想原则和根本经验，才能从丰富的史料中弄清各种历史事件的内在联系，把握历史发展的主题和主线，揭明中国化马克思主义不断发展的大势和规律。若偏离这“两个相结合”，我们的研究就会处处跟着历史事件走，以至于在浩瀚的史料中失去方向，抓不住本质和规律。

其次，要重视系统地研究党业已总结的历史经验。研究马克思主义中国化史，自然要尽可能挖掘、收集尚未发现或虽已发现但未深入研究过的历史资料，这对于推进和深化已有成果是很重要的。但是切不可忽略对已有成果的系统梳理和历史的研究。我们党一贯重视调查研究，总结经验，历次党的代表大会和历届党的中央全会上，都在不同层面、不同时空范围内，对历史的现实的经验教训进行总结，从中找出带规律性的东西加以理论概括使之科学化、条理化，作为索取未来伟大斗争的行动指南。建党百年来重大的历史决议就做出过三次，这些历史经验总结是全党集体智慧的结晶，客观地记述了马克思主义中国化的历史进程和发展规律，反映了我们党看待马克思主义中国化史的根本立场、观点和方法，有极高的科学价值。研究马克思主义中国化史要高度重视这些文献，把这些文献资料作为首要的最基本的资源，进行系统地历史地全面地研究，并且加以历史的比较对照，这对于科学把握马克思主义中国化的本质、历史进程和发展规律，推进马克思主义中国化是极为重要的。如若置这些已有的重大成果于不顾，而另起炉灶，重新收集资料，特别是主要依仗国外的资料，研究必然走偏方向。

最后，要重视重大时代课题研究。毛泽东同志说：“问题就是事物的矛盾。哪里有没解决的矛盾，哪里就有问题。”① 所以“问题”是“支配一切个人的时代之声”，是“表现时代自己内心状态的最实际的呼声”。回答、解决时代课题就是解决时代的矛盾（问题），推动社会前进发展，所以我们紧扣“两个相结合”，研究马克思主义中国化史，必须重视各个历史发展阶段上的重大时代课题。

一部马克思主义发展史告诉我们，生动的生活实际和丰富的社会实

---

① 《毛泽东选集》第 3 卷，人民出版社 1991 年版，第 839 页。

践，作为孕育和形成马克思主义的基础和推动马克思主义发展的原动力，首先潜存于时代课题之中，并通过时代课题发出呼声，要求马克思主义理论工作者通过研究，去探索、发现、回答、解决。这一过程中必然会产生新鲜经验；科学分析、总结和提升这些经验，必然会产生新的理论。人民群众的社会实践是一个永无止境的发展过程，生活实际和变化发展的实践中旧的矛盾（问题）解决了，新的矛盾（问题）又会产生，又要求马克思主义者在新的更高的水平上研究新情况，解决新课题，总结新经验，回答新挑战，提炼新理论，使马克思主义中国化的理论在不断受到新的实践检验的同时，得到丰富补充和修正发展，从而产生理论上的新飞跃。这样循环往复，马克思主义中国化就从一个阶段向另一个阶段推进。马克思主义中国化的历史逻辑反映的正是这样的真理。如此就要求我们在马克思主义中国化研究中，重视重大的时代课题研究。可喜的是，《马克思主义中国化第一次飞跃史论》鲜明地突出了这一方面，应该是一大创新特色。

张乾元教授主编的《马克思主义中国化第一次飞跃史论》即将由华中师范大学出版社出版，在书稿付印之际，邀我以《“重大时代课题”与马克思主义中国化史》为题，为之作序。我借机写下对这个问题的一点思考，以求学界勿吝赐教。

是为序。

梅荣政

2022 年 7 月 4 日于武昌珞珈山

目　录

第一章　经济全球化与民族复兴道路的探求

资产阶级自登上历史舞台，就“按照自己的面貌为自己创造出一个世界”。它迫使一切民族或主动或被动地采用资产阶级的生产方式，迫使一切处在前资本主义时期的国家从属于西方资本主义国家。资本主义的全球扩张，也把中华民族裹挟到经济全球化浪潮之中。1840 年鸦片战争后，中国逐步沦为半殖民地半封建社会，中华民族命运不断衰落。在旧中国这样一个半殖民地半封建的经济文化十分落后且人口众多的东方大国，选择什么样的道路才能把中华民族从危亡中拯救出来，是中华民族仁人志士苦苦探求的主题。

第一节　经济全球化与近代中国的衰落

全球化是一个历史的过程，是生产力发展的必然结果。近代全球化以资本的全球扩张为其主要的表现形态。全球化首先是经济全球化，它以资本主义大工业的产生为开端。工业革命的爆发与资本主义制度的确立，严重影响了近代世界发展的总趋势，在工业革命和资本逻辑的推动下，资本主义开始了向全球扩张的进程。在以经济全球化为核心的大变局中，西方驰骋全球，在资本的全球扩张中日益崛起；而近代中国却与世隔绝，在历史的大浪淘沙中日渐衰落。中西大分流在经济全球化的浪潮中毫无征兆地产生了。

一、资本主义的发展及其全球扩张

17 世纪，在工业革命的推动下，英国率先进行了资产阶级革命。在英国的刺激和示范下，法国、美国等也先后通过资产阶级革命，走上资本主义道路，资本主义制度初步确立。资本主义制度在欧美各国统治地位的确立，为资本主义的迅速发展扫清了障碍。19 世纪中后期，资产阶级革命和改革运动突破欧美的地域界限在世界范围内开展起来，形成一股资产阶级革命的世界潮流，最终资本主义战胜封建主义，资本主义制度最终确立。

对外扩张是资本主义的本质属性，资本主义发展过程也是资本主义向全球扩张的过程。列宁指出，“资本主义如果不经常扩大其统治范围，如果不开发新的地方并把非资本主义的古老国家卷入世界经济的漩涡，它就不能存在与发展”①。资本具有天生的扩张本能，对外扩张既是它生存的内在需要，也是其发展的外部条件。自资本产生那天起，便在世界范围内寻求更为广阔的发展空间。

在自由资本主义阶段，为了拓展商品销售市场和原料产地，资产阶级使用先进的武器和低廉的商品，打开了广大非西方地区的门户，征服了世界上的几乎一切民族。以英国为首的西方列强使用包括奴隶贸易、海盗活动、商业战争、贩卖毒品等一切手段，进行殖民争霸与殖民掠夺，赚取了巨额财富。在西方列强的疯狂扩张中，非西方地区的国家和民族毫无还手之力。在亚洲，1849 年，印度完全沦为英国的殖民地，伊朗进一步沦为英、俄、法、美、奥地利等西方列强的半殖民地。1840 年鸦片战争后，中国被迫开放门户，在西欧资本主义国家的全球扩张下，中国开始沦为半殖民地半封建社会。1850 年代，俄国在克里木战争中失利后，开始把侵略矛头主要指向东方，强迫清政府订立一系列不平等条约。到 1860 年为止，俄国侵占了中国 150 多万平方公里的土地。1858 年的《天津条约》，俄国取得了开放商埠、停泊军舰、传教自由、领事裁判和最惠国待遇等特权。在非洲，自 18 世纪末期，法国和英国等资本主义国家，先后侵略征服南部非洲、埃及和阿尔及利亚等地区，并通过大量移民、签订《英埃协定》等不平等条约，把非洲大陆纳入其殖民统治体系。西方资本主义的殖民扩张使得广大亚非国家被卷入世界资本主义体系当中，并且开始形成未开化和半开化的国家从属于文明的国家、东方从属于西方的格局。

到了帝国主义阶段，资产阶级更是赤裸裸地使用武力，公开发动战争，明目张胆地对其他国家和民族进行奴役和压迫，为资本主义的发展进一步开拓空间。19 世纪后半期，资本主义国家为了争夺殖民利益掀起了瓜分世界的大潮，整个世界被瓜分完毕。

进入垄断时期之后，各主要资本主义国家在对外政策上都有不同程度

---

① 《列宁选集》第 1 卷，人民出版社 1995 年版，第 232 页。

的调整。这主要表现在，后起的资本主义国家加紧对外扩张，老牌资本主义国家则竭力保护既得的殖民利益。在这个过程中，资本主义为了获取自身发展所需要的原料和市场，对亚、非、拉殖民地、半殖民地进行了残酷的掠夺和奴役。由于世界被瓜分完毕，本着传统的取得领土的“先占”规则，各资本主义大国所占殖民地的多少极不均衡，而所占殖民地的多少又恰恰是制约本国资本主义发展程度的一个重要因素。为了本国资本主义的发展，必须抢占到更多的殖民地，而世界已无“无主地”，后起的资本主义国家已没有可能按传统的“先占”方式取得殖民地，于是要求按新的实力对比对已有的殖民地进行重新瓜分，掀起了新一轮的殖民争霸。

世界资本主义殖民扩张的历史同时也是一部充满着卑鄙贪欲的血与火的历史。对殖民国家来说，殖民统治者通过资本的全球扩张从殖民地掠夺了大量的财富，大大加速了西欧国家资本原始积累的过程，促进了欧洲资本主义的巩固和发展。对殖民地人民来说，资本主义的野蛮扩张，给殖民地人民带来巨大的灾难和痛苦，打断了亚、非、拉国家正常的历史进程，使这些地区长期落后于世界历史潮流，并拉大了东西方社会发展进程的差距。从客观上来说，资本主义的殖民扩张也给殖民地半殖民地的国家和人民带来了先进的生产方式、生活方式和思想观念，客观上促进了殖民地国家民族资本主义经济的发展。从世界历史角度来看，西方殖民扩张打破了各民族隔绝孤立的状态，加强了世界各地区间的联系，把全世界都纳入资本主义体系之中。到19世纪末20世纪初，在全世界基本完成了以资本主义市场为框架，以国际贸易和殖民主义为手段，以物质和物种交流、人种迁徙与融合、各种文化的交流与撞击、各种社会形态的冲突与选择为主要内容的全球化过程。

资本主义的全球扩张开辟的全球化过程是一个“冲击”与“回应”的双向过程。在这一过程中，既有西方殖民者对非西方地区的殖民扩张，更有非西方地区的国家和人民反对西方殖民扩张的民族解放运动。扩张与反扩张、侵略与反侵略的斗争交织成了近代世界历史的庞杂画卷。

二、经济全球化与西方的崛起

一切重大的历史变化都不是忽然发生的，经济全球化亦是如此。19世纪后半叶，随着资本主义生产方式的完全确立，经济全球化作为一种“显性”现象已经不足为奇了，但是在作为众所周知的“显性”现象出现之前，它曾长期作为一种“隐性”现象悄然存在。经济全球化不是突然出现、骤然降临的，而是历经几个世纪的积累慢慢深化、逐步形成的。大多数经济史学家认为经济全球化开始于15世纪末16世纪初，即地理大发现时代。经济全球化作为一种现象最早可以追溯到地理大发现时代。地理大发现在经济全球化的历史上具有里程碑的意义，它突破了地域界限、打破了空间局限，缩短了时间跨度，使人类交往活动在地域上大大拓展、在时间上大大延伸。由于地理大发现，“世界一下子大了差不多十倍；现在展现在西欧人眼前的，已不是一个半球的四分之一，而是整个地球了”①。地理大发现不仅开拓了人类的视野，使人们不再偏安于眼前“一隅”，而且由于“美洲的发现、绕过非洲的航行，给新兴的资产阶级开辟了新天地”②。处于萌芽状态的西方资本主义经济的发展由此大获甘霖，早期的先进资本主义国家的海外扩张有了更广阔的空间，商品输出和资本输出得以实现，世界贸易和世界市场得以拓展，资本主义生产方式和资本主义制度的触角也因此得以开始全面伸向世界各地。没有环球航海的成功和新大陆的发现，这一切是不可能发生的。人类社会全球化进程的序幕是由地理大发现揭开的，此后，这一进程不断地深入和发展，资本主义的发展也不断地从低级走向高级。

从某种意义上讲，经济全球化与世界资本主义具有天然的同步性和内在的一致性。换句话说，经济全球化的产生就是近代资产阶级拼命开拓世界市场、扩大世界贸易的直接结果。马克思、恩格斯曾经对经济全球化与资本主义的天然同步性做过精妙的论述。他们很早就揭示出：为了攫取最大限度的利润，“资本一方面要力求摧毁交往即交换的一切地方限制，征服整个地球作为它的市场，另一方面，它又力求用时间去消灭空间，就是说，把商品从一个地方转移到另一个地方所花费的时间缩减到最低限度。资本越发展……也就越是力求在空间更加扩大市场，力求用时间去更多地消灭空间”③；“不断扩大产品销路的需要，驱使资产阶级奔走于全球各地。它必须到处落户，到处开发，到处建立联系”④。于是，各个国家原有经济体系孤立和封闭的状态被冲破了，世界因此被日益紧密地联系在了一起。

---

① 《马克思恩格斯选集》第4卷，人民出版社2012年版，第92页。
② 《马克思恩格斯选集》第1卷，人民出版社2012年版，第401页。
③ 《马克思恩格斯文集》第8卷，人民出版社2009年版，第169页。
④ 《马克思恩格斯选集》第1卷，人民出版社2012年版，第404页。

“随着资产阶级的发展，随着贸易自由的实现和世界市场的建立，随着工业生产以及与之相适应的生活条件的趋于一致，各国人民之间的民族分隔和对立日益消失。”① “资产阶级，由于一切生产工具的迅速改进，由于交通的极其便利，把一切民族甚至最野蛮的民族都卷到文明中来了。它的商品的低廉价格，是它用来摧毁一切万里长城、征服野蛮人最顽强的仇外心理的重炮。它迫使一切民族——如果它们不想灭亡的话——采用资产阶级的生产方式；它迫使它们在自己那里推行所谓的文明，即变成资产者。一句话，它按照自己的面貌为自己创造出一个世界。”“正像它使农村从属于城市一样，它使未开化和半开化的国家从属于文明的国家，使农民的民族从属于资产阶级的民族，使东方从属于西方。”② 经济全球化的起源与世界资本主义的起源的这种天然同步性，一方面表明，西方近代新兴的资产阶级是经济全球化的舵手和操盘手，是他们逐日追风的趋利性，促进市场不断扩大，生产和交往活动日益突破民族国家的疆界，从而使历史在真正意义上成为世界历史。经济全球化前进的每一步都有世界资本主义的如影随形。另一方面表明，经济全球化的形成和发展，为资产阶级“开疆辟土”创造了条件，为资本主义经济的全球扩张提供了可能，使内生于西方的资本主义经济打破国界、突破疆界，从而在真正意义上成为世界资本主义经济。

从发展进程上看，经济全球化伴随着资本主义的发展而不断发展。资本的本性是追逐利润。资本主义对财富的孜孜以求，使它从未停下前进的脚步。资本主义不断创造巨大的生产力以获得更大的财富，它们采用各种方式，特别是通过工业革命打破了农业经济时代的地方狭隘性和封闭性，形成了一种外向型的经济发展方式。生产力的发展与外向型经济发展方式的形成促进了交往方式的多样化，从而进一步推动了人类普遍交往的不断深化，使人类社会更加紧密地结成一体，使世界各个地区、各个国家、各个民族日益相互依赖、相互依存。正是工业革命所提供的强大的物质技术基础，以及资本主义经济、政治、军事、文化的全球扩张，开辟了真正意义上的全人类交往的时代。正是在资本主义的推动下，经济全球化获得了展翅腾飞的“羽翼”，可以说，资本主义的发展是经济全球化的强大助推器。

早期经济全球化带来了西方的崛起。从某种意义上讲，经济全球化就

① 《马克思恩格斯选集》第 1 卷，人民出版社 2012 年版，第 419 页。
② 《马克思恩格斯选集》第 1 卷，人民出版社 2012 年版，第 404—405 页。

是西方的现代化及其全球扩张。早期经济全球化时代的世界，就是一张贸易网络连接起来的世界，在这个世界中，贸易网络突破了国界的限制，把越来越多的地区越来越紧密地联系了起来。在这个“没有国界的世界”中，西方是绝对的主角和最大的获利者。但是，经济全球化绝不是西方演绎的独角戏。虽然西方在经济全球化进程中起了至为关键的作用，但其他地区所起的作用绝不能低估，更不容忽视。如果没有亚洲、非洲、美洲的资源，西方不可能积累起那么多财富并实现经济的近代化。因此，所有国家和地区，不管是征服者还是被征服者、殖民者还是被殖民者，都对经济全球化做出了重大贡献，不过其中有的是得利者，有的是损失者，西方就是其中的最大得利者。在早期经济全球化过程中，西方采用了各种手段，包括暴力的手段，用贸易以及“剑与火”搭建起了一个全球贸易网，而它自己就是这张贸易网的绝对主宰者。在这个没有国界、弱肉强食的时代，经商求利成为西方社会的主旋律。为了利益的最大化，早期资本主义者无所不用其极。“左手拿着账册，右手拿着刀剑”就是西方在进行全球扩张过程中的真实写照。马克思在《资本论》中引用登宁的话说：“资本逃避动乱和纷争，它的本性是胆怯的。这是真的，但还不是全部真理。资本害怕没有利润或利润太少，就像自然界害怕真空一样。一旦有适当的利润，资本就胆大起来。如果有10%的利润，它就保证到处被使用；有20%的利润，它就活跃起来；有50%的利润，它就铤而走险；为了100%的利润，它就敢践踏一切人间法律；有300%的利润，它就敢犯任何罪行，甚至冒绞首的危险。如果动乱和纷争能带来利润，它就会鼓励动乱和纷争。走私和贩卖奴隶就是证明。”① 资本对利润的无限追逐驱使它到处落地，到处建立开发和联系。随着西方海外殖民地的不断开发和海外资源的不断涌入，一个有利于西方的世界贸易和国际劳动分工体系出现了：一方面，金银、棉花、茶叶、烟草、咖啡、蔗糖等农矿产品从非西方地区的殖民地源源流向西方中心地区；另一方面，西方中心地区的工业制造品和移民又源源不断地流向新开发的大陆和非西方地区，从而进一步刺激了西方国家的科学技术和工业发展并缓解了人口对土地的压力。在这个良性循环中，西方逐渐成为全世界的制造业中心，占领着世界产业分工中技术含量和利润最高的那一部分，成为全球经济发展中的最大受益者。很显然，第一次经济全

① 转引自《马克思恩格斯选集》第2卷，人民出版社2012年版，第297页。

球化的结果就是西方的崛起和以中国和印度为代表的东方诸国的衰落。随着经济全球化的不断深化，一个以西方为主导的、等级分明的、有中心有边缘的国际贸易和分工体系最终建立起来。

三、经济全球化与近代中国的衰落

在早期经济全球化过程中，推动经济全球化的主导力量先后从葡萄牙、西班牙、荷兰到法国，最后转移到英国。第一次世界大战前夕，世界经济体系是一个以英国为中心，以德国、法国等西欧诸国以及美国为主要力量，其他非西方地区为边缘与附庸的体系。然而，由于这是一个有等级、有分工、国际资源财富不平等分配的体系，所以在这个体系的形成过程中，一直酝酿着尖锐的矛盾和利益冲突——西方国家之间因经济竞争和殖民地争夺的矛盾，西方国家与边缘国家之间的矛盾，殖民地国家与宗主国国家之间压迫与反压迫、斗争与反斗争的矛盾。在这个刀光剑影、风云变幻的大变革时代，有些国家扶摇直上，比如以英国为首的西方国家；有些国家每况愈下，比如中国和印度。经济全球化好比一个分水岭。在分水岭的这头，以英国为首的西方资本主义国家充分抓住经济全球化的利好，大力发展生产力和科学技术，实现了惊人的崛起与赶超；在分水岭的那头，以中国为典型代表的非西方地区，闭关锁国、闭目塞听，对风云变幻的世界局势充耳不闻，最终慢慢落后于时代。为什么西方在第一次经济全球化中崛起，中国在第一次经济全球化中衰落呢？民国著名史学家蒋廷黻曾对这一现象做过精辟的阐释：“中华民族到了19世纪就到了一个特殊时期。在此以前，华族虽与外族久已有了关系，但是那些外族都是文化较低的民族，纵使他们入主中原，他们不过利用华族一时的内乱而把政权暂时夺过去。到了19世纪，这个局势就大不同了，因为在这个时候到东亚来的英、美、法诸国，绝非匈奴、鲜卑、蒙古、倭寇、满人可比”①；“我们到了19世纪遇着空前未有的变局，在19世纪以前，与我民族竞争的都是文化不及我、基本势力不及我的外族。到了19世纪，与我抗衡的是几个以科学、机械及民族主义立国的列强”②。面对蓬勃发展的国际贸易和风云变幻的国际形势，清政府反应迟缓，行动不力，因此不仅未能充分利用新形势带来的机会，反而被新形势带来的挑战弄得焦头烂额，日渐衰落。在经济

① 蒋廷黻：《中国近代史大纲》，上海古籍出版社2006年版，第1页。
② 蒋廷黻：《中国近代史大纲》，上海古籍出版社2006年版，第67页。

全球化的过程中，中国无法置身事外，它被迫卷入经济全球化的漩涡，不仅无力自强自救，反而陷入内外交困的危机局面。1840 年后，在西方列强侵略的强烈冲击下，中国出现了以大规模的社会解体和文化解体为特征，并伴随着剧烈的社会动荡、变乱的局面。当西方驰骋全球，开疆扩土，在探索世界的全球扩张中扶摇直上时，清朝统治者不仅实行闭关锁国，对世界大势充耳不闻，而且自拆台脚，陷入了全面的社会危机，最终在历史的大浪淘沙中黯然退场。

近代中国的严重社会危机，主要表现在以下几个方面：

第一，土地兼并日益严重，下层民众的反抗运动此起彼伏。鸦片战争前，土地兼并已成为当时社会的常态和普遍现象，并且愈演愈烈，由土地兼并所衍生出的社会阶级矛盾也日趋尖锐。这一时期，作为统治者的清王朝所采取的对策不仅未能缓和反而加剧了这些矛盾的激烈程度。从白莲教起义到 19 世纪日趋活跃的秘密会社，其主要参与者都来自大批流离失所的流民阶层。流民是由农民大批破产而造成的，而农民的大批破产，其根源在于专制的清王朝从根本上维护的是地主阶级的利益，对于农民的诉求视若无睹。18 世纪中后期以后，以地主阶级作为统治根基的封建统治阶级拥有全国最大部分土地，坐拥万亩良田者不计其数。而占人口绝大多数的农民则很少或者根本就没有土地，只能沦为地主的附庸。当时，失去土地的农民主要靠佃耕为生，受高额的地租和徭役赋税压榨，生活在水深火热之中。在走投无路的情况下，一旦有人登高一呼，便会形成势不可挡的武装起义。鸦片战争前各地的多次起义都先后被清王朝以武力残酷地镇压下去了，但这类社会危机产生的根源并没有被消除，民众的不满情绪更犹如遍地的干柴，一点即着。这些武装起义虽然没有取得成功，但是已经开始严重动摇清王朝的根基，使本已朽木之态的清王朝更加风雨飘摇。

第二，清王朝官场昏庸，吏治腐败，严重影响到了政权的正常运作。晚清时期，封建专制主义中央集权制度已趋于极盛。这种中央集权的君主专制体制虽然在一定程度上维护了国家的统一，但也遗患无穷，导致了官场昏庸和吏治腐败。同时，受中国传统的官本位文化的影响，清中叶后官僚机构日趋膨胀，冗员充斥、人浮于事、官僚结党营私、上下贪污成风已成官场常态。慵懒之辈、投机之徒、无能之人充斥朝廷。“三年清知府，十万雪花银”的民谣是对官场情状最贴切的描述。官场的世风日下，带来的后果是民众的苦不堪言。由于各级官吏的层层盘剥以及财政收入的连年停滞，清政府出现了严重的财政赤字。到鸦片战争前，由于白银大量外流等因素，清政府的财政实际上已到了崩溃的边缘。为了应付局面，清政府加紧了对民众的搜刮。这种搜刮不仅加重了民众的负担，同时又给了各级官吏一次大发横财的机会，使本已败坏不堪的吏治更加严重地走向腐败，形成了恶性循环。官场的昏庸和吏治的腐败在某种意义上成为压垮清王朝的一根举足轻重的稻草。

第三，以程朱理学为核心的官方文化体系受到严重挑战，开始出现传统文化的解体。清王朝建立后，程朱理学被尊崇为官方哲学，占据思想界和学术界的统治地位。当时，《朱子全书》《四书集注》广为刊行，成为官方的学习范本，也是官定的科考依据，这在社会上造成一种“非朱子之传不敢言”的窒塞空气。在文化专制主义的统治下，当时的学术界没有任何新的创造力和生命力，行文赋对成为一种程式化的表演作秀。这种思想文化的禁锢和高压态势，造成了整个社会文化空疏、思想窒息、万马齐喑的沉闷局面。在这种文化环境下，学术自由、思想自由成为禁忌；与之相反，整理古籍、考据训诂与讲究性理纲常、清谈玄思的理学却受到统治者的提倡，大为盛行。与此同时，清朝统治者为了维护自身的绝对权威，对于文化异端及一切不利于自身统治的文化思想采取高压政策，大兴文字狱。这种严酷的政治钳制，使学术界人士噤若寒蝉，讳言时政。思想、文化、学术由此更趋向于非现实性、非实用性，一大批文人雅士空埋于故纸堆里，不问世事，与现实严重脱节。

第四，作为清王朝统治根基的军队——八旗兵和绿营兵已衰败不堪，无力履行保疆卫土的使命。曾经善于骑射、能征惯战的八旗军队，由于长期养尊处优，懈怠相沿成习，逐渐丧失了其先辈们骁勇善战的剽悍战斗力，先辈们戎马几生挣下的赫赫威名已被他们消耗殆尽。“上不得马，拉不开弓”成为清朝后期八旗子弟兵们的常态。与此同时，主要由汉人组成的绿营兵情况也好不了多少，长期安逸稳定的生活早已磨灭了他们仅存的一点战斗力，取而代之的是官贪兵懦、军纪松弛。时人曾描述道，旗兵“竞繁文而薄骑射”，汉营（即绿营兵）“老弱复滥行充数，豢盗窝娼，恃为生计”[①]。这样的军队，除了浪费大量的民脂民膏、在手无寸铁的百姓面前作威作福外，早已丧失了有效抵御外侮、维护清王朝专制统治的战斗

① 《清宣宗实录》卷271。

力。除此之外，清王朝长期安于现状，相较于同时代的西方大力发展军事力量和武器装备，晚清政府在军事建设上相对滞后。在近代之后的几次中国与西方列强的战争中，编制松散、训练松懈、装备落后的清朝军队完全不是编制完整、训练有素、装备先进的西方列强的对手，“大刀长矛”对“坚船利炮”无异于以卵击石，毫无胜算可言。

第五，清王朝统治者仍沉醉于“天朝上国”的美梦中，昧于世界大势，安于现状。清王朝统治下的中国，不仅对全球化的世界潮流茫然无知，而且对即将从根本上危及中国生存的资本主义列强也一贯地缺乏了解，更谈不上对其有所戒备和防范。此时的中国，上自统治者，下至普通百姓，并无“世界”的概念，只有在宗法和地域基础上形成的“天下”观念。由这种观念出发，清王朝形成了一种特别强调“华夷之辨”和以中国为中心的层级序列的世界观。直到鸦片战争之前，清朝官方和学术界人士仍然自我陶醉于汉唐以来所形成和固化的“华夷秩序”文化优越感之中，沉溺于“天朝上国”的美梦，对包括西方在内的外部世界了无兴趣，甚至不屑一顾。这种内发于心的天然优越感使清朝的统治者们自视甚高，不屑于与“夷邦”进行交往，唯恐有失“上国”体统。这种愚蠢和狂妄自大，使得直到鸦片战争爆发时，清政府的对外政策仍顽固地坚持朝贡体系和闭关锁国方针。这样陈腐的世界观和这样愚妄的对外政策方针，造成了鸦片战争前中国人对外部现实世界的一无所知，这种基于无知基础上的过度自我膨胀使得中国对列强蓄谋已久的挑战是毫无准备和应对之策的。知己不知彼，扬己抑彼成为清王朝由盛转衰、危机四伏的主要原因。

第二节 民族救亡复兴道路的先行探索

近代中国的历史，既是中华民族的屈辱史和灾难史，亦是中国人民救亡图存的反抗史和斗争史。1840 年的鸦片战争是中国历史的转折点，中华民族的苦难史由此开始。帝国主义用坚船利炮轰开了中国的大门，从此，西方侵略者纷至沓来，肆无忌惮地发动了一次又一次对中国的侵略战争，一步一步地把中国推入半殖民地的深渊。“帝国主义侵略中国，反对中国独立，反对中国发展资本主义的历史，就是中国的近代史。”① 帝国主义对

① 《毛泽东选集》第 2 卷，人民出版社 1991 年版，第 679 页。

中国的侵略和掠夺激起了中国人民的强烈反抗。毛泽东在《中国革命和中国共产党》中指出："帝国主义和中国封建主义相结合，把中国变为半殖民地和殖民地的过程，也就是中国人民反抗帝国主义及其走狗的过程。从鸦片战争、太平天国运动、中法战争、中日战争、戊戌政变、义和团运动……都表现了中国人民不甘屈服于帝国主义及其走狗的顽强的反抗精神。"① 中国人民反抗外国侵略、争取民族独立的斗争构成了中国近代史的一条主线。农民阶级、地主阶级开明士绅、资产阶级改良派和资产阶级革命派等各个不同阶级和阶层先后登上历史舞台，为了反抗外敌和改革现状而积极地寻求救国救民之路，在实践中践行自己的救国方案。

一、农民阶级的斗争及其局限

反帝反封建斗争的主力军最初是农民。作为中国最广大的社会群体，近代以来的农民受着外国侵略者和本国封建统治者的双重压迫。鸦片战争后，帝国主义的侵略加速了中国封建自然经济的解体，大批农民和手工业者破产，生活难以为继；同时本国的封建统治者为了支付巨额赔款和维护封建统治的根基，加重了对农民的盘剥，农民的处境更加艰难。"哪里有压迫，哪里就有反抗"，残酷的压迫和剥削激起了广大农民群众的强烈反抗。鸦片战争之后，各地的农民起义风起云涌，这些大大小小的反抗活动给了外国侵略者和清王朝封建统治势力以沉重的打击和震慑。其中最具代表性的就是太平天国农民战争和义和团反帝爱国运动。这两大农民运动展现出了农民阶级的磅礴力量和大无畏的斗争精神，在中国近代反帝反封建的斗争史上留下了浓墨重彩的一笔。

1840 年鸦片战争的爆发如一根导火索点燃了在农民心中积攒已久的怒火。据不完全统计，从 1841 年至 1849 年的几年间，各地大大小小的农民起义高达一百多次，到 1851 年，如火如荼的农民起义终于汇聚成了一股洪流，在洪秀全领导的太平天国农民战争中达到了高潮。对此，马克思曾作出评价："中国的连绵不断的起义已经延续了约十年之久，现在汇合成了一场惊心动魄的革命；不管引起这些起义的社会原因是什么……推动了这次大爆发的毫无疑问是英国的大炮。"② 1851 年 1 月 11 日，洪秀全率领拜上帝会教众在广西桂平县金田村发动起义，组建太平军，建号太平天国。

① 《毛泽东选集》第 2 卷，人民出版社 1991 年版，第 632 页。

② 《马克思恩格斯全集》第 12 卷，人民出版社 1998 年版，第 113—114 页。

随后，太平军从广西经湖南、湖北、江西、安徽，一直打到江苏，席卷6省。1853年3月，太平军占领南京，定为首都，改名天京，正式建立太平天国农民政权，与清政权遥相对峙。太平天国在进行政权建设的同时，在军事上先后进行了北伐、西征和天京城外的破围战。到1856年上半年，除北伐失利外，太平军在湖北、江西、安徽和天京附近等战场都取得了重大胜利，极大地震慑了清王朝。除了政权建设和对清王朝的军事行动之外，太平天国还进行了一系列的制度建设。1853年冬，太平天国颁布了《天朝田亩制度》，这是一个以土地分配制度为核心，体现太平天国社会理想和农民阶级战争的纲领性文件。它根据“凡天下田，天下人同耕”的原则，按照年龄和土地好坏，确定了平均分配土地的方案；并规定农副产品的生产和分配，都以农村政权的基层组织“两”（每二十五家为一“两”）来实行管理，希望建立“有饭同食，有衣同穿，有钱同使，无处不均匀，无人不饱暖”的理想社会。作为近代中国农民战争的纲领性文件，《天朝田亩制度》从根本上否定了封建地主土地所有制，表达了千百年来饱受剥削和压迫的广大农民渴望平均分配土地的强烈愿望，是对以往农民起义中“均贫富”“等贵贱”和“均平”“均田”思想的发展和超越，具有历史进步性。同时，它所描绘的平分土地方案和社会改革图景又表达了勤劳朴实的农民对美好生活的向往和不懈追求。但是，它并没有超出农民小生产者的狭隘眼界。它所描绘的绝对平均的理想天国，依然停留在自给自足的小农经济层面，与社会化大生产的历史潮流和社会发展规律相背离，是一种乌托邦式的幻想。事实上，《天朝田亩制度》中的平分土地方案即使在太平军占领地区也未能真正付诸实施，最终流于一纸空文。政治制度建设方面，太平天国后期，在洪秀全的大力支持下，洪仁玕提出了一个极具改革色彩的施政纲领——《资政新篇》，主要内容包括政治上主张“人心公议”，“禁朋党之弊”，实现“上下情通”，加强中央集权，并学习西方，制订法律、制度，反对滥施刑罚，提倡化导社会风气；经济上主张兴车马之利、舟楫之利，鼓励制造火车、轮船，办银行、发行纸币以利商贾士民，发展工矿制造业、邮政事业，奖励发明创造，准许富人雇工；思想文化上提倡“实行正道，存真去伪”，破除传统迷信，主张办报纸，设立新闻官和意见箱，办学校、医院、礼拜堂等社会福利事业；对外关系上反对闭关自守，主张与外国平等相处，“与番人并雄”，在讲信义的前提下与外国贸易往来但严禁鸦片输入，允许外国传教士和技术人员来华服务但“准其为国献策，不得诽谤国法”。作为太平天国后期的重要文献，《资政新篇》具有鲜明的资本主义色彩，是先进的中国人最早提出的在中国发展资本主义的方案。但是，洪秀全和洪仁玕对西方资本主义生产方式的了解还只是流于表面，没有将发展资本主义与消灭封建制度的现实斗争联系起来。最关键的是，这一方案本身没有反映农民阶级的土地要求，不得民心。缺乏实践的社会环境和阶级条件的《资政新篇》，其命运只能是束之高阁，无法付诸实施。被洪秀全寄予厚望的新政纲最终没有能够挽救江河日下的太平天国。

太平天国起义失败的原因是多方面的。一方面，清王朝和外国侵略者互相勾结，太平天国腹背受敌，遭到中外反动势力的联合绞杀。另一方面，太平天国所代表的农民阶级不是新的生产力和生产关系的代表，他们无法克服自身小生产者所固有的阶级局限性，因而无法从根本上提出完整的、正确的政治纲领和社会改革方案，无法制止和克服领导集团自身腐败现象的滋长，无法长期保持领导集团的团结。太平天国的失败不仅是洪秀全等领导人的悲剧，更是进入近代后，农民阶级小生产者地位的局限性的必然结果。恩格斯曾指出：“主要的出场人物是一定的阶级和倾向的代表，因而也是他们时代的一定思想的代表，他们的动机不是来自琐碎的个人欲望，而正是来自他们所处的历史潮流。”① 在半殖民地半封建的中国，农民阶级虽然是革命的主力军，但小生产者固有的阶级局限性决定了他们无力单独承担革命的重任。单纯的农民战争如果没有先进阶级的领导和先进理论的指导，是无法完成反帝反封建的历史任务的。

太平天国起义虽然失败，但是它的意义不容小觑。太平天国在南京建立的农民政权与清王朝对峙长达 11 年，其运动规模之大、席卷范围之广、持续时间之长、组织制度之完备是以往任何一次农民起义所不能比肩的，达到了中国旧式农民战争的巅峰。它如摧枯拉朽一般，给予清朝专制统治以前所未有的打击，有力地撼动了清政府的统治根基，加速了封建制度的崩溃；同时也沉重地打击了外国侵略势力，打破了西方列强想把中国迅速殖民地化的企图，在一定程度上延缓了中国半殖民地化的过程。它提出的中国第一个具有资本主义性质的社会改革方案——《资政新篇》，是当时先进的中国人向西方寻求真理的智慧结晶，顺应了近代世界历史发展的潮

---

① 《马克思恩格斯选集》第 4 卷，人民出版社 1995 年版，第 558 页。

流，具有历史的进步性。

西方列强侵略中国的手段多样，方式各异，除了武力征服之外，还有一种更为隐秘的文化征服——来华传教。19 世纪 60 年代以后，作为西方列强文化征服中国战略的急先锋，西方传教士以不平等条约为护身符大量深入中国内地，倚仗外国列强的侵华势力和治外法权的保护，不顾中国的法令与传统社会习俗，强行进行传教活动。部分不良教众狐假虎威，利用“洋大人”的威势，作威作福、欺压民众、谋取私利，一再激起民众的反抗。从 1861 年到 19 世纪末，反洋教斗争相继在全国大部分省份爆发，各种大小“教案”持续不断，多达上千起。甲午战争后，伴随着西方列强瓜分中国的狂潮和对华侵略野心的进一步膨胀，西方教会和传教士的在华活动日益猖獗，促使反洋教斗争进一步高涨。山东民众利用“义和拳”这种民间秘密组织在各地聚集起来，于 1898 年 10 月打出“助清灭洋”的旗帜，四处捣毁教堂。1899 年 9 月举行平原起义，将斗争扩大到鲁西北，并于次年普遍改称“义和团”。义和团势如潮涌，大举进入京、津地区，设立拳厂坛场，大造“灭洋”舆论，游行示威，焚烧教堂，捣毁侵略者把持的海关和电报等衙门，释放“团民”和囚犯。在帝国主义联合发动侵略战争后，义和团群众与爱国官兵并肩作战，以血肉之躯在津、京一带与侵略军搏斗，阻止其进犯，以原始武器给敌人以巨大杀伤。尽管在八国联军的残酷屠杀和清政府的无耻叛卖下，义和团反帝爱国运动最终遭到失败，但义和团反帝爱国运动犹如一声“惊雷”，在西方列强掀起瓜分中华民族狂潮之际，将斗争锋芒直指外国侵略势力，使西方列强自认为可以任意宰割中国的如意算盘落空，更让全世界看到了蕴藏在中国社会底层的强大反抗力量，就连不可一世的西方侵略者也不得不承认：“中国地土广阔，民气坚韧”，“吾故谓瓜分之说，不啻梦呓也”。“中国如被瓜分，全国就将协同一致来反对参与瓜分的那几个外国统治者……由此早晚会在各地发生突然的叛乱。”①。同时，一向标榜“民心可用”的封建统治者对义和团无耻叛卖，进一步将清政府卖国投降的丑恶嘴脸充分暴露在世人面前。以农民为主体的民众反抗运动，虽不能明确地认识到和恰当地处理好反侵略和反封建两大斗争之间的关系，但是，中国人民经过义和团反帝爱国运动的洗礼，提高了民族觉悟和政治认识，义和团运动成为“五十年后中国人民伟大胜利

① 赫德：《中国书简》，见吕浦等编译：《“黄祸论”历史资料选辑》，中国社会科学出版社 1979 年版，第 153 页。

的奠基石之一”①。

轰轰烈烈的太平天国农民起义和义和团反帝爱国运动充分显示了农民阶级的磅礴力量，有力地证明了农民是反帝反封建斗争的主力军。它们的最终失败表明：农民不是新生产力的代表，他们提不出科学的斗争纲领和在中国发展资本主义的明确主张，无法单独领导革命运动。当然也不能因为农民不是新生产力的代表，就轻视或无视农民特别是近代中国农民的历史作用。近代以来的历史表明：农民需要先进的思想理论作指导，而先进的阶级和政党也必须依靠农民，两者有机地结合起来，才能完成反帝反封建的历史任务。历史不会停滞不前，农民阶级救亡图存的暂时失败并没有阻断其他各个阶级、阶层的探求之路，新的救国救民方案正在酝酿。

二、统治阶级内部的应对及失败

面对资本主义入侵这一“数千年未有之大变局”，不仅下层民众开始觉醒与反抗，统治阶级内部也开始了自救运动。19 世纪五六十年代，清政府面临着严重的内忧外患。一方面，太平天国在南京建立了一个与之相对峙的农民政权，对本就风雨飘摇的清王朝步步进逼；另一方面，欲壑难填的西方列强为了攫取更大的利益，伺机发动了第二次鸦片战争，强迫清王朝签订了又一批不平等条约。在内外交困之际，清朝官僚集团内部开始出现分化，形成了以奕䜣、曾国藩、李鸿章、左宗棠、张之洞等为代表的洋务派。正如马克思所说：“看起来很奇怪的是，鸦片没有起催眠作用，反而起了惊醒作用。”② 目睹外国侵略者坚船利炮巨大威力的洋务派官僚，为了挽救危机四伏的清王朝，主张学习和引进西方的科学技术和武器装备，创设近代企业，兴办洋务，以图自强。

从 19 世纪 60 年代到 90 年代，洋务派承继了林则徐、魏源的“师夷长技以制夷”的思想，以“自强”和“求富”为口号，以维护清王朝的封建统治为目的，掀起了一场“变事”不“变制”的洋务运动，“中学为体，西学为用”是其基本理念。最先提出这一思想的是洋务派早期思想家冯桂芬。他于 1861 年在《校邠庐抗议》一书中说：“以中国之伦常名教为原本，辅以诸国富强之术。”所谓“中学为体”，就是以维护封建统治秩序的伦理

① 周恩来：《在欢迎德意志民主共和国政府代表团大会上的讲话》，《人民日报》1955 年 12 月 12 日。

② 《马克思恩格斯全集》第 15 卷，人民出版社 1963 年版，第 545 页。

纲常为根本，这是大前提；所谓“西学为用”，就是在坚持封建纲常伦理的前提下，用西方的先进技术和器物为辅助，以维护封建统治的根基。这一思想的实质不是为在中国发展资本主义张目，而是为在中国继续推行封建主义制度助力。

不管洋务派的主观意图如何，他们所发起的洋务运动在客观上带动了一系列的近代事业发展，开创了近代化的先河。在洋务运动的早期阶段，洋务派以“自强”为旗号，引进西方先进生产技术，兴办近代军事工业，训练新式海陆军，创办北洋水师等近代海军，如1861年曾国藩创办的安庆内军械所、1865年李鸿章在上海设立的江南制造总局，以及其后创建的福州船政局、天津机械制造厂、湖北枪炮厂等一批近代兵工厂。洋务运动中后期，洋务派以“求富”为旗号，通过官办、官督商办、官商合办等方式，大力兴办轮船、电报、邮政、铁路、采矿、纺织等各种新式民用工业，如轮船招商局、汉阳铁厂、湖北织布局、开平矿务局和电报总局等，一定程度上抵制了外国资本主义的经济输入，推动了近代中国生产力的发展，在客观上促使了中国民族资本主义的诞生。为了培养贯通中西的洋务人才，洋务派还创办新式学堂，派遣留学生出国深造，为近代中国培养了一批翻译人才、军事人才和科技人才，这开拓了中国人的眼界，打开了封闭僵化的封建思想观念的缺口，起到了开风气之先的作用。

甲午中日战争中，洋务运动的“得意之作”——北洋海军全军覆没，标志着历时30余年的洋务运动宣告破产，在近代中国救亡图存的历史舞台上黯然退场。洋务运动是封建传统思想的卫道者——地主官僚发起的挽救日暮途穷的清王朝免于灭亡的自救运动，它带有浓重的封建性，对外国的妥协依赖性，以及管理方式上的落后性。它虽然创办了一批新式近代工业，在客观上为中国近代资本主义的产生和发展创造了条件和可能，但它这种只变“事”不变“制”的做法不会动摇作为安身立命基础的封建制度，没有也不可能为民族独立和国家富强找到真正的出路，注定逃脱不了失败的命运。

三、维新运动的登台与落幕

鸦片战争后，随着中国民族工商业的产生，一个新的阶级——资产阶级开始登上历史舞台，伴随这一阶级产生发展的，是反映新兴民族资产阶级利益的早期维新思想，其主要代表人物有王韬、郑观应、薛福成、马建忠、陈炽等。早期维新思想家中的很多人曾亲身参加了洋务运动的实践，这些开明士大夫对西方资本主义的生产方式、科学技术乃至社会政治和经济制度有所了解，也痛感中国的落伍。他们从洋务运动的失败中感到：中国要崛起，仅仅学习西方的科学技术是远远不够的，还要学习西方先进的政治和经济制度。早期维新派都有比较强烈的反对外国侵略、希望中国独立富强的爱国思想，也具有一定程度的反对封建专制制度的民主思想。他们主张以“商战”抵制外国侵略，大力发展民族工商业；主张关税自主，维护国家主权；学习西方变法图强，实行君主立宪制度。这些维新派思想家针对中国现实问题提出的一些改革方案，不同程度上反映了新兴民族资产阶级要求独立发展资本主义和参与政权的要求，顺应了历史发展趋向。早期维新思想虽然没有形成完整的理论体系，而且他们把重心放在理论的宣传上，很少从事实际的政治活动，具有一定的局限性，但却成为后来的资产阶级维新变法运动的思想先导。

1895 年中日甲午战争的惨败和《马关条约》的签订，使风雨飘摇的清政权更加岌岌可危，民族危机进一步加深。亡国灭种的危急局势，深深地刺激着中华民族敏感的神经，民族救亡意识空前高涨。“吾国四千余年大梦之唤醒，实自甲午战败割台湾、偿二百兆以后始也。”① 军事上的失败并没有妨碍这一时期中国民族资本主义的发展。19 世纪末，中国出现了一波兴办资本主义企业的浪潮。随着民族资本主义的初步发展，中国民族资产阶级的经济实力不断增强，他们开始谋求与其经济地位相符的政治地位。中国新兴的民族资产阶级作为新的政治力量登上历史舞台，为维新变法运动奠定了阶级基础。

19 世纪 90 年代初，资产阶级维新派的代表人物康有为就开始宣传维新变法的思想主张。1890 年至 1893 年间，康有为在广州创办万木草堂，聚徒讲学，撰写了《新学伪经考》《孔子改制考》等著作。康有为打着“托古改制”的旗号，将自己的变法思想与中国传统儒家思想结合起来，为维新变法披上了“圣人之道”的合法性外衣，从而为变法维新运动的兴起作了理论准备。1895 年 4 月，正在北京参加会试的康有为等人获悉日本逼签《马关条约》的消息后，激愤难忍。在康有为、梁启超等人的组织和发动下，正在应试的 1300 多名举人联名上书光绪帝，痛陈中国“瓜分豆

① 中国史学会：《中国近代史资料丛刊·戊戌变法》第 1 册，上海人民出版社 1953 年版，第 249 页。

剖”的危亡形势，要求拒签和约，并提出“下诏鼓天下之气，迁都定天下之本，练兵强天下之势，变法成天下之治”四大政治主张，强调变法是“立国自强”的根本大计。这次大规模的联名上书行动史称“公车上书”。上书最终未能送达皇帝手中，但是这次声势浩大、组织有序的政治行动，表明了以康有为为代表的资产阶级维新派正式登上了政治舞台，揭开了变法维新运动的序幕。

公车上书后，为了制造变法舆论，争取更多的支持者和参与者，以康有为、梁启超、谭嗣同、严复等为代表的资产阶级维新派，积极开展各种宣传活动，包括编译著作、创办报刊、组织学会、开设学堂等。资产阶级启蒙思想家严复通过翻译西方著作，系统地介绍了西方资本主义政治学说，其中，以赫胥黎的《天演论》影响最为深远。严复通过翻译《天演论》，宣传了“物竞天择，适者生存”的进化论观点，把“时代必进，后胜于今”作为变法维新的理论依据。严复的这些主张给当时暮气沉沉的中国思想界注入了新的生机与活力。“自严氏书出，而物竞天择之理，厘然当于人心，而中国民气为之一变。”[①] 与此同时，维新派还在各地创办报刊，宣传维新思想。其中影响力较大的包括康有为在北京创办的《万国公报》、梁启超等人在上海创办的《时务报》、严复等人在天津创办的《国闻报》、谭嗣同等人在湖南创办的《湘报》等。1895 年 8 月，由康有为发起、文廷式出面组织的强学会在北京成立，这是第一个维新派政治团体。至 1897 年底，各地维新派共建立学会 30 余个，这些学会有力地推动了各地的维新变法活动。维新派开展的上述宣传活动，扩大了维新思想的影响，使维新变法运动迅速发展起来。在维新派的积极推动下，1898 年 6 月 11 日，光绪帝发布“明定国是”的诏书，宣布实行变法。其主要内容是：政治上，改革行政机构，澄清吏治，提倡向皇帝上书言事。经济上，保护、奖励工商业和交通采矿业，中央设立农工商总局和铁路矿务总局，各省设立商务局；提倡开办实业，奖励发明创造；注重农业发展，提倡西法垦殖，建立新式农场；广办邮政，修筑铁路；在上海、汉口等大城市开办商学、商报，设立商会等各类组织；改革财政，编制国家预决算。军事上，裁减旧式绿营兵，改练新式陆军；采用西洋兵制，练洋操，习洋枪等。文化教育上，创立京师大学堂，各省书院改为高等学府，在各地设立

---

① 胡汉民：《述侯官严氏最近政见》，《民报》第 2 号，1906 年 1 月。

中、下学堂；提倡西学，废除八股，改试策论，开经济特科；设立译书局，翻译外国书籍，派人出国留学；奖励新著，奖励创办报刊，准许自由组织学会。在此后的103天里，接连发布了一系列推行新政的政令，史称“戊戌变法”，又称“百日维新”。但是，维新派推行的这些改革方案，在很多方面触犯了封建守旧势力的利益，遭到了中央和地方守旧派的强烈抵制。9月21日，以慈禧太后为首的守旧势力突然发动政变，囚禁光绪皇帝，发布训政诏书，下令捕杀维新派。在守旧势力的雷霆手段之下，维新人士或被迫出逃海外，或被杀害和囚禁，坚持了103天的戊戌变法至此失败。

维新变法虽然失败了，但是这场运动所产生的深刻的社会影响却是顽固派官僚所无法消除的。“随着每一次社会秩序的巨大历史变革，人们的观点和观念也会发生变革。”① 戊戌维新运动是一次爱国救亡运动，也是一场资产阶级性质的政治改革运动，更是一场资产阶级思想启蒙运动，对社会进步和人们的思想解放起到了重要的推动作用。戊戌维新运动失败的原因是多方面的。从客观上来看，以慈禧太后为首的守旧势力非常强大，而他们所依赖的光绪皇帝没有实权，双方实力对比过于悬殊。从主观上来看，资产阶级维新派由于自身力量弱小，不敢否定封建主义，对帝国主义心存幻想，又脱离人民群众；既没有严密的组织，也不掌握实权和军队，把维新变法的希望压在一个没有实权的皇帝身上。他们自身的局限性注定了维新变法运动失败的命运。

维新变法运动暴露了中国民族资产阶级的软弱性，同时也表明，在半殖民地半封建社会的中国，企图通过统治者走自上而下的改良道路是根本行不通的。要想争取国家的独立、民主和富强，必须用革命手段，推翻帝国主义和封建主义联合统治的半殖民地半封建的社会制度。维新变法运动落幕之后，维新思潮逐渐退出中国思想界的主战场，资产阶级民主革命思潮异军突起，逐步取代了维新思潮，成为时代的主流。

四、辛亥革命与民族资产阶级的新探索

（一）资产阶级民主主义思想的传播与民主革命浪潮的兴起

19世纪后期，随着中国半殖民地化程度的加深，以资本输出为主要形

① 《马克思恩格斯全集》第10卷，人民出版社1998年版，第253页。

式的掠夺性投资成为西方帝国主义列强对华进行经济侵略的新手法，同时商品输出仍在继续扩大。外国资本主义在华经济势力的进一步发展加剧了中国社会自然经济的解体，在客观上为中国民族工商业的发展创造了可能和条件。甲午战败后，面临巨额赔款的财政压力和朝野上下要求“兴办实业”的呼声，清政府放松了对民间设厂的限制，并采取了一些发展民族工商业的措施，从而形成了清末民间投资办厂的热潮。据不完全统计，1895 年至 1898 年间新创办的注册资本在 1 万元以上的商办企业有 60 多家，总资本额达 1200 多万元。这表明中国民族资本主义虽然外有外国资本主义的夹击，内有本国封建主义和官僚资本的排挤，但还是在夹缝中顽强生长。民族工商业的产生和初步发展必然带来中国社会阶级构成和阶级关系的深刻变化，“中国民族资本主义发生和发展的过程，就是中国资产阶级和无产阶级发生和发展的过程”①。新兴的民族资产阶级迫切要求挣脱帝国主义、封建主义和买办官僚资本主义的压迫，为在中国发展资本主义开辟新路。

社会经济关系的变化必然引起社会民众思想观念的变化，而政治局势的变化又会通过社会舆论引导思想文化发展的方向。随着中国民族资本主义经济的初步发展和国内政治局势的进一步恶化，中国传统的社会观念也在悄然发生变化。20 世纪初，科举制度的废除阻断了传统知识分子的入仕之路，以培养八股士人为目的的旧式学堂已无用武之地，新式学堂开始在全国广泛建立。据统计，1902 年有新式学堂 35787 所，学生 1006743 人，1909 年达到 59117 所和 160 万人以上，1912 年增至 87272 所和 2933387 人②。此外，这一时期还出现了出国留学的热潮。这些新式学堂培养的毕业生和接受了西方教育的留学生构成了近代新式知识分子的主体。这些新式知识分子在不同程度上接受了新思潮、新观念的洗礼，在传统的途径之外寻求着新的救国道路。同时，维新变法运动的失败，使他们看到了渐进改良道路的局限性，他们转而把目光聚焦到资产阶级民主革命思想上。20 世纪初，在国家朝不保夕、民众水深火热的严峻形势下，以民族资产阶级和小资产阶级为主体的新式知识群体掀起了一场以挽救民族危亡为主题、以传播资产阶级民主主义思想为指向的热潮。在这一过程中，民主革命思潮在

---

① 《毛泽东选集》第 2 卷，人民出版社 1991 年版，第 627 页。

② 参见费正清：《剑桥中国晚清史　1800—1911》（下），中国社会科学院历史研究所编译室译，中国社会科学出版社 1985 年版，第 641 页。

中国思想界逐渐占据主导地位，成为资产阶级革命运动的理论先声。

20 世纪的最初几年里，大批宣传革命的报刊如潮般涌现，其中影响较大的有《开智录》《国民报》《游学新编》《湖北学生界》《浙江潮》《觉报》《中国白话报》《警钟日报》等。同时还出现了一批宣传革命思想的书籍，公开向人们宣传民族民主革命的思想主张，为资产阶级革命制造舆论。其中，影响最大的是章炳麟的《驳康有为论革命书》、邹容的《革命军》和陈天华的《警世钟》《猛回头》。章炳麟曾参与过维新变法，但是维新的失败使他看清了在中国实行改良的不可行性，从而转向革命立场。1903 年 6 月，章炳麟发表《驳康有为论革命书》。针对康有为宣扬的"公理未明、旧俗俱在之民，不可革命而独可立宪"的谬论，章炳麟进行了针锋相对的驳斥："公理之未明，即以革命明之；旧俗之俱在，即以革命去之。革命非天雄大黄之猛剂，而实补泻兼备之良药矣。"① 这篇文章在当时引起了很大反响，帮助许多知识分子抛弃改良幻想，走向革命道路。宣传民主革命思想的另一位杰出代表邹容，1903 年 5 月在上海发表盛极一时的《革命军》一书。该书以西方的资产阶级民主革命理论为武器，从正面论证中国进行革命的合理性和必要性。他在书中呼吁中国也应该按照西方的模式建立"中华共和国"。《革命军》出版后，人们争相阅读，交口赞誉它应成为"国民教育之第一教科书"。鲁迅先生后来也曾评价道："倘说影响，则别的千言万语，大概都抵不过浅近直截的'革命军马前卒邹容'所做的《革命军》。"② 爱国志士陈天华愤懑于帝国主义瓜分中国的恶行，决定"日作书报以警世"，先后撰写了《警世钟》和《猛回头》两本小册子。这两部书以强烈的爱国热情和革命激情痛斥了帝国主义对中国的无耻侵略，鞭挞了清政府的腐朽无能和卖国劣行，呼吁人们要想抵制帝国主义对中国的侵略和清政府的反动行径，只能依靠自身的革命，对外抵抗帝国主义，对内推翻"洋人的朝廷"。陈天华的这两本小册子也成为当时宣传革命的号角和警钟。

在传播民主革命思想的过程中，革命党人开始集结革命力量，建立革命组织。孙中山是中国资产阶级民主革命的先行者，他早期也曾信仰过改良主义社会思潮，但是甲午战争失败的残酷现实打破了他对改良的最后一丝幻想。他逐渐认识到，点滴改良无法拯救已经病入膏肓的清政府，要想

---

① 汤志钧编：《章太炎政论选集》上册，中华书局 1977 年版，第 203、204 页。

② 《鲁迅全集》第 1 卷，人民出版社 2005 年版，第 234 页。

解决中国的问题必须依靠暴力革命推翻清政府的腐朽统治。从此，孙中山走上了资产阶级革命的道路。为了组织革命力量，宣传革命思想，1894 年秋，孙中山在檀香山成立了中国最早的资产阶级革命团体——兴中会。在孙中山亲自草拟的《兴中会章程》中，他明确提出了“振兴中华，维护国体”的立会宗旨，还提出了“驱除鞑虏，恢复中华，创立合众政府”的愿望。兴中会的成立是孙中山从事民主革命运动开始的标志，也是中国资产阶级民主革命运动的开端。在兴中会的影响和带动下，各种各样的资产阶级革命团体在海内外纷纷建立起来。黄兴和蔡元培等人相继组织了华兴会、光复会等革命团体，华兴会以“驱除鞑虏，复兴中华”为口号，光复会以“光复汉族，还我河山，以身许国，功成身退”为宗旨。这些革命团体的建立和国内革命形势的迅速发展，表明建立统一的资产阶级革命政党的条件已经成熟。在孙中山、黄兴、宋教仁等人的发起和组织下，1905 年 8 月 20 日，中国第一个资产阶级革命政党——中国同盟会在日本东京正式成立。在成立大会上通过了《中国同盟会总章程》，接受了孙中山提出的“驱除鞑俘，恢复中华，创立民国，平均地权”为政治纲领，选举孙中山为总理，设立执行、评议、司法三个部，总部暂设东京，国内设立五个支部，海外设四个支部。同盟会的主要成员是中小资产阶级及其知识分子，成立仅一年的时间，成员便发展到万余人。同盟会的成立，标志着资产阶级革命派在组织上确立了革命领导权，标志着中国资产阶级民主革命开始走向成熟，也标志着中国资产阶级民主革命进入了一个崭新的阶段。从此，资产阶级革命浪潮在中华大地上风起云涌。

（二）民主革命纲领的制定与资产阶级共和国方案

同盟会成立后，孙中山于 1905 年 11 月在其机关刊物《民报》上发表“发刊词”，将同盟会“驱除鞑虏，恢复中华，创立民国，平均地权”的十六字纲领阐发为民族、民权、民生三大主义，即三民主义。它是孙中山所倡导的民主革命纲领，是对其民主革命思想的高度概括。1906 年 6 月，孙中山又对三民主义的内容做了进一步的阐发。民族主义的基本内容是“驱除鞑俘、恢复中华”，即民族或种族革命，包含着“反满”和独立两个层面。民族主义是要用武力推翻清政府的统治，建立国内各民族平等、对外各国家独立的民族国家，而并不是一味地排斥一切满族人，而是反对危害国家、压迫国内其他民族的满族统治者，“民族主义，并非是遇着不同族的人，便要排斥他”[①]。民权主义的基本内容是“创立民国”，即政治革命，包含国体与政体两个方面的内容，是三民主义的核心。民权主义的目的就是要通过暴力革命推翻封建专制统治，建立资产阶级民主共和国，即经由“国民革命”的途径推翻封建帝制，代之以民主立宪的共和制度，结束“以千年专制之毒而不解”的严重状态。民生主义的基本内容是“平均地权”，即社会革命，具体可归结为土地和资本两大内容。土地问题的核心就是核定地价。孙中山认为：“当改良社会经济组织，核定天下地价。其现有之地价，仍属原主所有；其革命后社会改良进步之增价，则归于国家，为国民所共享。”[②] 核定地价之后，通过涨价归公和按原价购买的方法，逐步剥夺地主对土地的所有权，实现土地国有化，避免西方社会业已出现的贫富分化和资产阶级与无产阶级日益尖锐的阶级对立，实现“社会革命”。孙中山的土地政策，主要借鉴于西方古典资产阶级经济学家的地租论，特别是美国经济学家亨利·乔治的单一税学说，主张把地主的地租作为国税征收以达到土地国有。在有关资本的问题上，孙中山把发展社会经济的途径归结为“节制资本”和发展“国家社会主义”，即将“不能委诸个人及有独占性质”的大实业（如铁路、电气和水利等）皆归国有。孙中山认为这既可“防资本家垄断之流弊”，又得以“合全国之资力”，既最大限度地发展资本主义，又可以规避资本主义带来的过分贫富差距问题。

三民主义政治纲领批判地承袭了农民战争和维新运动的积极内容，从西方借取了民主主义思想素材，成为中国近代社会中具有比较完全意义的民主革命纲领。它反映了半殖民地半封建社会的主要矛盾，表达了人民群众争取独立、民主和富强的愿望，反映了中国民族资产阶级的政治、经济要求，表达了中国人民争取民族独立和民主权利的强烈愿望，为资产阶级革命运动的发展提供了理论武器。列宁曾称赞它“字里行间都充满了战斗的、真诚的民主主义”，“是带有建立共和制度要求的完整的民主主义”，“是真正伟大的人民的真正伟大的思想”[③]。

孙中山的三民主义学说，初步描绘了脱胎于西方的资产阶级共和国方案，是一个比较完整而明确的资产阶级民主革命纲领。这一方案的核心思

① 《孙中山选集》第 1 卷，人民出版社 2011 年版，第 85 页。
② 《孙中山选集》第 1 卷，人民出版社 2011 年版，第 82 页。
③ 《列宁选集》第 2 卷，人民出版社 1995 年版，第 291 页。

想是：通过资产阶级民主革命推翻清王朝统治，建立资产阶级民主共和国，走资本主义道路。由于这时西方资产阶级的这一方案已经出现选举舞弊、议院专制等弊病，为了防止欧美现行制度之流弊，孙中山结合中国的国情，在西方资产阶级政治学说行政、立法、司法三权分立的基础上，借鉴中国古代官制的一些做法，把考试从行政中，监察从立法中分离出来，创立“五权分立”的国家体制，具有一定的历史进步性。但是，由于时代和阶级的局限，孙中山的三民主义纲领还不是一个彻底的资产阶级民主革命纲领。民族主义主张民族独立，但是它的重点放在如何解决国内的民族压迫上，没有明确地、彻底地提出反对国外压迫即反对帝国主义的内容，这决定了他们的民族革命不可能彻底。民权主义偏重对政体的设计和擘画，对国内各阶级在国家政权中的地位缺乏明确的说明。民生主义虽然提出了土地国有的主张，但是它的土地纲领不够彻底，核定地价的改良方法不可能从根本上废除封建土地所有制，因此它不能满足农民分得土地要求的社会革命得不到广大农民的支持，也不可能彻底调动农民革命的积极性，“平均地权”只能流于形式。

三民主义学说的提出，响应了中国人民渴望民族独立和获得民主权利的心声，对推动革命事业的发展产生了积极的影响。但是，这一设想随着辛亥革命果实被袁世凯篡夺，只能沦为空想。后来资产阶级领导的“二次革命”、护国运动、护法运动等一系列革命实践的失败再次证明：在半殖民半封建社会的特殊国情下、在资产阶级革命派的软弱与妥协下，资产阶级共和国方案注定无法在中国落地生根。

（三）辛亥革命及其历史意义

同盟会成立后，在三民主义革命纲领的指导下，革命党人进行了广泛的革命宣传和鼓动工作，并在各地从事实际的革命活动。他们积极联络会党和新军，集结力量，先后组织和发动了一系列武装起义，如广东潮州黄冈起义、惠州七女湖起义、广西镇南关起义、云南河口起义，以及著名的广州起义等。这些起义虽然相继失败，但它反映了资产阶级革命党人反封建的革命斗志，在全国民众中扩大了革命影响、壮大了革命声势。由于革命形势已经成熟，湖北革命团体共进会和文学社在同盟会的推动下，决定联合行动，以湖北新军为主力在武昌发动武装起义。1911 年 10 月 10 日晚，驻武昌的新军工程第八营的革命党人打响了起义的第一枪。起义军一夜之间就占领武昌，取得首义的胜利。革命军在三天之内就光复了武汉三镇，成立了湖北军政府。武昌起义的胜利和湖北军政府的建立，点燃了全国革命的烈火。在一个月内就有 13 个省份宣布起义或独立，脱离清政府的统治。统治缺口一旦被打开，腐朽的清王朝就迅速土崩瓦解。全国革命形势的迅猛发展，要求建立一个统一的中央政权。1912 年 1 月 1 日，孙中山在南京宣誓就任中华民国临时大总统，定 1912 年为民国元年，成立中华民国政府，并制定了具有资产阶级共和国宪法性质的《中华民国临时约法》，颁布了一系列充满民主共和精神的政策和法令。1912 年 2 月 12 日，清帝发布退位诏书，在中国延续了两千多年的封建帝制终于覆灭。从此，民主共和国的旗帜开始在中国大地上迎风飘扬。

辛亥革命是 20 世纪中国所发生的第一次历史性巨变，是一次比较完全意义上的资产阶级民主革命，是中国人民为救亡图存、复兴中华而奋起革命的一个里程碑。“中国反帝反封建的资产阶级民主革命，正规地说起来，是从孙中山先生开始的。”① 辛亥革命的成功，为中国先进分子探索救国救民的道路拓展了视野，为中国的进步潮流开启了闸门，具有深远的历史意义。第一，辛亥革命终结了清王朝的统治，结束了统治中国两千多年的封建君主专制制度，建立了中国历史上第一个资产阶级共和国政府，使民主共和的观念深入人心。辛亥革命以后，“谁要再想做皇帝，就做不成了”②。从此，高高在上的皇帝被拉下神坛，人民的民主权利开始得到张扬。第二，辛亥革命推翻了“洋人的朝廷”，沉重地打击了帝国主义的侵略势力。此后，帝国主义不得不一次次地重新培植在华代理人，但是却再也找不到比能够控制全局的清王朝更趁手的统治工具，这就在一定程度上为中国人民进一步探索民族独立和人民解放的革命道路扫清了障碍。第三，辛亥革命不仅是一次革命运动，而且是一场深刻的思想启蒙运动。它开阔了人们的视野，提高了人们的政治热情，促进了民族觉醒，打开了思想进步的闸门，加速了人们的思想观念、生活方式、风俗习惯等诸多方面由传统到现代的转变，给中国社会带来了新面貌，开创了新风气。此外，辛亥革命极大地促进了亚洲的觉醒，推动了亚洲各国民族解放运动的高涨。“中国人民的革命斗争具有世界意义，因为它将给亚洲带来解放并将破坏欧洲资产阶级的统治。”③

---

① 《毛泽东选集》第 2 卷，人民出版社 1991 年版，第 563 页。

② 《毛泽东文集》第 6 卷，人民出版社 1999 年版，第 346 页。

③ 《列宁全集》第 21 卷，人民出版社 1990 年版，第 163 页。

中华民国临时政府成立后，南方局势暂时得到稳定，但是北方大部仍然控制在大军阀袁世凯的手中。由于袁世凯根基雄厚，实力强大，南方阵营内部的革命党人不希望与其硬碰硬。此外，帝国主义的干涉使得国内局势更加复杂，迫于内外压力的革命党人不得不对假意拥护共和的袁世凯作出妥协和让步。1912 年 3 月 10 日，北洋军阀首领袁世凯在帝国主义和国内反动势力以及附从革命的旧官僚、立宪派的共同支持下，在北京宣誓就任临时大总统，逐步建立起代表大地主和买办资产阶级利益的北洋军阀政权。南京临时政府只存在了三个月便夭折了，辛亥革命的果实最终为袁世凯所窃取。

辛亥革命的失败，是各方面因素综合作用的结果。客观上讲，半殖民地半封建社会的特殊国情，决定了资产阶级共和国方案无法在中国落地生根。尽管当时先进的中国人民真诚地希望把中国建设成为资产阶级共和国，但是，中国是帝国主义的半殖民地，帝国主义列强决不容许中国建立一个独立、富强的资产阶级共和国，从而使自己白白丢掉中国这块地域辽阔、资源丰富的大“肥肉”。除此之外，在中国建立资产阶级共和国也为封建势力所不容。为了维护自己的既得利益，代表大地主大资产阶级的北洋军阀必然会想尽一切办法扼杀革命势力。因此，在某些方面具有一致利益的帝国主义和国内封建势力一拍即合，结成反革命的大联盟。它们无所不用其极，用政治、军事、外交、经济、财政等各种手段来破坏、干涉中国革命。辛亥革命就是在帝国主义和以袁世凯为代表的国内反动势力的联合绞杀下悲壮落幕的。从主观方面来说，辛亥革命的失败是它的领导者资产阶级革命派本身存在的许多弱点和错误造成的。第一，他们没有提出彻底的反帝反封建的革命纲领。他们虽然主张民族革命，但是并没有提出明确的反帝口号，甚至幻想通过妥协退让来换取帝国主义对中国革命的承认和支持。他们只强调“反满”和建立共和政体，并没有认识到必须向整个封建统治阶级“开枪”，最后被袁世凯阴谋窃取了政权。第二，不能充分发动和依靠人民群众。中国民族资产阶级与帝国主义和本国封建势力有着千丝万缕的联系，因而不敢依靠反帝反封建的主力军农民群众，使革命的根基显得相当单薄。而且，资产阶级革命派虽然提出民生主义，但是不敢彻底反对封建地主土地所有制，没有满足农民获得土地的强烈愿望，因而无法动员广大的农民群众。第三，资产阶级革命派缺乏一个坚强有力的革命政党，作为团结一切革命力量的强有力核心。同盟会建立后缺乏严密的组织和纪律，实际上是一个各自为政、松散的政治联盟。而且，其成员对同盟会纲领的态度存在很大分歧，理解上也存在很大差异，这就使得他们不能紧密地团结起来形成强大的战斗力。袁世凯能够窃取革命果实，与同盟会的涣散、内部成员政见各异不无关系。

资产阶级革命派的上述弱点和错误，根源于中国民族资产阶级的软弱性和妥协性。辛亥革命仅仅赶走一个皇帝，却没有能够改变封建主义和军阀官僚政治的统治基础，无法完成反帝反封建的根本任务。辛亥革命的失败表明，在帝国主义和封建势力异常强大的半殖民地半封建的中国，资产阶级共和国方案根本行不通，中国革命期待新的领导阶级和新的革命道路。正如林伯渠后来在回顾自己的思想历程时所说："辛亥革命前觉得只要把帝制推翻便可以天下太平，革命以后经过多少挫折，自己所追求的民主还是那样的遥远，于是慢慢的从痛苦经验中，发现了此路不通，终于走上了共产主义的道路，这不仅是一个人的经验，在革命队伍里是不缺少这样的人的。"①

五、新文化运动的思想启蒙

辛亥革命后，曾经一度让中国人民欢欣鼓舞的民主共和政体随着袁世凯对革命果实的窃取成为空中楼阁，资产阶级革命派所推崇的多党制、议会制也沦为各派军阀、官僚、政客争权夺利的工具。原有的憧憬沦为空想，中华民国的成立并没有给人们带来预期的民族独立与社会进步。相反，袁世凯企图以承认日本提出的灭亡中国的"二十一条"而妄图恢复帝制的倒行逆施又让中国一天一天地沉入黑暗里。旧的道路走不通了，环境迫使人们重新考虑中国的前途命运问题，一场更大规模的席卷整个中国的革命风暴在酝酿和蓄力。五四运动前的新文化运动既是对辛亥革命失败教训的总结，又是迎接新的革命风暴的前奏。

面对日益糟糕的国家状况，一批具有使命感和新思想的知识分子开始进行新的反思和探索。复辟帝制危机的加剧和尊孔复古逆流的兴起，使他们开始意识到，中国革命之所以一次次的失败是因为中国民众的不觉悟。陈独秀认为，"所谓立宪政体，所谓国民政治，果能实现与否，纯然以多数国民能否对于政治，自觉其居于主人的主动的地位为唯一根本之条件"②，而中国民众则对政治了无兴趣，"吾国之维新也，复古也，共和也，帝政也，皆

① 林伯渠：《荏苒三十年》，《解放日报》1941 年 10 月 10 日。

② 《陈独秀文章选编》上册，生活·读书·新知三联书店 1984 年版，第 107 页。

政府党与在野党之所主张抗斗，而国民若观对岸之火，熟视而无所容心”，其结果只能是，“不过党派之胜负，于国民根本之进步，必无与焉”①。陈独秀深刻地认识到：“盖伦理问题不解决，则政治学术，皆枝叶问题。纵一时舍旧谋新，而根本思想，未尝变更，不旋踵而复旧观者，此自然必然之事也。”② 因此必须通过一场思想文化战线上的反封建斗争来改造国民性，启发民智，把人们从封建思想的枷锁中解放出来。随后，以陈独秀、李大钊、胡适、鲁迅等为代表的资产阶级民主主义知识分子在思想文化领域掀起了一场声势浩大的新文化运动。

以 1915 年 9 月陈独秀在上海创办《青年杂志》为标志，新文化运动正式兴起。一年后，《青年杂志》改为《新青年》。1917 年，陈独秀受聘北京大学文科学长，《新青年》杂志编辑部随之迁往北京，陈独秀、李大钊、鲁迅、胡适、钱玄同、刘半农、高一涵、周作人、易白沙、吴虞等成为主要撰稿人。蔡元培出任北京大学校长后，邀请了许多具有新思想、提倡新文化的新派人物前去任教。由此，北京大学和《新青年》杂志编辑部成为新文化运动的主要活动阵地。《新青年》在创刊时曾表示“批评时政，非其旨也”，但这并不表明它不问政治。实际上，它在思想文化领域开展的反封建斗争是和现实政治密切相关的。反对旧思想、旧文化，其实就是对旧政治的声讨。出于对辛亥革命的反思，新文化运动的倡导者们不愿意重蹈覆辙，在民智未开时就开展现实的政治斗争，而是力图通过思想的启蒙来促进政治的根本变革。

新文化运动的基本口号是民主和科学，即德先生（democracy）和赛先生（science）。初期的新文化运动把攻击的矛头集中指向统治中国两千多年的以纲常名教为核心的封建主义思想文化，大力提倡新道德，反对旧道德；提倡新文学，反对旧文学；提倡民主和科学，反对专制和迷信。面对群众思想蒙昧、迷信无知的状况，陈独秀大声疾呼：“国人而欲脱蒙昧时代，羞为浅化之民也，则急起直追，当以科学与人权并重。”③ 新文化运动在民主和科学两面大旗的指引下，对传统封建礼教进行了猛烈的攻击和无情的鞭挞，号召人们“冲决过去历史之网罗，破坏陈腐学说之囹圄”，在中国大地上刮起了思想解放的大旋风。

---

① 《陈独秀文章选编》上册，生活·读书·新知三联书店 1984 年版，第 104 页。
② 《陈独秀文章选编》上册，生活·读书·新知三联书店 1984 年版，第 144 页。
③ 陈独秀：《敬告青年》，《青年杂志》第 1 卷第 1 号，1915 年 9 月 15 日。

初期的新文化运动，从根本上说仍然是资产阶级的新文化反对封建阶级的旧文化的斗争。新文化运动的参与者号召人们冲破封建主义的牢笼，目的是要“建设西洋式之新国家，组织西洋式之新社会”，即建设资产阶级共和国。因此，他们在思想上一般还没有超出资产阶级民主主义的范围。他们“所追求的还只是个人的解放，而不是全体劳动人民的解放，因而，仍不能给灾难深重的中国人民指明真正的出路”①。尽管如此，新文化运动的伟大意义是不容忽视的。它冲破了封建主义思想文化的牢笼，营造了自由宽松的思想文化氛围，使中国的知识分子特别是广大新青年受到一次西方民主与科学思想的洗礼，在中国大地上刮起了思想解放的飓风，使各种新思想、新主张在中国充分涌流。新文化运动打开了思想解放的闸门，使得包括马克思主义在内的各种新思潮在五四前后得到迅速传播。正是在对各种新思潮的反复鉴别和比较的过程中，中国的先进知识分子选择和接受了马克思主义作为拯救国家、改造社会的思想武器。

第三节 民族复兴道路探索中的社会思潮交锋

社会思潮是一定历史时期内，反映一定阶级或阶层的利益和要求并对社会生活产生广泛影响的思想趋势或倾向。它有涨有落、有起有伏，是一个动态的思想过程。社会思潮作为一种社会意识，是一定时期社会存在的反映，是社会气候的“晴雨表”和“风向标”。社会思潮最活跃的时期往往是社会大变革、大调整时期。1840 年的鸦片战争无情地揭开了近代中国的帷幕。从此，山河震荡、骚乱迭起。“历史事件总能够将最尖锐的社会问题以最直接的方式暴露无遗。”一次次战争的失败、一次次丧权辱国条约的签订、一次次尊严的被践踏，使得闭关锁国的清王朝再也无法照旧演绎下去了，出现了“三千年未有之大变局”。然而，社会急剧变迁的时代也是文化昂首前进之时代。“近代中国短短百余年，各种社会思潮纷至沓来，它们派系林立，内容庞杂，交迭消长，互相激荡……汇聚成了一股股改造近代中国社会的思想巨流，构成了一幅绚丽多彩而又独具特色的近代中国百年思想景观图。”②

---

① 胡绳主编：《中国共产党的七十年》，中共党史出版社 1991 年版，第 8 页。

② 孙建华：《马克思主义中国化思想通史》第 1 卷，人民出版社 2019 年版，第 77—78 页。

一、经世致用思潮与辞章考据之学的较量

清王朝建立后，程朱理学被尊崇为官方哲学，占据思想界和学术界的统治地位。与此同时，为了维护自身的绝对权威，清朝统治者在思想文化领域推行文化专制主义，对于文化异端及一切不利于自身统治的文化思想采取高压政策，大兴文字狱。这种严酷的政治钳制窒塞了学术思想的自由发展，造成了整个社会文化空疏、万马齐喑的沉闷局面。为了逃避文字狱的迫害，一大批知识分子选择束发就学，不问世事，专心从事整理古籍、考据训诂等工作，从而使乾嘉考据学盛极一时。这种脱离实际的辞章考据之学使清代大多数知识分子埋头于故纸堆里，皓首穷经，昧于世界发展大势。随着清王朝在第一次鸦片战争中的惨败和社会全面危机的出现，一部分忧国忧民、心怀天下的地主阶级开明知识分子开始走出书斋，开眼看世界，主要代表人物包括林则徐、魏源和龚自珍等。林则徐在广州禁烟期间，就开始注意研究各国情况，并主持编译了《四洲志》，介绍西方地理、政治和风土人情。《四洲志》是中国人了解西方、走向世界的重要启蒙读物，林则徐也因此被称为中国“开眼看世界”的第一人。鸦片战争失败后，魏源通过了解“夷情”和总结战争失败教训，在林则徐的《四洲志》的基础上，增补了大量中外资料，写成《海国图志》一书，提出了“师夷长技以制夷”的主张，这一主张对后世产生了深远的影响。以林则徐、魏源为代表的这一部分人因其所倡导的经世致用思想被称为“经世派”，他们针砭时弊，主张面向现实，关注国家命运，学习“夷情”，了解世界大势。这股思潮被称为经世致用思潮，它是在中国被迫卷入世界现代化潮流之后，原来不问世事、埋头书斋的考据之学已经不能适应时代要求的情况下复兴的一种思潮。这一思潮更多地体现了中国传统文化的实用精神和儒家的入世情怀，成为近代中国最早向西方学习、最早探索中国前途和命运的思潮。同时，它拓宽了当时如“井蛙”般闭目塞听的中国人的眼界，成为第二次鸦片战争之后出现的洋务思潮的前导和先声。经世思潮在近代中国人学习西方的进程中起到了开风气之先的作用，它的面向世界、面向现实的致思取向使它在与考据之学的较量中逐渐占据上风，最终被时代选择。

二、洋务思潮与顽固思想的交锋

19 世纪五六十年代，面对内忧外患的双重夹击，清王朝陷入了更加严

重的统治危机。一方面，以太平天国运动为中心的大起义冲击着清王朝的颓垣残壁，对其虎视眈眈；另一方面，欲壑难填的西方列强为了攫取更大的利益，伺机发动了第二次鸦片战争，强迫清王朝签订了又一批不平等条约，对其步步进逼。面对“数千年来未有之变局”和“数千年来未有之强敌”①，清朝统治集团内部出现了分化，开始出现一个主张学习西方先进科学技术来挽救日渐颓败的封建王朝的洋务派。这些洋务派官僚，在中央以恭亲王奕䜣为代表；在地方以曾国藩、李鸿章、左宗棠、张之洞等为代表。他们承继了林则徐、魏源的“师夷长技以制夷”的思想，以“中学为体，西学为用”为指导思想，以“自强”和“求富”为口号，主张通过学习西方的“器”与“技”，建立起自己的实业体系，从而达到“富国强兵”的目的。在此思潮影响之下，一场轰轰烈烈的、“变事”不“变制”的洋务运动在中国大地兴起。这场运动从19世纪60年代持续到90年代，涉及的范围极为广泛，包括兴办近代军事工业和民用工业、建立新式海军、创办新式学堂、培养各式洋务人才等等。但是，洋务运动的发展并不是一帆风顺的，它受到了统治集团内部另一股势力——顽固派的层层阻挠。以大学士倭仁为代表的顽固派因循守旧、盲目排外，认为西方的科学技术不过是“奇技淫巧”，他们高喊“立国之道，尚礼仪不尚权谋，根本之图，在人心不在技艺”，反对向西方学习；同时，他们主张“以忠信为甲胄，礼义为干橹”来捍卫中华，抵御外侮。洋务派和顽固派在要不要向西方学习这一问题上发生多次激烈论战，说到底，双方论战的实质是清王朝统治集团内部开明与守旧的不同政见之争，根本目的都是维护清朝统治。通过论战与交锋，洋务派宣传了“向西方学习”的思想，进一步开通了社会风气，洋务运动也冲破顽固派的重重阻挠，在举步维艰中发展了起来，开启了中国近代化诸多领域之先河。

三、维新思潮与守旧思想的论战

甲午战争的惨败，宣告了洋务运动的全面失败，表明了洋务派主张的在不改变中国原有社会制度的前提下，通过学习西方的“器物”与“技术”，以此来实现国家富强这一想法是根本行不通的。30多年“隔靴搔痒”的学习未能习得救国救民的良方，更无法从根本上改变中国落后的现状。

---

① 《李文忠公全集·奏稿》卷二四《筹应议海防折》。

“泱泱大国”竟然败给了“弹丸小国”，这一奇耻大辱极大地刺激着中国人的民族自尊心，进一步唤醒了国人的民族救亡意识。梁启超说：“吾国四千余年大梦之唤醒，实自甲午战败割台湾、偿二百兆以后始也。”① 甲午战争后，民族危机的加深、民族资本主义的初步发展，把民族资产阶级及其知识分子推上了历史的舞台，以康有为、梁启超为领袖的维新派接过了历史的接力棒，维新思潮逐渐拉开帷幕。

维新派大力宣传西方的资产阶级民主思想，主张兴民权、开议院，要求变革封建君主专制制度，在中国实行君主立宪，为中国走资本主义道路创造条件。为了制造变法舆论，推动变法成功落地，以康有为、梁启超、谭嗣同、严复等为代表的资产阶级维新派，积极开展各种活动，宣传变法图强思想。例如：康有为编写了《新学伪经考》、《孔子改制考》，借孔子托古改制来为变法维新制造理论根据和历史根据；梁启超以《时务报》为阵地，宣传西学、鼓吹维新变法；严复翻译赫胥黎的《天演论》等著作学说为变法摇旗呐喊。这些宣传活动使西方资产阶级的观点学说比较系统完整地呈现在国人面前，不仅开阔了国人的视野，更开启了民智，对社会进步和人们的思想解放起到了重要的推动作用。

这样一种维新思潮遭到了守旧势力的强烈反感和阻挠，双方在1898年展开了一场激烈的论战，论战主要围绕三个方面展开。论战一，要不要变法。维新派主张：“变者天下之公理也”，只有维新变法，革除积弊，才能挽救中国，实现自强。守旧派则认为：“祖宗之法不可变”，反对改变封建纲常伦理，指责维新思想是“异端邪说”。论战二，是否兴民权，设议院，实行君主立宪。维新派运用西方资产阶级政治学说，对封建君主专制制度作了批判。他们认为“君末也，民本也”，君主是由民众选举出来的，民既能举君，亦能废君，这就从根本上否定了君主专制制度的合理性。他们还认为，“欲兴民权，宜先兴绅权”，即首先要为正在向资产阶级转化的士绅阶层争取政治地位，实现君主立宪制度。守旧派则认为民权之说无一益而有百害，把兴民权，设议院，实行君主立宪看作是败坏纲纪的大逆不道之举。论战三，是否废八股，改科举，兴西学。守旧派反对西学，坚决维护能够巩固封建统治的科举制度，把西方近代科学技术斥为“奇技淫巧”。维新派则痛斥八股取士的科举制度是统治者“牢笼天下”的愚民政策，认

① 中国史学会：《中国近代史资料丛刊·戊戌变法》第1册，上海人民出版社1953年版，第249页。

为要救中国必须废八股，改科举，办学堂，兴西学。维新派与守旧派的这场论战，实质上是资产阶级思想与封建主义思想在中国的第一次正面交锋，论战所涉及的范围十分广泛，进一步开阔了国人的眼界，解放了长期受到束缚的人们的思想。通过论战，维新思潮逐渐成为主流，西方资产阶级的政治学说在中国得到进一步的传播，随后，如火如荼的戊戌变法运动应运而生。

四、革命思潮与改良思想的论战

资产阶级改良派和革命派几乎同时登上中国政治舞台。但是在维新变法之前，资产阶级革命派的影响甚微弱小，由于人们对清政府还抱有一丝幻想，希望它能通过自身的改革达到国富民强，因而这一时期资产阶级改良派占据社会思潮的上风。但是，清政府对维新变法的绞杀证明，在清政府还在继存的情况下在中国实行改良只是人们一厢情愿的善良愿望。维新变法失败后，康有为、梁启超逃亡国外，资产阶级革命派的影响逐渐扩大，1905 年同盟会的成立使革命成为时代的主流。但是康有为、梁启超等人仍然坚持以社会改良的途径解决中国的社会问题。这样，资产阶级革命派与改良派之间的论战就不可避免地爆发了。1905 年至 1907 年间，革命派与改良派的论战达到了高潮。资产阶级革命派以《民报》为主要阵地，资产阶级改良派以《新民丛报》为主要舞台就中国应该实行革命还是改良等问题，展开了激烈的辩论。

辩论主要围绕三个问题展开。一是要不要以革命的手段推翻清政府。改良派认为，在当时的中国不能实行革命，因为革命必然要引起社会下层的暴乱，中国社会会出现失控的状态，招致外国的干涉，帝国主义会进一步瓜分中国，会使中国血流成河、亡国亡种，所以要讲爱国只能讲改良、立宪，而不能进行革命；而革命派认为，清政府已经成为洋人的朝廷，已经成为中国进步的最大障碍，只要清政府还存在就不能避免中国遭受帝国主义瓜分、奴役的命运，因而要想使中国避免这种厄运，只有进行革命用武力推翻清政府一途，只有这样，中国才能获得解放，民族才能得以独立，社会才能得以进步。二是要不要废除帝制，实行共和。改良派认为，中国人民智力不逮，国民恶劣，不具备充当共和国民的资格，没有实行民主共和的能力，如果实行民主共和必然招致亡国，所以在中国最好的办法是实行君主立宪；而革命派认为，民主共和是社会发展的大趋势，是人心所向，要想拯救中国与建设中国，都必须“取法乎上”，直接推行民主制度，而不能以国民素质低劣为借口，搞君主立宪甚或开明专制。只有“兴民权，改民主”，才是中国的唯一出路。中国国民有颠覆专制制度、建立民主共和的能力。因而，中国只能走民主共和之路。三是要不要维护封建土地所有制。改良派认为，中国的经济社会组织优良，无贵族制度，赋税极轻，社会贫富差距不大，因而反对废除封建土地所有制，反对土地国有，反对平均地权，认为如果平均地权，必然引起下层社会民众的骚乱，引起国内大乱，阻碍社会的进步。革命派认为，必须在政治革命的同时进行社会革命，废除封建土地所有制，通过平均地权达到土地国有，只有这样才能避免贫富不均等社会问题的出现，才能推动中国社会的进步。

虽然在论战中，资产阶级革命派还有诸多致命的弱点，如没有论及帝国主义对中国的危害、没有攻击支持清政府的汉族地主阶级、对劳动群众在革命中的重要作用也鲜有提及、在宣传中有种族主义情绪等等，这些弱点的出现不是偶然的，而是由中国资产阶级的软弱性和妥协性所决定。但是，由于资产阶级革命派代表了当时中国社会发展的潮流，因而这场论战以革命派的胜利而结束。这次大的论战，对中国资产阶级民主革命意义重大，它划清了革命与改良的界限，使民主革命思想得到进一步传播，使一批资产阶级、小资产阶级知识分子摆脱了改良思想的影响，走上了革命道路，从而为民主革命高潮的到来奠定了思想基础和社会基础。

五、民主科学思潮与复辟复古思潮的角逐

辛亥革命之后，清帝退位，民国肇造，彼时的国人对民主共和充满希望。但是，辛亥革命的果实被反动阶级的代表袁世凯窃取后，民主共和制度逐步遭到破坏，中国进入了北洋军阀的黑暗统治时期。在遭遇了一系列的复辟闹剧与军阀混战后，国人对民主共和的幻想彻底破灭。与政治上的复辟倒退相呼应，篡夺革命果实后的北洋政府还在思想文化领域掀起了一股尊孔复古的逆流。复辟帝制危机的加剧以及尊孔复古逆流的兴起，使一批怀揣新思想、具有使命感的知识分子开始进行新的反思和探索。为什么学习西方资本主义，却还是改变不了中国落后的现状？这些受过新思想熏陶的爱国知识分子认为这是中国几千年守旧的传统文化导致的，要想改变这一面貌，必须从思想文化上来一个彻底的变革，把人们从封建的思想枷锁中解放出来。1915 年，陈独秀在上海创办《青年杂志》（次年改为《新

青年》)。以《新青年》的编撰和出版为标志，一场全新的思想启蒙运动——新文化运动蓬勃兴起。它高举民主和科学的大旗，对传统守旧的封建思想文化进行了猛烈的抨击。新文化运动的领袖陈独秀最先抨击“尊孔复古”的逆潮，提出要彻底“打倒孔家店”，反对三纲五常这种“吃人的礼教”。胡适、鲁迅等则开展文学革命，大力推进白话文运动，提倡新文学，反对旧文学，为新文化运动摇旗呐喊。这些先进的知识分子高举“德先生”（民主）和“赛先生”（科学）这两面大旗，以《新青年》为主阵地，以北京大学等高校为主要活动基地，与复辟复古思潮进行激烈角逐。在这场激烈的交锋中，民主科学的新文化思潮伴随着新文化运动扶摇直上，成为时代的潮流。

高扬“民主”与“科学”两面旗帜的新文化运动是辛亥革命在思想领域的继续，是一次前所未有的政治启蒙和思想解放运动。可以说，五四运动前的新文化运动既是对辛亥革命失败教训的总结，又是迎接新的革命风暴的前奏，对中国革命由旧民主主义革命转向新民主主义革命起到了桥梁作用。

六、科学社会主义思潮与各种非马克思主义、反马克思主义思潮的交锋

辛亥革命后中国半殖民地半封建的地位没有改变，北洋军阀的穷兵黩武、投敌卖国带给国人的灾难远甚于前清，近代中国的时代主题依然没有解决，先进的中国人必然继续探求救国救民的真理以挽救国家之危亡。第一次世界大战的爆发粉碎了国人对西方文明的迷梦。十月革命的爆发给先进的中国人在探求国家前途的道路上提供了新的选择。不过，十月革命爆发后，在中国人探索救国救民真理的渴望中，各种社会主义纷至沓来。特别是五四运动以后，中国人民有了新的觉醒，一批以救国救民、改造社会为己任的先进知识分子，开始怀疑甚至放弃资产阶级共和国的方案，转而向往社会主义。他们对国外兴起的各种新思潮兴趣斐然，纷纷撰写文章、创办刊物、成立社团，对其大加研究。一时间，各式各样的社会主义思潮迅速成为中国思想界主导一时的潮流。正如当时的一篇文章所描述的：“一年以来，社会主义底思潮在中国可以算得风起云涌了。报章杂志底上面，东也是研究马克思主义，西也是讨论鲍尔希维主义；这里是阐明社会主义底理论，那里是叙述劳动运动底历史；蓬蓬勃勃，一唱百和，社会主

义在今日的中国，仿佛有‘雄鸡一鸣天下晓’的情景。”①

五四前后的中国，各种社会主义思潮纷纷登台献唱。但是，这些披着“社会主义”外衣的新思潮十分庞杂，既有马克思主义的科学社会主义，也有打着“社会主义”旗号的各种非马克思主义、反马克思主义思潮，其中包括无政府主义、无政府工团主义、基尔特社会主义、实用主义、新村主义、互助主义、合作主义、泛劳动主义等。这些纷繁复杂的社会思潮都曾以社会主义的名义被引入中国，使中国的思想界呈现出百花齐放、百家争鸣的景象。“社会主义的潮流真有万马奔腾之势，睡在鼓里的中国人便也忽然醒觉，睡眼惺忪的不能不跟着一路走。现在社会主义的一句话，在中国算是最时髦的名词了。”②

遗憾的是，这股庞杂的社会主义思想大潮，并没有给在黑暗中摸索的中国先进分子拨开迷雾，指明方向。相反，人们对社会主义的讨论莫衷一是，人们特别是广大追求上进、对国家抱有一腔热血的青年陷入了更为迷茫的境地。瞿秋白对这一现象曾这样描述道：“社会主义的讨论，常常引起我们无限的兴味。然而究竟如俄国十九世纪四十年代的青年思想似的，模糊影响，隔着纱窗看晓雾，社会主义流派，社会主义意义都是纷乱，不十分清晰的。正如久壅的水闸，一旦开放，旁流杂出，虽是喷沫鸣溅，究不曾定出流的方向。其实一般的社会思想大半都是如此。”③ 出现这种情况一点也不奇怪，因为人们对任何事物的认识都要经历一个过程。列宁曾对俄国最终找到马克思主义理论的过程做出过这样的描述：“在将近半个世纪里，大约从上一世纪 40 年代至 90 年代，俄国进步的思想界在空前野蛮和反动的沙皇制度的压迫之下，曾如饥似渴地寻求正确的革命理论，专心致志地、密切地注视着欧美在这方面的每一种‘最新成就’。俄国在半个世纪里，经受了闻所未闻的痛苦和牺牲，表现了空前未有的革命英雄气概，以难以置信的毅力和舍身忘我的精神去探索、学习和实验，经受了失望，进行了验证，参照了欧洲的经验，真是饱经苦难才找到了马克思主义这个唯一正确的理论。”④ 这同样反映了我国找到马克思主义的艰辛。

① 潘公展：《近代社会主义及其批评》，《东方杂志》第 18 卷第 4 号。
② 冯自由：《社会主义与中国》，社会主义研究所 1920 年版，第 2 页。
③ 《瞿秋白文集》（文学编）第 1 卷，人民文学出版社 1985 年版，第 26 页。
④ 《列宁选集》第 4 卷，人民出版社 1995 年版，第 136—137 页。

五四时期形形色色的社会主义思潮犹如一面镜子，反映了当时不同的阶级、阶层以及社会群体对改造中国方案的不同选择。在这一选择过程中，一些人将无政府主义奉为真理，一些人将工读互助主义、新村主义大加实践，还有一些人在对各种新思潮的比较中转而信仰马克思主义。无政府主义思潮在当时影响很大，中国早期马克思主义者也深受影响。如 1919 年 9 月，恽代英曾写道："从实告诉你，我相信安其那主义已经七年了，我自信懂得安其那的真理，而且曾经细心的研究。……我信只要一个人有了自由、平等、博爱、互助、劳动的精神，他自然有日会懂得安其那的。……我信只要自己将自由、平等、博爱、劳动、互助的真理一一实践起来，勉强自己莫勉强人家，自然人家要感动的，自然社会要改变的。"① 李大钊也曾受其影响，如他认为"竞争的法则，常是死亡的法则。协合的法则，常是生存法则"，"总结一句话：我信人类不是斗争着、掠夺着生活的，总应该是互助着、友爱着生活的。阶级的竞争，快要息了。互助的光明，快要现了"②。周恩来、刘少奇等人都不同程度地受到这些思想的影响。毛泽东也不例外，他后来提到，在第一次逗留北京期间，"读了一些关于无政府主义的小册子，很受影响。我常常和来看我的一个叫朱谦之的学生讨论无政府主义和它在中国的前景。在那个时候，我赞同许多无政府主义的主张"③。他认为，人人要有互助的道德，"用强权打倒强权，结果仍然得到强权。不但自相矛盾，而且毫无效力"，因此应采取"温和的"方法，坚持"忠告运动"，实行"呼声革命""无血革命"，不主张起大扰乱，行那种没有效果的"炸弹革命""有血革命"④。问题的关键是，这一思潮所主张的自由、平等、互助靠什么来实现？靠热情呼吁吗？残酷的社会现实击碎了这些人的梦想。工读主义、新村主义等试验性更强，这也标志着它们的空想性更强。靠世外桃源式的小规模的试验不是解决现实问题的办法，而恰恰是逃避现实的妙法。因而这种对国家前途的探索是注定要失败的。

对这些新实验的失败，恽代英后来总结道："在这样不合理想的环境

---

① 《恽代英日记》，中央党校出版社 1981 年版，第 624 页。

② 《李大钊文集》下卷，人民出版社 1984 年版，第 16、19 页。

③ 埃德加·斯诺：《西行漫记》，董乐山译，生活·读书·新知三联书店 1979 年版，第 128 页。

④ 《毛泽东早期文稿》，湖南出版社 1990 年版，第 293—294 页。

中，想在一局部做成甚么理想事业，是绝对不可能的。要改造须全部改造。须将眼前不良的经济制度，从根本上加一种有效力的攻击。不然，总是没有益处。”① 也就是说，局限于小修小补的温和改良方法不是医治中国社会弊病的良药。空想社会主义失败了，但它对先进的中国人接受马克思主义来说是一次宝贵的经验，早期的马克思主义者大部分正是看到了它的空想性而迅速转向科学社会主义，因而，从某种程度上讲，它是早期那些激进的爱国的民主主义者转向马克思主义的一座桥梁。瞿秋白在临刑前曾回忆：“记得当时懂得了马克思主义的共产社会同样是无阶级、无政府、无国家的最自由的社会，心上就很安慰了，因为这同我当初的无政府主义，和平博爱世界的幻想没有冲突了。所不同的是手段，马克思主义告诉我要达到这样的最终目的，客观上无论如何也逃不了最尖锐的阶级斗争，以至无产阶级专政——也就是无产阶级统治国家的一个阶段，为着要消灭‘国家’，一定要先组织一时期的新式国家，为着要实现最彻底的民权主义（也就是无所谓民权的社会），一定要先实行无产阶级的民权。这表面上‘自相矛盾’而实际上很有道理的逻辑——马克思主义所谓辩证法——使我觉得有趣。”② 空想社会主义试验的失败加速了有志青年向科学社会主义的转变。正是在对各种社会主义思潮的比较、鉴别甚至试验的基础上，先进的中国人最终选择了马克思主义，开启了科学社会主义的新篇章。

概而言之，近代中国主流社会思潮的变迁史，同时也是中国先进知识分子找到马克思主义的艰辛探索史。“近代中国主流社会思潮经历了经世致用思潮、洋务思潮、维新思潮、民主革命思潮、科学社会主义思潮等等。在这一历程中，无论是地主阶级的改良派、资产阶级的改良派还是资产阶级革命派，就当时来说都属于中国的进步人士，其目的也都是寻求‘救亡图存，国富民强’的思想武器，以解决‘中国向何处去’的重大历史课题。而最终中国人民之所以选择了马克思主义作为思想武器来解决中国问题，不仅是先进的中国人向西方不断探求真理、寻求‘民族独立，人民解放’的必然结果，更是近代中国主流社会思潮

① 《恽代英文集》上卷，人民出版社 1984 年版，第 329 页。

② 《瞿秋白文集》（政治理论编）第 7 卷，人民出版社 1991 年版，第 704—705 页。

基本理论内核——‘救亡图存，国富民强’的发展轨迹所决定。”[1] 鸦片战争后，面对救亡图存的迫切使命，不同阶级、阶层的代表人物从各自的阶级立场出发，怀着救国救民的善良愿望，开始了学习西方的历程，从西方的思想文化和社会思潮中寻找各种各样的救国方案。这些思潮和方案由于在中国“水土不服”，在实践过程中都无一例外地失败了。但是，正是在对各种社会思潮的反复比较和鉴别中、在对各种救国方案的试验和总结中，中国人民开始了选择马克思主义的新征程，走上了科学社会主义的新道路。

---

① 孙建华：《论近代中国社会思潮的历史演进与马克思主义传入的可能性》，《科学社会主义》2009 年第 6 期。

第二章　马克思主义在中国的传播与新型政党的创立

马克思主义“远渡重洋”来到中国，大体上经历了一个从零星松散的记载、碎片的译介，再到大规模的宣传与介绍这样一个传播轨迹。随着马克思主义在中国的广泛传播，随着中国早期马克思主义者群体的形成以及工人运动的蓬勃发展，在中国建立新型政党的思想条件与阶级条件日臻成熟，中国共产党在探索民族复兴道路的时代洪流中应运而生。中国共产党的诞生，从一开始就与“救亡图存”“中国向何处去”的重大历史课题联系在一起，也是在回答这一重大历史课题的过程中，中国共产党选择了马克思主义。

第一节　十月革命前马克思主义在中国的译介和传播

一、十月革命前中国先进知识分子对马克思主义的初步接触

1840 年的鸦片战争轰开了古老中国的大门，同时也开启了“西学东渐”的过程。西方的各种新思想、新观念如潮水般涌入中国，使长期不谙“世情”的中国人不可避免地接触到了欧洲的社会主义运动和在西方煊赫一时的社会主义学说。根据目前能查阅到的资料，早在 19 世纪 70 年代前后，中国某些报刊就已经有了一些关于欧洲工人运动特别是巴黎公社的记载，这是中国人对国际工人运动和社会主义学说的最初接触。1871 年 3 月 17 日，即巴黎公社革命爆发的前一日，作为中国专使随行英文翻译的张德彝先期抵达巴黎，正好目睹了国际共产主义运动史上的这件大事①。当时囿于各种条件的张德彝不可能深刻理解这场运动的伟大意义，甚至将其视为“叛乱”，但是巴黎公社战士的英勇行为还是让他大为震撼，并深表同

---

①　参见唐宝林编：《马克思主义在中国 100 年》，安徽人民出版社 1998 年版，第 45 页。

情。除了张德彝之外，长期游历欧洲各国，对西方现代文明了解较多的近代著名思想家王韬也对巴黎公社运动十分关注并进行了报道。巴黎公社运动爆发后，他和精通外语的张宗良等人合作，在香港的《华字日报》《中外新报》等报刊上即时报道了巴黎公社的实况。随后，他又在报道的基础上整理编纂了《普法战纪》一书。他在书中记述了巴黎公社工人的英勇斗争和法国当局对巴黎公社的残酷镇压。王韬虽然在记载中对巴黎工人失败后的惨状表示同情，但是带有明显阶级偏见的他不可能真正理解和支持这类运动，而是认为那些“目不忍睹”的“死亡之惨”，“非自主之一念误之哉”①。1873 年至 1882 年间，由江南制造局编译的《西国近事汇编》也曾多次记载欧美各国劳资冲突的现象和社会党的活动，记载中不仅首次出现了“康密尼党”“康密尼人”（即共产主义者——引者）等字眼，而且把社会主义学说译述为“贫富均财之说”。该书对欧美社会主义运动及其理论的报道主要集中在以下方面：欧美工人的罢工事件、欧美社会民主党人的社会活动、社会主义学说的最初介绍等。如在 1875 年的报道中，谈到“俄礼部以境内近有奸民，创为贫富均财之说，欲籍其本境殷富，夺其资财，予以贫乏，是相率而出于乱也”②。虽然编著者是站在统治阶级的立场上来展开报道的，而且报道的内容也零碎片面、不成体系，但“该刊是晚清官方主办的持续时间最长的周刊，报道西洋各国的最新外交动态，传播前沿科学信息，追踪报道国际时政军事要闻，为洋务派提供新鲜的‘情报’，通过传播西方的科学知识和思想学说启蒙国人”③。以上这些最初的史料记载，虽然零星松散、十分粗略，很多地方也不尽准确，但是在客观上毕竟使中国人接触到了西方的社会主义运动和社会主义学说，拓展了国人的视野。

1899 年，西方传教士在《万国公报》第 121 期上刊载了署名“英士李提摩太译，华士蔡尔康属文”的《大同学》一文。文中说道：“合众小工而成一大力，往往停工多日，挟制富室，富室竟一筹莫展。似此举动，较之用兵鸣炮，尤为猛励。其以百工领袖著名者，英人马克思也。马克思之言曰：‘纠股办事之人，其权笼罩五洲，突过于君相之范围一国。吾侪若

① 王韬：《普法战纪》，中华印务总局同治十二年（1873 年）版。

② 《西国近事汇编》，光绪元年卷二。

③ 原付川等：《〈西国近事汇编〉及其社会主义思想的传播》，《理论导刊》2010 年第 7 期。

不早为之所，任其蔓延日广，诚恐遍地球之财币，必将尽入其手。然万一到此时势，当即系富豪权尽之时。何也？穷黎即至其时，实已计无复之，不得不出其自有之权，用以安民而救世。’”① 这是马克思的名字第一次出现在中文报刊上。当然，这里有诸多错误。其一是把马克思误认为英国人，这个错误在同年四月的《万国公报》第123期得到了更正，“试稽近代学派，有讲求安民新学之一家，如德国之马克偲，主于资本者也”②。其二是严重曲解了马克思的思想。在当年出版的《大同学》单行本第八章《今世养民策》里，除了介绍马克思外，还提到了恩格斯的名字：“德国讲求养民学者，有名人焉，一曰马克思，一曰恩格思（斯）。”③ 这是目前可见的在中文刊物中相对规范表达马克思、恩格斯名字的最早文献记载。

西方传教士对马克思主义的粗略介绍，在当时并没有引起中国人的太多关注，仅仅是使人们知道了有这么一个学说，但是对这一学说的思想却知之甚少。1901年1月，中国留日学生主办的《译书汇编》杂志刊载了日本学者有贺长雄著述的《近世政治史》的译文。该书写道：“一千八百六十二年，各国工人首领均会集于伦敦，名曰：万国工人总会。”“麦克司（马克思）自为参事会长，总理全体。”“西国学者，怜贫富之不等，而为佣工者，往往受资本家之压制，遂有倡均贫富、制恒产之说者，谓之社会主义。”④ 这是中国人主办的报刊上最早谈到“社会主义”和马克思领导的第一国际的历史，并将“马克思”与“社会主义”联系起来，使得中国人对马克思及社会主义学说有了进一步的了解。

中国人最早介绍社会主义并谈到马克思及其学说的，是资产阶级改良派代表人物梁启超。1902年，梁启超在《新民丛报》上发表了《进化论革命者颉德之学说》一文，文中提到了马克思，“麦喀士（日耳曼人），社会主义之泰斗也”，并认为，“今之德国，有最占势力之二大思想，一曰麦喀士之社会主义，二曰尼志埃（尼采）之个人主义。麦喀士谓：今日社会之弊，在多数之弱者为少数之强者所压；尼志埃谓：今日社会之弊，在少数

---

① 《大同学》，《万国公报》第121期，1899年2月。

② 《大同学》，《万国公报》第123期，1899年4月。

③ 林代昭、潘国华编：《马克思主义在中国：从影响的传入到传播》上册，清华大学出版社1983年版，第55页，在以下注释中只标写第一位作者的名字。

④ 有贺长雄：《近世政治史》第三章第一节“社会党之由来”，《译书汇编》第2期，1901年1月28日。

之优者为多数之劣者所钳制"[①]。之后，他在《二十世纪之巨灵托拉斯》一文中再次提到马克思，"麦喀士，社会主义之鼻祖，德国人，著书甚多"[②]。1904年2月他又在《中国之社会主义》一文中说："社会主义者，近百年来世界之特产物也。括其最要之义，不过曰土地归公、资本归公，专以劳力为百物价值之源泉。麦喀士曰：现今之经济社会，实少数人掠夺多数人之土地而组成之者也。"[③] 梁启超作为资产阶级改良派的代表，对社会主义学说的介绍是在"牖新知""开民智"的旗号下进行的。他们把马克思主义当成西方社会主义流派的一种来加以介绍，并非出于改造中国社会的革命自觉，而是为他们鼓吹的一系列改良主张造势。应当指出的是，资产阶级改良派虽然表达了对社会主义的赞许之意，但却认为社会主义并不具有现实可行性。正如梁启超所说："大抵极端之社会主义，微特今日之中国不可行，即欧美亦不可行，行之其流弊将不可胜言。"[④]

几乎与此同时，资产阶级革命派也开始了对马克思主义的关注。在资产阶级革命派中最先介绍马克思主义的是马君武。1903年2月，马君武发表了《社会主义与进化论比较》一文，指出："社会主义者（socialism），发源于法兰西人圣西门（Saint-Simon）、佛礼儿（Fourier），中兴于法兰西人鲁意伯龙（Louis Blank）、布鲁东（Proudhon），极盛于德意志人拉沙勒（Ferdinand La Salle）、马克司（Karl Marx）。"并认为，"马克司者，以唯物论解历史学之人也。马氏尝谓：阶级竞争，为历史之钥"。并且，马君武在文末还附注了社会党巨子所著书目。其中，所列的马克思的著作为：《英国工人阶级状况》（应为恩格斯著），《哲学的贫困》，《共产党宣言》，《政治经济学批判》，《资本论》[⑤]。这是迄今为止我国的文字记载中所见到的最早的马克思主义著作书单。

朱执信是资产阶级革命派中宣传马克思主义的另一位杰出代表。1905年底、1906年初，朱执信在《民报》第2、3号上连续发表《德意志社会革

---

① 梁启超：《进化论革命者颉德之学说》，《新民丛报》第18号，1902年10月15日。

② 梁启超：《二十世纪之巨灵托拉斯》，《新民丛报》第40、41号，1903年11月2日。

③ 梁启超：《中国之社会主义》，《新民丛报》第46号，1904年2月14日。

④ 梁启超：《新大陆游记》1904年3月。

⑤ 马君武：《社会主义与进化论比较——附社会党巨子所著书记》，《译书汇编》第2卷第11期，1903年2月15日。

命家小传》（在第 3 号上改为《德意志社会革命家列传》）。该文对马克思、恩格斯的生平事迹作了比较全面的介绍，并论述了《共产党宣言》的主要内容和剩余价值学说的大致要点，对马克思主义学说作出了较为客观公正的评价。文章说："马尔克者，名卡尔，氏马尔克，生于德利尔。父为辩护士，笃于教宗。马尔克少始学，慕卢梭之为人。长修历史及哲学，始冀为大学祭酒。……初马尔克在巴黎，与非力特力嫣及尔相友善。嫣及尔者，父业商，少从事焉。习知其利苦，乃发愤欲有以济之，以是深研有得。既交马尔克，学益进。马尔克既去法，嫣及尔亦从之北游，因相与播其学说于比律悉之日报间，言共产主义者群宗之。万国共产同盟会遂推使草檄，布诸世，是为《共产主义宣言》。马尔克之事功，此役为最。"又说，"马尔克之他述作固甚夥，常与嫣及尔共著，学者宝贵之"，"一千八百八十三年，马尔克卒于伦敦。后数年，嫣及尔亦卒"①。

朱执信不仅高度评价了《共产党宣言》，还比较准确地译述了《宣言》中关于无产阶级革命斗争的"十条纲领"，初步分析了马克思主义与空想社会主义的区别。他指出："前乎马尔克言社会主义而攻击资本者，亦大有人，然能言其毒害之所由来，与谋所以去之之道何自者，盖未有闻也。故空言无所裨。其既也，资本家因讪笑之，以为乌托邦，固空想未可得蕲至也，是亦社会革命军自为计未审之过也。夫马尔克之为《共产主义宣言》也，异于是。"② 1906 年，朱执信在发表的《论社会革命当与政治革命并行》一文中，首次使用了"科学社会主义"这一概念。他指出："夫往者诚有排社会主义者，顾其所排者，非今日之社会主义，而纯粹共产主义也。若是者谓今日不能即行，吾亦不非之。顾自马尔克以来，学说皆变，世称科学的社会主义，学者大率无致绝对非难，论者独未知之耳。"③朱执信对马克思的阶级斗争学说也有所提及，指出："马尔克之意，以为阶级争斗，自历史来，其胜若败，必有所基。……故其宣言曰：'自草昧混沌而降，至于吾今有生，所谓史者，何一非阶级争斗之陈迹乎？'"④

---

① 朱执信：《德意志社会革命家小传》，《民报》第 2、3 号，1906 年 1 月、4 月。

② 姜义华编：《社会主义学说在中国的初期传播》，复旦大学出版社 1984 年版，第 353—354 页。

③ 姜义华编：《社会主义学说在中国的初期传播》，复旦大学出版社 1984 年版，第 391 页。

④ 姜义华编：《社会主义学说在中国的初期传播》，复旦大学出版社 1984 年版，第 354 页。

“马尔克素欲以阶级争斗为手段，而救此蚩蚩将为饿殍之群氓。观于此十者，其意亦可概见。”[①] 对于马克思的《资本论》，朱执信也有论及，介绍了马克思的劳动价值论、剩余价值论和无产阶级贫困化理论，并认为：“马尔克之谓资本基于掠夺，以论今之资本，真无毫发之不当也。”[②] 但朱执信并没有真正理解马克思主义经济学说的真谛，他指出：“马尔克之为学者所长也，以《资本论》，然世之短之亦以是，是亦马尔克立言不审时，或沿物过情之为之累也。约翰·弥勒论之，以为张皇夸大，盖亦有由也。”[③] 尽管朱执信对马克思主义的介绍和宣传还存在不尽完善、不甚准确的地方，甚至还有一些曲解，但是，在19世纪末20世纪初的中国，无论是在介绍和宣传马克思主义的广度上还是深度上，以及对马克思主义和中国社会实际结合的把握上，朱执信都达到了当时所能达到的巅峰，为马克思主义在中国的传播作出了杰出贡献。

孙中山既是中国民主革命的伟大先驱，也是率先探索社会主义的卓越旗手。美国学者伯纳尔指出：“孙在英国逗留期间，对社会主义运动和土地国有化运动感到兴趣，这是毫无疑问的。”并且，他还指出，孙中山在当时会见过一些有影响的英国急进分子和俄国革命党人[④]。宋庆龄曾指出：“孙中山在伦敦蒙难期间，开始萌发了社会主义思想。”[⑤] 随后，孙中山接触到了形形色色的社会主义学说，并且对社会主义也十分向往，他说：“所询社会主义，乃弟所极思不能须臾忘者。”[⑥] 孙中山谈到过马克思的学说在社会主义思想运动中的影响：“厥后有德国麦克司者出，苦心孤诣，研究资本问题，垂三十年之久，著为《资本论》一书，发阐真理，不遗余力，而无条理之学说，遂成为有系统之学理。研究社会主义，咸知所本，

---

① 姜义华编：《社会主义学说在中国的初期传播》，复旦大学出版社1984年版，第356页。

② 姜义华编：《社会主义学说在中国的初期传播》，复旦大学出版社1984年版，第361页。

③ 姜义华编：《社会主义学说在中国的初期传播》，复旦大学出版社1984年版，第359页。

④ 伯纳尔著：《1907年以前中国的社会主义思潮》，邱权政等译，福建人民出版社1985年版，第39页。

⑤ 《宋庆龄选集》，人民出版社1966年版，第527页。

⑥ 《孙中山全集》第1卷，中华书局1981年版，第228页。

不复专迎合一般粗浅激烈之言论矣。”① 但他对美国小资产阶级经济学家亨利·乔治的学说更是情有独钟：“美人卓尔基亨利者，一商轮水手也，赴旧金山淘金而致富，创一日报，鼓吹其生平所抱之主义，名为《进步与贫困》。其意以为，世界愈文明，人类愈贫困。盖经济学均分之不当，主张土地公有。其说风行一时，为各国学者所赞同。其发阐地税法之理由，尤为精当，遂发生单税社会主义之主张”，他认为，“卓尔基之学说，深合于社会主义之主张”②。土地公有、平均地权是孙中山一生的主张，但始终没有实现这一主张的有效途径，他的实现方式还是停留在想象之上，在实际中，孙中山并没有真正理解马克思主义的理论内核。列宁曾评价指出：“他们在主观上是社会主义者，因为他们反对对群众的压迫和剥削。……这位中国民主主义者的主观社会主义思想和纲领，事实上仅仅是‘改变不动产的全部法权根据’的纲领，仅仅是消灭封建剥削的纲领。”③

总的来看，以孙中山为代表的资产阶级革命派是站在资产阶级的革命立场、怀着预防资产阶级种种流弊的主观愿望，来研究和宣传马克思主义的。因而，尽管他们对马克思主义作过一些独到的阐释和精辟的分析，但是不可能真正理解马克思主义的科学社会主义的精髓和实质。毛泽东曾对资产阶级改良派与革命派在中国传播马克思主义的问题上有过恰当的评价。他指出：“以前有人如梁启超、朱执信，也曾提过一下马克思主义。……朱执信是国民党员，这样看来，讲马克思主义倒还是国民党在先。不过以前（即指十月革命前——引者注）在中国并没有人真正知道马克思主义的共产主义。”④ 这个评价是比较中肯的。

1907 年以后，中国早期的无政府主义者也开始介绍马克思主义。他们成立了专门研究社会主义的团体，并在自己出版的刊物上译介了马克思恩格斯的很多论著，客观上促进了马克思主义在中国的传播。1907 年 8 月，由张继、刘师培等人发起在东京成立了社会主义讲习会，并创立了该会的机关刊物《天义》报。社会主义讲习会的宗旨是“以无政府为目的”，《天义》报创办的目的也是为无政府主义的传播搭建平台。《天义》报和社会主义讲习会在宣传无政府主义和社会主义时也介绍马克思主义，虽然他们

① 《孙中山全集》第 2 卷，中华书局 1982 年版，第 506 页。

② 《孙中山全集》第 2 卷，中华书局 1982 年版，第 513—514 页。

③ 《列宁选集》第 2 卷，人民出版社 1995 年版，第 293 页。

④ 《毛泽东文集》第 3 卷，人民出版社 1996 年版，第 290 页。

是在所谓的共产主义与无政府主义存在共通点的认知上来谈论马克思主义的。1907年12月，《天义》报第13、14卷登载了震述的《经济革命与女子革命》一文，并在文后附录了《共产党宣言》第二章中关于家庭和婚姻制度的论述。编者何震在案语中指出："马氏等所主共产说，虽与无政府共产主义不同，而此节所言则甚当。彼等之意，以为资本私有制度消灭，则一切公娼、私倡之制自不复存。而此制之废，必俟经济革命之后，可谓探源之论矣。"① 1908年1月，《天义》报第15卷刊登了恩格斯1888年为《共产党宣言》英文版所作的序言。文后附录了编者写的《跋》，指出："《共产党宣言》发明阶级斗争说，最有裨于历史。此序文所言，亦可考究当时思想之变迁，欲研究社会主义发达之历史者，均当从此入门。"② 1908年3月，《天义》报第16至19卷合刊发表了民鸣根据日文译本翻译的《共产党宣言》第一章《绅士与平民》（即《资产者与无产者》）和刘师培为《共产党宣言》写的序。同期发表的《女子问题研究》一文，还摘译了恩格斯《家庭、私有制和国家的起源》第二章的部分段落。很显然，无政府主义者在介绍马克思著作方面作了很多工作，但是他们介绍马克思的学说是为了证明无政府主义的正确。因此，凡是与无政府主义没有冲突的，他们就夸赞所言"甚当"；凡是与无政府共产主义不同的，他们就肆意指摘"马氏学说之弊"。他们尤其反对马克思主义的国家学说，认为马克思"既认国家之组织"，"由是共产之良法美意亦渐失其真"。这种态度决定了他们不可能真正接受和正确介绍马克思主义。

1911年辛亥革命沉重打击了封建专制势力，在中国大地造就了一种相对宽松的思想和学术氛围。在这种情况下，一些资产阶级和小资产阶级知识分子也纷纷活跃起来，成立研究社会主义的团体和政党，江亢虎的中国社会党就是其中的代表。中国社会党是中国第一个宣布自己为社会主义者的政党，它的前身是1911年7月10日在上海成立的社会主义研究会。中国社会党的核心代表江亢虎曾积极宣传马克思、恩格斯及其学说，但其所标榜的社会主义并不是真正的马克思主义。江亢虎鼓吹废除世袭财产制度、普及教育制度，还主张推行亨利·乔治的"专征地税"说，认为这样

---

① 何震：《关于〈共产党宣言〉"论妇女问题"案语》，《天义》报第13、14卷，1907年12月30日。

② 何震：《关于恩格斯〈共产党宣言〉1888年英文版序言跋》，《天义》报第15卷，1908年1月15日。

就可以消灭社会上的不平等，因而他的社会主义其实是一种资产阶级改良主义、无政府主义、空想社会主义、中国儒学的大杂烩。江亢虎的社会主义受到了无政府主义者刘师复等人的批判。在《孙逸仙江亢虎之社会主义》一文中，刘师复尖锐地指出："江氏则忽而推崇共产主义，忽而排斥共产主义，忽而以集产主义为共产主义，忽而以遗产归公为共产之真精神。颠倒瞀乱尤难穷究。""孙（即孙中山——引者注）江二氏所言皆社会政策，而皆自称为社会主义，世人亦皆奉为社会主义，此真不可思议之怪事也。"① 刘师复认为，江亢虎的社会主义"模棱两可，饰说欺人"②。其实，无论是江亢虎还是刘师复，他们本质上都是无政府主义的代言人。他们传播马克思主义，并不等于他们认同马克思主义。事实上，他们介绍的目的在于说明无政府主义比马克思主义更为优越，只有无政府主义才是真正的社会主义，马克思的社会主义只能是"半面的社会主义"③。

二、十月革命前马克思主义在中国传播的特点

马克思主义作为一种思想理论，在中国的传播，以俄国十月革命为时间界限，具有显著的历史性特征。十月革命以前，马克思主义在中国的传播具有以下特点：第一，传播者成分较为复杂，对马克思主义的传播有较大的偶然性、随意性。在早期传播马克思主义的队伍中，既有外国传教士、外国报刊、资产阶级改良派、资产阶级改革派，还有政客如江亢虎等人及无政府主义者，这就使得传播者成分较为复杂。同时，他们在传播马克思主义的过程中，具有较大的偶然性、随意性，他们只是把马克思主义当成是西方社会主义的一种流派加以介绍，对马克思主义内容的选择也是各取所需，按照自己的特定目的来择取马克思主义。如资产阶级改良派在申述宣传马克思主义的目的时直言不讳地指出：中国当时"民族主义尚不暇及，何论于社会主义大同思想哉？曰：吾明知不能与骤致大同，而实欲立大同之基也。立大同之基何？曰：在迫朝廷专制政体惟立宪政体"④。可

① 林代昭等编：《马克思主义在中国：从影响的传入到传播》上册，清华大学出版社1983年版，第425页。

② 林代昭等编：《马克思主义在中国：从影响的传入到传播》上册，清华大学出版社1983年版，第426页。

③ 刘师复：《孙逸仙、江亢虎之社会主义》，《民声》第6号，1914年9月18日。

④ 《秘密结社之机关报纸》，《新民丛报》第38、39号合卷，1903年10月4日。

以看出，他们是想利用社会主义当时在全球的影响来迫使清政府实行君主立宪，从而达到他们资产阶级改良的目的。孙中山也不例外。他指出："我国提倡社会主义，人皆斥为无病之呻吟，此未知社会主义之作用也。处今日中国而言社会主义，即预防大资本家之发生可矣。此非无病之呻吟，正未病之防卫也。不必全法欧满［美］之激烈对待，而根本学理，和平防止可矣。"[①] 在他看来，"共产主义是民生的理想，民生主义是共产的实行"[②]。中国实行社会主义的主要目的是防止资本主义之弊，实现他的所谓民生理想。

第二，传播者没有真正理解马克思主义的真谛，对马克思主义的解释有较大的主观性。在早期传播马克思主义队伍当中，由于阶级和时代的局限，他们没有真正理解马克思主义的真谛，对马克思主义的理解具有很大的主观性、随意性，可以说各派个人都有自己心目中的马克思主义。如梁启超认为："社会主义者，近百年来世界之特产物也。括其最要之义，不过曰土地归公、资本归公，专以劳力为百物价值之源泉。"[③] 梁启超认为，社会主义是一种宗教，一种迷信，"盖社会主义者，一种之迷信也。天下惟迷信力为最强，社会主义之蔓延于全世界也，亦矣"[④]。孙中山认为："社会主义者，人道主义也。人道主义主张博爱、平等、自由。社会主义之真髓，亦不外此三者。实为人类之福音。""社会主义，一言以蔽之，曰社会生计而已矣。"孙中山把马克思的社会主义与亨利·乔治的社会主义看成是"表面上似稍有不同之点，实则相互发明，当并存者也"[⑤] 的思想理论，认为马克思主义、社会主义与资产阶级价值观是一样的东西。无政府主义者认为，马克思主义的阶级斗争之说不易实施，其要点是集产社会主义，半面社会主义，他们指出："观此宣言（指《共产党宣言》——引者注）所叙述，于欧洲社会变迁纤悉靡遗，而其要归，则在万国劳民团结，以行阶级斗争，固不易之说也。惟彼之所谓共产者，系民主制之共产，非无政府之共产也。故共产主义渐融丁集产主义之中，则以既认国家

---

① 《孙中山全集》第 2 卷，中华书局 1982 年版，第 520 页。

② 《孙中山全集》第 9 卷，中华书局 1986 年版，第 381 页。

③ 梁启超：《中国之社会主义》，《新民丛报》第 46 号，1904 年 2 月 14 日。

④ 林代昭等编：《马克思主义在中国：从影响的传入到传播》上册，清华大学出版社 1983 年版，第 120 页。

⑤ 《孙中山文集》上卷，团结出版社 1997 年版，第 328、333 页。

之组织，致财产分配不得不归之中心也。由是共产之良法美意亦渐失其真，此马氏学说之弊也。”①

第三，传播者把马克思主义与形形色色的社会主义混为一谈。在马克思主义在中国早期传播的过程中，马克思主义与形形色色的社会主义混杂在一起，传播者对马克思主义与各种空想社会主义、资产阶级改良主义、无政府主义的本质没有做出区分，划清他们之间的界限。有传播者认为，社会主义可以划分为广义社会主义和狭义社会主义两大类别，认为“广义社会主义者，欲于现在的社会组织之下，谋以矫正个人主义之流弊者也，一名曰社会改良主义”。狭义社会主义是“欲破坏现在之社会组织以谋再建设”，马克思主义属于广义社会主义，主张“中国当酌采广义的社会主义”②。另有传播者把马克思主义与极端无政府主义看作是社会主义的两大流派，指出：“今社会主义之披靡欧美，为雷奔电掣山摧海啸之奇观者，非共产主义与极端民主主义之二大现象乎？”“共产主义，是派创于法人罢勃，其后劲则犹太人埋蛤司也”，“极端民主主义是派创于法人帕洛吞，而俄人勃宁、司克纳尔，其代表也”③，对于它们的区别未加留意。孙中山把自己深受亨利·乔治思想影响形成的民生思想与马克思主义相提并论，指出：“鄙人对于社会主义，实欢迎其利国富民之神圣，本社会之真理，集种种生产之物产，归为公有，而收其利。实行社会主义之日，即我民幼有教，老有所养，分业操作，各得其所。我中华民国之国家，一变为社会主义国家矣。予言至此，极抱乐观。理想——社会主义之国家。”④ 可见，孙中山所追求的社会主义实质上是一种国家社会主义。

第四，传播渠道单一，传播的社会主义思想带有很深的日本学者诠释的痕迹。马克思主义在中国传播的初期，中国人很少直接从欧美接触原汁原味的马克思主义。相反，由于在清末民初大量的中国人在日本留学，此时社会主义学说在日本又很盛行，中国留学生就开始了从日本接触社会主

① 林代昭等编：《马克思主义在中国：从影响的传入到传播》上册，清华大学出版社1983年版，第265页。

② 《社会主义论》，《新民丛报》第89期。

③ 姜义华编：《社会主义学说在中国的初期传播》，复旦大学出版社1984年版，第316—317页。

④ 《孙中山文集》上卷，团结出版社1997年版，第342页。

义的历程，传播者深受日本社会主义思想的影响[①]。蔡元培在 1920 年发表的《社会主义史序》一文中指出："西洋的社会主义，二十年前才输入中国。一方面是留日学生从日本间接输入的，译有近世社会主义等书。一方面是留法学生从法国直接输入的……俄国广义派政府成立以后，介绍马克思学说的人多起来了。"[②] 这番叙述是和社会主义在中国传播事实大致相符的。在十月革命之前，留法学生还没有形成规模，苏俄政府还没有成立，因而日本就成了社会主义学说在中国传播的主渠道，与此相应，中国的社会主义传播者也就势必要受到日本社会主义思想的影响，他们传播的社会主义也就带有很深的日本学者诠释的痕迹。

当时在中国传播的社会主义思想大多译自日本的二手材料，还直接翻译了日本介绍社会主义思想的论著，主要有幸德秋水的《长广舌》与《社会主义神髓》，福井准造的《近世社会主义》，西川广次朗的《社会党》，久松义典的《近世社会主义评论》，村井知至的《社会主义》等著作。这些著作具有一定的代表性，在日本和中国都产生了一定的影响。日本当时介绍社会主义思想的著作比较繁杂，这些著作的内容也较为杂乱，它们从不同角度介绍了马克思主义的学说和各个流派的社会主义思想及当时欧洲的社会主义运动，既介绍了马克思主义，也介绍了空想社会主义、无政府主义、社会民主主义、国家资本主义、基督教社会主义等，并融入了著作者对社会主义的认识和理解。这对中国人认识社会主义产生了一定的影响，又使中国人对社会主义莫衷一是，从而各个阶级的人物从自身需要出发来理解社会主义，造成十月革命前中国人传播社会主义较为混杂的局面。

三、十月革命前马克思主义没有在中国广泛传播的原因

十月革命前，马克思主义主要在中国知识分子，尤其是具有留学背景的知识分子中传播，而没有在广大民众中传播，究其原因主要有：

第一，不论是资产阶级改良派、资产阶级革命派还是小资产阶级知识

---

① 在 1902 年留日的学生已经超过了在世界其他地方的中国留学生人数的总和，在 1906 年，中国留日学生约有 13 000 人。参见伯纳尔：《1907 年以前中国的社会主义思潮》，邱权政等译，福建人民出版社 1985 年版，第 114 页。

② 林代昭等编：《马克思主义在中国：从影响的传入到传播》上册，清华大学出版社 1983 年版，第 99 页。

分子，他们都是资产阶级的政治代表，不可能对作为无产阶级革命指导思想的马克思主义有真正的理解。阶级性是马克思主义的根本属性。马克思指出："哲学把无产阶级当作自己的物质武器，同样地，无产阶级也把哲学当作自己的精神武器。"① 恩格斯认为："共产主义作为理论，是无产阶级立场在这种斗争中的理论表现，是无产阶级解放的条件的理论概括。"②列宁指出："马克思学说具有无限力量，就是因为它正确。它完备而严密，它给人们提供了决不同任何迷信、任何反动势力、任何为资产阶级压迫所作的辩护相妥协的完整的世界观。"③ 因而，它是无产阶级的世界观和思想体系，是无产阶级进行阶级斗争的精神武器，它不是为所有的阶级服务，而是为无产阶级服务的。因此，只有无产阶级才能够认识、掌握和运用它。而初期在中国传播社会主义者都是资产阶级的政治代表，他们站在本阶级立场之上来看待马克思主义，他们在传播马克思主义时，不可能真正地理解马克思主义。起初，在向西方学习时，马克思主义在当时的西方思想中占有重要的地位，因而他们也把马克思主义当成是西方先进社会思想之一加以介绍，但是当他们发现马克思主义的要求超出他们的阶级限度时，他们传播马克思主义的热情会大为减弱，甚至会对马克思主义产生敌视的态度，这就决定了他们不可能大规模地传播马克思主义。

第二，认为社会主义思想在中国古已有之，这在一定程度上阻碍了中国士人对马克思主义的传播。本来他们是把马克思主义当成西方先进社会思想加以介绍的，但是，当他们对马克思主义作了肤浅的理解之后，他们误认为，马克思主义是中国古已有之的思想，并且这种方法已被证明是不可行的。如梁启超认为，"中国古代井田制度，正与近世之社会主义同一立脚点，近人多能言之矣，此不缕缕"④，社会主义"吾国固夙有之"⑤。他们指出："吾国井田之制，与均产主义如出一轨，而其法不能行于三代以后。孟子所言，先儒且有疑其理想而非事实者。然而其说实阴于人心，牢不可破，尝有排众议行之者，大则亡国，小则致乱。……然则井田之不可行，

① 《马克思恩格斯选集》第1卷，人民出版社1995年版，第15页。

② 《马克思恩格斯选集》第1卷，人民出版社1995年版，第211页。

③ 《列宁选集》第2卷，人民出版社1995年版，第309页。

④ 林代昭等编：《马克思主义在中国：从影响的传入到传播》上册，清华大学出版社1983年版，第116页。

⑤ 林代昭等编：《马克思主义在中国：从影响的传入到传播》上册，清华大学出版社1983年版，第115页。

而均富之为理想空谈也，岂不昭昭然哉?”① 因而他们对马克思主义乃至社会主义的传播不再热衷，这在一定程度上限制了马克思主义在中国的广泛传播。

第三，当时的传播者只是抓着了马克思主义的只鳞片甲，不能理解马克思主义的全部内容，加上自己的主观意会，便武断地认为社会主义在中国断不可行，这在一定程度上也阻隔了马克思主义在中国的广泛传播。列宁指出：“马克思主义的全部精神，它的整个体系，要求人们对每一个原理都要（α）历史地，（β）都要同其他原理联系起来，（γ）都要同具体的历史经验联系起来加以考察。”② 当时的传播者不可能做到这一步，他们在介绍马克思主义的时候，只注意到了马克思主义的片断内容，再与中国实际相对照，从而得出了中国不能实行社会主义，如要实行也只能实行国家资本主义的结论。如梁启超在《社会主义与中国》一文中指出：“大抵极端之社会主义，微特今日之中国不可行，即欧美亦不可行，行之其流弊将不可胜言。”认为“国家社会主义者，其思想日趋于健全，中国可采用者甚多，且行之亦有较欧美更易者。盖国家社会主义，以极专制之组织，行极平等之精神，于中国历史上性质，颇有奇异之契合也”③，从而在中国最多也只能实行国家社会主义。

第四，当时中国无产阶级虽然已经产生，但数量不多，文化程度不高，还没有正式登上中国的政治舞台，因而马克思主义在中国的传播缺乏雄厚必要的阶级基础。马克思主义是为无产阶级服务的理论。马克思主义在中国传播的初期，中国无产阶级虽然伴随着外国资本的输入已经产生，但是他们饱受外国资本、民族资本严重的经济剥削、政治压迫和封建主义的毒害，当时还完全是一个自在的阶级，没有形成阶级意识，因而他们还没有形成传播、接受马克思主义的自觉，这就导致了马克思主义在中国的传播没有坚实的阶级基础。马克思主义即使传入中国，也只能是一般学理性的探究，中国无产阶级并没有拿它当作向资本主义斗争的武器，更谈不上马克思主义与自己运动的结合。同时，当时中国无产阶级的数量较少，文化

---

① 林代昭等编：《马克思主义在中国：从影响的传入到传播》上册，清华大学出版社 1983 年版，第 275 页。

② 《列宁选集》第 2 卷，人民出版社 1995 年版，第 785 页。

③ 林代昭等编：《马克思主义在中国：从影响的传入到传播》上册，清华大学出版社 1983 年版，第 119 页。

程度不高，政治上没有地位可言，他们自己还不能自觉地传播马克思主义。因而，这一时期，马克思主义在中国的传播是缓慢的、低层次的介绍。

第五，近代中国政治经济文化落后，在十月革命和五四运动前，资本主义文明仍是中国士人学习的主要目标，这在一定程度上限制了中国士人对作为资本主义文明对立面的马克思主义的接受。近代以来，在帝国主义与封建主义的压制之下，中国的政治经济文化虽有缓慢发展，并出现了某种程度上的近代化倾向，但一直还是处在较为封闭落后的状态，向西方学习，是当时先进中国士人的选择，资本主义文明一直是中国先进士人学习的对象。而马克思主义是作为资本主义文明的对立物出现的，“现代社会主义，就其内容来说，首先是对现代社会中普遍存在的有财产者和无财产者之间、资本家和雇佣工人之间的阶级对立以及生产中普遍存在的无政府状态两个方面进行考察的结果”①。这就导致了这样一个怪现象：一方面，中国无产阶级受到外国资本、民族资本和封建主义的压迫，所受到的灾难比起世界上其他国家的无产阶级还要多、还要重，迫切需要为无产阶级服务的马克思主义以实现自身的解放；另一方面，中国本身的资本主义又不够发展，中国的无产阶级还没有成为一个独立的有意识的阶级，中国士人对资本主义、资本主义文明还抱有很大的期望，资本主义文明仍然是中国学习效仿的目标。这正像马克思所指出的那样，中国此时的困境是“不仅苦于资本主义生产的发展，而且苦于资本主义生产的不发展”②。这在一定程度上限制了中国士人对马克思主义的理解与接受，从而导致马克思主义不能在中国大规模地传播。

可以看出，在十月革命前，马克思主义已经零星地被介绍到中国来，虽然当时的中国士人对马克思主义的真谛没有真正理解，但这一时期马克思主义在中国的传入，为十月革命后及五四时期马克思主义在中国更大规模的传播创造了很好的社会环境，有利于十月革命和五四运动后，中国人理解和接受马克思主义。

第二节　五四运动后马克思主义在中国的广泛传播

十月革命的胜利开辟了人类历史的新纪元，把马克思主义关于科学社

① 《马克思恩格斯选集》第 3 卷，人民出版社 1995 年版，第 719 页。
② 《马克思恩格斯选集》第 2 卷，人民出版社 1995 年版，第 100 页。

会主义的理论变成了现实，极大地提升了马克思主义的影响力。正如斯大林所说："这种情况大大促进了同一切反社会主义的偏见作斗争的事业，并给社会主义思想开辟了一条通向被压迫国家最遥远的角落的道路。"① 俄国依靠马克思主义获得革命胜利的活生生的例子吸引了中国人民的目光，在十月革命胜利浪潮的影响下，中国爆发了轰轰烈烈的五四运动。在这一场伟大的反帝反封建的爱国运动中，中国人民有了新的觉醒，马克思主义开始在中国大规模传播开来。

一、五四运动前后马克思主义在中国的传播热潮

五四运动前后，中国大地掀起了一股传播马克思主义的热潮，出现了一批以李大钊、李达为代表的早期马克思主义者。李大钊率先在中国大地上举起了十月社会主义革命的大旗，他是中国第一个真正接受和传播马克思主义的先进分子。1918 年 7 月，李大钊在《言治》上发表《法俄革命之比较观》。在这篇文章中，李大钊指出了十月革命与法国革命的本质区别："法兰西之革命是 18 世纪末期之革命，是立于国家主义上之革命，是政治的革命而兼含社会的革命之意味者也"，而"俄罗斯之革命是 20 世纪初期之革命，是立于社会主义上之革命，是社会的革命而并著世界的革命之采色者也"②。此外，李大钊在文中还热情讴歌了十月革命，呼吁人们要"翘首以迎其世界的新文明之曙光"，"而求所以适应此世界的新潮流"③。同年 11 月至 12 月，李大钊又在《新青年》上发表《庶民的胜利》和《Bolshevism 的胜利》两篇文章，进一步赞扬了俄国的十月革命。在《庶民的胜利》一文中，李大钊指出："这回战胜的，不是联合国的武力，是世界人类的新精神。不是哪一国的军阀或资本家的政府，是全世界的庶民。"④ 在《Bolshevism 的胜利》一文中，李大钊解释了什么是布尔什维主义："他们的主义，就是革命的社会主义；他们的党，就是革命的社会党；他们是奉德国社会主义经济学家马客士（即马克思——编者）为宗主的。"⑤ 在这里，李大钊还旗帜鲜明地指出了指导俄国革命取得胜利的思想武器是马克思主义，俄国

① 《斯大林选集》上卷，人民出版社 1979 年版，第 142 页。
② 李大钊：《法俄革命之比较观》，《言治》第 3 册，1918 年 7 月 1 日
③ 李大钊：《法俄革命之比较观》，《言治》第 3 册，1918 年 7 月 1 日。
④ 李大钊：《庶民的胜利》，《新青年》5 卷 5 号，1918 年 11 月。
⑤ 李大钊：《Bolshevism 的胜利》，《新青年》5 卷 5 号，1918 年 11 月。

革命的胜利就是社会主义的胜利、是马克思主义的胜利、是“20世纪新潮流的胜利”。他热烈呼吁：“人道的警钟响了！自由的曙光现了！试看将来的环球，必是赤旗的世界！”① 1919年1月5日，李大钊在《每周评论》上发表了《新纪元》一文，热情颂扬十月革命开辟的新纪元。他说：“这个新纪元是世界革命的新纪元，是人类觉醒的新纪元。”②

五四运动后，由于人们对中国政府卖国投敌的行为极度愤慨，对西方资产阶级的救国方案彻底失望，相当数量的知识分子和爱国青年转而走向社会主义、马克思主义。吴玉章回忆说：“处在十月革命和五四运动的伟大时代，我的思想上不能不发生一种非常激烈的变化。当时我的感觉是：革命有希望，中国不会亡，要改变过去革命的办法。虽然，这时候我对中国革命还不可能立即得出一个系统的完整的新见解，但是通过十月革命和五四运动的教育，必须依靠下层人民，必须走俄国人的道路，这种思想在我头脑中日益强烈、日益明确了。”③ 在五四运动的感召下，介绍马克思主义的报刊、研究马克思主义的研究会如雨后春笋般地在中国大地出现，马克思主义在中国开始大规模的传播。1919年5月，李大钊帮助《晨报》副刊创辟“马克思研究”专栏，把他负责的《新青年》6卷5号编为“马克思主义研究”专号，专门介绍和宣传马克思、恩格斯、列宁、倍倍尔、李卜克内西、卢森堡等人的传记材料和他们的思想。1919年10月、11月，李大钊分两期在《新青年》上发表著名论文《我的马克思主义观》。该文比较全面和系统地介绍了马克思主义的唯物史观、政治经济学和科学社会主义的基本原理，初步阐明了阶级斗争学说和马克思主义三个组成部分的关系。在李大钊看来，“这三部理论，都有不可分的关系”，而阶级斗争说“恰如一条金线，把这三大原理从根本上联络起来”④。“该文的发表，不但表明李大钊完成从民主主义者向马克思主义者的转变，而且标志着马克思主义在中国进入比较系统的传播阶段。”⑤

李达是中国共产党早期的主要理论家，也是较早宣传马克思主义理论

① 李大钊：《Bolshevism的胜利》，《新青年》5卷5号，1918年11月。

② 李大钊：《新纪元》，《每周评论》第3号，1919年1月5日。

③ 《五四运动回忆录》上册，中国社会科学出版社1979年版，第61页。

④ 李大钊：《我的马克思主义观》，《新青年》第6卷5、6号，1919年5月11日。

⑤ 中共中央党史研究室：《中国共产党历史》第1卷上册，中共党史出版社2011年版，第46页。

的先驱者之一。早在留学日本期间，李达就接触和阅读过马克思主义著作。在参加留日爱国学生运动的实践活动中，李达愈加深刻地感受到加紧马克思主义理论学习和宣传的重要性和紧迫性。1919 年秋到 1920 年夏，李达翻译了《唯物史观解说》《马克思经济学说》《社会问题总览》三部著作，并在国内相继出版。这些著作对马克思主义的各个组成部分作了比较系统的阐述，对国内传播和研究马克思主义起到很大的推动作用。除了翻译马克思主义的著作外，李达还通过发表文章阐发自己对马克思主义、社会主义的理解。1919 年 6 月，李达发表了《什么叫社会主义》《社会主义的目的》等文章，指出“社会主义和共产主义是不同的”，“社会主义和无政府主义是不同的”①。

在李大钊、李达等具有初步共产主义思想的知识分子推动下，各地的新文化刊物发表了大量的宣传和介绍社会主义的和马克思主义的文章，如《新青年》《每周评论》《民国日报》《建设》等。据统计，五四时期在报刊上发表的介绍马克思主义的文章多达 200 多篇，这也从一个侧面反映了当时中国人对马克思主义的向往。五四时期，一批进步知识分子通过对马克思主义的学习和各自的亲身经历和实践，逐步划清了资产阶级民主主义和无产阶级社会主义、科学社会主义和其他社会主义流派的界限，相继完成了从激进的民主主义者向马克思主义者的思想转变，形成了以李大钊为代表的早期马克思主义者群体。这些群体或是五四运动以前中国思想界的精神领袖，或是五四爱国运动的左翼骨干，或是辛亥革命时期的活动家。“这些有着不同经历和背景的知识分子殊途同归的事实表明，走科学社会主义指引的道路，成为那个时代先进分子的共识，也代表着那个时代人们的心声!”“他们的选择不是一时冲动或者趋时行为，而是理性的选择，历史的选择，是对真理的追求!”② 早期马克思主义者群体的形成，无论是在宣传马克思主义的广度上还是深度上，都使这一时期马克思主义在中国的传播达到一个新的高度。

除了传播马克思主义的队伍扩大之外，五四时期传播马克思主义的渠道也日益丰富起来。主要有：

首先是日本渠道。五四之前马克思主义传入中国主要是通过日本这一

---

① 李达:《什么叫社会主义》(1919 年 6 月),《李达文集》第 1 卷，人民出版社 1980 年版，第 1 页。

② 《世界社会主义五百年》，党建读物出版社 2014 年版，第 127—128 页。

途径，五四运动后，由于中国仍有大量的留学生在日本，而且日本舆论界正在大肆研究宣传马克思主义，如当时有报纸指出："日本学界最近关于近代社会主义鼻祖马克思学说之研究顿盛，东京西京帝国两大学教授争先恐后发表此种研究"，当时的日本舆论界，"差不多可以说是马克思的时代"①。因而，在五四运动之后，日本仍是一个马克思主义在中国传播的途径。特别是河上肇对早期中国马克思主义者影响巨大，李大钊在1913年—1916年在日本留学时，接触到了社会主义思想，他"喜读当时日本马克思主义学者介绍马克思的经济学和欧洲社会主义思潮的著作"②。河上肇作为当时最著名的研究马克思主义的专家给予李大钊很大的影响，李大钊的"物心两面的改造，灵肉一致的改造"③ 就深受河上肇的社会主义改良主义的影响。李达、李汉俊更是直接师从于河上肇，直接受到了他的影响。李汉俊留学日本期间，起初钟情于数学，但是在东京帝国大学工科学习时受到了河上肇的影响，转而研究马克思主义。1918年底他回国时，带回了大量的英、德、日等国文字的马克思主义书刊，此后从事翻译和写作，宣传马克思主义。李达在20世纪20年代末还在翻译河上肇的著作，这些都对马克思主义在中国的传播产生了深刻的影响。除这些言传身教的直接影响外，在五四运动后，河上肇、幸德秋水、久松义典等日本学者的著作也被大量译介到中国来。另外，中国早期的马克思主义者大多具有留学日本的经历，除上述三人外，如陈独秀、周恩来、陈望道、彭湃等人在日本留学时，也开始接触到马克思主义，甚至有些人在中国共产党成立后仍在日本留学，如周佛海、施存统等人。这些人不但自己宣传马克思主义，还影响了一批人信仰马克思主义，董必武详细介绍过自己深受李汉俊影响而走上信仰马克思主义道路的历程，他说："五四运动时，各种思潮都表现出来，当时最厉害的是无政府主义。江亢虎是无政府主义者，在广州，有人写了一本书叫《伏虎记》，说要抓住这个'虎'，要伏江亢虎这个'虎'。当时社会上有无政府主义、社会主义、日本的合作运动等等，各种主义在头脑里打仗。李汉俊来了，把头绪理出来了，说要搞俄国的马克思主义，介绍

---

① 《日本之马克思研究热》，《晨报》1919年4月24日，转引自彭继红：《传播与选择——马克思主义中国化的历程1899—1921年》，湖南师范大学出版社2001年版，第65页。

② 《光辉的五四》，中国青年出版社1959年版，第31页。

③ 《李大钊文集》下册，人民出版社1984年版，第68页。

《马克思主义入门》，看政治经济学入门，到底是资本主义，还是帝国主义，我们也弄不懂，这就是我们的老师，我们的本钱。”① 可以看出，五四运动后，日本仍是一个马克思主义输入中国的重要途径，并且深刻地影响着中国人对马克思主义的选择。日文本的马克思主义著述，是当时中国早期共产主义者研究、学习、传播马克思主义的主要思想来源。据日本学者石川祯浩研究，中国早期马克思主义者经由日本渠道，翻译出版的中文版马克思主义著作主要有：《劳动问题概论》《共产党宣言》《科学的社会主义》《马氏资本论释义》《马克斯经济学说》《近世经济思想史》《社会问题概观》《社会问题总览》《唯物史观解说》《妇女之过去与将来》《苏维埃研究》《近世社会主义鼻祖马克思之奋斗生涯》等②。

其次是以法国为主的欧洲渠道。五四运动后，到法国或欧洲留学成了许多青年人的选择，虽然留学的社会背景复杂，各人的动机不甚一致，但到法国或欧洲继续探求救国救民的真理，为中国社会的改造寻求新的出路则是当时青年人的一致想法，何长工曾回忆说：“我们这一批青年学生，一方面感到在国内经济生活上没有出路，更主要的是感到政治黑暗，民族衰弱，思想上没有自由，于是本着当时青年应有的抱负，想远走高飞，到国外去学些本领，好救中国。”③ 这其中到法国或欧洲探询正宗马克思主义理论的人占有很大的比例。李维汉回忆说：“由于俄国十月革命的影响和五四运动的推动，留法勤工俭学运动于一九一九年和一九二〇年形成一个空前的热潮。这两年中，全国各地赴法勤工俭学的青年达一千六百余人。”④ 朱德的回忆更明确点出了当时人们的这种目的，“我们愿意到欧洲是因为听说社会主义运动在欧洲最强大”，“欧洲已经出现了新的社会力量，也许对我们更有好处”⑤。

那些抱着探寻马克思主义理论的青年人到欧洲后，一边勤工助学，一边搜寻马克思主义著作，关注欧美工人运动。他们亲身接触了法国工人的生活斗争情况，通过当时的《人道报》《共产党月刊》《俄事评论》等报刊

---

① 《“一大”前后》（二），人民出版社 1980 年版，第 369—370 页。

② 参见田子渝等：《马克思主义在中国初期传播史（1918—1922）》，学习出版社 2012 年版，第 89—90 页。

③ 《五四运动回忆录》下册，中国社会科学出版社 1979 年版，第 901 页。

④ 《五四运动回忆录》上册，中国社会科学出版社 1979 年版，第 106 页。

⑤ 《五四运动回忆录》上册，中国社会科学出版社 1979 年版，第 41 页。

的介绍，了解到俄国革命的真实情况，有不少人很快就接受了共产主义思想，并开展革命运动。陈毅曾回忆说："我一九一九年十月到马赛，同年底到巴黎，一直到一九二一年十月回国。这两年中，我开始研究社会主义理论，并注意当时俄国的革命情况，同时广泛阅读法国的文学作品，特别喜欢卢梭和雨果的著作。我在巴黎的一个工厂作了八个月的工。我之所以回国是因为在一九二一年夏秋参加留法学生的爱国运动，被中法政府联合用武装押送回来的。当时在巴黎和里昂宣布的罪名，是参加布尔什维克的活动。"① 他们组织了革命团体，创办刊物，努力研究和宣传马克思主义，使欧洲成为五四运动爆发后向中国输入马克思主义的一个重要途径。蔡和森和周恩来是他们中间的杰出代表。蔡和森到法国后，忙于搜寻各种材料，"猛译猛看"了几十种马克思主义书籍和有关社会主义的小册子，经过多方面比较推求，"觉社会主义真为改造现世界对症之方，中国也不能外此"②，他和国内的毛泽东谈论建党问题和实行无产阶级专政的必要性。关于建党问题，蔡和森指出，"我以为非组织与俄一致的（原理方法都一致）共产党，则民众运动、劳动运动、改造运动皆不会有力，不会彻底"③，关于实行无产阶级专政的必要性，他说，"我以为现世界不能行无政府主义，因为现世界显然有两个对抗的阶级存在，打倒有产阶级的迪克推多，非以无产阶级的迪克推多压不住反动，俄国就是个明证。所以我对于中国将来的改造，以为完全适用社会主义的原理与方法"④。这些思想对国内的毛泽东产生了深刻的影响，毛泽东在给蔡和森的回信中指出："唯物史观是吾党哲学的根据，这是事实，不像唯理观之不能证实而容易被人摇动。我固无研究，但我现在不承认无政府的原理是可以证实的原理，有很强固的理由。……你这一封信见地极当，我没有一个字不赞成。"⑤ 周恩来在日本留学期间就受到了十月革命的影响，在思想上开始倾向于马克思主义，1920 年 1 月他因在天津发动革命运动被捕入狱，但是在狱中仍然坚持学习宣传马克思主义⑥。周恩来于 1920 年赴法留学，后又抵达德国，研

① 《五四运动回忆录》上册，中国社会科学出版社 1979 年版，第 51 页。
② 《蔡和森文集》，人民出版社 1980 年版，第 50 页。
③ 《蔡和森文集》，人民出版社 1980 年版，第 69 页。
④ 《蔡和森文集》，人民出版社 1980 年版，第 57 页。
⑤ 《毛泽东文集》第 1 卷，人民出版社 1993 年版，第 4 页。
⑥ 详见《五四运动回忆录》上册，中国社会科学出版社 1979 年版，第 22—25 页。

读马克思主义经典著作，他和其他信奉马克思主义者一道，建立共产主义组织，创办《少年》杂志，宣传马克思主义，同反马克思主义作斗争。当时，周恩来虽然人在欧洲，但时时与国内保持联系，把欧洲工人运动的情况及科学社会主义介绍到国内。有研究者指出："周恩来在旅欧期间，仍然与国内斗争息息相关。他经常和邓颖超及觉悟社其他社员通信联系，并发表了一百多篇通讯，报道勤工俭学的情况和斗争，英国矿工大罢工，欧洲各国社会状况和工人运动，分析国际形势，介绍科学共产主义等思想，在国内发生了很大影响。"① 可见，在蔡和森和周恩来等人的努力下，在五四以后，法国和欧洲也成了马克思主义输入中国的一个重要渠道。

最后是俄国渠道。俄国是十月革命的发源地。十月革命爆发后，中国人民迫切渴望得到俄国革命后的真实情况，但帝国主义严密地封锁着来自它那里的消息，北洋政府不准国内舆论涉及于此。瞿秋白记述当时的情况道："中国政府，旧派的垂死的死神，见着'外国货色'——'社会'两个字，就吓得头晕眼花，一概认为'过激派'，'布尔塞维克'，'洪水猛兽'——于是我们的《新社会》就被警察厅封闭了。"② 因而中国人民在十月革命爆发之初，是很难得到来自俄国的真实消息的。但是，真理是任何力量也阻挡不了的，中国人民通过各种途径打探俄国的信息。俄国在五四运动之后也成为中国输入马克思主义的重要途径，这主要体现在以下四个方面。第一，通过中国留俄人员发回的报道。中国舆论界为了打破帝国主义和北洋军阀的消息封锁，决定派人专赴俄国，实地考察俄国革命后的情况。这也是当时中国进步青年的想法。瞿秋白在《俄乡纪程》介绍自己去俄的动机时写道，"我要改变环境，去发展个性，求一个'中国问题'的相当解决，——略尽一份引导中国社会新生路的责任。将来里的生命，生命里的将来，使我不得不忍耐现在的隐痛，含泪暂别我的旧社会。我所以决定到俄国去走一走"③，"研究共产主义，俄共产党，俄罗斯文化"④，"为大家辟一条光明的路"⑤，因而，瞿秋白等人就接受了《晨报》

---

① 丁守和、殷叙彝：《从五四启蒙运动到马克思主义的传播》，生活·读书·新知三联书店 1979 年版，第 192 页。

② 《瞿秋白文集》（文学编）第 1 卷，人民文学出版社 1985 年版，第 27 页。

③ 《瞿秋白文集》（文学编）第 1 卷，人民文学出版社 1985 年版，第 8 页。

④ 《瞿秋白文集》（文学编）第 1 卷，人民文学出版社 1985 年版，第 65 页。

⑤ 《瞿秋白文集》（文学编）第 1 卷，人民文学出版社 1985 年版，第 10 页。

的指派到俄国。在俄国的两年时间里，瞿秋白写了《俄乡纪程》《赤都心史》和《俄罗斯文学史》等著作，在《晨报》上发表《共产主义之人间化》《苏维埃俄罗斯之经济问题》《劳农政府之内外交之新局面》等数十篇报道，对俄国的政治、经济、文化、外交、党的建设、工人组织、农民问题、民族问题等作了较为系统的介绍。这是中国人第一次向国内民众所做的关于列宁和这个社会主义国家的真实的直接的报道，在当时产生了很大的影响，成为中国舆论界了解俄国真实情况的主要来源。第二，俄国在华人员对马克思主义的宣传。俄国十月革命后，许多俄国人为躲避革命风暴的冲击或战争的祸乱逃到中国，加上革命前在中国侨居或工作的俄国人，在中国形成了庞大的俄侨群体。他们其中的一些人宣传俄国革命，介绍布尔什维克主义，从而成为传播马克思主义的一个渠道。第三，由欧俄回国的华工带回来的关于俄国情况的介绍。第一次世界大战结束后，很多欧洲华工返回国内，他们亲身经历了欧洲的工人运动，特别是旅俄华工，还经历了十月革命甚至建立自己的组织参加了十月革命，他们回到国内后不可避免地带来了有关欧洲工人运动的情况和俄国十月革命的情况，因而他们的宣传介绍也构成了俄国向中国输入布尔什维克主义的一个渠道。如在唐山，“尽管军阀政府极力封锁俄国革命的消息，严格禁止归国华工传播十月革命的真实情况，但是这些从俄国回来的‘新闻人物’像磁铁一样吸引着在黑暗中挣扎的唐山工人。敌人越是封锁，工人们就越发想听。他们在井下，在‘锅火’，在工友的窝棚里，在敌人看不到的一切地方，或个别聊天，或三五成群，向工友们介绍俄国发生的新闻趣事：‘资本家压迫工人，俄国工人就和资本家斗争，他们的方法就是罢工。’归国华工还向工友们介绍了俄国工人的斗争策略和斗争经验。旅俄归国工人生动的、朴实的宣传，是唐山工人接受马克思主义、奋起斗争的另一重要渠道”①。第四，由共产国际和俄国共产党派往中国的帮助中国组建共产党的国际友人带来的马克思主义宣传。五四运动爆发时，共产国际刚刚成立，在五四运动中中国工人阶级的力量引起了共产国际和列宁的注意，他们就派人来中国帮助中国进行工人运动和建立共产党。据李达回忆，“一九二〇年，第三国际东方局，派了威琴斯基（他的夫人同行）来到了北京。……他到了北京以后，首先访问了以李大钊为首的许多进步人士，举办过几次座谈

① 《唐山工人运动史 1878—1949》，中央文献出版社 1993 年版，第 39 页。

会……威琴斯基在几次座谈会上，报告了苏联十月革命以后的实际情况和对外政策。……由于李大钊同志的介绍，威琴斯基到了上海，访问了《新青年》、《星期评论》、'共学社'等杂志、社团的许多负责人……也举行过几次座谈………由于多次交谈，一些当时的马列主义者，更加明白了苏俄和苏共的情况，得到了一致的结论：'走俄国人的路。'"① 可见五四运动后苏俄已经成为马克思主义传入中国的一条主要渠道，并且这一渠道对中国走上马克思主义道路的重要性也愈发凸显。

五四运动前后，中国先进分子对马克思主义的介绍，相比以前零星碎片式的摘译而言，在内容上更加全面、更成体系。

首先，中国先进分子更加注重对马克思主义的整体认识。李大钊在《我的马克思主义观》一文中首次明确提出了"马克思主义"这一概念，对其基本内容进行了介绍："马氏社会主义的理论，可大别为三部：一为关于过去的理论，就是他的历史论，也称社会组织进化论；二为关于现在的理论，就是他的经济论，也称资本主义的经济论；三为关于将来的理论，就是他的政策论，也称社会主义运动论，就是社会民主主义。"② 虽然李大钊对马克思主义基本内容的理解还有不尽恰当之处，但这是早期中国马克思主义者对马克思主义理论体系及其基本内容的最早的也是最具代表性的看法。1922年，陈独秀在《马克思学说》一文中，把马克思主义的基本内容表述为"剩余价值""唯物史观""阶级争斗""劳工专政"，并具体阐述了他对马克思主义这些内容的理解和认识③。蔡和森在《马克思学说与中国无产阶级》一文中提出，他是"极端的马克思主义派，极端主张：唯物史观、阶级战争、无产阶级专政"，并认为"三者一以贯之，遂成为革命的马克思主义"④。这体现了蔡和森对马克思主义的整体把握。李达在《马克思还原》中，将马克思主义的内容概括为七个方面，并认为这七个方面的内容体现在马克思主义的五个原则之中，即"一、唯物史观；二、资本集中说；三、资本主义崩坏说；四、剩余价值说；五、阶级斗争说。马克思的政治学说和经济学说，均详备于此五原则之中"⑤。这是继李

---

① 《'一大'前后》(二)，人民出版社1980年版，第6—7页。

② 《李大钊文集》下册，人民出版社1984年版，第50页。

③ 《陈独秀文章选编》中册，生活·读书·新知三联书店1984年版，第189—198页。

④ 《蔡和森文集》，人民出版社1980年版，第74页。

⑤ 《李达文集》第1卷，人民出版社1980年版，第30—31页。

大钊之后，早期马克思主义者对马克思主义基本内容较为全面的概括，反映了这一时期早期马克思主义者对马克思主义基本内容的认识。

其次，中国先进分子对马克思主义各个组成部分之间的相互关系也有一定认识。早期马克思主义者在研究马克思主义基本内容的同时，也注意到了马克思主义各个组成部分之间的关系。李大钊在《我的马克思主义观》一文中认为，马克思主义“是完全自成一个有机的有系统的组织，都有不能分离不容割裂的关系”，他指出：“离了他的特有的史观，去考他的社会主义，简直的是不可能，因为他根据他的史观，确定社会组织是由如何的根本原因变化而来的；然后根据这个确定的原理，以观察现在的经济状态，就把资本主义的经济组织，为分析的、解剖的研究，豫言现在资本主义的组织不久必移入社会主义的组织，是必然的运命；然后更根据这个豫见，断定实现社会主义的手段、方法仍在最后的阶级竞争。他这三部理论，都有不可分的关系，而阶级竞争说恰如一条金线，把这三大原理从根本上联络起来。”① 李达大致持相同的看法，他指出：“马克思社会主义之内容，可分为历史观，经济论，政治论三大部分。历史观与经济论属于理论的方面，政治论属于实际政策的方面。历史观之根柢为唯物史观说，经济论之根柢为剩余价值说，政治论之根柢为劳工专政说，而贯串唯物史观剩余价值与劳工专政三大原理，使成有机的联络关系者，则为阶级斗争说。”② 瞿秋白在谈及马克思主义各个组成部分之间的关系时指出：“马克思主义的这四大部分就是这样结合而成整个的系统。——一方面，就方法而论，都是以唯物论一以贯之的；别方面，就目的而论，都是以革命的目的为对象的。”③

最后，中国先进分子还比较详细地介绍了马克思主义各组成部分的主要观点。“在唯物史观方面，他们介绍了社会的发展根源于生产力与生产关系、经济基础与上层建筑相互矛盾运动等观点。在阶级斗争学说方面，着重阐释了阶级和阶级斗争的定义，阶级的划分和阶级之间的斗争是基于经济利益的不同的观点，以及国家是阶级斗争的工具，无产阶级必须掌握政权，建立多数人对少数人的专政等基本思想。在剩余价值理论方面，着重围绕资本的本质，介绍了剩余价值是资本家通过生产过程无偿占有工人

---

① 《李大钊文集》下册，人民出版社 1984 年版，第 50 页。

② 《李达文集》第 1 卷，人民出版社 1980 年版，第 370 页。

③ 《瞿秋白文集》（政治理论编）第 4 卷，人民出版社 1993 年版，第 21 页。

劳动的一部分，是对无产阶级的剥削，是资本积累的重要组成部分等观点。”①

总之，无论是从传播主体、传播渠道、传播方式，还是传播内容上来看，五四时期的中国先进分子对马克思主义的传播相比五四之前都有了一个质的飞跃。而且，这一时期的中国先进分子传播马克思主义的目的也与之前的那些传播者明显不同。他们传播马克思主义不是为了单纯地追求学理，也不是用马克思主义来规避其他学说的流弊，而是真真正正地在为改造中国社会寻找革命的、科学的思想武器。由于各方面的局限，他们中的大多数人没有条件直接阅读原版的马克思主义著作，也没能系统地学习马克思主义和研究中国的实际情况，因而存在着理论准备不足的弱点。但是，理论准备的欠缺并没有影响他们开展实践活动的热情。中国早期马克思主义者不愿做书斋里的“思想家”，而是在掌握了马克思主义的一些基本观点后，就积极投身到实际斗争中去，用马克思主义的立场、观点和方法来观察和分析中国社会的现实问题，做真正的“行动家”。他们深入工厂和农村开展调查研究，了解民众疾苦，用通俗易懂的语言向工农群众宣传马克思主义，启发他们的觉悟，推动了马克思主义与中国工人运动的结合，为中国无产阶级政党的创建准备了条件。

二、马克思主义在论争中进一步传播

马克思主义在中国传播的过程，也是马克思主义与各种非马克思主义、反马克思主义斗争的过程。五四运动后，马克思主义在中国广泛传播。但是，这一时期中国的思想舞台上并不只有马克思主义的“独奏”，而是各种新思潮、新主张的同台“竞技”，包括实验主义、基尔特社会主义和无政府主义等。当时的中国人大多感到了对中国进行改造的必要性，但是选择何种方案改造中国？把中国改造成什么样？即中国向何处去，中国的出路何在？这是当时的国人普遍感到困惑的问题。对于这些事关中国命运的迫切问题，不同阶级、不同思想倾向的人表现出了不同的路向选择，并激起了关于中国出路问题的论争。这在20世纪初期集中表现在问题与主义、改良社会主义与马克思主义、无政府主义与马克思主义的三次论争。

---

① 中共中央党史研究室：《中国共产党历史》第1卷上册，中共党史出版社2011年版，第48页。

（一）关于“问题与主义”的论战

五四时期，各种西方思潮接踵而至。经过五四运动的洗礼，马克思主义在中国声势日盛。与此同时，杜威来华讲学，使实用主义风行一时。各种社会思潮的碰撞与交锋，使新文化运动的阵营内部逐渐发生分化，出现了要不要马克思主义、以何种主义改造中国社会的激烈论争。

社会大变革、大动荡的时代，往往是思想大交锋、大碰撞的时代。五四时期的中国就处于这样一种时代。作为新文化运动在思想领域的继续，五四运动进一步推动着社会主义思想在中国的广泛传播。当时的中国思想界，无论是资产阶级革命派、改良派，还是早期的马克思主义者，都在寻求救国救民的思想武器。一时间，各种“主义”铺天盖地，接踵而来，各类报刊媒体上都充满了关于社会主义特别是马克思主义的讨论。作为杜威的忠实信徒和实用主义的坚定信仰者，胡适对这一时期“主义”盛行的现象深感忧虑。1919 年 7 月 20 日，胡适在《每周评论》第 31 号上发表《多研究些问题，少谈些“主义”!》一文。胡适开篇就指出：“现在舆论界大危险，就是偏向纸上的学说，不去实地考察中国今日的社会需要究竟是什么东西。”又说：“偏向纸上的‘主义’是很危险的。这种口头禅很容易被无耻政客利用来做种种害人的事。”因此，他劝说人们“多多研究这个问题如何解决，那个问题如何解决，不要高谈这种主义如何新奇，那种主义如何新奇，那种主义如何奥妙”。最后，胡适还对自己的主张进行了解释：“读者不要误会我的意思。我并不是劝人不研究一切学说和一切‘主义’。学理是我们研究问题的一种工具。没有学理做工具，就如同王阳明对着竹子痴坐，妄想‘格物’，那是做不到的事。种种学说和主义，我们都应该研究。有了许多学理做材料，见了具体的问题，方才能寻出一个解决的方法。”并进一步表明了自己对当前舆论界“主义”泛滥的担忧：“‘主义’的大危险，就是能使人心满意足，自以为寻着包医百病的‘根本解决’，从此用不着费心力去研究这个那个具体问题的解决法了。”①

此文一出，迅速在当时的思想界产生了巨大反响，学术界纷纷发文回应。在这些回应中，比较有代表性的就是《国民公报》的编辑蓝公武的《问题与主义》和李大钊的《再论问题与主义》。限于篇幅和本文的写作目

① 胡适：《多研究些问题，少谈些“主义”!》，《每周评论》第 31 号，1919 年 7 月 20 日。

的，这里只就李大钊的回应做出分析。为了扩大马克思主义的影响，进一步澄清自己的主张，李大钊于1919年8月在《每周评论》第35号上发表《再论问题与主义》一文，就胡适的观点发表自己的见解。

针对胡适“多研究些问题，少谈些主义”的观点，李大钊首先率直地声明：“我是喜欢谈谈布尔扎维主义的。”① 在李大钊看来，“‘问题’与‘主义’，有不能十分分离的关系。”因为“一个社会问题的解决，必须靠着社会上多数人共同的运动。那么我们要想解决一个问题，应该设法使他成了社会上多数人共同的问题。要想使一个社会问题，成了社会上多数人共同的问题，应该使这社会上可以共同解决这个那个社会问题的多数人，先有一个共同趋向的理想、主义，作他们实验自己生活上满意不满意的尺度（即是一种工具）”②。在李大钊那里，宣传理想的主义与研究实际的问题是“交相为用的”，是“并行不悖的”③。所以他认为：“我们的社会运动，一方面固然要研究实际的问题，一方面也要宣传理想的主义。”研究问题是为了寻找解决问题的办法，宣传主义是为了唤醒解决问题的力量，二者不能分离。至于如何使理想的主义对实际的问题发生作用，李大钊认为，“我们只要把这个那个的主义，拿来作工具，用以为实际的运动，他会因时、因所、因事的性质情形生一种适应环境的变化”；并且，“一个社会主义者，为使他的主义在世界上发生一些影响，必须要研究怎么可以把他的理想尽量应用于环绕着他的实境”④。

针对胡适反对“根本解决”，提倡“具体解决”的改良主义主张，李大钊表达了自己不同的看法。他认为，对这一问题不能一概而论，“若在有组织有生机的社会，一切机能都很敏活，只要你有一个工具，就有你使用他的机会，马上就可以用这工具作起工来。若在没有组织没有生机的社会，一切机能，都已闭止，任你有什么工具，都没有你使用他作工的机会。这个时候，恐怕必须有一个根本解决，才有把一个一个的具体问题都解决了的希望”。这就是说，具体问题的具体解决只适合有组织有生机的社会，而对于中国这样一个没有生机的社会，则必须有一个根本解决。按照马克思主义的唯物史观，这个根本解决就是从经济入手进行的解决。

---

① 李大钊：《再论问题与主义》，《每周评论》第35号，1919年8月17日。
② 李大钊：《再论问题与主义》，《每周评论》第35号，1919年8月17日
③ 李大钊：《再论问题与主义》，《每周评论》第35号，1919年8月17日。
④ 李大钊：《再论问题与主义》，《每周评论》第35号，1919年8月17日。

"换一句话说，就是经济问题的解决，是根本解决。经济问题一旦解决，什么政治问题、法律问题、家族制度问题、女子解放问题、工人解放问题，都可以解决。"在李大钊看来，这是唯物史观的第一说。至于如何在实践中解决经济问题，李大钊认为，必须用唯物史观的第二说，即阶级斗争学说来实现经济的革命。"可是专取这唯物史观（又称历史的唯物主义）的第一说，只信这经济的变动是必然的，是不能免的，而于他的第二说，就是阶级竞争说，了不注意，丝毫不去用这个学理作工具，为工人联合的实际运动，那经济的革命，恐怕永远不能实现。"① 在这里，李大钊其实已经表达出了用阶级斗争学说这个理论工具来从根本上解决中国问题的革命主张。

关于"问题与主义"之争的性质。从论争双方的态度和主要观点来看，这场论争不是针锋相对的说理之争和剑拔弩张的学术争鸣，而是对"如何改造中国社会"这一迫切现实问题的理性探讨。关于如何看待这次论争，著名历史学家胡绳曾经说过："胡适与李大钊间的'问题与主义'之争，过去把它讲成是敌对双方的斗争，事实上还是朋友之间的争论，双方都是反对封建主义旧思想、旧势力的。胡适的意思无非是主张改良，不赞成革命。对这种主张可以批评，但说它如何反动显然是不对的。"② 这段话对问题与主义之争性质的评价是较为中肯的。首先，我们要明确胡适是反对马克思主义特别是反对阶级斗争学说的，他主张用他的实验主义来点滴改良中国，这与李大钊主张用马克思主义来彻底改造中国是有原则区别的。同时，我们应该看到，在当时的情况之下，胡适的观点有其合理性的一面，不能把他说成是如何反动。因为，在还没有正式确立马克思主义作为中国革命指导思想之前，这一主张也是对中国出路问题的一种积极探索，只不过这种探索在半殖民地半封建的中国是不合时宜、不适合中国国情的。总而言之，这场"问题与主义"之争，实际上是一次中国需不需要马克思主义、需不需要用革命手段根本改造中国社会的论争。

关于"问题与主义"之争对马克思主义中国化的影响。"问题与主义"之争是新文化运动阵营内部不同思想流派之间的论争，是马克思主义与非马克思主义、反马克思主义斗争的第一个回合。在这场论战中，越来越多

① 李大钊：《再论问题与主义》，《每周评论》第 35 号，1919 年 8 月 17 日。

② "从五四运动到人民共和国成立"课题组：《胡绳论从五四运动到人民共和国成立》，社会科学文献出版社 2001 年版，第 18 页。

的先进知识分子和进步青年认清了马克思主义和其他社会主义学说的区别，逐步划清了无产阶级社会主义和资产阶级民主主义、科学社会主义和其他各种社会主义流派的界限，从而自觉地加入马克思主义的科学阵营，走上科学社会主义的正确道路。除此之外，李大钊在这场论辩中初步表达的马克思主义理论必须与中国革命实际相结合的思想主张，实际上已经初步开启了马克思主义中国化的历史进程，使越来越多沉浸在书斋里的思想家和理论家开始走进现实，努力从事改造社会的实际斗争。

（二）关于社会主义的大讨论

“问题与主义”之争发生之后，李大钊等人基本确立了马克思主义的信仰，马克思主义在中国迅速传播开来，主张在中国进行社会主义革命的呼声越来越高。与此同时，穿着社会主义外衣，实际主张却与社会主义背道而驰的各种冒牌社会主义也在中国粉墨登场，其中，尤以基尔特社会主义的影响为甚。基尔特社会主义主张的阶级调和、劳资合作以及反对无产阶级革命等观点深受以张东荪、梁启超等为代表的资产阶级改良派的青睐。于是，在 20 世纪 20 年代初，又发生了一场关于社会主义是否适合中国国情的大论战。

1920 年 8 月，英国著名的唯心主义哲学家罗素来华讲学。由于罗素此前宣称自己也是讲社会主义的，并且来华之前又刚刚访问过苏联，所以当时的进步人士包括中国早期马克思主义者在内对其寄予厚望，希望罗素的讲学能够为处于迷茫中的他们指点迷津。但是，罗素来到中国之后，认为中国不能进行社会主义革命，中国当时的唯一任务是发展实业。在他看来：“社会主义，是产业制度之结果，自然而然产生嬗化而来。现在中国的产业情形幼稚，距发达甚远。”① 因而，中国现在不应该讲什么社会主义的问题，中国的当务之急是发展实业。张东荪、梁启超等人从罗素的思想中找到了反对社会主义的思想武器。1920 年 11 月，张东荪在《时事新报》发表一篇题为《由内地旅行而得之又一教训》的文章，鼓吹中国产业贫乏，不具备实行社会主义革命的资格。1921 年 2 月，梁启超发文支持张东荪的观点，反对在中国实行社会主义，主张在中国走资本主义的道路，发展实业。他们的具体观点可以概述如下：

---

① 高军等编：《中国现代政治思想史资料选辑》，四川人民出版社 1984 年版，第 138 页。

第一，中国目前的紧急任务是依靠资本主义发展实业，增加富力，而不是宣传社会主义革命。张东荪认为，中国的现状是“四病”交加，即“无知病”“贫乏病”“兵匪病”“外力病”①。要治好中国的这些“病症”，当务之急是开发实业，发展资本主义，而不是宣传社会主义，更不是进行什么社会主义革命。张东荪指出：“救中国只有一条路，一言以蔽之，就是增加富力。而增加富力就是开发实业。因为中国惟一病症就是贫乏。中国真穷到了极点了。”② 因而，“我们苟不把大多数人使他得着人的生活，而空谈主义必定是无结果。或者我们也可以说有一个主义，就是使中国人从来未过过人的生活的都得着人的生活，而不是欧美现存的甚么社会主义，甚么国家主义，甚么无政府主义，甚么多数派主义等等，所以我们的努力当在另一个地方”③。这个“另一地方”在哪里呢？那就是大力发展资本主义。他们认为，“盖中国民不聊生，急有待于开发实业，而开发实业方式之最能速成者莫若资本主义”④。梁启超也随声附和，认为社会主义在欧美等发达国家有实行的必要和可能，而经济文化落后的中国的紧迫任务则是发展实业，走资本主义道路。他说：“社会主义的传播与实现，不能不以劳动阶级为运动之主体，劳动阶级不存在之国家，欲社会主义之实现，其道无由。”⑤ 言外之意就是，当时的中国不像欧美发达国家那样有实现社会主义的可能性。

第二，否定中国有劳资矛盾，反对在中国进行社会革命。他们认为，中国当时还没有资本家，也没有工人阶级，即使有也是极少的，他们之间还构不成矛盾。张东荪指出：“至于中国现有一二资本家，虽寥若晨星，然尚不得为真正资本家。”⑥ 与此相应的是中国尚无无产阶级，“吾以为社会主义所以不能实现于今日之中国者，其总原因在于无劳动阶级”⑦。他们

① 张东荪：《现在与将来》，《改造》第3卷第4号，1920年12月15日。

② 张东荪：《由内地旅行而得之又一教训》，《时事新报》，1920年11月5日。

③ 张东荪：《由内地旅行而得之又一教训》，《时事新报》，1920年11月5日。

④ 张东荪：《答高践四书》，《新青年》第8卷第4号，1920年12月1日。

⑤ 梁启超：《复张东荪书论社会主义运动》，《改造》第3卷第6号，1921年2月15日。

⑥ 高军等编：《中国现代政治思想史资料选辑》，四川人民出版社1984年版，第82页。

⑦ 梁启超：《复张东荪书论社会主义运动》，《改造》第3卷第6号，1921年2月15日。

还认为，中国内地大多数民众，思想还未完全开化，还处于类似原始人类的自然状态之中，因而他们之间没有阶级差别意识，故而构不成阶级矛盾，社会革命也无由发生。这其实是他们在反对当时日益勃兴的共产主义组织，反对建立无产阶级政党，进而反对马克思主义在中国的传播和马克思主义所主张的社会革命。

第三，主张调和中国社会矛盾。在与早期马克思主义者的辩论中，他们也逐渐认识到，不承认中国存在劳资矛盾是做不到的，因为当时中国确实有这种矛盾的存在。故而，他们又转而主张用阶级调和的办法来解决劳资矛盾。按照他们的说法，就是对资本家采取矫正的态度，"设法使彼辈有深切著明之觉悟，知剩余利益，断不容全部掠夺；掠夺太过必生反动，殊非被辈之福。对于劳动者生计之培养，体力之爱惜，知识之给与，皆须十分注意。质言之，则务取劳资协调主义，使两阶级之距离不至太甚也"①。

张东荪等人主张在中国发展资本主义、反对进行社会主义革命的言论，对当时正在勃兴的马克思主义是一大冲击，李达认为："他们不说中国人要准备知识，学会了社会主义，好行社会革命；便说要助长资本主义的发达好谈社会主义；这类的话，在最近的新闻杂志上，登载得非常多。这种似是而非的论调，最易淆惑人心。他们是社会主义的障碍，是我们的敌人。"② 因而，张东荪等人的言论，理所当然地受到了中国早期马克思主义者的强烈批判。早期马克思主义者的辩驳主要体现在以下几个方面：

首先，中国的前途是社会主义的而非资本主义的。早期马克思主义者认为，资本主义生产方式已明显暴露出弊端，资本主义已不能成为中国学习的目标。他们认为，资本主义制度已经崩坏，由于"资本私有"和"生产过剩"，资本主义的社会矛盾日益显露，这时再采取资本主义当成自己革命的目标是不合时宜的，只有"在生产方面废除了资本私有和生产过剩，在分配方面废除了剩余价值，才可以救济现代经济的危机及社会不安的状况"③，而要做到这一点，只有采取社会主义的生产方式。因而他们认为，增加富力，这是任何人都不反对的；但是，中国要想实现独立和富

---

① 高军等编：《中国现代政治思想史资料选辑》，四川人民出版社 1984 年版，第 128 页。

② 《李达文集》第 1 卷，人民出版社 1980 年版，第 46 页。

③ 《陈独秀文章选编》中册，生活·读书·新知三联书店 1984 年版，第 87 页。

强，“非废除资本主义生产制采用社会主义生产制不可”[①]。同时，早期中国马克思主义者认为，中国现实社会是存在劳资矛盾的，在当时的国际情况下，中国的生产是国际的而非国别的，“中国境内的资本家是国际的。全国四万万人（由某种意义上说，都可算是劳动者）——虽然有许多无业的游民，然而都可以叫做失业的劳动者。所以就中国说，是国际资本阶级和中国劳动阶级的对峙。中国是劳动过剩，不能说没有劳动阶级”[②]，因而，“考察中国的经济情形，实不能超出于世界经济势力之外”[③]，要增加中国的富力，实现中华民族的自由与独立，非打倒国内外资本主义实现社会主义不可，“要使中国的民族得到自由、平等，那末，非把资本国打倒是永无希望”[④]。

其次，中国经济的落后并不足以阻止中国实行社会主义革命。张东荪等人提出的中国经济落后还不能进行社会主义革命，这是一个重大的理论问题，也是早期马克思主义者感到颇难回答的问题。不过早期马克思主义者没有固守马克思主义的教条，他们指出：“要实现共产主义，必须以生产力发展为前提”，但是，“要发展生产力，必须改造经济组织才能实现，就是改变经济组织的革命”[⑤]。马克思主义的革命学说不是纯粹的经济发展过程，还要考虑其他的因素，比如社会矛盾的尖锐程度、阶级力量的对比等。他们指出：“英美的资本制度比俄国的要发达得十数倍；英美两国的工会，比俄国的也要发达得十数倍，何以社会革命不在英美两国发生，反在俄国实现呢？这就是因为俄国社会革命党实行的力量比英美两国大的缘故。”因而，中国早期马克思主义者认为：“在中国运动社会革命的人，不必专受理论上的拘束，要努力在实行上去做。”[⑥] 再者，他们认为，考察中国的社会革命不能把眼光仅仅局限在中国，还要看到中国在国际局势中的地位。陈独秀指出：“一定又有人说：资本主义在欧美是要崩溃的了，是可以讲社会主义了；我们中国资本制度并不甚发达，更没有到崩溃的地

① 《陈独秀文章选编》中册，生活·读书·新知三联书店 1984 年版，第 55 页。

② 《李达文集》第 1 卷，人民出版社 1980 年版，第 66—67 页。

③ 《李大钊文集》下册，人民出版社 1984 年版，第 454 页。

④ 何孟雄：《发展中国的实业竞争要采用什么方法》，《曙光》第 2 卷第 2 号，1921 年 3 月。

⑤ 林代昭等编：《马克思主义在中国：从影响的传入到传播》下册，清华大学出版社 1983 年版，第 313 页。

⑥ 《李达文集》第 1 卷，人民出版社 1980 年版，第 56 页。

步，如何能讲社会主义呢？像这种似是而非的话，恐怕很有许多人相信；其实他最大的缺点，是忘记了现代人类底经济关系乃国际的而非国别的了。如果他断定欧美资本制度要崩溃能讲社会主义，他便不应该说中国不能讲社会主义仍要采用资本制度。因为交通便利，需要复杂的缘故，有许多事都渐渐逃不了国际化，经济制度更是显著；各国资本制度都要崩溃，中国那能拿国民性和特别国情等理由来单独保存他。”① 不过，早期马克思主义者也认识到，社会主义的实现不是一蹴而就的事情。他们指出：“并不是说，一经革命之后，共产党有了政权的社会便是共产主义的社会。我们以为革命不过是据了向共产主义一路上的荆棘罢了。要实现共产主义的社会还要再向前走才行”②。由资本主义向社会主义有一个过渡时期，需要多少时日尚不确定，但“共产主义不是一举而成的这件事实，我们是无疑的。”③

再次，实现中国社会的改造只能采取无产阶级革命的手段来完成，不能采取社会改良的政策。针对张东荪等人采取阶级调和的态度对待阶级矛盾，企图用社会改良的办法解决中国的社会问题。中国早期马克思主义者认为，这些人“骨子里所提倡的实在是资本主义”④。他们认为，要实现社会的改造，必须采取革命的态度，彻底打碎旧的国家政权和制度。他们指出：“社会主义是用以代替私有制度，资本制度的一种新的社会组织。这种新的组织是旧社会中的统治者阶级所反对的，我们要实现这个新组织，不能不打倒旧组织，赶起旧的治者阶级。我们相信旧的社会制度，资本制度，是打建在武力上边的。我们不是消极的无抵抗主义者。我们相信惟有武力才能打破武力；惟有强权才能打破强权。……我们相信惟有革命，社会主义才能达到，所以我们看革命为第一义。”⑤ 他们认为，在中国议会制度是不可取的，因为“议会制度本是资产阶级专为供给及监督他们的政府

① 《陈独秀文章选编》中册，生活·读书·新知三联书店1984年版，第91—92页。

② 林代昭等编：《马克思主义在中国：从影响的传入到传播》下册，清华大学出版社1983年版，第418—419页。

③ 林代昭等编：《马克思主义在中国：从影响的传入到传播》下册，清华大学出版社1983年版，第316页。

④ 林代昭等编：《马克思主义在中国：从影响的传入到传播》下册，清华大学出版社1983年版，第420页。

⑤ 林代昭等编：《马克思主义在中国：从影响的传入到传播》下册，清华大学出版社1983年版，第415页。

底财政而设立的，要拿他来帮助劳动者，来废除资本私有制度，岂不是与虎谋皮吗”①。因而他们坚决主张要采用劳农主义的直接行动，达到社会革命的目的，因为它是“最普遍最猛烈最有效力的一种非妥协的阶级争斗手段”②。

最后，在与张东荪等人的论争过程中，中国早期马克思主义者还区分了马克思主义与其他各种社会主义的本质区别，指出只有科学社会主义才能解救中国。如陈独秀在详细比较了无政府主义、共产主义、国家社会主义、工团主义、行会社会主义后，指出：“我们中国人对于这两种社会主义（指国家社会主义和马克思主义——引者注），究竟应该采取那一种呢？我以为中国底改造与存在，大部分都要靠国际社会主义的运动帮忙，这是不容讳饰的了；国内的资本阶级虽尚幼稚，而国外资本主义底压迫是人人都知道的，因此阶级战争的观念确是中国人应该发达的了；再睁开眼睛看看我们有产阶级的政治家政客底腐败而且无能和代议制度底信用，民主政治及议会政策在中国比在欧美更格外破产了；所以中国若是采用德国社会民主党的国家社会主义，不过多多加给腐败贪污的官僚政客以作恶的机会罢了。”③ 因而主张采取马克思主义的科学社会主义来指导中国社会革命。

当然，不可否认，中国早期马克思主义者在与张东荪、梁启超等人的论辩过程中，也有言辞过当之处，在论辩过程中有教条主义倾向，如他们按照唯物史观和阶级斗争的辩证法论证了在经济文化如何落后的国家可以进行社会主义革命，而对于如何实行这种革命没有提出实质性的建议。沙健孙认为，在这场论战中，早期中国马克思主义者有两个缺陷，其一是“他们不懂得半殖民地半封建中国的革命必须分两步走，其第一步只能是民主主义革命，第二步才能是社会主义”；其二是“他们也不懂得民族资本主义经济在一定时期内仍然具有有利于国计民生的一面，这种民族资本主义经济的一定程度的发展不仅是不可避免的，而且是有益的”④。我们认为，这个评价是符合当时的历史情况的。

---

① 《陈独秀文章选编》中册，生活·读书·新知三联书店 1984 年版，第 96 页。

② 《李达文集》第 1 卷，人民出版社 1980 年版，第 72 页。

③ 《陈独秀文章选编》中册，生活·读书·新知三联书店 1984 年版，第 98 页。

④ 沙健孙主编：《中国共产党通史》第 1 卷，湖南教育出版社 1996 年版，第 335 页。

（三）马克思主义与无政府主义的论战

无政府主义先于马克思主义在中国传播。辛亥革命前后，无政府主义作为一种小资产阶级的社会政治思潮，开始传入中国。它是作为企图改造中国社会的一种社会思潮出现的，如中国无政府主义者指出："吾人既感于现社会之不平等，与乎颠连无告者之盈天下也，于是思有以变革之。"[①]无政府主义者反对一切强权、压迫和剥削，主张绝对自由，希望建立一个人人平等，各尽所能、各取所需的无政府共产社会。这些主张对于饱受压迫和欺凌的中国人民来说具有极大的诱惑力，对于那些对现状强烈不满、急切想要为中国寻找出路的大批青年知识分子具有相当大的吸引力。因此，五四运动之前，无政府主义相比于其他社会主义思潮具有明显的优势。与此同时，因为无政府主义的主张与马克思主义在某些方面具有共通之处，如它们都反对剥削、反对压迫，都主张用暴力打碎旧的国家机器，所以中国早期无政府主义者在传播无政府主义思想的过程中，也介绍和宣传了马克思主义，客观上促进了马克思主义在中国的传播。中国早期马克思主义者大多就是从开始时信奉无政府主义转而信奉马克思主义的，因此，从某种程度上讲，无政府主义是早期马克思主义者由激进民主主义者转向马克思主义的一座桥梁。

但是，当马克思主义在中国日益显示出其革命性和越来越多地掌握群众时，无政府主义又把攻击的矛头指向马克思主义的国家学说和俄国的苏维埃制度。他们否定阶级斗争、反对无产阶级专政，否定社会主义的生产和分配，反对一切国家政权，主张绝对自由，反对组织和纪律，企图在幻想中建立各尽所能、各取所需的无政府共产社会。"批判的空想的社会主义和共产主义的意义，是同历史的发展成反比的。阶级斗争越发展和越具有确定的形式，这种超乎阶级斗争的幻想，这种反对阶级斗争的幻想，就越失去任何实践意义和任何理论根据。"[②] 无政府主义在中国的命运就是如此。当它的空想性日益暴露时，其最终被时代抛弃的结局也就可以预见了。

为了揭露无政府主义不切实际的主张以及消除它在群众中的不良影响，中国早期马克思主义者开展了对无政府主义的激烈批判。在与无政府

---

① 高军等编：《中国现代政治思想史资料选辑》，四川人民出版社 1984 年版，第 5 页。

② 《马克思恩格斯选集》第 1 卷，人民出版社 1995 年版，第 304 页。

主义的批判和辩驳过程中，中国早期马克思主义者进一步确立了马克思主义在中国革命中的指导地位，深化了对马克思主义和中国实际问题的认识。主要表现为以下几点：

第一，阐述了马克思主义的国家观及坚持无产阶级专政的思想。无政府主义者反对一切强权、一切国家，尤其是反对无产阶级专政。针对这一观点，中国早期马克思主义者认为，对于强权和国家不能一概而论，应该对强权和国家的性质加以区分而区别对待。他们指出："强权所以可恶，是因为有人拿他来拥护强者、无道者，压迫弱者与正义。若是倒转过来，拿他来救护弱者与正义，排除强者与无道，就不见得可恶了。由此我们可以看出强权所以可恶，是他的用法，并不是他本身。"① 劳动阶级掌握了政权可以镇压反对阶级，使强权起到维护社会稳定的效果，那这样的强权却是必要的。国家也一样，马克思主义者承认国家是会最后消亡的，但这要随着阶级的消灭而自然消亡，不是人为废除的。他们指出："我们的最终目的，也是没有国家的。不过我们在阶级消灭以前，却竭力主张要国家，而且是主张要强有力的无产阶级专政的国家的。阶级一天一天趋于消灭，国家也就一天一天失其效用。我们的目的，并不是要拿国家建树无产阶级的特权，是要拿国家来撤废一切阶级的。"② 他们认为，即使革命成功以后，国家、政权、阶级专政还是必须存在的，"因为革命后若干时期社会上资本阶级底势力仍然要大过劳动阶级多少倍，在此时期内若有人主张把政权及自由给资本阶级，便是杀害劳动阶级；若劳动阶级肯把政权及自由给资本阶级，便是劳动阶级自杀；劳动专政并没有什么特别深奥的意思，只是不把政权及自由给资本阶级"③。总之，中国早期马克思主义者认为："用革命的手段建设劳动阶级（即生产阶级）的国家，创造那禁止对内对外一切掠夺的政治、法律，为现代社会第一需要。"④

第二，阐述了个人与组织，自由与纪律的关系。无政府主义者极力强调个人的自由，反对任何形式的组织和纪律，完全割裂了个人与组织、自由和纪律的辩证关系。中国早期马克思主义者认为，绝对的自由是不存在

① 《陈独秀文章选编》中册，生活·读书·新知三联书店 1984 年版，第 4 页。

② 转引自沙健孙主编：《中国共产党通史》第 1 卷，湖南教育出版社 1996 年版，第 348 页。

③ 《李达文集》第 1 卷，人民出版社 1980 年版，第 744 页。

④ 《陈独秀文章选编》中册，生活·读书·新知三联书店 1984 年版，第 10 页。

的，他们认为：个人与社会是不能须臾隔离的，因而只要在社会中生活，就不可能有绝对的自由，他们指出，“个人与社会，不是不能相容的二个事实，是同一事实的两方面；不是事实的本身相反，是为人所观察的方面不同。一云社会，即指由个人集成的群合；一云个人，即指在群合中的分子。离于个人，无所谓社会；离于社会，亦无所谓个人”①，“我们应该觉悟，非个人逃出社会以外，决没有绝对的自由，决不能实现无政府主义”②。他们认为：“我们所要求的自由，是秩序中的自由；我们所顾全的秩序，是自由间的秩序。只有从秩序中得来的是自由，只有在自由上建设的是秩序。个人与社会、自由与秩序，原是不可分的东西。”③ 这就既反对了无政府主义的绝对自由，不要组织和纪律的荒谬言论，又阐述了中国早期马克思主义者心目中个人与社会、自由与纪律的关系。他们认为，无政府主义者过分强调个人与自由，对无产阶级革命有着极坏的影响，他们指出，“劳动团体底权力不集中，想和资本阶级对抗尚且不能，慢说是推倒资本阶级了；因为权力不集中各团体自由自治起来，不但势力散漫不雄厚，并且要中资本阶级离间利用和各个击破的毒计”，因而，他们认为，不但不能过分强调个人自由，相反“权力集中是革命的手段中必要条件”④。

第三，在反对无政府主义生产分配的过程中阐述了社会主义的生产与分配原则。早期马克思主义者认为，无政府主义“主张破坏中央的权力，要将一切生产机关，委诸自由人的自由联合管理”，“有一种最大的缺点，即是不能使生产力保持均平”⑤，他们的这种主张和资本主义生产方式没有两样，这样势必会造成各个地方的供需出现矛盾，会导致“生产组织的混乱状态”⑥，“因为各个生产团体各个利害不同，若是没有一个统一机关用强制力去干涉调节，各个生产团体主张各个的绝对自由，这样能联合不能？”⑦ 因而，中国早期马克思主义者认为，共产主义的生产组织是集中的，是有计划的，“共产主义的原则主张把一切农业工业的生产机关，都

---

① 《李大钊文集》下册，人民出版社 1984 年版，第 437 页。

② 《五四运动文选》，生活·读书·新知三联书店 1959 年版，第 547—548 页。

③ 《李大钊文集》下册，人民出版社 1984 年版，第 438 页。

④ 《陈独秀文章选编》中册，生活·读书·新知三联书店 1984 年版，第 149 页。

⑤ 《李达文集》第 1 卷，人民出版社 1980 年版，第 49 页。

⑥ 《李达文集》第 1 卷，人民出版社 1980 年版，第 50 页。

⑦ 《陈独秀文章选编》中册，生活·读书·新知三联书店 1984 年版，第 94 页。

移归中央管理，有时因生产机关的种类不同，或移归地方管理”①。至于分配方面，马克思主义与无政府主义也有原则区别，无政府主义主张各尽所能各取所需，早期马克思主义者认为，这种“使消费的自由都得平等的主张，由正义自由平等的见地说起来似乎可行，可是非待世界的产业发达到极境的时候，不能办到”。马克思主义的分配原则是根据生产力的发展水平来决定的，并不是一建立社会主义之后，立即取消货币，实行那幻想中的各尽所能各取所需的分配政策，他们指出，社会主义时候的分配，“生产力既有限制，生产出来的物质当然也有限制，我们分配这有限的物质要求其平等，就不可不行使货币经济，对于各人所收入的货币额加以限制”②。无政府主义主张在现有的经济社会条件下实行各尽所能、各取所需的生产分配制度是不可能实现的。

通过与无政府主义的论战，中国早期马克思主义者进一步确定了自己的信仰，认识到了无产阶级专政和阶级斗争在中国的作用，并在论战中阐述了建立无产阶级政党的思想，指出了自由与纪律、民主与集中的关系问题，为即将建立的中国共产党作了很好的思想铺垫。同时，通过这一论战，中国早期马克思主义者揭露了无政府主义的空想性，这对广大社会群众特别是广大知识青年抛弃无政府主义转而投向马克思主义起到了很大的促进作用。这就为中国共产党争取到了大量的群众，这对马克思主义在中国的运用和发展来说是很关键的。刘少奇曾指出：“在起初各派社会主义的思想中，无政府主义是占着优势的。马克思主义的拥护者到处都与无政府主义的拥护者争论着、斗争着。马克思主义直至在各方面克服无政府主义以后，并与中国的工人运动、人民反帝运动结合以后，才成为中国政治生活中的一个雄厚的力量，并在这以后马克思主义永远在中国新文化运动中占着主要的地位。”③ 在马克思主义者的攻击之下，中国的无政府主义在1923年前后逐渐销声匿迹。

建党前后，中国早期马克思主义者同资产阶级改良主义者、无政府主义者关于中国出路问题的三次论战，是马克思主义在传播过程中的第一场交锋。思想在激战中升华，出路在辩驳中明朗。经过这场交锋，长期以来

---

① 《李达文集》第1卷，人民出版社1980年版，第49页。

② 《李达文集》第1卷，人民出版社1980年版，第51页。

③ 转引自唐宝林主编：《马克思主义在中国100年》，安徽人民出版社1998年版，第125页。

在迷雾中艰难前行的中国先进知识分子认清了科学社会主义与资产阶级改良主义、无政府主义之间的本质区别，看到了马克思主义的真理性和革命性，逐渐认识到中国要想摆脱被压迫被剥削的厄运，实现民族独立和国家富强，必须以马克思主义为指导，走科学社会主义道路。在反复比较、甄别的过程中，他们最终抛弃了资产阶级改良主义、无政府主义等各种不切实际的幻想，坚定地加入马克思主义的科学阵营。当然，由于马克思主义传入中国时间不长，早期马克思主义者才刚刚理解和接受马克思主义，他们的马克思主义理论水平不可能达到很高的程度，因而他们在和各种非马克思主义、反马克思主义的论辩过程中还存在着一些这样那样的问题。但是，他们通过论辩坚定了马克思主义的信仰，确立了马克思主义在中国革命中的指导地位。“理论在一个国家实现的程度，总是决定于理论满足这个国家的需要的程度。……光是思想力求成为现实是不够的，现实本身应当力求趋向思想。”① 中国早期马克思主义者一经找到马克思主义这个思想武器，就迅速投入到宣传马克思主义、用马克思主义指导工人运动和改造中国社会的实际斗争中去，并在此基础上创建了中国共产党。

第三节　俄国十月革命道路与民族复兴道路的初步锚定

十月革命一声炮响，给中国送来了马克思列宁主义。十月革命对于苦苦探寻“中国向何处去”道路的早期马克思主义者来说，不啻为黑暗中的一盏明灯，它是深受帝国主义欺凌和压迫的先进知识分子和人民幡然醒悟，即刻锚定的中国社会发展转变的道路和方向。

一、十月革命及其伟大意义

第一次世界大战的爆发及其带来的一系列灾难性后果，打破了人们长期以来对西方资本主义文明的迷梦，促进了各国人民群众的觉醒，推动了世界各地革命运动的迅速高涨。俄国，作为帝国主义统治链条上最薄弱的一环，率先在资本主义世界的铜墙铁壁上打开一个缺口，建立了人类历史上第一个社会主义国家。

---

①《马克思恩格斯选集》第1卷，人民出版社1995年版，第11页。

第一次世界大战爆发后，俄国社会矛盾进一步激化，革命时机日益成熟。1917 年 2 月，俄国爆发了第二次资产阶级民主革命，沙皇被迫退位，出现了资产阶级临时政府和士兵代表苏维埃两个政权并立的局面。7 月 26 日，成立了以克伦斯基为首的联合政府，对工人和布尔什维克党进行了全面的镇压，白色恐怖笼罩全国，布尔什维克党转入地下，两个政权并立的局面结束，俄国革命进入了一个新阶段。1917 年 11 月 7 日（俄历 10 月 25 日），在列宁和布尔什维克党的领导下，圣彼得堡的工人群众发动武装起义，推翻了资产阶级临时政府，一举夺取了政权。第二天，全俄工农兵苏维埃第二次代表大会通过了列宁起草的《和平法令》和《土地法令》，以及其他一系列维护工农利益的决议案。彼得格勒武装起义胜利后，革命迅速向全国各地扩展，苏维埃政权在俄国各地相继建立。俄国十月社会主义革命取得伟大胜利。

俄国十月革命的胜利，是俄国历史上的重大事件，也是人类历史上一个划时代的事件，极大地改变了 20 世纪世界历史的进程。“十月社会主义革命不只是开创了俄国历史的新纪元，而且开创了世界历史的新纪元”①，它“改变了整个世界历史的方向，划分了整个世界历史的时代”②，具有伟大的历史意义。

十月革命开辟了世界无产阶级革命的新时代。过去历史上发生的革命，都是一个剥削阶级代替另一个剥削阶级，一种剥削制度代替另一种剥削制度，劳动人民依然处于被剥削被奴役的地位。十月革命则破天荒地从根本上推翻了剥削阶级在俄国的统治，把俄国亿万工农劳动大众从资本主义和封建主义的剥削和压迫下解放出来，建立了世界上第一个无产阶级专政的社会主义国家。它冲破了帝国主义防线，在一个幅员辽阔的帝国主义国家内推翻了资产阶级的统治，无产阶级第一次争得民主，上升为统治阶级。这样，十月革命就为当时和俄国无产阶级处于同样遭遇的各国无产阶级树立了光辉的榜样。在十月革命的影响下，芬兰、德国、匈牙利、奥地利、捷克斯洛伐克、保加利亚等国家不久就爆发了革命，建立了一批地方性的工人苏维埃政权。同时，第一个无产阶级专政国家的建立，为世界各国无产阶级的斗争，建立了一个公开的基地，有力地推动了各国无产阶级革命斗争的发展。总之，十月革命打破了资本主义一统天下的局面，向全

---

① 《毛泽东选集》第 1 卷，人民出版社 1991 年版，第 303 页。

② 《毛泽东选集》第 2 卷，人民出版社 1991 年版，第 667 页。

世界宣告了一个新时代——由资本主义向社会主义过渡的时代的开始。

十月革命极大地鼓舞了殖民地半殖民地国家的民族解放运动。十月革命不仅动摇了帝国主义统治的中心，而且动摇了帝国主义的后方，震撼了帝国主义在殖民地半殖民地的统治，为全世界一切被压迫民族树立了榜样，推动了被压迫人民和被压迫民族争取民族解放的斗争。在俄国十月革命的影响下，朝鲜、缅甸、菲律宾、印度等国先后爆发反对西方殖民统治的斗争。阿富汗、叙利亚、黎巴嫩、伊朗、伊拉克等国，也爆发了大规模的反帝斗争。十月革命“在社会主义的西方和被奴役的东方之间架起了一道桥梁，建立了一条从西方无产者经过俄国革命到东方被压迫民族的新的反对世界帝国主义的革命战线”①，它的胜利为全世界无产阶级和被压迫民族的联合，建立反对帝国主义的革命阵线，创造了有利的条件。从此，殖民地半殖民地人民的民族民主革命，就不再是世界资产阶级革命的一部分，而成为世界无产阶级革命的一部分。

十月革命不仅开辟了世界历史的新纪元，而且在马克思主义史上也有特殊的历史地位和划时代的贡献。自从《共产党宣言》发表以来，马克思主义一直把实现共产主义作为自己的崇高理想。马克思、恩格斯的历史功绩，是通过创造性的理论研究，把社会主义从空想变成了科学，变成了指导工人阶级和一切被压迫、被剥削群众革命行动的指南；而列宁的历史功绩则是从理论与实践两个方面把科学社会主义理论变成了现实，在全世界面前树立了一个社会主义国家的榜样。俄国十月革命使社会主义在人类历史上实现了从理论到实践、由理论到现实的巨大飞跃，社会主义的历史由此展开了新的篇章。

十月革命的胜利，是列宁和布尔什维克党反对机会主义和修正主义斗争的胜利，是马克思列宁主义在实践中的胜利。十月革命前，马克思主义的传播还仅限于欧洲和北美；十月革命后，马克思列宁主义在全世界特别是亚洲和非洲得到广泛传播。马克思列宁主义和各国工人运动相结合，在欧洲和北美以外的许多国家也相继产生了无产阶级政党，从而改变了这些国家的革命面貌。

二、十月革命与民族复兴道路的初步锚定

19 世纪末 20 世纪初的中国，与十月革命前的俄国在许多方面有相似

① 《斯大林全集》第 4 卷，人民出版社 1958 年版，第 149 页。

之处：政治混乱、经济落后、文化守旧、反动势力强大等，这使得俄国十月革命对于正在苦苦探寻救国救民真理的中国人民产生了极大的吸引力。十月革命的胜利，开辟了人类探索社会主义道路的新时代，“在方向上，在方法上，都予中国革命以深厚的影响”，给予中国人以“精神上的影响”，“催速了中国革命的实现”①。十月革命的发生，在中国思想界引起极大的震动。它促进了马克思主义在中国的广泛传播，帮助中国先进分子开始用无产阶级的世界观作为观察国家命运的工具，重新考虑自己的问题，得出了“走俄国人的路”这个唯一正确的结论。

第一，十月革命促使先进的中国人将学习的目标由西方转向东方。

近代以来，为挽救国家的危亡，实现民族独立和国家富强，中国的仁人志士一直在向西方学习，对西方文明亦步亦趋。但由于中国半殖民地半封建的社会性质，那些在西方行之有效的制度一旦搬到中国却水土不服，辛亥革命短暂的民主共和的尝试曾经让人们从中看到些许希望，但接下来封建军阀的独裁和混战，使中国社会一切如旧，人们对西方的文明开始失望。

第一次世界大战给人类造成的灾难更是粉碎了国人对西方文明的迷梦，它对中国思想文化界产生了重大的影响②。面对第一次世界大战对人类的摧残，中国人对西方文明产生了怀疑、动摇，乃至否定。新文化运动的发起者陈独秀曾经认为，“无论政治学术道德文章，西洋的法子和中国的法子，绝对是两样，断断不可调和牵就的”，中国要想摆脱困境，走向现代，“决计革新，一切都应该采用西洋的新法子，不必拿什么国粹、什么国情的鬼话来捣乱”③。他对西方文明的倾慕之情跃然纸上。但是，在战后，陈独秀 1919 年撰文对西方所谓的文明给以有力的批评，他说：“立宪政治在十九世纪总算是个顶时髦的名词，在二十世纪的人看起来，这种敷衍不彻底的政制，无论在君主国民主国，都不能够将人民的信仰、集会、言论出版三大自由权完全保住，不过做了一班政客先生们争夺政权的武器。现在人人都要觉悟起来，立宪政治和政党，马上都要成历史上过去的

① 《董必武选集》，人民出版社 1985 年版，第 2—3 页。

② 参见郑大华、邹小站主编：《西方思想在近代中国》，社会科学文献出版社 2005 年版，第 158—203 页。该文注重分析了一战后面对“西方的没落”，中国文化保守主义的兴起。

③ 《陈独秀文章选编》上册，生活·读书·新知三联书店 1984 年版，第 270 页。

名词了，我们从此不要迷信他罢。”[①] 李大钊也认为：“此次战争，使欧洲文明之权威大生疑念。欧人自己亦对于其文明之真价不得不加以反省。”[②] 周恩来 1920 年抵达欧洲后指出：“吾人初旅欧土，第一印象感触于吾人眼帘者，即大战后欧洲社会所受巨大之影响，及其显著之不安现状也。影响维何？曰：生产力缺乏，经济界之恐慌，生活之窘困。凡此种种，均足以使社会上一般人民饥寒失业交困于内外，而复益之以战争中精神文明所得间接之损失，社会之现状，遂乃因之以不安。”[③] 中国先进士人对西方文明的厌倦之情清晰可见。

除陈独秀、李大钊等这些先进分子外，严复、康有为等一些曾是学西方的先进人物，此时对资本主义文明也是一片谴责。严复说：“欧洲三百年科学，尽作驱禽食肉看。”“三百年之进化，只做到‘利己杀人、寡廉鲜耻’八个字。”[④] 康有为则认为，“推吾国人所以颠倒愚妄，养乱酿祸而不之顾者，由于浮慕法、美之富强，歆羡平等自由之政治”[⑤]。梁启超亲赴欧洲，感触更深，他指出，欧洲“全社会人心都陷入怀疑、沉闷、畏惧之中，好像失了罗针的海船遇着风遇着雾，不知前途怎生是好”[⑥]。

上述这些人士在当时的中国思想界、舆论界声名赫赫，他们的这些言论无疑对中国人的思想产生重大的影响。这就迫使中国先进的知识分子不得不思考这样的问题，中国走上资本主义道路会不会重蹈西方社会的覆辙。因之，“使欧洲危机终不可免而至于爆裂也，则社会革命潮流东向，吾国又何能免”[⑦]？抛弃西方文明而转向新兴起的社会主义革命是第一次世界大战后中国思想界合乎逻辑的发展。

第二，十月革命促使一批先进知识分子由激进的民主主义者转变为马

---

① 《陈独秀文章选编》上册，生活·读书·新知三联书店 1984 年版，第 422 页。

② 《李大钊文集》上册，人民出版社 1984 年版，第 565 页。

③ 周恩来：《欧战后之欧洲危机》，《天津益世报》1921 年 3 月 22 日，转引自沙健孙、龚书铎主编：《走什么路：关于中国近现代历史上的若干重大是非问题》，山东人民出版社 1997 年版，第 296 页。

④ 商务印书馆编辑部编：《论严复与严译名著》，商务印书馆 1982 年版，第 152 页。

⑤ 《康有为政论集》下册，中华书局 1981 年版，第 706 页。

⑥ 《梁启超文集》，上海人民出版社 1984 年版，第 719 页。

⑦ 周恩来：《欧战后之欧洲危机》（续篇），《天津益世报》1921 年 3 月 23 日，转引自沙健孙、龚书铎主编：《走什么路：关于中国近现代历史上的若干重大是非问题》，山东人民出版社 1997 年版，第 296 页。

克思主义者，推动了马克思主义在中国的广泛传播。

毛泽东曾说："中国人找到马克思主义，是经过俄国人介绍的。在十月革命以前，中国人不但不知道列宁、斯大林，也不知道马克思、恩格斯。""十月革命帮助了全世界的也帮助了中国的先进分子，用无产阶级的宇宙观作为观察国家命运的工具，重新考虑自己的问题。"① 不过，这并不意味着在十月革命之前中国人没有接触到马克思主义，只是在此之前中国缺乏广泛传播马克思主义的现实条件，马克思主义在当时只是被零星碎片式地介绍而已。第一次世界大战中，中国无产阶级得到较大发展，在十月革命新的刺激下，阶级意识进一步觉醒，从而马克思主义在中国传播有了合适的土壤。因此，十月革命后，马克思主义才开始在中国大规模传播。

十月革命使中国先进的知识分子耳目一新。他们从十月革命的胜利中看到中国新的出路和希望，开始抛弃对西方资本主义文明的崇拜和迷恋，转而传播、学习和研究与西方资本主义针锋相对的马克思主义。他们在宣传、传播马克思主义的过程中，世界观、人生观和价值观发生深刻变化，逐步由激进的民主主义者转变为马克思主义者。第一个发生这种变化的就是李大钊。十月革命胜利后，李大钊明确地表达了对社会主义的强烈关注和向往。经过一年的观察、了解和思考，李大钊写出了《法俄革命之比较观》《庶民的胜利》《Bolshevism 的胜利》《新纪元》等歌颂十月革命的文章。李大钊指出，俄国革命是立于社会主义上的革命，"他们是奉德国社会主义经济学家马客士（Marx）为宗主的"，号召国人"对于俄罗斯今日之事变，惟有翘首以迎其世界的新文明之曙光，倾耳以迎其建于自由、人道上之新俄罗斯之消息，而求所以适应此世界的新潮流"②。在《新纪元》这篇文章中，李大钊进一步指出，十月革命开辟了人类的新纪元，"这个新纪元是世界革命的新纪元，是人类觉醒的新纪元"，"这个新纪元带来新生活、新文明、新世界"③。"新文明""新潮流""新世界""新纪元"深深地表达出了李大钊对俄国开辟的社会主义道路的热烈期待。以李大钊为代表，五四运动前后，一大批激进的资产阶级民主主义者相继转变为马克思主义者。他们通过发表文章、翻译著作、开展论争、创办研究会等途径，

① 《毛泽东选集》第 4 卷，人民出版社 1991 年版，第 1470—1471 页。

② 《李大钊文集》上册，人民出版社 1984 年版，第 575 页。

③ 《李大钊全集》第 2 卷，人民出版社 2006 年版，第 268、266 页。

大力宣传马克思主义，扩大了马克思主义的影响力和感召力，有力地推动了马克思主义在中国的广泛传播。

但是，十月革命之后，马克思主义在中国的传播并不是一帆风顺的。当时，各种主义并行，各类思潮鹊起。马克思主义是在与其他各种非马克思主义、反马克思主义社会思潮的交流、交融、交锋中，一路披荆斩棘，才成为中国先进知识分子的选择，成为指导中国革命的新的思想武器。在当时盛行的各种主义中，尤以无政府主义的影响力为甚。无政府主义者开始是同情甚至是赞同马克思主义的；但当他们意识到马克思主义与无政府主义根本不同时，立即向十月革命和马克思主义发起了猛烈的进攻，声称俄国共产党是“杀人放火的强盗”，攻击马克思主义的无产阶级专政的国家学说，把马克思主义说成是“集产主义”，而把无政府主义说成是“共产主义”。

面对无政府主义对苏维埃制度和马克思主义的猛烈攻击，具有初步共产主义思想的知识分子以及拥护社会主义的先进分子对他们的挑战进行了有力的反击，进一步阐明了马克思主义的基本观点。正是在论战过程中，大量的知识分子分清了马克思主义与无政府主义的界限，从而坚定地走上拥护马克思主义的道路。一些原来相信无政府主义的人也开始放弃原来的信仰，逐步走上马克思主义的道路。蔡和森在 1920 年 8 月写给毛泽东的信中明确地表达了对无政府主义的反对和对社会主义道路的向往，他说：“我以为现世界不能行无政府主义，因为现世界显然有两个对抗的阶级存在，打倒有产阶级的迪克推多，非以无产阶级的迪克推多压不住反动，俄国就是个明证。所以我对于中国将来的改造，以为完全适用社会主义的原理和方法。”① 曾受无政府主义思想影响的周恩来，在欧洲对当时流行的打着社会主义旗号的种种社会思潮进行认真比较后，最后下定决心：“我们当信共产主义的原理和阶级革命与无产阶级专政两大原则”，并强调，“我认的主义一定是不变了，并且很坚决地要为它宣传奔走”②。

马克思主义每前进一步，都是经过战斗的。马克思主义在中国的传播也是如此。正是在与各种非马克思主义、反马克思主义的角逐、交锋中，马克思主义逐步在中国广大民众心目中扎下了根，成为指导中国革命的行动指南。

---

① 《蔡和森文集》，人民出版社 1980 年版，第 51 页。

② 《周恩来书信选集》，中央文献出版社 1988 年版，第 40、46 页。

第三，十月革命的胜利，使先进的中国人抛弃了对资产阶级共和国方案的幻想，走俄式道路成为近代中国先进分子的方向选择。

第一次世界大战的爆发，摧毁了国人对西方资产阶级文明的最后一点幻想。在寻找救国救民的道路上苦苦挣扎的中国先进知识分子幻想破灭、信仰崩塌，一度陷入了疑惑与彷徨之中。中国的出路在哪里？中国向何处去？十月革命的爆发，给处于迷茫中的中国人带来了新的曙光。

首先，近代以来探索中国革命道路的失败迫使中国知识分子改变了学习的方向。“帝国主义和中国封建主义相结合，把中国变为半殖民地和殖民地的过程，也就是中国人民反抗帝国主义及其走狗的过程。”① 中国陷入殖民地半殖民地后，先进的中国人对中国革命道路的探索一直没有停止过，“鸦片战争以来，救中国，救人民，实现国家的独立、统一、民主、富强，成为中国各族人民不懈追求的共同理想。先进的中国人奋斗牺牲，写下了可歌可泣的篇章”②。但人们所做的种种探索和努力都不能改变中国半殖民地半封建社会的性质。历史事实证明，农民阶级、资产阶级改良派和革命派不能解决中国的前途命运问题。

农民阶级的天国迷梦、资产阶级维新派改革的昙花一现都是历史的匆匆掠影。资产阶级革命派的短暂成功曾使他们对自己的救国道路充满了期待，认为“一旦我们革新中国的伟大目标得以完成，不但在我们的美丽的国家将会出现新纪元的曙光，整个人类也将得以共享更为光明的前景”③。对移植来的西方文明充满了向往，“世界上的民主国家，政治的权威是集中于国会的。在国会里头，占得大多数议席的党，才是有政治权威的党，所以我们此时更致力于选举运动”。“我们要在国会里头，获得过半数以上的议席，进而在朝，就可以组成一党的责任内阁；退而在野，也可以严密的监督政府，使它有所惮而不敢妄为，应该为的，也使它有所惮而不敢不为。那么，我们的主义和政纲，就可以求其贯彻了。”④ 理想是美好的，但在半殖民地半封建的中国却没有实施它的社会环境。在封建军阀统治之下，普选徒具虚名，多党变成拉帮结派、党同伐异，议会乱糟糟嚷成一团——西方可以成功的制度在半殖民地半封建的近代中国水土不服。

① 《毛泽东选集》第 2 卷，人民出版社 1991 年版，第 632 页。

② 《江泽民文选》第 1 卷，人民出版社 2006 年版，第 340—341 页。

③ 《孙中山全集》第 1 卷，中华书局 1986 年版，第 22 页。

④ 《宋教仁集》（下册），中华书局 1981 年版，第 456 页。

先进的中国人曾为中国革命道路的成功努力过、奋斗过，但结局无一不归于失败，要求实现民族独立、改变国家面貌的愿望仍然没有实现。周恩来在当时曾有诗作说：“茫茫大陆起风云，举国昏沉岂足云；最是伤心秋又到，虫声唧唧不堪闻。”① 以往革命道路探索的失败迫使人们不得不改变探索的方向，转而把目光投向近邻俄国，因为它刚刚完成了社会革命，使广大社会民众当家作了主人。据早年参加过同盟会的林伯渠回忆：“辛亥革命前觉得只要把帝制推翻便可以天下太平，革命以后经过多少转折，自己所追求的民主还是那样的遥远，于是慢慢的从痛苦经验中，发现了此路不通，终于走上了共产主义的道路。这不仅是一个人的经验，在革命队伍里是不缺少这样的人的。”② 同时，五四运动爆发，广大社会群众参与其中，中国革命呈现出新的局面，这加深了人们在探索中国革命道路的时候对人民群众在社会变革中重大作用的认识。吴玉章曾回忆了当时的情景：“从前我们搞革命虽然也看到过一些群众运动的场面，但是从来没有见到过这种席卷全国的雄壮浩大的声势。在群众运动的冲激震荡下，整个中国从沉睡中复苏了，开始焕发出青春的活力。”③ 人们普遍认识到，中国革命的成功必须要依靠人民群众的时代就要到来了。

其次，新生的苏维埃俄国以新的平等态度对待中国，使中国先进分子对苏俄和社会主义产生信任与好感。十月革命之后，新生的苏维埃俄国两次向中国示好，多次宣布放弃沙皇政府从中国攫取的满洲和其他地区，废弃不平等条约中俄国人在中国享有的一切特权。苏俄的这种行为引起了当时中国思想界的热烈反响，促使越来越多的先进分子向苏俄靠拢、向马克思主义靠拢。1919 年 7 月 25 日，《苏俄第一次对华宣言》宣布：废除帝俄与中国、日本、协约国签订的一切秘密条约，帝俄政府在中国东北以及别处，用侵略手段取得的土地，一律放弃，废除帝俄在中国的领事裁判权和租界，放弃庚子赔款的俄国部分，放弃帝俄在中东铁路方面的一切特权。宣言还指出：如果中国人民愿意像俄国人民一样获得自由，那就请中国人民了解，在争取自由的斗争中，唯一的同盟者和兄弟是俄国工人、农民及

① 《五四前后周恩来诗文选》，天津人民出版社 1979 年版，第 32 页。

② 林伯渠《荏苒三十年》，《解放日报》1941 年 10 月 10 日，转引自沙健孙、龚书铎主编：《走什么路：关于中国近现代历史上的若干重大是非问题》，山东人民出版社 1997 年版，第 293 页。

③ 《吴玉章回忆录》，中国青年出版社 1978 年版，第 112 页。

其红军①。列宁领导的苏俄政府于 1920 年 9 月 27 日，又发表《第二次对华宣言》，除了重申第一次对华宣言中的主要内容外，还建议两国恢复外交关系和缔结友好条约。

苏俄对华宣言的发表得到了中国社会各界的高度评价。全国各界联合会指出，该宣言“凡世界各国人民中之宝爱正谊人道者，当无不表示赞同。吾人更信中国人民除一部分极顽朽之官僚、武人、政客外，皆愿与俄国人民携手”②。全国学生联合会指出，该宣言“这一次的大举动，足为世界革命史开一新纪元。我们实在是钦佩得很”，并指出“希望今后中俄两国人民在自由、平等、互助的正义方面，以美满的友谊勠力于芟除国际的压迫，以及国家的、种族的、阶级的差别，俾造成一个真正平等、自由、博爱的新局面”。中国劳动工会指出：“我们中华的人民，接着你们的通告，非常的欢喜。知道你们的革命，是要恢复我们劳动者底权利，是为世界人类谋真正的自由、平等底幸福，知道你们全俄底农民、工人和红卫兵，是世界上最可亲爱的人类。中华全体底平民，都钦佩你们创造底势力和牺牲底精神。我们劳动界尤其欢欣鼓舞，愿与你全俄底农民、工人、红卫兵提携，立在那人道正义底旗帜下面，一起努力，除那特殊的阶级，实现那世界的大同。”③ 这些言论真实完整地再现了当时中国各界民众对俄国十月革命和苏俄对华宣言的真实态度，用铁的历史事实说明了中国人民对社会主义的向往，对自由、平等的渴望。

新生的苏维埃俄国对中国平等友好的态度，与贪婪傲慢的西方帝国主义列强“先生老是侵略学生”的卑劣形象，形成了鲜明的对比。至此，先进的中国人抛弃了对西方资本主义文明的最后一点幻想，决定另辟新路，以俄为师，走俄国式的社会主义道路。

最后，世界无产阶级革命的开启为中国人树立了新的学习榜样。向西方学习探索中国革命道路屡屡失败，在中国人民迷茫踌躇之时，十月革命爆发了。和中国经济文化相似的俄国爆发的以工农为主体的革命吸引了中

---

① 参见中国人民解放军政治学院党史教研室：《中共党史参考资料》第 1 册，内部版本，第 138—139 页。

② 中国社会科学院近代史研究所编：《五四运动文选》，生活·读书·新知三联书店 1959 年版，第 373 页。

③ 中国社会科学院近代史研究所编：《五四运动文选》，生活·读书·新知三联书店 1959 年版，第 375—376 页。

国的先进分子的目光。现实革命的成功迫使中国人把注意力转向了俄国。在中国传播社会主义、希望中国按照俄国社会主义进行革命来改造中国社会的人越来越多。中国民众学习的对象发生了转移，主张走俄国人的路。张闻天生动描述过自己当时的思想旅程："我们对于这种不合理的社会，情意上早感到不安，因不安也早产生了改造的决心。不过，用什么方法来改造呢？应该改造什么样呢？这些问题常常横在我胸前而一日不能去的。无抵抗主义呢？反抗主义呢？无政府主义呢？社会主义呢？如江河流水，不绝地引起我底烦闷。但永久不决定是不能生活的。那么，取其长，舍其短，自然不能不走社会主义一条路了。自今日起，我希望能够在实现社会主义的历程中做一个小卒。"① 同盟会最早会员之一吴玉章回忆说："处在十月革命和五四运动的伟大时代，我的思想不能不发生非常激烈的变化。当时我的感觉是：革命有希望，中国不会亡，要改变过去的办法。虽然，这时候我对中国革命还不可能立即得出一个系统的完整的新见解，但是通过十月革命和五四运动的教育，必须依靠下层人民，必须走俄国人的道路，这种思想在我头脑中日益强烈、日益明确了。"② 这表明当时探索中国革命前途的人学习的目标已经悄然发生了变化。这里所说的思想经历不是他们几个人的，而是五四一代人的思想转化历程。由于有了新的目标，在中国传播社会主义、中国革命走社会主义的道路已经成为时代的选择。"就是这样，西方资产阶级的文明，资产阶级的民主主义，资产阶级共和国的方案，在中国人民的心目中，一齐破了产。资产阶级的民主主义让位给工人阶级领导的人民民主主义，资产阶级共和国让位给人民共和国。"③ 总之，俄国十月革命的胜利，使中国先进知识分子受到极大鼓舞，看到了中华民族解放的新希望，在中国大地上高高举起了马克思主义、社会主义的伟大旗帜。

第四节　中国共产党诞生与民族复兴道路的新开启

在俄国十月革命的推动下，特别是在五四运动的洗礼下，中国一批先

---

① 张闻天：《中国底乱源及其解决》，1922 年 1 月，转引自沙健孙、龚书铎主编：《走什么路：关于中国近现代历史上的若干重大是非问题》，山东人民出版社 1997 年版，第 291 页。

② 《吴玉章回忆录》，中国青年出版社 1978 年版，第 112 页。

③ 《毛泽东选集》第 4 卷，人民出版社 1991 年版，第 1471 页。

进知识分子群体逐步完成了从激进的民主主义者向马克思主义者的转变，并在传播马克思主义的过程中筹备建立了中国共产党。中国共产党诞生后，早期中国共产党人在马克思列宁主义指导下，在共产国际的帮助下，开启了对民族复兴道路探求的自觉征程，而以中国共产党第二次全国代表大会通过的宣言对中国革命的性质、对象、动力、策略、任务、目标和革命的前途等重大问题的阐释为标志，标志着早期中国共产党对“重大时代课题”的初步认识。

一、共产党早期组织的成立及其活动

（一）各地共产党早期组织的成立

马克思指出：“无产阶级在反对有产阶级联合力量的斗争中，只有把自身组织成为与有产阶级建立的一切旧政党不同的、相对立的政党，才能作为一个阶级来行动。为保证社会革命获得胜利和实现革命的最高目标——消灭阶级，无产阶级这样组织成为政党是必要的。”[①] 恩格斯指出：“要使无产阶级在决定关头强大到足以取得胜利，无产阶级必须（马克思和我从1847年以来就坚持这种立场）组成一个不同于其他所有政党并与它们对立的特殊政党，一个自觉的阶级政党。”[②] 马克思主义创始人的这些论述表明了无产阶级建立自己政党的极端必要性和重要性。随着马克思主义在中国的广泛传播和中国工人运动的蓬勃发展，建立中国无产阶级自己政党的问题日益提到日程上来。

五四运动前后，在与各种非马克思主义、反马克思主义的激烈交锋中、在推动马克思主义与工人运动日益结合的过程中，中国早期马克思主义者逐渐认识到了建立无产阶级政党的迫切性和必要性。最早酝酿在中国建立共产党的是陈独秀和李大钊。1920年1月，为躲避反动军阀政府的监视和迫害，陈独秀决定从北京秘密迁往上海。在护送陈独秀离京途中，李大钊和他商讨了在中国建立无产阶级政党的问题。1920年3月，李大钊在北京组织成立了马克思学说研究会，成员包括邓中夏、高君宇等。随后，1920年5月，陈独秀在上海发起组织马克思主义研究会，成员主要有李汉俊、陈望道、邵力子、施存统、俞秀松、刘大白、沈仲九等人。这两大研

① 《马克思恩格斯选集》第2卷，人民出版社1995年版，第611页。
② 《马克思恩格斯选集》第4卷，人民出版社1995年版，第685页。

究会致力于宣传马克思主义理论，吸引了一批先进知识分子和青年骨干，客观上为中国共产党的成立作了组织上的准备。

在中国共产党创建过程中，共产国际的作用不容小觑。半殖民地半封建中国的革命运动受到了列宁的高度关注，五四运动更吸引了列宁和共产国际的目光。由于共产国际"东方局曾接到海参崴方面的电报，知道中国曾发生过几百万人的罢工、罢课、罢市的大革命运动"①，所以便决定派人到中国了解五四运动后中国革命运动发展的情况和能否建立共产党组织的问题，并与中国的先进分子接洽，这个人便是维经斯基。维经斯基一行人首先到了北京与李大钊接触，在李大钊的组织和安排下参加了一系列座谈会。然后，经李大钊介绍，维经斯基一行前往上海会晤陈独秀。"在北京和上海，维经斯基介绍了十月革命后俄国的情况及苏俄的对华政策，介绍了共产国际和国际共产主义运动的状况和经验。他们在了解到中国工人阶级的情况和马克思主义在中国传播的情况后，认为中国已经具备建立共产党的条件，并对李大钊和陈独秀的建党工作给予了帮助。"②

共产国际来华代表在中国开展的一系列工作和活动，加速了中国早期马克思主义者的建党步伐。在维经斯基等人的帮助之下，陈独秀以上海马克思主义研究会为基础，开始实施建立一个以建党为目标的筹备性质的组织。1920 年 6 月，陈独秀同李汉俊、俞秀松、施存统、陈公培等人开会商议，决定成立共产党组织，并初步定名为社会共产党，还起草了党的纲领。党纲草案共有 10 条，其中包括运用劳工专政、生产合作等手段达到社会革命的目的。此后不久，围绕着组织的命名问题，陈独秀征求李大钊的意见，李大钊建议定名为"共产党"，陈独秀接受了这一意见。

经过酝酿和准备，在陈独秀主持下，上海的共产党早期组织于 1920 年 8 月在上海法租界老渔阳里 2 号《新青年》杂志编辑部正式成立。这是中国的第一个共产党组织，当时取名为"中国共产党"，选举陈独秀为书记。1920 年 12 月，陈独秀由上海赴广州后，先后由李汉俊、李达代理书记的职务。上海的共产党早期组织成立后，利用《新青年》等刊物，积极宣传马克思主义，指导和开展工人运动，通过写信联系、派人指导和具体组织等方式，帮助各地建立共产党和社会主义青年团组织。上海的共产党早期组织实际上起着中国共产党发起组的作用，在它的帮助和指导下，北京、

① 《"一大"前后》(二)，人民出版社 1980 年版，第 6 页。

② 《中国共产党历史》第 1 卷上册，中共党史出版社 2011 年版，第 58—59 页。

武汉、长沙、广州、济南等地共产党早期组织先后成立，为组建一个统一的中国共产党奠定了必要的基础。

北京的共产党早期组织是在李大钊的直接指导和筹划下成立的。李大钊在介绍维经斯基一行去上海后，与陈独秀多次通信磋商，就建党事宜交换意见。经过充分的讨论和协商后，双方就加快建党进程达成一致共识，并相约同时在北方和南方从事建党的筹备工作。经过一系列的准备工作，北京的共产党早期组织于1920年10月正式成立。当时取名为“共产党小组”，最初成员有李大钊、张申府、张国焘三人，随后吸收了一批新成员。1920年底，北京党组织召开会议，决定成立“共产党北京支部”，由李大钊任书记，张国焘负责组织工作，罗章龙负责宣传工作。之后，北京的共产党早期组织又陆续发展了一些成员，组织规模进一步扩大。

上海、北京的共产党早期组织的成立，对于全国各地的先进分子和进步青年来说是一个很大的激励。在它们的示范和帮助下，武汉、长沙、广州、济南等地的先进分子以及旅日、旅法华人中的先进分子，也相继建立了共产党早期组织。武汉的共产党早期组织，是在上海的共产党早期组织直接指导下成立的。在陈独秀、李汉俊等人的积极推动和帮助下，1920年8月，由刘伯垂主持召开会议，成立武汉的共产党早期组织，选举包惠僧为书记。长沙的共产党早期组织是在毛泽东的筹划下创建的。1920年夏，毛泽东先后在北京、上海与李大钊、陈独秀进行了直接的接触和联系。在切身感受了这两个地区马克思主义的传播状况和共产主义者的活动后，毛泽东的思想发生进一步转变，开始思考建党问题。与此同时，留法的蔡和森来信提出必须在中国建立共产党，毛泽东对此深表认同。1920年初冬，在毛泽东、何叔衡等人的积极活动下，长沙的共产党早期组织在新民学会的先进分子中秘密诞生，成员有毛泽东、何叔衡、彭璜等。1921年春，在陈独秀的主持下，广州的共产党早期组织正式成立，陈独秀、谭平山先后任书记，陈公博、谭植棠分别负责组织和宣传工作。在上海、北京党组织的影响和帮助下，王尽美、邓恩铭等先进分子于1921年春在济南成立了共产党早期组织。至此，中国国内先后有六个城市建立起共产党早期组织。在国内这些大城市积极筹备建党的同时，旅日、旅法中的先进分子在接触和接受马克思主义的过程中逐渐认识到建立党组织的重要性，也先后成立了共产党早期组织。1920年秋，旅日华人中的施存统和周佛海在东京建立了共产党早期组织，施存统为负责人。旅法华人中的共产党早期组织，主要是在留法勤工俭学的先进分子中形成的，于 1921 年在巴黎成立，发起人有张申府和赵世炎，成员有张申府、赵世炎、陈公培、刘清扬、周恩来等。

这里需要指出的是，由于中国共产党的创建活动是在秘密状态下进行的，所以在党正式成立之前，党的早期组织的名称是不一致的，有的称“共产党支部”，有的称“共产党小组”，有的直接称“共产党”。但是，“从性质和特征方面来看，它们都是后来组成全国统一的中国共产党的地方组织”①。

（二）共产党早期组织的活动

各地的共产党早期组织成立后，立即投入到研究和宣传马克思主义的活动之中，并与各种反马克思主义思潮展开了针锋相对的斗争。他们通过建立马克思主义研究会、出版刊物、创办工人学校等形式，加强对工人阶级的马克思主义宣传，提高工人阶级的文化水平和阶级觉悟，努力促进马克思主义与中国工人运动的结合，使马克思主义这个“思想武器”变为指导中国革命运动的“实践利器”。

第一，组织团体，创办刊物，积极研究和宣传马克思主义。在共产党早期组织成立之前，李大钊等早期马克思主义者已经开始组建研究马克思主义的团体。1920 年 3 月，李大钊在北京大学组织成立了马克思学说研究会，并明确提出“以研究关于马克斯派的著述为目的”，“对于马克斯派学说研究有兴味的和愿意研究马氏学说的人，都可以做本会底会员”②，吸引和团结了一批有志于社会主义事业的人参加。北京的共产党早期组织成立后，这个团体继续存在并发挥着作用，并在李大钊的倡议下，成立了北京大学社会主义研究会，“集合信仰和有能力研究社会主义的同志，互助的来研究并传播社会主义思想”，并规定了研究和宣传马克思主义的方法，即“1. 文字宣传　A. 编译社会主义丛书　甲种（大众书）乙种（小众书）　B. 翻译社会（主义）研究集　C. 发表社会主义论文　2. 讲演”③。在上海的共产党早期组织成立前夕，陈独秀发起成立了马克思主义研究会。该研究会“专以研究马克思底学说为宗旨”，“不分国别性别，凡

---

① 《中国共产党历史》第 1 卷上册，中共党史出版社 2011 年版，第 63 页。

② 林代昭等编：《马克思主义在中国：从影响的传入到传播》下册，清华大学出版社 1983 年版，第 339 页。

③ 中共中央党史资料征集委员会编：《共产主义小组》上册，中共党史资料出版社 1987 年版，第 278 页。

愿意研究马氏学说者，经本社社员一人的介绍，得多数社会之同意，均可为本社社员”①。在湖南长沙，这样的研究和宣传马克思主义的团体在长沙的共产党早期组织成立后也得以建立，1920 年 9 月湖南俄罗斯研究会成立，并规定该会“以研究关于俄罗斯之一切事情为主旨”，要求“会员各自收集材料”②，由个人研究和开会研究相结合的形式来研究俄罗斯，宣传马克思主义。同时，武汉、广州、济南等地也建立了这样的团体和机构，来研究和宣传马克思主义，如武汉的利群书社、济南的齐鲁书社等，都是这样的机构。这些团体的建立，既宣传了马克思主义，扩大了马克思主义在中国的影响，又为党的成立做了思想上、理论上和组织上的准备。

除组织团体研究和宣传马克思主义之外，共产党早期组织成立之后，在各地大都创办了自己的刊物，在更大规模和更深的层次上来宣传马克思主义。上海的共产党早期组织成立后，把《新青年》作为机关刊物，公开宣传马克思主义，并创办《共产党》月刊，“它的主要工作之一，就是大量介绍有关第三国际和国际共产主义运动的实际情形的材料，介绍俄国共产党的经验和列宁的学说”③。这时，其他各地的共产党早期组织也大都有自己的刊物，如广州的《广东群报》、济南的《励新》半月刊、北京的《劳动音》、武汉的《武汉星期评论》等，在宣传马克思主义方面都做出了巨大的贡献。这里还应特别指出的是，为了更好地向工人群众宣传马克思主义，各地的共产党早期组织创办了适合工人文化水平的通俗性刊物。如上海的《劳动界》，它“以通俗易懂的语言，向工人阐述劳动创造世界、劳动创造价值、劳动者谋求解放必须进行社会主义革命等马克思主义的基本原理”，并且“直接反映工人的呼声，刊登工人来稿”④，起到了良好的宣传效果。如通过《劳动界》的宣传，“海军制造所工人李中写的《一个工人的宣言》，表达了中国工人阶级先进分子的呼声，说明通过早期马克思主义者的宣传，工人阶级认识到历史的责任。李中在文章中‘欢呼俄国

① 林代昭等编：《马克思主义在中国：从影响的传入到传播》下册，清华大学出版社 1983 年版，第 216 页。

② 中共中央党史资料征集委员会编：《共产主义小组》下册，中共党史资料出版社 1987 年版，第 528 页。

③ 沙健孙主编：《中国共产党史稿》第 1 卷，中央文献出版社 2006 年版，第 254 页。

④ 中共中央党史资料征集委员会编：《共产主义小组》上册，中共党史资料出版社 1987 年版，第 30 页。

已经是工人的俄国，……这个潮流快到中国来了’，强调‘我们要产生工人的中国，首先就要工人联络’。印刷工人潘阿芳认为，《劳动界》‘将新思潮切实地直接传播到我们劳动界，使我们劳动界的兄弟们都受到这新思潮的洗礼’”。可以看出，它在当时已经成为“‘工人的喉舌’，‘工人的明星’”①。北京的《劳动音》等刊物也起到了这样的宣传效果。

这里还应该注意的是，各地的共产党早期组织在研究和宣传马克思主义的过程中，表现出了和以前的传播和宣传不同的特点。其一是，这一时期早期马克思主义者开始关注马克思、恩格斯的原著，这和以前重点是靠外来翻译特别是通过日本的翻译来研究马克思主义有显著的不同。1920 年年初，李汉俊就撰文指出“多翻译几本书籍，尤其以社会科学的书籍最要紧”。陈独秀也“慨叹中国共产主义运动的基础薄弱，至今连马克思主义的《资本论》都没有中文译本”②。因而，各地的共产主义小组开始广泛收集和翻译马克思、恩格斯的原著。1920 年 8 月，陈望道翻译出了《共产党宣言》的第一个中文全译本。随后，上海共产主义小组专门成立了新青年社进行翻译和研究工作。而据《北京大学日刊》（1922 年 2 月 6 日）的记载，当时该会藏有马克思主义的英文书籍 40 余种，中文著作 20 余种，大致包括了马克思主义的经典著作③。这对中国早期马克思主义者理解马克思主义的基本精神是非常重要的，可以说“北大党组织所得到的这些马列主义原本，大大改善了对马克思主义真谛的理解”④。其二是，在研究和宣传马克思主义的过程中，开始注意到俄国的情况。《新青年》成为上海共产主义小组的机关刊物后，专辟“俄罗斯研究”专栏，介绍俄国的革命和实践状况，而长沙共产主义小组认为“研究俄罗斯学术精神及其事情有十分必要”，并且专门成立俄罗斯研究会，“以研究关于俄罗斯之一切事情为主旨”⑤。可以看出，这一时期的马克思主义研究和宣传工作愈加深入，用以

---

① 中共中央党史资料征集委员会编：《共产主义小组》上册，中共党史资料出版社 1987 年版，第 31 页。

② 中共中央党史资料征集委员会编：《共产主义小组》上册，中共党史资料出版社 1987 年版，第 33 页。

③ 林代昭等编：《马克思主义在中国：从影响的传入到传播》下册，清华大学出版社 1983 年版，第 343—347 页。

④ 皮明庥：《近代中国社会主义思潮觅踪》，吉林文史出版社 1991 年版，第 330 页。

⑤ 中共中央党史资料征集委员会编：《共产主义小组》下册，中共党史资料出版社 1987 年版，第 528 页。

改造中国的目的性也更强了。

第二，组织工会，创办学校，提高工人阶级的阶级觉悟和文化水平。中国早期工人运动理论家和实践家邓中夏指出："中国'现代式的'职工运动，无疑的是从中国共产党手里开始。有了共产党，然后才有'现代式的'工会，从此中国的工会才渐次的相当具有组织性、阶级性以至于国际性。"① 五四运动之前中国无现代工会可言。五四运动中，虽然提出了"劳工神圣"的口号，成立了一些打着工界招牌的形形色色的工会团体，但这些工会的目的是"企图阻止早期共产主义者领导工人运动。它们或为封建行帮分子把持，或为资本家控制，或为政客利用，根本不代表工人阶级的利益"。陈独秀对此评论指出："新的工会一大半是下流政客在那里出风头，旧的公会公所一大半是工头在那里包办"，"上海工会由于小政客发起的居多，所以开起会来总是穿长衣的先生们多，穿短衣的工人很少很少"②。因而，早期马克思主义者在组织中国工人运动的过程中，第一步做的就是组织现代式的工人工会，使工会成为在中国共产党的领导下组织工人运动的重要载体。

上海的共产党早期组织成立后，早期中国马克思主义者便强调了组织真正工会的重要性。陈独秀号召："劳动界诸君快快觉悟吧！诸君若真心从事劳动运动，务必要专心在工会组织和工人生活改良上做工夫。"李达指出："劳动者若看清了资本家的专横跋扈掠夺无人道，就应该组织劳动者的团体（如工会之类）去和资本家对抗。团体越巩固，势力越大。"③ 在上海共产党早期组织的帮助下，1920 年 10 月，上海机器工会召开筹备大会，指出"发起该会底宗旨：谋本会会员底利益，除本会会员底痛苦"，并指出，"要达到这个宗旨，第一不要变为资本家利用的工会；第二不要变为同乡观念的工会；第三不要变为政客和流氓把弄的工会；第四不要变为不纯粹的工会；第五不要变为只挂招牌的工会"④。这就把现代工会与旧式工会区别开来。在成立大会上，陈独秀等人到会，并指出了当时建立工

---

① 《"一大"前后》(二)，人民出版社 1980 年版，第 79 页。

② 中共中央党史资料征集委员会编：《共产主义小组》上册，中共党史资料出版社 1987 年版，第 39 页。

③ 《李达文集》第 1 卷，人民出版社 1980 年版，第 41 页。

④ 中共中央党史资料征集委员会编：《共产主义小组》上册，中共党史资料出版社 1987 年版，第 116 页。

会的重点，陈独秀说："现在世界的工会，只有三个团体很有势力。第一就是矿工，第二就是铁道工，第三就是机器工。"① 当年 11 月上海机器工会正式成立。随后，上海印刷工会等具有现代性质的工会成立。北京等地也成立了各种行业的工会。如北京的北京长辛店工人俱乐部、济南的大槐树机车工厂工人俱乐部、广州的理发工会，佛山土木建筑工会等等。这些工会的成立团结了工人，提高了他们的阶级意识和阶级觉悟，也提升了他们接受马克思主义的主动性和自觉性，使马克思主义与工人运动有了进一步的结合，为党成立后开展工人运动打下了很好的组织基础。

在组织工会的过程中，早期马克思主义者还创办了学习方式灵活，办学形式多样的各式学校，吸引工人阶级参加，以提高他们的文化水平和阶级觉悟。这是早期马克思主义者接近工人的一种很好的途径。同时，中国的工人由于受到帝国主义和本国封建势力、军阀势力的压制，没有学习的机会，导致"工人群众没有知识，不认识字，十人当中只有一人能看报"②，他们也迫切需要提高文化水平。因而，早期马克思主义就创办了各种学校来拉近与工人的距离，提高他们的文化水平和阶级觉悟。如在上海，1920 年秋，上海的共产党早期组织派李启汉主持工人半日学校，通过学校教育，工人认识到从前"没有自悟的原因，都是为着迷信所悟，什么命运不好呀！没有福气呀！我们赶快打破他！""我们不独得到这样的游艺而已，什么金钱万能，劳工无能……都要改革，打破！"③ 北京共产主义小组创办长辛店劳动补习学校，其学校简章第一条规定："本校定名为长辛店劳动补习学校，以增进'劳动者'和'劳动者的子弟'完全知识；养成'劳动者'和'劳动者的子弟'高尚人格为宗旨。"④ 学校教授的内容，《北京共产主义组织的报告》有详细记载，就是"我们经常不断地向他们说，他们遭受他们的厂主资本家的掠夺，不得不过着牛马般的生活；其次，向他们介绍外国工人运动史。我们不断地向他们指出组织起来的意义和方法，时常给他们讲课，教他们识字，同时，还教他们习惯于用文字来表达

① 中共中央党史资料征集委员会编：《共产主义小组》上册，中共党史资料出版社 1987 年版，第 117 页。

② 《中共中央文件选集》第 1 册，中共中央党校出版社 1989 年版，第 15 页。

③ 中共中央党史资料征集委员会编：《共产主义小组》上册，中共党史资料出版社 1987 年版，第 38 页。

④ 中共中央党史资料征集委员会编：《共产主义小组》上册，中共党史资料出版社 1987 年版，第 276 页。

自己的思想，让他们写出关于家庭生活和日常生活情况以及工厂里发生的一切不公平事件的书面报告”①。长沙在毛泽东的主持下创办了湖南自修大学，开办湖南第一师范民众夜校和失学青年补习班，这些学校“招收附近工厂工人学习文化，通俗讲解马克思主义的剩余价值学说和社会发展史”②，起到了很好的组织教育工人的作用，既提高了工人们的文化水平，又宣传和普及了马克思主义的基本理论，提高了工人们的阶级意识和阶级觉悟。其他各地的共产主义小组也创办了这样的学校来教育和团结当地的工人群众。这些学校的成立，对以后的工人运动有很大的促进作用。邓中夏曾对北京长辛店劳动补习学校的这种作用这样评价：“这个学校当然只是我们党在此地工作的入手方法，借此以接近群众，目的在于组织工会。果然不到半年，五月一日劳动节，长辛店公然发生了一个中国空前未有的真正的工人群众的示威游行。”③ 可见，各地党的早期组织创办的各式学校，对团结工人群众，提高他们的文化水平和阶级觉悟，推动中国工人运动的发展起到了很大的促进作用。

第三，展开同各种非马克思主义、反马克思主义的斗争。列宁指出：“马克思的学说直接为教育和组织现代社会的先进阶级服务，指出这一阶级的任务，并且证明现代制度由于经济的发展必然要被新的制度所代替，因此这一学说在其生命的途程中每走一步都得经过战斗，也就不足为奇了。”④ 马克思主义中国化发生的过程，也是马克思主义与各种非马克思主义甚至是反马克思主义斗争的过程，正是在激烈的斗争中，马克思主义显示了其真理性、科学性和革命性，先进的中国人逐步把它确立为中国革命的指导思想，这是马克思主义中国化的前提和关键。

为了扩大马克思主义的思想阵地，纯洁广大先进分子和爱国青年的信仰，共产党早期组织的成员同各种非马克思主义、反马克思主义思潮展开了唇枪舌剑的激烈交锋。其中，马克思主义者与资产阶级改良主义者关于社会主义的大论战、马克思主义与无政府主义的论战，斗争最为激烈、影

---

① 《中共中央文件选集》第1册，中共中央党校出版社1989年版，第16页。

② 中共中央党史资料征集委员会编：《共产主义小组》下册，中共党史资料出版社1987年版，第477页。

③ 中共中央党史资料征集委员会编：《共产主义小组》上册，中共党史资料出版社1987年版，第307页。

④ 《列宁选集》第2卷，人民出版社1995年版，第1页。

响最为深远。关于这两次论战的起因和经过，前文已有详细论述，这里不再赘述。经过这些论战，早期的马克思主义者肃清了各种非马克思主义、反马克思主义思潮在中国的流毒，厘清了科学社会主义与资产阶级改良主义、无政府主义之间的本质区别，使一批纠结徘徊于各种“主义”“主张”之间的进步青年认识到只有科学社会主义才能从根本上改造中国社会，从而抛弃了各种不切实际的幻想，坚定地选择了马克思主义，走上了科学社会主义道路。

总之，各地的共产党早期组织开展的这些活动，进一步传播了马克思主义，扩大了马克思主义在工人群众中的影响力和感召力，提高了工人阶级的理论水平和阶级觉悟，从而进一步促进了马克思主义同工人运动的结合。“哲学把无产阶级当做自己的物质武器，同样地，无产阶级也把哲学当做自己的精神武器。”① 这样，马克思主义在中国寻找到了自己的“物质武器”，中国工人运动有了指导自己的“思想武器”，二者在实践中的有力结合表明中国共产党成立的条件已然成熟。

二、中国共产党的创立

（一）中国共产党创建前的组织准备和思想准备

各地的共产党早期组织成立后，不仅在工人群众中开展宣传和组织活动，而且积极在进步青年中开展工作，为中国共产党的成立奠立了组织准备。

这一时期的青年学生，由于受到五四运动的洗礼，大多具有爱国救国之心，但是当时中国思想界主义、思潮混杂，致使青年学生思想比较混乱，对各种主义莫衷一是，辨不清社会发展的方向。为了扩大马克思主义在青年学生中的影响，扩大共产主义小组的组织基础，陈独秀等人决定建立社会主义青年团。1920 年 8 月 22 日，“第一个青年团建于上海，其原则是准备社会革命”②。为了提高青年团的政治觉悟和马克思主义水平，陈独秀、李达等人采取多种形式对他们进行教育指导。在上海、北京等共产党早期组织的号召之下，全国建立了多个社会主义青年团组织。虽然，当时社会主义青年团组成人员较为复杂，他们“只不过带有社会主义倾向，并

① 《马克思恩格斯全集》第 1 卷，人民出版社 1956 年版，第 467 页。

② 《中国社会主义青年团在青年共产国际第二次代表大会上的报告》，《青年运动史研究》1984 年第 3 期。

没有确定了哪一派社会主义”①，但是，这些社会主义青年团的成立，确实吸引和团结了大批先进青年，他们大多能够追随早期马克思主义者的活动，协助共产主义小组宣传马克思主义和开展指导工人运动工作。当时社会主义青年团的报告指出：“我们社会主义青年团密切配合共产党工作，服从于党并与党一道在工人和士兵中间进行工作。因此很清楚，中国社会主义青年团对其他政治组织的态度与中国共产党对他们的态度是一样的。”② 在中国共产党的指导下，他们中的不少人逐步转向了马克思主义，参加了中国共产党。这无疑扩大了党的阶级基础和组织基础。

除建立社会主义青年团外，共产主义小组还不断在各地组建党的组织。这方面的贡献以上海共产主义小组和北京共产主义小组的贡献为大。上海共产主义小组本身就是以中国共产党发起组的形式建立的，因而它成立后，积极联络和帮助全国其他地方有这种要求的人们在当地建立共产主义小组，加上陈独秀在当时的威望和影响，他们的这种号召力是巨大的。北京共产主义小组成立后，李大钊等人也奔赴全国各地，开展建立党团工作，为中国共产党的成立做了很好的组织准备。比如，1921 年 3 月，李大钊到河南郑州等地视察和指导工人运动工作，勉励铁路职工夜校的工人。1920 年 11 月指派张太雷回天津，创建天津社会主义青年团，委派高君宇到太原，帮助太原进步青年学习和研究马克思主义，建立太原社会主义青年团等等③。这些工作的开展，为中国共产党的成立做了很好的组织准备。

建立无产阶级的政党是中国早期马克思主义者的自觉选择，但是对党的具体名称，当时还没有最终确定下来，陈独秀倾向于叫社会党或社会民主党，但李大钊等人主张叫中国共产党，关于他们之间的谈论，张申府在 1979 年做了回忆，他说：“当时建党究竟叫什么名字，这没有确定，征求（指陈独秀等上海共产主义小组——引者注）我们的意见。我和守常研究，就叫共产党。这才是第三国际的意思，我们回了信。”④ 后来陈独秀等人就

---

① 《先驱》第 8 号，1922 年 5 月 15 日，转引自沙健孙主编：《中国共产党史稿》第 1 卷，中央文献出版社 2006 年版，第 306 页。

② 《青年共产国际与中国青年运动》，中国青年出版社 1985 年版，第 44 页。

③ 参见中共中央党史资料征集委员会编：《共产主义小组》上册，中共党史资料出版社 1987 年版，第 225 页。

④ 中共中央党史资料征集委员会编：《共产主义小组》上册，中共党史资料出版社 1987 年版，第 330 页。

接纳了这一建议，党的名称确定了下来。

之后，上海的共产党早期组织就开始了《中国共产党宣言》的制定，由于这个宣言是供党员内部学习的，因而在当时并没有发表，目前看到的是 1921 年由张国焘根据英文译稿翻译成中文的。它主要包括三个部分，即“共产主义者的理想”“共产主义者的目的”和“阶级斗争的最近动态”，简要介绍了马克思主义的国家学说和无产阶级革命理论，明确提出共产主义者的理想在经济方面就是主张将生产工具收归社会共有，政治方面就是废除政权，社会方面就是消除阶级的存在，简言之，就是按照共产主义者的理想，创造一个新的社会，手段就是用阶级斗争的形式，通过无产阶级专政来实现。同时，宣言认为，实现这些目标的关键就是“组织一个革命的无产阶级的政党——共产党”①。虽然这一纲领带有明显的教条痕迹，没有对中国具体实际做出科学的分析，但是《中国共产党宣言》的提出“从思想上理论上武装了各地小组成员，促进了建党工作”，其意义也是非常重大的②。

这里应该提出的是，在法国的蔡和森与国内毛泽东的通信以及新民学会关于党的性质、任务、纲领、指导思想等问题的讨论，对建党前夕党的思想理论准备也作出了积极的探讨，在一定程度上代表了毛泽东、蔡和森等人对党的认识，这一情况已有专文介绍，这里就不再展开③。

这样，中国共产党成立的条件日趋成熟。1921 年 3 月，李大钊强烈呼吁建立无产阶级的政党组织。他说，“我们现在还要急急组织一个团体。这个团体不是政客组织的政党，也不是中产阶级的民主党，乃是平民的劳动家的政党，即是社会主义团体”，又说，“各国的 C 派朋友，有团体组织的很多，方在跃跃欲试，更有第三国际为之中枢，将来活动的势力，必定一天比一天扩大，中国 C 派的朋友，那好不赶快组织一个大团体以与各国 C 派的朋友相呼应呢？”④ 还是 1921 年 3 月，各地共产主义小组的代表举行了一个预备会议，“以会议的名义发表了关于我们（指共产主义小组成

---

① 参见《中共中央文件选集》第 1 册，中共中央党校出版社 1989 年版，第 547—549 页。

② 中共中央党史资料征集委员会编：《共产主义小组》上册，中共党史资料出版社 1987 年版，第 36 页。

③ 参见沙健孙主编：《中国共产党史稿》第 1 卷，中央文献出版社 2006 年版，第 302—304 页。

④ 《李大钊文集》下册，人民出版社 1984 年版，第 444 页。

员——引者注）的目标和原则的共同声明。这次会议还制定了临时纲领”①。中国共产党成立的条件成熟了。

（二）第一次全国代表大会的召开与中国共产党的成立

1921 年 6 月初，共产国际代表马林和共产国际远东书记处代表尼克尔斯基先后来到中国，在一定程度上推动了中国共产党的成立。据李达回忆：“六月初旬，马林（荷兰人）和尼可洛夫（俄人）由第三国际派到上海来，和我们接谈了以后，他们建议我们应当及早召开全国代表大会，宣告党的成立。于是由我发信给各地党小组，各派代表二人到上海开会，大会决定于七月一日开幕。”②

在马林等共产国际代表的奔走和李大钊、陈独秀等人的努力下，国内各地的共产党早期组织和旅日的党组织积极响应号召，共派出 13 名代表出席党的第一次全国代表大会。他们分别是：上海的李达、李汉俊，北京的张国焘、刘仁静，武汉的董必武、陈潭秋，长沙的毛泽东、何叔衡，济南的王尽美、邓恩铭，广州的陈公博，旅日的周佛海，以及由陈独秀指定的包惠僧。他们代表着全国 50 多名党员。共产国际代表马林和尼克尔斯基也出席了大会。李大钊和陈独秀均因公务繁忙，无法脱身，未出席会议。

1921 年 7 月 23 日，中国共产党第一次全国代表大会在上海法租界望志路 106 号（现兴业路 76 号）正式开幕。会议开始后，共产国际代表马林首先致辞，对中国共产党的成立表示祝贺，指出中国共产党的成立具有重大的世界意义，并对中共提出了建议和希望。尼克尔斯基介绍了共产国际远东局的情况，并建议中共把会议的进程及时报告共产国际远东书记处。随后，代表们具体商讨了会议的任务和议程，一致决定先由各地代表报告本地开展的工作情况，再讨论并通过党的纲领和今后的工作计划，最后选举中央领导机构。

会议第二天，各地代表向大会报告了本地区党、团组织的情况和工作进程，并交流了各自的工作经验。7 月 25 日和 26 日两天休会，由张国焘、李达、董必武起草供会议讨论的党纲和今后工作计划。7 月 27 日、28 日和 29 日，连续三天举行三次会议，集中讨论此前起草的纲领和决议。大会最后一天，由于法租界巡捕房密探突然闯入会场，这次会议被迫中断。第二

① 《青年共产国际与中国青年运动》，中国青年出版社 1985 年版，第 42 页。

② 《“一大”前后》（二），人民出版社 1980 年版，第 10 页。

天，代表们分批转移到浙江嘉兴南湖，在一艘游船上召开了最后一天的会议。

经过充分的酝酿和讨论，大会通过了《中国共产党第一个纲领》。党的一大通过的中国共产党纲领，确定党的名称为“中国共产党”，规定党的纲领是：革命军队必须与无产阶级一起推翻资本家阶级的政权；承认无产阶级专政，直到阶级斗争结束，即直到消灭社会的阶级区分；消灭资本家私有制，没收机器、土地、厂房和半成品等生产资料，归社会公有；联合第三国际。纲领明确提出要把工人、农民和士兵组织起来，并确定党的根本政治目的是实行社会革命。除此之外，党纲还规定了党员的入党条件和入党手续，强调了党的组织和纪律问题①。

大会还讨论通过了《中国共产党第一个决议》，对今后党的具体工作作出安排部署。同纲领规定的奋斗目标相适应，大会要求党集中力量领导工人运动，并对开展工人运动的组织工作和宣传工作，作了具体的规定。鉴于当前党的力量还比较弱小，决议决定把组织工会、大力开展工人运动作为党成立以后的中心工作。决议还规定了党对待其他党派的态度，“对现有其他政党，应采取独立的攻击的政策”，“我们应始终站在完全独立的立场上，只维护无产阶级的利益，不同其他党派建立任何关系”②，并强调要与第三国际建立紧密联系。

最后，大会选举产生了中央领导机构。在讨论过程中，代表们考虑到目前党员人数少、地方组织尚不健全，故决定暂不设立中央委员会，只设立中央局作为中央的临时领导机构。大会选举陈独秀、张国焘、李达组成中央局，陈独秀为中央局书记，张国焘和李达分管组织和宣传工作。由此，党的第一个中央机关正式产生，党的各项工作的开展有了一个坚强的领导核心。

中国共产党第一次全国代表大会的召开，标志着中国共产党的正式成立。它是马克思主义与中国工人运动相结合的初步成果，是马克思主义中国化的开端。从此，中国革命在马克思主义的指导下轰轰烈烈地展开了，马克思主义中国化也开始了它极其艰辛而又极其辉煌的历程。

中国共产党的诞生是近代中国社会基本矛盾运动的必然结果，有其鲜明的历史特点。

---

① 参见《中共中央文件选集》第1册，中共中央党校出版社1989年版，第3—5页。

② 《中共中央文件选集》第1册，中共中央党校出版社1989年版，第6—9页。

第一，中国共产党是以俄国布尔什维克党为榜样，按照列宁的建党原则组织起来的。中国共产党是在共产国际的帮助下产生的，建党伊始，就是按照列宁的建党原则组织起来的，具有鲜明的组织性和纪律性，因而中国共产党的阶级基础巩固，具有很强的革命性和战斗性。

第二，建党时的理论准备不足，马克思主义理论水平不高。从马克思主义在中国大规模的传播，到中国共产党的成立，中间只间隔短短几年时间，当时的革命形势又极其严峻，宣传和研究马克思主义受到严格的限制，因而中国共产党成立之时，党员的整体理论水平还不高，对马克思主义的理论精髓的把握还不够准确。

第三，中国共产党的早期成员成长于半殖民地半封建国度，受到小资产阶级思想的严重影响，党的建设任务艰巨。在半殖民地半封建社会里，中国的私有制较为发达，小资产阶级思想泛滥成灾。虽然早期中国共产党人接受了马克思主义的指导，但是这些小资产阶级思想的影响是根深蒂固的，这就决定了中国共产党的建设是一项极其艰巨的任务。

第四，中国共产党是在共产国际的帮助下诞生的，成立之后又成了共产国际的一个支部，受共产国际领导。这就导致了这样一种现象，即中国革命需要中国共产党根据马克思主义基本原理来独立自主地分析解决中国革命的实际问题，但是作为共产国际的一个支部，又要求它受共产国际的指导甚至领导。这一特殊矛盾直接影响到了中国共产党早期革命路线方针政策的制定和革命的成败。

（三）中国共产党成立的伟大意义

中国共产党的成立，指明了中国革命的新道路，开启了中国革命的新篇章，从根本上改变了中国历史的发展方向。从此，在中国大地上出现了完全新式的，以马克思列宁主义为指导思想的，以实现社会主义和共产主义为奋斗目标的统一的无产阶级政党。正如毛泽东所说的那样，“中国产生了共产党，这是开天辟地的大事变”①，“自从有了中国共产党，中国革命的面目就焕然一新了”②。

第一，中国共产党的成立，使中国革命有了坚强的领导核心。鸦片战争开启了中华民族的百年屈辱史，从此，推翻帝国主义和封建主义的残酷

---

① 《毛泽东选集》第 4 卷，人民出版社 1991 年版，第 1514 页。

② 《毛泽东选集》第 4 卷，人民出版社 1991 年版，第 1357 页。

压迫、实现中华民族伟大复兴就成为近代中国人民义不容辞的历史使命。为了完成反帝反封建的历史任务，无数仁人志士先后踏上了救亡图存的艰辛历程，农民阶级、资产阶级相继登上历史舞台，出台了各种救国主张和社会改造方案。但是，“历史是最好的教科书，也是最好的清醒剂”。近代中国的历史无情地表明：中国的农民阶级和资产阶级都没有能力承担起领导中国革命的责任，不可能领导中国人民完成反帝反封建的历史任务，中国人民和中国革命迫切呼唤着新的领导阶级。历史和人民毫无悬念地选择了中国共产党。中国共产党一经成立，就义无反顾地承担起实现民族独立、人民解放和国家富强、人民富裕的历史使命，把实现社会主义和共产主义作为自己的奋斗目标。自从有了中国共产党，中国革命彻底告别了过去在黑暗中摸索挣扎的时期，迎来了在中国共产党领导下向着社会主义方向前进的光明前景。

第二，中国共产党的成立，使中国革命有了科学的指导思想。以往的革命者和先进知识分子，或者高呼“教育救国”“实业救国”，或者视温和的改良方法为救国良药，或者以无政府主义为改造中国的对症之方。但是，这些形形色色的资产阶级和小资产阶级的社会改造方案，无法从根本上解决中国的问题，最终被历史所淘汰。实践雄辩地证明：社会改良的方案是“补苴罅漏的政策，不成办法”；无政府主义“否认权力，这种主义恐怕永世都做不到”；用发展教育、科学和实业等以改造社会的“温和方法的共产主义”，也“永世做不到”。只有“激烈方法的共产主义，即所谓劳农主义，用阶级专政的方法，是可以预计效果的。故最宜采用”①。这样，中国先进分子最终找到了马克思主义的科学社会主义这个唯一正确的改造中国社会的科学武器。马克思主义是科学的世界观和方法论。中国共产党成立之后，就把马克思主义作为指导中国革命运动的行动指南，用马克思主义来观察和分析中国革命问题。

第三，中国共产党的成立，使中国革命有了新的前途。中国共产党是在共产国际的帮助和指导下成立的。作为共产国际的一个支部，它沟通了中国革命和世界革命的联系，把中华民族反帝反封建的民族民主革命同世界无产阶级社会主义革命相联结，使之成为世界无产阶级革命运动的一部分，进而使中国革命获得了世界无产阶级阵营的广泛支持和同情。自从有

---

①　此为毛泽东在 1921 年 1 月 2 日湖南新民学会会员讨论改造中国问题时的发言。见《新民学会文献汇编》，湖南人民出版社 1980 年版，第 141 页。

了中国共产党，中国革命的前途就焕然一新了。

三、中国共产党对民主革命纲领的制定

1921年中国共产党一大召开时，由于党才初步理解和接受马克思主义，在运用马克思主义观察和分析中国问题时存在教条化的倾向，对中国国情作出了错误的判断，认为中国最大的敌人是资产阶级，因此当前的主要任务就是进行社会主义革命，推翻资本家阶级的政权，在中国建立社会主义乃至共产主义的社会，而对中国危害最大的帝国主义和封建军阀则没有提及。这显然是完全拘泥于马克思主义理论，照搬俄国经验，没有把马克思主义的基本原理同中国革命的实际结合起来，因而还没有提出一个符合中国国情的正确革命纲领。

但是，新生的中国共产党不会止步于此，中国共产党人探索中国革命道路的步伐一刻也没有停止过。党成立之后不久，就明确自己的首要任务是"努力研究中国的客观情形，而求得一最合宜的实际的解决中国问题的方案"①。因此，在成立后的一年时间里，中国共产党人特别注重研究中国国情，在革命斗争的实践中努力运用马克思主义来观察、分析中国的实际问题，从而对中国社会状况和中国革命的基本问题有了进一步的认识。

中国共产党成立之后，并没有囿于书斋作革命的空谈，而是立即投入实际斗争中作革命的行动。党在领导工人运动的实践中很快发现，在半殖民地半封建的特殊国情下，中国人民悲惨命运的根源，并不是来自一般的资本家的剥削，而是来自帝国主义和封建军阀的联合压迫。帝国主义和封建军阀狼狈为奸、相互勾结，一起把中华民族和中国人民推入痛苦的深渊。因此，中国共产党人在现实的斗争中愈发认识到：中国目前的革命对象不是资产阶级，而是帝国主义和封建军阀；帝国主义一日不打倒，封建军阀一日不推翻，实现民族独立和人民解放就只能是一句空话。从这个意义上来说，中国资产阶级革命派与中国共产党有着共同的革命要求，因此，在当前直接进行社会主义革命显然不合时宜。

中国共产党在探索中国革命出路、寻求中国革命前途的过程中，得到了列宁和共产国际的帮助和指导。1920年七八月份，共产国际召开了第二次代表大会，专门讨论了殖民地半殖民地革命的思想和理论。列宁在大会

---

① 《"一大"前后》(一)，人民出版社1980年版，第80页。

上作了《讨论民族与殖民地问题》的报告，阐述了在殖民地半殖民地国家进行民族民主革命的问题。共产国际二大通过的一系列决议，主要包含了共产国际关于殖民地半殖民地革命的如下思想和理论：第一，殖民地半殖民地革命的性质是资产阶级的民族民主革命。列宁指出，“毫无疑问，任何民族运动都只能是资产阶级民主性质的”①，因为，这些“落后国家的主要居民群众是农民，而农民是资产阶级资本主义关系的体现者”，在这时谈论无产阶级革命是不合时宜的，任何企图想在“这些落后国家里实行共产主义的策略和共产主义的政策，那就是空想”。这就明确指出了殖民地半殖民地国家的革命只能是资产阶级的民族民主革命。第二，在落后国家的民族革命，无产阶级政党必须要联合农民阶级。列宁认为，在这些农民占绝大多数的国度里，无产阶级政党如果不与农民运动发生一定的联系，不在实际上支持农民运动，而一味强调实行共产主义的策略和政策，那是注定不能实现的②。第三，明确了殖民地半殖民地国家革命的对象。在列宁看来，这些国家的革命对象是封建制度和外国资本主义的压迫，首先要解决的是外国压迫。《关于民族和殖民地问题的补充提纲》指出：“外国的压迫始终妨碍着社会生活的自由发展；因此革命的第一步应当是推翻外国的压迫。”③ 第四，殖民地半殖民地革命的前途是社会主义。共产国际和列宁认为，虽然这时殖民地半殖民地革命的性质是资产阶级民族民主革命，但是，这种革命与以前的资产阶级民主革命又有很大的区别，因为它是发生在十月革命之后，已经成为世界无产阶级革命的一部分，和世界无产阶级革命相联系。因此，在先进国家无产阶级的援助下，这些“落后国家可以不经过资本主义发展阶段而过渡到苏维埃制度，然后经过一定的发展阶段过渡到共产主义”④。

共产国际和列宁的这些思想虽然是在 1920 年提出来的，但是直到 1922 年才传入中国。这一时期，中国共产党人把自己在实践中的探索与列

① 《共产国际有关中国革命的文献资料（1919—1928）》第 1 辑，中国社会科学出版社 1981 年版，第 20 页。

② 《共产国际有关中国革命的文献资料（1919—1928）》第 1 辑，中国社会科学出版社 1981 年版，第 21 页。

③ 《共产国际有关中国革命的文献资料（1919—1928）》第 1 辑，中国社会科学出版社 1981 年版，第 31 页。

④ 《共产国际有关中国革命的文献资料（1919—1928）》第 1 辑，中国社会科学出版社 1981 年版，第 22—23 页。

宁的民族和殖民地理论结合起来，进一步深化了对中国革命基本问题的认识，逐渐酝酿出一个符合中国实际的民主革命纲领。

1922 年 6 月 15 日，中共中央发表了《中国共产党对于时局的主张》，这一文件表明了中国共产党对中国国情和中国革命的基本问题有了初步的认识和判断。文件指出，“军阀政治是中国内忧外患的源泉，也是人民受痛苦的源泉”，因而，“若没有较新的政治组织——即民主政治，来代替现在的不良政治组织——即军阀政治，这样状况是必然要继续下去的”。这就初步表达了中国共产党把封建军阀列为革命对象的思想。同时，中国共产党又认为，帝国主义是中国军阀的幕后操手，如果只反对封建军阀而不反对帝国主义，中国的革命照样不能取得成功。他们指出，因为民主政治未能成功，中国“名为共和国家，实际上仍由军阀掌握政权”，仍是“半独立的封建国家”①。文件进一步批判了在时局问题上封建军阀所散布的反动论调和资产阶级改良主义者所持的错误主张，指出在无产阶级未能获得政权以前，“无产阶级在目前最切要的工作，还应该联络民主派共同对封建式的军阀革命，以达到军阀覆灭能够建设民主政治为止”②。为了实现这一目标，中国共产党的方法是“邀请国民党等革命的民主派及革命的社会主义各团体，开一个联席会议，在上列原则（即改正协定关税制等十一条）的基础上，共同建立一个民主主义的联合战线，向封建式的军阀继续战争”③。

《中国共产党对于时局的主张》，是中国共产党第一次就中国民主革命的重大问题向社会各界公开自己的政治主张。这表明成立不久的中国共产党已经开始把马克思主义与中国革命的实际相结合，运用马克思主义的立场、观点、方法来分析、解决中国革命的实际问题。它为党的二大制定反帝反封建的民主革命纲领确立了前提，奠定了基础。

1922 年 7 月 16 日至 23 日，中国共产党在上海举行第二次全国代表大会。大会根据列宁关于殖民地半殖民地革命的理论和远东大会的精神，分析了国际国内形势和中国社会政治经济状况，讨论通过了《中国共产党第二次全国代表大会宣言》《中国共产党章程》以及《关于“民主的联合战线”的议决案》《中国共产党加入第三国际决议案》等一系列重要文件。

---

① 《中共中央文件选集》第 1 册，中共中央党校出版社 1989 年版，第 35 页。

② 《中共中央文件选集》第 1 册，中共中央党校出版社 1989 年版，第 44—45 页。

③ 《中共中央文件选集》第 1 册，中共中央党校出版社 1989 年版，第 45 页。

二大通过的宣言初步阐明了现阶段中国革命的性质、对象、动力、策略、任务和目标，指明了中国革命的前途，在中国革命发展史上具有深远的意义。宣言明确了革命的对象是帝国主义和封建军阀，革命的性质是反帝反封建的民主主义革命，“各种事实证明，加给中国人民（无论是资产阶级、工人或农人）最大的痛苦的是资本帝国主义和军阀官僚的封建势力，因此反对那两种势力的民主主义的革命运动是极有意义的：即因民主主义革命成功，便可得到独立和比较的自由”①。宣言在初步分析了中国社会各阶级状况的基础上，认为中国革命的动力是工人、农民、小资产阶级；另外，因民族资产阶级也有革命的要求，所以在一定条件下，它也是革命的力量之一。宣言还指出了革命的策略是组成各革命阶级的民主主义联合战线；革命的任务和目标是打倒国内封建军阀和国际帝国主义，实现民族独立和人民解放。最后，宣言阐明了革命的前途不是资本主义，而是向社会主义革命转变。

大会还根据世界革命形势和中国政治经济状况，制定了党的最高纲领和最低纲领。党的最高纲领是：组织无产阶级，用阶级斗争的手段，建立劳农专政的政治，铲除私有财产制度，渐次达到一个共产主义的社会②。党的最低纲领是：消除内乱，打倒军阀，建设国内和平；推翻国际帝国主义的压迫，达到中华民族完全独立；统一中国为真正民主共和国③。党的最低纲领也就是党在民主革命阶段的纲领。

中国共产党提出的彻底的反帝反封建的民主革命纲领是马克思主义中国化的一大理论成果，对中国革命意义重大。它使中国革命有了明确的目标，为中国革命向前推进指明了正确的方向。但是，中国的革命又不是以前旧式的资产阶级民主革命，因为中国革命已处在新的时代中，是世界无产阶级革命的一部分。因此，中国革命的性质是新式的资产阶级民主革命。它既要完成资产阶级民主革命的任务，但又不仅仅停留于资产阶级革命，它还要向前发展，向社会主义革命转变，因而它的前途是社会主义的，最终目标是走向共产主义的。

关于这两种革命之间的关系，二大宣言指出：“无产阶级去帮助民主主义革命，不是无产阶级降服资产阶级的意义，这是不使封建制度延长生

---

① 《中共中央文件选集》第 1 册，中共中央党校出版社 1989 年版，第 114 页。
② 《中共中央文件选集》第 1 册，中共中央党校出版社 1989 年版，第 115 页。
③ 《中共中央文件选集》第 1 册，中共中央党校出版社 1989 年版，第 115 页。

命和养成无产阶级真实力量的必要步骤"①，"我们无产阶级有我们自己的阶级利益，民主主义革命成功了，无产阶级不过得着一些自由与权利，还是不能完全解放。而且民主主义成功，幼稚的资产阶级便会迅速发展，与无产阶级处于对抗地位。因此无产阶级便须对付资产阶级，实行'与贫苦农民联合的无产阶级专政'的第二步奋斗。如果无产阶级的组织力和战斗力强固，这第二步奋斗是跟着民主主义革命胜利以后即刻成功的"②。这就实现了党的最低纲领和最高纲领的有机统一，把当前的民主主义革命与将来的社会主义革命较为完好地衔接起来了，指出了要完成中国革命必须首先进行民主主义革命，然后再进行社会主义革命。虽然对这两种革命的界限没有作出明确的区分，但是，提出中国革命是新式资产阶级民主革命本身就是运用马克思主义考察中国具体实际的结果，这是马克思主义中国化初期重大的理论成果。

党的纲领是一面公开树立起来的旗帜，旗帜正确，方向才会正确。党的二大制定的民主革命纲领，揭示了近代中国社会的基本矛盾，认清了革命的真正对象，为中国革命指明了正确的前进方向，也初步阐述了中国共产党对民族复兴过程中第一个"重大时代课题"的初试性认识。

---

① 《建党以来重要文献选编（一九二一——一九四九）》第1册，中央文献出版社2011年版，第132页。

② 《中共中央文件选集》第1册，中共中央党校出版社1989年版，第114—115页。

第三章　第一个“重大时代课题”的提出与“第一次结合”的肇始

中国共产党成立之后，中国革命迎来新的曙光，民族复兴道路的探索也进入新的阶段。在经历了各种政治力量反复登上历史舞台，都未能改变半殖民地半封建的社会性质和中国人民悲惨命运之后，胸怀理想、砥砺前行的中国共产党人，深刻认识到实现民族独立和人民解放，实现中华民族伟大复兴的斗争，就必须进行反帝反封建的民主革命。“为什么要进行中国革命、怎样进行中国革命”的“重大时代课题”鲜明地摆在中国共产党人面前。以毛泽东同志为代表的中国共产党人把马克思主义基本原理与中国革命具体实际相结合，运用马克思主义的立场、观点和方法，具体研究中国的现实国情，围绕“为什么要进行中国革命、怎样进行中国革命”的“重大时代课题”，对“开展什么样的民主革命，如何开展民主革命”的重大的基本问题进行了艰辛探索，初步回答了中国革命的性质、前途、对象、动力、党的自身建设等问题，为马克思主义理论宝库增添了新的宝贵财富。

第一节　民族复兴道路探索与第一个“重大时代课题”的提出

中国共产党成立之初，由于理论准备上的不充分和急于求成的急切心理，对中国革命的很多问题还存在认知迷茫。正如后来毛泽东所说：“过去，特别是开始时期，我们只是一股劲儿要革命，至于怎么革法，革些什么，哪些先革，哪些后革，哪些要到下一阶段才革，在一个相当长的时间内，都没有弄清楚，或者说没有完全弄清楚。”[①] 早期中国共产党人对经济文化落后的中国“为什么要进行新民主主义革命、怎样进行新民主主义革

---

① 《毛泽东文集》第 8 卷，人民出版社 1999 年版，第 300 页。

命”这一关涉中国革命性质和前途的“重大时代课题”的认识，经历了一个由表及里、由浅入深的逐步深化的过程。

一、革命的性质和前途问题

党的一大由于没有深入分析中国的特殊国情，把资产阶级误作为革命的主要对象，从而作出了直接进行社会主义革命的错误判断。随着中国共产党人对国际国内形势的深刻把握、对中国社会政治经济状况的深入分析，党对中国革命的基本问题有了进一步的认识。特别是在列宁和共产国际的帮助和指导下，中国共产党人逐渐认识到，中国当前最主要的敌人是帝国主义和封建军阀，中国革命还处于资产阶级民主革命的阶段。之后，党的二大明确提出，中国革命的性质是反帝反封建的资产阶级民主革命，前途是向社会主义革命转变。这表明，中国共产党对中国革命性质和前途的认识已经逐渐清晰。中共二大之后，在把马克思主义与中国实际相结合的过程中，中国共产党人对中国革命性质和前途问题的认识继续深化，特别是毛泽东、蔡和森、瞿秋白等人对这一问题作了有价值的探讨。

1923 年 5 月，蔡和森著文指出：中国革命运动的性质与欧美资产阶级的民主革命不同，“已不是纯粹资产阶级民主革命的问题，事实上业已变成为国民革命（亦可称民族革命）的问题”①。五卅运动后，中国共产党人基于中国革命所处时代条件的变化，对革命性质问题作了更进一步的分析。这一时期，毛泽东对中国革命的性质和前途问题的探索更为细致和深入。他指出，欧美和日本等国的资产阶级革命，“乃资产阶级一阶级的革命”，“其目的是建设国家主义的国家即资产阶级一阶级统治的国家”，而中国的国民革命“乃小资产阶级、半无产阶级、无产阶级这三个阶级合作的革命”，“其目的是建设一个革命民众合作统治的国家”②。因此，毛泽东认为，中国革命是新式的资产阶级民主革命，具有不同于一般资产阶级民主革命的新特征和新前途。虽然这时毛泽东还没有明确提出“新民主主义革命”的概念，但是他已经从时代背景、革命的领导力量、革命目的和前途等根本问题上，把这个革命同旧式的民主革命区别开来，为后来明确提出新民主主义革命、中国革命“分两步走”提供了思想条件。此外，瞿秋白对中国革命的性质问题也做出了可贵探索。他认为，在帝国主义时代，

① 蔡和森：《中国革命运动与国际之关系》，《向导》第 23 期，1923 年 5 月 2 日。

② 《毛泽东文集》第 1 卷，人民出版社 1993 年版，第 24—25 页。

也就是社会革命开始的时代，殖民地弱小民族里的国民革命，“必定含孕着无产阶级革命的种子”。因为这种革命，“在国际范围内，这不过是世界无产阶级革命的一部分。在一国范围内，虽然性质上还是资产阶级的，而在革命力量上，却大半须以无产阶级为主力军”①。

尽管这时年轻的共产党人还没有明确提出新民主主义革命的概念，但是他们已经通过对时代条件的分析、对中国社会各阶级状况的分析，从革命的领导力量、依靠力量、前途等方面把中国的资产阶级民主革命与以往的旧式民主革命区别开来，为日后形成的新民主主义革命理论奠定了理论基础。

正确认识革命性质是准确把握革命前途的前提和基础。鉴于中国国情的特殊性，中国革命的前途问题往往还与革命的阶段问题联系在一起。要想认清中国革命的前途，首先要厘清民主革命同社会主义革命的关系问题。在这个问题上，党内主要存在分别以陈独秀、瞿秋白为代表的两种不同观点。五卅运动后，瞿秋白指出：民主革命“虽然是资产阶级的，胜利却不会是资产阶级的”②；如果由资产阶级来领导革命，它很快便会与敌人妥协。他还指出：现在已经是帝国主义和开始社会主义革命的时代，因此“弱小民族及殖民地上的幼稚的私人资本主义，便根本无继续发展之必要与可能”，可以由劳动平民组织的国家有计划的发展经济，以渐进于社会主义。他多次提出中国民主革命是“行向共产主义的第一步”③。瞿秋白正确指出了中国革命的非资本主义前途和无产阶级在革命中的领导权问题，这是难能可贵的，但他混淆了民主革命和社会主义革命的界限，把非资本主义前途理解为在民主革命阶段就要完成推翻资产阶级的任务，否定了中国革命分两步走的战略思想。与之相反的是，陈独秀认识到在中国当时的历史条件下，中国革命需要分两个阶段来进行，但是却忽视了民主革命阶段无产阶级领导权的问题。他的“二次革命论”割裂了民主革命和社会主义革命之间的联系，机械地认为中国革命不能绕过资本主义发展阶段，在

---

① 瞿秋白：《国民革命运动中之阶级分化——国民党右派与国家主义派之分析》，《新青年》第3号，1926年3月25日。

② 瞿秋白：《北京屠杀与国民革命之前途》，《新青年》第4号，1926年5月25日。

③ 瞿秋白：《中国国民革命与戴季陶主义》，原载《反戴季陶的国民革命观》，《向导》周报社1925年。

民主革命和社会主义革命之间横插一道资产阶级统治的“万里长城”。

二、统一战线问题

争取一切可能的同盟者，建立最广泛的革命统一战线，这是马克思主义的一个重要战略和策略思想。马克思和恩格斯早在《共产党宣言》中就提出了无产阶级可以而且必须和可能的同盟者建立联盟以反对共同敌人的原理，“共产党人到处都努力争取全世界民主政党之间的团结和协调”①。列宁进一步发展了这个原理，他在《共产主义运动中的“左派”幼稚病》中指出，革命政党必须把原则的坚定性和策略的灵活性结合起来，利用一切机会，在不牺牲原则的前提下找到适当的妥协形式，争取获得大量的同盟者。

中国是一个半殖民地半封建国家，阶级成分复杂、政党派别林立，如何处理与其他阶级、其他政党之间的关系，是中国共产党建立之初就面临的一个重大而又意见纷争的问题。如何对待中国现存的各党派曾在党的一大上引起激烈的争论。一些代表认为“不论在理论上还是在实践上，无产阶级应该永远与其他党派进行斗争”；另一些代表认为“在行动上要与其他党派合作反对共同的敌人，同时，我们不能失掉原则，在我们的报纸上批评他们”②。争论的结果是：中国共产党“对现有其他政党，应采取独立的攻击的政策”，“应始终站在完全独立的立场上，只维护无产阶级的利益，不同其他党派建立任何关系”③。这表明刚成立的中国共产党还没有认清中国国情，没有很好地掌握马克思主义关于无产阶级统一战线的思想。

在列宁和共产国际的指导和帮助下，中国共产党逐渐认识到建立革命统一战线的重要性和必要性。在1920年共产国际第二次代表大会上，列宁指出：“目前的世界政治形势把无产阶级专政提上了日程，世界政治中的一切事变必然围绕着一个中心点，就是围绕世界资产阶级反对俄罗斯苏维埃共和国的斗争。而俄罗斯苏维埃共和国必然是一方面团结各国先进工人的苏维埃运动，另一方面团结殖民地和被压迫民族的一切民族解放运动。”④ 殖民地和被压迫民族要起来反抗帝国主义的压迫，进行无产阶级革

---

① 《马克思恩格斯选集》第1卷，人民出版社2012年版，第435页。

② 《“一大”前后》(一)，人民出版社1985年版，第22—23页。

③ 《中共中央文件选集》第1册，中共中央党校出版社1989年版，第8页。

④ 《列宁全集》第39卷，人民出版社2017年版，第164页。

命运动，但是由于这些国家的无产阶级力量较为弱小，在反对帝国主义和本国封建势力的斗争中，资产阶级和其他阶级还有革命性，因而无产阶级必须要与他们结成联盟才能完成革命。共产国际认为，“殖民地革命在最初时期不会是共产主义革命”①，而只能是资产阶级民族民主革命，在这一革命过程中，只要“资产阶级解放运动真正具有革命性”，“在这种运动中的代表人物不阻碍我们用革命精神去教育、组织农民和广大被剥削群众”，无产阶级“应当支持并且一定支持这种运动”②。共产国际认为：“必须坚决反对把落后国家内的资产阶级民主解放思潮涂上共产主义色彩；共产国际援助殖民地和落后国家的资产阶级民主民族运动，只能是有条件的，这个条件是落后国家未来的无产阶级政党（不仅名义上是共产党）的分子已在集结起来，并且通过教育认识到同本国资产阶级民主运动作斗争是自己的特殊任务；共产国际应当同殖民地和落后国家的资产阶级民主派结成临时联盟。”③ 这即是说，在殖民地和半殖民地国家中的无产阶级革命运动在一开始的时候，不要把自己孤立起来，单靠自己的力量来完成所谓的无产阶级革命，而应当同一切革命的民主派联合起来，为共同的敌人而斗争。

1922 年 1 月 21 日至 2 月 2 日，共产国际召开了远东各国共产党及民族革命团体第一次代表大会。会议根据列宁的民族和殖民地问题的理论，阐明被压迫民族所面临的反帝反封建的历史任务，讨论共产党同民族革命政党进行合作的问题，强调吸收农民群众参加民族民主革命运动的重大意义。会议期间，列宁抱病接见了中国共产党代表张国焘、中国国民党代表张秋白、工人代表邓培。列宁充分重视中国的革命运动，希望国共两党能够开展合作，在中国建立反帝反封建的民主联合战线。据张国焘回忆：“‘反对帝国主义的联合战线’这个新观念也在这次大会中形成。”④

列宁和共产国际的这些思想促进了中国共产党民主革命纲领的形成，推动了党的民主联合战线方针的确立。正是在共产国际的帮助之下，中国共产党逐渐形成了对中国革命的性质、对象、联合的阶级等革命的基本问

---

① 《共产国际有关中国革命的文献资料（1919—1928）》第 1 辑，中国社会科学出版社 1981 年版，第 32 页。

② 《共产国际有关中国革命的文献资料（1919—1928）》第 1 辑，中国社会科学出版社 1981 年版，第 21 页。

③ 《列宁全集》第 39 卷，人民出版社 2017 年版，第 168 页。

④ 张国焘：《我的回忆》第 1 册，时代文化出版社 2010 年版，第 208 页。

题的正确看法。1922 年 6 月，中共中央发表了《中国共产党对于时局的主张》，通过对中国现存的各政党的分析，认为“只有国民党比较是革命的民主派，比较是真的民主派”①。因此，在未能获得政权以前，“无产阶级在目前最切要的工作，还应该联络民主派共同对封建式的军阀革命，以达到军阀覆灭能够建设民主政治为止”②。至于如何联络民主派，“中国共产党的方法，是要邀请国民党等革命的民主派及革命的社会主义各团体开一个联席会议……共同建立一个民主主义的联合战线，向封建式的军阀继续战争”③。这个文件是党的二大正式确立民主联合战线方针的先声和前奏。

1922 年 7 月召开的中共二大，正确地分析了国际形势的特点和中国社会半殖民地半封建的性质，阐明了中国革命的性质、对象和动力，制定了党的最低纲领和最高纲领。尤为关键的是，中国共产党这时完全改变了对资产阶级革命派的态度，在这次大会上通过了《关于“民主的联合战线”的议决案》。在该文件中，中国共产党指出：“人类现在的历史，正在阶级战争的奋进途中，不但无产阶级对于资产阶级的战争大部分还未得着胜利，即民主对于封建的战争也并未终了，尤其是东方产业幼稚的国家，不但在社会习俗上，即在国家统治权上，封建的势力仍然大部分存在或完全存在。在这种封建势力统治的国家，人民的生命财产都握在武人手里，法律和舆论都没有什么效力，所以为人民幸福计，民主派对于封建革命是必要的，无产阶级倘还不能够单独革命，扶助民主派对于封建革命也是必要的；因为封建武人是无产者和民主派公共的仇敌，两派联合起来打倒公敌，才能得着出版集会结社的自由，任何阶级都必须得着这几种自由方有充分发展的机会。”④ 虽然这时，中国共产党还没有与中国的民主派进行合作，但有这种合作的愿望是无疑的。这是中国共产党把共产国际指示精神与中国革命具体实际相结合，考察中国革命的途径时得出的正确结论。

随后，在共产国际驻华代表马林的推动下，中国共产党开始探讨与中国国民党合作的问题。虽然对是否应该合作、以何种方式合作等问题还存

---

① 《中共中央文件选集》第 1 册，中共中央党校出版社 1989 年版，第 37 页。
② 《中共中央文件选集》第 1 册，中共中央党校出版社 1989 年版，第 44—45 页。
③ 《中共中央文件选集》第 1 册，中共中央党校出版社 1989 年版，第 45 页。
④ 《中共中央文件选集》第 1 册，中共中央党校出版社 1989 年版，第 64 页。

在争议，但是，在马林的周旋与劝说之下，中国共产党最终还是决定与国民党进行合作。

1922 年 11 月—12 月，共产国际召开了第四次代表大会，进一步强调了争取大多数革命群众的思想。这次会议提出了“反帝统一战线”的口号，指出“为了在反对帝国主义的革命解放斗争中获得喘息机会，工人阶级认为局部的和暂时的妥协是许可的和不可避免的”①。并认为，“无论是实现社会主义的问题，还是建立苏维埃共和国的问题，在中国都没有提上日程”②。进一步确定了中国革命的性质及其建立革命联合战线的必要性。刘仁静作为中国共产党的代表发言，他根据共产国际的指示精神和中国共产党的实际政治活动，指出“要在中国消灭帝国主义，就必须建立反帝的统一战线，我们党根据这一原则，已决定和国民革命的政党即国民党建立统一战线，其形式是我们共产党以个人名义参加国民党”③。这样，就既解决了国共需要合作的问题，又解决了合作的具体形式问题，为中国共产党三大会议上决定全体共产党员以个人名义加入国民党解决了一大思想障碍。

随后，共产国际通过了《共产国际执行委员会关于中国共产党与国民党的关系的决议》，并指出：“由于国内独立的工人运动尚不强大，由于中国的中心任务是反对帝国主义及其在中国的封建代理人的民族革命，而且由于这个革命问题的解决关系到工人阶级的利益，而工人阶级又尚未完全成为独立的社会力量，所以共产国际执行委员会认为，国民党与年轻的中国共产党合作是必要的。”④

对这一决议我们要做出正确的理解。这个决议从中国的具体国情出发，指出了中国革命面临的任务及中国无产阶级的状况，指出了国共合作的必要性。但是，这个决议又对中国无产阶级的力量严重估计不足，把国民党看成革命的中心，这其实也构成了共产国际在整个大革命时期的看

① 《共产国际有关中国革命的文献资料（1919—1928）》，第 1 辑，中国社会科学出版社 1981 年版，第 73 页。

② 《共产国际有关中国革命的文献资料（1919—1928）》，第 1 辑，中国社会科学出版社 1981 年版，第 64 页。

③ 《共产国际有关中国革命的文献资料（1919—1928）》，第 1 辑，中国社会科学出版社 1981 年版，第 62 页。

④ 《共产国际有关中国革命的文献资料（1919—1928）》，第 1 辑，中国社会科学出版社 1981 年版，第 76 页。

法，甚而导致了事事迁就国民党的做法。虽然在革命过程中，共产国际一再强调了无产阶级的领导权问题、独立性问题，但是在这个总的指导思想的指导下，共产国际不可能真正重视中国共产党的力量。这种思想隐患随着革命的进展，对中国革命危害极大。

在中国共产党第三次全国代表大会召开之际，共产国际又发来了《共产国际执行委员会给中国共产党第三次代表大会的指示》，进一步强调了中国社会各革命阶级的联合对完成中国革命的必要性。更为重要的是，这个指示重点指出了在民族革命中，无产阶级保持独立性和领导地位的重要性，对革命中联合农民阶级、解决农民的土地问题也做出了明确的要求。这些对刚刚成立的中国共产党来说是十分重要和宝贵的。

正是在共产国际的这些精神和指示的指导之下，中国共产党的三大正式作出了中国共产党党员以个人名义全体加入国民党的决定。三大宣言指出："中国共产党鉴于国际及中国之经济政治的状况，鉴于中国社会各阶级（工人农民商业家）之苦痛及要求，都急需一个国民革命"①，而"依中国社会的现状，宜有一个势力集中的党为国民革命运动之大本营，中国现有的党，只有国民党比较是一个国民革命的党"，最终作出了中国共产党加入国民党进行国民革命的决定，指出"中国共产党须与中国国民党合作，共产党员应加入国民党"②。同时，三大遵照共产国际的有关指示精神，还通过了《关于国民运动及国民党问题的决议案》《劳动运动决议案》《农民问题决议案》《关于党员入政界的决议案》等等，既保证了中国共产党加入中国国民党决定的实施，又对在整个革命中中国共产党的地位、主要任务等作了说明，从而拉开了与国民党合作进行轰轰烈烈的大革命的序幕。

"从党的一大排斥其他一切党派，坚持独立领导的无产阶级革命，到党的三大提出联合国民党组成民主革命的统一战线，这在很大程度上是工人运动失败的惨痛教训而显示出的无产阶级力量的弱小以及苏联和共产国际的压力促成的。"③ 基于新生的共产党力量较为弱小，在共产国际的帮助和推动下，党的三大最终确立了以国共合作为基础的统一战线政策。

---

① 《中共中央文件选集》第1册，中共中央党校出版社1989年版，第166页。

② 《中共中央文件选集》第1册，中共中央党校出版社1989年版，第147页。

③ 陈希：《民族复兴之路与马克思主义的中国化》，清华大学出版社2007年版，第82页。

三、争取无产阶级领导权问题

共产国际根据战后世界政治经济形势，确定了落后国家的无产阶级革命要与各革命阶级结成联合战线的思想。共产国际认为，“初期的殖民地革命不会是共产主义革命，但是，如果领导权一开始就由共产主义先锋队掌握，那么，革命群众就会逐渐取得经验，沿着正确的道路达到既定目标”①。这表明，共产国际在一开始就十分重视，在革命的联合战线中无产阶级及其政党的领导地位问题。共产国际强调，无产阶级及其政党可以和“资产阶级民主派暂时合作，甚至结成联盟，但是不要与之混为一体，甚至当无产阶级运动还处于萌芽状态时，也绝对要保持这一运动的独立性”②。在革命运动中，“无产阶级政党应当加紧宣传共产主义思想，并在最初的可能之下创立工农苏维埃”③。如果这些是一般原则的规定，那么，共产国际五大更是明确提出了无产阶级在革命中的领导权问题以及如何争取领导权的问题。中国共产党正是根据共产国际的这些原则精神开始了对无产阶级在中国革命中的地位的艰辛探索。

无产阶级是近代大工业的产物，是先进生产力的代表，由于中国无产阶级处在社会的最底层，深受国际资本主义、本国资本主义和封建制度的压迫和剥削，具有强烈和彻底的革命性。中国共产党作为中国无产阶级的政党，时刻维护中国无产阶级的利益。因而中国共产党关于中国无产阶级的思想，其实质是关于无产阶级在革命中起的作用即在革命运动中处在领导地位还是被领导地位的问题。这一思想在共产党成立后经历了一个艰难的探索过程。在党的一大上，这个问题是不成问题的。因为，这时在中国共产党看来，中国革命就是要依靠中国无产阶级独立来完成，不需要其他阶级来帮助。党的第一个决议指出，中国共产党“对现有其他政党，应采取独立的攻击的政策。在政治斗争中，在反对军阀主义和官僚制度的斗争中，在争取言论、出版、集会自由的斗争中，我们应始终站在完全独立的

① 《共产国际有关中国革命的文献资料（1919—1928）》第1辑，中国社会科学出版社1981年版，第27页。

② 《共产国际有关中国革命的文献资料（1919—1928）》第1辑，中国社会科学出版社1981年版，第45页。

③ 《共产国际有关中国革命的文献资料（1919—1928）》第1辑，中国社会科学出版社1981年版，第32页。

立场上，只维护无产阶级的利益，不同其他党派建立任何关系"①。但问题是，在半殖民地半封建的中国，单靠中国无产阶级的力量是不能完成中国革命的，要想实现中华民族的独立与中国革命的胜利，必须要依靠中国其他革命阶级的联合，组成广泛的统一战线。中国共产党在共产国际的帮助之下认识到了这个问题。在党的二大上通过了关于民主联合战线的议决案，党的三大更是决定中国共产党党员以个人的名义加入国民党。问题就是，在这样的联合各阶级革命的过程中，中国无产阶级应该处在怎样的地位呢？

在确定了和国民党合作之后，中国共产党仍然坚持无产阶级在中国革命中的领导地位。他们指出："照中国社会的现状，要开发实业，只有私人资本主义或国家社会主义这两条路。用私人资本主义开发实业，在理论上我们不能赞成，因为他在欧、美、日所造成的罪恶已是不能掩饰的了；在事实上，以中国资产阶级幼稚的现状，断然不能在短期间发展到能够应付中国急于开发实业的需要，而且在国际帝国主义的侵略及国内军阀的扰乱未解除以前，中国的资产阶级很难得着发展的机会，到了国民革命能够解除国外的侵略和国内的扰乱以后，无产阶级所尽的力量所造成的地位，未必不大过资产阶级，以现在无产阶级的革命倾向大过资产阶级便可以推知，那时资产阶级决难坚持独厚于自己阶级的经济制度，所以我们敢说，采用国家社会主义来开发实业，是国民革命成功后不能免的境界。"② 这其实是从当时的国内国际情况来分析中国无产阶级在中国革命中的地位问题，他们主张中国的革命应该在中国无产阶级的领导之下进行。

党的二大又进一步探索了无产阶级在民主革命中的领导地位的思想。在对中国社会各阶级进行了初步的分析后，认为中国资产阶级是"幼稚的"，它只有使自己"避免美国的愚弄，他们的民主运动才能依正轨进行"③，而中国的无产阶级则不然，第一次工人运动的高潮已"足够证明工人们的伟大势力……工人们处在中外资本家的极端压迫之下，革命运动是会发展无已的。发展无已的结果，将会变成推倒在中国的世界资本帝国主

---

① 《中共中央文件选集》第1册，中共中央党校出版社1989年版，第8页。

② 《陈独秀文章选编》中册，生活·读书·新知三联书店1984年版，第208—209页。

③ 《中共中央文件选集》第1册，中共中央党校出版社1989年版，第113页。

义的革命领袖军”①。不过，这一思想在党的三大前后出现了波折。党的三大决议指出：“依中国社会的现状，宜有一个势力集中的党为国民革命运动之大本营，中国现有的党，只有国民党比较是一个国民革命的党，同时依社会各阶级的现状，很难另造一个比国民党更大更革命的党，即能造成，也有使国民革命势力不统一不集中的结果。”② 因而，在党的三大宣言中指出，“中国国民党应该是国民革命之中心势力，更应该立在国民革命之领袖地位”，这既与当时中国共产党领导人对中国无产阶级的看法有关，但更重要的是受到了共产国际对中国革命形势判断的影响。当时的共产国际认为，“中国唯一重大的民族革命集团是国民党”，中国“国内独立的工人运动尚不强大”，“因此，在目前的条件下，中国共产党党员留在国民党内是适宜的”③。应当说，当时共产国际主张中国共产党与国民党合作的主张是正确的，符合中国面对强大反动革命敌人形势的需要，但是它对国民党的过于看重，在中国共产党内造成了以国民党为中国革命领袖的倾向。当时党内最重要的两个领导人即持这样的观点。如陈独秀就认为：“殖民地半殖民地的各社会阶级固然一体幼稚，然而资产阶级的力量究竟比农民集中，比工人雄厚，因此国民运动若轻视了资产阶级，是一个很大的错误观念。”④ 因而中国“在每个革命运动中，浪漫的左倾观念和妥协的右倾观念都能妨碍革命进行。中国国民党目前的使命及进行的正轨应该是：统率革命的资产阶级，联合革命的无产阶级，实现资产阶级的民主革命”⑤。李大钊在1926年还认为，“孙中山先生所指导的国民革命运动，在中国民族解放全部历史中，实据有中心的位置，实为最重要的部分”⑥。

不过这里应该着重指出，虽然这一时期中国共产党承认了国民党的革命中心地位，但是对国民党能否成为中国革命的领袖表示质疑，如中共三大宣言就指出，“不幸中国国民党常有两个错误的观念”⑦，在这种情况下，“中国国民党不但会失去政治上领袖的地位，而且一个国民革命党不得全

① 《中共中央文件选集》第1册，中共中央党校出版社1989年版，第113—114页。

② 《中共中央文件选集》第1册，中共中央党校出版社1989年版，第146页。

③ 《共产国际有关中国革命的文献资料（1919—1928)》，第1辑，中国社会科学出版社1981年版，第76页。

④ 《陈独秀文章选编》中册，生活·读书·新知三联书店1984年版，第365页。

⑤ 《陈独秀文章选编》中册，生活·读书·新知三联书店1984年版，第259页。

⑥ 《李大钊文集》下册，人民出版社1984年版，第848页。

⑦ 《中共中央文件选集》第1册，中共中央党校出版社1989年版，第165页。

国民众的同情，是永远不能单靠军事行动可以成功的”①。因而，在这一时期，已有中国共产党人开始思考中国无产阶级在民主革命中的领导权问题。瞿秋白1927年回忆自己在三大时期的思想时指出，在当时自己已经有了这样的想法，他说：“工人阶级要以自己做主干，集合农民兵士及一般反帝国主义的革命分子于国民党，使国民党成为中国革命的中心，而自己努力做这一革命中心的元核——领导者。”② 中共三大以后，瞿秋白、邓中夏、蔡和森、周恩来等早期中国共产党人对中国无产阶级在国民革命中的领导地位作了进一步的探索。在1923年瞿秋白就反复探讨了中国无产阶级在中国革命中的领导权问题，并对如何保持这种领导权提出了一些初步的原则。邓中夏在1924年明确地指出：“中国将来的社会革命的领袖固是无产阶级，就是目前的国民革命的领袖亦是无产阶级”，“只有无产阶级有伟大集中的群众，有革命到底的精神，只有他配做国民革命的领袖”③。

1924年共产国际五大召开，会议讨论了无产阶级在民主革命中的策略及无产阶级在革命中的领导权问题。参加会议的彭述之发表了《谁是中国国民革命之领导者》一文，指出：“只有中国的工人阶级能容纳苏俄之贡献，能得世界无产阶级的援助，能吸收世界革命之经验，仅在这一点上，已经决定中国无产阶级绝对是中国国民革命之领导者。”④ 从此，探讨中国无产阶级的领导权问题的文章逐渐增多起来。如周恩来在1925年指出：“工人是国民革命的领袖。”⑤ 蔡和森1926年在分析了社会各阶级在革命中的地位和作用后，指出：“无产阶级在民族革命中不仅是独立的，并且为民族革命的领导阶级。”⑥ 刘少奇在1926年根据革命的实践指出：“在各种奋斗事实中，足以证明工人阶级在国民革命运动中之领导地位，是确凿不移的。”⑦

正是在早期中国共产党人结合共产国际有关中国的决议精神与中国实

---

① 《中共中央文件选集》第1册，中共中央党校出版社1989年版，第166页。

② 《六大以前》，人民出版社1980年版，第714页。

③ 转引自唐宝林主编：《马克思主义在中国100年》，安徽人民出版社1998年版，第131页。

④ 转引自唐宝林主编：《马克思主义在中国100年》，安徽人民出版社1998年版，第132页。

⑤ 转引自丁守和：《中国革命史丛论》，广东人民出版社1985年版，第57页。

⑥ 《蔡和森的十二篇文章》，人民出版社1980年版，第54页。

⑦ 转引自丁守和：《中国革命史丛论》，广东人民出版社1985年版，第57页。

际的艰辛探索之下，党的四大明确提出了无产阶级领导权的问题，指出：“由中国社会各阶级现状也可以看出，越是上层阶级越富于妥协性。……因此中国的民族革命运动，必须最革命的无产阶级有力的参加，并取得领导的地位，才能够得到胜利。”① “国民党是中国民族运动中一个重要工具，然亦仅仅是一个重要工具，而不是中国民族运动之全部。”② 因此，“无产阶级的政党应该指导无产阶级参加民族运动，不是附属资产阶级而参加，乃以自己阶级独立的地位与目的而参加，如此无产阶级在参加民族运动中，方不致失其特性——阶级性与世界性”③。这其实已经解决了中国无产阶级在中国革命中的地位和作用问题。当然，在理论上取得这一认识并不意味着在革命实践中能始终坚持这一思想，其实在大革命运动中，早期中国共产党人对无产阶级在国民革命中的地位和作用的看法并不一致，当时党的主要领导人陈独秀就有过轻视中国无产阶级的思想，同时，在这一时期，对如何在与国民党的斗争中争得领导权的认识也是模糊的。但是，提出这一思想就是很可贵的探索。

四、武装斗争问题

马克思主义认为，暴力革命是无产阶级夺取政权的最主要的形式。虽然马克思和恩格斯也曾指出无产阶级愿意采取和平的方式变革所有制形式，但是他们在论述无产阶级革命时最主要的主张还是采取暴力革命来进行。恩格斯在1842年就指出：“用和平方式进行革命是不可能的，只有通过暴力消灭现有的反常关系，根本推翻门阀贵族和工业贵族，才能改善无产者的物质状况。”④ 1846年恩格斯又说，无产阶级要改变现有社会，“唯一可能的出路就是暴力革命”⑤。在标志马克思主义成熟的《共产党宣言》中，马克思和恩格斯又进一步指出：“共产党人不屑于隐瞒自己的观点和意图。他们公开宣布：他们的目的只有用暴力推翻全部现存的社会制度才能达到。”⑥ 早期中国马克思主义者在运用马克思主义思考中国革命的基本

---

① 《中共中央文件选集》第1册，中共中央党校出版社1989年版，第333页。
② 《中共中央文件选集》第1册，中共中央党校出版社1989年版，第339页。
③ 《中共中央文件选集》第1册，中共中央党校出版社1989年版，第330页。
④ 《马克思恩格斯全集》第1卷，人民出版社1956年版，第550—551页。
⑤ 《马克思恩格斯全集》第2卷，人民出版社1957年版，第548页。
⑥ 《马克思恩格斯选集》第1卷，人民出版社1995年版，第307页。

问题时，就逐步认识到要把暴力革命、武装斗争作为中国革命的主要斗争形式。

作为中国共产党的主要创始人之一，李大钊较早地认识到了暴力革命的重要性。他认为，点滴改良的方式不能挽救中国，要使中国社会发生一个大的变动，非采取暴力革命的形式不可。他说："这最后的阶级竞争，是阶级社会自灭的途辙，必须经过的，必不能避免的。"① 陈独秀也指出："我敢说：若不经过阶级战争，若不经过劳动阶级占领权力阶级地位底时代，德谟克拉西必然永远是资产阶级底专有物，也就是资产阶级永远把持政权抵制劳动阶级底利器。"② 因而，他指出："我承认用革命的手段建设劳动阶级（即生产阶级）的国家，创造那禁止对内对外一切掠夺的政治、法律，为现代社会第一需要。"③ 正是在这种思想的指导下，《中国共产党第一个纲领》指出："革命军队必须与无产阶级一起推翻资本家阶级的政权，必须支援工人阶级，直到社会的阶级区分消除为止。"④ 这一思想固然没有认识到中国半殖民地半封建的特殊国情，没有认识到中国革命的性质，但是就坚持暴力革命，武装夺取政权这一点来说，无疑是正确的。

党的二大批判了在中国实行改良的企图，明确指出议会道路不适合中国国情，并结合中国的具体国情，通过了《关于议会行动的决议案》。该决议案指出："经济落后如中国，一面成为国际资本帝国主义的掠夺场和半殖民地，一面为国际资本帝国主义所扶植的武人势力的宰割物和糜烂区域，因此民主革命未成功，议会政治还未确立。虽然形式上，设立了各级议会，但因为武人势力的干涉和蹂躏，常常处在破坏胁迫的恐怖之中。"⑤ 因此，中国社会的改造必须采用武装斗争的形式来进行。在后来的革命实践中，更证明了这一思想的正确性。在《中国共产党第三次对于时局宣言》中，指出："我们早已看透了中国的病根是由于帝国主义的列强之剥削操纵及国内军阀之扰乱，非人民起来以革命的手段，外而反抗列强，内而解除军阀之政权及武装，别的方法都是药不对症，白费力气。"⑥ 虽然说

---

① 《李大钊文集》下册，人民出版社 1984 年版，第 18 页。
② 《陈独秀文章选编》中册，生活·读书·新知三联书店 1984 年版，第 9 页。
③ 《陈独秀文章选编》中册，生活·读书·新知三联书店 1984 年版，第 10 页。
④ 《中共中央文件选集》第 1 册，中共中央党校出版社 1989 年版，第 3 页。
⑤ 《中共中央文件选集》第 1 册，中共中央党校出版社 1989 年版，第 74 页。
⑥ 《中共中央文件选集》第 1 册，中共中央党校出版社 1989 年版，第 287 页。

在革命实践中，中国共产党并没有重视对阶级斗争起关键作用的革命军队，但是，坚持用阶级斗争、武装革命的道路来完成中国革命，这条道路本身是正确的，只是在当时没有找到适合中国的阶级斗争、武装革命的具体形式。当然，这里需要指出的是，这一时期，瞿秋白、蔡和森、毛泽东等人已经开始形成对革命军队重视的思想。瞿秋白在《中国革命中之武装斗争问题》一文中，对武装斗争和革命军队在国民革命时期的重要性作了比较系统的论述。他指出：中国人民已经以示威、抵制、罢工等方式进行斗争，“但是，从‘五四’‘二七’‘五卅’‘三一八’和广州战争直到现在，革命的波澜旋起旋落地昂然前进，运用这种种斗争方式，已经到了武装直接决战的准备时期，已经到了将近决死战争的时机”，“尤其在这一时期，革命战争是主要的方式”。同时，他认为，“中国国民革命里极端需要革命的正式军队”①。这是党内早期专门论述武装斗争问题的文章，为后来中国共产党探索中国革命道路做出了开拓性的理论贡献。大革命失败后，中国共产党开始了对军队的高度重视，并对通过武装革命实现中国社会改造的具体形式进行了艰辛的探索，最终形成了农村包围城市，武装夺取政权的正确革命道路。

五、中国共产党自身建设问题

中国共产党自诞生之日起，就非常重视自身建设。从党的成立到大革命失败，短短几年的时间，中国共产党的组织和队伍不断扩大。从构成人数来看，从刚成立时的 53 人，到 1927 年 4 月，中国共产党党员发展到 57967 人；从构成部分来看，从成立初期党员构成的单一化发展到现在的多样化，党员成分既有工人、农民、知识分子，也有中、小商人等阶层。为了更好地发挥党员先锋模范作用，也为了更好地满足中国革命形势发展的需要，中国共产党始终重视自身的建设问题，在思想理论建设、组织建设、纪律建设等方面形成了一些切实可行的经验和做法，这也是马克思主义中国化初步理论成果的组成部分。综合来看，主要表现为以下几个方面。

第一，加强党内的思想教育工作，提高党员素质。中国共产党成立后，立即投入火热的革命之中，随着革命形势的高涨，越来越多的工人、

① 《中国共产党历史》第 1 卷上册，中共党史出版社 2011 年版，第 160 页。

农民加入了中国共产党，这些人“富于革命的热情，而缺乏系统的认识，工作方法和经验更是缺乏”①，同时党内的有些领导、党的宣传刊物也因为当时是与国民党进行合作的国民革命，害怕犯所谓的“左倾错误”，过度推重国民党，而忽视了无产阶级本身的阶级利益，因而，为“端正党的理论方向”②，中国共产党认为，“党内教育问题非常重要”③。为此，中国共产党开展了内容丰富的党内思想教育活动。一是结合中国的实际，在全党范围内开展马克思主义理论教育，并尽量使之通俗化。中国共产党认为，无产阶级要保持和提高自身的阶级觉悟，必须努力学习马克思主义理论。党中央指出，“中央编译委员会应努力于党内党外小册子之编译，尤其是关于列宁主义、国际政策、政治经济状况以及工人常识的材料之编辑”④，以在全党范围内开展学习。同时中央认为，学习马克思主义要与中国的实际结合起来，“收集整理种种材料，以便根据马克思主义编辑关于中国问题的著作——做解决民族革命及阶级斗争中种种问题的理论上根据”，并明确要求“使他们通俗化”⑤。二是加强中国共产党的阶级觉悟教育。中国共产党认为，“共产党是工人阶级不可分的一部分，共产党对于全体工人阶级的区别仅仅在于党是最有阶级觉悟的一部分，不但在口头上，而且在事实上，他是站在工人阶级斗争的先锋地位，无论如何不退缩的。党员自己的阶级觉悟应当不断的增高，这是党的胜利的唯一保证”⑥。因而中国共产党要求通过教育使党员建立“健全的唯物主义的宇宙观及社会观”⑦。三是开展反对贪污腐化教育和斗争。随着革命形势的发展，一些投机分子混进党的队伍，中国共产党内部也出现少量的贪污腐化现象，中国共产党为此开展了反对贪污腐化思想的教育和打击。1926年通过的《中央扩大会议通告——坚决清洗贪污腐化分子》指出，“一年以来，我们的党乘着革命的高潮，有突飞的发展，这自然是一件可喜的现象。但同时投机腐败分子之混入，也恐是一件难免的事，尤其在比较接近政权的地方或政治、军事工作较发展的地方，更易有此

① 《中共中央文件选集》第2册，中共中央党校出版社1989年版，第516页。
② 《中共中央文件选集》第1册，中共中央党校出版社1989年版，第375页。
③ 《中共中央文件选集》第1册，中共中央党校出版社1989年版，第245页。
④ 《中共中央文件选集》第1册，中共中央党校出版社1989年版，第377页。
⑤ 《中共中央文件选集》第1册，中共中央党校出版社1989年版，第481页。
⑥ 《中共中央文件选集》第1册，中共中央党校出版社1989年版，第480页。
⑦ 《中共中央文件选集》第1册，中共中央党校出版社1989年版，第206页。

现象”，中央认为，这种现象“给党以很恶劣的影响，最显著的事实，就是贪污的行为，往往在经济问题上发生吞款、揩油的情弊”，因而党中央“特别训令各级党部，迅速审查所属同志，如有此类行为者，务须不容情的洗刷出党，不可令留存党中，使党腐化，且败坏党在群众中的威望”①。思想政治教育是马克思主义在中国得到传播和应用的关键，只有通过思想政治教育，才能提高共产党员及人民群众的信仰和促进他们阶级觉悟的形成，保持党的先进性和纯洁性，它的实践是列宁的“灌输理论”在中国的运用。

第二，纯洁党内队伍，严守党的秘密，保持党的先进性。中国共产党是按照布尔什维克主义建设的政党，党内队伍的纯洁性至关重要。《中国共产党第一个纲领》虽然指出“凡承认本党纲领和政策，并愿成为忠实党员的人，经党员一人介绍，不分性别、国籍，均可接收为党员”，但同时强调，“在加入我们队伍之前，必须与企图反对本党纲领的党派和集团断绝一切联系”②。这就从来源上保持了党内的纯洁性。在革命渐近高潮时，一些投机腐化分子也会佯装革命的姿态加入革命组织，中国共产党对此保持了高度的警惕，在1926年通过的《中央扩大会议通告——坚决清洗贪污腐化分子》中指出，“在这革命潮流仍在高涨的时候，许多投机腐败的坏分子，均会跑在革命的队伍中来，一个革命的党若是容留这些分子在内，必定会使他的党陷于腐化，不特不能执行革命工作，且将为群众所厌弃。”因而，对于中国共产党内有可能存在的这类分子，中央决定“特别训令各级党部，迅速审查所属同志，如有此类行为者，务须不容情的洗刷出党，不可令留存党中，使党腐化，且败坏党在群众中的威望”③。

对于纪律性，党始终非常重视。党的一大指出，“在党处于秘密状态时，党的重要主张和党员身份应保守秘密”④。党的二大通过的《中国共产党章程》对党的纪律专辟一章进行阐述，对党员应遵守的纪律详加规定，并指出，“凡党员有犯左列之一者，该地方执行委员会必须开除之”，这些规定包括“言论行动有违背本党宣言章程及大会各执行委员会之议决案”“泄露本党秘密”等六项内容。党的二大认为，“凡一个革命的党，若是缺

---

① 《中共中央文件选集》第2册，中共中央党校出版社1989年版，第282—283页。
② 《中共中央文件选集》第1册，中共中央党校出版社1989年版，第3页。
③ 《中共中央文件选集》第2册，中共中央党校出版社1989年版，第282—283页。
④ 《中共中央文件选集》第1册，中共中央党校出版社1989年版，第4页。

少严密的集权的有纪律的组织与训练，那就只有革命的愿望便不能够有力量去做革命的运动"①。党的五大在总结以往党在执行纪律方面的经验时对党的纪律的执行范围作了调整，认为党员有时是难免犯错误的，动辄开除的办法也过于严厉，对有缺点、错误的党员应该辅以说服、教育，并指出，"党内纪律非常重要，但宜重视政治纪律，不应将党的纪律在日常生活中机械的应用"②。这就既强调了中国共产党的纪律性，又与适应革命形势的需要发展共产党员结合了起来。

中国共产党是近代中国最先进的组织，这是由它的性质、宗旨决定的，保持自身的先进性是中国共产党一开始就有的追求。1922 年 6 月，党在《中国共产党对于时局的主张》中就提出了"中国共产党是无产阶级的先锋军"的主张，把中国共产党的性质揭示出来。党的二大《关于共产党的组织章程决议案》又指出，"我们共产党，不是'知识者所组织的马克思学会'，也不是'少数共产主义者离开群众之空想的革命团体'，'应当是无产阶级中最有革命精神的大群众组织起来为无产阶级之利益而奋斗的政党，为无产阶级做革命运动的急先锋'"③，进一步确定了中国共产党的性质和宗旨。在大革命时期，为了和国民党等各个党派相区别，中国共产党一再表明自身的性质，就是在与国民党合作、中国共产党党员以个人的名义加入国民党后，他们也一再声明要保持共产党员的组织性和独立性，保持共产党员的中国革命先锋军的身份，保持自身的先进性。

第三，加强组织建设，初步建立了民主集中制原则。民主集中制是中国共产党的根本组织原则。虽然这一时期没有对民主集中制作出科学的界定，但这一时期有关党纲党章的规定已明确体现了后来所概括的个人服从组织、少数服从多数，下级服从上级，全党服从中央等民主集中制的原则。如中共二大通过的《关于共产党的组织章程决议案》指出，"无论何时何地个个党员的言论，必须是党的言论，个个党员的活动，必须是党的活动；不可有离党的个人的或地方的意味"④。第一个共产党章程则进一步明确，"全国大会及中央执行委员会之决议，本党党员皆须绝对服从之"，"下级机关须完全执行上级机关之命令；不执行时，上级机关得取消或改

① 《中共中央文件选集》第 1 册，中共中央党校出版社 1989 年版，第 90 页。

② 《中共中央文件选集》第 3 册，中共中央党校出版社 1989 年版，第 67 页。

③ 《中共中央文件选集》第 1 册，中共中央党校出版社 1989 年版，第 90 页。

④ 《中共中央文件选集》第 1 册，中共中央党校出版社 1989 年版，第 91 页。

组之”①，这就保证了下级服从上级，全党服从中央的原则。章程还规定，“本党一切会议均取决多数，少数绝对服从多数”②。党的五大还提出了集体领导的问题，指出，“中央应该强毅地实行集体的指导，从中央、省委以至支部”③。这一时期已经提出了民主与集中的关系，一方面强调“厉行中央集权制”④，另一方面又指出尊重地方党组织的权力，在党内“实行民主的集权主义，巩固党的纪律——党员们受其所隶属的区执行委员会，地方执行委员会及支部干事会的指挥”⑤。1927 年 6 月更是明确地提出“党部的指导原则为民主集中制”⑥。没有组织的党必将会是一盘散沙，不可能有所作为。为了更好地贯彻民主集中制原则，贯彻宣传党的决议，中国共产党非常强调党组织对党的重要作用，第一个纲领就提出了“凡有党员五人以上的地方，应成立委员会”⑦，第一个党章则提出，“各农村各工厂各铁路各矿山各兵营各学校等机关及附近，凡有党员三人至五人均得成立一组，每组公推一人为组长，隶属地方党支部”⑧。虽然后来随着党员人数的增加，革命形势的变化，这些组织的人数发生了改变，但这一做法本身一直坚持了下来。党的四大指出，“大会以为在现在的时候，组织问题为吾党生存和发展之一个最重要的问题”⑨。在 1927 年 6 月《中国共产党第三次修正章程决案》中把党组织系统规定为，“全国——全国代表大会——中央委员会　省——省代表大会——省委员会　市或县——市或县代表大会——市或县委员会　区——区代表大会——区委员会　生产单位——支部党员全体大会——支部干事会”⑩。这就按照布尔什维克主义的建党原则大体上勾画了中国共产党的组织系统，初步体现了民主集中制的原则。

打铁还需自身硬，中国共产党不断加强自身建设，使党的生命力和影响力不断增强。但是，中国共产党毕竟还很年轻，这一时期党对自身建设

① 《中共中央文件选集》第 1 册，中共中央党校出版社 1989 年版，第 96 页。
② 《中共中央文件选集》第 1 册，中共中央党校出版社 1989 年版，第 97 页。
③ 《中共中央文件选集》第 3 册，中共中央党校出版社 1989 年版，第 67 页。
④ 《中共中央文件选集》第 1 册，中共中央党校出版社 1989 年版，第 53 页。
⑤ 《中共中央文件选集》第 1 册，中共中央党校出版社 1989 年版，第 380 页。
⑥ 《中共中央文件选集》第 3 册，中共中央党校出版社 1989 年版，第 125 页。
⑦ 《中共中央文件选集》第 1 册，中共中央党校出版社 1989 年版，第 4 页。
⑧ 《中共中央文件选集》第 1 册，中共中央党校出版社 1989 年版，第 93 页。
⑨ 《中共中央文件选集》第 1 册，中共中央党校出版社 1989 年版，第 379 页。
⑩ 《中共中央文件选集》第 3 册，中共中央党校出版社 1989 年版，第 126 页。

的认识还是初步的，还远不成熟，有些目标也没有真正实现，如陈独秀的个人独裁主义还比较严重、在革命的形势下党内教育的条件还不能保证等。毛泽东在后来对这一时期的党的建设作过精确的总结，他指出："在这一阶段中，党的组织是发展了，但没有巩固，没有能够使党员、党的干部在思想上、政治上坚定起来。新党员非常之多，但是没有给予必要的马克思列宁主义的教育。工作经验也不少，但是不能够很好地总结起来。党内混入了大批的投机分子，但是没有清洗出去。党处于敌人和同盟者的阴谋诡计的包围之中，但是没有警觉性。党内涌出了很多活动分子，但是没有来得及造成党的中坚骨干。党的手里有了一批革命武装，但是不能掌握住。所有这些情形，都是由于没有经验，缺乏深刻的革命认识，还不善于将马克思列宁主义的理论和中国革命的实践相结合。这就是党的建设的第一阶段。"① 但是，不可否认的是，这一时期党是在努力搞好自身建设的，并在当时起到了一定的成效。党所提出的目标措施没有完全实现，既有当时的共产党人理论水平不高，不善于把马克思主义与中国实际相结合的因素，也与当时特定的革命条件有关。毛泽东在同一篇文章中就指出，"在这个阶段的初期和中期，党的路线是正确的，党员群众和党的干部的革命积极性是非常之高的，因此获得了第一次大革命的胜利"②。这种关于党自身建设探索的精神还是值得肯定的，所形成的关于党的建设的一些马克思主义中国化的初步成果对于在以后的革命和建设中加强和改善党的领导、提高党的建设科学化水平具有重要的借鉴价值。

第二节　运用马克思主义阶级分析方法初步回答"重大时代课题"

对中国社会各阶级进行正确分析对中国革命至关重要。毛泽东在 1925 年就指出："谁是我们的敌人？谁是我们的朋友？这个问题是革命的首要问题。中国过去一切革命斗争成效甚少，其基本原因就是因为不能团结真正的朋友，以攻击真正的敌人。革命党是群众的向导，在革命中未有革命党领错了路而革命不失败的。我们的革命要有不领错路和一定成功的把握，不可不注意团结我们真正的朋友，以攻击我们的真正的敌人。我们要分辨

---

① 《毛泽东选集》第 2 卷，人民出版社 1991 年版，第 610—611 页。

② 《毛泽东选集》第 2 卷，人民出版社 1991 年版，第 610 页。

真正的敌友，不可不将中国社会各阶级的经济地位及其对于革命的态度，作一个大概的分析。”①

一、早期中国共产党人对中国社会各阶级的初步分析

马克思和恩格斯曾对资本主义社会的阶级关系进行过说明，他们指出，在资本主义社会里，阶级关系简单化、明朗化了，认为资本主义社会日益将社会分成两大对立的关系，即资产阶级和无产阶级。但近代中国是一个半殖民地半封建社会，阶级关系要丰富得多、复杂得多，因而，科学地分析中国社会各阶级以及他们在革命中的地位和作用、正确地分析中国共产党在革命中的朋友和敌人，是摆在早期中国共产党人面前一个十分繁重而又十分重要、迫切的任务，因为这关系到中国革命的成败。早期中国共产党人把马克思主义与中国实际相结合，运用阶级分析理论，对中国社会各阶级的经济地位进行了探讨，形成了一系列关于中国社会各阶级在中国革命中地位和作用的正确观点。

第一，关于无产阶级。无产阶级是近代大工业的产物，是先进生产力的代表。由于中国无产阶级处在社会的最底层，深受国际资本主义、本国资本主义和封建制度的压迫和剥削，因而具有强烈的反抗性和彻底的革命性。中国共产党人关于中国无产阶级的思想，其实质是关于无产阶级在革命中起的作用即在革命运动中处在领导地位还是被领导地位的问题。

第二，关于农民阶级。中国是一个以农立国的国家，农民在社会民众中占绝大多数，因而革命能否成功在很大程度上取决于农民是否参加革命。它包括四个相互联系的问题，一是农民是否愿意参加革命，二是如何发动农民参加革命，三是农民在中国革命中占据怎样的地位，四是中国无产阶级与农民阶级的关系是怎样的。党的一大对农民问题关注不多，只是笼统地提到没收土地，归社会公有。这一状况在党的二大上有了改观。党的二大专门就农民问题作出了决议案，认为，“农业是中国国民经济之基础，农民至少占全人口百分之六十以上，其中最困苦者为居农民中半数之无地的佃农；此种人数超过一万二千万被数层压迫的劳苦大群众（专指佃农），自然是工人阶级最有力的友军，为中国共产党所不应忽视的。中国共产党若离开了农民，便很难成功一个大的群众党”，并指出：“无产阶级

① 《毛泽东选集》第1卷，人民出版社1991年版，第3页。

在东方诸经济落后国的运动，若不得贫农群众的协助，很难成就革命的工作。"[①] 这其实已经把农民在国民革命中的地位和无产阶级与农民阶级的关系正确地描述出来。农民是否愿意参加革命呢？党的二大认为，中国农民是倾向于革命的。二大宣言指出，中国"农民因为土地贫乏，人口稠密，天灾流行，战争和土匪的扰乱，军阀的额外征税和剥削，外国商品的压迫，生活程度的增高等原因，以致日趋穷困和痛苦"，而"贫苦农民要除去穷困和痛苦的环境，那就非起来革命不可"，因而，党的二大认为，"中国三万万的农民，乃是革命运动中的最大要素"[②]。在后来的革命实践中，中国共产党基本上是沿着这一思路来思考农民问题的。党的四大又进一步提出了建立工农联盟的思想，明确了无产阶级与农民阶级的关系。再则，之前中国共产党把革命的目标定为反对帝国主义和封建军阀，而对封建社会的真正统治者地主阶级则没有给予充分的关注，党的四大结合当时广东农民运动的经验，指出"在农民的政治斗争中我们应该结合中农、佃农、贫农、雇农以反对大地主"[③]，"应使农民向国民党政府要求以官地分给贫农"[④]。这其实已经触及了土地问题。这里需要指出的是，虽然这一时期中国共产党重视农民问题，但就如何发动农民起来革命的认识是不足的。当时以陈独秀为主要领导的党中央，虽然也认识到了中国农民问题的重要性，但又害怕过分发动农民会招致国民党的不满，因而在农民问题上徘徊不前，对农民非常关心的土地问题虽有所涉及，但没有真正大规模展开。

第三，关于资产阶级。中国共产党开始是把资产阶级当成革命对象来看待的。但是，党的二大对此就开始有了不同的看法，中共二大宣言指出，国际资本主义侵略中国的目的是"为自己的发展和利益……故意阻碍中国幼稚资本主义的兴旺"，因而，"中国幼稚资产阶级为免除经济上的压迫起见，一定要起来与世界资本帝国主义奋斗"[⑤]。可以看出，中国共产党此时已经看到了中国资产阶级的革命性，而不再是把它当成革命的对象来看待了。当然，在这时，中国共产党并没有对中国资产阶级进行细分，但是这也是根据共产国际有关建立革命联合战线的指示精神，观察中国资产

① 《中共中央文件选集》第 1 册，中共中央党校出版社 1989 年版，第 124 页。
② 《中共中央文件选集》第 1 册，中共中央党校出版社 1989 年版，第 113 页。
③ 《中共中央文件选集》第 1 册，中共中央党校出版社 1989 年版，第 362 页。
④ 《中共中央文件选集》第 1 册，中共中央党校出版社 1989 年版，第 363 页。
⑤ 《中共中央文件选集》第 1 册，中共中央党校出版社 1989 年版，第 112 页。

阶级的实际情况而得出的相对符合中国革命实际情况的看法。党的三大通过的《中国共产党党纲草案》在分析由于外国的侵略而导致中国经济的变动时指出：“这种经济的大变动，只有极少数的官僚和极少数的大商人（财阀）趁火打劫得了些便宜；大多数的中产阶级和大多数的劳动平民便一天一天失掉了他们生活的保证，他们遭受贱价劳力的剧烈竞争，他们遭受一切政治上的压迫和经济上的剥削，使他们无法生活。”① 在这里还没有提出大资产阶级和民族资产阶级的概念，但已经认识到在中国，资产阶级也不是铁板一块的，他们之间是有区别的，这就把中国共产党对资产阶级的认识提高了一步。陈独秀在《资产阶级的革命和革命的资产阶级》中，虽然有拔高中国资产阶级在中国革命中地位和作用的倾向，但在这篇文章中，他把中国资产阶级进一步区分为“革命的资产阶级”“反革命的资产阶级”和“非革命的资产阶级”三种，这对中国共产党在以后的革命中对待资产阶级采取又联合又斗争的策略是有启发意义的。党的四大又把资产阶级明确地区分为“买办官僚的资产阶级”和“民族的工业资产阶级”，这就明确了资产阶级的两个主要的组成部分。当然，这时党对资产阶级的分析还是比较粗浅的，由于中国资产阶级的成分极其复杂，党的主要领导人又过高地估计了资产阶级的革命性，因而这一时期党并没有很好地处理中国无产阶级与资产阶级在革命中的相互关系。

二、毛泽东运用阶级分析方法初步回答“重大时代课题”

从党的创建到大革命时期，虽然中国共产党对中国社会各阶层做出了初步的分析，但对这一问题考察得更为深入和细致的是毛泽东。毛泽东认为：“对于担负指导工作的人来说，有计划地抓住几个城市、几个乡村，用马克思主义的基本观点，即阶级分析的方法，作几次周密的调查，乃是了解情况的最基本的方法。只有这样，才能使我们具有对中国社会问题的最基础的知识。”② 在这一时期，毛泽东已形成了对中国社会各阶级较为科学的认识。通过对中国社会形态和阶级状况的深刻分析，毛泽东弄清了中国革命的性质、对象、任务、动力等基本问题，初步回答了在一个半殖民地半封建的东方大国“为什么要进行新民主主义革命，怎样进行新民主主义革命”这一“重大时代课题”。

---

① 《中共中央文件选集》第 1 册，中共中央党校出版社 1989 年版，第 136 页。

② 《毛泽东选集》第 3 卷，人民出版社 1991 年版，第 789 页。

第一，对无产阶级的分析，初步回答革命领导权问题。关于中国共产党对无产阶级的整体认识在前文中已有介绍，在此不再详述。其实这一时期关于无产阶级的认识，就是无产阶级在当时的革命运动中处于什么样的地位的问题，就是坚持无产阶级在革命中的领导权的认识。在探索中国无产阶级的革命领导权问题上，毛泽东作出了独特的贡献。首先，毛泽东认为，在半殖民地半封建的中国，无产阶级的数量比资产阶级要大得多。还在建党之前，毛泽东给蔡和森等人的信中就指出，“无产阶级比有产阶级实在要多得若干倍。假定无产者占三分二，则十五万万人类中有十万万无产者，（恐怕还不止此数）”①，这和陈独秀等人认为的中国无产阶级幼稚、弱小是有明显差别的。这就对中国无产阶级的力量作出了正确的估量。这里应当指出的是，毛泽东在分析中国的无产阶级时，并没有像当时的中国共产党的领导人如陈独秀等人一样，仅仅局限于马克思主义的经典理论，只是把产业工人当作无产阶级，毛泽东把一切没有生产资料的人都划归到无产阶级的行列。这无疑更符合半封建半殖民地中国社会的实际，大大扩大了中国革命的群众基础。其次，毛泽东首先提出了谁是我们的朋友，谁是我们的敌人的理论，这实际上已经是在承认无产阶级的领导地位的基础上来寻找无产阶级的同盟军的问题。毛泽东根据社会各阶级的经济地位和以往在革命中的态度，指出中国无产阶级是最富于革命性的阶级，革命也最为彻底，最富组织性和纪律性，并且是近代中国先进生产力的代表，因而，中国革命只能由无产阶级来领导。他指出，“我们看四年以来的罢工运动，如海员罢工、铁路罢工、开滦和焦作煤矿罢工、沙面罢工以及五卅后上海香港两处的大罢工所表现的力量，就可知工业无产阶级在中国革命中所处地位的重要”②，因而，毛泽东指出，“我总觉得都市的工人、学生、中小商人应该起来猛击买办阶级，并直接对付帝国主义，进步的工人阶级尤其是一切革命阶级的领导”③。最后，毛泽东分析了中国无产阶级能够成为中国革命的领导阶级的原因。毛泽东认为，中国无产阶级之所以革命这么彻底、坚决，之所以能够充当中国革命的领导阶级，“第一个原因是集中。无论哪种人都不如他们的集中。第二个原因是经济地位低下。他们失

---

① 《毛泽东给萧旭升蔡林彬并在法诸会友》，转引自《蔡和森文集》，人民出版社1980年版，第59页。

② 《毛泽东选集》第1卷，人民出版社1991年版，第8页。

③ 《毛泽东选集》第1卷，人民出版社1991年版，第39页。

了生产手段，剩下两手，绝了发财的望，又受着帝国主义、军阀、资产阶级的极残酷的待遇，所以他们特别能战斗”①。这就从理论和实践两个方面全面论证了无产阶级在中国革命中的领导地位问题。

第二，对资产阶级的分析，初步回答统一战线问题。毛泽东在这一时期较为科学地分析了资产阶级的组成部分及他们各自对革命的态度，这对以后中国共产党形成在统一战线中正确地处理与资产阶级的关系打下了很好的思想基础。五卅运动后，早期中国共产党人对资产阶级在运动中的表现进行了研究，认为民族资产阶级的力量也是不容忽视的，中国共产党的领导地位并非天然的，对民族资产阶级既革命又妥协的倾向必须加以研究。

1925 年 12 月，毛泽东发表了《中国社会各阶级的分析》一文。在文中，毛泽东把资产阶级分为三个组成部分，即大资产阶级（毛泽东把它称为买办阶级）、中产阶级、小资产阶级。毛泽东认为，大资产阶级完全是帝国主义的附庸，极其反动，是革命的对象。他指出：“在经济落后的半殖民地的中国，地主阶级和买办阶级完全是国际资产阶级的附庸，其生存和发展，是附属于帝国主义的。这些阶级代表中国最落后的和最反动的生产关系，阻碍中国生产力的发展。他们和中国革命的目的完全不相容。特别是大地主阶级和大买办阶级，他们始终站在帝国主义一边，是极端的反革命派。”并明确指出“其政治代表是国家主义派和国民党右派”。关于中产阶级，毛泽东认为，他们既具有革命性的一面，也有反革命的一面，即使是革命时他们的革命也是不彻底的，他们表现出极大的妥协性和动摇性。毛泽东从经济地位上深刻地分析了他们这种革命态度产生的根源。毛泽东指出：“中产阶级主要是指民族资产阶级，他们对于中国革命具有矛盾的态度：他们在受外资打击、军阀压迫感觉痛苦时，需要革命，赞成反帝国主义反军阀的革命运动；但是当着革命在国内有本国无产阶级的勇猛参加，在国外有国际无产阶级的积极援助，对于其欲达到大资产阶级地位的阶级的发展感觉到威胁时，他们又怀疑革命。”毛泽东又指出，在革命的大潮中，“那些中间阶级，必定很快地分化，或者向左跑入革命派，或者向右跑入反革命派，没有他们独立的余地”②。对于小资产阶级，毛泽东认为，他们也分为左、中、右三派。毛泽东也是从经济上分析了他们对革命的态度。他认为，由于小资产阶级右翼在经济上与中产阶级颇为相似，

① 《毛泽东选集》第 1 卷，人民出版社 1991 年版，第 8 页。
② 《毛泽东选集》第 1 卷，人民出版社 1991 年版，第 3—4 页。

因而他们很相信资产阶级的宣传，对革命的态度也是摇摆不定的，对他们也需要加以提防；小资产阶级中派，虽然生活上可以自足，但深受各种剥削阶级压迫，他们是倾向于革命的，只是对革命能否成功抱怀疑态度，但是，毛泽东指出，他们“绝不反对革命”①；对于小资产阶级左翼，毛泽东认为，这些小资产阶级由于现时生活颇为紧张，因而他们是易于倾向革命的。虽然把小资产阶级分为三派并分析了他们对革命的态度，但是毛泽东认为，从总体上来说，小资产阶级是受帝国主义、大资产阶级、民族资产阶级和封建制度压制的，因而在革命的高潮到来之际，他们都是能参加革命的。他指出：“到战时，即到革命潮流高涨，可以看得胜利的曙光时，不但小资产阶级的左派参加革命，中派亦可参加革命，即右派分子受了无产阶级和小资产阶级左派的革命大潮所裹挟，也只得附和着革命。”② 这样就正确地分析了资产阶级的成分和各自的性质，为以后的统一战线理论打下了良好的思想基础。

应当说，毛泽东对资产阶级的分析代表了当时中国共产党人对资产阶级的性质、在中国革命中的地位、对待中国革命的态度等基本问题进行分析所能达到的最高水平，这是毛泽东运用马克思主义阶级理论来分析中国资产阶级所得出的科学结论，也是马克思主义中国化的一个重大成果，后来的中国革命完全证实了毛泽东这种分析的科学性。

第三，对农民和农民问题的分析，初步回答革命的动力问题。在大革命时期，毛泽东对农民和农民问题也做出了杰出贡献。在 1925 年 12 月发表的《中国社会各阶级的分析》一文中，毛泽东就对中国农民的各个阶层及其革命性进行了分析。在 1926 年 9 月发表的《国民革命与农民运动》更是强调了农民问题在中国革命中的重要地位。毛泽东鲜明地指出，“农民问题乃国民革命的中心问题，农民不起来参加并拥护国民革命，国民革命不会成功；农民运动不赶速地做起来，农民问题不会解决；农民问题不在现在的革命运动中得到相当的解决，农民不会拥护这个革命”，并且指出，“落后之半殖民地革命最大的对象是乡村宗法封建阶级（地主阶级）。经济落后之半殖民地，外而帝国主义内而统治阶级，对于其地压迫榨取的对象主要是农民，求所以实现其压迫与榨取，则全靠那封建地主阶级给他们以死力的拥护，否则无法行其压榨。所以经济落后之半殖民地的农村封建阶

---

① 《毛泽东选集》第 1 卷，人民出版社 1991 年版，第 5 页。

② 《毛泽东选集》第 1 卷，人民出版社 1991 年版，第 6 页。

级，乃其国内统治阶级国外帝国主义之唯一坚实的基础，不动摇这个基础，便万万不能动摇这个基础的上层建筑物”①。毛泽东的这段话所包含的思想是极为丰富和深刻的。首先，他批评了当时中国共产党人中不注重农民运动的思想；其次，他详细阐明了农民问题在中国革命问题中的重要性；再次，指出了发动农民运动对国民革命成功的极端重要性；最后，他运用唯物史观指出了中国革命的真正对象是广大乡村宗法封建阶级即大地主，农民问题即是土地问题，不破除大地主的广大土地，不从根源上解决问题，国民革命不会成功。在《湖南农民运动考察报告》中，毛泽东更是运用马克思主义阶级分析理论，对中国农民中的阶级阶层及其各自革命的态度作了科学的分析，指出了农民运动的重要性、性质、对象、组织实施等问题，是一篇杰出的马克思主义中国化文献。可以说，毛泽东在这一时期对农民问题的探讨，为他以后探索中国革命的新道路做了很好的思想准备。

第三节　毛泽东对马克思主义与中国革命实际相结合的初始探索

在初步分析了中国社会各阶级的性质及其对革命的主张和态度之后，毛泽东进一步运用马克思列宁主义的基本观点，分析了中国革命的性质和道路问题，初步系统地回答了“为什么要进行新民主主义革命、如何进行新民主主义革命”以及新民主主义革命的前途未来等重大的时代课题。

一、毛泽东对中国革命性质问题的理论探索

只有正确认识革命的性质，才能对革命的对象、领导力量、动力、前途等一系列重大问题作出科学的回答。在大革命时期，早期的中国共产党人对中国革命的性质已经有了较为清晰的认识，即中国革命是新式的资产阶级民主革命。在这一重大问题上，毛泽东也作了有价值的理论探索。

毛泽东认为，虽然中国革命是资产阶级民主革命，但是，处在20世纪初期的中国革命又不同于欧美国家的资产阶级民主革命。他指出：“十八世纪末期至十九世纪中期欧、美、日本资产阶级反抗封建贵族阶级的民主

① 《毛泽东文集》第1卷，人民出版社1993年版，第37页。

革命，与十九世纪末期至二十世纪初期殖民地半殖民地的小资产阶级、半无产阶级、无产阶级合作反抗帝国主义及其工具官僚、军阀、买办、地主阶级的国民革命，性质完全不同。”[①] 这表现在几个方面。首先，革命所处的时代不同。欧美资产阶级革命发生在资产阶级还处在上升期的18世纪末至19世纪初，当时的资产阶级革命具有历史进步意义。但是，发生在20世纪之后的中国革命与之截然不同，中国革命发生在十月革命之后，而此时的资产阶级正在世界范围内肆虐扫荡，其革命性进步性荡然无存，已经成了革命的对象。毛泽东十分看重十月革命对中国革命及其性质的影响。毛泽东认为，十月革命发生后，世界上已经分为革命与反革命两大势力，“现在世界上的局面，是革命和反革命两大势力作最后斗争的局面”[②]。因而，中国的革命已经变为世界无产阶级革命的重要组成部分，需要依靠和联合世界范围内的革命运动力量。其次，革命的对象不同。在毛泽东看来，欧美等国是独立的国家，他们发动的资产阶级革命的目标只有一个，就是国内的封建贵族。而中国的资产阶级民主革命则不同，由于中国受到帝国主义和本国封建势力的剥削和统治，这两者都构成了中国革命的对象。毛泽东指出，现阶段殖民地半殖民地的革命“其对象是国际帝国主义”[③]，而“中国的地主是中国人民的死敌，是乡村中真正统治者，是帝国主义军阀的真实基础，是封建宗法社会的唯一坚垒，是一切反革命势力发生的最后原因”[④]。因而，在反对国际帝国主义的同时必须彻底地反对封建主义。再次，革命依靠的力量不同。毛泽东认为，在欧美国家进行资产阶级革命时，虽然也吸引了无产阶级和农民参加，但是这是资产阶级用自由、平等、博爱“以笼络欺骗小资产阶级、半无产者、无产阶级使为己用的一种策略”。欧美的资产阶级民主革命实际上是谋资产阶级一个阶级的利益，其他阶级只是尾随资产阶级参加革命。而中国当时的革命，“乃小资产阶级、半无产阶级、无产阶级这三个阶级合作的革命”，他们本身就是革命的主体力量，大资产阶级成了反革命的势力，中产阶级也处于革命与反革命的摇摆之中。最后，革命的前途不同。毛泽东认为，欧美资产阶

---

① 《毛泽东文集》第1卷，人民出版社1993年版，第24页。

② 《毛泽东选集》第1卷，人民出版社1991年版，第4页。

③ 《毛泽东文集》第1卷，人民出版社1993年版，第25页。

④ 《中国农民中各阶级的分析及其对革命的态度》，《中国农民》第1卷第1期，1926年1月。

级革命，“其结果是达到了他们的目的建设了国家主义的国家；其终极是发展了全世界的殖民地半殖民地，造成了国际资本帝国主义”。而中国的革命由于其发生在十月革命之后，因而“其目的是建设一个革命民众合作统治的国家；其所号召的民权民生主义并不是某一阶级笼络欺骗某一阶级使为己用的一种策略，而是各革命阶级一种共同的政治经济要求，由他们的代表者（孙中山先生）列为他们政党的纲领；其结果是要达到建设各革命民众统治的国家；其终极是要消灭全世界的帝国主义，建设一个真正平等自由的世界联盟（即孙中山所主张的人类平等、世界大同）”①。这就把中国革命的独特性质及革命前途给揭示出来了。

毛泽东既认为中国的国民革命是资产阶级意义上的民主革命，同时又赋予中国的民主革命以世界性意义。在毛泽东看来，中国社会的性质决定了中国革命的性质，即中国半殖民地半封建的社会性质，决定了革命的主要敌人是帝国主义和封建军阀，从而决定了中国革命的性质是反帝反封建的民族民主革命。但是，毛泽东认为，这已经不是旧式的、传统意义上的资产阶级民主革命，因为革命发生的时代变了。中国的革命发生在十月革命之后，俄国十月革命的胜利改变了整个世界历史的方向，划分了整个世界历史的时代。处在世界无产阶级革命新时代里的中国革命，具有了全新的内涵和意义，它不再是世界资产阶级革命的一部分，而是世界无产阶级革命的一部分，是世界无产阶级社会主义革命的重要同盟军。在这里，毛泽东虽然没有明确提出新民主主义革命的科学概念，但在实质上已经指明了中国资产阶级民主革命所具有的新特质和新前途，这是毛泽东对中国革命性质问题做出的独特贡献。

二、毛泽东对适合中国革命道路的初步探索

道路问题事关革命成败，更关乎民族命运。鸦片战争以来，中国外受帝国主义“虎豹”的盘剥，内受封建主义“豺狼”的欺压，前途一片黑暗。为了拯救这个风雨飘摇的国家，一批又一批先进的中国人栉风沐雨，苦苦探寻国家富强和民族复兴之路。农民阶级、资产阶级改良派、资产阶级革命派先后对中国革命道路进行了探求，但无一例外均以失败而告终。早期中国共产党人找到了马克思主义这个“思想武器”，用它作为观察和

① 《毛泽东文集》第1卷，人民出版社1993年版，第24—25页。

分析中国社会问题的工具，对中国革命道路进行了初步的探索，并在与错误的思想斗争中形成了一定的理论成果，这些理论成果对后来以毛泽东为首的党中央找到适合中国国情的以农村包围城市，武装夺取政权的革命新道路作了很好的思想铺垫。

总体来说，这一时期中国共产党对中国革命道路的探索是失败的，它对马克思主义采取了教条化的理解，对俄国夺取政权的道路神圣化，对苏联经验亦步亦趋，主张武装平民、以城市为中心，企图在城市通过起义的方式、通过速战速决的形式来达到中国革命胜利的目的。这很明显没有考虑到中国的具体国情，没有考虑到中国敌人的过于强大，没有考虑到占中国绝大多数面积和人口的是广大农村和广大农民，因而虽然这一时期中国共产党也很艰辛地在为中国革命的胜利而奋斗，但是得到的结果却事与愿违，并最终使大革命趋于失败。当然，中国共产党这一思想的形成，与共产国际也有很大的关系。当时作为共产国际一个下属支部的年轻的中国共产党还没有独立运用马克思主义理论来解决中国全部问题的能力，因而他们不得不听从共产国际的指示。远在俄国的共产国际不可能对中国的具体情况有非常细致的了解，因而，产生这种情况是不足为怪的。但是，与此并行不悖的是，当时也有中国共产党人在进行着另一种探索，并形成了相对符合中国国情的革命道路的思想，如毛泽东、瞿秋白、蔡和森、恽代英、邓中夏等人对武装斗争、农民问题等中国革命的基本问题进行了思考，实现了马克思主义与中国革命道路的初步结合，虽然他们的有些设想在当时并没有实现，但是这些却是关于中国革命新道路的马克思主义中国化的初步理论成果，对马克思主义中国化的进一步发展即毛泽东思想的形成起了很好的奠基作用。

在大革命时期，毛泽东对适合中国革命的道路做出了可贵的探索。他发表的《中国社会各阶级的分析》《中国农民中各阶级的分析及其对革命的态度》《国民革命与农民运动》《湖南农民运动考察报告》等文章可以看成是马克思主义与中国农村、农民问题相结合的理论建树，也可以看作是中国革命新道路开创的酝酿和前奏。这些理论文章主要解决了以下几个问题。

第一，科学地分析了农民各个阶层及他们对革命的态度和农民与农民运动在国民革命中的地位。这个问题在前文已有所涉及，在此不再详述。

第二，改造中国社会的中心问题是农民问题。毛泽东认为，农民要组织和武装起来，建立农会，并且一切权力应归农会所有。彭湃在广东农民运动的实践中，创建了农会组织。后来农会在农村的作用越来越大，全国几个农民运动开展得较激烈的地区建立了农会组织。党的四届三中扩大会议通过了《告农民书》，结合全国各地的实践经验，对农会的性质、社会地位、组织形式、日常工作等作出了详细的阐明。毛泽东在《湖南农民运动考察报告》一文中又对此进行了阐发。他认为，其一，农民必须组织起来，建立农会。因为只有组织起来，才能促进农村的大变动。他结合湖南农民运动的实际指出：“农民既已有了广大的组织，便开始行动起来，于是在四个月中造成一个空前的农村大革命”①，并详细列举了在农会的带动下湖南农民运动所做的十四件大事。其二，毛泽东认为，农会是农村的革命统一战线组织，但是贫雇农要成为农会的中坚力量，成为农会的领导者。毛泽东认为，为了更大规模地发动农村运动，扩大革命力量，农会要把贫雇农、佃农、自耕农、半自耕农、农村知识分子乃至富农都吸收到农会。但是，毛泽东又认为，农民也是分阶层的，他们也不是都愿意参加革命，因而农会的政权必须掌握在贫雇农手中，因为贫农是最革命的，是拥护中国共产党的领导的。他指出：“乡村中一向苦战奋斗的主要力量是贫农。从秘密时期到公开时期，贫农都在那里积极奋斗。他们最听共产党的领导。”② 其三，农会是革命时期的乡村政权组织，要实行一定的专政功能。毛泽东指出：“地主权力既倒，农会便成了唯一的权力机关，真正办到了人们所谓‘一切权力归农会’。……农会在乡村简直独裁一切，真是‘说得出，做得到’。”③ 其四，毛泽东还主张把农民武装起来，把农民武装普及到农民之中。中国共产党在开展农民运动时已经注意到了组织农民武装问题。中共四大《关于农民武装的问题》，曾提出了组织“农民自卫军”。毛泽东在发动农民运动中逐渐形成了武装农民进行土地革命的思想，并对农民武装的特点、性质、任务、作用等作出了具体的规定④。其五，毛泽东高度评价了农会在农村革命运动中的作用，回击了当时人们对农民运动的否定和责难，这对他以后开创新的革命道路意义重大。他指出：“国民革命需要一个大的农村变动。辛亥革命没有这个变动，所以失败了。

① 《毛泽东选集》第1卷，人民出版社1991年版，第14页。
② 《毛泽东选集》第1卷，人民出版社1991年版，第20页。
③ 《毛泽东选集》第1卷，人民出版社1991年版，第14页。
④ 参见梨永泰：《毛泽东与大革命》，四川人民出版社1991年版，第388—394页。

现在有了这个变动，乃是革命完成的重要因素。一切革命同志都要拥护这个变动，否则他就站到反革命立场上去了。”① 因而，农民运动不是糟得很，而是好得很。

第三，中国革命要想获得胜利，必须进行土地革命。早期中国共产党人如李大钊、瞿秋白、恽代英等都注意到了土地问题对农民革命的作用，中央也有过关于解决土地问题的建议，但由于当时陈独秀以维护统一战线为由，压制农民运动，当时的土地革命问题并没有真正展开。不过这一时期，毛泽东等人提出了关于土地革命的一些看法，这在农民占主要地位的中国是具有深刻意义的。在实际的农民运动实践过程中，毛泽东注意到了土地问题对农民的重要意义，认为要想使农民运动深入开展下去，必须解决土地问题，实行土地革命。后来，在总结广东、湖南农民运动经验的基础上，毛泽东指出："农民问题实质上是一个贫农问题；贫农问题实质上是一个土地问题。"② 在 1927 年 4 月蒋介石叛变革命后，面对紧张的革命局势，毛泽东强调："革命势力目前虽见发展，但亦到了一个危机，此后非有一支生力军必归失败。要增加生力军保护革命，非解决土地问题不可。"对土地革命的意义，毛泽东指出主要有三点："（一）使农民得解放。……（二）土地问题不解决，经济落后的国家不能增加生产力，不能解决农民的生活痛苦，不能改良土地。……（三）保护革命。"③ 这说明，在这一时期，毛泽东还初步探索了土地革命的途径和任务等问题。这对中国共产党在后来的革命实践中形成正确的土地革命路线是有指导和借鉴意义的。

正是对中国农民的重视，使他们看到了农民在革命中的重要作用，看到了农民革命的坚决性和彻底性，这为在大革命失败后，以毛泽东为代表的中国共产党人，把实现中国革命目标的眼光投向农村、投向农民，为在农村建立革命根据地，实行土地革命，动员广大农民积极参加中国革命奠定了很好的思想基础。

第四，中国革命要想获得成功，必须要结成广泛的革命统一战线。这是由中国的具体国情和中国革命的特点决定的。在革命实践中，毛泽东逐渐认识到，在半殖民地半封建的中国，敌人的力量是非常强大的，单靠无

---

① 《毛泽东选集》第 1 卷，人民出版社 1991 年版，第 16 页。

② 参见沙健孙主编：《中国共产党通史》第 2 卷，湖南教育出版社 1996 年版，第 248 页。

③ 《毛泽东文集》第 1 卷，人民出版社 1993 年版，第 43 页。

产阶级的力量是很难取得革命胜利的。同时，由于中国革命的性质是资产阶级民主革命，革命的对象是帝国主义和封建制度，因而不但无产阶级要求革命，资产阶级和农民也遭受到种种剥削，他们也有参加革命的愿望，只有建立革命的联合战线，共同对付敌人，中国革命才有成功的希望。但是，中国资产阶级又是一个极其特殊和成分复杂的阶级，他们既要求革命又害怕革命，在革命中表现出很大的动摇性和妥协性，因而无产阶级在和他们结成统一战线的过程中只有采取既联合又斗争的手段。毛泽东在《中国社会各阶级的分析》一文中较为科学地分析了资产阶级的构成部分及他们各自对革命的态度，为以后中国共产党形成在统一战线中正确地处理与资产阶级的关系打下了很好的思想基础。在该文中，毛泽东把资产阶级分为三个组成部分，即大资产阶级（买办资产阶级）、中产阶级、小资产阶级。其中，大资产阶级完全是帝国主义的附庸，极其反动，是革命的对象。关于中产阶级，毛泽东认为，他们既具有革命性的一面，也有反革命的一面，即使是革命时他们的革命也是不彻底的，他们表现出极大的妥协性和动摇性。对于小资产阶级，毛泽东把他们分为左、中、右三派并分析了他们对革命的态度。他认为，从总体上来说，小资产阶级是受帝国主义、大资产阶级、民族资产阶级和封建制度压制的，因而在革命的高潮到来之际，他们都是能参加革命的。他指出：“到战时，即到革命潮流高涨，可以看得胜利的曙光时，不但小资产阶级的左派参加革命，中派亦可参加革命，即右派分子受了无产阶级和小资产阶级左派的革命大潮所裹挟，也得附和着革命。”① 这样就正确地分析了资产阶级的成分和各自的性质，为以后的统一战线理论打下了良好的思想基础。

除了资产阶级之外，农民也是无产阶级的联合和依靠对象。在《中国社会各阶级的分析》和《湖南农民运动考察报告》等文章中，毛泽东对中国农民的各个阶层及其各自革命的态度作了科学的分析。毛泽东认为，农民中虽然也有地主、富农等反动分子，但是占人数绝大多数的是贫农和雇农，由于他们的社会地位极其低下，所遭受的剥削最重，因而他们有极强烈的革命性，能够与中国无产阶级结成可靠的阶级同盟。与农民阶级结成同盟，这是一个伟大的思想，对中国革命的成功起到了很关键的作用。并且，在大革命后期，由于资产阶级背叛了革命，导致了革命的失败，这就

① 《毛泽东选集》第1卷，人民出版社1991年版，第6页。

使得中国共产党在寻找革命同伴的过程中把目光投向了农村和农民，从而开启了探寻中国革命新道路的全新征程。

总体上看来，从建党前后直至大革命失败，中国共产党人力图把马克思主义与中国实践相结合，并作出了一些符合中国实际的尝试，取得了一定的马克思主义中国化的理论成果，但是，这一时期的理论成果是初步的、不完善的。在实际的革命斗争中，常常是正确与错误并存，甚至有时错误大于正确，如二次革命论的提出、对国民党只讲联合不讲斗争的倾向、没有解决农民关心的土地问题、对异于苏俄革命道路的新革命道路的探索还没有迈出实质性步伐、民主集中制的贯彻也不彻底、革命军队没有引起中国共产党领导人的应有重视等，并最终导致了大革命的失败。不过，这也符合人类的认识规律，人的正确认识只有从实践中来，从与矛盾斗争中得到。而在大革命时期，中国共产党刚刚成立不久，不论是理论水平还是实践能力都有一定的缺陷，再加上近代中国的革命实际既不同于欧美，也迥异于俄国，具有非常复杂的特点，希望这一时期的中国共产党把马克思主义与中国的实际结合得非常完好，这是做不到的，也有点苛责于前人。这一评价同样也适应于毛泽东在这一时期的探索。正如毛泽东本人后来对这一时期的革命工作做的总结那样，他说："过去那么多年的革命工作，是带有很大的盲目性的。如果有人说，有哪一位同志，比如说中央的任何同志，比如说我自己，对于中国革命的规律，在一开始的时候就完全认识了，那是吹牛，你们切记不要相信，没有那回事。过去，特别是开始时期，我们只是一股劲儿要革命，至于怎样革法，革些什么，哪些先革，哪些后革，哪些要到下一阶段才革，在一个相当长的时间内，都没有弄清楚，或者说没有完全弄清楚。"① 总之，马克思主义中国化是一个长期的历史过程，对"重大时代课题"的探索绝不会止步于此。从共产党创建到大革命失败这一时期，无论是成功的经验，还是失败的教训，都是马克思主义与中国实际相结合的初步成果，都为下一个阶段的马克思主义中国化奠定了基础，也为中国共产党人继续探索"为什么要进行新民主主义革命和社会主义革命、怎样进行新民主主义革命和社会主义革命"这一"重大时代课题"开辟了道路。

---

① 《毛泽东文集》第8卷，人民出版社1999年版，第300页。

第四章　马克思主义中国化第一次历史性飞跃的酝酿

建党之初和大革命时期，党制定了民主革命纲领，并且开展了轰轰烈烈的反帝反封建的斗争。然而，由于国民党内反动集团背叛革命，也由于党内以陈独秀为代表的右倾机会主义错误在党的领导机关中占了统治地位，大革命高潮在强大的敌人突然袭击下惨遭失败。在残酷的现实面前，“为什么要进行中国革命、怎样进行中国革命”的“重大时代课题”又一次在中国共产党面前回旋。中国共产党认识到“中国迫切需要一个资产阶级的民主革命，这个革命必须由无产阶级领导才能完成”①，“没有革命的武装就无法战胜武装的反革命，就无法夺取中国革命胜利，就无法改变中国人民和中华民族的命运，必须以武装的革命反对武装的反革命”。于是，“如何开展无产阶级领导的民主革命”的重大问题成为中国共产党的“必答题”。围绕这道“必答题”，中国共产党创建人民军队独立领导革命战争，开展革命根据地建设和军事斗争条件下党的建设，“在国民党统治下的白区也发展了党和其他革命组织，开展了群众革命斗争”②。土地革命战争时期，是中国共产党由幼年向成熟的发展时期。在这一历史时期内，中国共产党开始形成自己的党的领导核心，在革命根据地开展政权建设、经济建设、文化建设实践，开辟中国民主革命新道路，在摸索中国革命道路的过程中形成一系列具有中国特色的理论。土地革命时期，中国共产党在思想路线、思想方法上尚未完全成熟，党在一定时期内受到“左”倾错误思想的侵蚀，严重拖累了中国革命进程。中国共产党人不断总结历史经验教训，推动马克思主义的基本原理同中国具体实际相结合，诞生了如《反对本本主义》等诸多马克思主义中国化的标志性著作，酝酿着马克思主义中国化的第一次历史性飞跃，为科学回答第一个“重大时代课题”奠定了

---

① 《毛泽东选集》第1卷，人民出版社1991年版，第48页。

② 《中共中央关于党的百年奋斗重大成就和历史经验的决议》，人民出版社2021年版，第5页。

思想理论基础。

第一节　革命根据地建设与中国民主革命新道路的开辟

大革命失败后，中国革命处在紧急关头。1927 年 8 月 7 日，中共中央于汉口召开八七会议，总结大革命失败的经验教训，批评和清算以陈独秀为代表的右倾错误，以及党内缺乏民主生活等问题，确定了土地革命和武装起义反抗国民党统治的总方针。此后，中国共产党创造性地将马克思主义理论与中国具体实际相结合，围绕革命根据地建设、共产党领导的新型人民军队建设提出一系列重要理论，并为中国开辟了一条农村包围城市、武装夺取政权的中国革命新道路。马克思主义中国化的第一次历史性飞跃自此酝酿。

一、革命根据地建设理论与实践

土地革命战争时期，中国共产党先后在农村建立了井冈山、海陆丰、洪湖、赣西南等大小十几个根据地。根据地的发展壮大，对中国革命有巨大推动作用。在革命根据地建设实践中，中国共产党提出了包括以根据地政权建设为核心的经济、文化、社会等多方面的建设理论。这一马克思主义中国化的重要成果，对日后全国政权建设、经济建设、文化建设等其他方面建设具有重要价值。

（一）革命根据地政权建设理论与实践

革命的根本问题是政权问题。革命根据地政权建设是农村包围城市的具体步骤，也是武装夺取政权的具体步骤和必由途径。党领导的革命根据地政权建设经历了一个发展过程，也体现着毛泽东把马克思主义原理与中国革命实际相结合的创造性。1927 年 11 月，工农革命军攻占茶陵县城，成立湘赣边界第一个红色政权——茶陵县工农兵政府。此后，各地党组织抓住军阀混战的时机，发动农民开展游击战争，进行土地革命，建立革命政权，推动红军和根据地不断巩固和发展。1928 年 11 月 25 日，毛泽东写下了《井冈山的斗争》一文，分析苏维埃政权发生的原因，为后来进一步发展苏维埃红色政权的思想提供了经验。1931 年 11 月 7 日，在江西瑞金召开的中华苏维埃工农兵第一次全国代表大会，宣告成立中华苏维埃共和国临时中央政府。1934年1月，同样在瑞金召开的中华苏维埃工农兵第二次全国代表大会，宣告中央民主政府正式成立。在推动革命根据地政权建设的过程中，中共中央和毛泽东对根据地政权建设进行了相对完整的阐述：

第一，建立和巩固工农民主专政。

中国共产党人创建的根据地政权是工农民主专政的性质。《中华苏维埃共和国宪法大纲》明确规定："苏维埃全政权是属于工人、农民、红军兵士及一切劳苦民众的。在苏维埃政权下，所有工人、农民、红军兵士及一切劳苦民众都有权选派代表掌握政权的管理。只有军阀、官僚、地主、豪绅、资本家、富农、僧侣及一切剥削人的人和反革命分子是没有选派代表参加政权和政治上自由的权利的。"① "在选举时给予无产阶级以特别的权利，增多无产阶级代表的比例名额。"② 毛泽东指出："工农民主专政的苏维埃，他是民众自己的政权，他直接依靠于民众"③，具有最广泛的民主。但这一专政是过渡性的联合专政，它将"以革命战争去推翻帝国主义国民党的统治，巩固与发展工农民主专政，并准备转变到无产阶级专政的阶段去"④。因而，工农民主共和国的国体是"工人、农民和城市小资产阶级联盟的政府"⑤。在工农民主专政下，中国人民在历史上第一次当家做了主人。

中华苏维埃共和国以工农兵代表大会为政权组织形式。宪法大纲规定："中华苏维埃共和国之最高政权为全国工农兵苏维埃代表大会。在大会闭会期间，全国苏维埃临时中央执行委员会为最高政权机关。在中央执行委员会下组织人民委员会，处理日常政务，发布一切法令和决议案。"⑥ 地方各级的政权机关是：省苏维埃代表大会和它的执行委员会，县苏维埃代表大会和它的执行委员会，区苏维埃代表大会和它的执行委员会。工农兵代表大会制的各级工农民主政权，实行议行合一制。这种制度表现出来的是"最宽泛的民主主义"。它的组织原则是民主集中，以发扬民主，反

---

① 《中共中央文件选集》第7册，中共中央党校出版社1983年版，第464—465页。

② 《中共中央文件选集》第9册，中共中央党校出版社1986年版，第91页。

③ 毛泽东：《中华苏维埃共和国中央执行委员会与人民委员会对第二次全国苏维埃代表大会的报告》，1934年1月。

④ 毛泽东：《中华苏维埃共和国中央执行委员会与人民委员会对第二次全国苏维埃代表大会的报告》，1934年1月。

⑤ 《毛泽东选集》第1卷，人民出版社1991年版，第156页。

⑥ 《中共中央文件选集》第9册，中共中央党校出版社1986年版，第91页。

对独裁。毛泽东指出："大家可以看见，苏维埃政权的民主发展到了这样的程度，实在是历史上任何政治制度所不曾有的。而苏维埃依靠这一制度，同广大民众结合起来，他就使苏维埃成为最能发扬民众创造力的机关，使苏维埃成为最能动员民众以适应国内战争适应革命建设的机关，这也是历史上无论什么政府所做不到的。"[①]

第二，工农民主共和国的发展纲领。

宪法大纲规定："中华苏维埃共和国的基本法（宪法）的任务，在于保证苏维埃区域工农民主专政的政权和达到他在全中国的胜利。这个专政的目的，是消灭一切封建残余，赶走帝国主义列强在华的势力，统一中国，有系统的限制资本主义的发展，进行苏维埃的经济建设，提高无产阶级的团结力与觉悟程度，团结广大贫农群众在他的周围，同中农巩固的联合，以转变到无产阶级的专政。"[②] 依据这一基本任务，确立了如下施政纲领：首先，在政治方面要使广大劳苦民众真正成为国家的主人，在苏维埃政权下，"都有权选派代表掌握政权的管理"，同时"手执武器参加革命战争的权利，只能属于工农劳苦民众"[③]。地主资本家阶级被剥夺选举权，也没有在红军中服兵役的权利。在苏维埃共和国，凡苏维埃公民，"不分男女、种族（汉满蒙回藏苗黎和在中国的台湾，高丽，安南人等）、宗教，在苏维埃法律前一律平等"。有传教自由；有言论、出版、集会、结社的自由；有婚姻自由。其次，在经济方面，对"帝国主义手中的银行、海关、铁路、商业、矿山、工厂等，一律收归国有"[④]；"没收一切地主阶级的土地，分配给雇农、贫农、中农，并以实现土地国有为目的"；保障工人就业和规定最低限度的工资标准；等等。再次，在民族关系方面，毛泽东指出："争取一切被压迫的少数民族寰（环）绕于苏维埃的周围，增加反帝国主义与反国民党的革命力量，是苏维埃民族政策的出发点"[⑤]，"中华苏维埃政权承认中国境内少数民族的民族自决权"[⑥]，并努力帮助他们发

① 毛泽东：《中华苏维埃共和国中央执行委员会与人民委员会对第二次全国苏维埃代表大会的报告》，1934 年 1 月。

② 《中共中央文件选集》第 9 册，中共中央党校出版社 1986 年版，第 90 页。

③ 《中共中央文件选集》第 9 册，中共中央党校出版社 1986 年版，第 92 页。

④ 《中共中央文件选集》第 9 册，中共中央党校出版社 1986 年版，第 92 页。

⑤ 毛泽东：《中华苏维埃共和国中央执行委员会与人民委员会对第二次全国苏维埃代表大会的报告》，1934 年 1 月。

⑥ 《中共中央文件选集》第 9 册，中共中央党校出版社 1986 年版，第 93 页。

展自己的民族文化和民族语言。除此之外，还制定了文教、婚姻、外交等方面的一系列政策。

第三，真心实意地为群众谋利益。

党和政府十分重视密切党群，及时解决群众实际问题。毛泽东指出："我们现在的中心任务是动员广大群众参加革命战争，以革命战争打倒帝国主义和国民党，把革命发展到全国去，把帝国主义赶出中国去。谁要是看轻了这个中心任务，谁就不是一个很好的革命工作人员。我们的同志如果把这个中心任务真正看清楚了，懂得无论如何要把革命发展到全国去，那末，我们对于广大群众的切身利益问题，群众的生活问题，就一点也不能疏忽，一点也不能看轻。因为革命战争是群众的战争，只有动员群众才能进行战争，只有依靠群众才能进行战争。"[①]"我们应该深刻地注意群众生活的问题，从土地、劳动问题，到柴米油盐问题。"他认为，要得到广大群众的拥护，"就得真心实意地为群众谋利益，解决群众的生产和生活问题……解决群众的一切问题"[②]。毛泽东强调说："真正的铜墙铁壁是什么？是群众，是千百万真心实意地拥护革命的群众。这是真正的铜墙铁壁，什么力量也打不破的，完全打不破的。反革命打不破我们，我们却要打破反革命。在革命政府的周围团结起千百万群众来，发展我们的革命战争，我们就能消灭一切反革命，我们就能夺取全中国。"[③]党和政府在时刻关心群众生活的同时，还要注意工作方法。毛泽东说："一切工作，如果仅仅提出任务而不注意实行时候的工作方法，不反对官僚主义的工作方法而采取实际的具体的工作方法，不抛弃命令主义的工作方法而采取耐心说服的工作方法，那末，什么任务也是不能实现的。"[④]毛泽东还提出了以先进带后进的工作方法。他说："一切我们领导的地方，无疑有不少的积极干部，群众中涌现出来的很好的工作同志。这些同志负担着一种责任，就是应该帮助那些工作薄弱的地方，帮助那些还不善于工作的同志们作好工作。"[⑤]"我们一定要用切实的办法来改善我们的工作，

---

① 《毛泽东选集》第1卷，人民出版社1991年版，第136页。
② 《毛泽东选集》第1卷，人民出版社1991年版，第138—139页。
③ 《毛泽东选集》第1卷，人民出版社1991年版，第139页。
④ 《毛泽东选集》第1卷，人民出版社1991年版，第140页。
⑤ 《毛泽东选集》第1卷，人民出版社1991年版，第140页。

先进的地方应该更加前进，落后的地方应该赶上先进的地方。”① 只有这样，我们才能粉碎敌人的“围剿”，去打倒帝国主义和国民党在全国的统治。

由上可知，以毛泽东为代表的中国共产党人在新民主主义革命实践中，把马克思列宁主义政权建设理论同中国具体国情相结合，提出了革命根据地政权建设理论。此时的革命根据地政权建设不可避免地带有模仿俄国苏维埃体制的痕迹，但也是中国共产党领导贫苦大众建设全国性政权的有益尝试，这为毛泽东后来提出新民主主义国家学说奠定了坚实的基础。

（二）革命根据地经济建设理论与实践

随着革命根据地和工农红军的不断发展壮大，面对国民党反动派的军事“围剿”和经济封锁，中国共产党人适时提出了革命根据地经济建设的重要理论，推动了革命根据地经济建设实践。党灵活地将马克思主义政治经济学说运用于中国革命根据地经济建设的实践，在探索中提出了诸多宝贵的观点，丰富了马克思主义政治经济学说，是中国化的马克思主义理论的重要组成部分。

首先，正确处理革命战争与经济建设的关系。毛泽东在 1933 年 8 月 12 日至 15 日召开的中央革命根据地南部十七县经济建设大会上所作的报告指出：“革命战争的激烈发展，要求我们动员群众，立即开展经济战线上的运动，进行各项必要和可能的经济建设事业。”② 之所以要在革命战争形势下重视经济建设，理由在于五点：彻底粉碎第五次“围剿”；为红军提供给养与供给；改善群众生活，激发群众参加革命的积极性；在经济战线上组织群众，为战争集中新的群众力量；巩固工农民主专政，加强无产阶级领导。毛泽东批评、纠正党内和红军内部关于革命战争与经济建设关系的错误观点，对革命战争与经济建设的辩证关系作了科学论述。针对党内和红军内部存在“在革命战争中没有进行经济建设的可能”和“经济建设已经是当前一切任务的中心”两种错误观点，毛泽东指出：“那些见到谁谈经济建设，就要骂为‘右倾’的同志，那些认为要有了和平安静的环境才能进行经济建设的思想观念是错误的。”“以为革命战争的环境不应该进行经济建设的意见，是极端错误的。有这种意见的人，也常说一切应服

① 《毛泽东选集》第 1 卷，人民出版社 1991 年版，第 140 页。
② 《毛泽东选集》第 1 卷，人民出版社 1991 年版，第 119 页。

从战争，他们不知道如果取消了经济建设，这就不是服从战争，而是削弱战争。"[①] 此外，毛泽东也批评了另外一种错误观点：以为经济建设已经是当前一切任务的中心，而忽视革命战争，离开革命战争去进行经济建设。他指出："在现在的阶段上，经济建设必须是环绕着革命战争这个中心任务的。革命战争是当前的中心任务，经济建设事业是为着它的，是环绕着它的，是服从于它的。"[②] "只有在国内战争完结之后，才说得上也才应该说以经济建设为一切任务的中心。在国内战争中企图进行和平的，为将来所应有的而现在所不应有的，为将来环境所许可而现在的环境不许可的那些经济建设工作，只是一种瞎想。"[③] 毛泽东从中国革命实际出发，阐明了经济建设与革命战争的辩证关系，有利于纠正党内和红军内部割裂两者关系的形而上学观点，为推动革命根据地的经济发展，取得反"围剿"战争的胜利提供条件和前提。

第二，根据地经济建设的原则、方针和政策。在《必须注意经济工作》中，毛泽东指出党的正确领导对根据地经济建设的顺利推进的重要作用，因此要注意领导方式和领导方法，"没有正确的领导方式和工作方法，要迅速地开展经济战线上的运动，是不可能的"[④]。要完成中央政府在经济建设上的整个计划，首先要组织训练大量的指挥经济建设的干部，党员干部要以群众化的方式而不是官僚主义的方式动员群众，要使经济建设与战争总任务以及扩大红军、发展国民经济、改善群众生活等任务相契合。在《我们的经济政策》中，毛泽东明确制定根据地经济政策的原则，是"进行一切可能的和必须的经济方面的建设，集中经济力量供给战争，同时极力改良民众的生活，巩固工农在经济方面的联合，保证无产阶级对于农民的领导，争取国营经济对私人经济的领导，造成将来发展到社会主义的前提"[⑤]。在这个原则下，经济建设的中心是发展农业生产，发展工业生产，发展对外贸易和发展合作社。首先要发展农业生产，为坚持长期的革命战争、改善群众生活、进行根据地各项建设提供物质基础。毛泽东提出发展农业的具体要求："在目前的条件之下，农业是我们经济建设工作的第一

① 《毛泽东选集》第1卷，人民出版社1991年版，第120页。
② 《毛泽东选集》第1卷，人民出版社1991年版，第123页。
③ 《毛泽东选集》第1卷，人民出版社1991年版，第123页。
④ 《毛泽东选集》第1卷，人民出版社1991年版，第123页。
⑤ 《毛泽东选集》第1卷，人民出版社1991年版，第130页。

位，它不但需要解决最重要的粮食问题，而且需要解决衣服、砂糖、纸张等项日常用品的原料即棉、麻、蔗、竹等的供给问题。”① 为了解决推动农业生产、发展的必要条件方面遇到的问题，党和政府广泛发动和依靠群众，引导农民组织耕田队，互助耕田，在此基础上建立劳动互助社、犁牛合作社等。并进行兴修水利、开垦荒地、改良土壤、植树造林等农田基本建设，推广良种和先进技术，发展多种经营等，使根据地的农业合作经济得到了快速发展。1934 年 9 月，江西、福建、浙江、湖北 4 个省就开垦了 11 万亩荒田。粮食产量，在赣南、闽西地区，1933 年比 1932 年增加了 15%，在闽浙赣地区则增加了 20%②。再者，敌人的经济封锁给根据地的货物出口带来困难，从而影响到红色区域很多手工业发展。为解决这一难题，党和政府一方面推动“自给”，一方面推动“出口”，有计划地恢复、发展手工业和某些工业，恢复钨砂、木头、樟脑、纸张、烟叶、夏布、薄荷油等特产的产量，做好粮食、食盐和布匹的输出、输入工作，有计划地组织人民的对外贸易。这些都大大促进了根据地经济的发展，给红军革命战争提供了极为重要的物质条件。

第三，争取国营经济对私人经济的领导。随着根据地政权的建立，土地革命的开展，封建剥削制度的瓦解，根据地的经济结构逐渐地由半殖民地半封建经济演变为新民主主义经济。新民主主义经济是一种过渡性质的经济，它由多种经济成分构成。在《我们的经济政策》一文中，毛泽东指出：“现在我们的国民经济，是由国营事业、合作事业和私人事业这三方面组成的。”③ 首先，国营经济是依靠政府力量投资发展起来的，主要包括军事企业和军需企业，以及一些结合各地资源特点建立的纺织、采矿等企业以及后来建立的国家银行和中央造币厂。国营经济对于苏维埃经济的发展有重大意义，对于领导、帮助、监督其他形式的经济的发展，团结千百万劳苦群众于苏维埃政权的周围有重大作用。虽然在战争环境下根据地的国营经济的整体经济实力比较薄弱，但毛泽东坚信“国家经营的经济事业，在目前，只限于可能的和必要的一部分。国营的工业或商业，都已经

---

① 《毛泽东选集》第 1 卷，人民出版社 1991 年版，第 131 页。

② 参见沙健孙主编：《中国共产党史稿（1921—1949）》第 3 卷，中央文献出版社 2006 年版，第 121 页。

③ 《毛泽东选集》第 1 卷，人民出版社 1991 年版，第 133 页。

开始发展，他们的前途是不可限量的”①。毛泽东还强调了无产阶级领导的、社会主义性质的国营经济的领导地位，指出要“争取国营经济对私人经济的领导，造成将来发展到社会主义的前提”②。再者，合作社经济主要是由人民群众自发组织或在党的领导下组织起来的生产、消费、信用等方面的集体所有制经济，主要是指消费合作社和劳动互助社③。它是苏区经济建设工作中的重要一环，是发展苏区经济的重要方式和枢纽。合作社的发展在解决人民群众的生活疾苦，冲破国民党的经济封锁，抵制商人和高利贷的剥削等方面起了相当大的作用。毛泽东曾预言合作社经济的前途，指出“合作社经济和国营经济配合起来，经过长期的发展，将成为经济方面的巨大力量，将对私人经济逐渐占优势并取得领导的地位”④，并强调发展生产合作社要采取耐心说服、典型示范的方式，而非强迫的方式。在党和政府的提倡、支持和帮助下合作社经济发展相当迅速。根据1933年9月江西福建两省17个县的统计，共有各种合作社1423个，股金30余万元。最后，私人经济是以小生产为基础的个体农业、手工业和商业。毛泽东多次提出保护、扶持、鼓励私人经济发展的主张，并多次批评这个时期“左”倾路线对私人经济的发展采取的过“左”政策，实事求是地论述了私人经济的地位和作用。他指出：“私人经济，不待说，当时是占着绝对优势，并且在相当长的时期内也必然还是优势。”⑤对于“私人经济，只要不超出政府法律范围之外，不但不可以阻止，而且可以提倡和奖励”⑥。这一政策不仅促进了根据地手工业的恢复和发展，而且提高了农民的劳动积极性，促进了农业的发展。

（三）革命根据地文化建设理论与实践

土地革命时期，有军事“围剿”和文化“围剿”两种反革命的“围剿”。同时也有两种革命深入，即农村革命深入和文化革命深入⑦。在革命

---

① 《毛泽东选集》第1卷，人民出版社1991年版，第133页。

② 《毛泽东选集》第1卷，人民出版社1991年版，第130页。

③ 参见杨超、毕剑横：《毛泽东思想史》第1卷，四川人民出版社2001年版，第314页。

④ 《毛泽东选集》第1卷，人民出版社1991年版，第133—134页。

⑤ 《毛泽东选集》第1卷，人民出版社1991年版，第133页。

⑥ 《毛泽东选集》第1卷，人民出版社1991年版，第133页。

⑦ 《毛泽东选集》第2卷，人民出版社1991年版，第702页。

根据地的建设过程中，中国共产党除了非常重视政权建设、武装斗争和土地革命外，同时对与这三者有着紧密联系的文化建设亦给予高度重视。

关于教育政策，《中华苏维埃宪法大纲》明确规定："中国苏维埃政权以保证工农劳苦民众有受教育的权利为目的。在进行阶段战争许可的范围内，应开始施行完全免费的普及教育，首先应在青年劳动群众中施行，并保障青年劳动群众的一切权利，积极的引导他们参加政治和文化的革命生活，以发展新的社会力量。"①

关于文化教育的方针和任务，毛泽东在第二次苏维埃全国代表大会所作的工作报告中指出："苏维埃文化教育的总方针在什么地方呢？在于以共产主义的精神来教育广大的劳苦民众，在于使文化教育为革命战争与阶级斗争服务，在于使教育与劳动联系起来。""苏维埃文化建设的中心任务是什么？是厉行全部的义务教育，是发展广泛的社会教育，是努力扫除文盲，是创造大批领导斗争的高级干部。"②

按照《中华苏维埃宪法大纲》所规定的教育政策和方针，中央苏区展开了轰轰烈烈的文化建设活动。一是设立教育领导机构。中央革命根据地建立和健全了各级文化行政管理机构，从中央到地方各级政府，都设有领导和管理文化教育的行政职能机构：中央政府设有教育人民委员会，下设中央教育部，省、县、区政府都设有教育部，乡政府设教育委员会。这些有效实现苏维埃对文化教育的领导和管理。二是创办各类学校，实行义务教育。中央苏区大力开办小学校，还先后创办了瑞金列宁师范、中央列宁师范、列宁团校、中央农业学校等。各乡村都办起了列宁小学，对所有儿童实行免费义务教育。苏维埃政府将农民们组织起来学文化，各乡村都成立了识字委员会、分会和识字小组，1933 年又将识字委员会取消，改为成立"消灭文盲协会"；通过半夜校、半日学校、业余补习班和识字班，通过设立识字牌，组织读报团和俱乐部等，推动完成扫除文盲这一文化建设的中心任务。在江西、福建、广东 3 个省的 2932 个乡中，有列宁小学 3052 所，苏区的大多数儿童都入了学。1934 年 1 月，3 个省共办补习夜校 6462 所，有学生 94517 人；有识字班（不包括福建省）32388 个组，组员 155371 人；有俱乐部 1656 个，工作人员有 49668 人。仅就江西省兴国县来说，全县就有 130 个乡的识字运动总会，516 个村的识字运动分会、

① 《中共中央文件选集》第 7 册，中共中央党校出版社 1983 年版，第 467 页。
② 《中央革命根据地史料选编》下册，江西人民出版社 1982 年版，第 331 页。

3387个分会下面的识字小组，有22529人加入识字小组[①]。苏区还大力发展干部教育和军队教育，先后创办苏维埃大学、红军大学等，为根据地和军队培养和输送了一大批人才。三是创办各类革命报纸杂志。中央苏区党和政府非常重视新闻出版事业，创办了多种报纸杂志。中央苏区创办的报刊有《青年实话》《苏维埃》《政治消息》《红星报》《红色中华》《党的建设》《少年先锋》《斗争报》《红旗》《火线》《红色报》《革命与战争》等30多种。其中《青年实话》经常刊登马列著作和理论文章，宣传马克思主义理论。发行量最高达到2.8万份，在苏区产生了广泛的影响。中国工农红军总政治部主办的军报《红星报》被称为“战士的良友”，发行量曾达到1.7万份。《红色中华》是中央苏区影响最大的报刊，是中华苏维埃共和国中央政府机关报，在配合党政中心工作，积极建设和巩固工农民主政权和革命根据地方面作出了重要贡献。该报在中央苏区出版240期，发行量最高达到5万份。《斗争报》是苏区中央局的机关报，每期另发行2.7万份。该报主要刊登中共中央的决议、指示和中央负责的文章。这些报刊在对党员和人民群众进行马克思主义理论和党的方针政策的宣传教育方面起到了非常重要的作用。

在领导革命根据地建设的同时，党也不断加强自身建设。党员队伍不断扩大，各级党组织更加健全，并培育了坚定信念、求真务实、一心为民、清正廉洁、艰苦奋斗、争创一流、无私奉献的“苏区精神”。

二、民主革命新道路的开辟

中国特色的民主革命新道路，又称以农村包围城市、武装夺取政权的革命新道路，它是指在20世纪上半叶的半殖民地半封建中国，在敌强我弱的形势下，把中国共产党的工作重心放在农村，开展武装斗争，深入土地革命，建立农村革命根据地，并逐步扩大根据地，形成对城市的包围、夺取城市，最后取得全国政权。这条民主革命的新道路，新就新在它是一条充分反映当时的中国国情、具有丰富内涵的新路。处在幼年时期的中国共产党，最初对于中国革命应该走什么样的道路并没有形成正确的认识。尤其是党的一些领导人把马克思主义教条化，把共产国际的决议和苏联经验神圣化，使中国革命多次遭受挫折。中国共产党人善于总结经验教训，同

---

① 参见沙健孙主编：《中国共产党史稿（1921—1949）》第3卷，中央文献出版社2006年版，第126—127页。

错误思想作斗争，把马克思主义与中国革命的具体实际相结合，创造性地走出一条农村包围城市，武装夺取政权的民主革命新道路。

土地革命战争时期，国内社会和政局形势发生了深刻变化，反革命力量已经大大超过共产党领导的有组织的革命力量，全国范围内的革命高潮已经过去，革命形势转入低潮。在蒋介石国民党的统治下，引起中国革命的基本矛盾一个也没有解决，中国仍然是一个半殖民地半封建社会，仍然需要进行反帝反封的资产阶级民主革命。这一时期，全党需要探索和解决的新课题是“如何开展武装斗争。具体地说，武装起义在哪里发动？如何发动？武装起义以后向哪里发展，是夺取城市还是占领乡村？怎样才能保存和发展革命力量以促进全国的革命高潮？概括地说，也就是走什么革命道路的问题”①。毛泽东对中国革命道路问题展开初步思考：

第一，革命的根本问题是国家政权问题，关于政权如何取得，毛泽东提出了“枪杆子里面出政权”的思想。早在大革命时期，毛泽东就从政权问题的高度提出了无产阶级领导农民斗争的极端重要性。在《湖南农民运动考察报告》中，他特别重视农民武装和农民政权的作用，提出了“推翻地主武装，建立农民武装”的重要思想。大革命失败后，提出了拿起枪杆子保卫革命的主张。1927 年 6 月中旬，毛泽东在汉口接见湖南工会、农协干部，要求大家“回到原来的岗位，恢复工作，拿起武器，山区的上山，滨湖的上船，坚决与敌人作斗争，武装保卫革命”②。八七会议总结了大革命失败的经验教训，开始认识到掌握武装，实行土地革命的重要性，并正确地制定了武装反抗国民党的总方针。毛泽东在八七会议上的发言，是他走向关于农村包围城市，武装夺取政权道路理论的重要一步。毛泽东在会上主要就领导权问题、农民问题、枪杆子问题等作了重要发言，第一次提出了枪杆子里面出政权的思想。他指出：“从前我们骂中山专做军事运动，我们则恰恰相反，不做军事运动专做民众运动。蒋、唐都是拿枪杆子起的，我们独不管。”③ 毛泽东发言中的“军事运动”就是指抓枪杆子，建立共产党自己领导的武装力量。会议上，毛泽东还对中共中央在这个问题上“现在虽已注意，但仍无坚决概念”提出批评，建议“此次会议应重视此

---

① 何沁：《中国共产党武装斗争认识史》，中共党史出版社 2007 年版，第 73 页。

② 袁任远：《石门南乡的起义——星火燎原》第 1 集，人民文学出版社 1964 年版，第 429 页。

③ 《毛泽东著作选读》上册，人民出版社 1986 年版，第 24 页。

问题，新政治局常委要更加坚强起来注意此问题”。他着重强调：“以后要非常注意军事。须知政权是由枪杆子中取得的。”[①] “枪杆子里面出政权”是一个对中国革命有着极其重要意义的论断，到1928年6月中国共产党第六次全国代表会议之前，党在全国范围内组织领导了近百次武装起义，标志着我党进入了独立领导革命战争和红军的新时期。

第二，突破“城市中心论”。所谓城市中心论，是对欧洲资本主义国家的无产阶级以城市为中心的革命道路理论的简称。主要是指主张革命发展道路以城市为革命中心、以工人阶级为革命斗争的主要力量，和平时期在城市进行合法斗争；在革命时机成熟时，在城市中举行工人起义，先占领城市，然后将革命推进到农村[②]。马克思、恩格斯和列宁都高度重视城市在革命中的领导作用。在马克思、恩格斯看来，城市的领导作用就是指无产阶级对农民的领导作用。列宁也说过“城市愈大，无产阶级在斗争中的作用也就愈大”[③]。马克思、恩格斯和列宁及时总结了欧洲无产阶级沿着这条道路所进行的革命斗争的经验，使之成为无产阶级革命学说的有机组成部分。

俄国十月革命后，城市中心论随着马克思主义传入了中国。由于大革命时期国共合作的特殊条件，中国共产党人能够在广州、武汉等大城市进行公开的革命活动，参与领导攻打大城市的北伐战争，并按照欧洲革命模式发动上海工人武装起义。大革命失败后，在城市里公开进行革命活动的条件已不复存在，但年轻的中国共产党人仍然摆脱不了“城市中心论”的影响，依然坚持以城市为中心进行革命斗争的观点。特别是在“左”倾错误统治全党时影响更大，表现尤为突出，给中国革命带来了重大损失。从大革命失败到第五次反“围剿”失败，“城市中心论”一直在中共中央居于支配地位，从而成为土地革命战争时期中国共产党探索中国革命新道路过程中遇到的一个突出的障碍。

以毛泽东为代表的中国共产党人，分析了中国的特殊国情后，指出中国同俄国的差异：其一，革命领导和革命主力的不同。在欧洲和俄国，无产阶级是革命的领导力量也是革命的主力军；在中国，无产阶级虽然已经

---

① 《毛泽东著作选读》上册，人民出版社1986年版，第24页。

② 参见何沁：《中国共产党武装斗争认识史》，中共党史出版社2007年版，第76页。

③ 《列宁全集》第28卷，人民出版社2017年版，第319页。

成长壮大到足以领导中国革命的能力和水平，但它属于“两头小”的一头，人数很少，占人口很小的比例，因而不可能成为中国革命的主力军，或只能说是主力军的一部分。中国革命的广大主力军是占人口80%以上的农民。无产阶级同这个主力军结合，才能形成强大革命力量，实现自己对中国革命的领导责任。在中国，区分领导力量和主力军的不同，是正确解决全党工作重心的前提。其二，城市和农村的地位和作用不同。欧洲和俄国是统一的资本主义市场经济，政治、经济、文化中心都在城市，城市可以完全控制农村。中国则是一个政治、经济发展不平衡的半殖民地大国，现代资本主义经济虽有一定发展，但广大农村仍基本是自给自足的自然经济。各帝国主义国家的分裂剥削政策，使中国处于政治上不统一状态。尽管中国的统治者可以控制中心城市，但不能严格控制全国，特别是无法控制广大农村。广大农村在经济、政治上都可不依赖城市而自立。其三，城乡政治力量对比的不同。在欧洲和俄国，觉悟和组织起来的无产阶级，在城市里可以形成对反动势力的优势，可以在城市击败反动派获得全国政权；在中国，帝国主义、封建主义和大资产阶级强大的军事政治力量，长期盘踞城市，实行残暴的统治，不给人民任何民主权利，不存在用来训练和组织无产阶级的条件，无法形成无产阶级的优势地位，能够举行中心城市起义，夺取政权。而无产阶级则可以派遣自己的先锋队到敌人力量薄弱的广大农村，发动土地革命，把农民组织起来，建立政权，实行武装割据，先在局部地区形成自己对反动势力的优势，经过长期斗争，夺取全国政权。其四，在中国，农村革命根据地虽然远离工业无产阶级集中地区，但是，无产阶级先锋队可以通过无产阶级的思想教育和组织训练，克服广大农民和小资产阶级包围所形成的非无产阶级思想，发展和建设共产党组织，担负起领导革命的责任。

更为难能可贵的是，毛泽东等中国共产党人在土地革命初期在实践中先行一步，创造性地建立了农村根据地，并在其后的斗争中，逐步将实践升华为理论，从而形成了不同于十月革命的农村包围城市革命道路的崭新理论，并且通过长期斗争，终于获得新民主主义革命的胜利，证明了这条革命道路的正确性。

第三，提出“以农村为中心”的思想。1929年1月，红四军主力下山向赣南闽西进军，先后开辟了赣南革命根据地和闽西革命根据地，后来连成了一片，成为中央革命根据地。随着农村革命根据地的发展和扩大，中国共产党内许多实际工作者进一步认识到红色政权在中国革命中的地位和作用。而当时的中共中央，在组织城市暴动失败后转而消极悲观，甚至要解散红四军。毛泽东针对中央的悲观情绪和糊涂认识进行了极为耐心的说服教育工作。1929 年 4 月 5 日，在给党中央回信中，认为农村革命根据地和红军战争的发展、扩大，将是促进革命高涨的重要条件。信中指出："农村斗争的发展，小区域红色政权的建立，红军的创造和扩大，尤其是帮助城市斗争、促进革命潮流高涨的主要条件。"① "畏惧农民势力的发展，以为将超过工人势力而不利于革命"，这种意见"是错误的"。"因为半殖民地中国的革命只有农民斗争得不到工人的领导而失败，没有农民斗争的发展超过工人的势力而不利于革命本身的。"② 复信重申："对于目前工作的布置，决定在国民党混战初期，以闽西赣南 20 余县一大地区的范围，用游击战术以发动群众，以致群众公开割据，深入土地革命，建立工农政权，由此一割据与湘赣边之割据连接起来，形成一坚固势力，以为前进的根基。"③ 并建议中央"在国民党混战的长期战斗中间，我们要和蒋、桂二派争取江西，同时兼及闽西浙西，在三省扩大红军的数量，造成以一年为期完成此计划"④。这种将农村斗争、根据地的建立和红军的发展与夺取全国政权联系起来的思想，较之党的六大的认识大大前进了一步。

20 世纪 30 年代初，是革命力量不断壮大、农村革命根据地不断巩固的时期。而当时的党和红军内许多人仍不相信革命高潮将会很快到来，也不赞成去做建立政权的艰苦工作，提出"红旗到底能打多久?"的悲观疑问。简而言之，他们希望通过比较轻便的流动游击方式去扩大政治影响，等到全国各地群众的工作做好了，然后发动全国中心城市的武装起义，形成全国范围的大革命，以取得革命的胜利。林彪就是这种"革命悲观论"和"城市中心论"的代表。针对党和红军内存在的这种现象，毛泽东在 1930 年 1 月给林彪的信《星星之火，可以燎原》中，批评了这种以"流动游击"的方式积聚力量，"等待中心城市发动武装起义"的观点，认为这是一种典型的"先争取群众后建立政权"的形而上学错误思想，在实践上是完全行不通的。信中指出，必须认清中国是一个许多帝国主义国家互相

① 《毛泽东文集》第 1 卷，人民出版社 1993 年版，第 55 页。
② 《毛泽东文集》第 1 卷，人民出版社 1993 年版，第 55 页。
③ 《毛泽东文集》第 1 卷，人民出版社 1993 年版，第 58 页。
④ 《毛泽东文集》第 1 卷，人民出版社 1993 年版，第 58 页。

争夺的半殖民地半封建这个决定中国革命道路的国情的根本特点。正是这个根本特点，就决定了中国统治阶级内部互相长期混战，始终不能有一个统一的政权；就会明白中国农民问题的重要性，中国农村起义何以有这样的全国规模的发展；就会明白建立工农民主政权的重要性；就会明白在中国统治阶级内部长期混战中，伴随着出现处于四面白色政权包围的小块红色区域的存在和发展的现象。指出在中国，"红军、游击队和红色区域的建立和发展，是半殖民地中国在无产阶级领导之下的农民斗争的最高形式和半殖民地农民斗争发展的必然结果，并且无疑义地是促进全国革命高潮的最重要因素"①。有了农村革命根据地的存在和发展，"才能给反动统治阶级以甚大的困难，动摇其基础而促进其内部的分解。也必须这样，才能真正地创造红军，成为将来大革命的主要工具。总而言之，必须这样，才能促进革命的高潮"②。这时，与建立井冈山革命根据地时相比，毛泽东的认识有了一个飞跃，从而明确系统地提出了"以农村为中心"的思想，初步探索出了具有中国特色的民主革命道路。

历史雄辩地证明，突破"城市中心论"，走"农村包围城市"的道路，是以毛泽东为主要代表的中国共产党人将马克思列宁主义暴力夺取政权理论与中国具体实际相结合的伟大理论创新，是中国革命取得胜利的根本途径。但是这一关系中国革命成败的根本战略思想并没有立刻对整个中国革命产生巨大影响。首先，从理论形态来讲，20 世纪 30 年代初形成的这一思想还不够明确、系统。其次，这一理论遭到党内的教条主义和处于党中央领导地位的李立三、王明"左"倾机会主义的攻击，以至于其影响力不足。再者，毛泽东对中国革命敌强我弱的特点和中国革命的长期性虽有了一定程度的认识，但还不够深刻、全面，因此头脑中还没有完全摆脱一旦革命高潮到来，就在城市举行武装起义争取全国胜利的观念。总体来说，在 20 世纪 30 年代初，尽管毛泽东的理论还不系统、成熟，但实际上已"开始形成了以农村包围城市、在农村地区先建立和发展红色政权，待条件成熟时再夺取全国政权的关于中国革命道路的思想"③。这一理论反映了中国革命发展的客观规律，是以毛泽东为代表的中国共产党人运用马克思主义的立场、观点和方法，分析、研究和解决中国革命具体问题的光辉典

---

① 《毛泽东选集》第 1 卷，人民出版社 1991 年版，第 98 页。

② 《毛泽东选集》第 1 卷，人民出版社 1991 年版，第 98—99 页。

③ 《中共党史大事年表》，人民出版社 1987 年版，第 74 页。

范，对于推进马克思主义中国化具有重要的方法论意义。

第二节　“工农武装割据”思想的形成

毛泽东关于工农武装割据的思想，是把马克思列宁主义武装夺取政权的普遍原理与中国革命的具体实践相结合的典范。早在第一次国内革命战争的高潮时期，毛泽东就已经认识到了农民在中国革命中是并且一定会成为重要力量。1927 年初，毛泽东提出建立农民武装和农民政权的主张。1927 年六七月间，毛泽东多次提出“上山”的思想，提倡组织工农武装暴动。秋收起义之后，井冈山革命根据地的开辟，表明毛泽东在实践上开始探索先占领乡村，再占领城市的革命新路。但此时的毛泽东并未形成“工农武装割据”的观念，或者说这一思想还未成熟。大革命失败后，中国共产党人在中国革命道路问题上的探索，为毛泽东的“工农武装割据”思想的形成奠定了基础。

“割据”这一概念不是毛泽东最早提出的。大革命失败后，湖南、湖北乃至江西和其他一些省份中共领导下的农民自卫军和赤卫队、暴动队相继上山，中共湖北省委和湖南省委于 1927 年 10 月分别提出在黄梅、蕲春、黄麻、鄂中和湘西、湘南等地区创造“暴动割据”的局面。1927 年 11 月 15 日，党中央在《致两湖省委信》中指示：“鄂省委应当在极短的时间内领导农民割据公安、石首、当阳向极西发展，并与湘西联合，割据天门、沔阳向四周发展，割据麻城、黄安向鄂东与京汉路发展，恢复鄂南的工作成为一独立割据的局面，与湘北联合，恢复鄂东的工作，湘省委，应当发动广大的农民群众割据湘西、湘南、湘北各数县与鄂西、鄂南联合。”① 第一次明确地提出了“割据”的思想和主张。1927 年 12 月 21 日、27 日，中共中央在给朱德并转全体同志的信中，指示朱德领导的起义武装与驻扎“在桂东的北边茶陵、酃县以至江西莲花”等地的毛泽东领导的农民武装联络，“共同计划一发动群众以这些武力造成割据的暴动局面，建立工农兵代表会议——苏维埃政权”②，同时“为避免消灭的危险，你们只有坚决的脱离范石生，联络北江的农军及广州暴动后退往北江的队伍，参加北江

① 《中共中央文件选集》第 3 册，中共中央党校出版社 1983 年版，第 418 页。

② 中国人民解放军政治学院党史教研室编：《中共党史参考资料》第 5 册，人民出版社 1979 年版，第 253 页。

区域的农民暴动，扩大和深入北江的土地革命，做成北江农暴的主要副力，造成海陆丰农暴割据东江的同样的局面”①，明确提出创造“割据的暴动局面”，建立“苏维埃政权”的问题。1928 年 6 月 4 日，中央在给红四军前委的信中，指示在创建革命根据地斗争中，要发动群众工作，开展土地革命，建立革命政权，逐步扩大割据区域等。1928 年 6 月召开的党的六大，虽仍坚持以城市暴动为中心，但也提出了要在敌人统治薄弱的地区，实行工农武装割据，“发展苏维埃根据地，夺取新的区域，巩固新的区域，这种区域是要成为更大发展底基础的”② 正确主张。周恩来在党的六大上发言指出：“中国革命的发展的趋势和反动势力的加强与不能统一中国，以及中国革命的不平衡性，都证明中国革命是有割据的可能，对于南中国的几省中，在目前就应该开始这割据局面的准备，因为这与全国的准备工作是有极大的关连。”③ 这些都为毛泽东“工农武装割据”思想的形成造成了影响，奠定了基础。

在秋收起义和井冈山斗争中，毛泽东发展了湖南省委和党中央关于“割据”的思想，在实践上进行了伟大的创造。1928 年 10 月 5 日，毛泽东写下了《中国的红色政权为什么能够存在?》，一个月以后，毛泽东又以井冈山前委书记的名义，给中共中央写了一个报告（即《井冈山的斗争》一文），对《中国的红色政权为什么能够存在?》加以深化，回答了“红旗到底打得多久”的疑问，把“工农武装割据”由实践上升为理论。

首先，在一国之内白色政权的包围中有红色政权区域的长期存在，是一件独特的事情，但是这一独特现象，背后又有着必然原因，毛泽东进而分析中国的红色政权能够存在和发展的五大原因。其一，红色政权不能在任何帝国主义国家，和任何帝国主义直接统治的殖民地发生，只能在帝国主义间接统治的经济落后的半殖民地的中国。这是红色政权发生和发展的根本原因。由于是一个半封建的国家，中国农村局部地区经济上具有相对独立性，局部地区在衣食住行等方面对城市依赖较少，这就给无产阶级提供了在农村发动农民，实行武装斗争，建立红色政权的经济条件。由于是一个半殖民地国家，帝国主义划分势力范围的分裂剥削政策，造成白色政

① 中国人民解放军政治学院党史教研室编：《中共党史参考资料》第 5 册，人民出版社 1979 年版，第 255 页。

② 《中共中央文件选集》第 4 册，中共中央党校出版社 1983 年版，第 186 页。

③ 《周恩来在中共中央政治局常委会上的发言记录》，1928 年 6 月 27 日。

权间的长期的分裂和战争，这就给了一种条件，使一小块或若干小块的共产党领导的红色区域，能够在四围白色政权包围的中间发生和坚持下来。同时，中国是一个土地辽阔的大国，革命力量有着广泛的活动地盘和回旋余地，这为建立农村革命根据地提供了可能性。其二，良好的群众基础是红色政权发生和发展的重要条件。中国红色政权首先发生和能够长期地存在的地方，不是那种并未经过民主革命影响的地方，而是在 1926 年和 1927 年两年资产阶级民主革命过程中工农兵士群众曾经大规模地发动起来过的地方，例如湖南、广东、湖北、江西等省。这些省份的许多地方，曾经有过很广大的工会和农民协会的组织，有过工农阶级对地主豪绅阶级和资产阶级的许多经济的政治的斗争。在这样的地方，人民和军队都受过民主革命的政治训练。因此，红色政权就易于首先在这些地方发生和长期存在。其三，全国革命形势向前发展，为红色政权的发生和发展提供了有利的大环境。毛泽东认为，如果全国革命形势是向前发展的，则小块红色政权区域的长期存在也是没有疑义的。反之，全国革命形势如若不是继续地向前发展，而是有一个长期的停顿，小地方民众政权的长期存在则是不可能的。由于国内买办豪绅阶级内部矛盾重重，分裂和战争不断，使革命形势也得以继续发展，所以红色区域也将继续发展，而且必然地要作为取得全国政权的许多力量中间的一个力量。其四，相当力量的正式红军的存在，是红色政权存在的必要条件。“所谓割据，必须是武装的。哪一处没有武装，或者武装不够，或者对付敌人的策略错了，地方就立即被敌人占去了。”① 武装，包括正式军队和地方武装两部分。地方武装赤卫队，只能对付地主武装挨户团，而不能对付正式的白色军队；对付国民党的正规军，必须正式红军。因此，没有相当力量的正式武装，便不能粉碎国民党正规军对根据地的反复“进剿”，不能造成长期的和日益发展的割据局面。所以“工农武装割据的思想，是共产党和割据地方的工农群众必须充分具备的一个重要的思想”②。其五，共产党组织的有力量和它的政策的不错误，是红色政权长期存在和发展的决定性条件和重要保证。以毛泽东为书记的湘赣边界特委和以陈毅为书记的军委执行了正确的边界政策，即“坚决地和敌人作斗争，造成罗霄山脉中段政权，反对逃跑主义；深入割据地区的土地革命；军队的党帮助地方党的发展，军队的武装帮助地方武装的

① 《毛泽东选集》第 1 卷，人民出版社 1991 年版，第 63 页。
② 《毛泽东选集》第 1 卷，人民出版社 1991 年版，第 50 页。

发展；对统治势力比较强大的湖南取守势，对统治势力比较薄弱的江西取攻势；用大力经营永新，创造群众的割据，布置长期的斗争；集中红军相机迎击当前之敌，反对分兵，避免被敌人各个击破；割据地区的扩大采取波浪式的推进政策，反对冒进政策。”① 实践证明这些政策是正确的。1928 年 4 月至 7 月的各次军事和群众割据在这些政策的指导下得以胜利和发展，而违背这些政策，就造成了八月失败。毛泽东有关红色政权能够长期存在和发展原因的分析，基本上代表着“工农武装割据”思想的形成。

“工农武装割据”思想，主要内容是在中国共产党的领导下，以武装斗争为主要斗争方式、以土地革命为中心内容、以农村革命根据地为战略阵地。

武装斗争，是“工农武装割据”的主要斗争形式。在四面白色政权的包围中，只有拥有武装部队，进行武装斗争，才能支持割据局面。正如毛泽东所指出，“以农业为主要经济的中国的革命，以军事发展暴动，是一种特征”②。“边界的斗争，完全是军事的斗争，党和群众不得不一齐军事化。怎样对付敌人，怎样作战，成了日常生活的中心问题。所谓割据，必须是武装的，那一处没有武装，或者武装不够，或者对付敌人的策略错了，地方就立即被敌人占去了。”③ 解决红军士兵的物质生活和政治素质的培养问题，是军事斗争取得成功的首要条件。毛泽东认为，当时的红军成分复杂，工人、农民，还有一部分游民无产者，力量相对薄弱，“只有加紧政治训练的一法”④。红军经历政治教育有了阶级觉悟，才会知道是在为自己斗争，才会在斗争中毫无怨言。同时，坚持和健全党代表制度，也有利于督促政治训练、指导民运工作。红军士兵经济上的好转，精神上的解放，队伍的不断扩大，军事根据地的不断扩大，为中国革命的发展提供了重要准备。

土地革命是“工农武装割据”思想的中心内容。在半殖民地半封建的中国，封建的土地所有制严重阻碍了中国社会生产力的发展，是中国社会贫困落后的根源，因此，中国民主革命的主要内容就是发动农民起来进行革命，消灭封建土地所有制，才能广泛动员和组织农民主力军参加红军和

---

① 《毛泽东选集》第 1 卷，人民出版社 1991 年版，第 59 页。
② 《毛泽东选集》第 1 卷，人民出版社 1991 年版，第 79 页。
③ 《毛泽东选集》第 1 卷，人民出版社 1991 年版，第 63 页。
④ 《毛泽东选集》第 1 卷，人民出版社 1991 年版，第 63 页。

革命战争，才能切实巩固和扩大农村根据地。在《井冈山的斗争》中，毛泽东总结边界土地状况，说明了当时进行土地革命的困难情况。“边界土地状况：大体说来，土地的百分之六十以上在地主手里，百分之四十以下在农民手里。江西方面，遂川的土地最集中，约百分之八十是地主的。永新次之，约百分之七十是地主的。万安、宁冈、莲花自耕农较多，但地主的土地仍占比较的多数，约百分之六十，农民只占百分之四十。湖南方面，茶陵、酃县两县均有约百分之七十的土地在地主手中。”① 要没收一切土地重新分配，大多数人肯定是支持的，但不能忽视一个阻碍力量，那就是中间阶级。一方面中间阶级与地主有着千丝万缕的共同利益，一方面在白色恐怖下中间阶级极易反水。拿不住中间阶级，是全国革命低潮时期割据地最困难的问题。现行条件下能够采取的有限措施，一是改以乡为分配土地的单位为以劳动力为标准，能劳动的比不能劳动的多分一倍。二是要进一步思考向自耕农让步问题，再有就是根据实际情况调整土地税。

农村革命根据地是“工农武装割据”的战略阵地。革命根据地是进行武装斗争和实行土地革命的可靠依托，只有建立巩固的农村革命根据地，才能与占据着中心城市的敌人进行长期的、有效的斗争。毛泽东非常重视革命根据地的建设，他认为，这种红色政权的巩固和发展，不仅有利于土地革命和武装斗争的开展，而且还能为我们党造就一批人才。毛泽东特别反对那种不要革命根据地的“流动游击”。毛泽东说：“而朱德毛泽东式、方志敏式之有根据地的，有计划地建设政权的，深入土地革命的，扩大人民武装的路线是经由乡赤卫队、区赤卫大队、县赤卫总队、地方红军直至正规红军这样一套办法的，政权发展是波浪式地向前扩大的，等等的政策，无疑地是正确的。”②

武装斗争、土地革命和建立农村革命根据地，三者密切联系、缺一不可。土地革命是民主革命的基本内容；武装斗争是中国革命的主要形式，是农村根据地建设和土地革命的强有力保证，只有建立革命武装，才能保卫根据地和土地革命的成果。没有红军战争的胜利，根据地就不能得到发展壮大，土地革命也没有保障；农村革命根据地是中国革命的战略阵地，是进行武装斗争和开展土地革命的依托。要在中国共产党的领导下，实现土地革命、武装斗争、农村革命根据地建设三者的密切结合和有机统一，

① 《毛泽东选集》第1卷，人民出版社1991年版，第69页。

② 《毛泽东选集》第1卷，人民出版社1991年版，第98页。

才能取得中国革命的最终胜利。

第三节 军事斗争为主要任务下的建党思想和建军原则

建立一个坚强的马克思主义革命党和人民军队，是中国革命胜利的根本前提和保证，这是被国际共产主义运动反复证明的一条科学原则。毛泽东指出："既要革命，就要有一个革命党。没有一个革命的党，没有一个按照马克思列宁主义的革命理论和革命风格建立起来的革命党，就不可能领导工人阶级和广大人民群众战胜帝国主义及其走狗。"① 在农村游击环境中，党组织和军队主要由农民构成，保持党的先进性和建设党领导的新型人民军队，是革命的重要任务之一。中国共产党对此进行多方探索。古田会议提出"思想建党，政治建军"原则，符合中国国情，有效地解决了革命时期党的建设问题，指导党和军队取得了新民主主义革命的胜利。这一原则，为其后各个时期党的建设和人民军队的建设提供了宝贵经验。

国民大革命失败后，党的工作逐步由城市转向农村，开始创建工农红军，在创建红军和农村革命根据地建设的过程中建设党。一大批农民先进分子加入党组织，使红军和根据地农民出身的党员大量增加，党中央和共产国际对此产生不安和怀疑。农民和其他小资产阶级出身的革命分子成为党和红军的主要来源，红军中还有较大的部分来自旧军队和士兵。在军队内部，认为红军只是管打仗的，忽视党的政治工作，忽视群众工作的重要性，把军事和政治绝对对立起来的单纯军事观点，不愿意做艰苦工作创建根据地、建立人民群众的政权而只想"流动游击"的个人主义和流寇思想，严重妨碍党的正确思想路线的贯彻执行。以农村为中心能否保证无产阶级政党对革命的领导、如何正确处理无产阶级政党与革命军队的关系等尖锐问题，鲜明地摆在根据地建设中党和军队领导人的面前。

新的环境给党和红军建设提出了新的课题。毛泽东把马克思列宁主义与中国革命具体实际相结合，正确地解决了这个问题。毛泽东在革命实践中深刻认识到，党员的社会出身不是影响党的性质的决定性因素，党的纲领、路线、方针和政策，以及用什么思想来武装和教育党员，才是真正的

① 《毛泽东选集》第 4 卷，人民出版社 1991 年版，第 1357 页。

决定性因素。为加强党和红军的思想建设，红四军前委根据中央“九月来信”的精神，于1929年12月在福建上杭县古田村召开党的第九次代表大会（即古田会议），对农村游击战争的条件下，如何从加强党的思想工作着手保持党的无产阶级先锋队性质，从而保证无产阶级对中国革命的领导权问题作了深入探讨。会议通过毛泽东起草的《古田会议决议》，提出用无产阶级思想建设军队和党的核心内容，确立了“思想建党、政治建军”的原则，是党和人民军队建设史上的重要里程碑，是中国共产党和红军建设的纲领性文件。《古田会议决议》集中阐释了土地革命时期农村环境下的建党思想和建军原则，是马克思主义中国化的一大光辉成果。

一、从思想建设与政治路线的关系出发阐明从思想上建党

毛泽东写作的《古田会议决议》包含着从思想上建设党的意蕴，奠定了思想建党的基础。针对红四军党内存在的各种非无产阶级思想，《古田会议决议》明确地提出：“红军第四军的共产党内存在着各种非无产阶级的思想，这对于执行党的正确路线妨碍极大。若不彻底纠正，则中国伟大革命斗争给予红军第四军的任务，是必然担负不起来的。”[①] 而分析错误思想的来源，则是彻底纠正它们的前提。在1927年至1929年，党员和红军中工人成分的人数发生着急剧变化[②]，毛泽东认为，“四军党内种种不正确思想的来源，自然是由于党的组织基础的最大部分是由农民和其它小资产阶级出身的成分所构成的”，而“党的领导机关对于这些不正确的思想缺乏一致的坚决的斗争，缺乏对党员作正确路线的教育，也是使这些不正确思想存在和发展的重要原因”[③]。对于这些非无产阶级思想在党内能否存

① 《毛泽东选集》第1卷，人民出版社1991年版，第85页。

② 1927年3月，在大革命失败前，工人成分的党员曾占党员总数的53.8%，而农民只占18.7%。但大革命失败后，党的六大召开时，全党工人成分占10.9%，农民党员占76.6%。中共六大以后，工人党员所占的比例继续下降，1929年6月降为7%，1930年7月又降为5.5%，同年9月则又降为1.6%。再从红四军的党员队伍构成来看，据1929年5月的统计，全军约4000人，共有党员1329人，其中工人出身的311人，占23.4%；农民出身的625人，占47.0%；小商人出身的106人，占7.9%；学生出身的192人，占14.4%；其他95人，占7.2%。由此可见，党员中农民和其他小资产阶级出身的人占70%。转引自梅荣政主编：《马克思主义中国化史》，中国社会科学出版社2010年版，第244页。

③ 《毛泽东选集》第1卷，人民出版社1991年版，第85页。

在、存在多久，关键在于党对党内教育的重视程度以及党是否坚决地同错误思想作坚决的斗争。

关于党内教育的重要性和迫切性，《古田会议决议》指出："红军党内最迫切的问题，要算是教育的问题。为了红军的健全与扩大，为了斗争任务之能够负荷，都要从党内教育做起。不提高党内的政治水平，不肃清党内各种偏向，便决然不能健全并扩大红军，更不能负重大的斗争任务。因此有计划的进行党内的教育，纠正过去无计划的听其自然的状态，是党的重要任务之一。"[①] 强调"各级党委都不单是解决问题和指导实际工作的，它还有教育的重大任务。各种训练的会议，及其他训练办法如训练班、讨论会等，都要有计划的举行起来"[②]。有关党内教育的内容和目的，《古田会议决议》强调必须"教育党员用马克思主义的方法去作政治的分析和阶级势力的估量，以代替唯心方法的分析和估量"。"使党员注意社会经济的调查和研究，借此来决定斗争策略和工作方法。使他们知道离了实际调查，便要堕入空想和盲动的深坑。"至于党内具有的途径和方法，决议强调要积极开展思想斗争，正确进行党内批评，指出"党内批评是坚强党的组织，增加党的战斗力的武器"，但党内批评要防止主观武断和把批评庸俗化，"说话要有证据，讨论工作要注意他的政治意义"。通过这些教育，"使党员的思想和党内的生活都政治化，科学化"[③]。为了有效地开展党内思想教育，《古田会议决议》具体规定了党内教育的各种材料，明确提出了党内思想教育的多种方式："（一）党报；（二）政治简报；（三）编制各种教育的小册子；（四）训练班；（五）有组织的分配看书；（六）对不认字党员读报；（七）个别谈话；（八）批评；（九）小组会；（十）支部大会；（十一）支部委员联席会；（十二）纵队为单位组长以上活动分子会议；（十三）全军支书以上活动分子大会；（十四）纵队为单位党员大会。"这些从红四军的实际情况出发而采用的多层次、多样化的思想教育的方法，不但有效地解决了当时红军党内的各种错误思想，统一了思想和行动，增强了党的团结，而且迅速提高了红军的战斗力，也为中国新民主主义革命的胜利提供了保证。

---

① 《毛泽东文集》第 1 卷，人民出版社 1993 年版，第 94 页。
② 《毛泽东文集》第 1 卷，人民出版社 1993 年版，第 90 页。
③ 《毛泽东文集》第 1 卷，人民出版社 1993 年版，第 92 页。

二、加强党的组织建设以实现党的政治路线

党的组织建设是党的建设的基础，是党的政治路线得以贯彻落实的保证。党员质量有待提高与党组织的松懈，影响到红军的决议以及执行，加强党的组织建设成为党的一项任务，《古田会议决议》就明确了加强党的组织建设的三个方面：

一是注重入党标准。党员是党的细胞。严格按照党员标准发展党员，是保证党员质量、建设好的党员队伍的首要问题。针对决议中提到的“党员加入太随便，许多不够资格也拉了进来”，“特别是官长，不要任何条件一概拉进”的倾向，规定“党员发展的路线，以战斗兵为主要对象，同时对非战斗兵如夫子勤务兵等，亦不应忽视”①。提出对不符合条件的党员，“不论干部及非干部，一律清洗出党”②。规定了发展新党员的五个条件：“1. 政治观念没有错误的（包括阶级觉悟）；2. 忠实；3. 有牺牲精神，能积极工作；4. 没有发洋财的观念；5. 不吃鸦片，不赌博。”规定了严格的入党手续：“介绍人首先要审查被介绍人是否确实具备上列条件，经过必须的介绍手续。介绍入党后，要详细告诉新党员以支部生活（包括秘密工作）及党员应遵守的要点。介绍人对所介绍人应负相当责任。支委要派人向将要入党的人谈话，考查是否具备入党条件。”③ 这些要求从组织上保证党员的质量，从提升党员质量方面保证党组织的先进性和纯洁性。

二是坚持和健全民主集中制，增强党的团结和活力。民主集中制是中国共产党的根本组织原则，也是群众路线在党的生活中的运用，同时又是我们党作为无产阶级政党及其先进性的必然要求和具体体现。决议批评了凡事都要“先交下级讨论，再由上级决议”的所谓“由下而上的民主集权制”的极端民主化思想，指出这种极端民主化思想不但不能解决党内存在的各种矛盾，反而会严重地破坏党的团结和统一。古田会议针对红四军中存在的这些问题，批判了在红四军内部民主生活问题上的“左”右倾错误，强调了红四军实行民主制度的重要性和在民主基础上进行集中的必要性。决议指出：“从理论上铲除极端民主化的根苗。首先，要指出极端民主化的危险。在于损伤以及完全破坏党的组织，削弱以至完全毁灭党的战

---

① 《毛泽东文集》第1卷，人民出版社1993年版，第88页。

② 《毛泽东文集》第1卷，人民出版社1993年版，第90页。

③ 《毛泽东文集》第1卷，人民出版社1993年版，第90页。

斗力。使党担负不起斗争的责任。由此造成革命的失败。其次，要指出极端民主化的来源。在于小资产阶级的自由散漫性。”① 此外，决议还明确规定要“在组织上，履行集中指导下的民主生活”②。具体而言，包括：“1. 党的领导机关要有正确的指导路线，遇事要拿出办法，以建立领导的中枢。2. 上级机关要明了下级机关的情况和群众生活的情况，成为正确指导的客观基础。3. 党的各级机关解决问题。不要太随便。一成决议，就须坚决执行。4. 上级机关的决议，凡属重要一点的，必须迅速地传达到下级机关和党员群众中去。其方法就是开活动分子会，或开支部以至纵队的党员大会（须看环境的可能），派人出席作报告。5. 党的下级机关和党员群众对于上级机关的指示，要经过详尽的讨论，以求彻底地了解指示的意义，并决定对它的执行方法。”③ 决议还强调：“党的纪律之一是少数服从多数。少数人在自己的意见被否决之后。必须拥护多数人所通过的决议。除必要时得在下一次会议再提出讨论外，不得在行动上有任何反对的表示。”④ 这都体现了民主集中制的重要思想。

三是建立健全党的基层组织。鉴于红军党的组织存在着“松懈问题”，为了健全党的基层组织，提高党的战斗力，决议肯定了毛泽东“支部建在连上”的原则和“红军原有的小组编制法，即干部分子与劳动分子的混合编制法”，同时要求各级党组织有计划地开展组织活动。这是加强党的基层组织建设的一项重要制度，对于发挥基层支部的战斗堡垒作用和发挥党员对干部的监督作用有着重要的意义。

《古田会议决议》中思想建党和组织建党的基本思想，是毛泽东建党思想形成的主要标志。

三、农村革命斗争环境下的建军原则

在农民占多数的条件下建立新型的人民军队，是党在新的历史条件下面临的又一重要课题。古田会议明确指出了建设人民军队必须遵守的原则：

第一，党对军队的绝对领导。这是人民军队的军魂，是党在血与火的

---

① 《毛泽东文集》第1卷，人民出版社1993年版，第81页。
② 《毛泽东文集》第1卷，人民出版社1993年版，第81页。
③ 《毛泽东文集》第1卷，人民出版社1993年版，第81—82页。
④ 《毛泽东文集》第1卷，人民出版社1993年版，第82页。

斗争中得出的颠扑不破的真理。党领导军队的原则，发端于南昌起义，奠基于三湾改编，定型于古田会议。南昌起义吸取了大革命失败的教训。起义部队在思想上开始重视党对军队的领导，明确提出“党的作用高于一切”，“党的组织是一切组织的根源”等口号。起义部队还建立了各级党组织，设立了两级党代表和三级指导员，建立了政治部，把军队的领导权和指挥权坚实可靠地掌握在党的手中。在随后的八七会议上，毛泽东提出“政权是由枪杆子中取得”的论断，为党内多数所认识和接受。虽然党内对“为什么要坚持党对军队的领导”这一问题有了更清楚的认识，形成了普遍共识，但对于究竟“怎么样坚持党对军队的领导”，党内军内还缺乏理论和实践上的认识。毛泽东从领导秋收起义时起，就开始关注人民军队建设问题。毛泽东在率领起义部队进军井冈山的途中实行了三湾改编，确立了“党指挥枪”的原则，确定了中国共产党对军队的绝对领导，保证了我军的无产阶级性质，为从政治上和组织上建设一支新型的人民军队，奠定了初步的基础。到达井冈山以后，毛泽东不断总结人民军队建设的经验，提出人民军队的三大任务：打仗消灭敌人；打土豪筹款子；宣传群众、组织群众、组织革命委员会。为了处理好人民群众同人民军队的关系，毛泽东提出了著名的“三大纪律，八项注意”。严明的军纪体现了人民军队的宗旨，密切了军民关系，得到了百姓的爱戴和拥护。直到1929年的《古田会议决议》，规定了人民军队的宗旨、性质和任务，提出了党对军队绝对领导、加强思想政治工作等一系列重要原则，为人民军队建设指明了方向，从而使红军划清了同一切旧式军队的界限，成为完全新型的人民军队。党对军队的绝对领导，是人民军队完全区别于旧军队、资产阶级军队的政治特质和根本优势。

古田会议之前，红四军党内和领导者就围绕着要不要设立军委，以及关于党和军队的关系问题发生了争论。当时虽然普遍认为要坚持党的领导，但对怎么样坚持和实施党的领导却存在一定的分歧。有以按照毛泽东三湾改编确立的原则实行党代表制，把“支部建在连上”的主张，也有主张取消党代表、减少支部的权力的意见，还有人提出要限制前委对红四军的全面领导、搞“一长制”的思想。古田会议批评了有关党和军队关系问题上的错误认识，明确规定：“党对军事工作要有积极的注意和讨论。一切工作，在党的讨论和决议之后。再经过群众去执行。”重申团、营建党委，连建支部，排建小组的原则。同时规定党的纪律，对如何提高党员质量，健全党的组织生活，加强党的组织性、纪律性等，都提出了明确的要求，强调要从思想上建党，抵制极端民主化和非组织观念的影响。《古田会议决议》批评了否认党对军队绝对领导的错误认识思想，在三湾改编的基础上，从政治上、思想上、组织上进一步深化了对“怎么样坚持党对军队领导”的认识。会议规定，“每连建设一个支部，每班建设一个小组，这是红军中党的组织的重要原则之一”①；必须健全连以上各级党的组织，以建立党的领导中枢。在党内，应当“厉行集中指导下的民主生活”，严肃党的纪律，反对极端民主化和非组织观念，防止党与军事分离、党不能领导军事的危险。强调党的政治领导，指出：由于一部分干部政治水平低，“因此不认识军队中政治领导的作用”②，应当有计划地进行党内教育，纠正过去无计划的听其自然的状态，以马克思主义和党的正确路线教育广大党员，提高党内的政治水平，使党的组织确实能担负党的政治任务。规定了红军中政治机关和政治工作的地位。指出红军的政治部和司令部是“在前委指导之下，平行地执行工作”的关系，“党对于军事工作要有积极的注意和讨论。一切工作，在党的讨论和决议之后，再经过群众去执行”③。针对红军中一部分的单纯军事观点和主张“军事领导政治”“司令部对外”，企图把军队凌驾于党的领导之上的错误思想，《古田会议决议》指出：“这种思想如果发展下去，便有走到脱离群众、以军队控制政权、离开无产阶级领导的危险。”决议明确规定，党的各级会议必须将军事工作列入议事日程加以讨论和决定，而军队中不论担任什么职务的党员，均须参加党的会议，向党报告工作，使党成为军队中的坚强领导和团结的核心。

第二，红军的性质、宗旨和任务。建立一支什么样的军队，即把红军建设为一支什么性质的军队，这是中国共产党在建军初期必须回答的一个根本问题。红军究竟是以私人利益为宗旨，还是为人民群众利益而奋斗？这个问题事关红军的性质、宗旨和任务，决定红军建设发展的方向。古田会议召开前，单纯军事观点和流寇思想在党和红军内部就已存在。这些错误认识的存在，表明党内、军内对我军的性质、宗旨和任务还没有一个明确的认识和定位，需要及时全面统一思想，指引前进的方向。《古田会议

① 《毛泽东文集》第 1 卷，人民出版社 1993 年版，第 88 页。

② 《毛泽东文集》第 1 卷，人民出版社 1993 年版，第 80 页。

③ 《毛泽东文集》第 1 卷，人民出版社 1993 年版，第 88 页。

决议》明确规定了红军的性质和宗旨，指出“中国的红军是一个执行革命的政治任务的武装集团”，这就从根本上划清了新型人民军队同一切旧式军队的界限，明确了红军是中国共产党领导下的无产阶级人民军队。中国共产党是无产阶级的先锋队，是最彻底的民族解放的先锋队，它的政治任务集中反映了无产阶级和广大人民群众的根本利益。它是为无产阶级和广大被压迫民众争取解放的工具，它的唯一宗旨是全心全意地为人民服务，紧紧地和人民群众站在一起。这一性质和宗旨决定了“红军决不是单纯地打仗的，它除了打仗消灭敌人军事力量之外，还要负担宣传群众、组织群众、武装群众、帮助群众建立革命政权以至于建立共产党的组织等项重大的任务”，“离了对群众的宣传、组织、武装和建设革命政权等项目标，就是失去了打仗的意义，也就失去了红军存在的意义”①。指出：“红军宣传工作的任务，就是扩大政治影响争取广大群众。由这个宣传任务之实现，才可以达到组织群众、武装群众、建立政权、消灭反动势力、促进革命高潮等红军的总任务。所以红军的宣传工作是红军第一等重大工作。”② 规定群众工作，属政治部的职权，“在没有建立政权机关的地方，红军政治部即代替地方政权机关，至地方政权机关建设时止”；政治部还要“帮助地方武装之建立与发展”，司令部则要“帮助地方武装之平时的军事训练及战时的作战指挥”。历史事实证明，肩负起打仗、筹款、做群众工作三大任务，是红军区别于一切旧军队和其他军队的显著标志之一。古田会议提出打仗、筹款、做群众工作三大任务，为红军的发展指明了方向。此外，《古田会议决议》还要求红军各部队认真进行人民军队的宗旨教育，以保持红军的无产阶级性质和人民军队的本色。

第三，建立人民军队内外部的正确关系和对敌军采取正确的政策。古田会议决议明确规定了红军的内部和外部的关系，要求我军必须发扬无产阶级民主，实行官兵一致、军民一致和瓦解敌军宽待俘虏的政治工作三大原则，确立了人民军队的严明纪律，树立了人民军队的新形象是团结自己、消灭敌人的坚强保证，是实现全心全意为人民服务建军宗旨和完成革命政治任务的重要法宝。

红军内部实行官兵一致的原则。决议规定军队在党的领导下，连营团各级均建立士兵委员会，代表士兵利益，并协助党组织开展政治工作。决

① 《毛泽东文集》第1卷，人民出版社1993年版，第79页。

② 《毛泽东文集》第1卷，人民出版社1993年版，第96页。

议强调："官兵之间只有职务的分别，没有阶级的分别，官长不是剥削阶级，士兵不是被剥削阶级"，重申"官兵生活平等"的原则和"经济公开主义及士兵审查制度"。同时，决议明确宣布废除枪毙逃兵和肉刑制度，"努力于说服精神和自觉遵守纪律精神的提倡，去克服这个违反斗争任务的最恶劣的封建制度"。要求"官长，特别是和士兵接近的连上官长，应当随时看视伤病兵，送茶水给他们吃，晚上替他们盖被窝，他们觉得冷，要替他们想办法，如向别人借，增加衣服"，"这些招呼伤病兵的方法，要定为一种制度，大家实行起来，因为这是最能取得群众的方法"①。总之，在军队内部也应发扬民主主义，其实质就是保障士兵的民主权利，尊重士兵的人格。在军队中实行无产阶级民主制度，密切了官兵之间的关系，加强了军队内部的团结，提高了部队的战斗力。

第四，军民一致的原则。决议强调红军必须处理好军民的关系，执行党的政策，严格群众纪律，搞好军民团结，保护群众利益。为此，决议重申"要严格执行三条纪律和六项注意"，指出"上门板、捆禾草等项是从行动中扩大红军影响、增加群众对红军信仰的良好办法，应当好好地去执行"②。军民一致原则的实行，彻底改变了旧式军队与人民群众的对立，建立了一种崭新的军民关系。

切实做好对敌军的工作。人民战争的胜利，不仅要依靠我军的武装斗争，还要依靠我军强大的政治攻势，瓦解敌军，不战而胜。决议重申了红四军必须执行瓦解敌军、宽待俘虏的政策，指出："对白军士兵及下级官长的宣传非常重要"，"优待敌方俘虏兵，是对敌军宣传的极有效方法。优待俘虏兵的方法：第一是不搜检他们身上的钱和一切物件，过去红军士兵搜检俘虏兵的财物的行为要坚决地废掉。第二是要以极大的热情来欢迎俘虏兵，使他们感觉得精神上的欢乐，反对给俘虏兵以任何言语上的或行动上的侮辱。第三是给俘虏兵以和老兵一样的物质上的平等待遇。第四是不愿留的，在经过宣传之后，发给路费放他们回去，使他们在白军中散布红军的影响，反对只贪兵多把不愿留的分子勉强地留下来。以上各项，对俘虏过来的官长，除特殊情况下外完全适用"③。"医治敌方伤兵，亦是对敌军宣传的极有效方法。对于敌方伤兵的医治和发钱要完全和红军的伤兵一

① 《毛泽东文集》第1卷，人民出版社1993年版，第112页。
② 《毛泽东文集》第1卷，人民出版社1993年版，第101页。
③ 《毛泽东文集》第1卷，人民出版社1993年版，第102页。

样，并且要利用一切可能的条件，把上好了药发给了钱的伤兵送返敌军。对待敌方受伤官长亦然。”① 通过这些方法，揭破了反动派散布的种种诬蔑红军的欺骗宣传，扩大了我军的政治影响，瓦解了敌军的战斗力。

总之，《古田会议决议》确立的建党建军原则，是以毛泽东为代表的中国共产党人把马克思主义基本原理运用于人民军队建设的典范，不仅推动了当时红军建设和新民主主义革命的发展，而且为党领导下的人民军队建设奠定了根本思想基础，以新的革命经验丰富了马克思主义建军学说。

第四节　《反对本本主义》与马克思主义中国化的初步总结

在激烈的革命实践过程中，以毛泽东为主要代表的中国共产党人逐步认识到，“马克思主义者不是算命先生，未来的发展和变化，只应该也只能说出个大的方向，不应该也不可能机械地规定时日”②。而且对于中国革命的认识，“必须要看它的实质，而把它的现象只看作入门的向导，一进了门就要抓住它的实质”，也就是说要有“可靠的科学的分析方法”③。为着解决这一“可靠的科学的分析方法”问题，毛泽东走进农村、走进群众，开展深入的调查研究。《反对本本主义》（原名《调查工作》）就是毛泽东结合中国革命实践经过理论学习和思考，于1930年在中央苏区时期写出的解决“可靠的科学的分析方法”的重要文章。在这篇文章中，毛泽东运用马克思主义哲学的立场、观点和方法对当时党内和红军中严重盛行的教条主义问题进行了深刻的分析与批判，从辩证唯物主义认识论的高度提出了马克思主义如何实现中国化的问题，如何科学正确地对待马克思主义，率先提出了将马克思主义同中国实际相结合的观点。《反对本本主义》是马克思主义中国化初期阶段的标志性文献，是中国共产党历史上和毛泽东思想发展史上一篇极为重要的历史文献。

一、马克思主义中国化的必然要求

土地革命战争初期，对于时局的估量和与之相伴的行动问题，“党内

---

① 《毛泽东文集》第1卷，人民出版社1993年版，第102页。
② 《毛泽东选集》第1卷，人民出版社1991年版，第106页。
③ 《毛泽东选集》第1卷，人民出版社1991年版，第99页。

有一部分同志还缺乏准确的认识"①。犯着革命急性病的人从主观主义出发，不切当地看大革命的主观力量而小看反革命的力量，在行动上自然"走上盲动主义的道路"，与之相反，"悲观的论调"则把革命的主观力量看小了而把反革命的力量看大了，自然要"产生另一方面的坏结果"。如何正确认识革命斗争的时局进而采取正确的行动，这对于中国共产党人是一个全新的课题。"中国革命斗争的胜利要靠中国同志了解中国的情况"，马克思主义是关于人类解放的学说，如果用它来指导中国的革命，"必须同我国的实际情况相结合"②，这便产生了马克思主义中国化必然性的问题。

在《反对本本主义》的开篇，毛泽东就发出了振聋发聩的号召："没有调查，没有发言权。"毛泽东认为这样讲"一点也不野蛮"，因为对某个问题的情况不了解，就等于闭着眼睛说瞎话，而"这是共产党员的耻辱"，这样"要不得"！因为瞎说是不能解决问题的。怎样才能解决问题？毛泽东认为，要想解决问题就必须注意以下几个方面，首先是马克思主义的"本本"一定要学习。要解决问题并不是要抛弃"本本"，"我们的斗争需要马克思主义"，"我们欢迎这个理论"，因为"马克思主义是对的"，"他的理论，在我们的实践中，在我们的斗争中，证明了是对的"。其次是"一定要纠正脱离实际情况的本本主义"。有的人认为"上了书的就是对的"，甚至"开口闭口'拿本本来'"，盲目迷信"上级领导机关的指示是正确的"，殊不知上级领导机关指示的正确恰恰来源于"它的内容是适合于斗争的客观和主观情势的，是斗争所需要的"，"盲目地表面上完全无异议地执行上级的指示"，不是在"真正地执行"，而是"反对上级指示或者对上级指示怠工的最妙的方法"③，是一定要走上错误的道路的。怎样纠正这种实际工作中的盲动主义、形式主义和思想上的唯心精神、本本主义呢？毛泽东提出了马克思主义"必须同我国的实际情况相结合"，即马克思主义中国化的必然性思想。在马克思主义需不需要中国化的问题上，"必须"体现了毛泽东鲜明的态度：一定要中国化。这是毛泽东依据当时中国革命的实际情况发出的肺腑之言。20 世纪 20 年代末 30 年代初，中国共产党党内盛行着"唯上论""唯共产国际论""唯书论"等严重的教条主义思想，

① 《毛泽东选集》第 1 卷，人民出版社 1991 年版，第 97 页。

② 《毛泽东选集》第 1 卷，人民出版社 1991 年版，第 115、111—112 页。

③ 《毛泽东选集》第 1 卷，人民出版社 1991 年版，第 111—112 页。

先后出现了1927年瞿秋白的“左”倾盲动主义错误、1930年李立三的“左”倾冒险主义错误和1931年六届四中全会之后王明的“左”倾教条主义错误，三次错误一次比一次严重，给党和红军造成了严重的损失。正是在这种惨痛的事实面前，毛泽东提出马克思主义必须同中国革命实践的具体情况相结合的思想。再次，毛泽东还认为如果不将马克思主义原理与中国实际情况相结合，就会产生许多错误的主义，所以他强调：“离开实际调查就会产生唯心的工作指导，那末，它的结果，不是机会主义，便是盲动主义。”毫无疑问，毛泽东在《反对本本主义》中已经产生了必须将马克思主义与中国实际相结合的思想（即“化”的必然性思想），而且还分析它的极端重要性。

二、实事求是思想路线的萌芽

实事求是、群众路线、独立自主在《反对本本主义》这篇文章中，还处于萌芽阶段。但它是毛泽东从1920年接受马克思主义后，从中国革命失败和成功的大量事实中经过反复思考而形成的智慧结晶。这三个基本方面凝聚而成的毛泽东思想活的灵魂，引导中国革命取得胜利，成功地实现了马克思主义在中国的第一次飞跃。

在《反对本本主义》中，毛泽东严厉批评了当时党内存在的“唯书”和“唯上”的错误倾向，强调实事求是解决问题，第一次明确地把党的思想路线表述为“共产党人要坚持从斗争中创造新局面的思想路线”，这是对党的实事求是思想路线的初步概括和表述①。他尤其指出，一是学习马克思主义必须同中国的实际情况相结合。“我们说马克思主义是对的，决不是因为马克思这个人是什么‘先哲’，而是因为他的理论，在我们的实践中，在我们的斗争中，证明了是对的。……丝毫不存什么“先哲”一类的形式的甚至神秘的念头在里面。”因此“马克思主义的‘本本’是要学习的，但是必须同我国的实际情况相结合。我们需要‘本本’，但是一定要纠正脱离实际情况的本本主义”②。二是在党内和军队内部，反对“唯上”的错误倾向，强调唯实。“我们说上级领导机关的指示是正确的，决不单是因为它出于‘上级领导机关’，而是因为它的指示内容是适合于斗

---

① 唐洲雁：《〈反对本本主义〉的历史及现实意义》，《人民论坛》2012年第5期。

② 《毛泽东选集》第1卷，人民出版社1991年版，第111—112页。

争中客观和主观情势的，是斗争所需要的。”① 这些包含着重视调查研究的党的实事求是思想路线的基本要素，是党的实事求是思想路线的雏形。写作《反对本本主义》同一时期，毛泽东从实际出发，运用马克思主义的阶级分析方法撰写了《寻乌调查》，毛泽东通过调查对寻乌的城市经济状况有了一定程度的了解，并获得了城市调查研究的方法。他指出：“我们研究城市问题要像研究农村问题一样，要把一个地方研究透彻，切不可走马观花。”② 要做到眼睛向下看，要有甘心当小学生的精神，虚心向人民群众请教。必须明白：群众是真正的英雄，而我们自己则往往是幼稚可笑的，不了解这一点，就不能得到起码的知识③。

在《反对本本主义》中，毛泽东从辩证唯物主义认识论的高度，将实事求是与党的群众路线结合起来。他认为，要实现马克思主义同中国实际的有机结合，就必须深入群众，进行调查研究。因为“共产党的正确而不动摇的斗争策略，决不是少数人坐在房子里能够产生的，它是要在群众的斗争过程中才能产生的，这就是说要在实际经验中才能产生”④。毛泽东还对本本主义的态度和思想方法进行了深刻剖析，指出本本主义对马克思主义采取的是一种盲目的形式主义态度，在思想方法和实际生活中都表现出机械、教条的特征。它的思想方法使党的策略方针脱离实际，无法深入群众，对革命事业具有极大危害性。“为什么党的策略路线总是不能深入群众，就是这种形式主义在那里作怪。”⑤ 他强调，凡是担负指导工作的人，不论是哪一级干部都要深入群众，实际从事社会经济、政治、文化等各个方面的调查，“学个孔夫子的‘每事问’”⑥，不要只是单靠书面报告或口头汇报，不向工人、农民、知识分子等从事具体实际工作的人作调查是脱离实际的，这样的结果必然产生唯心的阶级估量和唯心的工作指导。因此必须努力向群众作实际调查，洗刷唯心精神。只有这样才能防止一切机会主义盲动主义错误出现，完成争取群众战胜敌人的任务。《反对本本主义》所阐述的一切从实际出发，到群众中作调查研究，向群众寻求真理，可以

① 《毛泽东选集》第 1 卷，人民出版社 1991 年版，第 116 页。
② 《毛泽东农村调查文集》，人民出版社 1982 年版，第 56 页。
③ 《毛泽东选集》第 3 卷，人民出版社 1991 年版，第 790 页。
④ 《毛泽东选集》第 1 卷，人民出版社 1991 年版，第 115 页。
⑤ 《毛泽东选集》第 1 卷，人民出版社 1991 年版，第 111 页。
⑥ 《毛泽东选集》第 1 卷，人民出版社 1991 年版，第 110 页。

说是党的“从群众中来，到群众中去”的领导方法的雏形。毛泽东从马克思主义的认识论出发，把实事求是的思想路线同群众路线密切联系起来，为我们党制定出符合实际、符合人民群众利益的正确政策和方针，保证党的革命事业胜利前进提供了科学的理论依据。

毛泽东在《反对本本主义》中第一次提出了“中国革命斗争的胜利要靠中国了解中国情况”的著名论断，初步提出了独立自主的原则。从中国共产党诞生到《反对本本主义》写作的近十年内，党内盛行将共产国际决议绝对化和苏联经验神圣化的错误倾向。究其原因，一方面是中国共产党成立不久，客观上需要共产国际和苏俄的帮助与指导。中国共产党是在共产国际和苏俄的帮助下建立的，对于年轻的中国共产党和共产党人来说，他们对马克思主义的理解相对不深入，对中国革命的正确认识同样需要一个过程，因而不能将马克思主义基本原理和中国具体革命实践很好地结合。此外，作为共产国际的一个支部，中国共产党与共产国际组织上的领导与被领导关系，也使得当时的中国共产党要对共产国际的指示坚决服从。这是当时党内盛行把共产国际决议神圣化和苏联经验神圣化的思想和组织根源。另一方面，俄国革命的成功证明了十月革命模式的可行性，奠定了苏俄在国际共产主义运动中的核心地位，因而苏联成了早期中国共产党学习和模仿的对象，以俄为师，走俄国人的道路，这是历史的选择。从中国共产党创建时期开始，共产国际及其代表对于中国革命的客观实际就了解不够，对于一些重大问题作出了片面的表面的分析，不管是共产国际派驻中国的代表还是顾问，他们要么是纯理论家，要么是曾经领导过他国无产阶级运动的经验家，对于复杂的中国并非是“中国通”，况且他们在中国待的时间并不长，因而，这些“钦差大臣”对中国革命的实际了解并非全面深刻，他们在指导中国革命问题上要么机械照搬马克思主义的本本，要么以欧洲工人运动和苏俄十月革命经验模式来解答，其结果必然导致一系列脱离中国实际的错误现象发生。当时留苏回国的中国共产党领导人，他们有的精通马克思主义的本本，以为只要学了马克思主义便是马克思主义理论者，掌握了马克思主义的某些字句便是获得了灵丹妙药，照抄照搬共产国际的指示，但对中国具体情况严重缺乏了解，完全不顾中国实际，忠实地听取共产国际的指示和决议，注定必然会走向良好意愿的反面。每个国家的具体国情是不一样的，每个国家的革命形势也是不同的，完全照搬苏联经验，盲目服从共产国际的一切指示，只会给中国革命带来损失。深刻了解我国的具体国情，一切从实际出发，通过结合实际情况制定符合本国国情的正确的斗争策略，就要“明了各种阶级的相互关系，得到正确的阶级估量，然后定出我们正确的斗争策略，确定哪些阶级是革命斗争的主力，哪些阶级是我们应当争取的同盟者，哪些阶级是要打倒的”①。这些靠共产国际的“本本”是做不到的，需要依靠“中国的”深入群众实际，去具体了解社会各阶级的政治、经济文化状况以及他们对待革命的态度。“中国革命斗争的胜利要靠中国了解中国情况”这一科学论断的提出，正确解决了中国革命的主客体问题，为中国革命指出了一条正确的方向和路径。它鲜明地表达了中国革命斗争的实践主体是“中国”而不是共产国际或者“其他圣贤”，中国革命斗争的实践客体是“中国国情”，要想取得中国革命的胜利，就必须从中国的实际出发，了解中国的具体情况，独立自主地解决中国自己的事情。因此，这一论断标志着中国共产党的独立自主思想初步形成。

《反对本本主义》阐述的思想原则，是毛泽东在马克思主义的指导下从事社会实践和社会调查，并同主观主义特别是教条主义作斗争的历史经验总结，是辩证唯物主义认识论在中国革命实际工作中的具体应用和生动概括。它塑造了毛泽东思想活的灵魂，其丰富的理论和实践意义彰显了中国化马克思主义的理论觉醒。

三、马克思主义中国化根本途径的初步阐述

为了反对本本主义，推动马克思主义中国化，具体而有效的途径就是注重运用马克思主义基本观点和方法进行正确、全面深入的调查研究，这是毛泽东一贯的主张。在《反对本本主义》中，毛泽东第一次提出了“没有调查，没有发言权”的重要论断，阐明了调查研究对于解决中国革命问题的重要性，丰富和发展了马克思主义的认识论和方法论，为马克思主义中国化找到了“实事求是”的思想路径。

针对当时中国共产党党内盛行的把马克思主义教条化，把共产国际指示和俄国革命经验神圣化的错误倾向，甚至把扩大农村革命根据地走农村包围城市的观点，同马克思主义关于无产阶级是革命的领导者的观点对立起来的错误观念，毛泽东感到痛心疾首，尖锐地指出：“你对于某个问题

① 《毛泽东选集》第1卷，人民出版社1991年版，第113—114页。

没有调查，就停止你对于某个问题的发言权。这不太野蛮了吗？一点也不野蛮。你对那个问题的现实情况和历史情况既然没有调查，不知底里，对于那个问题的发言便一定是瞎说一顿。瞎说一顿之不能解决问题是大家明了的，那末，停止你的发言权有什么不公道呢？许多的同志都成天地闭着眼睛在那里瞎说，这是共产党员的耻辱，岂有共产党员而可以闭着眼睛瞎说一顿的吗？"[①] 毛泽东尤其强调"调查研究"对于找到中国革命道路的意义，对于马克思主义中国化可靠途径的作用。

首先，毛泽东从唯物主义认识论的高度阐明了调查研究的重要作用。毛泽东坚决反对教条主义，反对党的中央机关某些领导脱离实际瞎指挥，他大声疾呼："注重调查！反对瞎说！"[②] 那么，调查的意义是什么？为什么要做调查？毛泽东开宗明义地指出："你对于那个问题不能解决吗？那么，你就去调查那个问题的现状和它的历史吧！你完完全全调查明白了，你对那个问题就有解决的办法了。"他指出："一切结论产生于调查情况的末尾，而不是在它的先头。""只有蠢人，才是他一个人，或者邀集一堆人，不作调查，而只是冥思苦索地'想办法'，'打主意'"，须知这是"一定不能想出什么好办法，打出什么好主意的"。在毛泽东看来，调查就是解决问题，调查就像"十月怀胎"，解决问题就像"一朝分娩"。对于那些喜欢一到就宣布政见，看到一点表面，一个枝节，就指手画脚地说"这也不对、那也是错误的"纯主观地"瞎说一顿"，他认为实在是"最可恶没有的"了，如此做法也一定"要产生错办法和错主意"[③]。

其次，毛泽东指出必须努力作实际调查，才能洗刷唯心精神。他认为："离开实际调查就要产生唯心的阶级估量和唯心的工作指导，那么，它的结果，不是机会主义，便是盲动主义。"其后果也是必定"要弄坏事情"，一定要"失掉群众"，一定"不能解决问题"的。所以，中国共产党人必须坚定"洗刷唯心精神"，防止"一切机会主义盲动主义错误出现"，才能"完成争取群众战胜敌人的任务"[④]。

再次，毛泽东指出在民主革命时期进行社会经济调查是为了得到正确的阶级估量，从而制定出正确的斗争策略。针对当时红四军中很多人错误

---

① 《毛泽东选集》第 1 卷，人民出版社 1991 年版，第 109 页。
② 《毛泽东选集》第 1 卷，人民出版社 1991 年版，第 109 页。
③ 《毛泽东选集》第 1 卷，人民出版社 1991 年版，第 110 页。
④ 《毛泽东选集》第 1 卷，人民出版社 1991 年版，第 112 页。

的调查方法，他评价说："调查的结果就像挂了一篇狗肉账，像乡下人上街听了许多新奇故事，又像站在高山顶上观察人民城郭。这种调查用处不大，不能达到我们的主要目的。"指出社会经济调查的对象是"社会的各阶级，而不是各种片断的社会现象"；调查的主要目的是"要明了社会各阶级的政治经济情况"；调查所要得到的结论是"各阶级现在的以及历史的盛衰荣辱的情况"。在调查中，我们不仅要调查"各业的情况"，尤其要调查"各业内部的阶级情况"，不仅要调查"各业之间的相互关系"，尤其要调查"各阶级之间的相互关系"。总之，调查工作就是要解剖各种社会阶级，明了各种阶级关系，得到正确的阶级估量，从而制定出我们正确的斗争策略，以确定哪些阶级是"革命斗争的主力"，哪些阶级是"我们应当争取的同盟者"，哪些阶级是"要打倒的"①。

诚然，马克思主义是具有普遍性的真理，是无产阶级科学的世界观和方法论，但是马克思主义的"本本"里并不能为中国革命问题提供现成的答案，中国马克思主义者必须独立自主地去思考和研究适合中国革命的具体的方法论问题，需要独立地认真总结革命斗争的经验教训，恰当地分析形势，制定出推动中国革命走向复兴的策略。然而，在当时党内笼罩着一种严重的"左"倾错误思潮的情况下，对于处在红军党代表和中共湘赣边界特委书记岗位上，实际地负责湘赣边界红军和根据地的革命斗争的毛泽东来说，只能以调查研究来寻求切实可行的办法。毛泽东对十年来中国革命的成败得失进行了深刻思考，发现导致中国革命屡屡不能顺利发展的问题症结，并以大无畏的理论勇气提出了"反对本本主义"的口号，初步确立实事求是的思想路线，以此为思想武器，开展克服唯心主义、教条主义、本本主义的斗争。从这一意义上说，毛泽东在《反对本本主义》中提出的"调查研究"就是中国共产党人克服唯心主义、教条主义，反对本本主义的指南针，丰富和发展了马克思主义的辩证唯物主义认识论，为马克思主义中国化找到了"实事求是"的思想路径。这也正如周恩来所说："《反对本本主义》讲的是马克思主义世界观，也是方法论。"②

《反对本本主义》强调了要把马克思主义理论与中国的革命实际相结合，有助于中国共产党充分认识中国的国情，为推动马克思主义中国化和时代化的发展以及完善途径和方法提供了方法论指导。

---

① 《毛泽东选集》第1卷，人民出版社1991年版，第113—114页。

② 《周恩来选集》下卷，人民出版社1984年版，第313页。

第五节 农村包围城市、武装夺取政权革命道路理论

“农村包围城市、武装夺取政权”，是中国共产党人总结大革命失败后领导红军和根据地斗争的经验，创造性总结出来的一条符合中国实际的革命道路。这一道路立足中国半殖民地半封建社会的国情，强调在敌我力量悬殊的情况下，必须先在农村建立根据地，积蓄革命力量，在条件成熟时夺取城市，最后夺取全国革命的胜利。毛泽东是这一道路的率先实践者，并且从理论上对其进行阐述，形成了农村包围城市、武装夺取政权的工农武装割据思想。

一、“城市中心论”和党的“左”倾教条主义路线

在探索中国革命道路过程中，中国共产党曾受到过“城市中心论”和“左”倾教条主义路线的影响。马克思、恩格斯和列宁都十分重视城市在革命中的作用。马克思列宁主义基本原理是正确的，但各国革命有不同的特点。当共产国际按照苏联模式来指导中国革命，中国共产党人又把共产国际指示神圣化时，就演化出了一条指导中国革命的“左”倾教条主义路线。

1927 年 11 月，瞿秋白主持召开了中共中央临时政治局扩大会议，通过了《中国现状与共产党的任务决议案》，强调“城市工人暴动的发动是非常之重要；轻视城市工人，仅仅当做一种响应农民的力量，是很错误的，党的责任是努力领导工人日常斗争，发展广大群众的革命高涨，组织暴动，领导他们到武装暴动，使暴动的城市能成为自发的农民暴动的中心及指导者。城市工人的暴动是革命的胜利在巨大暴动内得以巩固而发展的先决条件”①。1928 年 7 月，党的六大虽然肯定农村革命根据地的斗争会成为革命新高潮的重要组成部分，但在革命道路问题上仍然以城市暴动为中心。中共六大决议指出：“城市领导作用底重要，和无产阶级群众底高潮，都将要表显它的决定胜负的力量”②，仍然以城市中心观点指导革命。1929 年 2 月 7 日，在《中央给毛泽东、朱德两并转湘赣边特委会信》中，当时的中央仍然主观主义地要求加快城市工作速度，放慢农村斗争的步伐，使土地革命、农村游击战争同党的“中心任务”相适应。李立三一再

① 《中共中央文件选集》第 3 册，中共中央党校出版社 1983 年版，第 373 页。
② 《中共中央文件选集》第 4 册，中共中央党校出版社 1983 年版，第 179 页。

强调："没有中心城市，产业区域，特别是铁路海员兵工厂工人群众的罢工高潮，决不能有一省与几省政权的胜利，想'以乡村来包围城市'，'单凭红军来夺取中心城市'都只是一种幻想，一种绝对错误的观念。"① 为了强调城市工人斗争的重要性，李立三把半殖民地半封建的中国乡村与城市的关系比喻为"四肢"与"头脑"的关系，指出乡村是"统治阶级的四肢"，城市才是"头脑与心腹"，如若斩断"四肢"而没有斩断"头脑"，"还不能制他的最后的死命"；完成斩断统治阶级的头脑，炸裂他的心腹的斗争，"主要是靠工人阶级的最后的激烈争斗——武装暴动。所以忽视准备工人阶级的武装暴动，不只是策略上的严重的错误，而且会成为不可饶恕的罪过"②。

1930年2月26日，中共中央又向全党发出第70号《通告》，提出党在目前总的政治路线是"变军阀战争为国内的阶级战争，以推翻国民党的统治，建立苏维埃政权"，"在这一总路线下，党应集中力量积极进攻"③，争取一省或几省的首先胜利。为此，决定红军"在战略与战术上必须向着交通要道中心城市发展"④。《通告》还批评"农村割据"的做法是"分散红军"，"逃避敌人进剿"，认为这种"向偏僻地区发展的观念在现时局势下，便成为极端错误的取消观念"⑤。4月3日，中共中央在"致红军第四军前委的信"中，还批评毛泽东等人"造成粤闽赣三省边境的红色割据"，"争取江西一省的政权"，"在目前这是极端错误的了"⑥，重申"猛烈的扩大红军与坚决的向中心城市发展，是红军当前最主要的任务"⑦。又在给红五军前委彭德怀的信中更明确指出，根据地不是要"建设在大山中，而要建设在大城市，像武汉这样的城市"⑧。同年6月，中共中央政治局通过李立三起草的《目前政治任务的决议》，明确强调"无产阶级的伟大斗争，是决定胜负的力量，没有工人阶级的罢工高潮，没有中心城市的武装暴动，决不能有一省与几省的胜利"⑨。

---

① 《中共中央文件选集》第6册，中共中央党校出版社1983年版，第60页。
② 《中共中央文件选集》第6册，中共中央党校出版社1983年版，第62页。
③ 《中共中央文件选集》第6册，中共中央党校出版社1983年版，第17页。
④ 《中共中央文件选集》第6册，中共中央党校出版社1983年版，第21页。
⑤ 《中共中央文件选集》第6册，中共中央党校出版社1983年版，第21页。
⑥ 《中共中央文件选集》第6册，中共中央党校出版社1983年版，第39页。
⑦ 《中共中央文件选集》第6册，中共中央党校出版社1983年版，第39页。
⑧ 《彭德怀自述》，人民出版社1981年版，第145页。
⑨ 《中共中央文件选集》第6册，中共中央党校出版社1983年版，第90页。

“左”倾教条主义者不顾实际的“以城市为中心”给中国革命造成了巨大损失。

1930 年 9 月 24 日至 28 日，中共六届三中全会纠正李立三对于中国革命形势的极“左”估计，停止了组织全国总起义和集中全国红军进攻中心城市的计划，但并没有在思想上、理论上彻底清理以李立三为代表的“左”倾错误，没有从总结经验教训中认识到城市中心论的错误及其危害，因而通过的《关于政治状况和党的总任务议决案》，依然强调“城市工人运动的中心问题就是在准备总同盟罢工的方针之下，去加紧组织政治罢工”①，“积极的扩大中心城市工人群众的鼓动与组织工作”，“以加强并且巩固无产阶级对于农民战争的领导权”② 等等，这又为“左”倾错误在合适的环境再次生长，提供了思想上的条件。

1931 年 1 月，以王明为代表的教条主义者，在共产国际代表米夫的支持下，通过中共六届四中全会，取得了在中共中央的领导地位，城市中心论又以新的表现形态萌生复燃。九一八事变后不久，中央就提出“利用目前顺利的政治与军事的条件，占取一、二个重要的中心城市，以开始革命在一省数省的首先胜利，是放到党的全部工作与苏维埃运动的议事日程上面了”③。自此“占领中心城市”又成了中央行动的总方针，甚至导致在第五次反“围剿”中红军处于被动挨打、节节失利的不利局面，被迫进行万里长征的战略转移。“左”倾教条主义者不了解半殖民地半封建的中国社会的特点，不了解中国革命的不平衡性、曲折性和长期性④，严重低估农民游击战争和农村革命根据地的重要性，“给革命根据地和白区革命力量

---

① 《中共中央文件选集》第 6 册，中共中央党校出版社 1983 年版，第 295 页。

② 《中共中央文件选集》第 6 册，中共中央党校出版社 1983 年版，第 292—293 页。

③ 《中共中央文件选集》第 8 册，中共中央党校出版社 1985 年版，第 34 页。

④ 叶剑英说：“斯大林领导第三国际培养了一批中国学生。他认为这些学生是他培养，忠实于他，想通过这些人领导中国革命。他不知道马克思列宁主义的普遍真理只能指出一个方向，别国的经验只能当参考。它要与实际斗争联系起来，就是说要结合当时中国的实际……斯大林培养的青年学生对中国的实际不了解，没有经验。在解决一些具体问题时，他们的意见有些不符合中国实际，可是他们一定要坚持。这不仅带来困难，还带来了许多麻烦。党内产生了教条主义和宗派主义。本来当时的情况对我们非常有利，但我们还是失败了。”《叶剑英选集》，人民出版社 1996 年版，第 376—377 页。

造成极大损失”①。

中国革命的实践经验表明，单靠背诵马克思列宁主义的一般原理、照搬苏联革命的模式，是不能解决中国革命的实际问题的，只有把马克思列宁主义普遍原理与中国革命实际相结合，才能指导中国革命的正确道路。农村包围城市、武装夺取政权革命道路理论的提出，是对“城市中心论”和“左”倾教条主义路线的突破，是对马克思恩格斯和列宁有关无产阶级革命道路理论的创新。

二、农村包围城市、武装夺取政权革命道路理论的形成

农村包围城市、武装夺取政权道路，经历了一个在实践中逐步形成和发展的过程。八七会议虽然制定了武装反抗国民党的总方针，但是由于国际共产主义运动史上历次无产阶级斗争皆是在大城市发动，加之共产国际的影响，全党对于这一时期革命的共识是以城市为中心。因此，无论是南昌起义，还是秋收起义和广州起义等，起义的目标都是夺取中心城市。但是，在当时党的力量还十分弱小，敌我力量对比悬殊，各个起义均遭失败的结果，说明了这一道路在中国走不通。中国共产党人以毛泽东“枪杆子里面出政权”思想为启发，将马克思列宁主义关于暴力夺取政权的普遍原理同中国革命的具体实践相结合，以农村为阵地开展武装斗争，成功逐步挽回了革命局面。

1929 年 1 月，红四军主力下山向赣南闽西进军，先后开辟了赣南革命根据地和闽西革命根据地，后来连成了一片，成为中央革命根据地。随着农村革命根据地的发展和扩大，中国共产党内许多实际工作者进一步认识到红色政权在中国革命中的地位和作用。而当时的中共中央，在组织城市暴动失败后转而消极悲观，甚至要解散红四军。针对中央的悲观情绪和糊涂认识，1929 年 4 月 5 日，毛泽东在给党中央的回信中，阐述了自己的正确主张，认为农村革命根据地和红军战争的发展、扩大，将是促进革命高涨的重要条件，指出：“农村斗争的发展，小区域红色政权的建立，红军的创造和扩大，尤其是帮助城市斗争、促进革命潮流高涨的重要条件”②，“畏惧农民势力的发展，以为将超过工人势力而不利于革命”，这种意见

---

① 《中共中央关于党的百年奋斗重大成就和历史经验的决议》，人民出版社 2021 年版，第 6 页。

② 《毛泽东文集》第 1 卷，人民出版社 1993 年版，第 55 页。

“是错误的”，“因为半殖民地中国的革命，只有农民斗争得不到工人的领导而失败，没有农民斗争的发展超过工人的势力而不利于革命本身的”①。复信建议，“在国民党混战初期的，以闽西赣南二十余县一大地区为范围，用游击战术从发动群众以至群众的公开割据，深入土地革命，建立工农政权，由此一割据与湘赣边之割据连接起来，形成一坚固势力，以为前进的根基”②。这种将农村斗争、根据地的建立和红军的发展与夺取全国政权联系起来的思想，较之党的六大的认识大大前进了一步。同时，针对党和红军内许多人仍然不相信革命高潮会很快到来，不赞成去做建立政权的艰苦工作，提出了“红旗到底能打多久?”的悲观疑问，毛泽东在1930年1月给林彪的信《星星之火，可以燎原》中，批评了以“流动游击”的方式“等待中心城市发动武装起义”的观点，认为这是一种典型的“先争取群众后建立政权”的形而上学错误思想，在实践上是完全行不通的。信中指出，在中国，“红军、游击队和红色区域的建立和发展，是半殖民地中国在无产阶级领导之下的农民斗争的最高形式，和半殖民地农民斗争发展的必然结果，并且无疑义地是促进全国革命高潮的最重要因素”③。有了农村革命根据地的存在和发展，“才能给反动统治阶级以甚大的困难，动摇其基础而促进其内部的分解。也必须这样，才能真正地创造红军，成为将来大革命的主要工具。总而言之，必须这样，才能促进革命的高潮”④。毛泽东把农村革命根据地与促进全国革命高潮、夺取全国胜利联系在一起，明确系统地提出了“以农村为中心”的思想，初步找到了具有中国特色的民主革命道路。

与此同时，中国共产党其他领导人也在具体的革命实践中思考农村工作和城市工作的关系，对中国革命走以农村包围城市、武装夺取政权的道路问题发表了一些宝贵的意见。1929年3月，周恩来对于蒋桂战争爆发后，贺龙和湘鄂西前委想乘机向下游发展，以便将来占领常德、宜昌的计划，指出：“目前所应注意者，还不是什么占领大的城市，而是在乡村中发动群众，深入土地革命。……决不应该超越了主观的力量……而企图立刻占领中心工商业城市。”⑤ 1930年4月，何孟雄在著名的《子敬来信》中

① 《毛泽东文集》第1卷，人民出版社1993年版，第55页。
② 《毛泽东文集》第1卷，人民出版社1993年版，第58页。
③ 《毛泽东选集》第1卷，人民出版社1991年版，第98页。
④ 《毛泽东选集》第1卷，人民出版社1991年版，第98—99页。
⑤ 《周恩来选集》上卷，人民出版社1984年版，第17—18页。

也阐述了“乡村包围城市”的思想，指出在“农民运动的发展比较城市的工人运动要快得多”的情势下，“将大部分的力量都用在城市中，实不如用在农村中的为好”，在革命势力占据了广大农村之后，“用广大的农村革命势力向城市进攻，必然可以得着胜利”①。这些论述为以毛泽东为主要代表的中国共产党人最终形成系统的农村包围城市思想作了非常有价值的补充。

从思想理论发展史上看，“农村包围城市、武装夺取政权”革命道路理论与20世纪30年代初以前形成的“工农武装割据”思想既有区别又有联系，体现着毛泽东思想的发展。“工农武装割据”的思想，为农村包围城市、武装夺取政权的革命道路理论奠定了坚实的理论基础，它是中国革命新道路理论的重要组成部分。它主要是回答农村根据地即中国红色政权存在和发展的原因和条件。而农村包围城市、武装夺取政权理论的内容是多方面的，但其最主要的是回答了中国革命取得胜利的根本途径和根本道路问题。毛泽东在提出“工农武装割据”思想时，虽然在实践上已经深入农村，但是在指导思想上还是农村配合城市，因此还没有对党的工作重心必须由城市转入农村的问题作出明确的结论，还没有认识到农村斗争是夺取全国革命胜利的主要途径，“开始他还主张在闽浙赣边创造苏区来影响城市工作，配合城市工作，到给林彪的信（指《星星之火，可以燎原》——引者注）中才明确指出要创造红色区域，实行武装割据，认为这是促进全国革命高潮的最重要因素，也就是要以乡村为中心”②。

具有中国特色的民主革命道路思想的提出，是毛泽东敢于冲破教条主义束缚，把马克思主义普遍真理和中国革命具体实践相结合作出的伟大创造。这一思想适合中国特殊国情，适应了中国革命发展的特殊规律，是对马克思列宁主义有关革命道路理论的创新和发展，对推进马克思主义中国化的发展具有重要意义。

第六节　共产国际指导下的“左”倾错误对马克思主义中国化进程的影响

共产国际即第三国际，成立于1919年3月6日并于1943年5月15日

---

① 转引自杨超、毕剑横：《毛泽东思想史》第1卷，四川人民出版社2001年版，第201—202页。

② 《周恩来选集》上卷，人民出版社1980年版，第179页。

宣布解散。在20世纪上半叶的世界革命和国际共产主义运动，共产国际对包括中国共产党的成立和早期中国革命，产生了不可磨灭的影响。在早期的中国革命过程中，实现马克思主义中国化对于中国共产党来说是一个崭新的历史课题。中国共产党一定程度上受共产国际的指导，这一“指导”既有正确的指导，又有错误的指示，对中国革命和马克思主义中国化进程也必然带来一定的影响。

一、共产国际在中国共产党成立初期的指导

从中国共产党成立到第一次国内革命战争，共产国际对中国革命的指示基本上是正确的。1921年，在共产国际的帮助和推动下，中国共产党诞生了。中国共产党成立时，共产国际对中国共产党除了在组织上、干部上的帮助之外，最具有持久性和决定性的影响就是帮助中国共产党确立了马克思主义的指导思想，使中国共产党接受了马克思主义的完整科学的世界观和科学社会主义，避免了各种非马克思主义的侵蚀，为党的健康发展和最终完成马克思主义中国化任务打下了良好的思想基础。共产国际帮助孙中山改组国民党、重新解释三民主义，促成国共两党的第一次合作；在大革命的初期和中期，共产国际和斯大林对于中国社会性质、革命前途、对象、动力、任务的分析，以及对中国共产党在第一次大革命中的路线和方针上的指导，基本上是正确的。正因为如此，第一次大革命很快取得重大的胜利，中国共产党也迅速发展壮大，成为拥有近6万名党员的无产阶级革命政党。这一时期，虽然共产国际没有自觉认识到要把马克思主义中国化，但在实践中为制定出既符合马克思列宁主义原理又符合中国国情的方针政策，不自觉地以马克思列宁主义观点观察中国革命实际，在某种程度上使马克思列宁主义与中国实际相结合，客观上推动了马克思主义中国化的实际进程。当然在大革命后期，由于共产国际对中国革命的指导陷入了右倾僵化的地步，对大资产阶级的背叛革命缺乏必要的准备，致使在大资产阶级叛变的情况下革命遭到惨重失败，也阻碍和延缓了马克思主义中国化的历史进程。

土地革命战争初期，共产国际一方面帮助中国共产党实行了政治战略的转变，客观上为红军和农村根据地的建立创造了前提；另一方面在对革命道路的认识和选择上，又脱离了中国国情，盲目迷信十月革命模式和经验，将马克思主义教条化，将十月革命的经验模式化，在组织上对中国共

产党实行严格控制，直至在对待马克思主义的问题上，生搬硬套书本上的结论，垄断对马克思主义的解释权，要求中国共产党人无条件地从事分析和运用俄共在俄国三次革命中所取得的经验并应用于中国，推导出一个类似于俄国 1905 年革命、1917 年二月革命和十月革命的中国革命“三阶段论”①，成为中国共产党党内一次比一次更为严重的三次“左”倾错误的理论根基。

二、共产国际与中共早期的“左”倾错误路线

从 1927 年 7 月大革命失败到 1935 年共产国际召开七大，中国共产党连续发生了三次“左”倾错误，给中国共产党领导的中国革命造成了巨大损失，主要原因在于共产国际“第三时期”理论对中国革命的影响和共产国际代表的错误指导。当共产国际发现自身错误时，又及时纠正这些错误，并帮助中共中央纠正错误政策，使中国革命在曲折中前进。但总体而言，“对于马克思主义中国化的历史进程，共产国际主要起的还是消极、障碍作用”②。

大革命失败后，中国共产党领导人瞿秋白“左”倾盲动主义错误主要与共产国际代表罗明那兹的“左”倾错误有关。瞿秋白是中国共产党早期主要领导人之一，是党的著名政治活动家、理论宣传家和才华横溢的文学家，是国内外有名的共产主义战士。在第一次和第二次国内革命战争时期，瞿秋白为中国的革命事业作出了巨大贡献，但同时也在罗明纳兹的“左”倾错误影响下犯了“左”倾盲动主义错误。1927 年 11 月，在瞿秋白的主持下，中共中央召开政治局扩大会议。会议完全接受罗明纳兹起草的《中国现状与党的任务决议案》，认为“在革命速度上，中国革命的进展虽

① 大革命失败后，斯大林在《中国革命问题》和《时事问题简评》等文章中，系统地提出了关于中国革命的“三阶段论”。他认为：“第一阶段是全民族联合战线的革命，即广州时期。当时革命的锋芒主要是指向外国帝国主义，而民族资产阶级是支持革命运动的。”“第二阶段是资产阶级民主革命，即国民革命军进抵长江以后，当时民族资产阶级离开了革命，而土地运动则发展成为数千万农民的强大革命。”“第二阶段的特点是革命的锋芒主要指向国内的敌人，首先是指向封建主，指向封建制度。”“第三阶段是苏维埃革命，这个革命现在还没有到来，但它是会到来的。”见《斯大林全集》第 10 卷，人民出版社 1954 年版，第 14、15、25、15 页。

② 郑德荣、彭明榜：《共产国际与马克思主义中国化》，《东北师大学报》（哲学社会科学版）1993 年第 3 期。

然受着历次的挫折，但是他始终继续不断的发展”，“这种继续不断的革命爆发，显然证明中国革命之无间断性”[1]。瞿秋白根据这次会议精神，先后于11月21日和12月19日发表《中国革命是怎样的革命?》和《武装暴动的问题》两篇文章，指出：“中国革命是高涨而不是低落，中国革命的高涨而且是无间断的性质——各地农民暴动的继续爆发以及城市工人中斗争的日益剧烈，显然有汇合而成总暴动的趋势”[2]，“中国当前的革命，显然是由解决民权主义任务急转直下到社会主义革命”，“单是农民暴动而没有暴动的城市做他的中心和指导者，便不能团结集中而形成伟大的胜利的革命权力”，认为中国革命是资产阶级民权革命，可经过无间断革命直到社会主义革命。在“左”倾错误的指导下，以瞿秋白为代表的中共中央，制定了实现全国总暴动的总政策，并先后在许多地区发动工人、农民起义。这些暴动和起义，由于缺乏群众基础和敌我力量悬殊都失败了，这使国民革命失败后保存下来的有限的革命力量进一步蒙受重大损失。当然，瞿秋白的“左”倾思想的产生，除了受共产国际指示的影响外，也有对中国国情认识不够、教条主义思想根深蒂固、对革命发展形势和敌我力量的对比作了错误的估计、“左”倾急躁情绪在党内的滋长和发展等。罗明纳兹和瞿秋白的“左”倾错误引起了共产国际和中共中央的思索。共产国际执行委员会第九次扩大会议通过关于中国问题的决议，批评了盲动错误和罗明纳兹的错误，紧接着中共中央纠正了中国共产党内的“左”倾盲动错误。

中国共产党第二次“左”倾错误是以李立三为代表的“左”倾冒险主义。这一次错误的产生，直接与共产国际提出“第三时期”的理论相关联。共产国际执行委员会第九次扩大会议后，共产国际虽然指导中国纠正了瞿秋白的“左”倾盲动主义错误，但是并未从指导思想上对“左”倾思想加以认识和纠正。1928年7月17日，共产国际第六次代表大会提出了“第三时期”的理论，认为世界资本主义经济迅速发展，资本主义矛盾愈演愈烈，“从而不可避免地导致资本主义制度的总崩溃”[3]。这表明共产国际路线和政策急剧向“左”转变的核心。1929年，共产国际向中共中央多次发来含有“左”倾错误主张的指示，尤其是10月26日的指示信，作出

---

① 《中共中央文件选集》第3册，中共中央党校出版社1989年版，第453页。

② 《中共中央文件选集》第3册，中共中央党校出版社1989年版，第637页。

③ 向青：《共产国际与中国革命关系史稿》，北京大学出版社1988年版，第147页。

中国进入了深刻的全国危机的时期，认为中共党内盲动主义错误已经大致纠正过来，主要危险是右倾主义的错误判断。根据共产国际指示精神，党中央政治局作出当前无须继续执行在革命低潮时期积蓄力量的策略，而是要执行集中力量积极进攻的策略。李立三在党的机关刊物上发表多篇文章，提出关于中国革命的一系列“左”的观点。1930 年 6 月召开的中央政治局会议通过了由李立三起草的《目前政治任务的决议》，对革命形势作了错误估计，认为中国革命高潮已经逼近我们面前，并极大可能地变为全国革命的胜利，中国革命爆发会掀起全世界的大革命，中国将在这里取得完全胜利。决议还明确党在当前的主要任务是组织全国性的武装暴动，并照搬俄国十月革命的经验，认为只要在产业区域或政治中心突然爆发一个伟大的工人斗争，就可以立即通过武装起义实现一省或数省的首先胜利，进而夺取全国所有省区的胜利。《目前政治任务的决议》的通过，标志着李立三“左”倾冒险错误在中共中央取得了统治地位。此后，在“左”的错误思想指导下，李立三制定了以武汉为中心的全国中心城市武装起义和集中全国红军攻打中心城市的冒险计划，要求各路红军“会师武汉，饮马长江”。这种不顾敌我力量的过分悬殊而实施的冒险计划，导致党和红军严重受挫。“左”倾冒险主义错误的急剧发展，超出了共产国际所能够允许的范围，因而受到共产国际的批评。1930 年 7 月下旬，共产国际书记处专门开会，讨论中国革命的形势和任务，并通过了《关于中国问题决议案》，决定让周恩来、瞿秋白回国贯彻共产国际决议精神，纠正李立三等人的错误。中共六届三中全会批评了“左”倾冒险主义错误，停止组织全国总暴动和集中全国红军进攻中心城市的冒险行动。但是，由于共产国际本身就存在的“左”倾问题，这种纠正并不彻底，后来又有王明“左”倾教条主义错误更加严重地表现出来。

以王明为代表的“左”倾教条主义的错误，是党内出现的第三次“左”倾错误，也是新民主主义革命时期出现的形态最完备、理论最充分、影响时间最长、危害程度最为深远的一次“左”倾错误。在中共六届四中全会上，在共产国际代表米夫的扶持下，王明取得了中共中央的领导地位。他也提出了“对共产国际总路线百分之百的忠实”[①] 的口号，忠实诚意地接受共产国际对中国共产党和中国革命的指导。中共六届四中全会召

---

① 《中共中央文件选集》第 9 册，中共中央党校出版社 1991 年版，第 597 页。

开不久，共产国际为了说明推翻资本主义制度条件的成熟，就竭力夸大中国革命形势，认为“在中国，革命危机加深的实际表现是，在拥有数千万人口的土地上建立了苏维埃和红军。这是当前中国革命高涨的决定性因素”①，中国共产党应当“继续发展对资产阶级地主反动势力的进攻，准备同帝国主义进行决战”，达到“无产阶级和农民这两个阶级的专政向无产阶级专政、向社会主义革命阶段的直接过渡”②。在共产国际“左”倾错误思想指导下，中共中央全盘接受共产国际对世界革命和中国革命形势的估计，夸大国民党反动统治的危机和革命力量的发展，在革命形势和党的任务问题上和组织上，执行一系列错误政策，实现了新的“左”倾路线的两项相互联系的错误纲领：反对所谓“目前党内主要危险”的“右倾”，和“改造充实各级领导机关”③。王明的“左”倾错误直接导致第五次反“围剿”失败，“苏区力量损失了 90%，白区力量损失了几乎 100%”④。马克思主义中国化的进程也遭受重大挫折。在革命的生死紧要关头，1935 年 1 月党中央在遵义召开了政治局扩大会议，即遵义会议，结束了王明的“左”倾教条主义错误，“开始确立以毛泽东同志为主要代表的马克思主义正确路线在党中央的领导地位，开始形成以毛泽东同志为核心的党的第一代中央领导集体，开启了党独立自主解决中国革命实际问题的新阶段”⑤，自此中国革命走上了将马克思列宁主义与中国实际相结合的正确道路，极大地推动了马克思主义中国化的发展。

第七节 遵义会议与马克思主义中国化第一次飞跃的发轫

第五次反“围剿”的失败和长征初期的严重损失，使党和中央红军陷

---

① 《共产国际有关中国革命的文献资料》第 2 辑，中国社会科学出版社 1982 年版，第 108 页

② 《共产国际有关中国革命的文献资料》第 2 辑，中国社会科学出版社 1982 年版，第 164 页。

③ 《〈关于若干历史问题的决议〉和〈关于建国以来党的若干历史问题的决议〉》，中共党史出版社 2010 年版，第 9 页。

④ 杨云若、杨奎松：《共产国际和中国革命》，上海人民出版社 1988 年版，第 305 页。

⑤ 《中共中央关于党的百年奋斗重大成就和历史经验的决议》，人民出版社 2021 年版，第 6 页。

入极端危险的境地。1935 年 1 月 15 日至 17 日，党中央在贵州遵义召开了一次重要的会议，史称遵义会议。遵义会议就是为了纠正错误领导、统一党内意志，以摆脱困境的历史性会议。遵义会议是党的历史上一个生死攸关的转折点，是马克思主义中国化历史进程上一个重要的里程碑：中国工农红军长征是从这里化被动为主动并逐步开始走向胜利的；中国革命道路的探索，是从这里逐步拨正航船开始找到正确方向的；中国革命的领导核心，是从这里逐步形成开始走向成熟的；中国革命的指导思想，也是从这里逐步沿着马克思主义中国化的轨道发展完善的。

一、为马克思主义中国化的历史性飞跃提供了组织保障

遵义会议确立实事求是的思想路线，结束了王明“左”倾教条主义，确立了毛泽东在中共中央和红军中的领导地位，开始形成以毛泽东为核心的成熟的坚强的党中央领导集体，这为马克思主义中国化的顺利开展奠定坚实的组织基础，开启了马克思主义与中国革命实践相统一的正确领导。

马克思主义中国化的主体是中国共产党，党推动马克思主义中国化是通过政策制定进行的，而政策是由中国共产党所召开的会议所确定的。在马克思主义中国化的进程中，制定政策的人的思想意志对马克思主义能够真正和中国的实际国情相结合起着决定性的作用。党的领导人通过实践，通过调查研究形成自己对于问题的看法，然后通过召开会议，把自身的意志通过会议的形式上升为党的意志，在全党范围内进行推广。因此，党的领导人对于形势的看法是否切实做到理论联系实际就显得异常重要了。党的领导人对于实际情况的看法只有结合实践，并经反复的推敲验证，才能和现实相一致。因此单单具有深厚的马克思主义理论对于领导人而言仅是必要条件，而不是充分条件，领导人还要把自己所掌握的马克思主义理论与实践相结合，通过集体讨论，形成反映不断变化的客观现实的判断，在此基础上形成对客观实际的准备把握。

在遵义会议之前，党内长期存在的“左”倾错误使党的事业走了一段弯路。究其原因，其中的一个重要因素即是党的领导人本身犯有“左”倾错误。不可否认，瞿秋白、李立三、王明和博古，他们都具备扎实的马克思主义基本理论的功底，但他们不能将理论联系实际，不能根据形势的发展得出科学的结论，而是盲目地按照教条行事，犯了主观主义的错误。在土地革命期间，党所历经的三次“左”倾错误都和党的主要领导人把与现

实国情存在很大差异的政策上升为党的意志，然后在全党加以贯彻，这必然造成革命事业遭遇挫折。

在遵义会议上，党中央领导机构进行了改组，推选毛泽东为政治局常委，并在会议后成立了以毛泽东、周恩来、王稼祥三人组成的新的“三人团”，虽然“周恩来为党内委托的对于指挥军事下最后决心的负责者”①，毛泽东为“恩来同志的军事指挥上的帮助者”②，但由于周恩来需要在前方指挥作战，这时在中共中央核心机构中真正懂得军事的只有毛泽东，事实上开始形成了以毛泽东为核心的党中央的领导。以毛泽东为代表的中国共产党人是按照马克思主义中国化的本质要求进行工作的，并不断进行理论和实践创新。遵义会议确立毛泽东在党内和军内的领导地位，为在全党确立马克思主义的正确路线，破除“左”倾教条主义在党内的统治，打破“唯书论”“唯共产国际论”的错误思维奠定了组织基础。

在遵义会议之后，党推进马克思主义中国化的事业顺利开展，和以毛泽东为核心的新的党中央的确定有着极大的关联。对于遵义会议开始形成以毛泽东为核心的党中央在马克思主义中国化的推动作用，邓小平曾经指出：“我党自从一九三五年一月遵义会议之后，在以毛泽东为首的党中央领导之下，彻底克服了党内‘左’右倾机会主义，一扫主观主义、宗派主义和党八股的气氛，把党的事业完全放在中国化的马列主义，即毛泽东思想的指导之下，直到现在已经九年的时间，不但没有犯过错误，而且一直是胜利地发展着。”③《关于若干历史问题的决议》对遵义会议作出的组织决定也进行了高度的评价，指出“这次会议开始了以毛泽东同志为首的中央的新的领导，是中国党内最有历史意义的转变”。这充分表明，在遵义会议之后，党推进马克思主义中国化的事业之所以能够顺利开展，和以毛泽东为核心的新的党中央的确定有着极大的关联。

二、遵循马克思主义与中国实际相结合的原则确立正确的军事路线

遵义会议以马列主义同中国革命实践相结合的原则，确立积极防御的军事路线，批判消极防御的错误路线。

---

① 《陈云文选》第1卷，人民出版社1995年版，第43页。

② 《陈云文选》第1卷，人民出版社1995年版，第43页。

③ 《邓小平文选》第1卷，人民出版社1989年版，第88页。

在遵义会议上，博古作了《关于五次反“围剿”总结的报告》，把失败的原因归于敌强我弱和各根据地配合不当等客观方面，为自己和李德的错误军事指挥辩护。周恩来作副报告，批评了他们在军事指挥上的错误并做了自我批评。毛泽东在会上做了重要发言，对博古、李德的错误军事路线作了切中要害的分析批判，阐述了符合中国革命战争特点的战略战术原则。用陈云后来的话说：“毛泽东讲得很有道理，内容就是中国革命战争战略问题。”① 毛泽东指出，导致第五次反“围剿”失败和长征的初期严重损失的原因，主要是军事上的单纯防御路线，表现为进攻时的冒险主义，防御时的保守主义，突围时的逃跑主义②。周恩来、张闻天、王稼祥等旗帜鲜明地支持了毛泽东的发言。会议经过三天讨论，委托张闻天起草了《中央关于反对敌人五次“围剿”的总结决议》（以下简称《总结决议》），对党内两条军事路线长期斗争作出了正确的结论。《总结决议》指出“军事上的单纯防御路线，是我们不能粉碎敌人五次‘围剿’的主要原因”③。由于“左”倾冒险主义“以单纯防御路线（或专守防御）代替了决战防御，以阵地战堡垒战代替了运动战，并以所谓‘短促突击’的战术原则来支持这种单纯防御的战略路线。这就使敌人持久战与堡垒主义的战略战术，达到了他的目的”④。《决议》阐述了毛泽东的“决战防御（攻势防御），集中优势兵力，选择敌人的弱点，在运动战中，有把握的去消灭敌人的一部或大部，以各个击破敌人，彻底粉碎敌人的‘围剿’”⑤ 路线的正确性。《总结决议》在批判博古、李德错误军事路线的同时，充分肯定毛泽东在开辟中央根据地中总结的符合中国革命战争规律的军事路线，这在毛泽东思想发展史上具有重要意义。由于武装斗争在中国革命中具有极端重要性，也由于党当时正处于严酷的战争环境下，“战争的指挥问题，关系于战争胜负的全局”，因此，遵义会议对严重危害党和革命的“左”倾军事路线的纠正，以及对毛泽东所代表的正确军事思想的肯定，就成为当时最根本的拨乱反正。这标志着以毛泽东为代表的正确军事路线，成为党中央集体领导中国革命战争的军事路线，为中国革命不断胜利奠定了坚

① 《遵义会议文献》，人民出版社 1985 年版，第 130 页。
② 《遵义会议文献》，人民出版社 1985 年版，第 67 页。
③ 《遵义会议文献》，人民出版社 1985 年版，第 20 页。
④ 《遵义会议文献》，人民出版社 1985 年版，第 67 页。
⑤ 《遵义会议文献》，人民出版社 1985 年版，第 5 页。

实基础。

三、遵义会议遵循马克思主义与中国实际相结合的原则确立正确组织路线

遵义会议应用马列主义关于党的建设的基本原理，独立自主地解决党中央组织问题，并开始实行正确的组织路线。

无产阶级政党的中央领导集体是否建立和形成，是否有一个领导集体的核心，这种领导集体是不是比较稳定和成熟以及成熟的程度，是关系党所领导的革命事业成败、党和国家前途和命运的重大问题。遵义会议以前，我党一直没有形成一个坚强核心的、比较稳定和成熟的中央领导集体。党中央的组织问题，尤其是党中央的主要负责人的更替，主要是根据共产国际的指令或在共产国际代表直接干预下解决的。

遵义会议遵循马克思主义的民主集中制的原则，独立自主地改组了中央领导，推选毛泽东为政治局常委，取消博古、李德的最高军事指挥权，决定“仍由最高军事首长朱周为军事指挥者，而恩来是党内委托的对于指挥军事上下最后决心的负责者”①。会后，在行军途中，常委进行分工，决定“以泽东为恩来的军事指挥上的帮助者”②，“以洛甫代替博古负总的责任”③。不久，又根据当时红军处于强敌围困之中，情况瞬息万变，亟须成立一个具有权威的军事指挥机构以保证毛泽东实施正确的军事指挥，成立了由毛泽东、周恩来、王稼祥三人组成的军事指挥小组，作为全军最高统帅部，全权指挥军事，这在当时是全党全军最重要的机构。这些变动表明，王明“左”倾冒险主义在党中央的统治从此结束，“教条宗派开始完结”④，从而“实际上开始了以毛泽东为领导中心的中央的建立”⑤。毛泽东在全党全军领导地位的确立，“是中国共产党在这一时期的最大成就”⑥。

遵义会议是一次政治局扩大会议。参加会议的绝大多数后来都成为第一代中央领导集体的基本成员。其中有 7 人成为中央领导集体的重要成员，

---

① 《遵义会议文献》，人民出版社 1985 年版，第 34 页。
② 《遵义会议文献》，人民出版社 1985 年版，第 42 页。
③ 《遵义会议文献》，人民出版社 1985 年版，第 43 页。
④ 博古：《在中央政治局会议上的发言（节录）》，1943 年 11 月 18 日。
⑤ 《遵义会议文献》，人民出版社 1985 年版，第 79—80 页。
⑥ 《毛泽东选集》第 3 卷，人民出版社 1991 年版，第 955 页。

即毛泽东、刘少奇、周恩来、朱德、陈云、邓小平和林彪。在遵义会议上，“毛、刘、周、朱这一代”的领导体制虽未完全形成，但毛泽东在全党全军中的实际领导地位，周恩来、朱德的重要领导地位都已确立；刘少奇、陈云在党内影响作用显著增大以及邓小平历史上的第一次复出，再任党中央秘书长等，已显示出以毛泽东为核心的新的中央领导集体开始初步形成。“我们党的领导集体，是从遵义会议开始逐步形成的。”① 自从中国共产党形成了一个成熟的领导核心，在遵义会议以后的漫漫革命历程中，党的策略方针便一直未出现决策失误。并且，毛泽东思想从遵义会议至抗战时期，也开始日臻完善达到成熟，并在中共七大上确立为党的指导思想，从而实现了马克思主义中国化的第一次伟大飞跃。

遵义会议不仅解决了党中央的组织问题，而且开始实行正确的组织路线，完全否定王明“左”倾宗派主义的干部路线，纠正过去对待持不同意见的人进行“残酷斗争、无情打击”的错误做法。一方面对过去在组织方面所犯错误的表现、危害、根源及改正办法进行了客观的实事求是的分析；另一方面对犯错误的主要负责人不是采取惩办的办法，而是热情帮助，耐心等待，让其在工作实践中逐渐来认识自己的错误。毛泽东曾指出：“左”倾错误统治时期，“党的干部政策和组织政策方面，是犯了严重的原则性的错误的，这表现在宗派倾向、惩办主义和思想斗争中的过火政策”，“这些错误，也因遵义会议得到了纠正，使党转到了正确的干部政策和正确的组织原则方面来了”②。

四、遵义会议为实现党的政治路线的转变创造了必要的前提

遵义会议从军事上、组织上和思想上批判了“左”倾冒险主义错误，肯定了毛泽东为代表的正确主张，这在实际意义上就从政治路线方面停止了王明“左”倾冒险主义在党中央的统治。因为军事与组织都是为政治服务的，后者决定前者，前者是后者的不同表现。作为政治的集中体现，在战争环境尤其是长征途中，军事与政治路线更是密不可分，在这个意义上说，对军事方针的改变也即是政治路线的调整；与此相关，指导思想是政治路线的基础，坚持实事求是的马克思主义思想路线，就能够克服和避免“左”和右的偏差。所以，从根本上讲，四者是完全一致的。《总结决议》

---

① 《邓小平文选》第 3 卷，人民出版社 1993 年版，第 309 页。

② 《毛泽东选集》第 2 卷，人民出版社 1991 年版，第 531 页。

虽然写了"认为当时党的总的政治路线一般的是正确的"[1] 抽象断语，但并不等于新的党中央仍要执行王明"左"的政治路线，并不等于正确的政治路线还没有开始。《总结决议》从党的指导思想、行动路线诸方面明确否定了"左"倾冒险主义，指出"政治局扩大会议认为博古的报告基本上是不正确的"。又指出：长征初期，由于"左"倾机会主义者"政治上军事上组织上的错误……使得自己差不多经常处于被动地位，经常遭受敌人打击，而不能有力的打击敌人"。这些都表明遵义会议对博古为首的"左"倾领导的决然否定（自然包括政治上的否定），正如毛泽东在《反对主观主义和宗派主义》一文中指出："遵义会议，实际上变更了一条政治路线。过去的路线在遵义会议后，在政治上、军事上、组织上都不能起作用了。"[2] 可见《总结决议》对错误的政治路线的抽象肯定，这一原则上的让步是为了避免因为政治路线的争论而造成党内分裂，以"便于集中力量取得胜利，减少阻力"[3]。也是为了说明"过去党在军事领导上的错误……不足以使我们悲观失望"[4]。以鼓舞全党的斗志和信念。这从一个侧面说明党走向了成熟。总之，遵义会议"暂时不提出政治路线都错了，是恰当的，因为当时的环境不允许，每天都在行军作战中。但事实上也是否定了当时的王明路线，因为当时党的一切在军队，军队打了败仗一切都垮，打了胜仗一切都可以解决"。

遵义会议是第一次在没有共产国际干预的情况下，中国共产党完全独立自主解决党内重大问题的伟大实践，是在斯大林时代各国共产党历史上的"一个前所未有的事件"[5]。它在军事、组织、思想、政治和经济政策等方面程度不同地结束了"左"倾冒险主义在党中央的统治，把党的路线转变到马克思列宁主义的轨道上来，在危急关头挽救了红军，挽救了中国革命，成为中国共产党和中国革命生死攸关的一个转折点。也表明中国共产党完全有能力把马克思列宁主义的普遍原理与中国革命的具体实践相结合，独立自主地解决中国革命问题。标志着真正开始了全党范围内的对马

---

① 《遵义会议文献》，人民出版社 1985 年版，第 36 页。

② 《毛泽东文集》第 2 卷，人民出版社 1993 年版，第 373 页。

③ 《遵义会议文献》，人民出版社 1985 年版，第 69 页。

④ 《遵义会议文献》，人民出版社 1985 年版，第 25 页。

⑤ 莫里斯·梅斯纳：《毛泽东的中国及其发展——中华人民共和国史》，张瑛等译，社会科学文献出版社 1992 年版，第 38 页。

克思主义中国化道路的探索进程，是马克思主义中国化史上的重要里程碑。

五、马克思主义中国化第一次历史性飞跃的肇始

马克思主义中国化是一个历史过程，马克思主义中国化的历史性飞跃则是这一过程在特定阶段实现理论创新的结果和状态，是状态与过程的统一。形成一个成熟的坚强的领导核心集体、独立自主地按照马克思主义原则办事、联系中国实际情况形成新的理论、运用新的理论解决中国不断出现的新问题，是马克思主义中国化历史性飞跃的基本要素。

从李大钊最早提出要把马克思主义的理论“应用于环绕着他的实境”，到毛泽东1930年在《反对本本主义》中提出“中国革命斗争的胜利要靠中国同志了解中国情况”的重要观点，中国共产党人早期对马克思主义中国化的探求是卓有成效的，其中不乏《中国社会各阶级的分析》《国民革命与农民运动》和《湖南农民运动考察报告》《中国的红色政权为什么能够存在?》《井冈山的斗争》《关于纠正党内的错误思想》等奠定中国共产党对中国国情和中国革命实际情况真切认识的光辉著作。但是，为什么当时在中国革命的实践中多次出现右或“左”的错误，直至后来出现几乎断送中国革命的、以王明为代表的严重的“左”倾教条主义错误？原因固然是多方面的，但直接原因与党内存在着的依靠共产国际给我们写决议，给我们写纲领，向我们作指示等等问题有关。就是说我们党还不能根据中国实际情况、独立自主地运用马克思主义理论解决中国不断出现的新问题，根本上说是我们党还没有形成一个成熟的坚强的领导核心集体。毛泽东指出：“要取得革命的胜利，就要有一个成熟的党，这是一个很重要的条件。”① 邓小平也讲：“任何一个领导集体都要有一个核心，没有核心的领导是靠不住的。第一代领导集体的核心是毛主席。”② 列宁认为，无产阶级政党在领导革命和建设事业，实现自己伟大历史使命的过程中，“通常是由最有威信、最有影响、最有经验，被选出担任最重要职务而称为领袖的人们所组成的比较稳定的集团来主持的”③。历史经验证明，无产阶级政党的领导集体是否有一个领导的核心，是不是比较稳定、成熟以及成熟的程

---

① 《毛泽东文集》第8卷，北京：人民出版社1999年版，第110页。
② 《邓小平文选》第3卷，北京：人民出版社1993年版，第310页。
③ 《列宁选集》第4卷，北京：人民出版社1995年版，第151页。

度，是关系党所领导的革命和建设事业成败、党和国家前途和命运的重大问题。

一个成熟的坚强的领导核心集体，是一个坚持民主集中制原则的集体，是一个正确理解马克思主义基本原理、善于运用马克思主义的方法论分析、研究各个民族和国家国情的集体，是一个善于总结自己实践经验、创新马克思主义理论的集体，是一个善于把握时代发展趋势、独立自主地解决本国社会革命和建设重大问题的集体。这样一个领导集体成熟的标志就是在历史发展的重大转折关头能够适时地实现革命和建设的实践主题的解答和历史转换。

以毛泽东为核心的党的第一代领导集体实现了马克思主义中国化的第一次历史性飞跃，即实现了马克思主义普遍原理与中国具体实践相结合由自发状态向自觉状态的转变。那么，第一次历史性飞跃是从什么时候开始的，即第一次历史性飞跃的起点在哪里？毛泽东指出，“我们认识中国，花了几十年时间。中国人不懂中国情况，这怎么行？真正懂得独立自主是从遵义会议开始的”，“马列主义普遍真理与中国具体实践相结合，这个口号就是在延安整风时提出的”①。这就是告诉我们，真正独立自主地、自觉地把马克思主义与中国实际相结合起始于遵义会议，或者说，遵义会议是马克思主义中国化第一次历史性飞跃的起点。

第一，遵义会议初步形成了以毛泽东为核心的坚强、成熟的第一代中央领导集体。在 1935 年 1 月遵义会议前，中国共产党 14 年的战斗历程中产生了六届中央领导，然而，由于我们党还是一个年幼的党，在统一战线、武装斗争和党的建设三个基本问题上都没有经验，对中国的历史状况和社会状况、中国革命的特点、中国革命的规律懂得不多，对共产国际存在着严重依赖，因而主持中央工作的领导成员更换频繁，中央领导核心一直处于分散状态。就是说遵义会议以前，我们的党没有形成过一个成熟的党中央。

遵义会议是伟大的红军长征的转折点。具有更深远意义的是，遵义会议形成了中国革命成熟的坚强领导核心。“遵义会议确立了毛泽东同志在红军和党中央的领导地位，开始确立了以毛泽东同志为代表的党中央的正确路线，使红军和党中央得以在极其危急的情况下保存下来，为我们党从

---

① 《毛泽东文集》第 8 卷，北京：人民出版社 1999 年版，第 339 页。

挫折走向胜利提供了重要保证。这是我们党走向成熟的重要标志。以毛泽东同志为核心的党的第一代中央领导集体逐步形成，是我们党在领导中国革命的实践中、经过胜利和失败的长期比较作出的历史性选择。”① 从遵义会议开始，毛泽东作为第一代中央领导集体的核心地位首次确立。

第二，遵义会议开始了中国共产党人独立自主地解决中国革命问题的历程。首先，遵义会议后，中国共产党开始独立自主地确定党的军事路线。遵义会议通过的《中央关于反对敌人五次“围剿”的总结决议》指出：“军事上的单纯防御路线，是我们不能粉碎敌人五次‘围剿’的主要原因”②，应该采取符合中国革命特点的正确的战略战术。《总结决议》对以毛泽东为首的正确的军事路线予以充分肯定，即在敌强我弱的情况下，“我们的战略路线应该是决战防御（攻势防御），集中优势兵力，选择敌人的弱点，在运动战中，有把握的去消灭敌人的一部或大部，以各个击破敌人，以彻底粉碎敌人的‘围剿’。这是我党和红军在第一次至第四次反‘围剿’过程中采取的战略战术，已为事实所证明是正确的”③。遵义会议解决了当时中国革命的实际问题。其次，遵义会议后，中国共产党开始独立自主地解决中央组织问题。此前，我们党的领导人的任命、罢免，是共产国际事先圈定的。遵义会议上，我们党按民主集中制的原则，历史上第一次在没有外人干预的情况下独立自主地解决了党中央的组织问题，取消博古、李德的最高指挥权，确立毛泽东同志在党中央和红军中的领导地位，形成了党中央新的领导集体。最后，遵义会议后，中国共产党开始独立自主地转变党的干部政策。遵义会议不仅解决了党中央的组织问题，而且开始转变干部政策，完全否定王明“左”倾宗派主义的干部政策，纠正了过去对待持不同意见的人进行“残酷斗争、无情打击”的错误做法。一方面，对犯错误的主要负责人进行严肃批评，分清是非，并从组织领导上作适当的调整；另一方面，又不只是单纯追究个人的责任，而主要的是从错误中吸取经验教训。遵义会议后，博古虽然不再担负党中央的总责，但仍保留在中央政治局内，后又担任中央红军总政治部代理主任的领导职务，让他在工作实践中逐渐来认识到自己的错误。从遵义会议到党的七

---

① 胡锦涛：《在纪念红军长征胜利70周年大会上的讲话》，《人民日报》2006年10月23日。

② 张民：《毛泽东是怎样战胜对手的》，中共中央党校出版社1996年版，第114页。

③ 张民：《毛泽东是怎样战胜对手的》，中共中央党校出版社1996年版，第114页。

大，我们党又经过10年的努力，总结了历史经验，为建立新民主主义的新中国制定了正确的理论和路线方针政策，使全党在思想上、政治上、组织上达到空前的统一和团结，党的领导更加成熟，党的力量成倍壮大，党成为领导全国各族人民进行伟大革命的核心力量。

第三，遵义会议第一次使得实事求是、理论联系实际的原则在全党范围内得到普遍贯彻。遵义会议召开前夕，毛泽东适时、适地、适人地开展了一系列说服教育工作，为在遵义会议上确立实事求是思想路线作了直接的准备。长征途中，针对王稼祥、张闻天与王明、李德等人的错误有着本质区别的情况，毛泽东利用和王稼祥、张闻天一起行军、一同宿营的机会，经常交谈党和红军的问题，尤其对王稼祥同志，毛泽东还向他“讲述了许多马列主义必须与中国革命实践相结合的道理”①，直接促成了张闻天和王稼祥等人的思想转变。正是在毛泽东耐心的说服和启发下，张闻天、王稼祥同志放弃了王明的错误路线，向毛泽东同志的正确路线靠拢。后来，王稼祥同志等还积极做其他同志的说服工作，并亲自提议召开遵义会议和提议由毛泽东同志出来领导红军，从而为遵义会议的成功召开赢得了思想和组织保证。

遵义会议从中国革命实际和中国红军战争的特征出发，决定红军的行动方针和战争策略，使党从“左”倾教条主义束缚下解放出来，走上了马克思主义和中国革命具体实践相结合的道路。遵义会议从理论和实践的结合上，着重批判了博古、李德的军事教条主义的错误，尤其是批判其“进攻时的冒险主义、防御时的保守主义、突围时的逃跑主义”的错误。在发言中，毛泽东和几位军事指挥员指出李德等不顾中国敌强我弱、敌大我小等实际情况，照搬外国的阵地战、堡垒战的经验，既不考虑指战员要走路、要吃饭、要睡觉，又不考虑是平地、山川或河流，还限定时间打仗，使前方指挥员一点机动余地都没有，当然是要失败的。这样的说理批评，得到与会者绝大多数的赞同②。遵义会议在党的中央的指导思想上，确定了毛泽东在全党全军的领导地位，也就确定了实事求是的思想路线在党内的领导地位。它结束了长达四年之久的王明“左”倾教条主义，开始实行

① 黄允升:《遵义会议——中国革命从全局上开始“走自己的道路”》,《党的文献》1995年第1期。

② 黄允升:《遵义会议——中国革命从全局上开始“走自己的道路”》,《党的文献》1995年第1期。

马克思主义与中国革命实践相统一的思想领导，即实事求是的思想路线。

第四，遵义会议是长征胜利的起点，成功地实现了中国革命实践主题的战略转移。遵义会议正确解决了关乎党和红军前途命运的三个全局性问题，即“引领红军向哪里去的战略方向问题，使党和红军摆脱被动局面的军事指挥问题，结束‘左’倾教条主义错误在中央的统治问题”[①]。遵义会议是中国革命的转折点，是中国革命走向胜利的标志，是长征胜利的起点，“这在党的历史上是一个生死攸关的转折点”。遵义会议之后，在毛泽东正确的思想路线和军事路线的指引下，中国共产党人扭转了乾坤，战胜了来自敌人的前堵后追的“围剿”，战胜大渡河、金沙江、雪山草地饥饿的困难，战胜来自张国焘的分裂主义，以及内部种种困难，胜利地完成二万五千里长征。1981年，中共十一届六中全会通过的《关于建国以来党的若干历史问题的决议》指出：“如果没有毛泽东同志多次从危机中挽救中国革命，如果没有以他为首的党中央给全党、全国各族人民和人民军队指明坚定正确的政治方向，我们党和人民可能还要在黑暗中摸索更长的时间。”遵义会议，打开了中国革命的新局面。

遵义会议不单是长征胜利的起点，它还是实现马克思主义中国化历史性第一次飞跃的起点，即是毛泽东思想形成和发展的一个起点。长征胜利后，1936年12月毛泽东写了《中国革命战争的战略问题》一书，运用辩证唯物主义和历史唯物主义的观点，深刻地阐明了无产阶级研究战争和指导战争的立场、观点和方法，系统地论述了中国革命战争的战略指导问题。抗日战争爆发后，毛泽东又相继发表了《抗日游击战争的战略问题》《论持久战》《论新阶段》《战争和战略问题》等军事著作，系统地论述了人民军队、人民战争、人民战争的战略战术的理论和原则，以及研究和指导战争的认识论和方法论，毛泽东思想逐步发展成为系统的理论，并经受了战争实践的考验。从遵义会议至抗日战争后期的10年，以毛泽东为代表的中国共产党人，经过对中国革命正反两方面经验教训的不断总结，对中国革命的特点和规律有了更为深刻和完整的认识，基本上明确了什么是新民主主义革命和怎样进行新民主主义革命的一系列根本问题，从而实现了马克思主义中国化的历史性飞跃。以遵义会议为起点的长征的胜利，开拓了马克思主义在当代中国发展的新境界。“红军长征之所以成为我们党从

---

① 胡锦涛：《在纪念红军长征胜利70周年大会上的讲话》，《人民日报》2006年10月23日。

挫折走向胜利、中国革命由波折坎坷走向蓬勃发展的重大转折，关键是以毛泽东同志为代表的中国共产党人在实践中深刻认识到，在我们这样一个半殖民地半封建的东方大国里进行革命，必然遇到许多特殊的复杂问题，靠背诵马克思列宁主义一般原理和照搬外国经验不可能解决这些问题，只有创造性地运用马克思列宁主义基本原理，实事求是、独立自主地解决中国革命的重大问题，才能把革命事业引向胜利。”①

---

① 胡锦涛：《在纪念红军长征胜利70周年大会上的讲话》，《人民日报》2006年10月23日。

第五章　第一个"重大时代课题"的自觉阐释与"第一次历史性飞跃"的实现

马克思主义中国化"第一次历史性飞跃"的实现，就是在中国共产党人运用发展着的马克思主义回答时代课题的过程中实现的。抗日战争时期，党已从幼年走向成熟，以毛泽东为主要代表的中国共产党人，围绕中日民族矛盾超越国内阶级矛盾上升为主要矛盾的历史性转变，结合新的历史任务，在实践中自觉阐释"为什么要进行中国革命、怎样进行中国革命"这一"重大时代课题"。1936 年 12 月，毛泽东在遵义会议决议有关内容基础上写作了《中国革命战争的战略问题》，运用马克思主义战略理论，总结土地革命战争中党内在军事问题上的大争论，系统地说明了有关中国革命战争战略方面的诸问题。1937 年，毛泽东写作《实践论》和《矛盾论》，揭露了长期存在于党内的主观主义错误，阐明了党的马克思主义的思想路线，形成了具有鲜明中国特色的马克思主义哲学思想，强化了党的理论武装。在《中国共产党在抗日时期的任务》《抗日游击战争的战略问题》《论持久战》等著作中，毛泽东又从实际出发阐明抗日救国的具体策略，"马克思主义中国化"这一科学命题也在《论新阶段》中明确提出来。作为成熟完备的理论形态的毛泽东思想形成，并被确立为党的指导思想，是马克思主义中国化实现了第一次历史性飞跃的标志。

第一节　马克思主义战略理论在中国革命战争运用中的系统总结

"战略问题是一个政党、一个国家的根本性问题。战略上判断得准确，战略上谋划得科学，战略上赢得主动，党和人民事业就大有希望。"①

---

① 习近平：《更好把握和运用党的百年奋斗历史经验》，《求是》2022 年第 13 期。

能够在重大历史关头从战略上认识、分析、判断面临的重大历史课题，制定正确的政治战略策略，这是无产阶级政党成熟的标志，也是党战胜无数风险挑战、不断从胜利走向胜利的有力保证。马克思、恩格斯十分注重无产阶级革命斗争和社会主义运动的战略思考和筹划，确定了无产阶级革命的战略总目标，提出了无产阶级革命的理论和策略。在《共产党宣言》中，马克思、恩格斯阐明了无产阶级革命斗争战略与策略的辩证关系，并阐述了工人阶级政党在斗争中的策略思想。列宁在《卡尔·马克思（传略和马克思主义概述）》一文中，对什么是无产阶级革命的战略，制定无产阶级革命战略的意义以及如何制定战略等问题作了重要探讨，形成了无产阶级革命的战略理论。从遵义会议开始，以毛泽东为主要代表的中国共产党人就已开始着手总结中国革命的教训和战略策略。党中央到达陕北后，新的实践推动这种总结深化展开，在马克思主义战略理论基础上产生了解决党的军事路线和抗战时期党的战略策略问题的具有代表性的两部著作。

一、《中国革命战争的战略问题》对党的军事路线问题的回答

《中国革命战争的战略问题》是毛泽东系统、全面地论述军事思想的第一部著作。在《中国革命战争的战略问题》中，毛泽东第一次系统总结了红军在十年土地革命中的战斗历程和经验教训，并深刻分析了中国革命战争的主要特点，阐明了中国革命战争的根本规律及战略方面的重要问题。这是继1935年《论反对日本帝国主义的策略》，系统地解决了第二次国内革命战争时期党的政治路线上的问题之后，毛泽东再一次系统地解决党的正确军事路线问题的著作。《中国革命战争的战略问题》和《论持久战》《抗日游击战争的战略问题》等，系统阐述了中国共产党的战略思想和抗日战争时期党的正确政治战略策略，对于马克思主义中国化和中国共产党及其领导下的军队有着巨大的指导意义。

第一，深刻阐明了一般战争规律、一般革命战争规律与特殊的中国革命战争规律三者的联系和区别，突出研究特殊的中国革命战争规律的极端重要性，批判了教条主义和机械论者在这个问题上的根本错误。在《中国革命战争的战略问题》的起始，毛泽东自觉地运用矛盾普遍性和特殊性辩证关系原理，并针对王明“左”倾冒险主义者只知道生搬硬套一般战争经验和苏联内战经验的错误，用一整章的篇幅论述“如何研究战争”的问题，阐明“一般战争的规律—革命战争的规律—中国革命战争的规律”之

间的关系。毛泽东指出，在中国这个半殖民地半封建的国度从事革命战争，“不但要研究一般战争的规律，还要研究特殊的革命战争的规律，还要研究更加特殊的中国革命战争的规律”①。“中国革命战争——不论是国内战争或民族战争，是在中国的特殊环境之内进行的，比较一般的战争，一般的革命战争，又有它的特殊的情形和特殊的性质。因此，在一般战争和一般革命战争的规律之外，又有它的一些特殊的规律。如果不懂得这些，就不能在中国革命战争中打胜仗。”② 他强调指出，我们研究性质、地域、时间上各不相同的战争的指导规律，“应该着眼其特点和着眼其发展，反对战争问题上的机械论”③。“我们固然应该特别尊重苏联的战争经验，因为它是最近代的革命战争的经验”④，应该“以这个经验和列宁斯大林对这个经验的理论综合作为指南”，但切不可“在我们的条件下机械地运用这个经验”，因为中国革命战争的许多方面都有其自己的不同于苏联内战的特点，不估计到这种特点，或否认这种特点，当然是错误的⑤。那种认为我们只要照抄一般的或苏联内战时期的战争规律和军事条令，或者只是照搬北伐战争的经验的做法是削足适履，是刻板地抄用，是肯定要打败仗的，因为“一切战争指导规律，依照历史的发展而发展，依照战争的发展而发展；一成不变的东西是没有的”⑥。

第二，分析了中国革命战争的主要特点，深刻阐明了中国革命战争的根本规律和基本的战略方针。在唯物辩证法思想的指导下，毛泽东对第二次国内革命战争时期敌我双方政治、经济、军事、地理等情况做了详细分析，概括出中国革命战争的四个主要特点，即经过了一次大革命的政治经济不平衡的半殖民地的大国，强大的敌人，弱小的红军和土地革命，正是“这些特点，规定了中国革命战争的指导路线及其许多战略战术的原则”。由于这些特点，决定了红军“可能发展和可能战胜其敌人”⑦，但“不可能很快发展和不可能很快战胜其敌人”⑧ 的持久战的正确结论。“这是中国革

① 《毛泽东选集》第 1 卷，人民出版社 1991 年版，第 171 页。
② 《毛泽东选集》第 1 卷，人民出版社 1991 年版，第 171 页。
③ 《毛泽东选集》第 1 卷，人民出版社 1991 年版，第 173 页。
④ 《毛泽东选集》第 1 卷，人民出版社 1991 年版，第 172 页。
⑤ 《毛泽东选集》第 1 卷，人民出版社 1991 年版，第 186—187 页。
⑥ 《毛泽东选集》第 1 卷，人民出版社 1991 年版，第 173—174 页。
⑦ 《毛泽东选集》第 1 卷，人民出版社 1991 年版，第 191 页。
⑧ 《毛泽东选集》第 1 卷，人民出版社 1991 年版，第 191 页。

命战争的根本规律，许多规律都是从这个根本的规律发生出来的。……谁要是睁眼看不见这些根本性质的规律，谁就不能指导中国的革命战争，谁就不能使红军打胜仗。”① 在此认识的基础上，毛泽东对十年内战的经验进行了深入的总结，规定了我军基本的战略方针，即在战略的持久战之中采取战役和战斗的速决战，在战略的防御战之中采取战役和战斗的进攻战，在战略的内线作战之中采取战役和战斗的外线作战。毛泽东提出的这个战略方针，充分体现了马克思主义军事辩证法思想的光辉。

第三，在论述战略问题以及战略和战役战术的关系时，深刻地阐明了全局和局部之间的辩证关系。在毛泽东看来，对于一个战争指导者来说，在认识上懂得了战争规律的客观基础，懂得了战争规律的一般与特殊关系，又比较重视对特殊规律的研究，这还是不够的，还必须研究带有全局性的战争指导规律的战略问题。毛泽东指出，战略问题就是全局性问题，“凡属带有要照顾各方面和各阶段的性质的，都是战争的全局”②。而那些全局之下的“各方面”“各阶段”，便是局部。战争全局和局部的关系就是战略和战役、战术的关系。“研究带全局性的战争指导规律，是战略学的任务。研究带局部性的战争指导规律，是战役学和战术学的任务。”③ 战略是战争全局的指导规律，而战役、战术只是战争局部的指导规律。全局和局部的关系，并不是并列的关系、轻重同等的关系，而是主从的关系，统帅和被统帅的关系。对于指挥全局的人来说，最重要的，“是把自己的注意力摆在照顾战争的全局上面”，“照顾部队和兵团的组成问题，照顾两个战役之间的关系问题，照顾各个作战阶段之间的关系问题，照顾我方全部活动和敌方全部活动之间的关系问题”④。全局是由各个局部所构成的，但是全局不是各个局部的机械相加。相反，它是由各个局部组成生动的、活跃的、有着各种错综复杂联系的、有机的统一体。“左”倾教条主义者不懂得这个道理，提出“战略胜利取决于战术胜利”，毛泽东批评这种意见没有看见决定战争胜负的首要问题，“是对于全局和各阶段的关照得好或关照得不好。如果全局和各阶段的关照有了重要的缺点或错误，那个战争

① 《毛泽东选集》第1卷，人民出版社1991年版，第191页。
② 《毛泽东选集》第1卷，人民出版社1991年版，第175页。
③ 《毛泽东选集》第1卷，人民出版社1991年版，第175页。
④ 《毛泽东选集》第1卷，人民出版社1991年版，第176页。

是一定要失败的”[1]。

当然，注重全局的重要性，也要看到局部的存在，处理好局部与全局的关系。局部和全局并不是截然对立，互相排斥的，而是可以统一的。一般说来，局部的胜利是全局胜利的必要准备；丢掉了各个局部，全局的胜利也就失去了可能。在指导全局工作时，尤其要注意区分轻重缓急地解决好各个局部的问题。因为在局部中，既有“对全局有决定意义”的局部，也有“对全局无决定意义”的局部，“任何一级的首长，应当把自己注意的重心，放在那些对于他所指挥的全局说来最重要最有决定意义的问题或动作上”[2]，“注意那些有关全局的重要关节”[3]。只有正确处理好全局和局部之间的关系，才能做好各方面的工作。

毛泽东关于中国革命战争的战略思想，反映了中国革命战争的客观规律，解决了红军如何以劣势兵力和落后装备，去战胜强大敌人这个复杂而困难的问题，是对于马克思列宁主义军事学说的极其杰出的贡献。

二、对抗日战争时期党的战略策略问题的回答

《中国共产党在抗日时期的任务》是毛泽东在1937年5月2日至14日在延安召开的中国共产党全国代表会议上的报告，是抗战爆发前夕毛泽东阐述中国革命基本问题的极其重要的著作。在《中国共产党在抗日时期的任务》中，毛泽东运用马克思主义矛盾分析方法，指出民族矛盾和国内矛盾两类不同性质的矛盾处于新的发展阶段，在这个阶段上共产党的真正任务是建立“真正的坚实的抗日民族统一战线”，为争取民主和自由而斗争，其突出贡献在于明确提出建立“抗日民族统一战线”，并阐述建立抗日民族统一战线的方法策略。

第一，系统分析民族矛盾和国内矛盾走向新的发展阶段的原因和表现，指出当前这一阶段革命的基本任务是团结一致，共同抗日。毛泽东运用辩证思维方式看待中国两类不同性质的矛盾。他指出，中国很久以来就处于“帝国主义与中国之间的矛盾，封建制度和人民大众之间的矛盾”[4]两种剧烈的基本矛盾之中。当前由于中日矛盾成为主要矛盾，国内矛盾就

---

① 《毛泽东选集》第1卷，人民出版社1991年版，第175页。
② 《毛泽东选集》第1卷，人民出版社1991年版，第176页。
③ 《毛泽东选集》第1卷，人民出版社1991年版，第176页。
④ 《毛泽东选集》第1卷，人民出版社1991年版，第252页。

相应地降低到次要和服从的地位，由此导致的国际关系和国内阶级关系的变化，形成了当前形势的新的发展阶段，一是九一八事变和华北事变以后，一般帝国主义与中国的矛盾尤为突出和尖锐地表现为日本帝国主义与中国之间的矛盾，若干其他帝国主义与中华民族之间的矛盾便被动退居次要地位；二是国内阶级关系的变动，国民党内部逐渐发生的政治态度转变，中国军阀割据和军阀内战发生的变化，表明中日民族矛盾的发展，降低了国内阶级间的矛盾和政治集团间的矛盾的地位，使它们变为次要和服从的东西，中国共产党和人民大众更大规模地转变为救亡图存斗争。有鉴于此，中国共产党要争取建立的统一战线，不仅要和良友苏联相联合，还应当按照可能和那些愿意保持和平，反对新的侵略战争的帝国主义国家建立共同反对日本帝国主义的关系，和包括资产阶级及一切同意保护祖国的人们建立关系，和全国人民大众包括无产阶级、农民和城市小资产阶级紧密团结，与那些暂时地帮助中国的统一与和平的其他帝国主义建立关系，调整国内国际现时可能和必须调整的矛盾等等，最大限度地团结一切可以团结的人，实现抗战的胜利。

第二，号召全党全国人民为争取民主和自由而斗争，在具体策略上，辩证评价党过去的做法，提出争取民主与自由的具体策略。在抗日战争时期，争取民主和自由，有必要性和历史必然性，“争取政治上的民主自由，则为保证抗战胜利的中心一环”①。毛泽东分析了争取民主和自由的内外部原因，从外部原因而言，日本正在集齐涉及军事、政治、经济、思想条件以及中国亲日势力的扶植等一切国内外条件，企图一举灭亡中国，因此中国也要相应地做政治、军事、经济、教育上的国防准备，缺少民主和自由一环，是万万不可的。“抗战需要人民的动员，没有民主自由，便无从进行动员。”② 要争取民主和自由，中国国内务必立即进行民主改革，一方面变政治制度上国民党一党派一阶级的反动独裁政体为各党派各阶级合作的民主政体，实行民主的选举，制定民主宪法，召集民主国会，建立民主政府，执行民主政策；另一方面实现人民的言论、集会、结社自由。两个方面的密切关系在于，人民的自由权利的实现是政治制度的民主改革和人民抗战保卫祖国的保证和前提。为了建立抗日民族统一战线，为了换得和平、民主和抗战，毛泽东指出，中国共产党作出一定程度的、有限度的让

① 《毛泽东选集》第1卷，人民出版社1991年版，第252页。
② 《毛泽东选集》第1卷，人民出版社1991年版，第256页。

步，以取得与国民党合作的问题。这种让步的条件在于“在特区和红军中国共产党领导的保持”和“在国共两党关系上共产党的独立性和批评自由的保持”①。中国共产党同意三民主义，也要求在新的情况下重新整顿三民主义精神，以使“共产党、国民党、全国人民，应当共同一致为民族独立、民权自由、民生幸福这三大目标而奋斗”②。毛泽东从唯物辩证法角度出发，用发展的眼光看问题，指出“工农民主共和国口号”过去的坚持和现在的放弃，都是正确的；现阶段要建立抗日民族统一战线，还要妥善解决好国内的矛盾。毛泽东关于无产阶级政党政策与策略思想，对中国共产党制定政策与策略有重要的方法论意义。

第三，共产党在反帝反封建的民主革命过程中必须担负起、担负好领导责任。毛泽东指出，“中国革命领导责任的问题，乃是革命成败的关键”③。历史经验表明，无产阶级革命领导权是至关重要的问题，中国革命只有在无产阶级领导下，“只有充分发扬无产阶级在民主革命中的坚持性和彻底性”④，才能取得胜利。对于无产阶级如何通过它的政党实现对全国革命阶级的政治领导，毛泽东认为，首先是要“根据历史发展行程提出基本的政治口号，和为了实现这种口号而提出关于每一发展阶段和每一重大事变中的动员口号”⑤。其次，在不失掉确定的政治目标的原则的前提下，共产党人要“建立与同盟者的适当的关系，发展和巩固这个同盟”⑥，还要加强党的组织建设，培养造就高素质的干部队伍，做到思想统一，纪律严格。毛泽东提出要改变过去的斗争方式、组织方式和工作方式，要重新学习，主要是要重新训练干部。毛泽东强调，提高马克思列宁主义的理论水平，有利于克服党内存在的关门主义、宗派主义和冒险主义的传统倾向，有利于正确执行党的任务。

毛泽东有关中国两类不同性质矛盾的分析，建立抗日民族统一战线的必要性和步骤，对争取民主和自由的策略，以及中国共产党政治领导权和党的建设问题的论述，是对抗日战争时期党的战略策略问题的科学解答。

---

① 《毛泽东选集》第1卷，人民出版社1991年版，第258页。
② 《毛泽东选集》第1卷，人民出版社1991年版，第259页。
③ 《毛泽东选集》第1卷，人民出版社1991年版，第262页。
④ 《毛泽东选集》第1卷，人民出版社1991年版，第262页。
⑤ 《毛泽东选集》第1卷，人民出版社1991年版，第262页。
⑥ 《毛泽东选集》第1卷，人民出版社1991年版，第263页。

第二节　中国共产党的思想路线和思想方法的理论奠定

用科学的理论指导革命战争实践，是中国共产党人在斗争中总结的基本经验。1937 年，中国革命进入抗日战争重要时期。为适应形势的变化，及时总结中国革命的经验教训，制定正确的抗战策略方针，彻底肃清党内长期存在的教条主义、经验主义和形而上学等各种错误思想的影响，毛泽东写出了《实践论》和《矛盾论》，对马克思主义中国化的一系列基本理论问题进行了哲学上的系统论证，从根本上解决了马克思主义普遍原理同中国革命具体实践相结合的问题。

一、《实践论》《矛盾论》的写作背景与思想理论基础

无产阶级政党的理论武装，对于制定正确的战略策略，实现重大历史任务的转变，是须臾不可或缺的。“马克思这些老祖宗的书，必须读，他们的基本原理必须遵守，这是第一。但是，任何国家的共产党，任何国家的思想界，都要创造新的理论，写出新的著作，产生自己的理论家，来为当前的政治服务，单靠老祖宗是不行的……我们在第二次国内战争末期和抗战初期写了《实践论》《矛盾论》，这些都是适应于当时的需要而不能不写的。”①

1937 年，正值中国的第二次国内革命战争结束和抗日战争全面爆发之际，尚不成熟的中国共产党此时已经历经两次国内革命战争的洗礼，尤其是第二次国内革命战争的重大挫折，要求年轻的中国共产党总结中国革命经验，从思想路线和思想方法等根本原因角度出发，探究中国革命遭受挫折的经验和教训。因此从思想路线、思想方法的高度去分析总结，找到思想理论上的突破口，帮助全体党员和干部提高马克思主义的思想认识水平，制定相应的政策和策略增强执行党的路线方针的自觉性，用科学的观点、方法来观察、分析和解决实际工作中遇到的各种问题，从而正确地指导革命实践，就成了摆在全党面前的艰巨而迫切的理论任务，同时也是迎接抗日战争新阶段和应对国内外新形势之必然要求。

毛泽东为写作《实践论》《矛盾论》做了大量的思想理论准备工作。

---

① 《毛泽东文集》第 8 卷，人民出版社 1999 年版，第 109 页。

在1936年8月至1937年7月约一年的时间里，毛泽东阅读了马克思的《关于费尔巴哈的提纲》《政治经济学批判导言》，恩格斯的《反杜林论》，列宁的《唯物主义与经验批判主义》《谈谈辩证法问题》，斯大林的《论列宁主义基础》，西洛可夫、爱森堡的《辩证法唯物论教程》（李达、雷仲坚译），米丁的《辩证唯物论与历史唯物论》（沈志远译），艾思奇的《大众哲学》等著作。毛泽东在阅读这些著作的同时，还结合中国革命的实际情况作了大量的摘抄、批注。特别是对《辩证法唯物论教程》和《辩证唯物论与历史唯物论》两本书，共写下了约1.5万字的批注①，使毛泽东在中国革命实践和中国共产党内路线斗争中已经形成的见解进一步升华到哲学一般理论层次，而此前在政治策略和军事战略问题上涉及的主要矛盾与矛盾的主要方面的问题、分析矛盾的特殊性的方法的问题，形成的独具特色的毛泽东哲学的系统理论，都为《实践论》和《矛盾论》的写作打下了良好的理论根基。

在理论成果基础方面，早在1930年，毛泽东就在《反对本本主义》一文中，提出“没有调查，没有发言权”，强调马克思主义的“本本”要和中国实际相结合，明确提出马克思主义与中国革命实际相结合的根本原则。1935年12月27日，毛泽东在陕北瓦窑堡党的活动分子会议上，作了题为《论反对日本帝国主义的策略》的报告，对党的抗日民族统一战线的策略，进行了全面的、深刻的马克思列宁主义的理论分析，从思想路线和思想方法的高度批判了党内长时期内存在着的狭隘的关门主义和“左”倾盲动主义。1936年12月，毛泽东在陕北的红军大学作了《中国革命战争的战略问题》的演讲，在用马克思主义哲学观点系统阐明中国革命战争战略方面的问题时，进一步深化了他的以实践为特征的认识论和以对立统一为核心的辩证法思想。《反对本本主义》《论反对日本帝国主义的策略》和《中国革命战争的战略问题》等著作，为《实践论》和《矛盾论》从思想路线和思想方法上清算党内长期存在的教条主义和主观主义作了充分的准备。

1937年7、8月间，毛泽东在抗日军政大学授课，立足历史与现实，理论和实践，系统总结中国革命经验，写出《实践论》和《矛盾论》，对中国革命中的“左”右倾错误特别是教条主义错误进行批判，对中国革命

---

① 参见中国人民大学马列主义发展史研究所编：《马克思主义史》第3卷，人民出版社1996年版，第477页。

经验教训进行哲学总结，对将马克思主义基本原理与中国具体实际相结合进行了哲学层面的论证。《实践论》和《矛盾论》提出的基本观点，构成了党的实事求是思想路线的基本内容。

二、《实践论》《矛盾论》的主要思想

《实践论》和《矛盾论》两篇著作紧密结合如何认识中国革命规律，怎样解决中国革命的实际问题，对中国革命的经验教训作了哲学总结，用中国革命的经验从多方面丰富了马克思主义的哲学思想宝库。

第一，对党内两条路线斗争经验进行哲学总结。

自1921年成立到抗日战争全面爆发期间，党内先后出现了四次把马克思主义教条化，把共产国际决议和苏联经验神圣化的“左”右倾错误思想，给革命造成了巨大损失。对于党内存在的“左”右倾错误思想，毛泽东在大革命时期和土地革命时期都进行了坚决的抵制和斗争。遵义会议后，党内虽然结束了以王明为代表的“左”倾错误路线的统治地位，但教条主义的影响还没有得到彻底肃清，这使毛泽东深刻认识到，必须从思想路线的高度深挖各种错误路线的共同根源和本质，才能保证党在新的革命斗争环境中不再重犯类似过去的错误。而这种清算，最终只有从哲学理论的高度才能有效进行。为此，他在《实践论》和《矛盾论》中，从马克思主义认识论和辩证法两个方面，对“左”右倾错误路线作了深入的剖析和批判，并系统地总结了中国共产党参加和领导中国革命时党内两条路线斗争的经验。

首先，毛泽东运用马克思主义认识论原理揭示了错误路线认识上的表现及思想根源。毛泽东指出，一切“左”和右的错误思想“都是以主观和客观相分裂，以认识和实践相脱离为特征的”①。历史上的右倾机会主义者，看不出矛盾的斗争已将客观过程向前推进了，他们的认识仍然停止在旧阶段，不能随变化了的情况而前进。而“左”倾冒险主义者的思想则超过客观过程的一定发展阶段，把幻想当作真理，把将来有可能实现的理想勉强放在现在来做，离开了当前的社会实践。这两种错误在哲学上都同辩证唯物主义背道而驰，不是唯心论，就是机械论。因此，毛泽东说：“我们的结论是主观和客观、理论和实践、知和行的具体的历史的统一，反对

① 《毛泽东选集》第1卷，人民出版社1991年版，第295页。

一切离开具体历史的‘左’的或右的错误思想。”[①]

其次，根据认识运动的辩证过程原理批判教条主义的错误。毛泽东在《矛盾论》中指出：人类有两个统一的认识过程，一个是由特殊到一般，一个是由一般到特殊。人类的认识就是在这两个过程的循环往复中不断前进、不断提高和不断深化的。教条主义者在这个问题上的错误就是，“一方面，不懂得必须研究矛盾的特殊性，认识各别事物的特殊的本质，才有可能充分地认识矛盾的普遍性，充分地认识诸种事物的共同的本质；另一方面，不懂得在我们认识了事物的共同的本质以后，还必须继续研究那些尚未深入地研究过的或者新冒出来的具体的事物。我们的教条主义者是懒汉，他们拒绝对于具体事物做任何艰苦的研究工作，他们把一般真理看成是凭空出现的东西，把它变成为人们所不能够捉摸的纯粹抽象的公式，完全否认了并且颠倒了这个人类认识真理的正常秩序。他们也不懂得人类认识的两个过程的互相联结——由特殊到一般，又由一般到特殊，他们完全不懂得马克思主义的认识论”[②]。

再次，毛泽东运用对立统一规律法则，从较深层次上揭示了“左”右倾机会主义路线的思想方法论根源。他指出，“左”右倾机会主义在思想方法上的错误，一是割裂对立与统一、斗争性与同一性的辩证关系。不了解客观事物在对立中存在同一，在同一中又有斗争，以及对立与同一的互相转化。这种形而上学的思想方法导致他们在对待统一战线中国共两党的关系上，要么一切联合，否认斗争；要么一切斗争，否认联合，始终不能把两者有机结合起来。二是割裂部分与全体、现象与本质的辩证关系。世界上的一切事物和每一事物内部的一切方面都处在相互联系中，构成一个有机联系的整体。认识事物，既要弄清它们各自的特点和本质，又要有一个整体上的把握。但“左”右倾机会主义者却不懂这一点，他们在思想方法上表现为片面性和表面性，不认识事物的互相联系和内在规律，因而在实际工作中必然要犯错误。三是机械性、死板和僵化。由于教条主义者不了解诸种革命情况的区别，因而，“也不知道用不同的方法去解决不同的具体矛盾和问题，而只是千篇一律地使用一种自以为不可改变的公式到处硬套，这就只能使革命遭受挫折，或者将本来做得好的事情弄得很坏”[③]。

---

① 《毛泽东选集》第1卷，人民出版社1991年版，第296页。
② 《毛泽东选集》第1卷，人民出版社1991年版，第310页。
③ 《毛泽东选集》第1卷，人民出版社1991年版，第311页。

《实践论》《矛盾论》彻底批判了教条主义思想，从认识论和辩证法两个方面对马克思列宁主义普遍真理同中国革命具体实践相结合的必要性作了充分的哲学论证，并在方法论上对如何实现这种结合给予了明确的概括和总结，为马克思主义中国化奠定了坚实的哲学基础。

第二，对马克思主义哲学的丰富、深化和发展。

首先，全面、系统地阐明了实践在认识中的基础地位和决定性作用。实践是认识的基础，这是马克思主义认识论的基本思想。毛泽东在《实践论》中，以列宁的关于实践是认识论的首先的和基本的观点这一论断为出发点，从4个相互联系的方面作了更为具体的系统论述和发展。（1）实践是认识的来源。毛泽东在继承马克思、恩格斯和列宁思想的基础上，对实践之于认识的重要性作了总结。他说：“无论任何人要认识什么事物，除了同那个事物接触，即生活于（实践于）那个事物的环境中，是没有法子解决的。”① “只有在亲身参加变革现实的实践的斗争中，才能暴露那种或那些事物的本质而理解它们。这是任何人实际走着的认识道路。”② 否认这一点，就不是唯物主义者。（2）实践是认识发展的动力。他强调，人类社会的实践是不断发展的，因此由实践决定的人的认识也是不断发展的；社会实践的深度和广度决定了认识的深度和广度，实践的水平也决定着认识的水平。（3）实践是检验真理的标准。毛泽东的《实践论》全面继承了马克思、列宁的思想，一方面看重实践标准，他说：“判断认识或理论是否是真理，不是依主观上觉得如何而定，而是依据客观上社会实践的结果如何而定，真理的标准只能是社会实践。”③ 另一方面也看重实践标准的辩证性质，并作了透彻的发挥，指出正确的认识的形成，需要经过由实践到认识，由认识到实践的多次反复。（4）实践是认识的目的。马克思指出：“哲学家们只是用不同的方式解释世界，而问题在于改变世界。”④ 毛泽东提出，马克思主义哲学不在于仅仅懂得客观世界的规律性，而在于能动地改造世界。理论之所以重要，因为它能指导行动。

其次，把辩证法运用于认识论，对认识过程作了深入研究。毛泽东在《实践论》中，结合中国革命的实践经验，针对教条主义和经验主义的错

---

① 《毛泽东选集》第1卷，人民出版社1991年版，第286—287页。
② 《毛泽东选集》第1卷，人民出版社1991年版，第287页。
③ 《毛泽东选集》第1卷，人民出版社1991年版，第284页。
④ 《马克思恩格斯选集》第1卷，人民出版社1995年版，第61页。

误，着重探讨了辩证唯物主义的认识全过程，形成了关于认识发展辩证过程的完整理论。《实践论》指出，在社会实践的基础上，从感性认识上升到理性认识，又从理性认识回到革命实践，是认识过程的两个阶段，两次能动的飞跃。《实践论》非常明晰、准确地说明了什么是感性认识和理性认识以及它们之间辩证统一的关系。指出："认识的过程，第一步，是开始接触外界事物，属于感觉的阶段。第二步，是综合感觉的材料加以整理和改造，属于概念、判断和推理的阶段。"① "理性认识依赖于感性认识，感性认识有待于发展到理性认识，这就是辩证唯物论的认识论。"② 在此基础上，毛泽东进一步提出了两次飞跃的思想，即从感性认识向理性认识的飞跃和理性认识向革命实践的飞跃。他不仅科学地论述了实现第一次飞跃即从感性认识到理性认识飞跃的条件和方法，而且特别强调第二次飞跃即从理性认识回到实践的飞跃的重大意义，指出："辩证唯物论的认识运动，如果只到理性认识为止，那末还只说到问题的一半。而且对于马克思主义的哲学说来，还只说到非十分重要的那一半。……认识的能动作用，不但表现于从感性的认识到理性的认识之能动的飞跃，更重要的还须表现于从理性的认识到革命的实践这一飞跃。"③ 这一论述，既充分体现了认识过程的辩证法，又进一步突出了马克思主义哲学的实践性特点。

再次，对人类认识的总规律作了科学概括和总结。列宁指出："人的认识不是直线（也就是说，不是沿着直线进行的），而是无限地近似于一串圆圈、近似于螺旋的曲线。"④ 这说明，认识不但是由低级向高级、贫乏到丰富、简单到复杂的无止境的前进过程，而且，这种前进不是直线，而是螺旋式的上升，呈现一串圆圈。列宁的这一表述虽然明确地揭示了人类认识发展的基本规律，但却没有突出实践在认识发展规律中的重要地位。在《实践论》中，毛泽东在继承列宁思想的基础上，对认识发展的规律作了更加深刻和科学的论述。他指出：客观现实世界的变化运动永远没有完结，人们在实践中对于真理的认识也就永远不会完结。通过实践而发现真理，又通过实践而证实真理和发展真理。由此出发，毛泽东提出了关于认识发展过程的总公式："实践、认识、再实践、再认识，这种形式，循环

① 《毛泽东选集》第 1 卷，人民出版社 1991 年版，第 290 页。
② 《毛泽东选集》第 1 卷，人民出版社 1991 年版，第 291 页。
③ 《毛泽东选集》第 1 卷，人民出版社 1991 年版，第 292 页。
④ 《列宁选集》第 2 卷，人民出版社 1995 年版，第 560 页。

往复以至无穷，而实践和认识之每一循环的内容，都比较地进到了高一级的程度。这就是辩证唯物论的全部认识论，这就是辩证唯物论的知行统一观。”① 这一论述，充分体现了以实践为基础的唯物主义反映论与辩证法的统一，特别是把“再认识”作为人类认识总过程中一个基本环节加以强调，这在马克思主义哲学史上是一个新贡献。

除了上述三点外，毛泽东对主观和客观、理论和实践相统一的论述以及关于相对真理和绝对真理的相互关系的论述，都为马克思主义认识论增添了新的内容。

第三，丰富和发展了马克思主义矛盾学说。

首先，明确提出矛盾普遍性概念的含义，将矛盾普遍性作为重要的哲学范畴加以重视。马克思列宁主义经典作家以往对矛盾普遍性原理的论述，更多是说明每一事物或现象都包含有矛盾，无论是自然界、社会和人类思维领域，也无论是简单的运动形式和复杂的运动形式，矛盾是普遍存在着的。而关于事物发展过程存在着自始至终的矛盾运动这方面，他们虽也提到过，但没有着重强调。毛泽东在《矛盾论》中，既明确提出“矛盾普遍性”这一概念，又指出矛盾的普遍性包括两方面的含义：“其一说，矛盾存在于一切事物的发展过程之中；其二说，每一事物的发展过程中存在着自始至终的矛盾运动。”② 这就不仅指出了空间上的矛盾无所不在，而且指明了时间上的矛盾无时不有，纠正了“差异不是矛盾”的形而上学思想，使矛盾普遍性的思想得到彻底贯彻。

《矛盾论》特别注意对马克思主义哲学矛盾特殊性的学说作了系统发挥，并且详尽地分析了各种物质运动形式中的矛盾、每一运动形式在各个发展过程的矛盾，每一发展过程的矛盾的各方面、每一发展过程在其各个发展阶段上的矛盾以及各个发展阶段上的矛盾的各个方面等五种矛盾特殊性的基本形式。还紧密联系中国实际，从理论上反复说明了认识矛盾特殊性的重要意义，认为“不研究矛盾的特殊性，就无从确定一事物不同于他事物的特殊的本质，就无从发现事物运动发展的特殊的原因，或特殊的根据，也就无从辨别事物”③。但是，在研究矛盾的特殊性时，不能带主观随意性，对具体的事物要做具体的分析。可以说，对矛盾特殊性的分析、精

① 《毛泽东选集》第1卷，人民出版社1991年版，第296—297页。
② 《毛泽东选集》第1卷，人民出版社1991年版，第305页。
③ 《毛泽东选集》第1卷，人民出版社1991年版，第309页。

辟阐述是《矛盾论》最富特色的创造之一。

其次，阐发了矛盾普遍性和矛盾特殊性的关系，创造性地提出了“共性个性、绝对相对的道理是关于事物矛盾问题的精髓”的科学论断。苏联20世纪30年代的教科书几乎没有涉及矛盾普遍性和矛盾特殊性的关系问题，毛泽东根据列宁的有关思想对此进行了详细的论述。他指出，矛盾的普遍性和矛盾的特殊性是辩证统一、不可分割的。从人类认识的发展过程看，认识总是由特殊到一般，又由一般到特殊的无限循环过程；从事物在发展的过程中和与它事物的关系上看，矛盾的特殊性和普遍性又是相互转化的，“在一定场合为普遍性的东西，而在另一一定场合则变为特殊性。反之，在一定场合为特殊性的东西，而在另一一定场合则变为普遍性”①。“矛盾的普遍性和矛盾的特殊性的关系，就是矛盾的共性和个性的关系。其共性是矛盾存在于一切过程中，并贯穿于一切过程的始终，矛盾即是运动，即是事物，即是过程，也即是思想。否认事物的矛盾就是否认了一切。这是共通的道理，古今中外，概莫能外。所以它是共性，是绝对性。然而这种共性，即包含于一切个性之中，无个性即无共性。假如除去一切个性，还有什么共性呢？因为矛盾的各各特殊，所以造成了个性。一切个性都是有条件地暂时地存在的，所以是相对的。”② “这一共性个性、绝对相对的道理，是关于事物矛盾的问题的精髓，不懂得它，就等于抛弃了辩证法。”③ 这一论断在马克思主义哲学史上是一个新命题，它提示了对立统一的各个原理之间的内在联系，从辩证法角度充分论证了马克思列宁主义普遍原理为什么必须同中国革命实际相结合以及如何结合这一重要理论问题和实践问题，这是毛泽东对马克思主义哲学的重大贡献。

再次，全面深入地论述了主要矛盾和矛盾的主要方面以及矛盾双方在一定条件下相互转化的原理，把抓住主要矛盾和矛盾的主要方面的思想作为重要的工作方法提了出来。有关主要矛盾和矛盾的主要方面，马克思恩格斯都在自己的著作中有过论述，但没有形成相关概念。列宁提出了链与环的概念，他说：“政治事变总是非常复杂的，它好比一条链子。你要抓住整条链子，就必须抓住主要环节。”④ 20世纪30年代苏联哲学教科书中

---

① 《毛泽东选集》第1卷，人民出版社1991年版，第318页。

② 《毛泽东选集》第1卷，人民出版社1991年版，第319—320页。

③ 《毛泽东选集》第1卷，人民出版社1991年版，第320页。

④ 《列宁选集》第4卷，人民出版社1995年版，第692页。

对这个问题作过一些较具体的论述，出现了主要矛盾的提法，但论述得不充分也不深入。毛泽东在研究中国社会错综复杂的矛盾运动，总结中国革命历史经验的基础上，非常敏锐地抓住了这一思想，提出了一个完整的关于矛盾不平衡性的科学理论，指出这是矛盾特殊性在矛盾地位上的表现，“不能把过程中所有的矛盾平均看待，必须区分为主要的和次要的两类，着重抓住主要矛盾；在各种矛盾中，矛盾着的两个方面，又是否可以平均看待呢？也是不可以的”①。并继续指出，主要矛盾和次要矛盾的关系是前者起领导、决定作用，后者处于服从地位；矛盾的主要方面和次要方面在决定事物的性质问题上所处的作用也是不同的。前者规定着事物的性质。毛泽东特别强调，主要矛盾与次要矛盾以及矛盾的主要方面与次要方面的地位不是一成不变的，在一定条件下，它们可以相互转化。因此，必须正视它、注意它，只有这样，才能在革命实践中制定出正确的战略策略，并在主次矛盾和矛盾的主次方面的地位发生转化的时候，随时变化革命的战略策略，从而使革命立于不败之地。毛泽东指出：“对于矛盾的各种不平衡情况的研究，对于主要的矛盾和非主要的矛盾、主要的矛盾方面和非主要的矛盾方面的研究，成为革命政党正确决定其政治上和军事上的战略战术方针的重要方法之一，是一切共产党人都应当注意的。”② 将其作为工作方法，发展了马克思主义的辩证法思想。

此外，毛泽东还对矛盾构成的内在机制，即矛盾的同一性和斗争性及其相互关系作了具体阐发，深化了马克思主义的哲学思想。

三、《实践论》《矛盾论》在马克思主义中国化史上的重要地位

马克思主义中国化，就是要使马克思主义同中国实际相结合，包括同中国革命和建设的实际相结合，同中国传统文化相结合，根据中国的特点去运用它，并在应用中给予新的理论创造和发展。马克思主义中国化又是一个动态的历史进程，需要在实践中不断推进。毛泽东的《实践论》和《矛盾论》是马克思主义中国化的典范之作，为马克思主义与中国具体实际相结合奠定了哲学基础，推进了马克思主义哲学的中国化和中国哲学现代化，从思想方法和思想路线高度推动了马克思主义中国化进程。

习近平总书记指出：“实事求是，是马克思主义的根本观点，是中国

① 《毛泽东选集》第 1 卷，人民出版社 1991 年版，第 322 页。
② 《毛泽东选集》第 1 卷，人民出版社 1991 年版，第 326—327 页。

共产党人认识世界、改造世界的根本要求，是我们党的基本思想方法、工作方法、领导方法。不论过去、现在和将来，我们都要坚持一切从实际出发，理论联系实际，在实践中检验真理和发展真理。”① 这从根本上说明了《实践论》《矛盾论》作为认识世界和改造世界的方法论地位。

人类社会及其活动是一个复杂的巨系统。它不仅包括人与自然的关系，还包括人与人、人与社会的关系，并且这些不同的关系不断地发展着、相互作用相互影响着。固然，自然界各种因素在相互作用的过程中形成了客观的规律性，推动自然界的发展也规定人类的活动。“在自然界中（如果我们把人对自然界的反作用撇开不谈）全是没有意识的、盲目的动力，这些动力彼此发生作用，而一般规律就表现在这些动力的相互作用中。在所发生的任何事情中，无论在外表上看得出的无数表面的偶然性中，或者在可以证实这些偶然性内部的规律性的最终结果中，都没有任何事情是作为预期的自觉的目的发生的。”这是人类不得不面对的现实。然而，更为复杂的现实是人类社会及其活动规律，“在社会历史领域内进行活动的，是具有意识的、经过思虑或凭激情行动的、追求某种目的的人；任何事情的发生都不是没有自觉的意图，没有预期的目的的”②。要认识自然界及其规律、社会发展及其规律以及二者的相互作用，没有科学的方法论是万万不可的。

“一个人口几乎占人类三分之一的大帝国，不顾时势，安于现状，人为地隔绝于世并因此竭力以天朝尽善尽美的幻想自欺。这样一个帝国注定最后要在一场殊死的决斗中被打垮。”③ 20 世纪初期，当资本主义社会形态由竞争发展到垄断即帝国主义阶段，中国作为帝国主义扩张侵略的牺牲品已经沦为半殖民地半封建境地，争取民族解放、国家独立的斗争成为中华民族最紧迫的任务。民族危难之际诞生的中国共产党，义无反顾地肩负起实现从根本上扭转近代以来不断衰落的民族命运和中华民族伟大复兴的历史使命。当时，有两个重大认识问题摆在中国共产党人面前，一是要正确认识中国的实际国情，二是要正确认识中国社会矛盾运动的特殊性，以此来寻找中国问题的正确道路。这是“一个全世界共产党人所没有遇到过

---

① 《十八大以来重要文献选编》（上），中央文献出版社 2014 年版，第 696 页。

② 《马克思恩格斯文集》第四卷，人民出版社 2009 年版，第 301—302 页。

③ 马克思：《鸦片贸易史》，见《马克思恩格斯论中国》，人民出版社 2015 年版，第 70 页。

的任务”，解决任务的方法“无论在哪一部共产主义书本里都是找不到的”①。在明确的任务面前，最急需解决的是方法问题，而中国共产党理论方法的不足，严重制约着目标任务的实现。“我的工具不够用，今年还只能作工具的研究，即研究哲学，经济学，列宁主义，而以哲学为主。”② 即便到了1939年，毛泽东依然如此说。

“两论”对中国革命经验教训的哲学总结，为即将来临的抗日战争和争取未来中国革命的最后胜利做思想理论准备，为全党准备了最锐利的思想武器，是解决中国革命一系列重大问题的思想路线上的“金钥匙”。

实践第一。实践的观点是马克思主义哲学首要的、基本的观点。一切正确的思想、理论和路线都来自对中国实际的正确认识，既不来自书本，也不是人们头脑中所固有的，这是《实践论》所集中解决的。毛泽东同志强调一切从实际出发，强调实践的观点，从实践是认识的来源、认识的动力、认识的检验标准和认识的目的等多个方面，说明了实践之于认识的基础地位和决定作用，说明认识的基础是实践，从实践发生又转过来为实践服务，这就从根子上拔除了主观主义尤其是教条主义的思想根源。

调查研究。“调查就像‘十月怀胎’，解决问题就像‘一朝分娩’，调查就是解决问题。”③ 调查研究是了解情况的最基本的方法。对于担负指导工作的人来说，要了解情况，唯一的方法是用马克思主义的基本观点向社会作调查，了解社会各阶级的生动情况。调查研究是取得正确认识的前提和基础。毛泽东在《反对本本主义》中反复强调：“你对某个问题没有调查，就停止你对某个问题的发言权。”“注重调查!”“反对瞎说!”“中国革命斗争的胜利要靠中国同志了解中国情况”，进而提出，本本主义者必须“速速改变保守思想！换取共产党人的进步的斗争思想！到斗争中去！到群众中作实际调查去!”曾经，毛泽东的“没有调查，没有发言权”这句话被人讥为“狭隘经验论”，但毛泽东“仍然坚持没有调查是不可能有发言权的”。有人“下车伊始”就哇啦哇啦地发议论，提意见，这也批评，那也指责，这种“没有经过周密调查，不过是无知妄说”，“一切实际工作

① 《列宁选集》第4卷，人民出版社1995年版，第79、80页。

② 《毛泽东书信选集》，人民出版社1983年版，第136页。

③ 《毛泽东选集》第1卷，人民出版社1991年版，第110—111页。

者必须向下作调查。对于只懂得理论不懂得实际情况的人，这种调查工作尤有必要，否则他们就不能将理论和实际相联系”①。

如果说《实践论》全面地阐述了认识和实践的辩证关系的话，《矛盾论》则提供给我们在纷繁复杂事物面前应坚持的矛盾分析方法。矛盾是普遍存在的，同时各个矛盾以及每一矛盾的各方面又有其特殊性。“用不同的方法去解决不同的矛盾”，而不能“千篇一律地使用一种自以为不可改变的公式到处硬套”，这就是具体问题具体分析的方法。教条主义者在处理问题时，往往忽略了矛盾的特殊性。研究矛盾的特殊性，还要抓住“主要的矛盾和主要的矛盾方面”。而抓住了事物的主要矛盾和主要的矛盾方面，一切问题就迎刃而解了。

坚持特殊与普遍相统一是认识论和辩证法精髓的观点。马克思主义辩证法与认识论是一致的。毛泽东深刻论述了认识论和辩证法的个别与一般、特殊与普遍的辩证关系，提出了特殊与普遍相结合的马克思主义普遍原理，从辩证唯物主义认识路线的高度提出了党的正确的思想路线。毛泽东同志指出，要运用马克思主义指导中国革命，必须实现马克思主义中国化，就必须把马克思主义的一般原理应用于中国的具体环境和特殊条件，使之发生内容和形态的改变，形成适应中国实际需要的、具有中国内容和表现形态的、为中国人民所接受的中国化的马克思主义。既坚持马克思主义普遍原理，又坚持普遍原理与中国特殊实际相结合；不能因为强调特殊性而否定普遍性，从而否定马克思主义普遍原理，也不能因为强调普遍性而否定特殊性，从而否定马克思主义中国化的必要性。把马克思主义一般原理与中国特殊国情相结合，这是马克思主义认识论和辩证法的真谛所在，也是解决中国革命问题的出发点、根本点。

“两论”不仅提供了认识中国革命的方法，而且也提供了认识中国社会主义建设和改革开放的科学方法。新中国成立后，在人口多底子薄的中国，建设什么样的社会主义？如何建设社会主义？是走苏联走过的道路还是走有中国自己特点的建设道路？这些问题一直尖锐地摆在中国共产党面前。早在 1956 年，毛泽东就明确指出：“社会主义革命的目的是为了解放生产力。”“我国人民应该有一个远大的规划，要在几十年内，努力改变我国在经济上和科学文化上的落后状况，迅速达到世界上的先进水平。”② 经

① 《毛泽东选集》第 3 卷，人民出版社 1991 年版，第 791 页。

② 《毛泽东文集》第 7 卷，人民出版社 1999 年版，第 1—2 页。

过多年实践和探索，我们在总结自己建设经验和社会主义国家建设的经验教训的基础上，逐渐走上一条立足中国实际、符合中国国情的社会主义建设道路。1978 年，在实践是检验真理的唯一标准的大讨论的推动下，中国进入改革开放和社会主义现代化建设新时期。我们坚持开放发展，既虚心学习、借鉴外国理论和经验，又立足中国现实国情，探索、开创有中国特色的社会主义建设道路。实践是理论的来源，在丰富生动的中国特色社会主义实践中，形成了中国特色社会主义理论体系。中国革命、建设和改革的历史，反复证明毛泽东在《实践论》中论证的真理性认识：“实践、认识、再实践、再认识，这种形式，循环往复以至无穷，而实践和认识之每一循环的内容，都比较地进到了高一级的程度。这就是辩证唯物论的全部认识论，这就是辩证唯物论的知行统一观。”①

第三节　矛盾分析方法的系统运用与抗日战争战略问题的解决

抗日战争初期，中国共产党党内和党外都有许多人轻视游击战争的重大战略作用，而只把希望寄托于正规战争，特别是国民党军队的作战。其中一个重要的原因在于没有认识到抗日战争时期国内外形势的复杂性，没有意识到抗日战争是一场持久战，根本上来说是没有掌握科学的思想路线和思想方法。1938 年 5 月，毛泽东写了《抗日游击战争的战略问题》一文，灵活运用矛盾分析方法，从战略高度论述抗日游击战争的地位、作用，以及在抗日游击战争中主动地、灵活地、有计划地执行防御战中的进攻战、持久战中的速决战、内线作战中的外线作战、与正规战争相配合、建立根据地、战略防御和战略进攻、向运动战发展、正确的指挥关系等一系列军事战略问题，目的是为抗战胜利提供科学的方针策略。

抗战全面爆发后，在国民党内出现了“速胜论”和“亡国论”等论调。错误的思想极易引起人们思想的混乱，毛泽东深感有必要对抗战十个月的经验“做个总结性的解释”。抗战初期，毛泽东就提出了“持久战”思想，“最后胜负要在持久战中去解决”。此后朱德、刘少奇、周恩来又接续提出对日作战是一个艰苦、持久的过程，并试回答如何就行持久战的问

---

① 《毛泽东选集》第 1 卷，人民出版社 1991 年版，第 296—297 页。

题。毛泽东在汲取中国共产党人智慧的基础上，也着重研读了克劳塞维茨等人的军事著作和大量马克思主义哲学著作，在对丰富的革命经验进行高度的理论概括与升华的基础上，结合新的形势和问题，写出了《论持久战》。在《论持久战》中，毛泽东开篇就驳斥“中国必亡论”和“中国速胜论”，提出“抗日战争是持久战”“最后胜利是中国的”这一著名论断，并通过“能动性在战争中”“战争和政治”“抗日的政治动员”“战争的目的”“防御中的进攻，持久中的速决，内线中的外线”“主动性，灵活性，计划性”“运动战，游击战，阵地战”“消耗战，歼灭战”“乘敌之隙的可能性”“抗日战争中的决战问题”“兵民是胜利之本”等既独立而又有联系的篇章的阐述，来说明抗日战争为什么是持久战，怎么进行持久战，为什么能取得最后的胜利，应当怎样做才能取得最后的胜利。

《抗日游击战争的战略问题》和《论持久战》是运用矛盾分析法解决抗日战争战略问题的标志性著作，为中国共产党带领人民取得抗日战争的胜利赢得了信心，指明了方向。其主要内容是：

第一，指出将抗日游击战争上升到战略高度的原因以及抗日游击战的原则。在《抗日游击战争的战略问题》中，毛泽东指出，在大而弱的中国，敌人占地甚广，战争长期性发生，战争的残酷性难以避免。这些特殊情况都要求将抗日游击战争作为战略问题对待。抗日游击战争的战略问题和整个抗日战争的战略问题，是一致的，但同时又不能忽视抗日游击战争的战略的特殊性，要处理好抗日战争战略中一般与特殊的关系。他认为，无论什么样的军事战术、战略，都必须建立在一个原则的基础上，那就是“尽可能地保存自己的力量；另一方面，尽可能地消灭敌人的力量”①，这是一切军事行动的指导原则，同时也是革命战争中基本的政治原则。

第二，灵活运用矛盾分析法，详细论述抗日游击战争的具体战略问题，丰富了党的革命战略思想。首先，在“主动地、灵活地、有计划地执行防御战中的进攻战、持久战中的速决战、内线作战中的外线作战”这一战略中，毛泽东首先说明了防御和进攻，持久和速决，内线和外线的关系。游击战和正规战的区别之一在于“要求集中可能多的兵力，采取秘密和神速地行动，出其不意地袭击敌人，很快地解决战斗”②。只有从进攻战中打了很多胜仗，才能达到战略防御的目的；只有战役和战斗

① 《毛泽东选集》第2卷，人民出版社1991年版，第406页。

② 《毛泽东选集》第2卷，人民出版社1991年版，第409页。

的速决战集合了很多，才能达到战略持久的目的；无论是在战略防御期还是战略反攻期，只有采取战役和战斗中的外线作战，才能包围敌人、消灭敌人，里应外合才能共同围剿日本帝国主义而将其一举消灭。关于游击战争的“主动性、灵活性、计划性”的问题，毛泽东指出，中国的游击战争若想取得主动权，要抓住日本帝国主义兵力不足、异国作战和指挥笨拙三个弱点，利用“走”的方式，把握有利的情况，实现战略的主动。游击战争的胜利还要依靠周密的计划，对情况的了解、任务的确定、兵力的部署、军事和政治教育的实施、给养的筹划、装备的整理、民众条件的配合等条件都要考虑在作战范围之中。“主动地、灵活地、有计划地执行防御战中的进攻战、持久战中的速决战、内线作战中的外线作战”，是游击战争战略原则中最核心的问题，也是游击战争胜利的重要保证。

其次，毛泽东坚持一贯的矛盾分析法，指出游击战争须在“战略的”“战役的”和“战斗的”三个方面“和正规战争相配合”，这是毛泽东提出的第二个具体战略。在战略方面，游击战争在敌人后方起着消灭敌人、钳制敌人、妨碍敌人运输的作用，并给予全国正规军及全体中国人民精神上的鼓励。在战役上的配合方面，游击根据地或游击团的领导者们，必须具体问题具体分析，采取不同方法，直击敌人最感危害之点和薄弱之点。没有战役上的配合，战略配合就减少了意义。一切内线战场附近游击队的重要任务，是战场作战的配合。游击队在配合战斗中依照指示，担负任务，又游又击，才能最大限度发挥作用。

“建立根据地”是毛泽东提出抗日游击战争的第三个战略。辩证唯物主义认为，矛盾在一定条件下可以相互转化，但是这种转化需要一定的条件。抗日战争的长期性、残酷性，以及历史上许多流寇主义农民战争的失败，都要求当前的抗日游击战要建立相当的根据地。游击根据地建立后，面临的就是根据地的巩固和发展问题。巩固游击战的最主要的措施，是“发动和组织民众，以及游击部队和地方武装的训练”，这就需要处理好“巩固”和“发展”的关系。发展是必须的，巩固是发展的基础和前提。毛泽东辩证地看待“我对于敌”的两种包围与“敌对于我”的两种包围，指出现在能够形成“我对于敌”的两种包围，主要在于敌后游击战争根据地战略作用的发挥。毛泽东以高度的战略胸襟和作战勇气，提出要把建立敌后游击战争根据地的任务“放在自己的议事日程上，把它作为战略任务执行起来”[1]，设想建立太平洋反日阵线，围剿法西斯日本，大大增强了取得抗战胜利的信心和斗志。

抗日战争的残酷性和长期性，同样要求“游击战”向“运动战”发展。保证游击战争顺利发展，要解决好“指挥关系”问题。游击战中的指挥原则，应该是“一方面反对绝对的集中主义，同时又反对绝对的分散主义，应该是战略的集中指挥和战役战斗的分散指挥”[2]。“战略的集中指挥”和“战役战斗的分散指挥”相结合，“战略统一下的独立自主的游击战争”[3]，是处理游击战争中的指挥关系的原则和方针。“向运动战发展”和“指挥关系”，是毛泽东提出的抗日游击战争的第五个和第六个具体战略。

第三，在《论持久战》中，驳斥“中国必亡论”和“中国速胜论”，指明抗日战争是一场持久战，最后的胜利是中国的。毛泽东指出，“战争问题中的唯心论和机械论的倾向，是一切错误观点的认识论上的根源”[4]。亡国论者看到敌我强弱的对比因素，就得出“抗战必亡”“再战必亡”的结论，他们“看重了强弱一个矛盾，把它夸大起来作为全部问题的论据，而忽略了其他的矛盾”[5]，既是片面的，又是主观的，因此是没有根据的，是错误的。时代的特点，即日本的退步和寡助，中国的进步和多助决定了中国最终会取得抗日战争的胜利。“亡国论”和“速胜论”都是不对的，胜利是属于中国的，但只有通过“持久战”才能取得胜利。毛泽东通过全部敌我对比的基本因素，解答了“为什么是持久战”的问题。毛泽东指出，原则上是“敌强我弱，我有灭亡的危险。但敌尚有其他缺点，我尚有其他优点。敌之优点可因我之努力而使之削弱，其缺点亦可因我之努力而使之扩大。我方反是，我之优点可因我之努力而加强，缺点则因我之努力而克服。所以我能最后胜利，避免灭亡，敌则将最后失败，而不能避免整个帝国主义制度的崩溃”[6]。矛盾双方既对立又统一。敌强我弱的状况本身就是相对的，而不是绝对的，而我方坚持抗战，坚持统一战线，力量有增无减，更是深化了这种对比的形势。但是，虽然敌我优劣形势是变化的，

① 《毛泽东选集》第2卷，人民出版社1991年版，第427页。
② 《毛泽东选集》第2卷，人民出版社1991年版，第435页。
③ 《毛泽东选集》第2卷，人民出版社1991年版，第436页。
④ 《毛泽东选集》第2卷，人民出版社1991年版，第447页。
⑤ 《毛泽东选集》第2卷，人民出版社1991年版，第458页。
⑥ 《毛泽东选集》第2卷，人民出版社1991年版，第460页。

且我方最终能够实现我强敌弱的转变，但目前敌人尚还能利用其强的因素，我军也尚未能够给予削弱，且中国在军事、经济、政治、文化各方面的条件，还不足以阻止敌人进攻，实现我军反攻。有利因素虽在起作用，但作用尚且不足。这些都规定了我军抗战不能速胜，只能是一场“持久战”。对于“持久战”的走势，毛泽东运用矛盾发展变化的观点，分析持久战依次包括“敌之战略进攻、我之战略防御的时期”“敌之战略保守、我之准备反攻的时期”“我之战略反攻、敌之战略退却的时期”① 三个阶段，其中第一阶段是敌是优势、我是劣势；第二阶段是双方力量的变化继续发展，具体的情形不能预断，大体上是日本继续向下，中国继续向上；第三个阶段是战略反攻期，大体上中国实现在建立在中国力量的增长、日本困难的增长和国际援助的增长基础上的战略反攻的准备后实行反攻，驱敌出国的阶段。总体说来，中国由劣势到平衡到优势，日本由优势到平衡到劣势，中国由防御到相持到反攻，日本由进攻到保守到退却，就是中日战争的过程，最后的胜利属于中国、属于中华民族。

抗日战争是一场“持久战”，也是中国动员一切力量、缩短这场持久战时间的过程。“一切想要缩短战争时间的人们，惟有努力于增加自己力量减少敌人力量之一法。具体地说，惟有努力于作战多打胜仗，消耗敌人的军队，努力于发展游击战争，使敌之占领地限制于最小的范围，努力于巩固和扩大统一战线，团结全国力量，努力于建设新军和发展新的军事工业，努力于推动政治、经济和文化的进步，努力于工、农、商、学各界人民的动员，努力于瓦解敌军和争取敌军的士兵，努力于国际宣传争取国际的援助，努力于争取日本的人民及其他被压迫民族的援助，做了这一切，才能缩短战争的时间，此外不能有任何取巧图便的法门。”② 战争是政治的继续。毛泽东从矛盾的普遍性和特殊性出发，分析“战争和政治”的关系。他指出，抗日战争的胜利，离不开“驱逐日本帝国主义、建立自由平等的新中国”等政治目的。但是战争又具有特殊性，战争不等于一般的政治，“政治是不流血的战争，战争是流血的政治”③。战争的目的不等于战争的政治目的。战争的目的是“保存自己，消灭敌人”，而抗日战争的政治目的是“驱逐日本帝国主义，建立自由平等的新中国”。“保存自己，消

① 《毛泽东选集》第 2 卷，人民出版社 1991 年版，第 462 页。

② 《毛泽东选集》第 2 卷，人民出版社 1991 年版，第 470—471 页。

③ 《毛泽东选集》第 2 卷，人民出版社 1991 年版，第 480 页。

灭敌人”是战争的基本原则，一切技术的、战术的、战役的、战略的原理原则都离不开这个根本原则和目的。抗日战争的各级指导者都要按照这个目的去指导战争，这样才能达到抗日战争的政治目的。基于战争与一般政治之特殊性，毛泽东指出，取得抗日战争的胜利，首先要做好抗日的政治动员，要有一个明确的具体的政治纲领，将战争的政治动员变为经常的运动。“兵民是胜利之本”，“中国制胜日本的主要条件，是全国的团结和各方面较之过去有十百倍的进步”①，抗日战争之伟力植根于民众之中。抗日战争持久战的胜利，要有三个条件：“第一是中国抗日统一战线的完成；第二是国际抗日统一战线的完成；第三是日本国内人民和日本殖民地人民的革命运动的兴起。就中国人民的立场来说，三个条件中，中国人民的大联合是主要的。”②

《抗日游击战争的战略问题》和《论持久战》系统运用《矛盾论》中的矛盾分析方法，剖析抗日游击战与正规战和阵地战的关系、抗日游击战争中具体策略问题、抗日游击战与正规战如何配合问题，回答了战争和政治的关系、敌方与我方矛盾关系、牺牲与保全自我的矛盾统一关系，强调了官兵关系、军民关系之于抗日战争胜利之重要性，落脚到抗日战争中具体战略问题，是将马克思主义矛盾观灵活运用于中国军事作战实践的典范。

第四节 “马克思主义中国化”命题的提出与新民主主义革命理论的系统阐述

马克思主义中国化命题的提出，是马克思主义中国化进程中一个标志性的成果。这一命题的提出，既是以毛泽东为代表的中国共产党对马克思主义基本原理与中国实际相结合的科学表述，也是马克思主义发展的必然结果。

一、马克思主义中国化命题的提出

“马克思主义的中国化”命题，是毛泽东在中国共产党扩大的六届六中全会上所做的《论新阶段》的政治报告中首次明确提出的。这一重大命题的提出，是中国共产党领导广大人民群众进行长期革命斗争经验教训的

① 《毛泽东选集》第2卷，人民出版社1991年版，第510页。
② 《毛泽东选集》第2卷，人民出版社1991年版，第513页。

总结，是为适应抗日战争重大转折而作出的理论创新。

抗日战争爆发后，国内外局势发生了深刻变化。与国内革命战争相比，抗日战争呈现出了许多新特点，其中最大的特点是民族矛盾与阶级矛盾两个矛盾并存，民族解放与民主革命两个任务并存，国民党与共产党两个领导中心并存。这就给中国共产党提出了一系列崭新的重大课题。从军事上讲，中国面对的敌人是封建色彩浓厚、野蛮、凶残、拥有现代化装备、战争力量极强的日本军事法西斯主义军队。相比之下，中国的军事力量十分弱小，中国共产党掌握的人民军队数量很少，而掌握着绝大部分抗战军事力量的国民党，又顽固推行片面抗战路线，不愿意发动全国人民参加抗战；就战争性质而言，日本发动的战争是侵略性的、非正义的，中国的战争是进步的、正义的。中日战争相互矛盾着的这些特点，在战争力量较为悬殊的情况下，应采取什么样的军事方针和战略战术原则，以弱胜强，取得抗日战争的最后胜利就成为当时摆在中国共产党面前的一项紧迫任务。从政治上讲，民族统一战线内部存在着左、中、右翼三种势力和两条路线的斗争。三种势力由于其阶级性的不同，对抗日的态度也不同，抗日民族统一战线中也还存在着两条路线的斗争，即共产党主张的全国人民总动员的完全的民族革命战争（或者叫作全面抗战），与国民党主张的片面抗战的斗争。两条路线斗争的结果是抗日战争胜利与失败的关键。面对统一战线中复杂的阶级关系、两条路线的斗争以及国民党实施的两面性政策，如何坚持和巩固统一战线，如何保持党在统一战线中的独立自主性，争取党在统一战线中的独立自主权，如何处理好民族矛盾与阶级矛盾、国民党与共产党的关系，对于不同的阶级和集团应该采取什么样的态度、制定什么样的政策和方针，这些都是中国共产党亟待解决的重大理论问题。从党的建设上，一方面是党的组织得到空前巩固和扩大，而不少人对党的指导思想、奋斗目标不甚了解，各种非无产阶级思想还大量存在。另一方面抗日战争又急需能够担当民族大任、懂得党的方针政策，并且能够创造性地执行党的战略策略的党员干部。尤其是党内曾多次出现的“左”右倾错误思想及其给党和人民带来的危害，使“我们的党，一般地已经学会了使用马克思列宁主义的思想斗争武器，一方面反对右倾机会主义，又一方面反对‘左’倾机会主义”①。而在具体革命实践中，党内许多巡视员和领

① 《毛泽东选集》第 2 卷，人民出版社 1991 年版，第 530 页。

导者，“看到一点表面，一个枝节，就指手画脚地说这也不对，那也是错误”①，结果弄坏了事情，失掉了群众，问题没有解决反而严重地影响了马克思主义理论在中国的具体化、中国化。还有一些领导干部，面对革命中遇到的问题，只会生吞活剥地摘抄马克思主义书籍中的只言片语，不去参加具体的革命实践，不去研究革命运动的情况与趋势，脱离文化落后的中国实际去执行任务，造成党的政策路线也只是停留在表面，流于形式，而未深入到人民群众中去。形式主义、教条主义、本本主义给革命工作带来的问题，表明党内很多干部还只是把马克思主义理论当作教条，而不是作为行动的指南。针对党的发展现实要求和党内存在的问题，如何进行党的思想建设、组织建设、作风建设，正确开展党内斗争，解决党内矛盾，把党建设成为一个能够担负起领导抗日战争的历史重任的“全国范围的、广大群众性的、思想上政治上组织上完全巩固的布尔什维克化的中国共产党”②，也是党必须回答的理论问题。党自身对历史经验教训的总结，促使以毛泽东为代表的党中央在六届六中全会上明确提出了“马克思主义的中国化”命题。

此外，马克思主义中国化命题的提出，深受新启蒙运动的影响。抗日战争初期，在中国共产党领导和影响下，一部分马克思主义者联合一些自由主义知识分子，以继承五四启蒙运动为宗旨，为“挽救国难”发起一场爱国主义运动、自由主义运动、理性主义运动和新文化的建设运动，即新启蒙运动。新启蒙运动的倡导者在马克思主义理论的通俗化方面取得了丰富的理论成果，并且初步提出马克思主义理论的中国化问题。1936 年，马克思主义者陈唯实的《通俗辩证法讲话》一书出版时，他就率先提出“辩证法之实用化和中国化”的问题；哲学家张申府在推行新启蒙运动过程中提出了“科学中国化”的主张；1938 年 4 月，艾思奇在《自由中国》创刊号上发表《哲学的现状和任务》一文，回顾马克思主义哲学通俗化、大众化所走过的道路，把对马克思主义理论的通俗化提升到中国化的认识高度，指出通俗化并不等于中国化现实化，现在需要的是运用唯物论辩证法研究抗战遇到的现实问题；艾思奇之后，左翼知识分子柳湜也使用了“中国化”的提法。总之，新启蒙学者积极倡导“中国化”，打破了盲目崇拜西洋文化的“全盘西化”论和固守本位文化的保守主义，为中国共产党正

---

① 《毛泽东选集》第 1 卷，人民出版社 1991 年版，第 110 页。

② 《毛泽东选集》第 2 卷，人民出版社 1991 年版，第 602 页。

式提出“马克思主义中国化”问题准备了较为扎实的理论基础和浓厚的思想氛围。

最后，共产国际在七大会议上做出的重大决策转变，为“马克思主义的中国化”命题提出带来了契机。1935 年 7 月，为适应世界反法西斯形势，共产国际七大在莫斯科召开。在七大会议上，共产国际明确指出不要机械地把一国的经验搬到别国去，不要用呆板格式和笼统公式去代替具体的马克思主义的分析，在解决一切问题时要根据每个国家的具体情况和特点，一般不要直接干涉各国共产党内部组织的事宜，并提出要把马克思主义运用到具体环境和具体条件中去。共产国际在七大会议上做出的重大转变及其会议精神在会议结束后立即被中国共产党人带回延安，这在客观上更进一步加速了“马克思主义的中国化”命题的提出。

1938 年 9 月至 11 月，中共扩大的六届六中全会在延安召开。这又一“决定中国之命运的”① 大会，标志着中国共产党已经成熟和毛泽东思想的基本形成②。10 月 12 日至 14 日，毛泽东代表党中央向全会作了《论新阶段》的政治报告，第一次鲜明地提出了“马克思主义中国化”的命题和任务。在《论新阶段》中，毛泽东明确了“马克思主义中国化”内涵，即马克思列宁主义的理论和中国革命的实践之统一、马克思列宁主义的普遍真理同中国革命的具体实践相结合的思想。毛泽东指出：“我们是马克思主义的历史主义者，我们不应当割断历史。从孔夫子到孙中山，我们应当给以总结，承继这一份珍贵的遗产。这对于指导当前的伟大的运动，是有重要的帮助的。共产党员是国际主义的马克思主义者，但是马克思主义必须和我国的具体特点相结合并通过一定的民族形式才能实现。马克思列宁主义的伟大力量，就在于它是和各个国家具体的革命实践相联系的。对于中国共产党说来，就是要学会把马克思列宁主义的理论应用于中国的具体的环境。成为伟大中华民族的一部分而和这个民族血肉相连的共产党员，离开中国特点来谈马克思主义，只是抽象的空洞的马克思主义。因此使马克思主义在中国具体化，使之在其每一表现中带着必须有的中国的特性，即是说，按照中国的特点去应用它，成为全党亟待了解并亟须解决的问

---

① 《毛泽东文集》第 3 卷，人民出版社 1996 年版，第 425 页。

② 冯蕙：《六届六中全会与马克思主义中国化》，《毛泽东邓小平理论研究》1999 年第 2 期。

题。”① 针对党内长期存在的教条主义思想作风，他强调指出：“洋八股必须废止，空洞抽象的调头必须少唱，教条主义必须休息，而代之以新鲜活泼的、为中国老百姓喜闻乐见的中国作风和中国气派。”② 在党的六届六中全会上所作的组织报告《关于抗日民族统一战线与党的组织问题》，张闻天提出了“组织工作中国化”的方针，指出：“我们是在中国做组织工作，一定要严格估计到中国政治、经济、文化、思想、民族习惯、道德的特点，正确认识这些特点”③，“我们要使组织工作中国化，否则我们就不是中国的共产党员。将外国党的决定搬到中国来用，是一定要碰钉子的。所以不仅要懂得马克思主义的原则，而且要在民族环境中来实现这些原则”④，“运用各国经验要适合中国的情况”。这与毛泽东在政治报告提出“马克思主义中国化”相呼应。六中全会《政治决议案》因此号召全党“彻底肃清马列主义的凶恶敌人——公式主义、教条主义与机械主义”，“自上而下一致地努力学习马克思、恩格斯、列宁、斯大林的理论，学会灵活地把马克思列宁主义及国际经验应用到中国的每一个实际斗争中来”⑤。“马克思主义中国化”命题的提出，是对党内的教条主义的否定，反映了中国共产党特别是毛泽东在认识、掌握和运用马列主义上所达到的深度，在实行马列主义与中国实际相结合上的高度自觉性。这个结合，是一个具有高度的科学精神和高度的革命精神的创造，需要高深的理论修养和最大的理论勇气。这个结合，恰恰体现着马克思主义与时俱进的理论品质，就是继承、丰富和发展马列主义。

党的六届六中全会之后，毛泽东便投入极大精力从事马克思主义中国化的理论与实践探索，先后发表了《〈共产党人〉发刊词》《中国革命和中国共产党》《新民主主义论》等论著，取得了重大成果。在毛泽东的倡导和带动下，不少党的高级干部，尤其是党的理论工作者不断使用这一概念，并对“马克思主义中国化”进行理论论证。很多党员干部、学者围绕马克思主义中国化命题进行论证、阐释和说明，丰富了马克思主义理论宝库。这些理论成果，构成了中国化马克思主义的主要内容，为延安整风运

① 《毛泽东选集》第2卷，人民出版社1991年版，第534页。
② 《毛泽东选集》第2卷，人民出版社1991年版，第534页。
③ 《张闻天选集》，人民出版社1985年版，第225—226页。
④ 《张闻天选集》，人民出版社1985年版，第226页。
⑤ 《中共中央文件选集》第11册，中共中央党校出版社1991年版，第737页。

动奠定了思想理论基础。总体来说，党的六届六中全会在总结历史的基础上基本上克服了以王明为代表的右倾错误，进一步确定了毛泽东在全党的领导地位，从而统一了全党思想，为党领导抗日战争的胜利打下了坚实的基础。

二、新民主主义革命理论的系统阐述

早在中国共产党创建和国民革命时期，以毛泽东为代表的中国共产党人就初步提出了新民主主义革命的基本思想。党关于中国革命的理论在土地革命后期、抗日战争时期得到继续发展。1939 年 12 月，毛泽东撰写了《中国革命和中国共产党》，系统分析了中国的半殖民地半封建社会性质的形成和特点，在此基础上分析了中国革命的对象、中国革命的任务、中国革命的动力、中国革命的性质和中国革命的前途。在解放战争时期，新民主主义理论体系得到进一步完善和发展。直到 1949 年 6 月，毛泽东在《论人民民主专政》一文中描绘了即将建立的新中国的蓝图，系统地阐明了新中国的基本纲领，论证了在中国建立人民民主专政的历史必然性，阐明了人民民主专政的基本任务、民主和专政的关系以及各界在人民民主专政中的地位等问题，从而完整地形成了人民民主专政理论。新民主主义理论的形成标志着以毛泽东为核心的第一代党中央领导集体，对中国革命和社会发展规律的认识达到了一个新阶段，它以独创性的理论大大丰富和发展了马克思列宁主义。

第一，系统阐述近代中国的基本国情和主要矛盾。认清中国的国情，是认清一切革命问题的基本的依据。毛泽东关于新民主主义革命的理论，也是基于对中国近代基本国情的科学分析。在《中国革命与中国共产党》《新民主主义论》等著作中，毛泽东指出：“自从一八四〇年的鸦片战争以后，中国一步一步地变成了一个半殖民地半封建的社会。自从一九三一年九一八事变日本帝国主义武装侵略中国以后，中国又变成了一个殖民地、半殖民地和半封建的社会。”① 半殖民地半封建社会既不同于封建社会，又区别于西方资本主义社会，具有六个方面的特点：（1）封建时代的自给自足的自然经济基础是被破坏了，但是，封建剥削制度——地主阶级对农民的剥削，同买办资本和高利贷资本的剥削结合在一起，在中国的社会经济

---

① 《毛泽东选集》第 2 卷，人民出版社 1991 年版，第 626 页。

生活中占着显然的优势。(2) 民族资本主义有了某些发展，并在中国政治的、文化的生活中起了颇大的作用；但是它因力量比较弱小而没有成为中国社会经济的主要形式，其大部分同外国帝国主义和国内封建主义都有或多或少的联系。(3) 皇帝和贵族的专制政权是被推翻了，代之而起的先是地主阶级的军阀官僚的统治，接着是地主阶级和大资产阶级联盟的专政，在沦陷区，则成为日本帝国主义及其傀儡统治的帮凶。(4) 帝国主义不但操纵了中国的财政和经济的命脉，并且操纵了中国的政治和军事的力量。(5) 由于中国是在许多帝国主义国家的统治或半统治之下，由于中国实际上处于长期的不统一状态，又由于中国的土地广大，中国的经济、政治和文化的发展，表现出极端的不平衡。(6) 由于帝国主义和封建主义的双重压迫，特别是由于日本帝国主义的大举进攻，中国的广大人民，尤其是农民，日益贫困化以至大批地破产，他们过着饥寒交迫和毫无政治权利的生活。中国人民的贫困和不自由的程度，是世界所少见的①。在外国帝国主义和本国封建主义的双重压迫下，近代中国的主要矛盾就由原来单一的封建地主阶级和农民阶级的矛盾，发展为帝国主义和中华民族的矛盾，封建主义和人民大众的矛盾，其中，帝国主义和中华民族的矛盾是最主要的矛盾，中国革命就是在这些矛盾的基础上发生和发展起来的。

第二，阐述中国革命基本规律和特点。植根于半殖民地半封建社会的中国革命也呈现出了和以往任何革命都不同的特点和规律。毛泽东在《中国革命和中国共产党》和《新民主主义论》等文中，从中国“特殊的国情”出发，深刻分析了中国革命的历史进程，正确揭示了中国革命所具有的一些基本规律和特点。毛泽东精辟指出，中国社会半殖民地半封建的性质，决定了现时中国革命的历史特点就是，“中国革命的历史进程，必须分为两步，其第一步是民主主义的革命，其第二步是社会主义的革命，这是性质不同的两个革命过程”②。革命的第一步是要推翻帝国主义和封建主义在中国的统治，第二步是要依据科学社会主义原理，“使革命向前发展，建立一个社会主义的社会”③。毛泽东还指出，中国共产党诞生以来，中国的民主革命，虽然按其社会性质来说，依然是资产阶级民主主义的，它的客观要求，是为资本主义的发展扫清道路；然而这种革命，“已不是旧范

① 《毛泽东选集》第 2 卷，人民出版社 1991 年版，第 630—631 页。
② 《毛泽东选集》第 2 卷，人民出版社 1991 年版，第 665 页。
③ 《毛泽东选集》第 2 卷，人民出版社 1991 年版，第 666 页。

畴的民主主义，已不是旧民主主义，而是新范畴的民主主义，而是新民主主义”①。这种革命又恰恰是为社会主义的发展扫清更广阔的道路。因此，当前中国革命的第一步“决不是也不可能建立中国资产阶级专政的资本主义社会，而是要建立以中国无产阶级为领导的中国各革命阶级联合专政的新民主主义社会，以完结其第一阶段。然后，再使之发展到第二阶段，以建立中国社会主义的社会”②。这就是中国革命的最基本的规律和特点。毛泽东还分析了新民主主义革命与旧的民主主义革命的异同：新民主主义革命已不再是旧的世界资产阶级革命的一部分，而属于世界无产阶级革命的范畴，中国革命的领导者已经不再属于资产阶级，而是属于无产阶级；从革命前途看，新民主主义革命的前途是经由新民主主义逐渐过渡到社会主义。当然，旧民主主义向新民主主义革命转变，需要一定的主客观条件。五四运动是近代中国历史上第一次彻底的反帝反封建的革命运动，也是新的社会力量开创救国救民新道路的历史性起点，它标志着中国革命由资产阶级领导的新民主主义革命，开始发展为无产阶级领导的新民主主义革命。中国社会基本矛盾运动和中国革命发展已经具备了革命转变的基本条件：第一次世界大战和俄国十月革命的发生，使中国革命具备了转变的外部条件，中国的资产阶级民主革命从原来的属于旧的世界资产阶级民主革命的范围，转变为属于新的资产阶级民主革命的范畴；中国工人阶级的成长壮大，为革命的转变奠定了阶级基础，准备了新的领导力量；马克思主义在中国的传播，为革命转变奠定了思想基础；中国共产党的成立，使中国革命有了坚强的领导核心，旧民主主义革命向新民主主义革命的转变就有了坚强的组织保证。

第三，系统论述民主主义革命的总路线。1939 年 12 月，毛泽东在《中国革命和中国共产党》中，第一次提出了新民主主义革命的科学概念和总路线的基本内容。1948 年 4 月，在《在晋绥干部会议上的讲话》中，毛泽东对新民主主义革命总路线作了科学完整的表述，指出：“无产阶级领导的，人民大众的，反对帝国主义、封建主义和官僚资本主义的革命，这就是中国的新民主主义的革命，这就是中国共产党在当前历史阶段的总路线和总政策。”③ 党在新民主主义革命时期的总路线，是在总结新民主主

① 《毛泽东选集》第 2 卷，人民出版社 1991 年版，第 665 页。

② 《毛泽东选集》第 2 卷，人民出版社 1991 年版，第 672 页。

③ 《毛泽东选集》第 4 卷，人民出版社 1991 年版，第 1316—1317 页。

义革命基本经验的基础上制定的，它深刻反映了中国革命的基本规律。(1) 关于新民主主义革命的对象和任务。近代中国社会的性质决定了中国社会的主要矛盾是帝国主义和中华民族的矛盾，封建主义和人民大众的矛盾。因此，中国民主革命的“主要对象或主要敌人”，就是帝国主义和封建主义。帝国主义的侵略使近代中国丧失了主权独立、领土完整，沦为了一个半殖民地国家，它是中国人民的第一个和最凶恶的敌人，是中国革命的首要对象；封建主义是中国最落后、最反动的生产关系的代表，是中国经济现代化和政治民主化的又一个主要障碍。所以，现阶段中国革命的任务“主要地就是打击这两个敌人，就是对外推翻帝国主义压迫的民族革命和对内推翻封建地主压迫的民主革命，而最主要的任务是推翻帝国主义的民族革命”①。中国革命的这两大任务，既互相区别，又是互相统一。帝国主义是封建地主阶级的主要支持者，如果不推翻帝国主义的统治，就不能消灭封建地主阶级的统治；封建地主阶级是帝国主义统治中国的主要社会基础，而农民则是中国革命的主力军，如果不帮助农民推翻封建地主阶级，就不能组成中国革命的强大的队伍而推翻帝国主义的统治。因此，要取得中国革命的胜利，就必须把这两大任务结合起来，既要反对帝国主义，也要反对封建主义，“那种把民族革命和民主革命分为截然不同的两个革命阶段的观点，是不正确的”②。官僚资本主义是依靠帝国主义、勾结封建主义、利用国家政权力量而发展起来的封建的国家垄断资本主义，具有买办性、封建性和垄断性，严重阻碍了中国生产力的进步，因而也是新民主主义革命的对象。没收官僚资本，消灭官僚资产阶级即大资产阶级，成为新民主主义革命的一项重要任务。无产阶级虽然可以利用大资产阶级内部的或者是他们同某一帝国主义的矛盾而结成暂时的反帝同盟，但是，在整个新民主主义革命的过程中，要使革命彻底胜利，必须推翻大资产阶级的统治。(2) 关于新民主主义革命的领导和动力。毛泽东指出：“现时中国的资产阶级民主主义的革命，已不是旧式的一般的资产阶级民主主义的革命，这种革命已经过时了，而是新式的特殊的资产阶级民主主义的革命。这种革命正在中国和一切殖民地半殖民地国家发展起来，我们称这种革命为新民主主义的革命。”③ 新旧民主主义革命区别的根本标志，是革命

---

① 《毛泽东选集》第 2 卷，人民出版社 1991 年版，第 637 页。
② 《毛泽东选集》第 2 卷，人民出版社 1991 年版，第 637 页。
③ 《毛泽东选集》第 2 卷，人民出版社 1991 年版，第 647 页。

领导权问题。帝国主义列强侵入中国是要把中国变成它们的半殖民地和殖民地，中国民族资产阶级自身在政治经济地位上的软弱性，注定它无力承担中国民主革命反帝反封的两大基本任务，因而不能充当中国民主革命的领导者。中国革命敌人的异常强大和中国革命的继续推进必须要有一个强有力的、具有革命坚定性的领导阶级。中国无产阶级除了一般无产阶级的基本优点，即与最先进的经济形式相联系，富于组织性纪律性，没有私人占有的生产资料以外，还有它的许多特殊的优点；他们身受帝国主义、封建主义和资产阶级三重压迫，革命性最坚决和彻底；他们开始走上革命舞台，就在本阶级的革命政党——中国共产党领导之下，成为中国社会比较最有觉悟的阶级；他们大多出身于破产的农民，与农民阶级有着天然的联系，易于同农民结成亲密的联盟。这些特点决定了中国无产阶级最富于革命的彻底性和组织纪律性，只有无产阶级才最适合、最有能力成为中国革命的领导者。无产阶级及其政党要在实质上掌握革命的领导权，必须建立以工农联盟为基础的广泛的革命统一战线。在《中国革命和中国共产党》中，毛泽东指出，中国无产阶级应该懂得，“如果单凭自己一个阶级的力量，是不能胜利的。而要胜利，他们就必须在各种不同的情形下团结一切可能的革命的阶级和阶层，组织革命的统一战线”①，并“说服和教育党外人士，使他们愿意接受我们的建议”②。新民主主义革命中的动力，即是“人民大众”，包括无产阶级、农民、城市小资产阶级和民族资产阶级。无产阶级是新的社会生产力的代表，是近代中国最进步的阶级，是中国革命最基本的动力。无产阶级领导权是中国革命最核心的问题，也是新民主主义革命的核心问题。革命的领导权掌握在无产阶级手中，还是掌握在资产阶级手中，是区分新旧民主主义革命的根本标志。农民是中国革命的主力军，他们在全国总人口中大约占 80%，是中国国民经济的主要力量。无产阶级只有同农民，主要是贫农和中农，结成坚固的联盟，才能取得革命的胜利。地主阶级和带买办性的大资产阶级即官僚资本主义不是革命的动力，而是革命的对象，但在一定时候可以同他们建立统一战线反对共同的敌人。至于民族资产阶级，因其是带有两重性的阶级，所以只能是“革命的力量之一”，但不是主要的力量，更不可能担当中国革命的领导者。他们在一定时期和一定程度上，能够参加反帝国主义和反官僚主义的革命，

① 《毛泽东选集》第 2 卷，人民出版社 1991 年版，第 645 页。
② 《毛泽东选集》第 2 卷，人民出版社 1991 年版，第 742 页。

成为革命的一种力量，而在另一时期，又有跟在买办大资产阶级后面反革命的危险。农民以外的小资产阶级，包括广大的知识分子、小商人、手工业者和自由职业者，由于受帝国主义、封建主义和大资产阶级的压迫，日益走向破产和没落的境地，“是革命的动力之一，是无产阶级的可靠的同盟者”①。中国无产阶级除具有一般无产阶级的基本优点外，还具有深受压迫最深、革命性最强、觉悟性最高、易于同农民结成巩固的联盟等特点，这说明中国的无产阶级是中国革命最基本的动力，是领导阶级。

第四，制定新民主主义革命的基本纲领。1940 年，毛泽东在《新民主主义论》深刻指出，中国共产党人多年来为中国革命所作的奋斗的一切目的，就在于建设一个中华民族的新社会和新国家。“新民主主义的政治、新民主主义的经济和新民主主义的文化相结合，这就是新民主主义共和国”，“是我们要造成的新中国”②。《新民主主义论》首次系统阐述了新民主主义的政治、经济、文化纲领问题，从而使新民主主义革命总路线进一步充实和具体化，成为指引中国革命胜利的一面旗帜。（1）新民主主义的政治纲领。新民主主义的政治纲领，就是推翻帝国主义、封建主义和官僚资本主义，建立一个无产阶级领导下的，以工农联盟为基础的，一切反帝反封建的人们联合专政的新民主主义的共和国。它既不同于旧形式的、欧美式的、资产阶级专政的、资本主义的共和国，也不同于苏联式的、无产阶级专政的、社会主义的共和国。它是中国这个殖民地、半殖民地和半封建国家的革命，在一定历史时期中所采取的国家形式，因而是一种“过渡的形式”，但同时，它也是“不可移易的必要的形式”③。新民主主义共和国的国体是无产阶级领导的、以工农联盟为基础的，包括农民、城市小资产阶级、民族资产阶级和其他反帝反封建的人们在内的几个革命阶级的联合专政。新民主主义国体相适应的政体是民主集中制的人民代表大会制度。1945 年，毛泽东在《论联合政府》中对新民主主义的政治纲领作了进一步阐述，深化了关于国体和政体的思想。他指出：“我们主张的新民主主义的政治，就是推翻外来的民族压迫，废止国内的封建主义的和法西斯主义的压迫，并且主张在推翻和废止这些之后不是建立一个旧民主主义的

① 《毛泽东选集》第 2 卷，人民出版社 1991 年版，第 641 页。
② 《毛泽东选集》第 2 卷，人民出版社 1991 年版，第 709 页。
③ 《毛泽东选集》第 2 卷，人民出版社 1991 年版，第 675 页。

政治制度，而是建立一个联合一切民主阶级的统一战线的政治制度。”① “新民主主义的政权组织，应该采取民主集中制，由各级人民代表大会决定大政方针，选举政府。它是民主的，又是集中的，就是说，在民主基础上的集中，在集中指导下的民主。”② （2）新民主主义的经济纲领。在《新民主主义论》中，毛泽东指出：“中国的经济，一定要走‘节制资本’和‘平均地权’的路，决不能是‘少数人所得而私’，决不能让少数资本家少数地主‘操纵国民生计’，决不能建立欧美式的资本主义社会，也决不能还是旧的半封建社会。”“革命的中国、抗日的中国应该建立和必然要建立的内部经济关系”，“就是新民主主义的经济”③。新民主主义的经济纲领，就是没收封建地主阶级的土地归农民所有；没收官僚资本归新民主主义国家所有；保护民族工商业。没收封建地主阶级的土地归农民所有，是新民主主义革命的中心内容。在《新民主主义论》中，毛泽东指出，新民主主义共和国将实行“平均地权”的方针，“采取某种必要的方法，没收地主的土地，分配给无地或少地的农民，实行中山先生‘耕者有其田’的口号，扫除农村中的封建关系，把土地变为农民的私产。农村的富农经济，也是容许其存在的”④。1948 年 4 月，《在晋绥干部会议上的讲话》中，毛泽东又提出了“依靠贫农，团结中农，有步骤地、有分别地消灭封建剥削制度，发展农业生产”的新民主主义革命时期土地改革的总路线和总政策。没收官僚资本归新民主主义国家所有，是新民主主义经济纲领的又一重要内容。毛泽东在《新民主主义论》中指出，把帝国主义和官僚垄断资本的大银行、大工业、大商业收归新民主主义国家所有。没收官僚资本归新民主主义国家所有，不仅摧毁了国民党反动政权存在的经济基础，而且使官僚资本转化为社会主义国营经济，使新民主主义国家掌握了国家的经济命脉，使国有经济在整个新民主主义多种经济成分中居于领导地位，对于巩固新生的国家政权，实现生产资料私有制的社会主义改造，建设现代化的新国家，具有十分重要的意义。保护民族工商业，是新民主主义经济纲领中极具特色的一项内容。民族工商业，是中国民族资产阶级即中等资产阶级和上层小资产阶级所经营的中等规模和小规模的资本主义经济，又称为

① 《毛泽东选集》第 3 卷，人民出版社 1991 年版，第 1056 页。
② 《毛泽东选集》第 3 卷，人民出版社 1991 年版，第 1057 页。
③ 《毛泽东选集》第 2 卷，人民出版社 1991 年版，第 679 页。
④ 《毛泽东选集》第 2 卷，人民出版社 1991 年版，第 678 页。

民族资本主义经济或私人资本主义经济，它是构成新民主主义经济形态的一个重要组成部分。毛泽东在《新民主主义论》中，明确规定了对待民族工商业的政策和方针，指出："在无产阶级领导下的新民主主义共和国的国营经济是社会主义的性质，是整个国民经济的领导力量，但这个共和国并不没收其他资本主义的私有财产，并不禁止'不能操纵国民生计'的资本主义生产的发展。"① 在新民主主义条件下，中国革命的对象和任务、中国社会生产力的落后和国民经济发展的客观需要、国营经济的主导性和个体经济的大量存在都决定必须保护民族工商业。后来在解放战争时期，毛泽东、周恩来、刘少奇、张闻天等中国共产党人对新民主主义的经济形态和经济政策也作了集中论述。1948 年 6 月，周恩来在他写的《新民主主义的经济建设》提纲中对新民主主义的经济性质、内容、建设方针以及政策都作了论述。刘少奇在 1948 年 9 月中央政治局会议上，对新民主主义的经济形态和成分作了这样的概括，他说："整个国民经济，包含着自然经济、小生产经济、资本主义经济、半社会主义经济、国家资本主义经济以及国营的社会主义经济。国民经济的总体就叫做新民主主义经济。新民主主义经济包含着上述各种成分，并以国营的社会主义经济为其领导成分。"② 张闻天依据通过对东北经济状况的调查研究，在 1948 年 9 月为东北局起草了《关于东北经济构成及经济建设基本方针的提纲》。1949 年 3 月，毛泽东在中共七届二中全会的报告中以更精确的语言说明了五种经济成分的性质，并提出"新民主主义经济形态"的概念，他说："国营经济是社会主义性质的，合作社经济是半社会主义性质的，加上私人资本主义，加上个体经济，加上国家和私人合作的国家资本主义经济，这些就是人民共和国的几种主要的经济成分，这些就构成新民主主义的经济形态。"会后，毛泽东进一步提出了公私兼顾、劳资两利、城乡互助、内外交流的新民主主义经济政策，简称"四面八方"的政策。即"实行公私兼顾、劳资两利、城乡互助、内外交流的政策，以达到发展生产繁荣经济的目的"③。(3) 新民主主义的文化纲领。在《新民主主义论》中，毛泽东首先阐述了文化工作的地位和文化与政治、经济的关系，指出："一定的文化（当作观念形态的文化）是一定社会的政治和经济的反映，又给予伟大影响和作用于一定社

① 《毛泽东选集》第 2 卷，人民出版社 1991 年版，第 678 页。
② 《关于新民主主义的建设问题》，《党的文献》1989 年第 5 期。
③ 《关于新民主主义的建设问题》，《党的文献》1989 年第 5 期。

会的政治和经济；而经济是基础，政治则是经济的集中的表现。”① 其次又阐述了新民主主义文化的内容和方针，“新民主主义的文化，就是人民大众反帝反封建的文化；在今日，就是抗日统一战线的文化。这种文化，只能由无产阶级的文化思想即共产主义思想去领导，任何别的阶级的文化思想都是不能领导了的。所谓新民主主义的文化，一句话，就是无产阶级领导的人民大众的反帝反封建的文化”②，即“民族的科学的大众的文化”③。所谓“民族的”，是指这种文化“是反对帝国主义压迫，主张中华民族的尊严和独立的。它是我们这个民族的，带有我们民族的特性”④。所谓“科学的”，是指这种文化“是反对一切封建思想和迷信思想，主张实事求是，主张客观真理，主张理论和实践一致的”⑤。所谓“大众的”，是指这种文化“是民主的。它应为全民族中百分之九十以上的工农劳苦民众服务，并逐渐成为他们的文化”⑥。

新民主主义的政治、经济、文化纲领，是新民主主义革命总路线的具体化，新民主主义的政治、经济、文化相结合，构成了新民主主义共和国的基本框架。毛泽东关于新民主主义的政治、经济、文化纲领的深刻论述为中国共产党正确认识和处理中国革命的一系列具体问题提供了理论上的依据，也为新中国的成立奠定了坚实的基础。

第五，总结新民主主义革命的基本经验和革命成功的法宝。毛泽东在《〈共产党人〉发刊词》一文中，总结了中国革命两次胜利和两次失败的经验教训，揭示了中国革命发展的客观规律，指出：“统一战线问题，武装斗争问题，党的建设问题，是我们党在中国革命中的三个基本问题。正确地理解了这三个问题及其相互关系，就等于正确地领导了全部中国革命。”⑦ （1）统一战线。统一战线问题，是无产阶级政党策略思想的主要内容。毛泽东在《〈共产党人〉发刊词》中分析党的历史时，指出：“中国革命和中国共产党的发展道路，是在这样同中国资产阶级的复杂关联中走过

---

① 《毛泽东选集》第2卷，人民出版社1991年版，第663—664页。
② 《毛泽东选集》第2卷，人民出版社1991年版，第698页。
③ 《毛泽东选集》第2卷，人民出版社1991年版，第706页。
④ 《毛泽东选集》第2卷，人民出版社1991年版，第706页。
⑤ 《毛泽东选集》第2卷，人民出版社1991年版，第707页。
⑥ 《毛泽东选集》第2卷，人民出版社1991年版，第708页。
⑦ 《毛泽东选集》第2卷，人民出版社1991年版，第605—606页。

的。这是一个历史的特点，殖民地半殖民地革命过程中的特点，而为任何资本主义国家的革命史中所没有的。再则，由于中国是半殖民地半封建的国家，政治、经济、文化各方面发展不平衡的国家，半封建经济占优势而又土地广大的国家，这就不但规定了中国现阶段革命的性质是资产阶级民主革命的性质，革命的主要对象是帝国主义和封建主义，基本的革命的动力是无产阶级、农民阶级和城市小资产阶级，而在一定的时期中，一定的程度上，还有民族资产阶级的参加。”① 这一论述深刻阐明了在半殖民地半封建的中国进行民主建立广泛统一战线的必然性和可能性。所以，建立统一战线，主要是由中国社会的性质、矛盾和阶级状况决定的；是革命发展的不平衡性和长期性决定的。新民主主义革命统一战线包含着两个联盟：一个是工人阶级同农民及其他劳动人民的联盟，另一个是工人阶级同民族资产阶级及其他非劳动人民的联盟。新民主主义革命统一战线的两个联盟的关系是相互的。无产阶级只有把农民群众的革命力量充分调动起来，巩固和发展工农联盟，才能为统一战线奠定牢固的基础和依靠，在这基础上，才有可能解决同民族资产阶级建立革命统一战线的问题；同样，也只有建立起第二个联盟，团结一切可以团结的力量，壮大自己，孤立最主要的敌人，才能进一步巩固一个联盟，使无产阶级及其政党掌握中国革命的领导权，领导中国革命走向胜利。在统一战线中必须坚持无产阶级的领导权。周恩来指出：“领导权的问题，是统一战线中最集中的一个问题。”② 掌握领导权，首先必须保持无产阶级及其政党在统一战线中的独立性。这是总结大革命失败的血的教训得出的一条重要结论。同时，党正是因为坚持了在抗日统一战线的独立自主性，才保持了党对人民军队和工人运动的领导权，并用自己的正确路线、方针和政策去影响、争取和领导同盟者，从而使抗日民族统一战线不断发展壮大，最终取得了抗日战争的胜利。实现无产阶级及其政党在统一战线中的领导权，还要制定出正确的路线和政策，处理好与同盟者的关系，同时也要加强党的队伍建设，提高自身领导能力。毛泽东指出，要实现党的领导权，首先必须保证党的路线和政策正确性，要根据革命发展的进程及时地提出基本的政治口号，和为实现这种口号而提出关于每一发展阶段和每一重大事变中的动员口号，以作为全国人民一致行动的具体目标。要保证党对统一战线的领导权，党还要加强自

---

① 《毛泽东选集》第 2 卷，人民出版社 1991 年版，第 604 页。
② 《周恩来选集》上卷，人民出版社 1984 年版，第 220 页。

身队伍建设。共产党员要在不失掉确定的政治目标的原则上，建立与同盟者的适当的关系，发展和巩固这个联盟。共产党员还要提起自己无限的积极性和忠诚，成为实现党在各个阶段所提出的具体目标的模范。此外，在革命进程中，中国共产党要根据不同的情况制定出在统一战线条件下不同的政策和策略，必须坚持在革命统一战线中对资产阶级采取“又联合，又斗争”的方针，在统一战线中要采取“发展进步势力，争取中间势力，孤立顽固势力”的策略。(2) 武装斗争。武装斗争是中国革命的主要斗争形式，这是中国革命的主要特点之一。在建党初期，由于不懂得武装斗争的重要性，共产党把主要精力放在开展工人运动、学生运动、农民运动等民众运动上，并没有认真去准备武装斗争和组织军队。“其结果，国民党一旦反动，一切民众运动都垮台了。”① 土地革命战争时期，中国共产党已经建立了独立的武装力量，学会了独立的战争艺术，并建立了人民政权和根据地。抗日战争时期，中国共产党人对武装斗争问题有了更为深刻的理解。武装斗争在中国革命中具有重要的地位和作用。武装斗争的正确道路是以农村包围城市、最后夺取全国政权。毛泽东指出，由于敌我力量对比的悬殊，强大的敌人长期占据着中心城市，“如果革命的队伍要准备积蓄和锻炼自己的力量，并避免在力量不够的时候和强大的敌人作决定胜负的战斗，那就必须把落后的农村造成军事上、政治上、经济上、文化上的伟大的革命阵地，借以反对利用城市进攻农村区域的凶恶敌人，借以在长期战斗中逐步地争取革命的全部胜利”②。必须把武装斗争同其他形式的斗争结合起来。以武装斗争为中国革命的主要形式，不是说可以放弃其他形式的斗争。革命的复杂性以及革命的目的决定了必须把武装斗争同其他形式的斗争结合起来。因为“没有武装斗争以外的各种形式的斗争相配合，武装斗争就不能取得胜利。着重农村根据地上的工作，不是说可以放弃城市工作和尚在敌人统治下的其他广大农村中的工作；相反，没有城市工作和其他农村工作，农村根据地就处于孤立，革命就会失败。而且革命的最后目的，是夺取作为敌人主要根据地的城市，没有充分的城市工作，就不能达此目的”③。因此，要把武装斗争同工人的斗争，同青年的、妇女的、一切人民的斗争，同政权的斗争，同经济战线上的斗争，同思想战线上的斗

---

① 《毛泽东选集》第2卷，人民出版社1991年版，第544页。

② 《毛泽东选集》第2卷，人民出版社1991年版，第635页。

③ 《毛泽东选集》第2卷，人民出版社1991年版，第636页。

争等斗争形式，在全国范围内或者直接地或者间接地配合起来，才能调动一切革命力量，达到武装斗争的目的。

中国共产党领导的民主革命，不可能走和平的合法斗争的道路，只能走武装斗争的道路。坚持武装斗争就必须建立一支人民军队，没有一支强大的人民军队，就没有人民的一切，就不可能有人民的解放和国家的独立。这就决定了在中国共产党领导下所进行的革命战争实际上是一场人民战争。在革命斗争实践中，以毛泽东为代表的中国共产党人对人民军队的性质、任务、军队建设的原则作了详细的论述。其一是坚持党对军队的绝对领导是实现人民军队建军的根本原则，是中国共产党领导军事工作的特色和优势。1927 年 9 月，毛泽东领导秋收起义部队进行了著名的“三湾改编”，确立了党对军队的绝对领导。1929 年 12 月召开的古田会议，决议中明确指出党委要成为部队的“领导中枢”，各级党组织要“厉行集中指导下的民主生活”。1938 年 11 月，毛泽东在总结我党反对张国焘军阀主义的历史经验时又强调指出：“我们的原则是党指挥枪，而决不容许枪指挥党。”“党指挥枪”是毛泽东对党与军队关系所作的一种形象概括，也是毛泽东关于革命军队建军原则最生动最形象的表述。其二是全心全意为人民服务的宗旨，是由人民军队的阶级性质和历史使命决定的。坚持为人民服务的宗旨不是空洞的政治口号，毛泽东为人民军队规定的三大任务，即打仗、做群众工作和生产是人民军队性质和建军宗旨的具体体现。执行三大任务是毛泽东一贯坚持的建军思想，也是我国人民军队的光荣革命传统。其三是重视政治工作在人民军队建设中的意义。毛泽东提出了“政治工作是我军的生命线”，制定了“三大纪律、八项注意”，强调实行政治、经济、军事三大民主，和实行官兵一致、军民一致、瓦解敌军的政治工作三大原则等，在实践中，提出和总结了一套人民军队政治工作的方针、方法和原则，系统地解决了如何将一支以农民为主要成分的军队，建设成为一支无产阶级性质的、具有严格组织纪律的、同人民群众保持密切联系的、坚强的人民军队的问题。关于人民战争的战略战术，毛泽东认为，战争的胜负主要取决于作战双方的军事、整治、经济、自然等条件，同时还取决于作战双方的主观指导能力。“军事家不能超过物质条件许可的范围外企图战争的胜利，然而军事家可以而且必须在物质条件许可的范围内争取战争的胜利。军事家活动的舞台建筑在客观物质条件的上面，然而军事家凭着这个舞台，却可以导演出许多有声有色威武雄壮的活剧来。”[①] 人民战争的战略战术就是在认识中国革命战争的基本特点和规律的基础上，产生出来的正确的战争指导原则，是中国共产党军事战略思想的重要组成部分。(3) 党的建设。毛泽东指出：“既要革命，就要有一个革命党。没有一个革命的党，没有一个按照马克思列宁主义的革命理论和革命风格建立起来的革命党，就不可能领导工人阶级和广大人民群众战胜帝国主义及其走狗。”[②] 1939年10月，毛泽东在《〈共产党人〉发刊词》一文中，把马克思列宁主义党的学说同中国共产党建设的实际相结合，明确提出要把我们党建设成为一个“全国范围的、广大群众性的、思想上政治上组织上完全巩固的布尔什维克化的中国共产党”，并指出这是一个“伟大的工程”[③]。新民主主义革命进程中，毛泽东把马克思主义与党的建设具体实际结合起来，逐步形成和发展了党的建设的理论，成为毛泽东思想的重要组成部分。

其一，党的建设必须密切联系党的政治路线。在中国革命的进程中，党的建设始终是“同党的政治路线密切地联系着”[④] 的。毛泽东指出：对于建设一个“全国范围的、广大群众性的、思想上政治上组织上完全巩固的布尔什维克化的中国共产党”这个问题，“考察一下我们党的历史，就会懂得；把党的建设问题同统一战线问题、同武装斗争问题联系起来看一下，把党的建设问题同联合资产阶级又同它作斗争的问题、同八路军新四军坚持抗日游击战争和建立抗日根据地的问题联系起来看一下，就会懂得”[⑤]。统一战线和武装斗争是党的政治路线的重要组成部分，“统一战线和武装斗争，是战胜敌人的两个基本武器。统一战线，是实行武装斗争的统一战线。而党的组织，则是掌握统一战线和武装斗争这两个武器以实行对敌冲锋陷阵的英勇战士”[⑥]。党的政治路线是党的纲领的具体体现，它决定着党在一定历史时期行动的方向，也决定着党的建设的方向。毛泽东指出，一个政党要引导革命走向胜利，必须依靠政治路线的正确和组织上的巩固。党的发展和巩固的过程，就是正确制定和实施党的政治路线的过

---

① 《毛泽东选集》第1卷，人民出版社1991年版，第182页。
② 《毛泽东选集》第4卷，人民出版社1991年版，第1357页。
③ 《毛泽东选集》第2卷，人民出版社1991年版，第602页。
④ 《毛泽东选集》第2卷，人民出版社1991年版，第605页。
⑤ 《毛泽东选集》第2卷，人民出版社1991年版，第613—614页。
⑥ 《毛泽东选集》第2卷，人民出版社1991年版，第613页。

程，也是密切联系政治路线加强党的建设过程。党的政治路线与党的建设相互影响、相互促进。党在民主革命时期处理统一战线问题和革命武装斗争问题的经验教训表明，党的政治路线正确，“党的发展、巩固和布尔什维克化就前进一步”，党的政治路线错误，“党的发展、巩固和布尔什维克化也就会要后退一步”。反过来，党的政治路线的制定和实现，也有赖于党的建设的加强。因此，党的建设要始终围绕党的政治路线来进行，为实现党的政治路线服务，只有这样才能把中国共产党建设成为一个思想上、政治上、组织上都巩固和成熟的马克思主义政党。

其二，着重从思想上建党。着重从思想上建设党，是党的建设的一条重要原则。早在井冈山斗争时期，毛泽东就提出了对农村根据地的党组织实行“无产阶级思想领导”的问题。1929 年红军第九次代表大会通过的《古田会议决议》总结了党的思想建设中所创造的经验，使之成为指导党的建设的第一个基本文件。中国共产党六届七中全会通过的《关于若干历史问题的决议》对小资产阶级思想的弊病进行了深刻分析，明确指出小资产阶级思想意识的核心是个人主义，号召共产党人必须同这些小资产阶级思想坚决地划清界限，肃清它的影响。在党的七大上，毛泽东提出：“掌握思想教育，是团结全党进行伟大政治斗争的中心环节。如果这个任务不解决，党的一切政治任务是不能完成的。”① 刘少奇在所作的关于修改党章的报告中更加明确指出：“我们党的建设中最主要的问题，首先就是思想建设问题，就是以马克思列宁主义——无产阶级的科学思想去教育与改造我们的党员，特别是小资产阶级革命分子的问题，就是和党内各种非无产阶级的思想进行斗争并加以克服的问题。”“要把思想教育和思想领导放在党的领导的第一位。”②

从思想上建党，最根本的就是用马克思主义理论教育和武装全体党员，强调党员不仅要在组织上入党，而且要在思想上入党，不断用无产阶级思想克服和改造各种非无产阶级思想，永葆党的工人阶级先锋队性质。党员的思想状况如何，不仅关系到党的战斗力和革命事业的发展，而且关系到党的无产阶级先锋队的性质。因此，解决思想上入党问题，是党的思想建设的一个重点。在抗日战争期间，毛泽东根据党所处的环境和肩负的任务的变化，以及当时党内的思想状况，指出：“我们现在有大批的新党

---

① 《毛泽东选集》第 3 卷，人民出版社 1991 年版，第 1094 页。

② 《刘少奇选集》上卷，人民出版社 1981 年版，第 327、330 页。

员所形成的很多的新组织，这些新组织还不能说是广大群众性的，还不是思想上、政治上、组织上都巩固的，还不是布尔什维克化的。同时，对于老党员，也发生了提高水平的问题，对于老组织，也发生了在思想上、政治上、组织上进一步巩固和进一步布尔什维克化的问题。”① “有许多党员在组织上入了党，思想上并没有完全入党，甚至完全没有入党。这种思想上没有入党的人，头脑里还装着许多剥削阶级的脏东西，根本不知道什么是无产阶级思想，什么是共产主义，什么是党。”所以，必须在思想上进行整顿，“展开一个无产阶级对非无产阶级的思想斗争”②。从思想上入党的问题，从根本上说就是要解决世界观问题。他强调不能按照小资产阶级的面貌来改造党，改造世界，而只能按照无产阶级先锋队的面貌改造党，改造世界，使共产党员克服自身的非无产阶级世界观，而拥有无产阶级的世界观。

从思想上建党，解决党员思想上入党问题，最重要途径是进行马克思主义理论思想教育和学习。“一切加入我们党的人，必须认真学习马克思列宁主义、毛泽东思想，特别是小资产阶级革命分子，在入党以前和以后，更须学习，并进行思想上的改造，必须抛弃他们原来的阶级立场，站在无产阶级的立场上，克服他们的主观主义、个人主义、宗派主义等倾向。没有这种改造，就不能成为很好的党员。”③ 在分析党的发展历程后，毛泽东强调要做好马克思主义的基本理论教育，对于一般党员来说，除了进行马克思主义的基本理论教育之外，还必须以党章为内容，进行党的基本知识教育，以提高全体党员的素质。只有这样，才能提高全党的马克思主义理论水平，克服党内的小资产阶级思想，分清无产阶级思想和非无产阶级思想的界限，把党员干部培养成思想上、政治上坚定的马克思主义战士。在延安时期，为了加强党的思想建设，有效开展思想政治工作，毛泽东还领导全党创造了在党内进行普遍的马克思主义理论思想教育的“整风”形式，提出“惩前毖后，治病救人”，作为处理党内矛盾、开展党内思想斗争必须遵循的方针；通过全党批评和自我批评来学习马克思主义，对一些党员干部存在的非无产阶级思想加以改造，使广大党员和干部在非无产阶级的立场、世界观、思想方法、工作作风、领导方法等方面得到了

---

① 《毛泽东选集》第2卷，人民出版社1991年版，第603页。

② 《毛泽东选集》第3卷，人民出版社1991年版，第875页。

③ 《刘少奇选集》上卷，人民出版社1981年版，第327页。

根本性的改造，使全党的思想在马克思主义的理论基础上得到了统一，基本上解决了长期以来党内存在的非无产阶级思想和无产阶级思想的矛盾。

其三，加强党的组织建设和作风建设。关于加强党的组织建设，贯彻民主集中制原则。党的组织建设是党的建设的一个重要组成部分，它对于增强党的战斗力，保证党的政治任务的完成，有着非常重要的意义。民主集中制是党的根本组织原则，是无产阶级政党组织建设的重要内容之一。在长期建党实践中，毛泽东创造性地运用民主集中制原则，制定正确规范党内政治生活、处理党内关系的基本准则和具体制度，形成了我们党在组织建设上的鲜明特征，丰富和发展了民主集中制的理论。民主集中制是民主与集中的辩证统一。毛泽东在党的七大所作的政治报告中，明确提出，新民主主义的政权组织，应该采取民主集中制。他对民主与集中的辩证关系作了高度的理论概括，认为民主集中制是在民主基础上的集中和集中指导下的民主，只有这个制度，才既能表现广泛的民主，使各级人民代表大会有高度的权力；又能集中处理国事，使各级政府能集中地处理被各级人民代表大会所委托的一切事务，并保障人民的一切必要的民主活动。刘少奇在关于修改党章的报告中，指出民主集中制的原则是少数服从多数，个人服从组织，下级服从上级，全党服从中央。民主与集中对于马克思主义政党来说，是相互紧密联系的、同等重要的。民主是集中的基础和前提，集中要与民主紧密结合。离开民主讲集中，或者离开集中讲民主，把两者割裂开来，对立起来，都会破坏党的民主集中制原则，妨碍和破坏党组织的巩固和发展。毛泽东还把实行民主集中制与贯彻党的群众路线联系起来，认为民主集中制是党的群众路线在党的生活中的运用。他在《关于领导方法的若干问题》中高度概括了实现党的正确领导过程中贯彻民主集中制与贯彻党的群众路线二者的一致性，指出，实行民主集中制的过程，就是贯彻“从群众中来，到群众中去”的群众路线的过程。从党内来说，贯彻民主集中制，首先要相信和依靠广大党员群众，充分发扬党内民主，放手让党员群众对党内的重大问题发表自己的意见，充分行使自己的民主权利；从党对人民群众的正确领导来看，贯彻“从群众中来，到群众中去”的群众路线，也是实行民主集中制的过程。毛泽东指出：“在我党的一切实际工作中，凡属正确的领导，必须是从群众中来，到群众中去。这就是说，将群众的意见（分散的无系统的意见）集中起来（经过研究，化为集中的系统的意见），又到群众中去作宣传解释，化为群众的意见，使群众坚持下去，见之于行动，并在群众行动中考验这些意见是否正确。然后再从群众中集中起来，再到群众中坚持下去。”[①] 民主集中制在党的群众路线中的运用，为党实现对国家事务和人民群众的正确领导提供了科学的认识方法和工作方法。

党的作风建设是党的建设的重要内容。党的作风即党风，是党的无产阶级性质和世界观在党的工作与活动中的表现，是全党包括党的各级组织和党员个人在政治、思想、组织、工作、生活等方面体现党性原则的一贯的态度和行为。党的作风的实质是世界观问题。党风问题与党的政治路线紧密联系着，中国共产党在领导中国革命的过程中，对党的作风建设问题也极为重视。1942 年，在《整顿党的作风》一文中，毛泽东首次提出“党风”的概念，并论述了党风建设的重要性。他说：“我们要完成打倒敌人的任务，必须完成这个整顿党内作风的任务。学风和文风也都是党的作风，都是党风。只要我们党的作风完全正派了，全国人民就会跟我们学，党外有这种不良风气的人，只要他们是善良的，就会跟我们学，改正他们的错误，这样就会影响全民族。只要我们共产党的队伍是整齐的，步调是一致的……任何强大的敌人都是能被我们打倒的。”[②] 1945 年，在党的七大上，他对党的优良作风高度概括为“理论和实践相结合的作风，和人民群众紧密联系在一起的作风以及自我批评的作风”[③]，并指出，这三大作风是中国共产党人区别于其他任何政党的显著标志。所谓理论和实践相结合的作风，就是把马克思列宁主义的基本原理同中国革命的具体实践相结合，从实际出发，实事求是的作风。实践证明，这种结合进行得好，党就前进就胜利；这种结合进行得不好，党就后退就失败。所谓密切联系群众的作风，是指党的各级组织和党员干部要和党内外的群众结合在一起，密切党和人民群众的关系，一切为了群众，一刻也不脱离群众。与人民群众的关系如何是共产党进行自我评判的重要尺度。党的历史经验证明，凡属正确的任务、政策和工作作风，都是和当时当地的群众要求相适合，都是联系群众的；凡属错误的任务、政策和工作作风，都是和当时当地的群众要求不相适合，都是脱离群众的。因此，树立群众观点，坚持群众路线，教育每一个环节上的每一个党员每时每刻都不要脱离群众，这是共产党立

---

① 《毛泽东选集》第 3 卷，人民出版社 1991 年版，第 899 页。

② 《毛泽东选集》第 3 卷，人民出版社 1991 年版，第 812 页。

③ 《毛泽东选集》第 3 卷，人民出版社 1991 年版，第 1094 页。

于不败之地的根本保障。开展认真的自我批评是正确处理和有效地解决党内矛盾，克服缺点，纠正错误的科学方法。对于党员干部来说，要“经常地检讨工作，在检讨中推广民主作风，不惧怕批评和自我批评，实行‘知无不言，言无不尽’，‘言者无罪，闻者足戒’，‘有则改之，无则加勉’这些中国人民的有益的格言，正是抵抗各种政治灰尘和政治微生物侵蚀我们的思想和我们党的肌体的唯一有效的方法”①。三大作风反映了中国共产党人对待马克思主义理论、对待人民群众和对待自己及周围的正确态度，是党的作风建设的主要内容和必须遵循的一个基本原则。

在《〈共产党人〉发刊词》中，毛泽东论述党的建设、武装斗争、统一战线之间的关系时，指出：“统一战线和武装斗争，是战胜敌人的两个基本武器。统一战线是实行武装斗争的统一战线，而党的组织则是掌握统一战线和武装斗争这两个武器以实行对敌冲锋陷阵的英勇战士。”② 三大法宝作为中国共产党历史经验的结晶，极大地丰富了新民主主义理论的体系，使其具有更为鲜明的创造性。

第六，新民主主义革命理论对马克思主义中国化的贡献。新民主主义革命理论内涵丰富、形态完备，主要丰富和发展了马克思列宁主义关于武装夺取政权、无产阶级革命统一战线思想和马克思主义党建学说。从马克思主义中国化史上来看，开辟了马克思主义中国化的发展新道路。

（1）对马克思主义理论的丰富和发展。一是丰富和发展了马克思列宁主义关于武装夺取政权的思想。马克思列宁主义认为，革命的中心任务和最高形式是暴力夺取政权、战争解决问题。暴力革命的原则无论是在战争和革命年代，无论是对资本主义国家的无产阶级社会主义革命，还是对殖民地半殖民地国家的民族民主革命都有着十分普遍的意义。但是基于不同的具体历史条件，各个国家革命的道路和形式又是不同的。以毛泽东为主要代表的中国共产党人，在进行新民主主义革命的过程中，开辟了一条农村包围城市、最后夺取政权的具有中国特色的革命道路，而且从理论上进行了系统阐述，并成功解决了如何建设一支无产阶级领导的、以农民为主要成分的新型人民军队的问题，体现着中国共产党人的创造力。二是丰富和发展了马克思主义关于无产阶级革命统一战线思想。马克思、恩格斯认为，要赢得革命的胜利，无产阶级必须同广大农民结成牢固联盟，并同工

① 《毛泽东选集》第 3 卷，人民出版社 1991 年版，第 1096 页。
② 《毛泽东选集》第 2 卷，人民出版社 1991 年版，第 613 页。

人运动中的各个政党、派别加强团结和合作，才能构成强大的阶级力量。列宁也要利用一切机会获取大量的同盟者。以毛泽东为主要代表的中国共产党人发展了这一理论，创造性地提出了统一战线中的“两个联盟”的思想，坚持工农联盟是统一战线的基础，坚持党在统一战线中的领导权和独立自主原则；在分析无产阶级与资产阶级的关系时，独创性地把资产阶级划分为民族资产阶级和大资产阶级两种，并根据其对革命的态度分别采取不同的策略，极大地扩大和巩固了革命统一战线，丰富和发展了马克思主义的无产阶级革命统一战线思想。三是丰富和发展了马克思列宁主义的党建学说。马克思和恩格斯认为，无产阶级的解放只有在无产阶级政党的领导下才能实现，无产阶级政党的建设在革命中有着极为重要的地位。中国革命是由无产阶级及其政党领导的新民主主义革命，党的自身建设直接关系着中国革命的前途。中国共产党将党的建设作为中国革命的法宝之一，提出“密切联系党的政治路线来进行党的建设”，在无产阶级政党史上第一次科学地阐明了党的建设同党的政治路线的关系，从而揭示了党的建设的基本规律，为加强党的建设指明了正确的方向。

（2）开辟马克思主义中国化的发展新道路。无产阶级对待资产阶级民主革命的理论和策略，马克思、列宁都曾作过论述，特别是列宁关于殖民地半殖民地民族民主革命的学说，为新民主主义革命理论的提出奠定了基础。早期的中国革命运动，实际上就是在列宁的殖民地半殖民地民族民主革命理论的指导下进行的。但是，无论是马克思还是列宁，都没有形成像新民主主义革命理论这样系统完整的理论。以毛泽东为代表的中国共产党人，创造性地运用马列主义基本原理，从中国特殊国情及其所处的历史时代和国际背景出发，明确提出中国革命是新式的资产阶级革命，即无产阶级领导的，人民大众的，反对帝国主义、封建主义和官僚资本主义的新民主主义革命，其发展前途是社会主义的而非资本主义的，从而指明了中国革命的方位和方向；提出中国革命分两步走的思想并阐明了二者之间的关系，解决了马克思主义提出的由落后的农业社会在特殊条件下通向社会主义，以及列宁提出的由落后的半殖民地半封建社会可以不经过资本主义发展阶段而达到社会主义的构想。以毛泽东为代表的中国共产党人，在长期的革命斗争的实践中，把马克思主义理论同中国实际相结合，摸索出了一条不同于苏俄式的“以城市为中心”的正确的具有中国特色的革命道路，即以农村包围城市，武装夺取政权的革命道路。新民主主义革命理论的确立，就明确地提出了一种既不同于旧民主主义革命，又不同于社会主义革命的新型的革命理论以及新型的国家学说。新民主主义革命理论开辟了马克思主义中国化的发展新道路，标志着马克思主义中国化的第一大理论成果——毛泽东思想的成熟，从而为在全党确立毛泽东思想的指导地位奠定了坚实的理论基础。

第五节　延安整风运动与实事求是思想路线的确立

20 世纪 40 年代的延安整风，是中国共产党历史上一次全党范围的普遍的马克思主义教育运动，也是一次伟大的思想解放运动。通过延安整风，中国共产党不仅初步确立了实事求是的思想路线，而且还将马克思主义中国化的第一个理论成果——毛泽东思想确定为党的指导思想，从而极大推动了马克思主义中国化的进程，对中国革命和建设事业产生了深远的影响。

延安整风与马克思主义中国化的曲折历程有关：第一，“左”右倾教条主义错误给中国革命带来严重危害，必须从思想路线上加以解决和消除。延安整风之前，我们党曾先后发生过三次“左”倾错误，对党和中国革命事业危害极大。遵义会议以后，党从军事上、政治上纠正了以教条主义为特征的王明“左”倾错误，但由于环境和条件的限制，思想上、政治上的路线问题并未做出正确的结论。1940 年 12 月的政治局会议，曾试图彻底否定六届四中全会以来形成的“左”倾政治路线，但由于教条主义在党内的思想基础仍然根深蒂固，正确的努力没有获得完全成功。因此从根本上彻底解决思想路线问题，仍然是党的建设一项重要的任务。而且抗战初期，王明从莫斯科回国，又教条地搬用共产国际指示，提出“一切服从统一战线，一切经过统一战线”的右倾口号，主张对国民党让步，一度引起党内思想混乱，也给党在抗战初期的工作造成了不良后果。而要纠正这种右倾错误，就必须肃清教条主义的影响。第二，中国共产党从建党起，就是在阶级基础和理论基础非常薄弱的背景下投入到中国社会改造的政治斗争之中的，迫切需要提高全党的理论水平。建党的二十多年里，党没有也不可能把提高全党的理论素质作为党的建设的一项重要工作去全力抓好。许多人在组织上虽然入了党，但思想上并没有入党。他们不乏高昂的革命激情和不怕困难、敢于献身的勇气，但对党的理论、党的纲领、党的斗争历史知之甚少，缺乏基本的马克思主义素养和识别真假马克思主义的能力，甚至在他们的头脑中，还普遍地、不同程度地存在着个人主义、自由主义、宗派主义、主观唯心主义等不健康的思想意识。刘少奇曾在1941年11月答宋亮，明确指出共产党有一极大的弱点，“就是党在思想上的准备、理论上的修养是不够的，是比较幼稚的”①。党的理论准备不足导致“党在指导上的幼稚与错误而引起全党或重要部分的失败，而并不是工作上的失败”②。基于对中国共产党自身弱点的清醒认识，提高全党的理论水平，必须开展全党的思想理论教育。第三，清除党内对共产国际的依赖思想。从建党到20世纪40年代初，对我党影响最大的国际政治力量就是共产国际。毫无疑问，共产国际对于帮助筹建中国共产党，对于中国革命初期的指导，作出过许多有益的贡献，但也犯过不少严重错误。特别是中共六大以后，中国共产党在与共产国际之间的关系中已经完全没有独立性，共产国际插手中国共产党内部的政治斗争，中国共产党内部斗争的各方也以共产国际作为自己的政治资本与后台③。而在1940年下半年起的皖南事变和军事援苏等问题上，中共中央和莫斯科发生激烈的争论，使得毛泽东更加敏锐地认识到共产国际的集权制领导、联共（布）的“老子党”作风，以及它们脱离中国革命实际的瞎指挥。中国共产党要独立自主地承担起领导中国革命的任务，就必须摆脱共产国际的控制，为此也必须开展一次全党的整风运动，从思想根源上破除将共产国际指示神圣化和教条化的氛围。

除此之外，延安整风运动在当时也具备一定的客观条件。20世纪40年代初，抗日战争进入相持阶段，局势相对平稳，特别是党中央所在地陕甘宁边区的形势比较稳定，为我们党集中时间进行整风提供了客观条件。以毛泽东为代表的马克思主义路线已经在党内居于主导地位，而且已经锻炼出一大批团结在党中央周围的久经考验的领导骨干，这为整风运动的开展提供了政治上和组织上的保证。毛泽东、刘少奇、周恩来、陈云等党的领导人在深刻分析中国国内形势和国际形势，精心研究中国革命问题的基础上，撰写了一系列马克思列宁主义的理论论著，为延安整风运动的开展在理论上、思想上作了充分必要的准备。正是在这样的历史条件下，以

① 《刘少奇选集》上卷，人民出版社1981年版，第220页。

② 《刘少奇选集》上卷，人民出版社1981年版，第219—222页。

③ 《毛泽东与20世纪中国社会的伟大变革》，中央文献出版社2007年版，第245页。

毛泽东为领导的党中央，从1942年起，发动了第一次全党范围的整风运动。

一、延安整风运动的基本内容

延安整风运动的基本内容是："反对主观主义以整顿学风，反对宗派主义以整顿党风，反对党八股以整顿文风。"①

反对主观主义以整顿学风。反对主观主义是整顿三风中最重要最本质的核心问题。毛泽东多次指出，在学风问题上如何对待马克思列宁主义存在着两种根本对立的态度：一种是马克思主义的态度；一种是主观主义的态度。马克思主义的态度就是理论与实际相结合，运用马克思主义的立场、观点、方法去认识和改造客观世界。主观主义的态度，其表现形式有教条主义和经验主义。教条主义者轻视实践，也脱离实践，把活生生的马克思列宁主义理论变成僵死的教条。经验主义正好相反，他们轻视理论，也不愿刻苦地学习理论，只是满足于狭隘的局部的经验。两者的出发点尽管不同，但其思想实质却是一致的，都是主观与客观相分裂，理论与实际相脱离，都是同马克思列宁主义完全对立的。在两种表现中以教条主义对中国革命的发展影响更危险。为了指导全党克服主观主义倾向，端正学风，毛泽东在整风报告中针对人们存在的一些糊涂观念，着重说明了什么是理论和知识，什么是理论家和知识分子，什么是理论联系实际，为克服主观主义，发扬理论联系实际的学风，指明了方向。他把理论联系实际，形象地比喻为"有的放矢"，就是用马克思列宁主义之"矢"去射中国革命和东方革命这个"的"。号召"有书本知识的人向实际方面发展，然后才可以不停止在书本上，才可以不犯教条主义的错误。有工作经验的人，要向理论方面学习，要认真读书，然后才可以使经验带上条理性、综合性，上升成为理论，然后才可以不把局部经验误认为即是普遍真理，才可不犯经验主义的错误"②。其次必须宣传唯物论，宣传辩证法。毛泽东强调指出："我们要反对主观主义，就要宣传唯物主义，就要宣传辩证法。"③"从思想上深入批判唯心论和形而上学。"④ 他还一再强调"没有调查，没有发言权"的辩证唯物主义的真理，指出："实际工作者须随时去了解变

① 《毛泽东选集》第3卷，人民出版社1991年版，第812页。
② 《毛泽东选集》第3卷，人民出版社1991年版，第818—819页。
③ 《毛泽东选集》第3卷，人民出版社1991年版，第827页。
④ 陈至立主编：《中国共产党建设史》，上海人民出版社1991年版，第435页。

化着的情况，这是任何国家的共产党也不能依靠别人预备的。所以，一切实际工作者必须向下作调查。”“否则他们就不能将理论和实际相联系。”① 毛泽东还着重指出：“在全党推行调查研究的计划，是转变党的作风的基础一环。”② 这是彻底克服主观主义的基本途径。

反对宗派主义以整顿党风。宗派主义是主观主义在组织关系上的一种表现。在我党历史上，主观主义和宗派主义互为条件、同时并存，指导思想是主观主义，组织路线必然是宗派主义，宗派主义随主观主义的发展而发展，反过来又维护主观主义领导的统治，助长主观主义的发展。毛泽东在《整顿党的作风》一文中，列举了党内宗派主义残余的种种表现，并深刻指出了宗派主义残余的特点和危害，“对内的宗派主义倾向产生排内性，妨害党内的统一和团结，对外的宗派主义倾向产生排外性，妨害党团结全国人民的事业”③。因此，我们“必须扫除党内宗派主义的残余，以党的利益高于个人和局部的利益为出发点，使党达到完全团结统一的地步”④。为了克服宗派主义，维护党的权威，毛泽东提出了加强全党的团结和党与人民群众团结的基本原则，规定了正确处理党内各种关系和党与党外人员关系的基本原则。他说：“要提倡顾全大局。每一个党员，每一种局部工作，每一项言论或行动，都必须以全党利益为出发点，绝对不许可违反这个原则。”⑤ 毛泽东重申，必须坚持“少数服从多数，下级服从上级，局部服从全体，全党服从中央的民主集中制”原则⑥。在党外关系上，他强调：“我们的同志必须懂得一条真理：共产党员和党外人员相比较，无论何时都是占少数。”⑦ 因而，要坚持密切联系群众的原则，“对于一切愿意同我们合作以及可能同我们合作的人，我们只有同他们合作的义务，绝无排斥他们的权利”⑧。“共产党员如果不同党外干部、党外人员互相联合，敌人就一定不能打倒，革命的目的就一定不能达到。”⑨ 这是关系革命成败的重大问

---

① 《毛泽东选集》第 3 卷，人民出版社 1991 年版，第 791 页。
② 《毛泽东选集》第 3 卷，人民出版社 1991 年版，第 802 页。
③ 《毛泽东选集》第 3 卷，人民出版社 1991 年版，第 821 页。
④ 《毛泽东选集》第 3 卷，人民出版社 1991 年版，第 825 页。
⑤ 《毛泽东选集》第 3 卷，人民出版社 1991 年版，第 821 页。
⑥ 《毛泽东选集》第 3 卷，人民出版社 1991 年版，第 821 页。
⑦ 《毛泽东选集》第 3 卷，人民出版社 1991 年版，第 826 页。
⑧ 《毛泽东选集》第 3 卷，人民出版社 1991 年版，第 826 页。
⑨ 《毛泽东选集》第 3 卷，人民出版社 1991 年版，第 826 页。

题。这些原则的规定，都是共产主义精神的表现，是克服宗派主义，增强党的团结的锐利思想武器。

反对党八股以整顿文风。毛泽东指出：党八股是主观主义和宗派主义的宣传工具或表现形式，是一种反马克思列宁主义的文风。因此，有主观主义和宗派主义错误倾向的干部，他们写文章、作报告、发指示大多不能反映客观实际，又缺乏生动活泼的文风。“我们反对主观主义和宗派主义，如果不连党八股也给以清算，那它们就还有一个藏身的地方，它们还可以躲起来。”① 因此，要彻底打倒主观主义和宗派主义，就必须同时也打倒党八股，使它们原形毕露，没有藏身之地。在《反对党八股》一文中，毛泽东分析了党八股产生的根源，并用准确、生动而鲜明的语言，列举了党八股的八大罪状：“空话连篇，言之无物”；“装腔作势，借以吓人”；“无的放矢，不看对象”；“语言无味，像个瘪三”；“甲乙丙丁，开中药铺”；“不负责任，到处害人”；“流毒全党，妨害革命”；“传播出去，祸国殃民”②。其根源就是主观主义、形式主义和小资产阶级思想的反映。它“不但不便于表现革命精神，而且非常容易使革命精神窒息。要使革命精神获得发展，必须抛弃党八股”③。为此，毛泽东号召发扬五四运动精神，摆脱形式主义的束缚，深入到基层，深入到群众中去，注重生活实际，搜集群众喜闻乐见的大众语言，彻底抛弃党八股、新教条，采用生动活泼新鲜有力的马克思列宁主义文风，使革命精神得以广泛发扬，推动革命事业不断向前发展。

二、延安整风运动与马克思主义中国化进程的推进

延安整风在全党树立了实事求是的思想路线，冲破了教条主义的束缚，对马克思主义中国化的进程产生了极其深远的影响。

第一，树立了党实事求是的思想路线。实事求是思想路线的孕育、形成经历了一个长期过程。20 世纪 30 年代毛泽东提出了“共产党人要坚持从斗争中创造新局面的思想路线”。遵义会议后，实事求是思想路线在党中央高层初步确立。1937 年毛泽东发表的《实践论》《矛盾论》等著作，进一步奠定了思想路线的理论基础。中共六届六中全会后，全党开始自觉

① 《毛泽东选集》第 3 卷，人民出版社 1991 年版，第 830 页。
② 《毛泽东选集》第 3 卷，人民出版社 1991 年版，第 833—840 页。
③ 《毛泽东选集》第 3 卷，人民出版社 1991 年版，第 840 页。

以实事求是的思想路线为指导。1941 年 5 月，在《改造我们的学习》一文中，毛泽东赋予实事求是以科学的内涵。延安整风期间，毛泽东极力倡导实事求是的思想路线，强调用实事求是的作风来反对和克服主观主义、宗派主义和党八股。在《〈农村调查〉序言》《改造我们的学习》《整顿党的作风》《反对党八股》《在延安文艺座谈会上的讲话》等著作中，毛泽东反复宣传实事求是、理论联系实际等光辉思想，正确对待国际的革命经验，使马克思主义理论同中国革命实践相结合，创造出适合中国特点的新鲜经验，为争取抗战以至人民民主革命的胜利奠定了牢固的思想基础，推进了马克思主义中国化的进程。

第二，提高了全党的马克思主义理论水平。在党的六届六中全会上，毛泽东向全党发出了开展学习竞赛的号召，要求普遍地深入地研究马克思列宁主义的理论，在全党掀起第一次学习马克思主义理论的高潮。1942 年 4 月 3 日，中宣部关于全党开展整风学习的决定，规定了学习的 22 个文件，即毛泽东的《改造我们的学习》《整顿党的作风》《反对党八股》，刘少奇的《论共产党员的修养》和陈云的《怎样做一个共产党员》，等等。后来开始学习《共产党宣言》《社会主义从空想到科学的发展》《共产主义运动中的“左”派幼稚病》《国家与革命》等经典著作，从而掌握马克思列宁主义的立场、观点和方法。在学习的过程中，采取多种学习方式方法，对文件逐件精读，逐件写笔记，逐件或几件合并开小组会讨论，把这些文件的精神与实质领会贯通；在阅读与讨论中，每人都深思熟虑，反省自己的工作及思想，反省自己的全部历史。通过集中、系统的学习，培养了经常学习的自觉性，全党的理论水平大大提高，为马克思主义中国化的实现奠定了坚实的思想理论基础。

第三，在冲破教条主义禁锢中推进马克思主义中国化成为全党共识。党内反复出现的“左”倾和右倾错误，从思想根源上看，都是主观主义，主要是教条主义。其共同点都是理论和实践相脱离，主观和客观不统一。延安整风的重要目的就是要树立实事求是、一切从实际出发、理论联系实际的思想，克服形形色色的主观主义的东西。在整风期间，通过召开会议、组织学习，对王明的“左”倾教条主义错误进行了深入的批判，揭发了其错误的实质所在；通过开展批评与自我批评，帮助犯错误的同志深入揭发问题，提高认识，那些曾被披着马克思主义外衣的王明所迷惑的党的干部也开始觉醒，纷纷做出自我批评，承认曾经犯过的错误。同时在毛泽东的主持下，还编辑了《六大以来》和《六大以前》作为整风学习的文件，在此文献中，对正确的路线和错误的路线都予以列出，还对党的历史经验加以总结。这样全党在思想认识上彻底清除了教条主义的影响。此外，通过延安整风，打破了党内对苏联经验和对共产国际的迷信，打破了党内存在的“唯书”“唯上”的思维模式，把全党从教条主义的束缚中解放出来，增强了马克思主义普遍原理同中国革命的具体实践相结合的自觉性，使广大干部和党员对于马克思主义中国化有了统一的认识，全党的思想实现了前所未有的高度统一。

第四，开创了运用整风形式来解决党内矛盾的方法，实现了马克思主义中国化的一个重大理论创新。我们党在历史上曾经开展过多次反对“左”右倾错误思想的斗争，但由于方法不妥当，一方面没有使干部在思想上彻底了解犯错原因、环境和改正此种错误的详细办法，以致有可能重犯同类性质的错误；另一方面，太看重个人责任，未能团结更多的人共同工作。为此，毛泽东强调：“这次处理历史问题，不应着重于一些个别同志的责任方面，而应着重于当时环境的分析，当时错误的内容，当时错误的社会根源、历史根源和思想根源，实行惩前毖后、治病救人的方针，借以达到既要弄清思想又要团结同志这样两个目的。”毛泽东指出，正确解决党内思想矛盾的方针是“惩前毖后，治病救人”，这一方针后来被概括为“团结—批评—团结”的公式。运用整风形式来解决党内矛盾的方法，符合中国国情和中国共产党党情，有别于苏联共产党“清党”的做法，在当时是一个崭新的创造，是对马克思主义建党学说的一个重要贡献。

第六节　《关于若干历史问题的决议》与“自觉地团结在毛泽东的旗帜下”

1945 年 4 月 20 日，党的六届七中全会通过了《关于若干历史问题的决议》，一方面对党的历史经验特别是党的历史上几次大的路线错误进行全面、系统的总结并做出结论；另一方面高度评价毛泽东对马克思主义中国化的杰出贡献，推动全党“自觉地团结在毛泽东的旗帜下”，为党的七大的召开作了理论和政治上的准备。

1941 年 9 月和 10 月，中央政治局举行扩大会议，检讨党的历史上特别是第二次国内革命战争时期的领导路线问题。毛泽东在会上作了重要讲话，明确提出反对主观主义和宗派主义。这次会议为全党整风作了重要准备。这一年的10月13日，中央书记处会议决定组织清算过去历史委员会，由毛泽东、王稼祥、任弼时、彭真等人组成，以毛泽东为首，委托王稼祥起草文件。当时起草的文件《关于四中全会以来中央领导路线问题结论草案》对第三次“左”倾路线作了概括，分析了第三次“左”倾路线在思想上、政治上、军事上、组织上所犯的严重原则错误。由于当时全党还没有开始整风，党的高级干部也还没有集中学习党的历史、回顾和检讨过去历史上的错误，对四中全会和第三次“左”倾路线的了解还不够完整，从而在认识上受到一定程度的局限①。经过整风运动和高级干部学习党的历史，为了肃清“左”倾路线特别是第三次“左”倾路线的错误影响，统一全党的思想和认识，党中央重新提出起草历史决议的问题。在1944年3月5日政治局会议上，毛泽东作了关于路线学习、工作作风和时局问题的讲话，针对党的高级干部学习党史中提出的许多问题，他就其中的几个重要问题提出了六条意见，得到会议的赞同和批准，成为政治局的结论。接着，他4月12日在党的高级干部会议和5月20日在中央党校第一部先后所作的报告（这两次报告后来合并整理成《学习和时局》一文）中，传达了政治局的结论。这些结论成为起草决议的一些重要指导原则。1944年5月10日，中央书记处会议决定组织党的历史问题决议准备委员会，成员是任弼时、刘少奇、周恩来、张闻天、彭真等，由任弼时负责召集。5月19日，又增加秦邦宪为成员。任弼时作为这个委员会的召集人，主持决议起草的日常工作，参加决议草案的起草和修改。当月，任弼时依据《关于四中全会以来中央领导路线问题结论草案》和有关会议精神，写出了《检讨关于四中全会到遵义会议期间中央领导路线问题的决定（草案）》的初稿。初稿写成后分送政治局委员征求意见，并由政治局秘书胡乔木作了较大修改后，任弼时又作过三次修改，将题目改为《关于四中全会到遵义会议期间中央领导路线问题的决定（草案）》。但党的历史问题决议准备委员会和七中全会的代表仍然不满意，中央指定张闻天参加修改。张闻天结合四中全会以后的一系列事实，形成了比较严密的文字。1945年春季，毛泽东在张闻天修改稿的抄清件上开始新的修改，并在第一次修改时将原题改为《关

① 冯蕙：《毛泽东领导起草〈关于若干历史问题的决议〉经过》，《红旗》1986年第13期；李东朗：《毛泽东与〈关于若干历史问题的决议〉的形成》，《党史博览》2013年第4期。

于若干历史问题的决议（草案）》。决议草案在 1945 年 4 月 20 日六届七中全会原则通过后，党的七大委托七届一中全会修改和通过，后来在八月九日召开的七届一中全会第二次会议上一致通过，8 月 12 日，决议正式印成党内文件。

在决议草案起草过程中，党的高级干部进行了多次的认真的讨论。在 1945 年 3、4 月间，讨论进入加紧进行阶段，李富春、叶剑英、聂荣臻、刘伯承、陈毅、朱瑞、林枫等负责的各个组，连续开会讨论，提出很多意见。各组负责人有一部分还曾多次参加党的历史问题决议准备委员会的讨论。所有讨论中提出的重要意见，都及时向毛泽东汇报。在决议草案的起草和讨论中，充分体现了党内生动活泼的民主生活，党中央和毛泽东认真地听取各种不同的意见。从 1941 年 10 月起草《关于四中全会以来中央领导路线问题结论草案》算起，前后经过将近 4 年的时间，决议才得以完成通过，是党的集体智慧的结晶。

一、《关于若干历史问题的决议》的主要内容

《关于若干历史问题的决议》对党成立以来，尤其是六届四中全会至遵义会议期间中央的领导路线问题作出正式结论。在党的七大预备会上，毛泽东指出，《关于若干历史问题的决议》“主要讲我们党历史上的‘左’倾错误，讲党史上一种比较适合于中国人民利益的路线与一种有些适合但有些不适合于中国人民利益的路线的斗争，无产阶级思想同小资产阶级思想的斗争”①。他还说，“现在大家在研究党的历史，这个研究是必须的。如果不把党的历史搞清楚，不把党在历史上所走的路搞清楚，便不能把事情办得更好”②。这反映了我们党研究、回顾党史的一大要旨。土地革命时期出现的三次“左”倾特别是第三次“左”倾错误给党和中国革命造成惨重损失，历史教训极其深刻。只有系统地总结这段历史，才能汲取经验教训，统一纷繁芜杂的认识分歧，清除思想蔽障。《关于若干历史问题的决议》在广泛讨论和征求意见的基础上，对六届四中全会至遵义会议期间中央的领导路线问题和以王明为代表的“左”倾教条主义错误的主要表现、危害、原因等做了系统深入的揭露和剖析，对一些重大事件和历史问题，如八七会议、党的六大、六届三中全会和四中全会、第五次反“围剿”失

---

① 《毛泽东文集》第 3 卷，人民出版社 1996 年版，第 296 页。
② 《毛泽东文集》第 2 卷，人民出版社 1993 年版，第 399 页。

败、遵义会议等也进行了实事求是的分析和评价。这样，通过论述党的历史问题的路线是非，全党对建党以来尤其是六届四中全会至遵义会议期间的发展历程有了比较一致的认识。

《关于若干历史问题的决议》阐述了“以毛泽东同志为代表的”正确路线。《关于若干历史问题的决议》在深入剖析“左”倾错误的同时，高度评价了毛泽东运用马克思列宁主义的理论来解决中国革命问题的杰出贡献，指出中国共产党自诞生以来，“就以马克思列宁主义的普遍真理和中国革命的具体实践相结合为自己一切工作的指针，毛泽东同志关于中国革命的理论和实践便是此种结合的代表”①。具体说来，党的六大后的一个时期，毛泽东“不但在实践上发展了第六次大会路线的正确方面，并正确地解决了许多为这次大会所不曾解决或不曾正确地解决的问题，而且在理论上更具体地和更完满地给了中国革命的方向以马克思列宁主义的科学根据。在他的指导和影响之下，红军运动已经逐渐发展成为国内政治的重要因素”②。立三路线时期，毛泽东“不但始终没有赞成立三路线，而且以极大的忍耐心纠正了红一方面军中的‘左’倾错误，因而使江西革命根据地的红军在这个时期内不但没有受到损失，反而利用了当时蒋冯阎战争的有利形势而得到了发展，并在一九三〇年底至一九三一年初胜利地粉碎了敌人的第一次‘围剿’”③。六届四中全会后，“江西中央区红军在毛泽东同志的正确领导和全体同志的积极努力之下，在六届四中全会后的中央还没有来得及贯彻其错误路线的情况之下，取得了粉碎敌人第二次和第三次‘围剿’的巨大胜利”④。《关于若干历史问题的决议》指出：“毛泽东同志代表中国无产阶级和中国人民，将人类最高智慧——马克思列宁主义的科学理论，创造地应用于中国这样的以农民为主要群众、以反帝反封建为直接任务而又地广人众、情况极复杂、斗争极困难的半封建半殖民地的大国，光辉地发展了列宁斯大林关于殖民地半殖民地问题的学说和斯大林关于中国革命问题的学说。由于坚持了正确的马克思列宁主义的路线，并向一切与之相反的错误思想作了胜利的斗争，党才在三个时期中取得了伟大的成绩，达到了今天这样在思想上、政治上、组织上的空前的巩固和统

① 《毛泽东选集》第3卷，人民出版社1991年版，第952页。

② 《毛泽东选集》第3卷，人民出版社1991年版，第958—959页。

③ 《毛泽东选集》第3卷，人民出版社1991年版，第960页。

④ 《毛泽东选集》第3卷，人民出版社1991年版，第965页。

一，发展为今天这样强大的革命力量，有了一百二十余万党员，领导了拥有近一万万人民、近一百万军队的中国解放区，形成为全国人民抗日战争和解放事业的伟大的重心。”①

《关于若干历史问题的决议》在高度评价毛泽东把马克思列宁主义的普遍真理与中国革命的具体实践相结合、光辉地创造性地发展马克思主义的基础上，与“左”倾错误相对照，系统地记述和阐发了以毛泽东为主要代表的中国共产党人对中国革命的丰功伟绩，勾画出了作为马克思主义中国化第一大理论成果的毛泽东思想的基本轮廓。在政治方面，毛泽东从中国是一个半殖民地半封建的国家出发，“规定了中国现阶段革命的性质，是无产阶级领导的、以工人农民为主体而有其他广大社会阶层参加的、反帝反封建的革命，即是既区别于旧民主主义又区别于社会主义的新民主主义的革命”②。由于中国“经济和政治的发展具有极大的不平衡性和不统一性，这就规定了中国新民主主义革命的发展之极大的不平衡性”③，“中国现阶段革命的任务是反帝反封建……农民的土地斗争是中国反帝反封建的基本内容”，“武装斗争和以农民为主体的军队，是中国革命的主要斗争形式和组织形式”。提出了农村包围城市的革命道路，正确地处理了革命根据地和白区的关系。在军事方面，毛泽东“运用马克思列宁主义规定了服从于这一政治路线的正确的军事路线”，其基本精神是人民军队必须是“服从于无产阶级思想领导的、服务于人民斗争和根据地建设的工具”④，“我们的战争不是也不能是其他样式的战争，它必须在承认敌强我弱、敌大我小的条件下，充分地利用敌之劣点与我之优点，充分地依靠人民群众的力量，以求得生存、胜利和发展”⑤。规定了一系列正确的战略战术原则。在组织方面，毛泽东制定了正确的组织路线，把党的建设提到了思想原则和政治原则的高度，坚持无产阶级思想的领导，正确地进行了反对非无产阶级思想的斗争。坚持严格的民主集中制，既反对不正当地限制民主，也反对不正当地限制集中。毛泽东又从全党团结的利益出发，坚持局部服从全体，并根据中国革命的具体特点，规定了新干部和老干部、外来

① 《毛泽东选集》第3卷，人民出版社1991年版，第952—953页。
② 《毛泽东选集》第3卷，人民出版社1991年版，第971页。
③ 《毛泽东选集》第3卷，人民出版社1991年版，第971页。
④ 《毛泽东选集》第3卷，人民出版社1991年版，第982页。
⑤ 《毛泽东选集》第3卷，人民出版社1991年版，第982页。

干部和本地干部、军队干部和地方干部，以及不同部门、不同地区的干部间的正确关系。在思想方面，毛泽东“着重于应用马克思列宁主义的普遍真理以从事于对中国社会实际情况的调查研究”①。他之所以能够为党制定出正确的路线，正是因为他“根据马克思列宁主义的普遍真理，根据辩证唯物论和历史唯物论，具体地分析了当时国内外党内外的现实情况及其特点，并具体地总结了中国革命的历史经验”②。

《关于若干历史问题的决议》最后指出：“到了今天，全党已空前一致地认识了毛泽东的路线的正确性，空前自觉地团结在毛泽东的旗帜下了。以毛泽东为代表的马克思列宁主义的思想更普遍地更深入地掌握干部、党员和人民群众的结果，必将给党和中国革命带来伟大的进步和不可战胜的力量。”③ 中共六届七中全会对《关于若干历史问题的决议》的通过及全党对之进行的深入学习，说明党对毛泽东的历史地位和毛泽东思想有了深刻的认识，毛泽东思想被公认为是指导中国革命胜利的唯一指导思想。这为中共七大的召开和马克思主义中国化第一次飞跃做好了政治上和思想上的充分准备。

二、《关于若干历史问题的决议》的历史贡献

1945 年党的六届七中全会通过的《关于若干历史问题的决议》，实事求是总结党的重大历史事件和重要经验教训，在重大历史关头统一了全党思想和行动，对推进党和人民事业发挥了重要引领作用，其基本论述和结论至今仍然适用。实践证明，这个历史决议对中国革命的历史贡献是巨大的。

第一，实事求是总结党的重大历史事件和重要经验教训，对若干重大历史问题作出了结论，分清了是非。遵义会议后，党的路线已经走上马克思主义的正确轨道，但对曾给党的事业造成严重危害的主观主义、教条主义还没有来得及从思想上进行认真清理。有必要集中开展一场普遍的马克思主义思想教育运动，总结和吸取历史上的经验教训，以提高广大党员、干部尤其是党的高级干部的思想理论水平，增强党的凝聚力、战斗力。《关于若干历史问题的决议》对建党以后特别是党的六届四中全会至遵义会议前这一段党的历史及其经验教训进行了实事求是的总结，指出了历次

① 《毛泽东选集》第 3 卷，人民出版社 1991 年版，第 987 页。
② 《毛泽东选集》第 3 卷，人民出版社 1991 年版，第 987 页。
③ 《毛泽东选集》第 3 卷，人民出版社 1991 年版，第 998—999 页。

“左”右倾错误尤其是党的六届四中全会至遵义会议前的“左”倾路线错误在政治、军事、组织、思想方面的表现和造成的严重危害，以及社会根源、思想根源，指出中国革命的实践证明了毛泽东同志所代表的我们党和全国广大人民的奋斗方向是完全正确的，使党的高级干部分清了政治路线是非。

第二，在重大历史关头统一了全党思想和行动。党的六届七中全会是在争取抗日战争最后胜利、党的七大即将召开的重大历史关头召开的，全会通过的《关于若干历史问题的决议》，高度评价了毛泽东同志运用马克思列宁主义基本原理解决中国实际问题的杰出贡献，使全党尤其是党的高级干部对中国革命基本问题的认识达到了一致。

第三，增强了全党团结，为党的七大胜利召开创造了充分条件。《关于若干历史问题的决议》肯定了确立毛泽东同志在全党的领导地位的重大意义，指出党在奋斗中产生了自己的领袖毛泽东同志，全党已经空前一致地认识了毛泽东同志的路线的正确性，空前自觉地团结在毛泽东同志的旗帜下，从而实现了在以毛泽东同志为核心的党中央领导下全党团结，为党的七大胜利召开创造了充分条件。

第四，有力促进了中国革命事业发展。《关于若干历史问题的决议》对党内若干重大历史问题作出正确结论，使以毛泽东同志为代表的马克思列宁主义的思想更普遍地更深入地为广大干部、党员和人民群众所掌握，给党和中国革命带来伟大的进步和不可战胜的力量，为抗日战争的胜利和新民主主义革命在全国的胜利，奠定了重要的思想政治基础。

第七节 党的七大与马克思主义中国化第一次历史性飞跃的实现

确立毛泽东思想为党的指导思想，是中国革命发展的客观要求。延安整风运动，虽然肃清了党内的错误思想路线，毛泽东思想的学习和宣传更加深入，日益被全党公认为中国的马克思列宁主义，但党内还留有教条主义和经验主义思想形态的残余，这妨碍着党的统一和党的战斗力的增强。这就要求党内必须有一个强有力的指导思想来统率全党，去掉盲目性、增加自觉性以维护党的团结与统一。

1945 年 4 月 23 日至 6 月 11 日，中国共产党第七次全国代表大会在延安杨家岭中央大礼堂召开。会议总结了中国共产党成立以来领导中国革命正反两方面的经验教训，制定了符合中国国情和实际的正确的路线、方针和策略，克服党内的错误思想，使全党在马克思列宁主义、毛泽东思想的基础上达到空前的团结，为抗日战争和解放战争的最终胜利奠定了重要基础，以“团结的大会、胜利的大会”载入史册。在党的七大上，毛泽东作了题为《两个中国之命运》的开幕词、《论联合政府》的政治报告和《愚公移山》的闭幕词，进一步丰富了毛泽东思想的内容；刘少奇在《关于修改党章的报告》中系统阐述、科学概括了马克思主义中国化第一次历史性飞跃的理论成果——毛泽东思想的概念、丰富内涵、本质特征及其对中国革命的重要意义，使全党对毛泽东思想有了比较完整的认识和更加深刻的理解。党的七大确立毛泽东思想为党的指导思想并写入党章，将毛泽东思想作为党的一切工作的指导方针，促进了党的思想统一，推动了马克思主义中国化的发展。

一、《论联合政府》与毛泽东思想的进一步丰富

《论联合政府》是毛泽东于 1945 年 4 月 24 日在中国共产党第七次全国代表大会上所作的政治报告。该报告分析了国际国内形势，比较了抗战中国共两党的不同抗战路线，全面论述了中国共产党的政策，对新民主主义革命时期的政治、经济和文化纲领进行了进一步的明确和补充。

《论联合政府》在分析国际和国内形势的基础上，对新民主主义革命的政治、经济和文化纲领都作出了进一步的阐述。如前所述，毛泽东在《论联合政府》中深化了关于国体和政体的思想。他指出：“我们主张的新民主主义的政治，就是推翻外来的民族压迫，废止国内的封建主义的和法西斯主义的压迫，并且主张在推翻和废止这些之后不是建立一个旧民主主义的政治制度，而是建立一个联合一切民主阶级的统一战线的政治制度。”[①] “新民主主义的政权组织，应该采取民主集中制，由各级人民代表大会决定大政方针，选举政府。它是民主的，又是集中的，就是说，在民主基础上的集中，在集中指导下的民主。只有这个制度，才既能表现广泛的民主，使各级人民代表大会有高度的权力；又能集中处理国事，使各级政府能集中地处理被各级人民代表大会所委托的一切事务，并保障人民的

① 《毛泽东选集》第 3 卷，人民出版社 1991 年版，第 1056 页。

一切必要的民主活动。”[①] 针对那些怀疑中国共产党人不赞成发展个性，不赞成发展私人资本主义，不赞成保护私有财产的错误观点，毛泽东强调指出：“民族压迫与封建压迫残酷地束缚着中国人民的个性发展，束缚着私人资本主义的发展与破坏着广大人民的财产。我们主张的新民主主义制度的任务，则正是解除这些束缚与停止这种破坏，保障广大人民能够自由发展其在共同生活中的个性，能够自由发展那些不是‘操纵国民生计’，而是有益于国民生计的私人资本主义经济，保障一切正当的私有财产。”拿发展资本主义去代替外国帝国主义与本国封建主义的压迫，不但是一个进步，而且是一个不可避免的过程，因此，“现在的中国是多了一个外国的帝国主义与一个本国的封建主义，而不是多了一个本国的资本主义，相反地，我们的资本主义是太少了”[②]。有关新民主主义的文化，毛泽东同样再次强调：“新民主主义的文化，同样应该是‘为一般平民所共有’的，即是说，民族的、科学的、大众的文化，决不应该是‘少数人所得而私’的文化。”[③] 这就明确规定了新民主主义文化的基本纲领，就是无产阶级领导的人民大众的反帝反封建的文化，即民族的、科学的、大众的文化。这些都是毛泽东对新民主主义政治、经济和文化纲领的进一步思考的理论成果。

加强党的领导是胜利的关键，《论联合政府》深刻地阐述了党的三大作风，即理论和实践相结合的作风、和人民群众紧密地联系在一起的作风以及自我批评的作风，丰富和发展了马克思主义关于党的建设的学说。报告鲜明地展现了中国共产党人的人民立场，指出：“全心全意地为人民服务，一刻也不脱离群众；一切从人民的利益出发，而不是从个人或小集团的利益出发；向人民负责和向党的领导机关负责的一致性；这些就是我们的出发点。”[④] 最后庄严召唤全党同志：“成千成万的先烈，为着人民的利益，在我们的前头英勇地牺牲了，让我们高举起他们的旗帜，踏着他们的血迹前进吧！”[⑤] 彰显了无产阶级革命家的昂扬斗志和大无畏精神，对于夺取抗日战争的最后胜利、建立新中国，具有重要意义。

---

① 《毛泽东选集》第 3 卷，人民出版社 1991 年版，第 1057 页。
② 《毛泽东选集》第 3 卷，人民出版社 1991 年版，第 1058 页。
③ 《毛泽东选集》第 3 卷，人民出版社 1991 年版，第 1058 页。
④ 《毛泽东选集》第 3 卷，人民出版社 1991 年版，第 1094—1095 页。
⑤ 《毛泽东选集》第 3 卷，人民出版社 1991 年版，第 1098 页。

《论联合政府》提出成立联合政府，“领导解放后的全国人民，将中国建设成为一个独立、自由、民主、统一和富强的新国家”①。用辩证唯物论和历史唯物论的原理分析了国际国内形势，全面科学地总结了抗战中的两条路线，阐明了中国共产党的政策，并号召全党团结起来，为实现党的任务而斗争，要求全党牢固树立和发扬党的三大作风。该报告内容是对实事求是思想路线和思想方法的实际运用，进一步丰富了毛泽东思想。

二、毛泽东思想科学概念的明确

毛泽东思想作为一个科学概念的提出，经过了较长时期的酝酿。1941 年 3 月，张如心在《论布尔什维克的教育家》一文中使用了“毛泽东的思想”的提法。1942 年 2 月，他又在《学习和掌握毛泽东的理论和策略》的文章中指出，毛泽东的理论和策略是马克思列宁主义理论和策略在殖民地半殖民地中国的运用和发展，是“中国的马克思列宁主义”。1942 年 7 月，朱德发表文章指出，我们党已经在中国革命的实践中创造了指导中国革命的中国化的马克思列宁主义理论，“我们党已经有了自己的最英明的领袖毛泽东同志。他真正精通马列主义的理论，并且善于把这种理论用来指导中国革命步步走向胜利”②。1943 年 7 月，为纪念党的 22 周年，刘少奇写作《清算党内的孟什维主义思想》一文，在论述毛泽东及其思想在中国革命历史中的作用和地位过程中，分别使用了毛泽东的思想和毛泽东的思想体系两个概念。1943 年 7 月 8 日，王稼祥发表《中国共产党和中国民族解放道路》一文，第一次提出了“毛泽东思想”这个概念，指出“毛泽东思想就是中国的马克思列宁主义”③，“是马克思列宁主义与中国革命运动实际经验相结合的结果”④，“这个理论也正在继续发展中”，“这是引导中国民族和中国共产主义到胜利前途的保证”⑤。1943 年 11 月，邓小平在北方局党校的讲话中指出，要“把党的事业完全放在中国化的马列主义，即毛泽东思想的指导之下”⑥。1944 年 1 月，晋察冀边区《关于一

---

① 《毛泽东选集》第 3 卷，人民出版社 1991 年版，第 1029—1030 页。

② 《朱德年谱（新编本）（一八八六—一九七六）》中卷，中央文献出版社 2006 年版，第 1105 页。

③ 《中共中央文件选集》第 12 册，中共中央党校出版社 1986 年版，第 254 页。

④ 《中共中央文件选集》第 12 册，中共中央党校出版社 1986 年版，第 259 页。

⑤ 《中共中央文件选集》第 12 册，中共中央党校出版社 1986 年版，第 261 页。

⑥ 《邓小平文选》第 1 卷，人民出版社 1994 年版，第 88 页。

九四四年工作方针与任务》中，将毛泽东思想及其内容概括为：毛泽东思想即创造性的马列主义新发展，他具有明确的阶级观点，正确的政治路线，群众观点与实事求是的革命手法。1944 年 2 月，彭真提出“毛主席的中国化的马列主义的思想”这一概念。1944 年 7 月，罗荣桓在为纪念党的二十三周年而写的《学习毛泽东的思想》一文中，也同时使用了毛泽东的思想和毛泽东思想这两个概念。1945 年 3 月，邓小平进一步要求党员干部要学习马列主义与毛泽东思想，这是第一次在全党把毛泽东思想与马列主义两个概念并列使用。在党的六届七中全会讨论党的七大报告时，刘少奇指出：“党章以毛泽东思想来贯串，这是一个前所未有的历史特点。”① 总的来说，党内对“毛泽东思想”科学概念的提出已经有了很长时间的酝酿，并且在相当一段时间里，毛泽东思想和毛泽东的思想两个概念同时并用，直到中共七大。

刘少奇在中共七大上对“毛泽东思想”的定义和内涵作出以下阐释：一是对毛泽东思想所作的总的定义，指出“毛泽东思想，就是马克思列宁主义的理论与中国革命的实践之统一的思想”②，或表述为“马克思列宁主义的理论与中国革命的实践相结合”的思想。认为这就是“中国的共产主义，中国的马克思主义”③。二是从马克思主义与中国的关系出发进行定义，指出“毛泽东思想，就是马克思主义在目前时代的殖民地、半殖民地、半封建国家民族民主革命中的继续发展，就是马克思主义民族化的优秀典型”④，是“最坚固的中国化的马克思列宁主义理论”。三是从毛泽东思想对中国革命的作用角度进行定义，指出毛泽东思想“是我们这个民族特出的、完整的关于中国人民革命建国的正确理论”，“是毛泽东关于中国历史、社会与中国革命的理论与政策”⑤。刘少奇对“毛泽东思想”的概念可以说是作了完整的概括和系统的阐述，既体现了坚持马克思主义为指导这一根本原则，又强调马克思主义与中国具体实际、民族特色相结合，同时又突出了毛泽东思想的指导革命和建国的统一性及毛泽东思想的唯一正

① 《刘少奇年谱（一八九八——一九六九）》上卷，中央文献出版社 1996 年版，第 463 页。

② 《刘少奇选集》上卷，人民出版社 1981 年版，第 333 页。

③ 《刘少奇选集》上卷，人民出版社 1981 年版，第 300 页。

④ 《刘少奇选集》上卷，人民出版社 1981 年版，第 333 页。

⑤ 《刘少奇选集》上卷，人民出版社 1981 年版，第 333 页。

确性①。至此，毛泽东思想作为一个科学概念在全党范围内才正式确定下来，马列主义与中国实际相结合实现了第一次历史性飞跃，其理论成果正式以“毛泽东思想”命名。

三、毛泽东思想的内涵与指导地位的确立

在党的七大上，刘少奇对毛泽东思想的内容及指导地位作了全面阐述。有关毛泽东思想的主要内容，党的七大以前，就有理论工作者和党的负责人进行论述。1942 年 7 月，陈毅为纪念党诞生 21 周年而发表的《伟大的二十一年》一文，从关于中国社会性质、革命的动力、前途及革命战略和策略问题；关于革命战争问题；关于苏维埃政权问题；关于建党问题；关于思想方法问题五个方面论述了毛泽东创立的正确思想体系。就在中共七大会议上刘少奇作报告的前 12 天，张闻天发言在论述毛泽东思想时，列举了毛泽东思想的九个方面的内容，即“毛泽东关于中国半殖民地、半封建的社会性质的思想，关于中国新民主主义革命的思想，关于中国革命不平衡性、曲折性与长期性的思想，关于首先建立以农民为主体的革命根据地以发展全国革命的思想，关于正确解决中国农民土地问题的思想，关于建立民族民主统一战线及其内部又联合又斗争的思想，关于人民战争的全套战略战术的思想，关于反对主观主义、教条主义与经验主义的思想，关于建党、建军、建政的思想等等”②。刘少奇吸收了延安整风以来特别是在讨论历史决议过程中研究毛泽东思想的理论成果，包括上述领导人的认识，在党的七大上，对毛泽东思想体系的主要内容作了概括。他指出，毛泽东思想“表现在毛泽东的各种著作以及党的许多文献中，这就是毛泽东关于现代世界情况及中国国情的分析，关于新民主主义的理论与政策，关于解放农民的理论与政策，关于革命统一战线的理论与政策，关于革命战争的理论与政策，关于革命根据地的理论与政策，关于建设新民主主义共和国的理论与政策，关于建设党的理论与政策，关于文化的理论与政策等”③。这是我们党在那时对毛泽东思想主要内容的完整概括，也是“中国人民完整的革命建国理论”的基本框架。这些理论与政策，比较系

---

① 见石仲泉：《刘少奇与毛泽东思想指导地位的确立之缘》，《中共党史研究》1998 年第 6 期。

② 《张闻天文集》第 3 卷，中共党史出版社 1994 年版，第 262 页。

③ 《刘少奇选集》上卷，人民出版社 1981 年版，第 335 页。

统地初步回答了中国革命的历史环境、文化基础、革命性质、基本动力、团结阵线、斗争形式、发展道路、奋斗目标和领导力量等一系列基本问题。

刘少奇对毛泽东思想体系和主要内容作出概括：一是毛泽东思想“乃是发展着与完善着的中国化的马克思主义”①，说明毛泽东思想如同整个马克思主义一样，是发展着的科学体系，它并没有结束真理，而是在实践中不断地开辟认识真理的道路；二是毛泽东思想的理论与政策，“完全是马克思主义的，又完全是中国的”，并且“是中国民族智慧的最高表现和理论上的最高概括”②，更加深刻地揭示了毛泽东思想是中国化的马克思主义这一本质特征；三是毛泽东思想是“创造”性的马克思主义，毛泽东“具有最高的理论上的修养和最大的理论上的勇气，他在理论上敢于进行大胆的创造，抛弃马克思主义理论中某些已经过时的、不适合于中国具体环境的个别原理和个别结论，而代之以适合于中国历史环境的新原理和新结论，所以他能成功地进行马克思主义中国化这样艰巨的事业”③。毛泽东思想则是“应用马克思主义的宇宙观与社会观——辩证唯物论与历史唯物论，即在坚固的马克思列宁主义理论的基础上，根据中国这个民族的特点……应用马克思列宁主义的科学方法，概括中国历史、社会及全部革命斗争经验而创造出来，用以解放中国民族与中国人民的理论与政策”④。理论上的创新，是毛泽东思想发展的源泉，也是马克思主义发展的源泉，这是不容忽视的重要特点。

刘少奇从理论与实践的结合、时代性与民族性的统一上，强调毛泽东和毛泽东思想的历史地位。刘少奇指出：毛泽东“是我们党和现代中国革命的组织者和领导者”，“是我国英勇无产阶级的杰出代表，是我们伟大民族的优秀传统的杰出代表”，是全党和全国人民审慎选择的“伟大领袖”⑤，“是中国有史以来最伟大的革命家和政治家”⑥。他也是“天才的创造的马克思主义者”⑦，“中国有史以来最伟大的理论家和科学家”，他“使马克思

① 《刘少奇选集》上卷，人民出版社 1981 年版，第 335 页。
② 《刘少奇选集》上卷，人民出版社 1981 年版，第 335 页。
③ 《刘少奇选集》上卷，人民出版社 1981 年版，第 336—337 页。
④ 《刘少奇选集》上卷，人民出版社 1981 年版，第 334 页。
⑤ 《刘少奇选集》上卷，人民出版社 1981 年版，第 319 页。
⑥ 《刘少奇选集》上卷，人民出版社 1981 年版，第 336 页。
⑦ 《刘少奇选集》上卷，人民出版社 1981 年版，第 319 页。

列宁主义的普遍原理与中国革命具体实践的结合得到了高度发展”①，创立了“最坚固的中国化的马克思列宁主义理论”②，“把我国民族的思想水平提高到了从未有的合理的高度，并为灾难深重的中国民族与中国人民指出了达到彻底解放的惟一正确的道路——毛泽东道路”③。毛泽东思想，“已经指导我们党与我国人民得到了极大的胜利，并将继续指导我们党与我国人民得到最后的、彻底的胜利和解放”④。中国革命的历史事实已经反复证明，毛泽东思想“是我们党的唯一正确的指导思想，唯一正确的总路线”。

中共七大经过充分讨论，一致通过把毛泽东思想作为全党的指导思想，写入党的章程。1945 年 6 月 11 日通过的《中国共产党党章》正式规定：每个党员要“努力提高自己的觉悟程度和领会马克思列宁主义、毛泽东思想的基础”⑤。“中国共产党以马克思列宁主义的理论与中国革命的实践之统一的思想——毛泽东思想，作为自己一切工作的指针，反对任何教条主义的或经验主义的偏向。”⑥ 这样，毛泽东思想作为中国共产党的指导思想的地位便用法律的程序，以党的纲领的形式确定下来。

毛泽东思想被确定为中国共产党的指导思想，是中国共产党人经过长达二十四年之久的艰苦探索的成果，是在同党内“左”右倾错误的斗争中逐步得出的全党的共识。毛泽东思想被确定为中国共产党的指导思想，是马克思主义中国化史上的一个重要里程碑，标志着马克思主义中国化第一次历史性飞跃的成功实现。自此，毛泽东思想成为全党和全国人民的强大思想武器，中国共产党在毛泽东思想的指引下，领导中国人民取得革命和建设的一个又一个的胜利。

---

① 《刘少奇选集》上卷，人民出版社 1981 年版，第 323 页。
② 《刘少奇选集》上卷，人民出版社 1981 年版，第 315 页。
③ 《刘少奇选集》上卷，人民出版社 1981 年版，第 319 页。
④ 《刘少奇选集》上卷，人民出版社 1981 年版，第 333 页。
⑤ 《中共中央文件选集》第 13 册，中共中央党校出版社 1981 年版，第 55 页。
⑥ 《中共中央文件选集》第 13 册，中共中央党校出版社 1981 年版，第 52 页。

第六章　马克思主义中国化第一次飞跃的历史性推进

1945 年 8 月 15 日，中国人民历时十四年的抗日战争胜利结束，到 1949 年中华人民共和国的成立，四年间，两个中国之命运的斗争，成为这一时期的主题。它直接决定着中国人民和中华民族在历经百年斗争与求索后，能否彻底推翻帝国主义、封建主义和官僚资本主义的“三座大山”，完成民族独立、人民解放的伟大历史任务，为实现中华民族伟大复兴创造根本社会条件。值此重大历史关头，中国共产党人坚持马克思主义普遍真理与中国具体实际相结合，进一步丰富和发展了毛泽东思想关于新民主主义革命的理论，并对新社会的建设开展探索，为着建设一个独立、自由、民主、统一、富强的新中国而奋斗，全力争取中国光明的前途和命运，成功推进了马克思主义中国化。

第一节　为建立新中国而斗争与中国共产党的团结建国方针

一、两个中国之命运

1945 年 9 月 2 日，日本正式签署无条件投降书，标志着中国人民长达十四年的抗日战争最终胜利，也标志着第二次世界大战的正式结束。战后国际时局和国内形势的发展变化，直接决定着中国命运之选择，也决定着中国共产党为建设独立、自由、民主、统一和富强的新中国的斗争目标的进程。

（一）抗日战争胜利后的国际形势与美苏对华政策

第二次世界大战后，国际形势的变化呈现出四个方面的新特点：一是除美国以外，老牌帝国主义国家在战争中受到重大冲击；二是美国在战争中保存并发展了自身实力，经济、军事力量空前强大，继续推进对外侵略战略，力图凭借强大经济军事实力称霸全球；三是苏联实力壮大，逐渐成为可以同美国抗衡的超级大国，加上战后一批人民民主国家的建立，形成了社会主义阵营；四是世界民族解放运动蓬勃发展。这些新变化表明，战后国际形势渐趋形成了东西方对峙的局面，即以美国为首的西方资本主义国家和以苏联为首的社会主义国家之间对峙和斗争的局面。

东西对峙的国际形势，直接影响着抗日战争结束后的中国国内的政治形势。其中美国和苏联的对华政策，则是最为直接、最具影响的部分。

美国的对华政策是扶蒋反共。这在 1945 年 4、5 月间，即抗日战争胜利前夕开始确立。“美帝国主义要帮助蒋介石打内战，要把中国变成美国的附庸，它的这个方针也是老早定了的。”① 美国的扶蒋反共政策被蒋介石看透，并利用其来发动内战：“狡猾的蒋介石看出美国有两个政策，一个是援蒋内战，这是基本的一个；一个是劝蒋停战，这是陪衬的或装饰的，因此他毫不踌躇地接受美国的大炮而轰走了美国的鸽子。”② 正因为美国对华政策的方针和基点已经确定，要维护蒋介石的统治，而蒋介石又认定要独裁、发动内战，在这个基础上的政策，必然“由赫尔利去职后的两面政策，回向赫尔利的公开助蒋反共反人民反民主的一面政策”③，所以，美国的这种军事援助和侵驻“已经证明是中国大规模内战爆发与继续扩大的根本原因”④。

苏联这一时期的对华政策采取了矛盾的态度，既对中国革命给予一定支持和帮助，又不准中国革命。苏联对中国革命的支持和帮助表现为：一是苏联正式对日宣战，并在东北歼灭日本关东军 67 万人，“苏联的参战，决定了日本的投降”⑤，中国人民因此减少了可能产生的大量伤亡，加速了抗日战争的胜利；二是苏联在欧洲的影响，制约着美国将主要精力放在欧洲，同时苏联在东北的行动也使美国不敢直接大规模出兵参与中国内战；三是苏联在中苏条约和雅尔塔协定的范围内，在东北实行了向中国共产党

---

① 《毛泽东选集》第 4 卷，人民出版社 1991 年版，第 1492 页。

② 《建党以来重要文献选编（1921～1949）》（第 23 册），中央文献出版社 2011 年版，第 398 页。

③ 《建党以来重要文献选编（1921～1949）》（第 23 册），中央文献出版社 2011 年版，第 435 页。

④ 《建党以来重要文献选编（1921～1949）》（第 23 册），中央文献出版社 2011 年版，第 314 页。

⑤ 《毛泽东选集》第 4 卷，人民出版社 1991 年版，第 1134 页。

倾斜的政策，不但将缴获的日军武器的部分装备交给中国共产党领导的人民军队，并帮助其训练炮兵，还为东北人民军队接收、稳固地盘提供便利。然而，苏联对中国革命也采取消极的态度：一是苏联从大国主义和民族利己主义的立场出发，采取了维护自身利益而牺牲中国利益的错误政策；二是对中国共产党及其领导的人民革命力量认识不足，如斯大林曾承认："当时我不相信中国共产党人会取胜。我那时认为美国人将全力以赴扑灭中国的起义。"① 毛泽东也回忆道："仗打起来，对我们半信半疑。仗打胜了，又怀疑我们是铁托式的胜利，一九四九、一九五〇两年对我们的压力很大。"② 苏联政府对中国革命的这种态度，在对华政策中很难不出现失误。

（二）抗日战争胜利后国内形势和两个中国之命运

抗日战争胜利前夕，作为国内政治形势走向决定性力量的国共两党，都开始考虑战后中国未来之命运。这集中地体现在先后召开的中国共产党第七次全国代表大会、中国国民党第六次全国代表大会，对于中国之命运问题的不同回答。

在中共七大上，毛泽东做了《两个中国之命运》的开幕词和《论联合政府》的政治报告，集中地反映出中国共产党对中国之前途、党的战略任务、党的政策等问题的思考。

关于中国之前途问题，毛泽东提出了一道"选择题"："是一个独立、自由、民主、统一、富强的中国，就是说，光明的中国，中国人民得到解放的新中国；或者是另一个中国，半殖民地半封建的、分裂的、贫弱的中国，就是说，一个老中国。一个新中国还是一个老中国，两个前途，仍然存在于中国人民的面前。"③ 这两种前途都有自己的阶级基础，即到底是以无产阶级为主体的人民大众的中国，还是大地主、大银行家、大买办阶层的中国；在构成国家的阶级关系即国体方面，到底是建立"以全国绝对大多数人民为基础而在工人阶级领导之下的统一战线的民主联盟的国家制度"④，还

---

① 爱德华·卡德尔：《卡德尔回忆录（1944—1957）》，李代军等译，新华出版社1981年版，第130页。

② 《毛泽东文集》第7卷，人民出版社1999年版，第42页。

③ 《毛泽东选集》第3卷，人民出版社1991年版，第1026页。

④ 《毛泽东选集》第3卷，人民出版社1991年版，第1056页。

是建立“大地主、大银行家、大买办阶层的封建法西斯的独裁国家”[①]。中国共产党对这一“选择题”的答案是：“我们应当用全力去争取光明的前途和光明的命运，反对另外一种黑暗的前途和黑暗的命运。”[②] 这里就清晰地说明了中国共产党所希望争取的是什么样的中国之命运，也为党的理论和实践探索指明了总方向。

基于对国内各阶级及其主张的透彻洞见，毛泽东进一步说明了党的战略任务问题，“放手发动群众，壮大人民力量，团结全国一切可以团结的力量，在我们党的领导之下，为着打败日本侵略者，建设一个光明的新中国，建设一个独立的、自由的、民主的、统一的、富强的新中国而奋斗”[③]。这一任务的提出，是对中国之命运问题这个总方向问题的进一步补充。而对这一“战略任务为什么可以实现以及如何实现的问题”的各方面分析，则为确定党的政策问题提供了科学指导。

毛泽东在《论联合政府》的政治报告中，集中地论述了党的政策问题，包括中国共产党在新民主主义革命阶段的一般纲领、具体纲领和在国民党统治区、沦陷区及解放区的任务。

中国共产党这一阶段的一般纲领是：“在彻底地打败日本侵略者之后，建立一个以全国绝对大多数人民为基础而在工人阶级领导之下的统一战线的民主联盟的国家制度，我们把这样的国家制度称之为新民主主义的国家制度。”[④] 同时提出了新民主主义的政治、经济和文化方面的纲领。后文中对一般纲领做出了补充：“中国现阶段的历史将形成中国现阶段的制度，在一个长时期中，将产生一个对于我们是完全必要和完全合理同时又区别于俄国制度的特殊形态，即几个民主阶级联盟的新民主主义的国家形态和政权形态。”[⑤] 这两段表述紧密结合中国具体实际，坚持了马克思主义的阶级分析方法和国家学说，推进了马克思主义中国化。

具体纲领部分，根据当时的形势，对十个方面的问题做出了说明：彻底消灭日本侵略者，不许中途妥协，废止国民党的一党专政，建立民主的联合政府、争得人民自由、争得人民统一、改革中国军队、正确解决土地

---

① 《毛泽东选集》第 3 卷，人民出版社 1991 年版，第 1046 页。
② 《毛泽东选集》第 3 卷，人民出版社 1991 年版，第 1026 页。
③ 《毛泽东选集》第 3 卷，人民出版社 1991 年版，第 1026 页。
④ 《毛泽东选集》第 3 卷，人民出版社 1991 年版，第 1056 页。
⑤ 《毛泽东选集》第 3 卷，人民出版社 1991 年版，第 1062 页。

问题；最后，根据国民党统治区、沦陷区和解放区各自的不同情况，提出了不同的任务。

中共七大详细论述了中国共产党争取和平前途的战略任务和团结建国方针，体现了中国共产党人对和平建设的真诚愿望。同时，会议还提出了要警惕蒋介石挑动内战的风险，“国民党主要统治集团现在正在所谓‘召开国民大会’和‘政治解决’的烟幕之下，偷偷摸摸地进行其内战的准备工作。如果国人不加注意，不去揭露它的阴谋，阻止他的准备，那末，会有一个早上，要听到内战的炮声的”[①]。提醒全党同志和全国人民要做好准备，用斗争的方式争取和平。

与中国共产党追求和平的真诚愿景直接对立的，是中国国民党追求的国民党一党独裁的中国，是大地主、大银行家、大买办阶层的半殖民地半封建的、分裂的、贫弱的中国。中国国民党为了实现这一目的，做好了两手准备。一方面，加紧运兵，准备内战；另一方面，则是通过所谓召开“国民大会”，通过实际上维持独裁反对民主的“宪法”，把自己的意愿强加于人民，以为内战释放烟雾。

蒋介石政权一贯坚持要消灭中国共产党。1944 年 8 月，陈立夫在召集的国民党员茶话会上曾说：“现在敌人是共产党，对共党只有杀，我已杀了他们高级［干部］[②] 二千几百几十几，普通党员两万几千几百几十几了，怎么还有人说国共合作。”[③] 对于中国共产党提出的联合政府主张，蒋介石曾说：“你们要联合政府就是要推翻政府，开党派会议就是分赃会议。”[④]这些话把国民党假和平、真独裁的本性暴露无遗。

国民党六大通过了《关于国民大会召集日期案》《关于宪法草案》《对中共问题的决议案》等文件，称以“政治方式”力求解决。但是蒋介石在大会结束的第二天，就对参加国民党六大的军队代表发表讲话说：“我常说共产党犹如‘臭虫’，如果一不留心就要被它反噬，在夜间黑暗之中更要严防。”[⑤] 国民党用军事消灭共产党的祸心可见一斑。

---

① 《毛泽东选集》第 3 卷，人民出版社 1991 年版，第 1051 页。

② 引者注：原文无“干部”二字。

③ 《黄炎培日记》（第 8 卷），华文出版社 2008 年版，第 305 页。

④ 参见《中共党史文献选编（新民主主义革命时期）》，中共中央党校出版社 1992 年版，第 638 页。

⑤ 转引自金冲及：《二十世纪中国史纲》（第 2 卷），社会科学文献出版社 2009 年版，第 545 页。

除了国共两党外，一部分代表中间势力的民族资产阶级和小资产阶级的民主党派也发表了自己的政治主张，提出对中国发展之愿景。以 1944 年豫湘桂大溃退为标志，战争形势迫使民族资产阶级的政治态度发生转折。大溃退期间，抗战后期任迁川工厂联合会理事长的胡厥文经历了从湖南到重庆的逃难。他回忆道："这次湘桂撤退中，使我亲身体验了国民党政府的腐败，国民党军队的无能。"① 而后，他向联合会的会员介绍了民营工厂撤退情况，回忆道："事实教育了我们，大家深感我们工业界人士不能只埋头经济而对时局坐视不问。几经议论，大家认为应对国事公开发表主张。"② 1944 年年底，中华全国工业协会、迁川工厂联合会等五个工业团体，也公开发表对时局的声明，提出了十项政治主张，这"是我国民族资产阶级第一次公开发表对时局的政治主张"③。1945 年底，以民族资本家为主体的民主建国会成立。周恩来对这段历史回忆时说："一九四四年，不仅小资产阶级，连民族资产阶级也靠拢了我们。"④ 事实上，民主党派在反对内战、反对独裁、实行民主方面，同中国共产党提出的新民主主义革命阶段的纲领大部分一致，但是，当时民主党派人士还没有看清中国民族资产阶级没有能力领导新民主主义革命，无法凭自身实力"创造一种中国型的民主"⑤。从其主观愿望上看，它们是希望实现中国共产党主张的中国之光明的命运的。然而，其所谓的"中间路线"在当时的中国必然落于失败。果然，国民党当局对民主党派步步紧逼，最终宣布中国民主同盟为非法团体，使民盟所希望的"中间路线"彻底落空。

二、中国共产党团结建国的方针

中国共产党人对中国之命运的设想和战略任务的制定，决定了党必须

---

① 转引自金冲及：《二十世纪中国史纲》（第 2 卷），社会科学文献出版社 2009 年版，第 537 页。

② 转引自金冲及：《二十世纪中国史纲》（第 2 卷），社会科学文献出版社 2009 年版，第 537 页。

③ 转引自金冲及：《二十世纪中国史纲》（第 2 卷），社会科学文献出版社 2009 年版，第 538 页。

④ 金冲及：《周恩来传（1898—1976）》（上），中央文献出版社 2008 年版，第 643 页。

⑤ 中国民主同盟中央文史资料委员会编：《中国民主同盟历史文献（1941—1949）》，文史资料出版社 1983 年版，第 77 页。

秉持团结建国的方针。这一方针的核心在于中国共产党提出的“联合政府”的主张。

中国共产党的联合政府主张，在1944年9月5日于重庆召开的国民参政会第三届第三次会议首次公开提出。这次会议是在豫湘桂大溃退的背景下召开的，此时国内战局吃紧、人心震动。国民党领导下的大溃退与世界反法西斯战争的节节胜利形成强烈对照，国民党战区的不断失败与中国共产党解放区主动进攻并赢得胜利形成了鲜明对比。这些揭穿了蒋介石关于中日武器装备、军事素质等差距从而战场失利的谎言，向国内外揭示了国民政府的腐败是真正原因。因此，在国内外的强烈压力下，这次参政会上发言的激烈程度远超以往，并首次将国共谈判在参政会上对外公开。

会议召开前夕，中共中央致电负责参加参政会的中共代表林伯渠、董必武、王若飞，作出关于提出改组国民政府的主张及其实施方案的指示，“目前我党向国民党及国内外提出改组政府主张时机已经成熟，其方案为要求国民政府立即召集各党各派各军、各地方政府、各民众团体代表开国事会议，改组中央政府，废除一党统治，然后新政府召开国民大会实施宪政，贯彻抗战国策实行反攻”①。中共中央也充分估计到各方对这一主张的反应，认为国民党目前难以接受，但是各个小党派、地方实力派、国内外进步人士和同盟国开明人士会加以赞成。指示中还提出：“这一主张，应成为今后中国人民中的政治斗争目标，以反对国民党一党统治及其所欲包办的伪国民大会与伪宪。”②

依据中共中央的指示，林伯渠于1944年9月15日在会上作了关于国共谈判的报告，报告详细陈述了国共谈判中的重要问题、两党主要分歧等重要问题，并在最后提出了联合政府的主张。联合政府的主张一提出，便引起了广泛的讨论和认同。在多个城市，许多民众团体进行集会，要求国民政府真正实行民主。中国民主同盟在同年10月10日发表的《中国民主同盟对抗战最后阶段的政治主张》中，也将联合政府的主张纳入其中。这些都表明，联合政府主张已经赢得包括民主党派在内的广泛认同。

---

① 《建党以来重要文献选编（1921～1949）》（第21册），中央文献出版社2011年版，第488页。

② 《建党以来重要文献选编（1921～1949）》（第21册），中央文献出版社2011年版，第488页。

周恩来在中共七大所作的发言中，对联合政府的主张和团结建国的方针进行了总结。他指出，在中国共产党提出联合政府的主张后，国共谈判的中心问题，就是中国共产党主张的联合政府和国民党主张的继续一党专制的政府。在这个斗争中，中国共产党的方针是："立即召开党派会议，成立临时的联合政府，战后召集国民大会成立正式的联合政府。"① 周恩来还对联合政府与抗日民族统一战线之间的关系作了分析，他说："自从我们党提出抗日民族统一战线的主张，到去年提出联合政府的主张，有了发展，实际上是一个东西。联合政府就是抗日民族统一战线在政权上的最高形式。"② 这就将中国共产党联合政府主张和团结建国方针与党的政策的延续性说清楚了。

中国共产党的团结建国方针是以联合政府主张为核心的。这一方针的提出有三方面的原因：第一，这是中国共产党响应人民呼声，团结广大人民群众的方针。反对内战，和平建国，实行民主是广大中国人民的共同要求。谁真正为人民争取和平，谁就能真正团结人民，从而赢得人民的信任与支持，壮大自身的力量。第二，这是中国共产党提出的抗日民族统一战线在战后的必然延续，符合中国共产党对中国进行和平政治改革的真诚希望。毛泽东曾根据战后形势，对可能出现的联合政府形式进行分析："中国如果成立联合政府，可能有几种形式。其中一种就是现在的独裁加若干民主，并将存在相当长的时期。对于这种形式的联合政府，我们还是要参加进去，进去是给蒋介石'洗脸'，而不是'砍头'。走这个弯路将使我们党在各方面达到更成熟，中国人民更觉悟，然后建立新民主主义的中国。"③ 同时，中共中央也充分考虑到蒋介石假意和平，准备内战的方针，因此在争取和平前途时，从未放弃对蒋介石挑动内战行为的揭露和军事斗争的准备。第三，这是中国共产党赢取政治主动，同蒋介石军事独裁统治进行政治斗争的必然要求。如果蒋介石不同中国共产党达成任何争取和平的协议，或者任意撕毁已经达成的协议，那么他就成为广大中国人民的反面教员，从而使中国共产党能以更大力量同蒋介石开展斗争。

---

① 《中共党史文献选编（新民主主义革命时期）》，中共中央党校出版社 1992 年版，第 637 页。

② 《中共党史文献选编（新民主主义革命时期）》，中共中央党校出版社 1992 年版，第 621 页。

③ 《毛泽东文集》第 4 卷，人民出版社 1996 年版，第 7 页。

三、实现战略任务的道路：反对内战，力争和平

中国共产党的战略任务、团结建国方针和联合政府的主张已经确立，如何去实现？中国共产党提出了“针锋相对，寸土必争”的方针。

（一）“针锋相对，寸土必争”的方针

“针锋相对，寸土必争”方针依据于马克思主义关于阶级斗争的理论。当无产阶级和资产阶级之间的矛盾上升为主要矛盾时，资产阶级政府一定会镇压武装工人，这是世界近代史和中国近代史多次检验过的科学真理。毛泽东在《抗日战争胜利后的时局和我们的方针》中形象地向党内同志说明了这个真理，“蒋介石总是要强迫人民接受战争，他左手拿着刀，右手也拿着刀。我们就按照他的办法，也拿起刀来”①。“人民得到的权利，决不允许轻易丧失，必须用战斗来保卫。”② 因此，提出并确立“针锋相对，寸土必争”的方针，不但展现了此时中国共产党在理论上的成熟，还体现了党的领袖灵活运用中国话语阐发马克思主义科学真理，推进马克思主义中国化的思想智慧。

“针锋相对，寸土必争”的方针在阐述不同问题时有不同的具体形式。譬如：“蒋反我亦反，蒋停我亦停”是对“针锋相对，寸土必争”的进一步具体化，并强调蒋介石是积极挑动内战的国民党反动派代表。1945 年 8 月 23 日毛泽东在中共中央政治局扩大会议上的讲话中指出：“以后我们的方针仍是‘蒋反我亦反，蒋停我亦停’，以斗争达到团结，做到有理有利有节。”③ 在揭露蒋介石挑动内战的可能性时，又将“针锋相对，寸土必争”具体化为反对内战。“七大的方针就是反对内战的方针。”④ 从工作不同性质看，“针锋相对，寸土必争”的具体含义丰富，是军事、政治等多方面工作的共同方针。

毛泽东指出，“针锋相对，寸土必争”的方针要依据不同的革命形势做出调整。对待重庆谈判这一问题，他指出，“有时候不去谈，是针锋相对；有时候去谈，也是针锋相对。从前不去是对的，这次去也是对的，都

---

① 《毛泽东选集》第 4 卷，人民出版社 1991 年版，第 1126 页。

② 《毛泽东选集》第 4 卷，人民出版社 1991 年版，第 1127 页。

③ 《毛泽东文集》第 4 卷，人民出版社 1996 年版，第 7 页。

④ 《毛泽东文集》第 4 卷，人民出版社 1996 年版，第 8 页。

是针锋相对。”[①] 这说明该方针的运用体现了马克思主义具体问题具体分析这一活的灵魂。

总之，“针锋相对，寸土必争”的方针是中国共产党人一方面为争取和平做准备，一方面不放弃人民的武装，这样就“能够动员人民的力量击败他们，使战争的发动者自食其果”[②]。最终历史做出的结论正是这样。“想要消灭人民力量的人们，自己被人民的力量消灭了。”[③] 充分证明了中国共产党“针锋相对，寸土必争”方针的正确性。

（二）坚持自力更生的基点

“针锋相对，寸土必争”的方针要以自力更生为基点。

第一，坚持自力更生，不放弃革命领导权。中国共产党在发展过程中是充分吸取了放弃革命领导权的教训。在阶级斗争中，必须要依靠本阶级自身的力量，力争革命的领导权，包括领导、团结农民阶级及其他一切参加和拥护革命的力量。一切幻想依靠其他阶级力量而不重视研究如何充分发动本阶级力量的做法，势必导致革命领导权的丢失，走向右倾的道路。中国共产党在抗战胜利后坚持自力更生，在领导权方面包含两层含义：一是坚持自力更生，不放弃新民主主义革命的领导权。这是对大地主、大银行家、大买办阶层而言的。不能依靠国民党的力量实现抗战胜利后的和平建设，必须依靠中国共产党自身的力量来争取和平。二是坚持自力更生，不能只依靠国际援助。毛泽东指出：“我们并不孤立，全世界一切反对帝国主义的国家和人民都是我们的朋友。但是我们强调自力更生，我们能够依靠自己组织的力量，打败一切中外反动派。蒋介石同我们相反，他完全是依靠美国帝国主义的帮助，把美国帝国主义作为靠山。”[④] 正因为蒋介石完全依靠美国帝国主义的帮助，他的方针就必然是“独裁、内战和卖国三位一体”[⑤]，必然是以卖国求援助，以援助实现内战，以内战维护独裁，凭独裁继续卖国。因此，中国共产党的国际交往不会走蒋介石政权的老路，

---

① 《毛泽东选集》第 4 卷，人民出版社 1991 年版，第 1159 页。

② 《中共中央文件选集（1949 年 10 月—1966 年 5 月）》第 24 册，人民出版社 2013 年版，第 57 页。

③ 《中共中央文件选集（1949 年 10 月—1966 年 5 月）》第 24 册，人民出版社 2013 年版，第 57 页。

④ 《毛泽东选集》第 4 卷，人民出版社 1991 年版，第 1132 页。

⑤ 《毛泽东选集》第 4 卷，人民出版社 1991 年版，第 1132 页。

而是坚持自力更生。

第二，坚持自力更生，紧紧依靠人民群众。中国共产党的群众基础在于人民，因此自力更生离不开相信群众、依靠群众、发动群众、壮大群众。这就是“放手发动群众，壮大人民力量，团结全国一切可能团结的力量，打败侵略者，建设新中国”[①] 的内涵。毛泽东在赴重庆谈判前写作的《目前党的方针及新四军的工作部署》中提出：“一切作持久打算，依靠人民”[②]，只有人民的力量被发动起来，才能对蒋介石政权发动内战的阴谋形成震慑，才能有力量与之对抗，捍卫和平。

（三）重庆谈判和政治协商会议

重庆谈判，是指 1945 年 8 月 29 日至 10 月 10 日在重庆召开的国共两党关于抗战胜利后中国未来发展前途的谈判。党中央决定由毛泽东、周恩来等同志亲赴重庆，同蒋介石集团进行谈判。双方于 10 月 10 日签署《政府与中共代表会谈纪要》（即《双十协定》）。这次谈判虽然在解放区和军队问题上并未得到完全解决，但是迫使国民党“承认了和平团结的方针和人民的某些民主权利，承认了避免内战，两党和平合作建设新中国”[③]，最终取得了谈判的胜利。

重庆谈判中，中国共产党秉持“针锋相对，寸土必争”的方针，同国民党开展谈判。主要包括三个层面的具体措施：一是军事反击，保卫谈判。针对国民党 1945 年 9 月 10 日发动的侵犯山西上党区的挑衅，中国共产党发动上党战役，打击国民党嚣张气焰。在平汉战役、平绥战役、津浦战役等反击作战中捍卫了重庆谈判的胜利果实。“人家打来了，我们就打，打是为了争取和平。不给敢于进攻解放区的反动派很大的打击，和平是不会来的。”[④] 二是政治反击，保卫和平。参加重庆谈判，拆穿了国民党说共产党不要和平、不要团结的谣言。谈判中一切提案由中国共产党提出，揭露了国民党毫无准备，假意谈判的事实。谈判签署《双十协定》，迫使国民党承认中国共产党的合法地位，保障人民利益，争得了统一战线的领导权。这一切政治反击，都为中国共产党争取了政治主动。三是谈判中反

① 参见《中共中央文件选集（1949 年 10 月—1966 年 5 月）》第 24 册，人民出版社 2013 年版，第 56 页。

② 《毛泽东文集》第 4 卷，人民出版社 1996 年版，第 14 页。

③ 《毛泽东选集》第 4 卷，人民出版社 1991 年版，第 1156 页。

④ 《毛泽东选集》第 4 卷，人民出版社 1991 年版，第 1159 页。

击，维护人民根本利益。在毛泽东赴重庆前起草的党内通知中提出，“我方亦准备给以必要的不伤害人民根本利益的让步”①，“但是让步是有限度的，以不伤害人民根本利益为原则”②。因此，在解放区和军队问题上，中共中央始终保持清醒的头脑，不使谈判损害这些人民的根本利益，“人民的武装，一枝枪、一粒子弹，都要保存，不能交出去”③。列宁曾说：“重要的是在每个个别的或特殊的历史关头，要善于从实际政治问题中识别哪些问题上表现出某种最主要的而且是不能容许的、叛卖性的、危害革命阶级的机会主义的妥协，并且要竭尽全力揭露这种妥协，同它进行斗争。”④正是因为中共中央在军队和解放区问题上保持清醒，坚决利用谈判手段进行反击，力争并保卫革命的领导权，避免了右倾机会主义的错误，真正保卫了人民的根本利益。这种原则性和策略性的高度统一，充分表明了中国共产党能够在各种相当复杂的政治形势下，以高超的斗争艺术坚持科学社会主义原则，指导革命阶级进行斗争，彰显了中国共产党到这个阶段在理论上已经高度成熟。

重庆谈判虽然胜利了，但是蒋介石从一开始就没有打算遵从《双十协定》的规定，而是持续制造摩擦，不断对解放区发起军事进攻。其结果都在中国共产党领导的军民顽强反击下遭到挫败。此时由于国际方面也对蒋介石施加了一定压力，迫使国民党暂时停止军事进攻。1945 年 12 月 27 日，苏、美、英三国外长莫斯科会议公报提出中国必须停止内争，美国方面也在两党之间进行了一定斡旋。这些因素迫使蒋介石不便马上挑起全面内战，不得不与中国共产党达成停止军事冲突的协定。在这样的背景下，于重庆召开的政治协商会议又一次引起向往和平的广大人民的热烈关注。

政治协商会议于 1946 年 1 月 10 日召开，参加者包括国民党、共产党、民主同盟、青年党及无党派人士共计 38 人。经过二十二天的协商，会议最终通过了宪法草案、政府组织案、国民大会案、和平建国纲领、军事问题案五项协议。虽然这些规定同中国共产党主张的新民主主义革命性质不同，但是因为有利于打击国民党一党独裁、推进和平民主，有利于承认中国共产党的合法地位，有利于争取政治主动，所以中国共产党还是积极参

---

① 《毛泽东选集》第 4 卷，人民出版社 1991 年版，第 1154 页。
② 《毛泽东选集》第 4 卷，人民出版社 1991 年版，第 1154 页。
③ 《毛泽东选集》第 4 卷，人民出版社 1991 年版，第 1161 页。
④ 《列宁全集》第 39 卷，人民出版社 2017 年版，第 49 页。

加了政治协商会议，并与民主党派和无党派人士一道达成了利于人民的协议。

中国共产党认真对待政治协商会议达成的协议，对于和平的愿望十分真诚。在政协会议闭幕会上，周恩来发表题为《中共愿为政协协议的全部实现而努力奋斗》的致辞，向全国人民郑重声明："我们中国共产党愿意拥护这些协议，并保证为这些协议的全部实现，和各党派一起，不分地区，不分党派地努力奋斗。"[①] 第二天，中共中央向各中央局、区党委、纵队发布的指示中说："从此中国即走上了和平民主建设的新阶段……而在我们自己方面，则准备为坚决实现这些决议而奋斗。"[②]

中国共产党在重庆谈判和政治协商会议中向全国人民展现了对和平的真诚追求，这同国民党蒋介石政权以谈判掩盖内战准备的行径形成了鲜明对照。虽然在重庆谈判和政治协商会议期间形成了政治文件，但蒋介石政权从未打算真正履行协议，只待时机成熟，便撕毁协议，发动全面内战。面对这种现实，谁真正向往和平，谁要挑动中国内战，已经十分清晰。

四、和平建国希望的破灭

正如毛泽东 1946 年所进行的总结，蒋介石的主张"有两条：第一条是一切革命党全部消灭之；第二条是如果一时不能消灭，则暂时保存，以待将来消灭之"[③]。早在抗战胜利之前，蒋介石就已经开始策划全面发动内战的阴谋了。

重庆谈判前的 1945 年 7 月，国民党挑起淳化事件，进犯解放区。同时，国民党政府发动了政治上的进攻，借由中国共产党发布接收日本投降军队武装命令一事，称中国共产党违背了波茨坦公告和同盟国规定的受降办法。毛泽东于 8 月 13 日和 16 日给蒋介石政府发了两个电报，揭露了蒋介石的反革命面目和准备内战的阴谋，并提出了中国共产党对制止内战的主张。除此之外，毛泽东还为新华社写了两篇评论，进一步揭露、批判蒋

① 《建党以来重要文献选编（1921～1949）》（第 23 册），中央文献出版社 2011 年版，第 99 页。

② 《建党以来重要文献选编（1921～1949）》（第 23 册），中央文献出版社 2011 年版，第 104 页。

③ 《建党以来重要文献选编（1921～1949）》（第 23 册），中央文献出版社 2011 年版，第 142 页。

介石政府内战阴谋，进行政治反击。在联合中外反对中国内战的强大政治力量后，最终迫使蒋介石改变策略，邀请毛泽东赴重庆参加和平谈判。

但是，即便是在重庆谈判期间乃至《双十协定》签署之后，蒋介石也从未放弃发动内战。重庆谈判期间，他仍在加紧内战部署，并直接地对解放区发动武装挑衅。面对这一军事挑衅，中国共产党于 9 月 7 日发动上党战役，经过 6 天的艰苦作战，歼灭来犯敌军共计 3.5 万余人，打击了国民党嚣张气焰。《双十协定》签订后，中国共产党针对国民党连续发动的军事挑衅，在平汉战役、平绥战役、津浦战役等反击作战中捍卫了重庆谈判的胜利果实。始终坚持着“针锋相对，寸土必争”的方针，做好了蒋介石发动内战的准备，中国共产党才能拆穿国民党发动内战的阴谋，保卫和平。

除了对解放区发动军事进攻，蒋介石还部署军队、特务，对渴望和平民主的人民进行血腥镇压。1945 年 11 月 25 日，国民党军队围困和破坏昆明各界师生及社会人士在西南联大召开的反对内战、呼吁和平的晚会。12 月 1 日，大批国民党特务和军人闯入校园掠夺财物、殴打师生，并投掷手榴弹，造成死伤共计 29 人，酿成震惊全国的一二·一惨案。政协会议前后，国民党特务还制造了针对民主党派的一系列暴力事端。这些都是蒋介石坚持独裁、挑动内战的明证。

1946 年 6 月下旬，蒋介石在抗日战争结束后经过近一年的准备，认为发动内战的时机已经成熟。他在 17 日的国民政府纪念周上扬言，“共果不就范，一年期可削平之”①。中共中央结合时局，也分析出蒋介石可能于近期发动大规模进攻，于 6 月 19 日给刘伯承等下发指示，提出：“观察近日形势，蒋介石准备大打，恐难挽回。大打后，估计六个月内外时间，如我军大胜，必可议和；如胜负相当，亦可能议和；如蒋军大胜，则不能议和。因此，我军必须战胜蒋军进攻，争取和平前途。”② 经过考察，蒋介石选定先对处境较为孤立、战略意义重要的中原解放区开展进攻。1946 年 6 月 26 日拂晓，国民党军队向中原军区部队发起进攻。经过激烈战斗，中原部队主力于 7 月 1 日前跳出国民党军队的包围，进入豫鄂陕边界地区，实现“中原突围”。至此，全面内战爆发，中国人民强烈期盼的和平建国

---

① 转引自金冲及：《二十世纪中国史纲》（第 2 卷），社会科学文献出版社 2009 年版，第 576 页。

② 《建党以来重要文献选编（1921～1949）》（第 23 册），中央文献出版社 2011 年版，第 309 页。

希望破灭了。

中国共产党人追求和平的努力虽然并未阻止全面内战的爆发，但是使团结建国方针深入全国人民的内心，也深刻教育了群众，使群众了解谁应当对这场战争负责，极大拉近了中国共产党和全国各界人民的距离。虽然中国共产党的和平建国的努力失败了，但是却赢得了全国爱好和平的人民的拥护。

第二节　解放区的经济政治建设与中国共产党夺取全国政权的准备

面对蒋介石挑起的全面内战，中国共产党必须通过加强解放区的政治经济建设，才能保存实力、积蓄力量，为实现夺取全国政权做好准备。

一、解放区的经济政治建设

分析解放区的经济政治基础，首先要从解放区大多是处在农村的环境特点出发。毛泽东指出，要真正了解农村环境的两个特点：第一，真正了解“我们所处的环境是一个建立在个体经济基础上的、被敌人分割的、因而又是游击战争的农村根据地”①；第二，真正了解建立在这样基础上的工作表现似乎收效很慢，并不轰轰烈烈。如果不从这两个农村环境的特点出发，党内同志就会在政治、军事、经济、文化、党务、群众运动等问题上处理不当，或不大适当。正是建立在这种科学的分析基础上，毛泽东在抗战即将胜利时提出，要实现打击日本侵略者，并且攻占城市，收复失地的目的，就不能像国民党一样完全依赖外国人，而要自力更生，必须使用“军民两方同时发动大规模生产运动这一种办法”②。而又因为在农村人力和物力是分散的，生产和供给就要采取“统一领导，分散经营”的方针。这也就确定了解放区开展经济工作的基础。

解放区的经济工作是为着改善人民的经济生活，而这其中“首先的和主要的，就是实行减租减息，而另方面，又规定交租交息”③。面对地主租

① 《毛泽东选集》第3卷，人民出版社1991年版，第1016页。

② 《毛泽东选集》第3卷，人民出版社1991年版，第1016页。

③ 《建党以来重要文献选编（1921～1949）》第22册，中央文献出版社2011年版，第257页。

息太高，农民无力缴纳的实际问题，一方面要求地主减租减息，使农民有力交纳，并还有盈余以改善生活；另一方面在地主减租减息的前提下，保证农民交租交息。通过这些举措，提高了解放区农民的生产兴趣，也团结了大部分农民。在农业劳动生产率方面，解放区农民基本是分散的个体生产，并且使用落后的生产工具。为了切实提高劳动生产率，就必须组织劳动互助。在全部解放区推行农业和手工业生产团体，生产量将会大增，而且“政治也会进步，文化也会提高，卫生也会讲究，流氓也会改造，风俗也会改变……到了那时，我们的农村社会，就会一步一步地建立在新的基础上面了”①。

改善人民的生活必须和实行民主政治结合在一起。“没有真正的民主政治和对人民经济生活的改善，就不可能有人民战争。”② 只有将两者紧密结合，才能实现全民动员和紧密的民族团结，从而集中人民的力量，形成人民战争。实行民主政治方面，即是在解放区建立“三三制”的民主联合政府，以保障解放区政权的人民民主性质，极大地发扬了民主政治，保障抗日的各阶级、阶层享有充分的民主。只有实行民主政治，才能有改善人民生活的各项具体措施，才能有减租减息，交租交息的真正落实。

改善人民生活和实行民主政治，是实现新民主主义政策的必然要求。解放区正是在这样的基础上，才实现了全民抗战的总动员。政权建设上形成了解放区民主联合政府的建立，阶级关系上实现了解放区各阶级的大团结，中国共产党在新民主主义革命中的领导地位才得以建立和巩固。“如果没有这一切，就没有解放区全面的人民战争，而如果没有这种人民战争，也就没有了一切。”③

（一）全面内战爆发前解放区的经济政治建设

为了更好地巩固和保卫解放区，中共中央经过一段时间的探索和总结，提出了三大主要任务：一是练兵。为了准备对抗国民党的军事进攻，中共中央指示各军队在作战间隙开展练兵，并对具体练兵措施提出要求，极大地提高了部队的作战能力，使之成为保卫解放区的坚实军事力量。二

① 《毛泽东选集》第3卷，人民出版社1991年版，第1017页。

② 《建党以来重要文献选编（1921～1949）》第22册，中央文献出版社2011年版，第256页。

③ 《建党以来重要文献选编（1921～1949）》第22册，中央文献出版社2011年版，第256页。

是减租。“只有减租和生产两件大事办好了，才能克服困难，援助战争，取得胜利。”① 中共中央极其重视减租运动的开展，在《一九四六年解放区工作的方针》的指示中强调：“各地务必在一九四六年，在一切新解放区，发动大规模的、群众性的、但是有领导的减租减息运动。”② 并对新、老解放区工作作出具体规定。减租运动的坚决推进，极大地团结了解放区的人民群众，对巩固解放区的群众基础具有重要意义。三是生产。主要是指将大多数生产者组织在生产互助团体中，提高整体的生产能力。生产运动中，政府发放农贷、工贷也是其中重要环节。此外，中共中央要求在不妨碍战争、工作和学习的情况下，部队、机关、学校也要按照情况参加生产，从而改善生活，减轻解放区人民群众的负担。

生产运动中，毛泽东特别重视军队生产自给。在抗日战争胜利前夕，毛泽东对解放区的军队生产问题进行了分析。他指出，解放区的军队已经达到了九十多万，为了战争的胜利，必然还需要扩大军队到几个九十万。这些军队生活资料的供给不能完全依靠外援，只能放在自力更生的基础上。而未来的战争形势是：“我们需要集中必要的兵团，离开现在分散作战的地区，到一定的攻击目标上去作战。”③ 这种战争形势的必然结果是：集中行动的大兵团只能依靠后方的大量的物质供给，地方部队和地方兵团还能延续一面作战、一面生产。因此他得出结论：“照此看来，我们全军应趁目前的时机，在不妨碍作战和训练的条件之下，一律学会完成部分的生产自给的任务。”④ 这充分展现出了毛泽东深邃的战略眼光。而军队参与生产运动，也确实锻炼了士兵素质，改善了生活，极大减轻了解放区人民的赋税负担，使人民军队得到人民的拥护。军队的生产自给也成为生产运动中的重要一环。

全面内战爆发前，中共中央多次强调练兵、减租、生产的任务。在内战爆发前一个月，中共中央向各局下发的关于时局和对策的指示中强调：“除东北加紧作战，同时抓紧减租、生产外，各解放区均应抓紧练兵、减租、生产三大任务，必须于今后六个月内做出显著成绩，即以此制止全国内战。如国民党必欲发动内战，我亦能将其彻底粉碎而使自己

---

① 《毛泽东选集》第 4 卷，人民出版社 1991 年版，第 1172 页。

② 《毛泽东选集》第 4 卷，人民出版社 1991 年版，第 1175 页。

③ 《毛泽东选集》第 3 卷，人民出版社 1991 年版，第 1106 页。

④ 《毛泽东选集》第 3 卷，人民出版社 1991 年版，第 1106 页。

立于不败之地。”[①] 可以看出，练兵、减租、生产三大任务成为巩固解放区、赢取全国解放的重大战略部署。它所取得的成绩为中国共产党打赢解放战争提供了坚实基础。

（二）农村土地制度的重大变动

农民问题，是“中国革命的基本问题，农民的力量，是中国革命的主要力量”[②]。解决好农民问题的关键，就在于解决好农村土地制度的问题。中国农民在近代受到封建主义、帝国主义、官僚资本主义的联合的压迫和剥削，而封建的农村土地制度正是他们用以实现这种压迫和剥削的重要工具。因此，打碎这种封建土地关系，实现“耕者有其田”，是中国共产党新民主主义革命时期的重要任务。

抗战胜利后，解放区主要是由农村和部分中小城市构成的，这就要求中国共产党要在已取得的成果基础上进一步推进土地工作，以解决农民的土地要求。1946 年春，解放区的广大农民起来清算汉奸、恶霸，自己着手解决土地问题。中国共产党对应持怎样的方针、如何领导这场群众运动等问题进行了研究，其主要成果是 1946 年 5 月 4 日由刘少奇同志起草的党内文件《关于土地问题的指示》，通常称“五四指示”。

“五四指示”首先肯定了解决解放区土地问题的重大历史意义，指出：“各地党委必须明确认识，解决解放区的土地问题是我党目前最基本的历史任务，是目前一切工作的最基本的环节”[③]，并提出了总的指导原则，即“在广大群众要求下，我党应坚决拥护群众在反奸、清算、减租、减息、退租等斗争中，从地主手中获得土地，实现‘耕者有其田’”[④]。这一指导原则的出台，标志着解放区的农村土地政策实际上开始向“耕者有其田”的新民主主义经济制度转变。除了总的指导原则的转变，指示还就中农、富农、抗日军人和干部的家属属于豪绅地主成分者等具体问题做出了指示。比如，提出坚决吸收中农参加运动，绝不侵犯中农土地；提出一般不

---

① 《建党以来重要文献选编（1921～1949）》第 23 册，中央文献出版社 2011 年版，第 263 页。

② 《毛泽东选集》第 2 卷，人民出版社 1991 年版，第 692 页。

③ 《建党以来重要文献选编（1921～1949）》第 23 册，中央文献出版社 2011 年版，第 246 页。

④ 《建党以来重要文献选编（1921～1949）》第 23 册，中央文献出版社 2011 年版，第 246 页。

变动富农的土地，如在清算、退租、土地改革时期，广大群众有要求时，也不要打击太重；提出谨慎处理抗日军人及干部的家属属于豪绅地主成分者，一般应当采取调解仲裁方式，在说服他们接受群众合理要求的同时，给他们多留下一些土地，保留一些面子；等等。

在领导这场群众运动方面，“五四指示”提出了两个大的要求：一是规定群众尚未发动起来解决土地问题的地区，力求尽快发动群众，实现土地问题的尽快解决或大部分解决，不要拖到1947年；二是要求进行斗争时执行彻底的群众路线，由群众自己动手解决土地问题。解决土地问题方式方面，“五四指示”肯定了群众运动创造出的多种多样的解决方法，并列举了没收分配大汉奸土地，减租后地主资源出卖，佃农以优先权购买等四种办法。“五四指示”还对中央土地政策的历程和现阶段政策的背景作了简短的解释，提出各地已经依据1942年中央土地政策的决定，发动了群众，支持抗日战争。但目前清算减租运动已经不能满足广大群众的要求，因此要实行新的“五四指示”。但是，这种土地政策的改变并没有对原有的土地政策进行全部的改变，因为减租政策还尚未全部废止。

“五四指示”认为，只要按照所提出的各项原则解决土地问题，“保持农村中百分之九十以上人口和我们党在一道……保持反封建的广泛统一战线”①，就不会犯冒险主义的错误。如果解决好了解放区的土地问题，“就会大大巩固解放区，并大大推动全国人民走向国家民主化”②。事实也正是如此，新的土地政策极大地调动了农民开展生产和支援解放战争，建设解放区的积极性。农村制度的这种重大变动，为中国共产党巩固解放区，坚持对蒋作战提供重要的制度保证。

（三）解放区政权建设的理论和实践

解放区的政权建设有了重大的变化。解放区政权性质方面，“新民主主义的政权是工人阶级领导的人民大众的反帝反封建的政权”③，即包括工人阶级、农民阶级、城市小资产阶级、民族资产阶级，其中，工人、农民和其他劳动人民为主体，并提出了人民大众组成自己的国家：中华人民共

① 《建党以来重要文献选编（1921～1949）》第23册，中央文献出版社2011年版，第249页。

② 《建党以来重要文献选编（1921～1949）》第23册，中央文献出版社2011年版，第249页。

③ 《毛泽东选集》第4卷，人民出版社1991年版，第1272页。

和国，及自己的政府：中华人民共和国的中央政府，革命的对象转变为“外国帝国主义、本国国民党反动派及其所代表的官僚资产阶级和地主阶级”①。解放区政权权力机关及其形式方面，“中华人民共和国的权力机关是各级人民代表大会及其选出的各级政府”②。按照解放战争形势的发展，中共中央于1948年1月作出决定，提出：“现在时期，在乡村中可以而且应当依据农民的要求，召集乡村农民大会选举乡村政府，召集区农民代表大会选举区政府。县、市和县市以上的政府，因其不但代表乡村的农民，而且代表市镇、县城、省城和大工商业都市的各阶层各职业人民，就应召集县的、市的、省的或边区的人民代表大会，选举各级政府。在将来，革命在全国胜利之后，中央和地方各级政府，都应当由各级人民代表大会选举。”③ 在村、区中先由农民大会和农民代表大会选举政府，是因为中共中央曾打算在各地农村中等土地改革任务大致完成之后再去建立人民代表会议④。这是党的土地政策变革之后，在政权权力机关形式方面的体现。这样召开村、区、县、市及以上的人民代表大会的政治规划就确立下来了。

同月，中共中央对部分边区政权机关中存在的只有贫农、雇农和工人，而没有小资产阶级、中等资产阶级、中农、独立工商业者、自由职业者及脑力劳动的知识分子的问题提出批评，并指出：“像晋冀鲁豫这样大范围的政权机关不应只是代表农民的，它是应当代表一切劳动群众（工人、农民、独立工商业者、自由职业者及脑力劳动的知识分子）及中产阶级（小资产阶级、中等资产阶级、开明绅士）的，而以劳动群众为主体。”⑤ 边区的政权机关应当由边区人民代表大会及其选出的政府担当，而非农民代表大会及其选出的政府。在工作中“必须顾到工人及其他各阶层民众，在农民中则必须顾到中农”⑥。这就将不同层级的人民代表大会和政府选举形式进行了区分。

随着土地改革的不断推进，解放区的政权建设迎来新的发展。为了坚

① 《毛泽东选集》第4卷，人民出版社1991年版，第1272页。
② 《毛泽东选集》第4卷，人民出版社1991年版，第1272页。
③ 《毛泽东选集》第4卷，人民出版社1991年版，第1272—1273页。
④ 参见《毛泽东选集》第4卷，人民出版社1991年版，第1308—1309页。
⑤ 《毛泽东文集》第5卷，人民出版社1996年版，第33页。
⑥ 《毛泽东文集》第5卷，人民出版社1996年版，第33页。

决执行土地改革，中共中央在十二月会议中提出要建立农会及其选出的委员会，及贫农团及其选出的委员会。对于前者，要求包括雇农、贫农、中农在内，代表最广泛群众，后者则是包括贫农、雇农群众。其中，贫农团应当成为一切农村斗争的领导骨干。这两者构成了执行土地改革的合法机关。在实践过程中，逐步总结出了在贫农团和农会的基础上建立起区村（乡）两级人民代表会议的宝贵经验。1948 年 4 月，毛泽东在总结这一经验的《在晋绥干部会议上的讲话》中提出，基于真正广大群众意志建立起来的人民代表会议“现在已有可能在一切解放区出现”①。他还充分肯定了这一经验的重大价值，“现在你们的经验以及其他解放区的经验，既已证明就在土地改革斗争当中建立区村两级人民代表会议及其选出的政府委员会，是可能的和必要的，那末，你们就应当这样做。在一切解放区，也就应当这样做”②。在区村两级人民代表会议普遍建立起来后，就可以建立县一级的人民代表会议，从而更加容易建立县以上的各级人民代表会议了。这样就把推进土地改革的农村基层机关的建立和各级人民代表会议的政权机关的问题结合起来，发展了解放区政权建设的思想。

1949 年 9 月，中共中央同意由华中局在 8 月提出的召开县的代表会议的请示，即同意召开县的各界代表会议，指出，“不召开各界代表会，要等到农协在乡村中建立了基础再召开人民代表会议……则是很不利的”③。对参会人员的层次和数量作出规定，提出：“县的各界代表会的成分，应包括党、政、军的代表，农民及工人的代表，革命知识分子及妇女的代表，工商业的代表，及若干开明绅士的代表。其中，共产党员及可靠的左翼分子，应超过二分之一，保证决议的通过；中间分子及必须拉拢的少数右翼但不反动的分子，可让其占三分之一左右的数目，以便孤立反动派，利于政令的推行和群众的发动，且可发现问题及发现积极分子。”④ 最后，中共中央还强调，这种会议尚无经验，要求各局、各野战军注意收集经验。召开县的各界代表会议，是对建立县一级的人民代表会议的积极探索，是根据国情和时局提出的对解放区政权建设工作的进一步细化。

---

① 《毛泽东选集》第 4 卷，人民出版社 1991 年版，第 1308 页。

② 《毛泽东选集》第 4 卷，人民出版社 1991 年版，第 1308—1309 页。

③ 《毛泽东文集》第 5 卷，人民出版社 1996 年版，第 340 页。

④ 《毛泽东文集》第 5 卷，人民出版社 1996 年版，第 340—341 页。

二、中国共产党夺取全国政权的准备

革命的根本问题是政权问题，政权掌握在谁手里，这一点决定一切。中国共产党在推进革命过程中，高度重视革命政权建设的理论和实践探索。

（一）“打倒蒋介石，解放全中国”的提出

进入1947年，战争形势发生了深刻变动。在军事方面，山东、陕北的两个主要战场上，蒋介石的军队逐渐被人民解放军歼灭了。其他几个战场上，国民党军已经完全处于被动挨打的地位。国民党统治区内，蒋介石的卖国独裁政策已经充分暴露在人民面前，以学生运动为代表的人民运动高涨。“军事镇压和政治欺骗，是蒋介石维持自己反动统治的两个主要工具，现在人们已经看到这些工具的迅速破产。”① 蒋介石政府已处在全民的包围中。基于这种背景，中共中央向各局下发指示指出：“现在我军作战业已全部由战略防御转变为战略反攻”②，这个转变是“蒋介石的二十年反革命统治由发展到消灭的转折点”③，是“一百多年以来帝国主义在中国统治由发展到消灭的转折点”④。在这样重大的历史转折点上，中国共产党应该提出怎样的口号，团结最广大的人民群众，建立新中国?

1947年7月7日，中国共产党在为纪念“七七”抗战发布的对时局的16条口号中提出，要坚决彻底干净全部地消灭一切蒋介石进犯军。9月12日的新华社社论《人民解放军大举反攻》提出：“打倒蒋介石才有和平，打倒蒋介石才有饭吃，打倒蒋介石才有民主，打倒蒋介石才有独立，已经是中国人民的常识了。”⑤ “社论”在结尾发出动员：“争取这个大反攻的胜利，把解放的旗帜插到全中国！把民主的联合政府在全国范围内建立起来!”⑥ 10月

---

① 《建党以来重要文献选编（1921～1949)》第24册，中央文献出版社2011年版，第194页。

② 《建党以来重要文献选编（1921～1949)》第24册，中央文献出版社2011年版，第206页。

③ 《毛泽东选集》第4卷，人民出版社1991年版，第1244页。

④ 《毛泽东选集》第4卷，人民出版社1991年版，第1244页。

⑤ 《建党以来重要文献选编（1921～1949)》第24册，中央文献出版社2011年版，第359—360页。

⑥ 《建党以来重要文献选编（1921～1949)》第24册，中央文献出版社2011年版，第362页。

10日，毛泽东为中国人民解放军总部所起草的政治宣言发表，即《中国人民解放军宣言》（又称《双十宣言》）。宣言回顾了蒋介石屡次挑动内战，施行卖国独裁政策的斑斑劣迹后，响亮地提出了“打倒蒋介石，解放全中国”的口号。口号的提出为团结在中国共产党周围的广大人民群众指明了奋斗目标，也为中国共产党夺取全国政权做好了最广泛的政治动员。

（二）土地制度的彻底变革和坚持将革命战争进行到底

要实现“打倒蒋介石，解放全中国”的目标，必须要发动最广大的人民群众。在《双十宣言》发布之后不久，中共中央作出指示，对这一问题做出了进一步分析，提出了实现这一目标的政治基础、具体纲领、中心问题。指示指出：“反蒋统一战线的政治基础是反帝反封建，就是要彻底摧毁蒋介石所代表的中国大地主大资产阶级的独裁卖国统治。具体纲领，就是中国人民解放军的《双十宣言》，而中心问题是平分土地与将革命战争进行到底。”① 因此，解决好土地问题和坚持将革命战争进行到底这两个问题具有重大意义。

进入1947年7月，人民解放军转入战略进攻后，为了取得革命战争的胜利，就必须彻底地解决好土地问题。中共中央为此于1947年7月17日至9月13日，在河北省平山县西柏坡村召开了全国土地会议，目的是总结党领导和实行土地革命以来，尤其是“五四指示”颁布一年来各地的土地改革经验，从而制定出更完善的土地政策，使土地改革彻底完成。会议所通过的《中国土地法大纲》，代表着中国共产党这一时期土地政策的基本和主要的部分，并于1947年10月10日同“打倒蒋介石，解放全中国”的口号一道公之于众。

《中国土地法大纲》开篇即指出，“废除封建性及半封建性剥削的土地制度，实行耕者有其田的土地制度”②，以及“废除一切地主的土地所有权”③和“废除一切祠堂、庙宇、寺院、学校、机关及团体的土地所有权”④。表

① 《建党以来重要文献选编（1921～1949）》第24册，中央文献出版社2011年版，第456页。

② 《建党以来重要文献选编（1921～1949）》第24册，中央文献出版社2011年版，第417页。

③ 《建党以来重要文献选编（1921～1949）》第24册，中央文献出版社2011年版，第417页。

④ 《建党以来重要文献选编（1921～1949）》第24册，中央文献出版社2011年版，第417页。

明中国共产党彻底推翻封建统治的强大决心。土地分配方法方面，《中国土地法大纲》规定，乡村中一切地主的土地及公地均由乡村农会接收，并同乡村中其他一切土地“按乡村全部人口，不分男女老幼，统一平均分配，在土地数量上抽多补少，质量上抽肥补瘦，使全乡村人民均获得同等的土地，并归各人所有”[①]。这些规定使平分土地的主张得到了切实实行，从原则上解决了平分土地的中心问题。

在地主问题方面，《中国土地法大纲》要求农村乡会接收富农牲畜、农具、房屋、粮食等其他财产，用以分给缺乏这些财产的农民和贫民。但又提出要分给地主同样的一份，这就避免了走过去“左”的道路，陷入之前“地主不分田，富农分坏田”的错误，体现了中国共产党对剥削者的改造的文明性。在从事工商业的民族资产阶级问题方面，鉴于民族资产阶级同封建土地所有制之间复杂的联系，《中国土地法大纲》一方面要求保护他们的财产和合法的营业，使其不受侵犯，从而将工商业者稳定于统一战线内；而另一方面坚决肯定农民平分土地的要求，推动土地所有制的彻底变革。毛泽东曾对坚持土地改革这一问题进行分析：“坚持土地改革不至于吓跑民族资本家，但不坚持土地改革势必会丧失农民，从而丧失革命战争，也丧失民族资本家。”[②] 使全党认识到：只有坚持推进土地改革，才能更好地将农民和民族资本家团结到党的周围，增进革命的力量。

《中国土地法大纲》一方面彻底地变革了农村的土地所有制，从而彻底变革了农村的阶级关系，真正地推翻了封建主义这座大山；而另一方面，又极大地巩固了各个解放区，使广大农民自发拥护中国共产党，积极支援解放战争，为中国共产党夺取全国胜利奠定坚实基础。

“将革命战争进行到底”是另一个中心问题。这一问题的直接背景是，在解放军转入战略进攻之后，时任国民党政府全国经济委员会委员的刘航琛提出一个组织和平统一大同盟的方案，实质上是在美帝国主义指使下，国民党政权企图对中国共产党实施缓兵之计，以减小前线连连失利的压力。这一阴谋对于中国共产党领导的统一战线起了极坏影响，甚至部分党内的同志一时间也赞成这种方案。中共中央及时注意到了这一情况，并对

---

① 《建党以来重要文献选编（1921～1949）》第24册，中央文献出版社2011年版，第417页。

② 《建党以来重要文献选编（1921～1949）》第24册，中央文献出版社2011年版，第250页。

类似以“和平”为国民党换取时间，以准备继续内战的阴谋进行了尖锐的揭露和批判，坚持了“打倒蒋介石，解放全中国”的目标。1947 年 10 月 27 日，中共中央下发《中共中央关于必须将革命战争进行到底反对刘航琛一类反动计划的指示》就是关于这一问题的重要文献之一。在指示中，中共中央首先揭露刘航琛的计划的真正性质是美帝指示下的蒋宋阴谋，明确指出党内部分同志认为可以借此促蒋下台是完全错误的。其次，指示区分了党在政治斗争上不同时期的不同打击对象，在蒋介石集团的反动统治被推翻前，主要的打击方向是使大地主大资产阶级内部的反对派和自由资产阶级的右翼孤立。而在蒋介石集团被打倒后，主要打击的方向，应是使自由资产阶级首先是其右翼孤立。再次，指示对蒋介石反动统治集团覆灭过程进行分析，提出可能有三种形式：一是将革命战争进行到底；二是反动统治内部中途政变，以缓兵之计另寻时机再起；三是反动统治大崩溃时期，许多伪装分子混入反蒋运动中，同中国共产党争夺革命领导权。对此，中共中央提出，“在这三种形式面前，我们必须坚持第一种形式，把中国革命战争进行到底，警戒和揭穿第二种形式的阴谋，预防第三种形式会在时机成熟时突然出现”①。第四，中共中央分析了各阶级对中国人民解放军《双十宣言》的态度，强调了工农小资产阶级对宣言的衷心拥护，而要注意识别其他阶级和个人对该宣言的不同态度。

指示还就如何对待自由资产阶级和党内外的投降主义的问题提出要求。对待自由资产阶级方面，“在政治上要孤立自由资产阶级（特别是其中的右翼）和在经济上保护他们”②。这是由于自由资产阶级的阶级局限性所决定的。自由资产阶级并不是彻底的革命民主派，他们一直保有对美对蒋的幻想，在蒋介石被打倒后，必然会反对中国共产党。因此，党必须坚持对他们的政治孤立和经济保护。党内外的投降主义方面，是这一时期党内外的主要危险，其根源是“对敌人力量特别是美帝力量的高估与对人民力量的低估”③。党内的投降主义因此不敢放手发动群众，不敢彻底进行土

---

① 《建党以来重要文献选编（1921～1949）》第 24 册，中央文献出版社 2011 年版，第 455 页。

② 《建党以来重要文献选编（1921～1949）》第 24 册，中央文献出版社 2011 年版，第 457 页。

③ 《建党以来重要文献选编（1921～1949）》第 24 册，中央文献出版社 2011 年版，第 457 页。

地改革，不敢将革命战争进行到底。而党外的投降主义则是在反蒋统一战线中除工农外各阶级中的投降主义。两者之间存在紧密的联系。只有坚决将革命战争进行到底，实行彻底的土地改革制度，明确中国共产党的坚定立场，才能有力反击党内外的投降主义，才能稳固反蒋统一战线，才能取得反蒋反美斗争的最终胜利。

（三）十二月会议与《目前的形势和我们的任务》

在人民解放军转入战略进攻这一转折点来临之际，中共中央于1947年12月25日至28日在陕北米脂县杨家沟召开扩大会议，讨论如何打败蒋介石，建设新中国的问题，史称“十二月会议”。毛泽东在会议上作了《目前的形势和我们的任务》的报告，详细分析了历史转折及其必然结果，提出党在政治、经济、军事等方面的任务。会议决定认为：“这个报告是整个打倒蒋介石反动统治集团，建立新民主主义中国的时期内，在政治、军事、经济各方面带纲领性的文件。”[①] 要求全党全军将该文件与《中国人民解放军宣言》《中国人民解放军口号》《中国土地法大纲》等文件联系起来进行深入教育，在实践中严格执行。报告指出，“中国人民的革命战争，现在已经达到了一个转折点”[②]，由此“在中国这一块土地上扭转了美国帝国主义及其走狗蒋介石匪帮的反革命车轮，使之走向覆灭的道路，推进了自己的革命车轮，使之走向胜利的道路”[③]。这个转折点对于国内、国际具有伟大意义。

报告阐明了党在政治、军事、经济等方面的纲领、任务及具体的政策：

（1）政治方面，提出了战胜蒋介石的政治基础，这就是解放战争具有的爱国的正义的革命的性质赢得了全国人民的拥护，而蒋介石的反人民战争的性质失去了人民的拥护。报告重申了《双十宣言》中提出过的中国共产党最基本的政治纲领：“联合工农兵学商各被压迫阶级、各人民团体、各民主党派、各少数民族、各地华侨和其他爱国分子，组成民族统一战线，打倒蒋介石独裁政府，成立民主联合政府。”[④] 毛泽东分析指出，从表面上看，这一时期的革命的民族统一战线似乎比抗日战争时期缩小了，但

① 转引自《毛泽东选集》第4卷，人民出版社1991年版，第1243页。
② 《毛泽东选集》第4卷，人民出版社1991年版，第1243页。
③ 《毛泽东选集》第4卷，人民出版社1991年版，第1244页。
④ 《毛泽东选集》第4卷，人民出版社1991年版，第1237页。

实际上人民群众经过事实教育，看到了蒋介石卖国独裁的阶级本质和假意和平的阴谋，已经转向拥护和同情中国共产党，将希望寄托在中国共产党和人民解放军身上。因此，新民主主义的革命统一战线“现在比过去任何时期都要广大，也比过去任何时期都要巩固”①。报告还通过回顾历史，强调了中国共产党对最广泛的统一战线的领导权问题，指出若主动放弃领导，或者不去争取领导权，必然导致革命的失败。

（2）军事方面，报告根据土地革命战争、抗日战争和解放战争前期的经验，概括了“十大军事原则”。其中提出“以歼灭敌人有生力量为主要目标，不以保守或夺取城市和地方为主要目标”，“先打分散和孤立之敌，后打集中和强大之敌”，“先取小城市、中等城市和广大乡村，后取大城市”，“不打无准备之仗，不打无把握之仗，每战都应力求有准备，力求在敌我条件对比下有胜利的把握”② 等原则。报告还指出，人民解放军的这些战略战术原则是“建立在人民战争这个基础上的，任何反人民的军队都不能利用我们的战略战术”③。

（3）经济方面，报告提出了新民主主义革命的三大经济纲领，即没收封建阶级的土地归农民所有，没收蒋介石、宋子文、孔祥熙、陈立夫为首的垄断资本归新民主主义的国家所有，保护民族工商业，并对经济纲领的各部分做出了分析。报告指出，土地制度的彻底改革，是现阶段中国革命的一项基本任务。土地问题的成功解决是战胜一切敌人的最基本的条件。报告重申了《中国土地法大纲》的有关规定，肯定了彻底消灭封建性和半封建性的土地制度，实行耕者有其田的土地制度的原则。提出了“依靠贫农，巩固地联合中农，消灭地主阶级和旧式富农的封建的和半封建的剥削制度”④ 的土地改革方针。还强调：坚持满足贫农、雇农的要求，是土地改革的核心任务；坚决团结中农，不损害他们的利益。在土地改革过程中，要保护中农利益、重视中农意见、注意中农的需要，不把中农错误划为富农等具体意见。

报告对经济纲领中的垄断资本进行了科学分析，说明了蒋介石反动政权的经济基础。蒋宋孔陈四大家族长时间垄断全国经济命脉，并同国家政

---

① 《毛泽东选集》第 4 卷，人民出版社 1991 年版，第 1257 页。
② 《毛泽东选集》第 4 卷，人民出版社 1991 年版，第 1247 页。
③ 《毛泽东选集》第 4 卷，人民出版社 1991 年版，第 1248 页。
④ 《毛泽东选集》第 4 卷，人民出版社 1991 年版，第 1250 页。

权结合在一起，成为国家垄断资本主义。而其又同外国帝国主义、本国地主阶级和旧式富农密切结合，形成买办的封建的国家垄断资本主义，构成这个政权的经济基础。这种经济基础是建立在对工人、农民、城市小资产阶级、中等资产阶级的压迫和损害之上的，必然要打倒。但这种经济基础又为新民主主义革命准备充分的物质条件。因此，不是要从物质上损坏这些条件，而是要彻底改变其所有权性质，实行没收归新民主主义的国家所有。

没收官僚资本归新民主主义国家所有，是报告的一项重要创新。毛泽东后来回顾，在六大决议案中提出的中国革命的十大纲领，对中国的资产阶级“在政权上根本不要它，在经济上根本不动它”①。在写《新民主主义论》时，对民族资本与官僚资本的界限的认识尚不清晰，虽然提出要没收大工业、大银行、大商业，但没有提出要没收官僚资本。而在这个报告中，就明确分析了官僚资本的问题，提出了没收官僚资本。

报告对保护民族工商业作出了规定，提出“新民主主义革命所要消灭的对象……不是一般地消灭资本主义，不是消灭上层小资产阶级和中等资产阶级”②。这是因为他们虽然也是资产阶级，但他们可以参加新民主主义革命或保持中立，并且同帝国主义联系很少或没有联系。另一方面，由于中国经济的落后性，上层小资产阶级和中等资产阶级所代表的资本主义经济即使在革命取得全国胜利后也会长时间存在。因此，要重视区分政治上的打击和经济上的消灭。这一规定对中国共产党正确处理与民族资产阶级的关系具有重要意义。

报告确定了新中国的经济构成：1. 国营经济，占据领导地位。2. 农业经济，发展方向是由个体逐步转向集体。3. 独立小工商业者的经济和小、中私人资本经济。新民主主义国民经济的指导方针，必须坚持“紧紧地追随着发展生产、繁荣经济、公私兼顾、劳资两利”③ 的总目标。

报告提出了整编党的队伍，以巩固人民解放军后方的要求。报告分析了党内建设中存在的问题，指出在党的地方组织方面，特别是农村基层组织中存在成分和作风不纯的问题。这是由于党员人数的极大发展，使许多地主、富农、流氓分子混进党内，窃取了一些重要职位，严重损害了党和

① 《毛泽东文集》第 5 卷，人民出版社 1996 年版，第 139 页。
② 《毛泽东选集》第 4 卷，人民出版社 1991 年版，第 1254 页。
③ 《毛泽东选集》第 4 卷，人民出版社 1991 年版，第 1256 页。

人民的利益。为整编好党的队伍，党内首先要开展批评与自我批评，“彻底地揭发各地组织内的离开党的路线的错误思想和严重现象”①，以确保党能够充分领导广大人民群众。

报告最后以深邃的历史眼光展望了世界发展大势，指出：“现在是全世界资本主义和帝国主义走向灭亡，全世界社会主义和人民民主主义走向胜利的历史时代”，鼓励全党同志，“曙光就在前面，我们应当努力”②，将革命战争进行到底。

十二月会议和毛泽东同志做的《目前形势和我们的任务》进一步发展了新民主主义革命思想，推动马克思主义中国化胜利推进，为迎接革命在全国范围内的胜利指明了正确方向。

第三节　党的政策和策略思想的发展

十二月会议后，中共中央根据战争发展的形势，集中力量研究和解决各解放区落实十二月会议精神，在军事、政治、党建、新区土改、城市工作等方面出现的具体政策和策略上的问题，纠正了党内右的尤其是“左”的错误倾向，丰富和发展了新民主主义革命关于政策和策略的思想。

一、解放战争形势的发展与政策和策略的调整

进入1948年，解放战争形势发生了重大变化，中国共产党在坚持十二月会议确立的党的行动纲领的前提下，结合军事、经济、政治等多方面的新情况，对政策和策略做了相应调整。

军事上，国民党军队部队战斗力大大下降，军心涣散，士气低落。相反，人民解放军既动员了广大农民参军，又接收了国民党俘虏和起义部队参加部队，军事实力大大加强。总兵力人数不断增加，缴获了大量新式武器，运动战和攻坚战经验的积累，部队作战方式出现新的变化。

经济方面，国民党统治区内财政经济状况日益恶化，物价飞涨，不仅普通百姓生活必需品得不到保障，中小民族工商业也难以为继，大批倒闭或歇业。国民党推行的币制改革和经济管制彻底失败，政府因政策反复变动，腐败滋生信用丧失，多地出现抢夺生活物资的风波，国民党财政经济

---

① 《毛泽东选集》第4卷，人民出版社1991年版，第1253页。

② 《毛泽东选集》第4卷，人民出版社1991年版，第1260页。

开始总崩溃。解放区内，由于土地改革的坚决执行，推动保护工商业的政策，人民生产积极性大幅度提高，为支援前线出人出力，为解放军转入战略决战提供了坚实的物质保障。

政治方面，国民党政府深陷政治危机。民变四起，人民运动接连不断，不断冲击着国民党政府的统治基础。国民党政治根基已完全动摇。"今日环境之恶劣为从来所未有，其全局动摇，险状四伏，似有随时可以灭亡之势。"①

面对这种形势，毛泽东强调了坚持正确的政策对夺取胜利的重要性。他在 1948 年 1 月指出："还有另一方面的真理，就是我们政策的正确。如果我们的政策不正确，比如侵犯了中农、中等资产阶级、小资产阶级、民主人士、开明绅士、知识分子，对俘虏处置不当，对地主、富农处置不当，在统一战线问题上犯了错误，那就还是不能胜利，共产党会由越来越多变成越来越少，蒋介石的孤立会变成国共两方面都孤立，人民不喜欢蒋介石，也不喜欢共产党。这个可能性是有的，在理论上不是不存在的。"②他提醒全党同志注意："只有党的政策和策略全部走上正轨，中国革命才有胜利的可能。政策和策略是党的生命，各级领导同志务必充分注意，万万不可粗心大意。"③

毛泽东还分析了影响中国共产党政策和策略调整的具体因素。第一，人民解放军在作战中不断胜利，解放区范围迅速扩大。农村方面，呈现出新区、老区、半老区并存的复杂局面。城市方面，随着收复的大、中城市数量的增加，城市工作这一新的工作领域更显重要。中国共产党要巩固新老解放区，就必须适应新的情况做出政策和策略的调整。第二，国民党统治区内矛盾尖锐，斗争形势严峻，国民党政府对人民实行血腥镇压。中国共产党领导的敌后人民运动必须适应新情况，采取新的斗争策略。第三，中国共产党实力不断增强，党员人数迅速上升。但是许多党员是由农民及其他小资产阶级出身的成分构成，部分同志将小生产者的思想带入党内，使党的工作中出现了某些严重的无纪律状态或无政府状态，需要对犯错误

① 转引自金冲及：《二十世纪中国史纲》第 2 卷，社会科学文献出版社 2009 年版，第 635—636 页。

② 《建党以来重要文献选编（1921～1949）》第 25 册，中央文献出版社 2011 年版，第 46—47 页。

③ 《毛泽东选集》第 4 卷，人民出版社 1991 年版，第 1298 页。

的同志加以引导。第四，结合各解放区开展工作过程中的情况，中共中央需要对党内出现的右和“左”的偏向进行纠正，其中主要是“左”的偏向。以解决部分党组织侵犯中农、民族资产阶级，不坚持严禁乱打乱杀的方针等“左”倾错误造成的问题。

政策和策略的调整，归根到底是坚持实事求是方针。毛泽东教导我们：“按照实际情况决定工作方针，这是一切共产党员所必须牢牢记住的最基本的工作方法。我们所犯的错误，研究其发生的原因，都是由于我们离开了当时当地的实际情况，主观地决定自己的工作方针。这一点，应当引为全体同志的教训。”① 这些思想丰富发展了马克思主义的政策和策略内容。

二、两条战线政策和策略的新推进

“中国境内已有了两条战线。蒋介石进犯军和人民解放军的战争，这是第一条战线。现在又出现了第二条战线，这就是伟大的正义的学生运动和蒋介石反动政府之间的尖锐斗争。”② 人民解放军转入战略反攻后，两条战线的政策和策略也随着形势的变化有了新的发展。

军事斗争战线方面，中共中央根据革命形势极大发展，许多解放区已经连成一片，许多城市已经或即将解放的现实情况，要求党迅速克服存在于党内和军队内的无纪律、无政府状态，把必要的和可能的权力集中于中央。因此，1948 年 1 月 7 日，中共中央发布对党内的指示《关于建立报告制度》，对报告的内容、形式、规范等作出要求。“要使部队能正确执行政策，就要严格部队纪律，要靠纪律来保证策略的执行。我们的纪律就是三大纪律。”③ 建立报告制度就是进一步执行“一切行动听指挥”的纪律。报告制度的建立，对于克服军队中存在的事前不请示、事后不报告、自己要怎样办就怎样办的无政府主义作风，对于克服小团体主义、山头主义，做工作讲价钱的作风，强化党中央的集中统一领导，起了重要作用。正是因为落实了这一制度，人民解放军才更好地在全国协同配合，最终取得革命胜利。

---

① 《毛泽东选集》第 4 卷，人民出版社 1991 年版，第 1308 页。

② 《毛泽东选集》第 4 卷，人民出版社 1991 年版，第 1224—1225 页。

③ 《建党以来重要文献选编（1921～1949）》第 25 册，中央文献出版社 2011 年版，第 300 页。

除了建立报告制度，人民解放军还广泛开展了新式整军运动，其核心即是诉苦和三查方法。诉苦，即诉旧社会和反动派给予劳动人民之苦；三查，即查阶级、查工作、查斗志。“如果我们两百万军队都通过诉苦运动团结起来，就没有打不败蒋介石的道理。”① 事实证明了这一判断，经过新式整军运动后的人民解放军战斗力大大加强。

第二条战线方面，中国共产党领导下的人民运动也不断根据形势的变化调整自己的政策和策略。战略口号方面，人民解放军转入战略进攻后，广大人民群众已经普遍认识到国民党根本不会真心希望和平，必然推动卖国独裁的政策，因此，必须用武装斗争取得解放战争胜利的方式，才能迎来和平、民主的新中国。这种普遍认识体现在学生运动上，就使学生运动不再提出“反内战”的问题，而以“反饥饿、反迫害”为自己的基本口号。人民运动的协同方面，各地除了发起学生运动，还发动了工人运动。各类规模浩大的人民运动，向蒋介石政权施加了巨大的政治压力。

1948 年 8 月 22 日，中共中央发出指示《蒋管区斗争要有清醒头脑和灵活策略》，提出了新的战争形势下中国共产党在国民党统治区领导人民运动的方针和策略。这一时期，鉴于蒋介石法西斯独裁政权对于学生、工人、文化工作者和一切民主进步人士进行疯狂镇压，指示提出，“在城市方面，应坚决实行疏散隐蔽、积蓄力量、以待时机的方针”②，防止出现冒险主义的错误。明确城市的工人、学生及一切人民斗争不能提出或接近于提出打倒蒋介石、推翻国民党反动政权的口号，不能采取或准备采取武装斗争的直接行动，避免少数先锋队脱离广大群众、遭受严重摧残，将多年来积聚的革命力量过早地损失掉。要求各单位依据自己情况实行合法斗争，注意争取中间派，隐蔽后的组织形式采取平行组织、单线领导、转移地区不转关系的方针等策略。该指示成功地保存了城市的革命力量，使其得以与军事斗争战线相配合，有力地推进了全国解放战争的发展。

三、新区工作的政策和策略

随着解放战争的胜利推进，原先蒋管区的城市和农村不断被收复，解

---

① 《建党以来重要文献选编（1921～1949）》第 25 册，中央文献出版社 2011 年版，第 50 页。

② 《建党以来重要文献选编（1921～1949）》第 25 册，中央文献出版社 2011 年版，第 432 页。

放区迅速扩大了。对于新占领的区域，中共中央开展了细致的调查研究工作，在广泛征询意见的基础上，对新区的农村土地改革和城市工作的政策和策略提出了指示，进一步团结了农民、工人阶级和民族资产阶级的力量，保障解放战争的不断胜利推进。

农村工作方面，这一时期农村解放区可以分为老区（日本投降前建立的）、半老区（1945 年 9 月至 1947 年 8 月两年内建立的）和新区（转入战略进攻后建立的）。农村工作的重点是推进土地改革问题。在解放区迅速扩大的背景下，如何在新区进行土地改革，成为中共中央考虑的重点问题。1948 年 1 月，毛泽东向邓小平、刘少奇等中央和地方领导人征询新解放区土地改革的政策的意见，1948 年 2 月 15 日，毛泽东为中共中央起草了《新解放区土地改革要点》的指示，就工作态度、工作阶段、斗争策略、工作方法等问题提出意见。

指示发出后，根据各地在贯彻执行过程中的经验和建议，中共中央又于 1948 年 5 月 25 日发出了《一九四八年的土地改革工作和政党工作》的指示，明确提出了开展土地改革工作的地区要具备三个条件：一，当地一切敌人武装力量已经全部消灭，环境已经安定，游击区域则不在此之列；二，当地基本群众（包括雇、贫、中农）的绝大多数已经有了分配土地的要求；三，党的工作干部在数量和质量上要能掌握当地的土地改革工作，而非听任群众的自发活动。不具备这些条件的地区，当“实行减租减息和酌量调剂种子食粮的社会政策和合理负担的财政政策，以便联合或中立一切可能联合或中立的社会力量，帮助人民解放军消灭一切国民党武装力量和打击政治上最反动的恶霸分子”①。指示再次强调了“在干部会议中和在工作中，必须教育干部善于分析具体情况，从不同地区、不同历史条件的具体情况出发，决定当地当时的工作任务和工作方法”②。这一指示标志党的新区农村政策和策略的完整形成和正式确立。

城市工作方面，重点是如何接收和管理城市的问题。1947 年 11 月解放石家庄后，受到城市工作经验不足的影响，出现过两方面的教训。一是，部队民兵民夫及后方机关乱抓物资、乱搬机器，使工业受到致命破坏。二是，张家口收复，领导机关迁至城市，许多干部涌向城市，出现贪污腐化，放松乡村工作等问题，引起士兵和乡村干部的不满。针对这些教

---

① 《毛泽东选集》第 4 卷，人民出版社 1991 年版，第 1330 页。

② 《毛泽东选集》第 4 卷，人民出版社 1991 年版，第 1331 页。

训，1948年2月19日，中共中央工作委员会发出了关于收复石家庄的城市工作经验的通报，首次系统总结了党在收复城市后的工作，强调“我们工作应作长期打算，方针是建设，而不是破坏”①。1948年4月8日，中共中央向洛阳前线指挥部发出电报，同时转发给其他前线和地区的领导同志，指出城市政策应注意的问题。1948年6月10日，中共中央批转东北局关于保护新收复城市的指示，要求各中央局、分局、前委，照此颁发同样的文件，并切实遵行。要求“在占领城市初期，必须由攻城部队直接最高指挥机关担任该城的军事管理，所有入城工作的地方党、政机关及工作人员，一律听其指挥”②。所有这些为中国共产党解放新的大城市提供了宝贵的经验，探索和发展了党对城市工作的政策和策略，为中国共产党七届二中全会提出将党的工作重心转向城市的战略任务做了准备。

四、整党工作的政策和策略

1937年到1947年，中国共产党针对党员人数快速增长及随之而来的农村基层组织成分不纯和作风不纯，党的政策遭到歪曲，一些组织脱离群众，中共中央土地改革部署受到严重影响等问题，从1947年冬开始，党中央把整党当作解决土地问题和支援长期战争的决定性环节，开展了整党工作。

刘少奇同志在全国土地会议期间所作的《在全国土地会议上的结论》，对大部分地区土地改革运动不彻底的原因进行了分析，指出：“党内不纯。这是土地改革不彻底带基本性质的原因……党内小资产阶级自发性的弥漫，自由主义，宗派主义，组织上混乱等，都是党内不纯。”③ “官僚主义与党内不纯是相联系的，党内不纯则官僚主义更厉害。”④ 他指出，土地会议已经解决了土地政策不彻底的问题，现在需要解决的就是党内不纯和官僚主义问题，因此整编队伍成了首要关键。队伍包含党的和群众的两个队

① 《建党以来重要文献选编（1921～1949）》第25册，中央文献出版社2011年版，第161页。

② 《建党以来重要文献选编（1921～1949）》第25册，中央文献出版社2011年版，第341页。

③ 《建党以来重要文献选编（1921～1949）》第24册，中央文献出版社2011年版，第365页。

④ 《建党以来重要文献选编（1921～1949）》第24册，中央文献出版社2011年版，第366页。

伍，决定性的一环是党的队伍。这些分析推进了马克思主义中国化的党的建设理论。

这一时期的整党的主要特点，是同土地改革工作密切结合。在步骤上，先是“由上而下思想打通，组织整顿，纪律制裁，目的是去掉障碍，去掉障碍才能彻底实现土地改革；土地改革之后，由下而上地整上来，这是巩固党，扩大战果，在毛泽东思想基础上，把党的经常制度、正确作风建立起来，使党的面貌焕然一新”①。方法上，要求领导机关自身先进行检查和整顿，同时对基层党员、干部进行教育和培训，然后在全党开展以“三查”（查阶级、查思想、查作风）、“三整”（整顿组织、整顿思想、整顿作风）为中心内容的教育运动。其中“在党内展开批评和自我批评，彻底地揭发各地组织内的离开党的路线的错误思想和严重现象”② 是重点。1948 年 2 月 22 日，周恩来同志为中共中央起草了《老区半老区的土地改革与整党工作》的指示，进一步补充了整党工作的步骤和方法。指示提出：“土改与整党，均应采取有重点的、波浪式的、逐步推广的方法。凡无得力的领导者或健全的工作团的地方，宁可暂缓发动，不要急于求成，致走弯路。但是在一切决定发动工作的地方，又要集中力量，按期完成工作计划，不要拖延太久，致使群众情绪减低，既碍生产，又不利于工作的推进。”③ 更加强调了整党工作中政策和策略的灵活性。

在执行整党工作的过程中，刘少奇同志通过调查研究，围绕如何在农村中进行整党工作的问题，总结了晋察冀区平山县的典型经验，写成了《平山老解放区土改经验》，推进了整党工作政策和策略的新发展。在总结经验的基础上，他提出：“平山把土地改革与整党民主运动结合起来以后，创造了老解放区发动群众平分土地的宝贵经验。土改同整党结合的主要形式，开初就是公开党的支部，在广大群众援助下进行整党，把党的会议与群众大会合而为一。其次，就是从乡到县建立了人民代表大会的系统，并赋予一切权力。”④ 后来这一经验被广泛推广，并被归纳为“邀集党外群众

---

① 《建党以来重要文献选编（1921～1949）》第 24 册，中央文献出版社 2011 年版，第 369 页。

② 《毛泽东选集》第 4 卷，人民出版社 1991 年版，第 1253 页。

③ 《建党以来重要文献选编（1921～1949）》第 25 册，中央文献出版社 2011 年版，第 170 页。

④ 《建党以来重要文献选编（1921～1949）》第 25 册，中央文献出版社 2011 年版，第 226—227 页。

中的积极分子参加党的支部会议，展开批评和自我批评，借以改变党的组织的成分不纯或者作风不纯的现象，使党和人民群众密切地联系起来”①。中共中央指示，这一方法在农村、城市、工厂、军队、机关和学校中，均应实行。

整党工作与土地改革工作相结合成效显著，人民群众自发地说：“从此以后，再也不敢封建了，再也不敢厉害了，再也不敢贪污了。”② 后两者就是说党内的成分不纯和作风不纯的严重现象与发展了的官僚主义的作风，经过与土地改革工作相结合的整党工作的开展，已经从根本上改变了。实践上证明了中国共产党整党工作政策与策略的正确性。

党内反对错误倾向问题，也是整党工作中的重要内容。1948 年 1 月，毛泽东在《关于目前党的政策中的几个重要问题》中提出，必须反对犯右的和“左”的错误。同月，在《关于建立报告制度》中，要求建立严格的报告制度，克服党内、军队内的无纪律无政府状态。1948 年 5 月，毛泽东在《一九四八年土地改革工作和整党工作》中再次强调了干部需要善于分析具体情况，从具体情况出发决定工作任务和工作方法，即反对工作中的右和“左”的错误，并且再次提出必须坚决克服无纪律状态和无政府状态的错误倾向。经过贯彻落实中共中央的有力措施，及时制止了党内存在的右的和“左”的错误倾向，保障了整党工作按正确的道路进行。

第四节 党的七届二中全会与党的工作重心的转移

从 1948 年 9 月 12 日到 1949 年 1 月 31 日，中国共产党领导的辽沈、淮海、平津三大战役正式结束，人民解放军已从战略进攻转入战略决战。三大战役共计歼灭国民党军队 154 万余人，国民党统治的主要军事力量已被基本摧毁③。在解放战争即将取得全国胜利的重要关头，中共中央于 1949 年 3 月 5 日至 13 日在河北平山县西柏坡召开了中国共产党第七届中央委员会第二次全体会议，研究这一时期为赢得革命及赢得革命之后党的各项工作的重大理论问题。会议提出全党要实行工作重心的转移，提出了

① 《毛泽东选集》第 4 卷，人民出版社 1991 年版，第 1308 页。

② 参见《毛泽东选集》第 4 卷，人民出版社 1991 年版，第 1305 页。

③ 参见沙健孙主编：《中国共产党史稿（1921—1949）》第 5 卷，中央文献出版社 2006 年版，第 479 页。

新中国在政治、经济、外交方面的基本政策，以及中国从农业国转向工业国，从新民主主义革命转变到社会主义的途径。这次会议在中国共产党历史上具有里程碑意义，指出了中国革命从新民主主义阶段到社会主义阶段的发展方向，并为全党工作作了政策和思想上的充分准备。

1949 年 3 月 5 日，会议召开当天，毛泽东同志作了报告，该报告有以下几方面的主要内容：

第一，指明继续赢取革命胜利的斗争方式。三大战役后，人民解放军已消灭国民党军队主力，国民党作战部队人数仅剩 100 多万人。对于这些分布在新疆到台湾的广大地区内和漫长战线上的剩余国民党部队，应当继续进行斗争。斗争的具体方式，包括天津、北平、绥远三种。天津方式，即用战斗解决敌人，这种斗争方式仍是首先必须注意和准备的。北平方式，即迫使敌人用和平方法，迅速改编敌军为人民解放军。这种方式在三大战役后必然出现，其可能性还会增加。绥远方式，即有意保存一部分国民党军队，争取这部分军队在政治上站在中国共产党方面，或保持中立，以便集中力量首先解决国民党残余力量的主要部分。待这部分解决后，再对有意保存下的国民党军队进行彻底改编，使其转为人民解放军。需要注意的是，这三种方式都是斗争的方式，不斗争是不能实现革命的完全胜利的。

根据这三种斗争方式，人民解放军的任务性质也要进行一定调整。报告中再次强调了毛泽东于 1949 年 2 月 8 日电报的精神，即把军队变为工作队。人民解放军应有战斗队、工作队两重性质。尤其是在南方地区使用北平、绥远的斗争方式时，更要注意工作队的性质。报告提出“我们必须把二百一十万野战军看成一个巨大的干部学校”①。

第二，提出全党工作重心由乡村转到城市。1927 年后，中国共产党的工作重点在乡村。在乡村聚集力量，走乡村包围城市，然后取得城市的工作方式的时期已经结束。毛泽东提出，党的工作重心移到了城市，开始了由城市到乡村，并由城市领导乡村的时期。但是，工作重点的转移并不意味着放弃乡村工作，“城乡必须兼顾，必须使城市工作和乡村工作，使工人和农民，使工业和农业，紧密地联系起来”②。工作重心放在城市后，必须要尽极大努力学会管理和建设城市，还要学会作新的斗争，“必须学会

---

① 《毛泽东选集》第 4 卷，人民出版社 1991 年版，第 1426 页。

② 《毛泽东选集》第 4 卷，人民出版社 1991 年版，第 1427 页。

在城市中向帝国主义者、国民党、资产阶级作政治斗争、经济斗争和文化斗争，并向帝国主义者作外交斗争”①，这是因为拿枪的敌人已经被消灭了，不拿枪的敌人依然会同中国共产党作拼死的斗争。如果不在这场斗争中取得胜利，就不能维持新的政权，中国共产党就站不住脚。

城市的斗争需要依靠谁？这是部分党内同志尚不清晰的问题。毛泽东指出：“我们必须全心全意地依靠工人阶级，团结其他劳动群众，争取知识分子，争取尽可能多的能够同我们合作的民族资产阶级分子及其代表人物站在我们方面，或者使他们保持中立，以便向帝国主义者、国民党、官僚资产阶级作坚决的斗争，一步一步地去战胜这些敌人。”② 这是中国共产党在城市中工作的政治方面，也是党如何处理城市环境中同各阶级的关系问题。

城市工作的中心任务是什么？对于没有推翻国民党统治的区域，是“在城市和乡村中消灭国民党的反动武装力量，建立党的组织，建立政权，发动民众，建立工会、农会和其他民众团体，建立人民武装力量，肃清国民党残余势力，恢复和发展生产事业”③。对于已经推翻了国民党统治，建立了人民的统治并根本上解决了土地问题的区域，毛泽东指出，是恢复和发展城市中的生产事业。城市中的其他工作，都是围绕生产建设这个中心工作并为这个中心工作服务的。如果不懂得怎么生产，不能使广大人民群众的生活有所改善，那么政权就不稳固，就会站不住脚。毛泽东的这一思想进一步发展了1948年4月1日他在晋绥干部会议上的讲话关于恢复和发展生产的思想，他指出：“在目前数年内，恢复和发展生产的目的是一方面改善人民的生活，一方面支援人民解放战争。……希望你们好好地领导这些生产事业，否则就不能算作一个好的马克思主义者。”④ 这是对恢复和发展生产的思想在党的工作重心转到城市后的新的发展。

第三，通过分析中国经济的状况，提出中国共产党经济工作战略、策略、政策上的系列问题。毛泽东首先指出了分析这一时期一切问题的基本出发点。这一出发点就是中国的工业和农业在国民经济的比重。从全国看，抗战前，现代性工业占约10%，农业和手工业占约90%。基于这个出

---

① 《毛泽东选集》第4卷，人民出版社1991年版，第1427页。
② 《毛泽东选集》第4卷，人民出版社1991年版，第1427—1428页。
③ 《毛泽东选集》第4卷，人民出版社1991年版，第1429页。
④ 《毛泽东选集》第4卷，人民出版社1991年版，第1311—1312页。

发点，毛泽东进一步分析了下列问题：

一是如何对待中国现代性工业和分散的个体的农业、手工业经济的问题。两者相较而言，前者是进步的，后者是落后的。在对待两者时需要注意，现代性工业创造了中国的无产阶级和资产阶级，也随之创造了代表各自阶级的党。而其中，具有领导中国人民革命资格的是无产阶级及其政党。不承认无产阶级及其政党，就会犯右倾机会主义错误。分散的个体的农业和手工业就其基本形态将会延续相当长的一个时期，如果忽视或轻视这一点，就会犯“左”倾机会主义错误。

二是如何对待中国现代性工业中各阶级的问题。中国的现代性工业最大和最主要的资本集中于帝国主义者与中国官僚资产阶级手中。对待他们所掌握的经济部分，必须要收归无产阶级领导的人民共和国所有，从而使“人民共和国掌握了国家的经济命脉，使国营经济成为整个国民经济的领导成分”①。不这样做，就会犯右倾机会主义的错误。中国的私人资本主义工业，是现代性工业中的第二位。这一时期，应当允许有利于而非有害于国民经济的城乡资本主义成分的存在和发展。但是，必须在活动范围、税收政策、市场价格、劳动条件方面对其进行限制。对于他们的反抗，“限制和反限制，将是新民主主义国家内部阶级斗争的主要形式”②。如果持不限制资本主义的观点，就是右倾机会主义错误。而认为不需要经过有限制地发展私人资本的阶段，而可以很快消灭私人资本的观点，就是“左”倾机会主义或冒险主义的观点。

三是如何对待分散的个体的农业和手工业经济的问题。毛泽东指出，对待他们的态度是“可能和必须谨慎地、逐步地而又积极地引导它们向着现代化和集体化的方向发展”③，不能放任它们自行发展。在方法上，必须组织生产、消费和信用的合作社及其领导机关。合作社的性质，是“以私有制为基础的在无产阶级领导的国家政权管理之下的劳动人民群众的集体经济组织”④。合作社的经济，事关能否由新民主主义社会发展到社会主义社会，事关巩固无产阶级在国家政权中的领导权，必须要引起重视。

四是人民共和国的几种主要的经济成分和新民主主义的经济形态。毛

① 《毛泽东选集》第 4 卷，人民出版社 1991 年版，第 1431 页。
② 《毛泽东选集》第 4 卷，人民出版社 1991 年版，第 1432 页。
③ 《毛泽东选集》第 4 卷，人民出版社 1991 年版，第 1432 页。
④ 《毛泽东选集》第 4 卷，人民出版社 1991 年版，第 1432 页。

泽东指出，包括国营经济（社会主义性质）、合作社经济（半社会主义性质）、私人资本主义、个体经济、国家和私人合作的国家资本主义经济。它们共同构成新民主主义的经济形态。

五是新中国在经济斗争中的两个基本政策。即对内节制资本，对外统制贸易。这是由革命胜利，解决土地问题后中国存在的两种基本矛盾，即国内工人阶级和资产阶级的矛盾和国外中国与帝国主义国家的矛盾所决定的。

毛泽东还对中国经济未来的发展作出估计，他认为虽然中国经济基础落后，但人民勇敢勤劳，人民革命胜利并建立人民共和国，有中国共产党的领导，并有世界各国工人阶级的支援，“中国经济建设的速度将不是很慢而可能是相当地快的，中国的兴盛是可以计日程功的”①。

第四，重申中国共产党在新民主主义革命中的政治纲领，并提出由农业国向工业国，由新民主主义向社会主义的转变。报告声明：“召集政治协商会议和成立民主联合政府的一切条件，均已成熟。”② 并就召开政协会议、定都等问题提出自己的主张。声明再次重申：“无产阶级领导的以工农联盟为基础的人民民主专政，要求我们党去认真地团结全体工人阶级、全体农民阶级和广大的革命知识分子，这些是这个专政的领导力量和基础力量。”③ 在中国革命胜利后的发展方向方面，报告提出：“在革命胜利以后，迅速地恢复和发展生产，对付国外的帝国主义，使中国稳步地由农业国转变为工业国，把中国建设成一个伟大的社会主义国家。”④ 在党和党外民主人士的关系问题方面，毛泽东提出：“我党同党外民主人士长期合作的政策，必须在全党思想上和工作上确定下来。”⑤ 并对党内的关门主义作风进行批评，提出在处理关系方面必须反对右倾迁就主义和“左”倾关门主义或敷衍主义。

第五，告诫全党同志保持谦虚、谨慎、不骄、不躁的作风，以巩固革命的胜利。毛泽东极具历史眼光地提出，中国人民民主革命即将胜利，“夺取这个胜利，已经是不要很久的时间和不要花费很大的气力了；巩固

---

① 《毛泽东选集》第 4 卷，人民出版社 1991 年版，第 1433 页。

② 《毛泽东选集》第 4 卷，人民出版社 1991 年版，第 1435 页。

③ 《毛泽东选集》第 4 卷，人民出版社 1991 年版，第 1436—1437 页。

④ 《毛泽东选集》第 4 卷，人民出版社 1991 年版，第 1437 页。

⑤ 《毛泽东选集》第 4 卷，人民出版社 1991 年版，第 1437 页。

这个胜利，则是需要很久的时间和要花费很大的气力的事情”①。中国人民民主革命的胜利在历史上使人感觉是一个长剧的短小序幕，但这还不是高潮。革命后的任务更重、工作更伟大。面对更长的奋斗道路，以及资产阶级时刻发射的糖衣炮弹，全党同志务必保持谦虚、谨慎、不骄、不躁的作风，建设好一个新世界。

毛泽东的报告得到了出席七届二中全会的领导同志们的认同，他们还就该报告提出的一些问题进一步表达了自己的观点。1949 年 9 月 12 日，刘少奇同志对城市工作的几个问题进行了发言，提出了要有城乡一体观点，做好城市接管中私人企业的复工和接收企业的经营这两个尚未解决的问题，依靠工人，发展生产的具体措施等重要问题。9 月 13 日，任弼时同志提出必须在经济上取得独立自主，才能实现完全的独立自主。并分析了苏联转向社会主义时的经济状况条件，对中国转向社会主义的经济状况条件提出了要求。“俄国在一九一三年工业占国民经济的比重是百分之四十二点一，而我们现在还只有百分之十左右，有什么办法转入社会主义呢？当然，我们有苏联的帮助，转入社会主义时，工业的比重可以不必达到百分之四十几，但大致说来，总不能少于百分之三十。”② 还有领导同志就组织形式、部队问题等进行了发言。

毛泽东在 1949 年 9 月 13 日七届二中全会闭幕时进行了总结，涉及党委会的工作方法、马克思主义的普遍真理与中国革命具体实践的统一、“毕其功于一役”等十个方面的内容。他认为，“马克思主义的普遍真理与中国革命的具体实践的统一”的提法较好，不要说毛泽东思想“是马列主义在殖民地半殖民地的具体运用和发展”，这样提容易把马克思主义分了“市场”，而应该先立足于中国自己的事情，“我们还是作为马克思列宁主义的分店好”③。对于王明同志提出的“政治上、经济上都毕其功于一役”，毛泽东指出，“毕其功于一役”是指流血革命只有这一次，而从新民主主义革命转到社会主义革命可能和平解决，不用流血。“但这只是可能，将来是否不流血，还要看我们工作的努力情况。如果国家，主要的就是人民

① 《毛泽东选集》第 4 卷，人民出版社 1991 年版，第 1438 页。

② 《建党以来重要文献选编（1921～1949）》第 26 册，中央文献出版社 2011 年版，第 180 页。

③ 《建党以来重要文献选编（1921～1949）》第 26 册，中央文献出版社 2011 年版，第 196 页。

解放军和我们的党腐化下去，无产阶级不能掌握住这个国家政权，那还是有问题的。”① 这深刻地指出了党在执政环境下的风险挑战问题，纠正了党内同志的错误思想。

中国共产党七届二中全会的胜利召开，为新民主主义革命转向社会主义革命指明了总的方向，进一步深化了毛泽东思想，是马克思主义中国化的重要推进。

第五节　《论人民民主专政》和新中国根本制度的顶层设计

1949 年 4 月 24 日，毛泽东为新华社撰写的《南京国民党反动政府宣告灭亡》的消息发表。消息指出，“在人民解放军百万大军攻击之下，千余里国民党长江防线全部崩溃，南京国民党反动卖国政府已于昨日宣告灭亡”②。这标志着国民党的反动统治的彻底结束，标志着七届二中全会报告提及的“破坏一个旧世界”的任务基本完成，标志着人民革命战争即将胜利。但同时也提出了新的问题，在破坏了旧政权统治下的旧世界后，中国人民应该怎样“建设一个新的世界”，在政治上集中地表现为应该怎样建设一个新政权。对于这一问题，中国共产党提出实行“人民民主专政”，这一系列思想集中地体现为毛泽东 1949 年 6 月 30 日发表的《论人民民主专政》一文。这篇文章同他在七届二中全会上的报告一起，构成了中国人民政治协商会议第一届全体会议所通过的、在新中国成立初期起了临时宪法作用的《共同纲领》的政策基础，成为新中国根本制度顶层设计的支柱。

一、人民民主专政理论的提出及其重大创新意义

“人民民主专政”的概念是随着中国共产党的不断探索而逐步形成的。毛泽东在 1948 年 9 月中共中央政治局会议上的报告中回忆道，人民民主专政“这个问题的提法，在我们党内有一个历史发展过程。大革命时期我们

① 《建党以来重要文献选编（1921～1949）》第 26 册，中央文献出版社 2011 年版，第 197 页。

② 《建党以来重要文献选编（1921～1949）》第 26 册，中央文献出版社 2011 年版，第 305 页。

提的是'联合战线'……后来我们搞土地革命了，六大规定的是工农民主专政，没有估计到资产阶级民主分子在帝国主义压迫下还可以跟无产阶级合作……现在不是同蒋介石合作，是同冯玉祥、李济深合作，同民主同盟、平津学生合作，同蒋介石那里分裂出来的资产阶级分子合作"①。经过这一系列的探索，在1940年《新民主主义论》中，毛泽东就革命胜利后将建立一个怎样的新政权的问题做出回答："现在所要建立的中华民主共和国，只能是在无产阶级领导下的一切反帝反封建的人们联合专政的民主共和国，这就是新民主主义的共和国。"② 这种共和国作为"殖民地半殖民地国家的革命所采取的过渡的国家形式"③，是几个革命阶级联合专政的共和国，而非资产阶级专政的共和国或无产阶级专政的共和国。文章还区分了"国体"和"政体"。"国体"指的是国家的阶级性问题，是社会各阶级在国家中的地位的问题。"政体"是政权构成的形式问题，"指的一定的社会阶级取何种形式去组织那反对敌人保护自己的政权机关"④；"国体——各革命阶级联合专政。政体——民主集中制。这就是新民主主义的政治，这就是新民主主义的共和国"⑤。这些论断表达了"人民民主专政"概念的实质，为概念的正式提出奠定了重要基础。在1945年的《论联合政府》中，毛泽东再次重申了这一主张，提出在抗日战争胜利后，"建立一个以全国绝对大多数人民为基础而在工人阶级领导之下的统一战线的民主联盟的国家制度"⑥，推进了这一论断的发展。

解放战争的形势不断发展，胜利即将到来之际，毛泽东在1948年9月中共中央政治局会议上的报告中，第一次在党中央的会议中正式提出"人民民主专政"。他对这个概念进行了详细的阐释，提出政权的阶级性是"无产阶级领导的，以工农联盟为基础，但不是仅仅工农，还有资产阶级民主分子参加的人民民主专政"⑦。在政体方面，提出建立民主集中制的各级人民代表会议制度。此时，"人民民主专政"这一概念已经成熟，新中国根本制度的顶层设计也基本成型。

---

① 《毛泽东文集》第5卷，人民出版社1996年版，第135页。
② 《毛泽东选集》第2卷，人民出版社1991年版，第675页。
③ 《毛泽东选集》第2卷，人民出版社1991年版，第676页。
④ 《毛泽东选集》第2卷，人民出版社1991年版，第677页。
⑤ 《毛泽东选集》第2卷，人民出版社1991年版，第677页。
⑥ 《毛泽东选集》第3卷，人民出版社1991年版，第1056页。
⑦ 《毛泽东文集》第5卷，人民出版社1996年版，第135页。

进入1949年，毛泽东在七届二中全会上再次阐释“无产阶级领导的以工农联盟为基础的人民民主专政”和“人民代表会议制度”，并提出“召集政治协商会议和成立民主联合政府的一切条件，均已成熟”①，建立“人民民主专政”国家制度已成必然。于是，他在纪念中国共产党成立28周年前夕发表了《论人民民主专政》一文，全面地系统地阐释了人民民主专政理论。

人民民主专政理论具有重大意义，结合中国具体国情，创新发展了马克思主义的无产阶级专政学说。无产阶级专政是马克思主义国家学说的精髓。恩格斯在《共产主义原理》中设想无产阶级革命发展过程：“首先无产阶级革命将建立民主的国家制度，从而直接或间接地建立无产阶级的政治统治。在英国可以直接建立，因为那里的无产者现在已占人民的大多数。在法国和德国可以间接建立，因为这两个国家的大多数人民不仅是无产者，而且还有小农和小资产者，小农和小资产者正处在转变为无产阶级的过渡阶段，他们的一切政治利益的实现都越来越依赖无产阶级，因而他们很快就会同意无产阶级的要求。这也许还需要第二次斗争，但是，这次斗争只能以无产阶级的胜利而告终。”② 这里虽然没有对无产阶级政治统治的间接建立做详细阐释，但是明确了无产阶级专政可以根据各国自身情况采取不同的形式，并取得最终的胜利。列宁进一步发展了这一思想，提出在无产阶级占人口少数的旧俄帝国，“无产阶级专政是劳动者的先锋队——无产阶级同人数众多的非无产阶级的劳动阶级（小资产阶级、小业主、农民、知识分子等等）或同他们的大多数结成的特种形式的阶级联盟”③。以此为指导，苏共（布）领导并建立了苏维埃政权。在列宁提出的思想中，并不包括民族资产阶级，这是因为“在旧俄帝国，因为它已经是一个军事封建的帝国主义，是侵略别人的，所以俄国的资产阶级没有什么革命性。在那里，无产阶级的任务，是反对资产阶级，而不是联合它”④。

毛泽东通过分析近代中国的国情，提出中国因为是殖民地半殖民地，受到侵略的国家，因此中国民族资产阶级在一定时期内和一定程度上具有革命性。中国的无产阶级不能忽视资产阶级的这种革命性。“无产阶级同

---

① 《毛泽东选集》第4卷，人民出版社1991年版，第1435页。
② 《马克思恩格斯文集》第1卷，人民出版社2009年版，第685页。
③ 《列宁全集》第36卷，人民出版社1984年版，第362—363页。
④ 《毛泽东选集》第2卷，人民出版社1991年版，第673页。

资产阶级建立或被迫分裂革命的民族统一战线”[①]，就成为中国资产阶级民主过程中的一个基本特点。另外，还受到中国的现代化工业发展程度很低，还可以在无产阶级领导的政权下利用国家机器允许有利于国计民生的城乡资本主义发展，以丰富新中国的生产等原因的影响。因此，人民民主专政理论中包含了民族资产阶级。

人民民主专政理论丰富和发展了由马克思恩格斯创立并为列宁所丰富发展的无产阶级专政思想，不但在原则上坚持了无产阶级在政权中的领导权的原则，还结合殖民地半殖民地国家的特殊阶级状况等国情，创造性地丰富了革命阶级联合专政的理论和实践，成功地推进了马克思主义中国化的国家理论和实践。

二、《论人民民主专政》的主要思想

第一，总结了中国近代革命的历史经验，提出中国人民对中国革命的主要的和基本的经验及其与人民民主专政的关系问题。“到现在为止，中国人民已经取得的主要的和基本的经验，就是这两件事：（一）在国内，唤起民众。……（二）在国外，联合世界上以平等待我的民族和各国人民，共同奋斗。”[②] 这是毛泽东对中国近代革命历史，特别是中国共产党领导下的革命历史的深刻总结。不唤起国内民众，就没有力量推翻长期压迫中国人民的帝国主义、封建主义和官僚资本主义的“三座大山”，就完不成新民主主义革命时期党所面临的主要任务。而“在帝国主义存在的时代，任何国家的真正的人民革命，如果没有国际革命力量在各种不同方式上的援助，要取得自己的胜利是不可能的。胜利了，要巩固，也是不可能的”[③]。这两方面经验，是在中国人民近代以来不断革命实践中总结出来的科学真理，成为中国人民检验一切革命理论的试金石。

自 1840 年鸦片战争以来，一切先进的中国人围绕“救亡图存”的问题进行了广泛的探索。中国人民在不断比较、分析中发现，衡量这些探索成果的准绳就是：能不能真的做到唤起民众，联合世界平等待我的民族和人民，共同奋斗。正是以此为标准，“西方资产阶级的文明，资产阶级的民

---

① 《毛泽东选集》第 2 卷，人民出版社 1991 年版，第 604 页。
② 《毛泽东选集》第 4 卷，人民出版社 1991 年版，第 1472 页。
③ 《毛泽东选集》第 4 卷，人民出版社 1991 年版，第 1473—1474 页。

主主义，资产阶级共和国的方案，在中国人民的心目中，一齐破了产”①。中国人民最终“找到了马克思列宁主义这个放之四海而皆准的普遍真理”②，选择了中国共产党。

中国共产党结合中国具体实际认为，所谓“唤起民众”，就是要建立起工人阶级领导之下的团结农民阶级、城市小资产阶级和民族资产阶级的国内统一战线。在革命基本取得胜利条件下发展成“建立工人阶级领导的以工农联盟为基础的人民民主专政的国家”③。所谓“联合平等待我的民族和各国人民，共同奋斗”，就是“联合苏联，联合各人民民主国家，联合其他各国的无产阶级和广大人民，结成国际的统一战线”④。这是经过中国共产党建立的28年历史，从理论和实践上已经证明了的科学真理。而要实现这两点，在中国革命基本胜利后，就必须实行工人阶级领导的工农联盟为基础的人民民主专政，并且这个专政必须和国际革命力量团结一致。“这就是我们的公式，这就是我们的主要经验，这就是我们的主要纲领。”⑤因此，人民民主专政，是中国人民坚持中国革命主要和基本的经验所做出的必然选择，是中国革命经验的历史延续。

第二，总结了中国共产党28年领导中国人民取得革命战争胜利的基本经验，进一步发展了对中国共产党领导中国革命中基本问题的认识，在此基础上完整地提出了人民民主专政理论。“统一战线问题，武装斗争问题，党的建设问题，是我们党在中国革命中的三个基本问题。正确地理解了这三个问题及其相互关系，就等于正确地领导了全部中国革命。”⑥ 具体地看，统一战线是“实行武装斗争的统一战线”⑦，武装斗争是“无产阶级领导之下的农民战争”⑧，党的组织，是“掌握统一战线和武装斗争这两个武器以实行对敌冲锋陷阵的英勇战士”⑨。坚持这三个法宝，是中国共产党能够领导中国革命的重要保障，也是中国共产党领导人民开展的中国革命能

---

① 《毛泽东选集》第4卷，人民出版社1991年版，第1471页。
② 《毛泽东选集》第4卷，人民出版社1991年版，第1470页。
③ 《毛泽东选集》第4卷，人民出版社1991年版，第1472页。
④ 《毛泽东选集》第4卷，人民出版社1991年版，第1472页。
⑤ 《毛泽东选集》第4卷，人民出版社1991年版，第1480页。
⑥ 《毛泽东选集》第2卷，人民出版社1991年版，第605—606页。
⑦ 《毛泽东选集》第2卷，人民出版社1991年版，第613页。
⑧ 《毛泽东选集》第2卷，人民出版社1991年版，第609页。
⑨ 《毛泽东选集》第2卷，人民出版社1991年版，第613页。

够取得胜利的重要原因。这是毛泽东在1939年10月《〈共产党人〉发刊词》中总结的重要经验。在《人民民主专政》中，他对这三个基本问题做了进一步概括：“一个有纪律的，有马克思列宁主义的理论武装的，采取自我批评方法的，联系人民群众的党。一个由这样的党领导的军队。一个由这样的党领导的各革命阶级各革命派别的统一战线。这三件是我们战胜敌人的主要武器。”① 这里，毛泽东不仅重申并细化了10年前他关于党领导中国革命的基本问题的思想，引出了革命胜利后这三个基本问题的发展问题，而且提升和集中这一重大思想，以崭新的国家历史类型的形式——人民民主专政表现出来，这是对马克思主义国家学说的创造性发展。

第三，论述了人民民主专政的内涵及其重大意义。人民民主专政的内涵主要包含两个不同层面。一个是人民民主专政国家的国体，即国家的阶级构成。另一个是民主和专政的对象和相互关系，即国家两种不同职能及其彼此之间的关系。

国体，即国家的性质问题，说的是社会各阶级在国家中的地位。毛泽东解释了“人民”这个概念。他指出，人民在这一时期的中国，是“工人阶级，农民阶级，城市小资产阶级和民族资产阶级”②。人民民主专政就是“这些阶级在工人阶级和共产党的领导之下，团结起来，组成自己的国家，选举自己的政府，向着帝国主义的走狗即地主阶级和官僚资产阶级以及代表这些阶级的国民党反动派及其帮凶们实行专政”③。这里，人民民主专政的领导阶级是工人阶级。因为“只有工人阶级最有远见，大公无私，最富于革命的彻底性。整个革命历史证明，没有工人阶级的领导，革命就要失败，有了工人阶级的领导，革命就胜利了”④；人民民主专政的基础是工人、农民和城市小资产阶级的联盟。其中主要的是工人和农民的联盟，因为两者占据中国人口的八到九成；现阶段必须团结民族资产阶级，同他们共同奋斗。这是为了利用一切有利而非有害于国计民生的城乡资本主义因素，发展新中国的生产力。但是民族资产阶级“不能充当革命的领导者，也不应当在国家政权中占主要的地位”⑤。毛泽东把人民民主专政的阶级构

① 《毛泽东选集》第4卷，人民出版社1991年版，第1480页。
② 《毛泽东选集》第4卷，人民出版社1991年版，第1475页。
③ 《毛泽东选集》第4卷，人民出版社1991年版，第1475页。
④ 《毛泽东选集》第4卷，人民出版社1991年版，第1479页。
⑤ 《毛泽东选集》第4卷，人民出版社1991年版，第1479页。

成归纳为一个公式："工人阶级（经过共产党）领导的以工农联盟为基础的人民民主专政。"①

关于民主和专政的职能，文章指出，民主是在人民内部实行的。专政是以"地主阶级和官僚资产阶级以及代表这些阶级的国民党反动派及其帮凶们"② 为对象的。"对人民内部的民主方面和对反动派的专政方面"③ 结合起来就是人民民主专政。这样，就清楚地说明了人民民主专政的阶级结构、主要职能及其相互关系。显然，明确这些重大的基本问题，对于赢得革命胜利，巩固和捍卫革命果实，保障人民的利益具有重要意义。"不这样，革命就要失败，人民就要遭殃，国家就要灭亡。"④

毛泽东提出了人民民主专政国家建立后的基本任务。一是强化人民的国家机器。主要是指人民军队、警察、法庭，这是巩固国防和保护人民利益的基础。"以此作为条件，使中国有可能在工人阶级和共产党的领导之下稳步地由农业国进到工业国，由新民主主义社会进到社会主义社会和共产主义社会，消灭阶级和实现大同。"⑤ 这一要求实质上是要保卫政权中中国共产党的领导地位，是党在统一战线的领导权思想的运用和发展。二是实现人民的自我改造和教育。在国家机器的保障下，人民才能在全国范围内使用民主的方法实现自我教育和改造，"改造自己从旧社会得来的坏习惯和坏思想"⑥，使自己脱离国内外反动派的影响。实现自我改造和教育的人民，才能从事社会主义建设事业，"向着社会主义社会和共产主义社会前进"⑦。毛泽东特别提出，严重的问题是教育农民，因为他们的经济是分散的。苏联的经验是，在处理农民问题时需要很长的时间和细心的工作，才能做到农业社会化。农业社会化又是巩固社会主义的重要部分，其解决要同以国有企业为主体的强大的工业发展相适应。因此，教育农民还必须要解决好国家工业化的问题。这些观点丰富了人民民主专政国家中人民自我改造和教育的思想。三是实现对反动阶级和反动派的改造工作。对中国主要剥削阶级，即地主阶级和官僚资产阶级，要通过推翻他们的政权，对

---

① 《毛泽东选集》第 4 卷，人民出版社 1991 年版，第 1480 页。
② 《毛泽东选集》第 4 卷，人民出版社 1991 年版，第 1475 页。
③ 《毛泽东选集》第 4 卷，人民出版社 1991 年版，第 1475 页。
④ 《毛泽东选集》第 4 卷，人民出版社 1991 年版，第 1475 页。
⑤ 《毛泽东选集》第 4 卷，人民出版社 1991 年版，第 1476 页。
⑥ 《毛泽东选集》第 4 卷，人民出版社 1991 年版，第 1476 页。
⑦ 《毛泽东选集》第 4 卷，人民出版社 1991 年版，第 1476 页。

其中不破坏新政权的人给予工作和土地，让他们在劳动中改造成为新人。对于民族资产阶级，在现阶段上要实行节制资本主义，但并不是消灭资本主义。对民族资产阶级的改造和教育需要“等到将来实行社会主义即实行私营企业国有化的时候，再进一步对他们进行教育和改造的工作”①。四是同国际革命力量团结一致。毛泽东同志批评了“不要国际援助也可以胜利”的错误想法，“假如没有苏联的存在，假如没有反法西斯的第二次世界大战的胜利，假如没有打倒日本帝国主义，假如没有各人民民主国家的出现，假如没有东方各被压迫民族正在起来斗争，假如没有美国、英国、法国、德国、意大利、日本等等资本主义国家内部的人民大众和统治他们的反动派之间的斗争，假如没有这一切的综合，那末，堆在我们头上的国际反动势力必定比现在不知要大多少倍。在这种情形下，我们能够胜利吗？显然是不能的。胜利了，要巩固，也不可能”②。这就是说，要坚决实行外交上的“一边倒”，倒向社会主义一边，反对倒向帝国主义一边的反动派，反对“第三条道路”。

第六节 中国共产党领导的多党合作民主协商制度的酝酿及实践

中国共产党领导的多党合作民主协商制度的形成，是以解放战争时期人民民主统一战线巩固和扩大为其直接基础的。随着解放战争的胜利发展，其最终形成的标志是中国共产党领导下的中国人民政治协商会议的成功召开。追溯这一历史过程，有助于总结无产阶级及其政党领导民族资产阶级的基本经验，更好地理解这一制度的伟大创新意义。

一、人民民主统一战线的巩固和扩大

解放战争不断胜利发展，国民党当局越发感到自身政权动荡，因此在政治上便更加采取法西斯式的统治，肆意打压国统区渴望和平的进步群众，对广大民主党派、无党派等民主进步人士采取极端手段，其结果是将他们彻底推向中国共产党一边。中国共产党领导的人民民主统一战线的巩固和扩大，成为中国共产党领导的多党合作民主协商制度的形成的直接基础。

① 《毛泽东选集》第4卷，人民出版社1991年版，第1477页。
② 《毛泽东选集》第4卷，人民出版社1991年版，第1474页。

全面内战爆发后，国民党当局对民主党派的政治阴谋和血腥镇压就从未停止。1946 年 7 月 11 日，云南昆明发生了李公朴被暗杀的惨案。4 天后，闻一多又遭暗杀。由国民党一手策划的李闻惨案引起了国内外人民的强烈愤慨。国民党占领张家口后，单方面宣布召开其所谓的国民大会受到中国民主同盟的抵制，此后，国民党便加紧对民主同盟的迫害，宣布其为非法团体，迫使民盟停止了政治活动。中国民主同盟便于 1948 年 1 月在香港召开民盟一届三中全会，提出国民党反民主，中国共产党是真正的民主。“民盟坚决的站在人民的立场，坚决地站在人民这方面奋斗，这个信念是始终不渝的。”[①] 国民党内部具有爱国民主思想的人士也公开起来反对蒋介石卖国独裁、发动内战，并于 1948 年 1 月 1 日正式成立了中国国民党革命委员会，在《成立宣言》中提出：“吾人坚决认定过去二十年来中国政治上之罪恶，均为蒋介石一手造成，蒋氏及其领导下的反革命集团，实为国内一切反动力量……之集合体。”“吾人基于以上之共同认识……集中党内忠于总理忠于革命之同志，为实现革命的三民主义而奋斗，并发布行动纲领，愿与全国各民主党派、民主人士携手并进，彻底铲除革命障碍，建设独立、民主、幸福之新中国。”[②] 其他民主党派，也先后表明认同并参加新民主主义革命的立场。国民党陷入了彻底的孤立，中国共产党却赢得了广大民主党派的认同，这为形成中国共产党领导的多党合作民主协商制度奠定了基础。

1948 年 4 月 30 日，中共中央发布纪念五一劳动节口号，明确地提出：“各民主党派、各人民团体、各社会贤达迅速召开政治协商会议，讨论并实现召集人民代表大会，成立民主联合政府。”[③] 第二天，中共中央向上海、香港分局就邀请各民主党派代表协商召开新政协问题下达指示。指示提出，中国共产党准备邀请各民主党派及重要人民团体代表赴解放区开会讨论关于召开人民代表大会并成立民主联合政府以及反美反蒋斗争中党派合作纲领问题。会议的名称拟称为政治协商会议，并要求上海、香港分局

---

① 中国民主同盟中央文史资料委员会编：《中国民主同盟历史文献（1941—1949）》，文史资料出版社 1983 年版，第 368 页。

② 转引自金冲及：《二十世纪中国史纲》第 2 卷，社会科学文献出版社 2009 年版，第 628 页。

③ 《建党以来重要文献选编（1921～1949）》第 25 册，中央文献出版社 2011 年版，第 283—284 页。

征询民主党派的意见。

1948年5月5日，中国国民党革命委员会、中国民主同盟、中国民主促进会等民主党派及无党派人士联名致电毛泽东，表示中国共产党五一号召“适合人民时势之要求，尤符同人等之本旨”[①]，并接受中国共产党提出的召开政治协商会议的号召。民主党派人士不仅在态度上表明了参加政治协商会议的意愿，而且从1948年8月开始，各民主党派负责人、无党派人士陆续进入解放区。1949年1月22日，李济深、沈钧儒等55名著名民主进步人士发表政治声明《我们对时局的意见》。声明提出，中国共产党关于召开政治协商会议并成立联合政府的主张“正符合于全国人民大众的要求”，表示“愿在中共领导下，献其绵薄，共策进行，以求独立、自由、和平、幸福的新中国之早日实现”[②]。这表明，中国民主党派及无党派民主进步人士已经自愿地接受了中国共产党的领导，认同了中国共产党提出的人民革命道路。

1948年秋至1949年上半年，在中国共产党的领导下，各种全国性的人民团体，包括中华全国总工会、中华全国学生联合会、全国妇女代表大会、中华全国青年联合总会、中华全国文学艺术界联合会等得以恢复和重建，进一步巩固和扩大了人民民主统一战线。

召开真正反映广大人民群众意愿的政治协商会议的条件已完全成熟，中国共产党领导的多党合作民主协商制度的建立指日可待。

二、中国人民政治协商会议的成功召开

1948年10月，中共中央同到达华北解放区的民主人士协商，提出了《关于召开新的政治协商会议诸问题（草案）》，经毛泽东审阅后，中共中央向东北局下发关于征求民主人士对《关于召开新的政治协商会议诸问题》的意见的指示，并同民主人士达成协议。该协议提出“由中共及赞成中共中央五一口号第五项的各主要民主党派、人民团体及无党派民主人士的代表们成立一个新政协的筹备会”[③]，并包括了政治协商会议的参加者、

---

① 转引自沙健孙主编：《中国共产党史稿（1921—1949）》第5卷，中央文献出版社2006年版，第551页。

② 《〈我们对时局的意见〉李济深等五十余人联合发表》，《大公报（重庆）》1949年1月24日。

③ 《建党以来重要文献选编（1921～1949）》第25册，中央文献出版社2011年版，第546—547页。

时间、地点、讨论事项及参加的单位等问题。

经过仔细准备，1949 年 6 月 15 日，政治协商会议筹备会于北平中南海勤政殿正式成立，并举行第一次全体会议。毛泽东发表讲话，提出筹备会的任务是："完成各项必要的准备工作，迅速召开新的政治协商会议，成立民主联合政府，以便领导全国人民，以最快的速度肃清国民党反动派的残余力量，统一全中国，有系统地和有步骤地在全国范围内进行政治的、经济的、文化的和国防的建设工作。"① 他提出，打倒帝国主义、封建主义、官僚资本主义和国民党反动派的统治，召集包含各民主党派、人民团体、民主人士、国内少数民族和海外华侨的代表的政协会议，选举出中华人民共和国的民主联合政府，从而使中国摆脱半殖民地半封建的命运，"走上独立、自由、和平、统一和强盛的道路"②，是一个共同的政治基础。他还提醒人们随时注意帝国主义和中国反动派互相勾结，"派遣他们的走狗钻进中国内部来进行分化工作和捣乱工作"③，甚至封锁中国的海港、武力侵扰中国的边境。他号召全国人民团结起来，"坚决、彻底、干净、全部地粉碎帝国主义者及其走狗中国反动派的任何一项反对中国人民的阴谋计划"④，决不允许帝国主义国家干涉中国的事情。毛泽东最后提出了自己的热切希望，他说："中国人民将会看见，中国的命运一经操在人民自己的手里，中国就将如太阳升起在东方那样，以自己的辉煌的光焰普照大地，迅速地荡涤反动政府留下来的污泥浊水，治好战争的创伤，建设起一个崭新的强盛的名副其实的人民共和国。"⑤ 政治协商会议筹备会议于 1949 年 6 月 19 日正式闭幕，此后在筹备会常委会领导下展开新政协的筹备工作。经过缜密的工作，9 月 20 日，人民政协筹备会常委会决定于 1949 年 9 月 21 日在北平中南海怀仁堂召开中国人民政治协商会议第一届全体会议。

---

① 《建党以来重要文献选编（1921～1949）》第 26 册，中央文献出版社 2011 年版，第 463 页。

② 《建党以来重要文献选编（1921～1949）》第 26 册，中央文献出版社 2011 年版，第 463—464 页。

③ 《建党以来重要文献选编（1921～1949）》第 26 册，中央文献出版社 2011 年版，第 465 页。

④ 《建党以来重要文献选编（1921～1949）》第 26 册，中央文献出版社 2011 年版，第 465 页。

⑤ 《建党以来重要文献选编（1921～1949）》第 26 册，中央文献出版社 2011 年版，第 466 页。

1949年9月21日，中国人民政治协商会议第一届全体会议正式开幕，毛泽东致开幕词。他声明了政治协商会议的性质："现在的中国人民政治协商会议是在完全新的基础之上召开的，它具有代表全国人民的性质，它获得全国人民的信任和拥护。"① 并发出庄严宣告："占人类总数四分之一的中国人从此站立起来了。"② "我们的民族将再也不是一个被人侮辱的民族了，我们已经站起来了。"③ 宣告着自1840年以来，无数仁人志士追求的民族独立和人民民主即将完全实现，引起了在场与会者的强烈共鸣。

毛泽东在开幕词中还指出了下一阶段的任务。一是继续完成革命工作。他指出："我们的革命工作还没有完结，人民解放战争和人民革命运动还在向前发展，我们还要继续努力。"④ 二是迎接未来新的建设。"随着经济建设的高潮的到来，不可避免地将要出现一个文化建设的高潮。……我们将以一个具有高度文化的民族出现于世界。"⑤ 三是巩固国防。"在英勇的经过了考验的人民解放军的基础上，我们的人民武装力量必须保存和发展起来。"⑥ 而面对这些任务，首先需要坚持人民民主专政和团结国际友人，它们将"使我们的建设工作获得迅速的成功"⑦。其次要继续保持艰苦奋斗的作风，以迎接新的胜利。

随着会议议程的持续深入，1949年9月27日，会议讨论通过了《中国人民政治协商会议组织法》和《中华人民共和国中央人民政府组织法》，并于两天后通过了《中华人民政治协商会议共同纲领》，这是中华人民共和国奠基的三个历史性文件。《共同纲领》明确地规定了中华人民共和国的国体："中华人民共和国为新民主主义即人民民主主义的国家，实行工人阶级领导的、以工农联盟为基础的、团结各民主阶级和国内各民族的人民民主专政，反对帝国主义、封建主义和官僚资本主义，为中国的独立、民主、和平、统一和富强而奋斗。"⑧ 并明确地规定了政体："中华人民共

---

① 《毛泽东文集》第5卷，人民出版社1996年版，第343页。

② 《毛泽东文集》第5卷，人民出版社1996年版，第343页。

③ 《毛泽东文集》第5卷，人民出版社1996年版，第344页。

④ 《毛泽东文集》第5卷，人民出版社1996年版，第344页。

⑤ 《毛泽东文集》第5卷，人民出版社1996年版，第345页。

⑥ 《毛泽东文集》第5卷，人民出版社1996年版，第345页。

⑦ 《毛泽东文集》第5卷，人民出版社1996年版，第345页。

⑧ 《建党以来重要文献选编（1921～1949）》第26册，中央文献出版社2011年版，第759页。

和国的国家政权属于人民。人民行使国家政权的机关为各级人民代表大会和各级人民政府。”① 政治协商会议方面，《中国人民政治协商会议组织法》总则明确规定：“中国人民政治协商会议（以下简称中国人民政协）为中国人民民主统一战线的组织，旨在经过各民主党派及人民团体的团结，去团结全中国各民主阶级、各民族，共同努力，实行新民主主义，反对帝国主义、封建主义及官僚资本主义，推翻国民党的反动统治，肃清公开的及暗藏的反革命残余力量，医治战争创伤，恢复并发展人民的经济事业及文化教育事业，巩固国防，并联合世界上以平等待我之民族及国家，以建立及巩固由工人阶级领导的以工农联盟为基础的人民民主专政的独立、民主、和平、统一及富强的中华人民共和国。”② 这标志着中国人民民主统一战线组织工作的完成。中国共产党领导的多党合作民主协商制度最终形成并以法定形式确立下来。这一重要成果，包含着中国共产党领导民族资产阶级及其政党的基本经验，发展了马克思主义无产阶级专政的理论。

第七节　新中国的成立与人民民主国家建设征程的开启

1949 年 10 月 1 日下午 2 点，中央人民政府委员会召开第一次会议。会议一致决定，宣布中华人民共和国中央人民政府成立，通过了将《中国人民政治协商会议共同纲领》作为中央人民政府的施政方针。人事任命方面，任命毛泽东为中央人民政府人民革命军事委员会主席，朱德为中国人民解放军总司令，周恩来为中央人民政府政务院总理兼外交部长，沈钧儒为中央人民政府最高人民法院院长，罗荣桓为中央人民政府最高人民检察署检察长。会议还推选林伯渠为中央人民政府秘书长。

下午 3 点，北京 30 万军民齐聚天安门广场，参加开国大典。中央人民政府秘书长林伯渠宣布典礼开始。毛泽东向全世界庄严宣告：“中华人民共和国中央人民政府今天成立了。”③ 广场上的 30 万群众爆发出热烈的掌

---

① 《建党以来重要文献选编（1921～1949）》第 26 册，中央文献出版社 2011 年版，第 760 页。

② 《建党以来重要文献选编（1921～1949）》第 26 册，中央文献出版社 2011 年版，第 745 页。

③ 参见《毛泽东传》第 3 册，中央文献出版社 2011 年版，第 965 页。

声和欢呼声。林伯渠宣布“请毛主席升国旗”，毛泽东按下了电动按钮，第一面崭新的五星红旗徐徐升上了广场中央。毛泽东宣读了《中华人民共和国中央人民政府公告》，指出，“现在人民解放战争业已取得基本的胜利，全国大多数人民业已获得解放”①。还宣读了中华人民政府的人事任命，提出“责成他们从速组成各项政府机关，推行各项政府工作”②。公告最后指出：“本政府为代表中华人民共和国全国人民的唯一合法政府。凡愿遵守平等、互利及互相尊重领土主权等项原则的任何外国政府，本政府均愿与之建立外交关系。特此公告。”③

中华人民共和国的成立，“彻底结束了旧中国半殖民地半封建社会的历史，彻底结束了极少数剥削者统治广大劳动人民的历史，彻底结束了旧中国一盘散沙的局面，彻底废除了列强强加给中国的不平等条约和帝国主义在中国的一切特权”④，标志着中国实现了“从几千年封建专制政治向人民民主的伟大飞跃”⑤，从此开始向完成社会主义革命和推进社会主义建设的历史新阶段的过渡。就世界范围说，它“极大改变了世界政治格局，鼓舞了全世界被压迫民族和被压迫人民取得解放的斗争”⑥。中国革命的胜利是马克思列宁主义的胜利。它彰显出马克思列宁主义普遍真理与各国实际相结合这一普遍原理的伟大生命力。

第八节　中华民族伟大复兴根本制度的奠定

中华人民共和国的成立，为“从新民主主义到社会主义的转变，进行社会主义革命，推进社会主义建设，为实现中华民族伟大复兴奠定根本政治前提和制度基础”⑦。

---

① 《毛泽东文集》第 6 卷，中共中央文献研究室 1996 年版，第 1 页。

② 《毛泽东文集》第 6 卷，中共中央文献研究室 1996 年版，第 2 页。

③ 《毛泽东文集》第 6 卷，中共中央文献研究室 1996 年版，第 2 页。

④ 《中共中央关于党的百年奋斗重大成就和历史经验的决议》，人民出版社 2021 年版，第 8 页。

⑤ 《中共中央关于党的百年奋斗重大成就和历史经验的决议》，人民出版社 2021 年版，第 8 页。

⑥ 《中共中央关于党的百年奋斗重大成就和历史经验的决议》，人民出版社 2021 年版，第 8 页。

⑦ 《中共中央关于党的百年奋斗重大成就和历史经验的决议》，人民出版社 2021 年版，第 9 页。

一、社会主义根本政治制度的确立

（一）有中国特色的国家政权——人民民主专政的建立

国家权力的归属问题是政治中最根本的问题。人民民主专政作为国体是新中国民主政治建设最本质的内容，它在各项政治制度中处于核心地位，决定和制约着其他政治制度。人民民主专政国家政权的建立为新中国民主政治制度的确立奠定了一块基石。

无产阶级在推翻资产阶级国家政权，基本取得革命胜利后，面临的第一个问题就是要建立无产阶级自己的国家政权。在中国就是建立人民民主专政国家政权。1954 年宪法规定，中华人民共和国是工人阶级领导的、以工农联盟为基础的人民民主国家，从根本大法上把人民民主专政作为我国长期坚持的国家制度固定了下来。

国家政权的性质决定着国家的前途命运和历史走向。人民民主专政虽然是无产阶级及其政党领导的、以工农联盟为基础的人民国家政权，但还不是马克思列宁主义经典作家设想的无产阶级专政。就其任务说，我国新民主主义革命时期，人民民主专政的历史任务是反对帝国主义、封建主义和官僚资本主义。新中国成立初期（社会主义改造开始之前），人民民主专政的历史任务是完成新民主主义革命的遗留任务，并不是消灭民族资产阶级，剥夺资本，而是在使他们“不能操纵国计民生”的前提下，发展生产，为向社会主义过渡创造物质基础。1948 年 6 月 1 日中共中央宣传部在重印列宁《共产主义运动中的“左派”幼稚病》一书第二章所撰写的“前言”中明确指出，人民民主专政是无产阶级领导的、人民大众的、反帝反封建反官僚资本的新民主主义革命，这种革命的社会性质，不是推翻一般资本主义，而是建立新民主主义的社会与建立各个革命阶级联合专政的国家。1953 年过渡时期总路线的提出，标志着我国社会主义改造的开始，人民民主专政开始执行和担负起改造生产资料私有制等社会主义革命的任务，从而全面具备了无产阶级专政的基本特点。随着社会主义改造的顺利完成，社会主义制度的建立，中国由新民主主义社会进入社会主义社会，人民民主专政的性质也由原来的新民主主义性质转变为社会主义性质。社会主义时期，人民民主专政实质上成为无产阶级专政。刘少奇在 1956 年党的八大会议上的政治报告中曾明确说：“在中华人民共和国成立以后，人民民主专政开始担负由资本主义过渡到社会主义的任务，就是说，要把资产阶级和小生产者的生产资料的私有制改变为社会主义的公有制，彻底消灭人剥削人的制度。这样的政权实质上只能是无产阶级专政。”① 鉴于我国社会主义制度已经建立，刘少奇在报告中正式指出：“我国现阶段的人民民主专政实质上是无产阶级专政的一种形式。”② 只有认清不同历史时期人民民主专政国家政权的性质，才能及时转变它所承担的历史任务。在社会主义时期，人民民主专政对内担负起了保卫社会主义制度，领导和组织社会主义建设，对敌视、破坏社会主义制度的反动势力和反动分子实行专政的任务。

列宁指出：“一切民族都将走向社会主义，这是不可避免的，但是一切民族的走法却不会完全一样，在民主的这种或那种形式上，在无产阶级专政的这种或那种形态上，在社会生活各方面的社会主义改造的速度上，每个民族都会有自己的特点。”③ 人民民主专政从它的领导力量、经济基础、阶级基础、基本职能和历史任务等来说，同无产阶级专政是一致的，因而其实质是无产阶级专政。人民民主专政是中国共产党人在中国革命和建设的实践中探索出的一种国家政权形式，是符合中国国情的无产阶级专政的实现形式。从政党制度上看，人民民主专政实行的是共产党领导的多党合作和政治协商制度。我国的民主党派不管是在民主革命时期，还是社会主义改造时期、社会主义建设时期，都能与中国共产党紧密团结和合作，对中国革命和新中国的建设作出了重大贡献。实行这一政党制度符合中国的国情，有利于中国的社会主义建设事业。

人民民主专政国家政权的建立，为新中国成立初期全国范围内的土地改革、彻底消灭封建制度，为没收官僚资本、合理调节资本主义工商业、迅速恢复国民经济，为从新民主主义社会向社会主义社会的顺利过渡创造了有利的条件，为新中国成立初期中国民主政治的确立提供了制度保障，同时为建立和巩固社会主义经济制度，发展中国社会主义奠定了政治基础。

（二）有中国特色的国家政权组织形式——人民代表大会制度的建立

人民代表大会制度作为我国人民民主专政的政权组织形式，是中国共产党人创造性地把马克思主义国家学说同中国具体实际相结合，长期探索

① 《中共中央文献选集（一九四九年十月——一九六六年五月）》第24册，人民出版社2013年版，第94页。

② 《刘少奇选集》下卷，人民出版社1985年版，第242页。

③ 《列宁全集》第28卷，人民出版社2017年版，第163页。

建立新型人民民主政权及其组织形式的结晶。它既不同于资产阶级民主政治制度，也不同于苏联式的无产阶级专政的政治制度，是具有中国特色的、符合中国国情的根本政治制度。

人民代表大会制度具有坚实的实践基础，它是在总结不同时期革命根据地政权建设经验的基础上建立起来的。1940年1月，毛泽东在《新民主主义论》中明确指出，中国政权的组织形式应是基于民主集中制基础上的人民代表大会制度。对于解放战争时期各个解放区实行的人民代表会议制度，毛泽东持充分肯定的态度，称它“是一项极可宝贵的经验”。中国人民政治协商会议第一届全体会议通过的《中国人民政治协商会议共同纲领》，从法律上确立了人民代表大会制度在新中国政治制度中的地位。中华人民共和国成立之时，鉴于当时在全国范围内展开普选，召开地方各级乃至全国人民代表大会，选举产生中央人民政府和其他中央国家机关的条件还不具备，毛泽东和党中央采取召开各界人民代表会议等过渡性措施，为选举各级人民代表、召开地方和全国人民代表大会创造条件。

新中国成立初期，党中央和毛泽东十分重视地方各界人民代表会议的召开，把它作为团结全国人民，巩固新生政权，推进我国民主政治建设的一件大事来抓。从1949年到1952年，在全国范围内形成了一个民主建政的高潮，其主要内容就是召开各界人民代表会议。人民代表会议逐渐走向了制度化，普遍代行了人民代表大会的职权。各界人民代表会议的普遍召开，成为人民行使自己当家作主权利的“一块试验田”，为全面实现人民代表大会制度摸索了经验，准备了充分的基础条件。

1952年底，在全国范围内进行普选和召开各级人民代表大会的条件已经成熟。周恩来代表中国共产党向政协全国委员会常委会提出通过普选召开全国和地方各级人民代表大会的建议。1953年2月11日，中央人民政府委员会第22次会议通过了《中华人民共和国全国人民代表大会及地方各级人民代表大会选举法》，对公民选举权与被选举权、代表名额、选举工作机关、选举程序等作了规定。1954年春，依据该选举法的规定，我国成功地完成了历史上第一次规模空前的普选。在此基础上，逐级召开了乡、县、省（市）人民代表大会，选举产生了地方各级国家机关。1954年9月，第一届全国人民代表大会第一次会议在北京召开，标志着作为人民民主专政国家政权组织形式的人民代表大会制度正式确立。这次会议通过的《中华人民共和国宪法》明确规定：中华人民共和国的一切权力属于人民；人民行使权力的机关是全国人民代表大会和地方各级人民代表大会，全国人民代表大会和地方各级人民代表大会都实行民主集中制。全国人民代表大会的成立和宪法的公布施行，开创了我国人民民主的全新阶段。人民代表大会制度作为我国的根本政治制度，其核心和本质是国家的权力属于人民。它决定着其他的政治制度，其他政治制度都是由它产生的，是它在一个方面的展开。

人民代表大会制度实行民主集中制原则。1954 年宪法明确规定，全国人民代表大会，地方各级人民代表大会和其他国家机关，一律实行民主集中制。基于民主集中制原则基础上的人民代表大会制度，不同于苏维埃代表大会制度，更不同于西方资产阶级的议会制和三权分立制度。我国的人民代表大会制度一方面体现了最广泛的人民民主，人民代表大会由广大的人民群众选举产生，对人民负责，受人民监督；另一方面又保证了人民意志的统一和国家权力的统一，保证了决策的效率，人民代表大会是国家的最高权力机关，其他权力机关由它产生、对它负责，按照职能分工协调一致工作。这种制度使占社会绝大多数的工人、农民、知识分子和其他劳动群众真正成为国家和社会的主人，同西方国家三权分立的政治制度是有着本质区别的。

人民代表大会制度是符合中国国情的，能够保证人民群众当家作主，有效管理国家和社会的根本政治制度，它的确立对新中国的民主政治和法制建设起到了积极的推动作用。各级人大都对促进社会主义工业化建设和民主政治法制建设，顺利完成社会主义改造，巩固新生人民政权发挥了十分关键的作用。

（三）有中国特色的国家结构形式——民族区域自治制度的建立

民族问题是社会发展进步中的重要问题，是无产阶级革命和社会主义民主政治建设的一部分。中国共产党在探索解决我国民族问题的过程中，坚持马克思主义民族理论和国家学说，结合中国的特殊国情，提出建立单一制民主共和国的国家结构形式，最终确立和实行了民族区域自治制度。

中国共产党成立初期，曾提出以民族自决和联邦制原则解决我国民族问题的主张。随着对中国国情认识的深入，中国共产党逐渐选择了实行民族区域自治制度，建立单一制民主共和国的国家结构形式。1938 年，毛泽东在党的六届中央委员会扩大的六次全会上的报告中指出，允许蒙、回、藏、苗、瑶、彝、畲族各民族与汉族有平等权利，在共同对日的原则下，有自己管理自己事务之权，同时与汉族联合建立统一的国家。1941 年 5 月制定的《陕甘宁边区施政纲领》规定：依据民族平等原则，实行蒙、回民族与汉族在政治、经济、文化上的平等权利，建立蒙、回民族的自治区，尊重蒙、回民族的宗教信仰与风俗习惯。1945 年 4 月，毛泽东在党的七大政治报告中全面阐述了中国共产党的民族政策，提出“要求改善国内少数民族的待遇，允许各少数民族有民族自治的权利”①。1947 年 5 月，在中国共产党领导下，内蒙古地区建立了全国第一个省一级的民族自治区——内蒙古自治区。内蒙古自治区的建立、建设和发展，标志着中国共产党民族区域自治实践的成功，为新中国确立民族区域自治制度提供了经验，奠定了基础。

新中国成立后，党和政府十分重视少数民族的工作。为防止一些汉族干部在民族问题上采取过早过急的简单化做法，中央专门下发了《关于慎重处理少数民族问题的指示》，明确了民族工作慎重稳进的基本方针。为进一步贯彻落实党中央的民族政策方针和加快各少数民族自治区的建立，1952 年 8 月，中央政府颁布了《中华人民共和国民族区域自治实施纲要》，明确规定民族区域自治成为我国的一项基本国策。该纲要指出，凡是在构成一级地方国家政权的自治地区都是中华人民共和国领土不可分离的一部分。各民族自治地方的自治机关都是中央人民政府统一领导下的一级地方政权。该纲要详细规定了自治地方的民族组成、区域界限、行政地位、自治机关、自治权力、内部关系和上下关系的处理原则等问题。1954 年 9 月通过的新中国第一部宪法，总结了新中国成立以来解决民族问题的经验，完善了我国的民族政策。宪法明确规定：中华人民共和国是统一的多民族的国家，各民族一律平等，禁止对任何民族的歧视和压迫，禁止破坏各民族团结的行为；各民族都有使用和发展自己的语言文字的自由，都有保持或者改革自己的风俗习惯的自由；各少数民族聚居的地方实行区域自治，各民族自治地方都是中华人民共和国不可分离的部分。至此，民族区域自治制度作为我国的一项基本政治制度从根本大法上确立下来。

民族区域自治制度是适合中国国情的基本政治制度。中国自古以来就是一个统一的多民族国家，随着帝国主义的侵略，近代中国由一个完整独立的国家逐渐沦为半殖民地半封建社会，国家处于分裂状态。全国各族人

---

① 《毛泽东选集》第 3 卷，人民出版社 1991 年版，第 1064 页。

民为争取国家的独立和统一，进行了英勇顽强的斗争，团结和统一成为各族人民的共同愿望和要求。同时，历史的发展又给我国造成了一种“各民族杂居的条件，这种条件适宜于民族合作，适宜于实行民族区域自治”①。少数民族和汉族地区经济建设互补性很强，要实现共同富强和共同繁荣，把中国建设成为一个强大的社会主义现代化国家，就需要全国各族人民互相帮助、互相支持。民族区域自治制度既不同于民族自决，也不同于联邦制，而是单一制国家结构下的民族区域自治。它的主要特点在于，民族自治地方的自治机关既行使同级一般地方国家机关的职权，还行使自治权。它的核心就是保障少数民族当家作主，管理本民族、本地方事务的权利。其根本出发点和归宿点就是实现民族平等、民族团结、民族共同繁荣。民族区域自治制度有力地保障了各族人民当家作主的权利，为发展平等、团结、互助的新型民族关系，巩固新生国家政权，促进新中国经济建设和政治建设，实现各民族共同繁荣奠定了坚实的基础。

（四）有中国特色的政党制度——共产党领导的多党合作和政治协商制度的建立

中国共产党领导的多党合作和政治协商制度是我国的一项基本政治制度。它是马克思列宁主义政党学说同中国革命与建设实践相结合的一个创造，是具有中国特色的社会主义政党制度。

在争取无产阶级解放的革命斗争中，无产阶级政党必须联合和支持一切民主政党、进步政党，这是马克思主义的基本主张。早在《共产党宣言》中，马克思、恩格斯就指出：“共产党人到处都支持一切反对现存的社会制度和政治制度的革命运动。……共产党人到处都努力争取全世界民主政党之间的团结和协调。”② 列宁也指出：“无产阶级决不应该把其他阶级和政党看做‘反动的一帮’，恰恰相反，它应该参加整个政治生活和社会生活，应该支持进步阶级和进步政党去反对反动阶级和反动政党。”③ 中国共产党坚持马克思列宁主义的政党学说，从中国革命与建设的具体实际出发，最终确立了具有中国特色的社会主义政党制度。

中国共产党领导的多党合作和政治协商制度，是由我国具体历史条件和现实条件所决定的。在长期的革命战争中，中国共产党与各民主党派风

① 《周恩来选集》下卷，人民出版社1984年版，第257页。

② 《马克思恩格斯文集》第2卷，人民出版社2009年版，第66页。

③ 《列宁全集》第4卷，人民出版社2013年版，第152页。

雨同舟、患难与共，各民主党派逐渐靠拢中国共产党，自觉地、郑重地选择了共产党的领导，为中国共产党领导的多党合作和政治协商制度的确立和发展提供了现实基础。

新中国成立后，中国共产党十分重视多党合作制的发展问题。毛泽东指出，在中国革命和建设事业中，无论是从整体看，还是从长远看都要有民主党派，“民主党派是联系小资产阶级和资产阶级的，政权中要有他们的代表才行。认为民主党派是‘一根头发的功劳’，一根头发拔去不拔去都一样的说法是不对的。从他们背后联系的人们看，就不是一根头发，而是一把头发，不可藐视”①。周恩来也尖锐批评了党内存在的认为发展民主党派是“自找麻烦”的错误观点，他说，我们让民主党派存在和使它发展，是“因为有了民主党派，我们就可以经过他们去影响没有组织的群众——资产阶级、小资产阶级、知识分子、职员等”②。这样做，不是自找麻烦，相反不这样做，倒会带来更多的麻烦。在毛泽东和周恩来的指导下，1950 年 3 月，中央专门召开民主党派问题的全国统战工作会议，确定了帮助民主党派团结、进步和发展的方针。在中国共产党正确方针政策的指引和大力帮助下，各民主党派经过组织上的调整，成员人数迅速扩大。至 1953 年初，各民主党派成员总数达到 4 万多人，比 1949 年增加了 2 倍。各民主党派组织的巩固和发展，为各民主党派有效地参与国家社会政治生活的管理创造了良好的条件。

1956 年，社会主义改造基本完成，毛泽东及时提出共产党与民主党派“长期共存，互相监督”的方针，成为中国共产党与民主党派进行合作的根本原则，极大鼓舞和调动了各民主党派为社会主义建设服务的积极性。中国共产党在国家大政方针、经济文化建设和统一战线等问题方面经常和各民主党派进行讨论、协商，各民主党派也积极参加各种政治活动，为巩固新生的人民政权做出了重要贡献。

中国共产党领导的多党合作和政治协商制度，既不同于西方国家的两党或多党竞争制，也有别于某些国家实行的一党制，是具有中国特色的社会主义政党制度。这一制度从根本上规定了中国共产党在国家政党中的领导地位。共产党的领导在我国的政党制度中，具有法定的执政地位和不可代替的重要作用。它既是这一制度的前提和基础，也是这一制度的根本和

---

① 《历次全国统战工作会议概况和文献》，档案出版社 1988 年版，第 6 页。
② 《历次全国统战工作会议概况和文献》，档案出版社 1988 年版，第 55 页。

灵魂。其他各民主党派是参政党，他们参加国家政权，参与国家大政方针和国家领导人人选的协商，参与国家事务的管理，参与国家方针、政策、法律、法规的制定和执行。中国人民政治协商会议是中国人民爱国统一战线的组织，是中国共产党领导的多党合作和政治协商的重要机构，是社会主义民主的重要形式。政治协商是中国共产党领导的多党合作的重要体现，是党和国家实行科学民主决策的重要环节。在中国共产党的领导下，各民主党派、各人民团体、各少数民族和社会各界的代表，对国家的大政方针以及政治、经济、文化和社会生活中的重要问题在决策之前和决策执行过程中的重要问题进行协商一致。民主监督是人民政协的一大职能。它不仅是参加人民政协的各民主党派和各族各界人士通过政协组织对国家机关及其工作人员的工作实施监督，也是中国共产党在政协内部同各民主党派之间的相互监督。中国共产党与各民主党派互相监督，有利于强化体制内的监督功能，避免由于缺乏监督而导致的种种弊端。总之，新中国成立初期，中国共产党领导的多党合作和政治协商制度的确立与完善，为发扬人民民主，促进新中国民主政治建设和经济建设发挥了十分重要的作用。

二、社会主义改造与社会主义基本经济制度的确立

无产阶级在上升为统治阶级，争得民主以后，“将利用自己的政治统治，一步一步地夺取资产阶级的全部资本，把一切生产工具集中在国家即组织成为统治阶级的无产阶级手里，并且尽可能快地增加生产力的总量”①。在我国，经过三年的国民经济恢复，人民民主专政日益巩固。社会主义性质的国营经济领导地位的确立，社会主义建设的任务就迫切地提到了全党全国人民面前。但是，同马克思设想的生产力高度发达的国家进行社会主义建设的情况不同，同苏联在资本主义有了一定发展只是不发达的情况也不一样，我国是一个经济文化十分落后、现代工业基础极为薄弱的国家，因此从新民主主义向社会主义过渡进而进行社会主义建设，不能照搬马克思的设想，不能照抄苏联模式，只能依据自己的特殊国情，开创一条有中国特色的社会主义改造和建设道路。

（一）有中国特点的社会主义改造理论

新中国成立以后，党在领导人民首先集中力量恢复国民经济、完成民

① 《马克思恩格斯文集》第 2 卷，人民出版社 2009 年版，第 52 页。

主革命的遗留任务的同时，也在着手通过没收官僚资本消灭中国资本主义经济和资产阶级的主体部分，开始引导私人资本主义经济走上初级形式的国家资本主义的道路，开展农村的互助合作运动等方面执行社会主义革命的任务。到 1952 年底、1953 年初，随着国民经济恢复工作和民主革命遗留任务的完成，中共中央就及时地提出了过渡时期的总路线，领导全国人民在进行社会主义工业化建设的同时，全面地对农业、手工业和资本主义工商业进行社会主义改造。

1953 年 12 月中共中央批准并转发的，由中共中央宣传部编写的《关于党在过渡时期总路线的学习和宣传提纲》，明确提出社会主义工业化同社会主义改造同时并举的方针，即“从中华人民共和国成立，到社会主义改造基本完成，这是一个过渡时期，党在过渡时期的总路线和总任务，是要在一个相当长的时期内，逐步实现国家的社会主义工业化，并逐步实现国家对农业、对手工业和对资本主义工商业的社会主义改造”①。这条总路线“好比一只鸟，它要有一个主体，这就是发展社会主义的工业；它要有一双翅膀，这就是对农业、手工业的改造和对私营工商业的改造”②。

“建设与改造并举”的方针适应中国社会主义发展的客观要求，反映了生产关系一定要适应生产力性质的客观规律。实现国家工业化，是一百多年来中国人民梦寐以求的迫切心愿，是国家独立和富强的必要条件。社会主义工业化是社会主义社会重要的和唯一的物质技术基础。只有实现社会主义工业化，才能用先进的技术来装备农业和国民经济的各个部门，发展社会生产力，才能不断满足国家建设和人民生活日益增长的需要，才能建立强大的国防，改变我国落后的面貌。不实现社会主义工业化，社会主义社会的物质基础就建立不起来，就很难有国家真正的独立和富强。新中国成立后，毛泽东领导全党迅速恢复了国民经济，开始了有计划的经济建设。1952 年，他把逐步实现国家的社会主义工业化作为过渡时期总路线的主体内容，用以指导全党、全国各项工作。1954 年 9 月，他在中华人民共和国第一届全国人民代表大会上第一次宣告：中国人民的总任务就是要将我们这样一个经济文化落后的国家，建设成为一个工业化的伟大国家。

国家工业化是以生产的社会化为前提条件的。新中国成立初期，我国社会广泛存在的是不适应生产社会化要求的个体经济和资本主义私有制经

① 《毛泽东文集》第 6 卷，人民出版社 1999 年版，第 316 页。

② 《建国以来重要文献选编》第 5 册，中央文献出版社 1992 年版，第 2 页。

济。1952年国民经济恢复以后，在我国国民经济中国营经济占19.1%，合作社经济占1.5%，公私合营经济占0.7%，私人资本主义经济占6.9%，农业和手工个体经济占71.8%。社会主义和半社会主义性质的经济合起来，在整个国民经济中只占21.3%。大力发展生产力，以及与生产力社会化不相适应的个体经济和私人经济的大量存在，必然要求对农业、手工业和资本主义工商业同时进行社会主义改造。

社会主义工业化和社会主义改造是不可分割的内在统一体。社会主义工业化是社会主义建设的主要任务，为适应社会主义工业化的需要，应当对农业、手工业和资本主义工商业进行社会主义改造。“社会主义工业化和社会主义的农业改造这样两件事，决不可以分割起来和互相孤立起来去看，决不可以强调一方面，减弱另方面。”① 社会制度的革命和生产的革命是密切结合在一起的，“我们现在不但正在进行关于社会主义制度方面的由私有制到公有制的革命，而且正在进行技术方面的由手工业生产到大规模现代化机器生产的革命，而这两种革命是结合在一起的”②。发展社会主义工业，为社会主义改造奠定物质基础。没有社会主义的工业，就很难实现对整个国民经济进行社会主义改造的任务。只有充分的强大的社会主义工业，才能吸引、改组和代替资本主义工业，才能支持社会主义商业，改造和代替资本主义商业，才能用新的技术来改造个体的农业和手工业，才能最迅速地扩大生产，积累资产，造就社会主义的建设人才，培养社会主义的习惯，从而创造保证社会主义完全胜利的经济上、政治上和文化上的前提。另外，社会主义不可能建立在小农经济的基础上，社会主义工业化要求农业从分散的落后的生产方式转变为集体的先进的生产方式，如果不对资本主义工商业和个体的农业、手工业实行社会主义改造，任其自由发展，那么非但不能认真支持社会主义工业的发展，而且必然会同社会主义工业化的事业发生种种矛盾。资本主义的生产关系束缚了工人阶级和劳动人民的积极性，阻碍着社会生产力的发展，使中国社会主义工业化和社会主义建设受到严重影响，发展社会主义工业就必须对资本主义工商业进行社会主义改造。因此，社会主义建设和社会主义改造同时并举，两者相互适应，相互促进，围绕着社会主义建设这个中心任务开展社会主义的改造工作，是历史的必然选择。历史证明，“建设与改造同时并举”总路线的

① 《毛泽东文集》第6卷，人民出版社1999年版，第432页。
② 《毛泽东文集》第6卷，人民出版社1999年版，第432页。

提出和实行，是符合我国当时社会发展的实际情况的。

（二）个体农业的社会主义改造

党在过渡时期的总路线的实质，就是使生产资料的社会主义所有制成为国家和社会的经济基础。按照过渡时期总路线的要求，党制定了社会主义改造的方针和政策，顺利实现了对生产资料私有制的社会主义改造，开创了一条适合中国国情的社会主义改造道路，解决了在中国这样一个人口众多、经济文化落后的大国建立社会主义经济制度的问题。

马克思主义认为，对个体农业的社会主义改造，不能采取剥夺、消灭农民个体劳动者的私有制的办法，只能经过合作化的途径，逐步地把个体所有制改造成为集体所有制。列宁在《论合作制》一文中进一步指出，用合作制的办法，吸引农民参加社会主义事业，是无产阶级改造个体小生产的农业经济的唯一道路。以毛泽东为核心的党的第一代领导集体把马克思列宁主义关于农业合作化的基本原理与中国具体情况相结合，提出了一套适合我国特点的农业社会主义改造的路线、方针和政策，找到了中国农业合作化的道路。

1953年和1955年，毛泽东在《关于农业互助合作的两次谈话》和《关于农业合作化问题》中相继提出“积极领导，稳步发展”和“全面规划，加强领导”的方针，成为制定个体农业社会主义改造的思想基础。中共中央在《关于发展农业生产合作社的决议》中指出：“我们的政策是在于积极地而又谨慎地经过许多具体的、恰当的、多样的过渡的形式，把农民的个体经济的积极性引到互助合作的积极性的轨道上来，从而克服那种建立在个体经济基础上的资本主义自发势力的倾向，逐步过渡到社会主义。”① 毛泽东认为，严重的问题是教育农民，引导、说服和教育他们真正认识到集体化的好处，使其自愿地走合作化的道路。他在《关于农业合作化问题》中提出坚持合作化不仅仅要坚持自愿，而且还要互利。要通过改善经营管理（生产计划、生产管理、劳动组织等），提高耕作技术（深耕细作、小株密植、增加复种面积、采用良种、推广新式农具、同病虫害作斗争等），增加生产资料的投入（土地、肥料、水利、牲畜、农具等），提高农作物的产量，证明农业生产合作社的优越性。要处理好贫农与中农之间的关系，在互利的基础上实现真正的自愿。

① 《农业集体化重要文件汇编》（上），中共中央党校出版社1981年版，第216页。

为了实现农业社会主义改造，中央还制定了自愿互利、典型示范和国家帮助的工作原则。典型示范，就是各地都要先搞试点，树立典型，起到示范作用。用事实来教育农民，使农民亲眼看到合作社确实能增产增收，互助合作比单干好，这样才能使农民真正自愿组织起来走合作化的道路。国家帮助，则是指在合作化的过程中，国家采取各种措施来帮助农民，如向农民提供大量的农用生产资料，派出农业技术人员帮助农民掌握和采用先进的耕作技术，培训合作化管理干部等等。这些原则的贯彻大大地推进了我国农业的合作化进程。

在农业社会主义改造中，我们党主要依靠自己的经验，采取有计划的、逐步的、一个阶段接一个阶段的方式推进合作化的进程。“就是经过简单的共同劳动的临时互助组和在共同劳动的基础上实行某些分工分业而有某些少量公共财产的常年互助组，到实行土地入股、统一经营而有较多公共财产的农业生产合作社，到实行完全的社会主义的集体农民公有制的更高级的农业生产合作社（也就是集体农庄）。”① 这种由具有社会主义萌芽、到具有更多社会主义因素、到完全的社会主义的合作化的发展道路，就是我们党所指出的对农业逐步实现社会主义改造的道路。但是，从 1955 年下半年起，党内在农业社会主义改造的指导思想上出现分歧，过早地发动农业合作化的高潮，许多地方没有经过初级社，甚至也没有经过互助组，短短几个月内就在个体农民基础上实现了直接向高级社的过渡。从 1955 年底到 1956 年底，在一年左右的时间里，有 75 万个农业生产合作社，入社农户达 1.2 亿户，占农户总数的 96.3%；其中高级社的户数达 1 亿多户，占农户总数的 87.8%。原来预计在 15 年内完成农业合作化，实际上只用了 4 年就基本上完成了。

1955 年底以后，农业合作化运动中出现的要求过急、工作过粗、改变过快、形式过于简单的问题，没有解决诸如在主要依靠手工劳动条件下农业合作经济的经营管理体制等问题，但这些丝毫不影响“我国农业合作化的成绩是伟大的”② 这一基本事实。农业合作化的胜利使农民群众彻底摆脱了小块土地私有制的束缚，开创了建设社会主义农村的时代，奠定了促进农村生产力发展的基础和农村基层组织的基础，培养了大批基层经

---

① 《农业集体化重要文件汇编》（上），中共中央党校出版社 1981 年版，第 215—216 页。

② 薄一波：《若干重大决策与事件的回顾》（上），人民出版社 1997 年版，第 414 页。

济和行政管理人才，为实现国家工业化和推进社会主义改造创造了有利条件。

（三）个体手工业的社会主义改造

从1951年6月到1955年12月，全国手工业管理部门召开过五次全国手工业生产合作会议。根据中央“统筹兼顾，全面安排”“全面规划，加强领导”的方针，制定了办好手工业合作社的指导原则，本着就地取材、就地制造、就地供应，自愿互利的原则，稳步推进个体手工业的社会主义改造。

我国手工业社会主义改造是从生产组织形式的联合改造开始的，经由手工业生产小组到手工业供销生产合作社和手工业生产合作社几个阶段，逐步实现由供销到生产领域的联合和生产改造。

手工业生产小组是手工业改造的初级形式。个体手工业者通过由国营企业、供销合作社或消费合作社，供给原料、推销产品的加工订货方式组织起来，使手工业劳动者避免受商业资本的控制和剥削，又便于进一步对手工业实行改造。手工业生产小组没有从根本上改变原有的生产关系，仍然是分散生产、自己经营、自负盈亏，但有一小部分手工业生产小组，实行工具入股公有，集中生产，收入部分按劳分配或全部按劳分配，实际上已逐步过渡到高级形式。手工业供销生产合作社是对手工业进行社会主义改造的过渡形式。手工业供销生产合作社是由若干手工业生产小组或许多个体手工业者联合组成的，为着解决采购原料的共同困难、达到推销成品的一致要求而组织起来的，也有的是通过供销业务，以加工订货方式组织起来的。这种组织形式能有效地克服小生产者的困难，便于帮助生产小组和社员改变生产关系，逐步克服家长制度和改善师徒关系，逐渐以劳动者之间的互助合作关系来代替雇主与雇工的关系。手工业生产合作社是手工业社会主义改造的高级形式。其优越性是在集体经营的基础上实行劳动过程的协作和分工，并且随着公共积累的增加，在条件许可的情况下逐步过渡到半机械化和机械化生产，从而在更大的程度上提高劳动生产率。手工业生产合作社因生产关系和生产工具的公有化程度的不同，分为半社会主义的手工业生产合作社和社会主义的手工业生产合作社。凡实行集中生产，生产资料归社员集体所有，实行按劳分配的，当时称为完全社会主义性质的合作社。凡生产资料部分归集体所有，工具入股分红，统一经营，收益之一部分实行按劳分配的，称为半社会主义的手工业生产合作社。手工业生产合作社与手工业供销生产合作社和手工业生产小组相比，在生产组织形式上则前进了一步，具有显著的优越性。

手工业社会主义改造经历了紧密相连的三个阶段，即试办阶段（1950—1952年）、普遍发展阶段（从1953年到1955年上半年）和高潮阶段（1955年下半年始）。1955年下半年，在农业合作化高潮推动下，城乡手工业者要求组织起来走合作化道路的情绪迅速高涨，许多城市与郊区的广大手工业劳动者纷纷排队到主管局或联社申请入社。在这种形势下，中央手工业管理局与全国手工业合作总社筹委会匆忙提出了“加快发展、迎接高潮、全面规划、计划平衡”的新的组织任务，第五次全国手工业生产合作会议又普遍检查“右倾保守思想”与“领导落后于群众的错误”，直接推动手工业合作化的群众运动的高潮。1956年1月，北京市29个行业的手工业劳动者分别集会，通过了分行业实行全行业手工业合作化的决定。在北京市的带头下，全国各地的手工业劳动者纷纷敲锣打鼓，宣布了全面实现手工业合作化。据统计，截至1956年5月底，全国组织起来的合作社（组）已超过10万个，社（组）员470余万人，占手工业劳动者总人数的80%左右；1956年底，全国组织起来的手工业合作社（组）数归并为9.91万个，社员509.1万人，占归口手工业部门改造的手工业人数的92%。至此，中国的手工业劳动者基本上实现了从个体手工业到手工业生产合作社的转变，提前11年完成了原预计要在第三个五年计划期末（1967年）才能实现的任务。

同农业社会主义改造一样，手工业社会主义改造过程中也存在忽视手工业的特点，急于求成、盲目求纯地向全民所有制过渡的缺点和失误，但“党和政府按照社会主义原则对手工业的生产关系进行改造，引导手工业者走合作化的道路，无疑是正确的”①。从国民经济恢复时期开始的手工业合作化和社会主义改造，指导思想基本上是正确的，具体决策基本上也是从手工业实际出发的，促进了手工业生产的发展。

（四）资本主义工商业的社会主义改造

“剥夺剥夺者”是无产阶级革命的根本原则。马克思主义经典作家曾对消灭资产阶级私有制、建立社会主义公有制提出无偿的没收或者有偿的

---

① 薄一波：《若干重大决策与事件的回顾》（上），人民出版社1997年版，第474页。

赎买两种办法。马克思认为，如果能用赎买的办法剥夺大土地占有者，“那对于我们最便宜不过了”①。恩格斯指出，“直接用纸币赎买的办法”也是实现“剥夺土地所有者、工厂主、铁路所有者和船主的财产”② 的方法之一。列宁也明确表示，在具体条件下，我们现在能够而且应该“对文明的资本家，对那些肯接受并能实施国家资本主义，能精明干练地组织真正以产品供应千百万人的大企业而对无产阶级有益的资本家谋求妥协或向他们实行赎买”③。但由于资产阶级的反对和对抗，列宁关于和平赎买的愿望在俄国不能也没有实现。以毛泽东为代表的中国共产党人从中国实际出发，创造性地开辟了一条适合中国特点的对资本主义工商业进行社会主义改造的道路，从而把马克思主义和平赎买民族资产阶级的设想变成了现实。

新中国成立初期，中国共产党制定了对资本主义工商业“利用、限制和改造”的方针。由于旧中国经济极端落后，无产阶级在夺取政权后的一定时期内，不仅不可能立即消灭这种经济，而且必须利用民族资本主义经济的积极因素，即利用他们所提供的一部分生产资料和生活资料，利用他们培养的技术人员和熟练的工人，发展社会经济。在一定时期内允许民族资本主义经济的存在和发展，是十分必要的。由于资本主义经济是建立在生产资料私有制的基础上，生产的无政府状态，企业内部资本家剥削工人，束缚生产力的发展，因此允许中国资本主义的存在和发展并不是如同资本主义国家那样不受限制任其泛滥的。“我们要从各方面，按照各地、各业和各个时期的具体情况，对于资本主义采取恰如其分的有伸缩性的限制政策。”④

在对资本主义工商业的利用、限制和改造的实践中，党和群众创造了把对资本主义工商业的利用、限制和改造结合在一起、逐步把它转变为社会主义经济的形式和途径——国家资本主义。国家资本主义在建国初期是国家资本与私人资本合作的一种形式。1953 年春，中央统战部组织调查组，深入考察新中国成立后头三年私人资本主义的发展变化，总结了工业方面发展国家资本主义的经验。在调查报告中明确指出，国家资本主义是

① 《马克思恩格斯文集》第 4 卷，人民出版社 2009 年版，第 529 页。
② 《马克思恩格斯文集》第 1 卷，人民出版社 2009 年版，第 686 页。
③ 《列宁全集》第 34 卷，人民出版社 1985 年版，第 284 页。
④ 《毛泽东选集》第 4 卷，人民出版社 1991 年版，第 1431 页。

我们利用和限制资本主义工业的主要形式，是我们将资本主义工业逐步过渡到社会主义的主要形式，是我们利用资本主义工业来训练干部，并改造资产阶级分子的主要环节，也是我们同资产阶级进行统一战线工作的主要环节。报告受到党中央和毛泽东的高度重视，经过多次研究，党中央同意通过国家资本主义的途径改造资本主义工商业。

通过和平赎买，把民族资产阶级引上接受社会主义改造的道路，是中国特色社会主义改造理论最具有特色的实质性内容。党和国家之所以能够对民族资产阶级采取和平改造、和平赎买的政策，一方面是由于这个阶级具有两面性，既有剥削工人取得利润的一面，又有拥护宪法、愿意接受社会主义改造的一面，他们有接受这种政策的可能；另一方面是由于人民手里有强大的国家机器，国营经济提供了完成这一任务的物质保证，国家依靠同农民的联盟取得了粮食和工业原料，限制了资产阶级搞自由市场、自由取得原料、自由销售工业品的资本主义道路。这些条件，使资产阶级除了接受改造外，再没有其他的路可走。

在过渡时期，我们党创造性地采取了加工订货、经销代销、公私合营等一系列从低级到高级的国家资本主义的过渡形式，逐步地改变资本主义私有制形式。我国创造的各种形式的国家资本主义，可分为初级形式和高级形式两个发展阶段。初级形式：在工业中主要有加工订货、统购包销；在商业中经销代销。加工订货是从原料供应和商品销售两个方面来严格限制私营工业的，其基本点就是社会主义经济成分与资本主义经济成分在企业外部进行联合。在这里，社会主义的经济成分基本上掌握了资本主义商业的原料供应和产品销售，并通过合同和工人的监督，把资本主义工业生产纳入国家计划轨道，从而不同程度地限制资本主义生产的无政府状态，并限制资本家的利润和对工人的剥削。通过加工订货，国营经济不断地扩大对于原料和成品的控制，逐步地切断了资本主义工业和资本主义商业的联系，逐步地割裂了资本主义的体系，迫使资本主义经济不得不进一步依靠国营经济。但是，在加工订货的情况下，企业的所有权、支配权和管理权仍然掌握在资本主义手中，其生产经营仍然按照资本主义的方法去进行。这种公私矛盾、劳资矛盾和其他矛盾严重地阻碍了企业劳动生产率的提高，客观上要求把资本主义的工业企业，由加工订货推向更高级的形式。

公私合营，是国家资本主义的高级形式。这种形式在解放初期已经出现，过渡时期总路线提出以后，这种形式得到了逐步的发展并日益显示出了它的积极作用。在公私合营中，首先出现的是个别行业的公私合营，然后再到全行业的公私合营。个别企业的公私合营是在原有的私营企业中加入国家的公股，并由国家派干部负责企业的领导和管理。这时社会主义经济成分同资本主义经济成分的联系，由企业外部进入到企业内部，从流通领域进入到生产领域，从而使企业的生产关系发生重大变化。公私合营企业的生产资料已经不是资本家单独占有，而是国家和资本家共同占有；企业的生产资料支配权、经营管理权和人事调配权等，实际上已转到国家手中。在公私合营企业中，资本家的私股虽然仍是资本，但已失去了独立的地位，企业的经营管理不再采取资本主义的方式，而是逐步地向国营经济看齐，以发展生产、满足人民需要和服从国家计划要求为指导方针；工人虽然还没有最后摆脱被剥削的地位，但已开始成为企业的主人；利润分配方面，虽然仍然按照“四马分肥”的原则进行，但由于企业是公私共有，资本家只能按照私股所占的比例取得股息和红利的一部分，资本家对剩余价值的剥削受到了更大的限制。因此公私合营企业已经在很大程度上具有社会主义性质了。随着个别企业公私合营的发展，企业的生产潜力得到更大的发挥，再加上国家对企业的投资和扩建，企业的劳动生产率进一步提高。但是随着公私合营的扩展，产生了公私合营的企业与未合营企业之间的矛盾，未合营的企业得不到生产任务，机器不能开动，工资发不出去，有的地方出现了工人带着资本家到当地政府去请愿、要求分给加工任务的局面。这样全行业公私合营就成为对资本主义工商业社会主义改造的必然。

实行全行业公私合营是使资本主义所有制过渡到社会主义所有制的具有决定意义的重大步骤。1955 年 10 月，毛泽东在私营工商业的社会主义改造问题座谈会上，作了题为《工商业者要掌握自己的命运》的谈话，希望他们认清社会发展规律，掌握自己的命运，进一步接受社会主义的改造。1956 年初，全国出现了资本主义工商业全行业公私合营的高潮，上海、天津、广州、武汉、西安、重庆、沈阳等资本主义工商业集中的大城市和 50 多个中等城市相继实行了全市性的全行业公私合营。至 3 月底，除西藏等少数民族地区外，全国基本上实现了全行业公私合营。全行业公私合营后，对资本家的赎买由分配利润制度改为定息制度，即资本家按照合营前的资本总额，在一定年限内，每年领取 5%的定息。实行定息制度后，资本家除了领取定息之外，对企业的生产资料已无权过问，企业的生产资料完全由国家统一使用和支配，企业的管理完全按照社会主义原则、按照国家计划进行。资本家虽然在企业中也安排了工作，但他已不是资本家的身份了，工人完全摆脱了雇佣劳动者的地位，成为企业的主人。全行业公私合营的实现，表明资本主义工商业通过改造已经纳入社会主义经济基础的范畴。

对资本主义工商业改造的胜利完成，“是我国和世界社会主义历史上最光辉的胜利之一”①，书写了对资本主义工商业社会主义改造的历史篇章。资本主义工商业改造的成功，不仅解放了生产力，巩固了社会主义的经济基础，而且为探索马克思主义与中国实际“第二次结合”积累了宝贵的成功经验。

（五）社会主义公有制为主体的基本经济制度

党在过渡时期的总路线中规定的对农业、手工业和资本主义工商业社会主义改造的任务，经过全党和全国人民的努力，到1956年已经基本上完成。与此同时，奠定中国社会主义工业化物质技术基础的第一个五年建设计划的主要指标也大都提前完成，这些标志着社会主义公有制为主体的基本经济制度在我国基本确立起来。

1953年1月1日，党和政府通过《人民日报》社论宣告，我国开始执行国家建设的第一个五年计划。“一五”计划期间，国家用于经济和文化建设的投资总额达766.4亿元，折合黄金7亿多两。这在我国历史上是空前的。全部基本建设投资的58.2%用于工业基本建设，其中88.8%用于制造生产资料的工业即重工业的建设。优先发展重工业并不是孤立地发展重工业。国民经济各部门是密切联系、互相制约的，必须统筹兼顾，全面安排，实现各部门之间的综合平衡。“一五”计划规定在优先发展重工业的同时，相应地发展农业、轻工业、运输邮电业、商业以及文化教育等事业。在全国人民的共同努力下，社会主义工业化捷报频传，1957年底，第一个五年建设计划的各项指标大都大幅度地超额完成。“一五”期间工业生产的成就远远超过旧中国一百年的发展，同世界其他国家工业化起步时期的增长速度相比也是名列前茅的。第一个五年计划新建的一批规模巨大、技术先进的新工业部门，用现代先进技术扩大和改造的原有工业部

① 《邓小平文选》第2卷，人民出版社1994年版，第186页。

门，利用和改建的东北、上海和其他沿海地区城市已有的工业基地，以及内地建设的一批新工业基地，大大提高了我国工业生产的能力，初步改善了我国工业极不合理的布局。同时，这一时期积累的管理经验和建立的管理体制，为中国社会主义工业化道路的形成和发展奠定了坚实的实践基础。

社会主义改造是我国经济战线上的社会主义革命，使中国实现了从新民主主义社会到初级阶段的社会主义社会的过渡、从私有制社会到以生产资料公有制为基础的社会的转变，是人类历史上伟大的一页，标志着马克思主义中国化的发展又进入了一个新的历史时期。尽管社会主义改造后期，工作过于急促和粗糙，改变过快，形式也过于简单划一，以致在长期间遗留了一些问题，但是，“有两条基本的事实必须看到：在几亿人口的中国这样一个大国，消灭私有制这样一个深刻的革命变革，第一是在保证国民经济基本上稳定发展的情况下完成的，第二是在得到人民群众基本上普遍拥护的情况下完成的，这是很难做到而确实做到了的事情”①。正如邓小平和江泽民分别指出的那样：“我们的社会主义改造是搞得成功的，很了不起。这是毛泽东对马克思列宁主义的一个重大贡献。”② 全面实现社会主义改造，“消灭剥削制度和剥削阶级，确立了社会主义制度。这是我国几千年来最深刻、最伟大的社会变革”③。

社会主义改造确立了中国社会主义的经济基础和经济制度，为中国全面进行社会主义建设开辟了道路，为中国的一切进步和发展奠定了基础。首先，社会主义经济制度的确立，为保护和发展生产力提供了制度保障。社会主义改造根本变革了旧的经济关系，建立了社会主义性质的经济基础。新的经济制度为新中国成立初期社会生产力的发展提供了极大的支持，保证了国民经济稳定的发展。其次，为在社会主义道路上实现中华民族的伟大复兴奠定了基础。社会主义改造的基本完成，实现中国历史上最伟大最深刻的社会变革，为在社会主义条件下取得比资本主义更快更好的现代化发展速度铺平了道路，开始了在社会主义道路上实现中华民族伟大复兴的历史征程。最后，奠定了当代中国一切发展和进步的根本制度基

---

① 参见胡绳主编：《中国共产党的七十年》，中共党史出版社 1991 年版，第 360—361 页。

② 《邓小平文选》第 2 卷，人民出版社 1994 年版，第 302 页。

③ 《十三大以来重要文献选编》下册，人民出版社 1993 年版，第 1630 页。

础。新中国成立以后，废除西方列强强加的不平等条约和帝国主义在中国的一切特权，彻底结束了旧中国一盘散沙的局面，实现了国家的高度统一和各民族的空前团结，使古老的中国以崭新的姿态屹立在世界的东方。

三、社会主义的思想文化制度的确立

一定的文化是一定社会的政治和经济的反映，又给予重大影响和作用于一定社会的政治和经济。随着新民主主义革命的胜利，随着社会主义改造的基本完成和社会主义建设高潮的到来，确立社会主义文化制度，推动和加强文化建设，成为马克思主义与中国实际“第二次结合”的重要思想基础。

（一）对旧文化旧思想的改造

旧中国极其落后的文化事业是为半殖民地半封建社会的政治经济服务的，与新中国的革命和建设事业发展的需要极不相适应。新中国成立后，党和政府确立了文化教育事业为国家建设服务和向工农大众开门的方针，对旧文化进行了彻底的改造。

根据《中国人民政治协商会议共同纲领》关于“人民政府的文化教育工作，应以提高人民文化水平、培养国家建设人才、肃清封建的、买办的、法西斯主义的思想、发展为人民服务的思想为主要任务”[①] 的文化政策，1949 年 11 月，中共中央发出《关于中央政府成立后党的文化教育工作问题的指示》，明确中央政府成立后，“管理全国文化教育的行政工作，此后均应经由中央政府文教部门来管理。各地区有关文化教育行政的工作，此后均应经由各地政府及军管会之文教机关向中国政府文化教育委员会或适当部门转告和请示”，以便使“中央政府文化教育委员会及其所属部门，在党（通过政府党组）的领导和党外民主人士的参与下负起管理全国文化教育行政的任务”，“党的中央宣传部和各级宣传部能够摆脱行政事务，集中注意于党内外的思想斗争，党的宣传鼓动工作的领导和党的文化教育政策的制定”[②]。中共中央《关于中央政府成立后党的文化教育工作问题的指示》从体制和目标上确立了新中国文化教育事业的领导权和行政权

① 《建党以来重要文献选编（1921～1949）》（第 26 册），中央文献出版社 2011 年版，第 766 页。

② 转引自马齐彬等：《中国共产党执政四十年（1949—1989）》，中共党史资料出版社 1989 年版，第 4 页。

的职责。

新中国成立初期，我们党在经济领域的革命性变革的同时，面临着思想文化领域内清除帝国主义、封建主义思想影响的重要任务。1950年，党的七届三中全会上，毛泽东在《为争取国家财政经济状况的基本好转而斗争》的报告中，明确提出“有步骤地谨慎地进行旧有学校教育事业和旧有社会文化事业的改革工作，争取一切爱国的知识分子为人民服务”① 的主张，思想文化领域清除帝国主义、封建主义思想影响的变革就此展开。

1950年5月，周恩来在基督教问题座谈会上发表谈话，提出中国基督教会要形成自己的基督教会，肃清内部的帝国主义力量和影响，依照“三自”（自治、自养、自传）的精神，提高民族自觉，恢复宗教团体的本来面目。9月，全国1527名基督教负责人在北京发表《〈中国基督教在新中国建设中努力的途径〉的宣言》，提出中国基督教会及其团体的基本方针是，肃清基督教内部的帝国主义影响，警惕帝国主义利用宗教的反动阴谋，培养一般信徒的爱国主义精神，实行自治、自养、自传。次年1月和7月，政务院文化教育委员会颁布《接受外国津贴及外资经营之文教救济机关团体登记实施办法》，公布《对于接受美国津贴的基督教团体处理办法》，宣告维护中国人民文化自主权、彻底割断与帝国主义文化一切联系的文化改造运动的实行。

从1950年5月至1955年底，思想文化战线开展了对电影《武训传》，对俞平伯“红学”思想、对胡适为代表的资产阶级实用主义哲学，以及胡风的文艺思想、梁漱溟的社会政治理论的批判，极大地推动知识分子的思想改造。1950年，当抗美援朝、土地改革和镇压反革命运动在全国轰轰烈烈开展之际，宣扬“行乞兴学”封建文化的电影《武训传》在全国上映，一时间文化思想界的赞扬如潮。毛泽东对此密切关注。他在为《人民日报》撰写的社论《应当重视电影〈武训传〉的讨论》中指出，处在中国人民反帝反封建的伟大斗争时代的武训，根本不去触动封建经济基础及其上层建筑，反而狂热地宣传封建文化，向反动的封建统治者投降，是对中国历史和农民革命斗争的污蔑；《武训传》宣扬的历史观是反动资产阶级思想在党内和社会上的反映。社论批评了一些共产党员在《武训传》的问题上“丧失了批判的能力”，报刊上展开了持续的对《武训传》的讨论和批

---

① 《毛泽东文集》第6卷，人民出版社1999年版，第71页。

判。对于这场批判，中央认为："对电影《武训传》的批判，是新中国成立后在思想文化领域开展的第一次批判运动。毛泽东的目的是借此提倡用马克思主义观点研究历史人物，应当说是重要的，对于宣传历史唯物主义的观点产生了积极的作用；但同时也存在片面性、粗暴和政治上上纲过高的情况，未能真正用学术讨论的方法来进行，在思想文化界开了用政治批判解决学术争论的不好的先例。"①

知识分子思想改造"是我国在各方面彻底实现民主改革和逐步实行工业化的重要条件之一"②。新民主主义革命时期，中国共产党就明确认识到知识分子对中国革命的重要性，提出要大力吸收知识分子加入革命队伍。1948 年，中共中央指出"争取和改造知识分子，是我党重大的任务"③。1951 年 9 月下旬，京津地区 22 所高校 3000 余名教师开展了一个以改造教师思想、改革高等教育为目的的学习运动。月底，周恩来在京津高等学校教师学习报告会上作《关于知识分子的改造的问题》的报告，就知识分子如何确立革命立场、观点、方法的问题谈了自己的体会，号召广大教师认真开展批评和自我批评，努力使自己成为文化战线上的革命战士。11 月，中共中央发出《关于在学校中进行思想改造和组织清理工作的指示》，要求在所有大中小学校教职员和高中以上学生中普遍进行初步的思想改造的工作。同月，中共中央批示宣传部《关于文艺干部整风学习向中央的报告》，提出在文学艺术界开展一个有准备的有目的的整风学习运动，开展严肃的批评和自我批评，使文艺工作向健全的方向发展。1952 年 1 月，中国人民政治协商会议常务委员会第 34 次会议通过《关于展开各界人士思想改造的学习运动的决定》，提出组织各民主党派人士、无党派人士、工商界人士、宗教界人士参加思想改造的学习运动。至此，一场由教育界发起的思想改造学习运动从教育界逐步扩大到包括文艺界、科技界、各民主党派人士等在内的全国性知识分子思想改造学习运动。在思想改造学习运动中，党采取了一系列提高广大知识分子政治觉悟的措施，如开办学习会、训练班，设立革命大学，组织知识分子集中学习社会发展史、马克思主义国家学说、政治经济学和党的方针政策；组织大批知识分子投入到土地改

① 《毛泽东传》第 3 册，中央文献出版社 2011 年版，第 1067 页。

② 《毛泽东文集》第 6 卷，人民出版社 1999 年版，第 184 页。

③ 刘健清、刘庆楚：《试论建国初期知识分子思想改造运动》，见梁柱等编：《历史智慧的启迪》，北京大学出版社 1999 年版，第 272 页。

革、镇压反革命、抗美援朝等革命实践，在革命斗争中体会马克思主义的阶级立场和为人民服务的观点。从 1951 年秋到 1952 年秋的全国知识分子的思想改造教育运动，对于促进知识分子世界观的初步转变，划清无产阶级与资产阶级思想界限，树立为人民服务的人生观，推动教育改革、文艺革新等工作有着重要意义，特别是对于在知识分子中清除帝国主义、封建主义和官僚资产阶级的政治思想影响，确立无产阶级思想文化制度创造了思想条件。

（二）马克思主义指导地位的确立

马克思主义在新中国确立其指导地位的过程，是伴随着中国新旧社会形态更替的必然发生的思想变革过程。新中国成立前夕，随着人民解放军接管北平、上海、南京等大城市，接管、停止了长期由外国人把持的各类宣传渠道，根本上夺回了帝国主义侵略中国的文化阵地和思想文化领域的领导权，为马克思主义的传播和指导地位的确立创造了政治条件。抗美援朝中掀起的爱国主义和国际主义教育，增强了中华民族的自尊心、自信心和凝聚力。1951 年《毛泽东选集》第一卷的出版，1955 年中共中央《关于宣传唯物主义思想批判资产阶级唯心主义思想的指示》的发布，以及 1966 年毛泽东“百花齐放、百家争鸣”方针的提出，极大地推动了马克思主义在意识形态领域指导地位的确立。

新中国成立初期，中国共产党极其重视执政党的思想理论建设，重视在意识形态领域和在经济建设中确立马克思主义指导地位。在 1950 年的整风和 1951 年确立整党的基础上，1951 年 2 月，中共中央发出《关于加强和调整各级党委宣传部的工作和机构的指示》和《关于加强理论教育的决定（草案）》，要求全体党员“在统一的制度下无例外地和不间断地进行马克思列宁主义——毛泽东思想的有系统的学习”①，以个人按照理解能力的发展程度，循序渐进地按照政治常识、理论常识、理论著作三大系统进行理论学习。同年，为提高全党和全国人民的马列主义理论水平，适应广大干部和群众学习、掌握和运用毛泽东思想的需要，中共中央成立《毛泽东选集》出版委员会，负责整理和编辑出版的具体工作。10 月，《毛泽东选集》第一卷出版发行，各级党组织积极地领导党员和群众进行学习，掀起

---

① 马齐彬等：《中国共产党执政四十年（1949—1989）》，中共党史资料出版社 1989 年版，第 30 页。

了学习和宣传毛泽东著作的高潮，推动了学习中国共产党历史和党的理论的热潮。1953年1月，中共中央决定成立马克思、恩格斯、列宁、斯大林著作编译局，有计划地系统地翻译出版马恩列斯的全部著作。4月，中共中央发布《关于1953—1954年干部理论教育的指示》，提出全党干部理论学习的高级组和中级组都要学习《联共（布）党史》第9章和第12章，以及列宁、斯大林关于社会主义经济理论的一部分著作，了解苏联实现国家工业化、农业合作化和完成社会主义建设的基本规律，以便在我国经济建设中根据我国具体条件正确地利用苏联的经验。12月28日，中共中央批准并转发中共中央宣传部编写的《为动员一切力量把我国建设成为一个伟大的社会主义国家而斗争——关于党在过渡时期总路线的学习和宣传提纲》，指示各级党组织根据提纲对广大群众进行总路线的宣传和教育。1954年10月，文艺界和学术界相继展开对《红楼梦》研究中资产阶级唯心主义的批判和对胡适唯心主义思想的批判，1955年1月和3月，中共中央先后发出《关于在干部和知识分子中组织宣传唯物主义思想批判资产阶级唯心主义思想的演讲工作的通知》《关于宣传唯物主义思想批判资产阶级唯心主义思想的指示》两个文件。该通知要求通过对我国知识分子所熟悉的资产阶级唯心主义思想的批判来具体地宣传马克思主义唯物主义思想，对党、军队、文教、经济、政治系统及其他部门和各人民团体大约500万名有阅读能力的党内干部和党外知识分子认真地进行唯物主义的教育，并通过他们教育广大人民群众。该指示认为，随着社会主义建设和社会主义改造的进展，阶级斗争更为复杂和尖锐起来。外国帝国主义和国内已被消灭和将被消灭的阶级中的坚决反对分子，会利用资产阶级的思想反对马克思主义的思想，用唯心主义的世界观反对唯物主义的世界观，进而破坏社会主义的事业，因此，党在思想工作中的最根本的任务，就是宣传唯物主义思想，反对唯心主义的思想。指示强调在学术领域对资产阶级代表人物的批判，是在学术界和知识分子中宣传唯物主义、推动科学和文化进步、促进新生力量成长、培养和组织理论工作队伍的有效方法。这一系列的思想理论建设的举措，极大地推动了马克思主义理论在思想理论战线和知识分子中指导地位的确立。

在思想领域加强马克思主义指导地位确立的同时，毛泽东着重思考人民共和国思想文化建设的指导方针。在1956年初召开的最高国务会议上，毛泽东提出了科学文化建设的伟大目标，指出："我国人民应该有一个远大的规划，要在几十年内，努力改变我国在经济上和科学文化上的落后状况，迅速达到世界上的先进水平。为了实现这个伟大的目标，决定一切的是要有干部，要有数量足够的、优秀的科学技术专家”[①]。4 月，在著名的《论十大关系》的演讲中提出“有分析有批判地”学习“一切民族、一切国家的长处”的观点[②]，在中共中央政治局扩大会议上，毛泽东又提出发展艺术和科学的指导方针，确立了思想文化建设的“百花齐放、百家争鸣”的方针。8 月，毛泽东在《同音乐工作者的谈话》中，论述了文化艺术中的共性和个性的关系问题，提出艺术的基本原理有共同性，但表现形式要多样化，“要有民族形式和民族风格”，主张社会主义的文化艺术要把“社会主义的内容”和“民族的形式”有机结合起来；要把“向外国学习科学的原理”，用来“研究中国的东西”，在“接受外国的长处”的基础上“使我们自己的东西有一个跃进”。毛泽东强调，“中国的文化应该发展”，“外国有用的东西，都要学到，用来改进和发扬中国的东西，创造中国独特的新东西”，中国的和外国的有机结合，“以自己的东西为主”，“应该越搞越中国化，而不是越搞越洋化”，创造出中国自己的、有独特的民族风格，“为群众所欢迎的标新立异”的新文化[③]。毛泽东实际上提出了发展科学和艺术的规律性问题，倡导思想文化的发展要实行以马克思主义为指导，以社会主义的丰富实践为内容，实现人类优秀文明文化成果“中国化”的方针。

（三）社会主义文化教育制度的确立

确立全国教育工作的总方针。1949 年 12 月召开的全国第一次教育工作会议，明确了改革旧教育的方针、步骤和发展新教育的方向。会议认为，中华人民共和国的教育是新民主主义教育，其主要任务是提高人民文化水平，培养国家建设人才，发展为人民服务的思想。这种新教育是民族的、科学的、大众的教育，方法是理论与实际一致，目的是为人民服务；教育工作的发展方针是普及与提高的正确结合，在老解放区应以巩固与提高为主，在条件许可时可适应群众需要作某些发展；在新解放区关键是争取、团结和改造知识分子，执行坚决维持原有学校，逐步作可能与必要的改善的方针。

---

① 《毛泽东文集》第 7 卷，人民出版社 1999 年版，第 2 页。

② 《毛泽东文集》第 7 卷，人民出版社 1999 年版，第 41 页。

③ 《毛泽东文集》第 7 卷，人民出版社 1999 年版，第 76—83 页。

确立无产阶级教育思想在各级教育中的主导地位。新中国成立伊始，为清除国民党法西斯意识形态影响，对旧的文化教育事业进行革命改造，除实行国家对教育的领导外，党和政府废除反动政治教育，建立和加强革命的政治教育，通过一系列办法，确立为人民服务的思想教育体系。大力开展扫盲运动，发展小学和中学教育，创建工农速成中学、工农干部文化补习班和技术进修班，提高工农干部的教育水平。改革和发展高等教育，以培养工业建设人才和师资队伍为重点，发展专门学院和专科学校，整顿和加强综合大学，形成高等工科学校专业比较齐全的体系。成立中国科学院，大力发展自然科学。这些措施基本确立了无产阶级教育思想在教育中的地位。

建立为人民服务的文化教育制度。1950 年 6 月 1 日，政务院发出《关于开展职工业余教育的指示》。同日，第一次全国高等教育会议在北京召开。同年 7 月，教育部在北京召开全国高等学校政治课教学研讨会，提出政治思想教育的三个重点和三项规定。9 月，教育部和中华全国总工会联合召开第一次全国工农教育会议，奠定了新中国初期职工教育的制度基础。年底，政务院又发出《关于举办工农速成中学和工农干部文化补习学校的指示》，批准教育部《关于开展农民业余教育的指示》等文件，推动了公民业余教育的发展。1951 年 1 月，根据政务院《关于处理接受美国津贴的教会学校及其他教育机构的指示》规定，奠定了人民的高等教育发展的基础。同年，初步构建了我国中等教育的制度基础，完善和规范了中等技术教育的各项制度。随着 1952 年全国高等学校院系调整工作的胜利完成，一个涵盖高等教育、中等教育、中等技术教育、职工业余教育的教育体系初步建立来，适应新中国经济建设的教育制度雏形初现。

社会主义基本制度的全面确立，为巩固民族独立和人民解放的成果，尤其是为中国的一切进步和发展创造了政治前提和制度基础。在中国共产党的领导下，“我们确立了社会主义基本制度，在一穷二白的基础上建立了独立的比较完整的工业体系和国民经济体系，使古老的中国以崭新的姿态屹立在世界的东方”①。

① 胡锦涛：《在庆祝中国共产党成立 85 周年暨总结保持共产党员先进性教育活动大会上的讲话》，人民出版社 2006 年版，第 2 页。

第七章 “第二次结合”的开启与新的“重大时代课题”

在党的七届二中全会上，毛泽东主席指出，在革命胜利以后，要迅速地恢复和发展生产，使中国稳步地由农业国转变为工业国，把中国建设成一个伟大的社会主义国家。1952年，毛泽东在审阅《中共中央关于实行精兵简政，增产节约，反对贪污、反对浪费和反对官僚主义的决定》时又指出，从一九五三年起，我们就要进入大规模经济建设，要“准备以二十年时间完成中国的工业化”①。在我国完成恢复国民经济的任务并开始以实施国民经济第一个五年计划为中心的大规模经济建设之时，鉴于“对于如何在中国建设社会主义，全党不仅没有经验，而且缺乏足够的理论准备”②，毛泽东主席在全国政协一届四次会议闭幕会上发表讲话指出：“我们要进行伟大的五年计划建设，工作很艰苦，经验又不够，因此要学习苏联的先进经验。”“应该采取真心真意的态度，把他们的所有的长处都学来，不但学习马克思列宁主义的理论，而且学习他们先进的科学技术，一切我们用得着的，统统应该虚心地学习。”“应该在全国掀起一个学习苏联的高潮，来建设我们的国家。”③ 正当全国人民满怀豪情进行社会主义改造，开展大规模经济建设并向苏联学习社会主义建设经验时，1956年苏共二十大召开，苏共中央第一书记赫鲁晓夫在《关于个人崇拜及其后果》的秘密报告中，尖锐揭露和批判了斯大林在领导社会主义建设中所犯的一些重大错误，以及当时苏联党和国家政治生活中的一些矛盾。这给刚刚起步的中国社会主义建设提出了一个严肃的问题：苏联的经验还管用不管用？中国应该建设什么样的社会主义、如何建设社会主义？1956年3月中旬至4月初，在中共中央政治局、书记处召开会议研究苏共二十大及其影响、讨论《关于无产阶级专政

---

① 《毛泽东文集》第6卷，人民出版社1999年版，第207页。

② 中共中央党史研究室：《中国共产党历史》第二卷（1949—1978）（上卷），中共党史出版社2011年版，第373页。

③ 《毛泽东文集》第6卷，人民出版社1999年版，第263—264页。

的历史经验》时，毛泽东主席提出，我们从苏共二十大得到的最重要的教益是，“把马列主义的基本原理同中国革命和建设的具体实际相结合”，“现在是社会主义革命和建设时期，我们要进行第二次结合，找到在中国怎样建设社会主义的道路”①。也正是从1956年春，以毛泽东同志为主要代表的中国共产党人，开启了以“找到在中国怎样建设社会主义的道路”为主题的马克思主义与中国革命和建设实际“第二次结合”新征程②。

以毛泽东同志为主要代表的中国共产党人，开启了把马克思列宁主义基本原理与中国具体实际“第二次结合”，力图回答在中国这样人口众多、经济文化落后的东方大国“建设什么样的社会主义、如何建设社会主义”的时代课题③，在实践上是新民主主义革命和社会主义革命的继续，在理论上是对毛泽东思想的坚持、丰富和发展。党在领导“第二次结合”过程中所取得的社会主义建设巨大成就，及其在此基础上形成的社会主义建设独创性理论成果，“为在新的历史时期开创中国特色社会主义提供了宝贵经验、理论准备、物质基础”④。

第一节 国际国内时局的变化与“第二次结合”的提出

20世纪50年代中叶，世界政治经济格局发生着重大变化。在国内，

---

① 中共中央党史研究室：《中国共产党历史》第二卷（1949—1978）（上卷），中共党史出版社2011年版，第378—379页。

② 薄一波：“从1956年春开始，党和毛泽东同志又开始了新的探索，目的是摆脱苏联的建设模式，找到一条适合中国国情的社会主义建设道路。……从1978年党的十一届三中全会开始，我们对过去的经验教训作了系统的总结，提出了一系列新的方针政策。……成功地实现了建国以来我党历史上具有深远意义的伟大转折，开创了社会主义现代化建设的新局面。党的十二大提出走自己的道路，建设有中国特色的社会主义。十三大提出社会主义初级阶段的理论和党的基本路线。十四大提出建立社会主义市场经济体制和用建设有中国特色社会主义理论武装全党。这就是我们常讲的党的认识上的‘第二次飞跃’。仔细地看一看《邓小平文选》的第二、三卷，人们就会知道，这个始于毛，成于邓，继往开来的探索过程之艰辛。”（《在中央举办的“学习〈邓小平文选〉和建设有中国特色社会主义理论研讨会”上的讲话》，参见《新华月报》1995年第1期）

③ 《胡锦涛文选》第3卷，人民出版社2016年版，第526页。

④ 《中共中央关于党的百年奋斗重大成就和历史经验的决议》，人民出版社2021年版，第14页。

随着我国社会主义改造基本完成，党中央开始把注意力逐渐转移到经济建设和科学文化建设上来。在中国这样一个人口众多、经济文化落后的东方大国如何建设社会主义，是一个极其复杂和困难的问题。鉴于苏联在建设社会主义过程中的一些缺点和错误，毛泽东强调："过去我们就是鉴于他们的经验教训，少走了一些弯路，现在当然更要引以为戒。"[①]

一、国际时局变化与"第二次结合"的提出

第二次世界大战结束后的十余年间，世界经济政治格局发生了重大变化，这种变化首先体现在资本主义和社会主义两大"阵营"的形成，以及两大"阵营"对峙态势的模式化。两大阵营的对抗尤其是经济上的分离和对立，对社会主义阵营造成了严重的影响。首先，资本主义阵营对社会主义国家的封锁、禁运，人为地把社会主义国家排除在世界经济体系之外，使社会主义国家难以分享人类经济发展和科技进步的积极成果，大大地延缓了社会主义国家经济发展和社会进步的进程。其次，为冲破资本主义国家的封锁和禁运，社会主义国家被迫建立起与世界经济市场相分离的"社会主义市场"，由于社会主义国家社会生产力水平普遍较低，"社会主义市场"存在着先天不足；而与世界市场的分离，又使人们对社会主义市场发展规律的认识在一个较长的时期与经济发展规律是相悖的，最终导致对社会主义及其改革认识的滞延。本来，遭到战争严重破坏的苏联经济，在战后 20 世纪 50 年代的快速增长，既有社会主义制度优越性又有经济起点低等多种因素的影响，但由于与世界经济的分离，固化了苏联坚持特殊条件下形成的特定经济制度、继续脱离西方经济的信心，以至于赫鲁晓夫宣称苏联经济将在 10 年内超过美国，明显对建设强大的社会主义国家缺乏长期性和艰巨性的认识。进入 60 年代后，苏联的经济增长逐渐减缓，但苏联对西方经济排斥以及资本主义国家对苏联进行经济封锁，使得以苏联为首的社会主义阵营参与国际分工的条件与机会极为有限。这样，社会主义国家不仅受害于低水平的经济增长和生产力发展，而且还因在国际上不断增加的相对不利（与西方国家比较）而陷入困境。

到了 20 世纪 50 年代中期，这种模式化的态势有了微妙的变化，先是在社会主义阵营内的论战，而后是在社会主义和资本主义两大阵营之间的

① 《毛泽东文集》第 7 卷，人民出版社 1999 年版，第 23 页。

“解冻”。

苏联和东欧社会主义国家关系的危机首先从苏联和南斯拉夫的紧张关系开始，20世纪50—60年代更趋复杂化。20世纪40年代末期，南斯拉夫按照民族特点，坚持独立自主的原则建设社会主义，坚持自己的自治理论，在处理国际关系方面不听从莫斯科的指令，使苏联大为不满。在苏联授意下，欧洲共产党和工人党9国情报局于1948年6月在布加勒斯特通过《关于南斯拉夫共产党状况的决议》，谴责南斯拉夫共产党采取民族主义的立场，脱离反帝的统一的社会主义阵线，并将南斯拉夫开除出情报局；1949年11月又通过决议，对南斯拉夫实行经济封锁和贸易制裁，苏南关系破裂。20世纪50至60年代，苏共二十大后，苏联领导人调整内外政策，同时推动东欧社会主义国家进行一系列政策调整，波兰、匈牙利、捷克斯洛伐克等国先后出现国内动乱。由于苏联采取不正确的国家关系准则，使社会主义国家始终处于分化、动荡之中，特别是中苏两党在诸如如何对待社会主义国家关系、社会主义发展道路和如何对待无产阶级领袖等问题上出现不同意见的分歧，两党从共产主义运动内部的争论逐渐演化为公开论战，直至社会主义阵营的“结盟”关系从事实上的裂解而逐渐走向“分裂”。国际共产主义运动中各国党际关系和社会主义阵营内部国家关系的发展变化，是中国独立自主地探索社会主义建设道路不可忽视的影响要素。

在资本主义国家方面，20世纪50年代中期，借助第三次科学技术革命的成果和社会主义经济关系发展的一些成功之处，包括计划经济、社会福利和社会保障制度的一些做法，资本主义经济关系有了明显的自我调整。国家对经济的调节和干预，已由原先在战争和严重的经济危机中运用的一种临时性的非常措施，转变为一种经常性的日常经济运行的必要机制，国家垄断资本发展到一个更高阶段。70年代初，国家垄断资本主义的进一步发展，出现了所谓的“现代资本主义模式”。在现代资本主义模式中，技术进步要求对科学研究进行大量的投资，而科学研究只有通过大企业并在得到资本主义国家大笔经费资助下才能进行；企业及其综合体的生产力和生产关系的国际化程度相当高，起的作用也极为重大，以至这种国际化成为现代资本主义不可分割的、极其重要的特征。资本的国际化不再是资本主义经济内部发展的一种“附加”因素，而是成为一种“首要”因素①。资

① 参见顾海良：《科学社会主义的发展阶段及其主题转换》，《中国人民大学学报》2005年第3期。

本主义经济关系的自我调整，虽然没有消除资本主义社会的基本矛盾，但也表明在一个很长的历史时期内，资本主义还有自我调整的能力和一定的生命力，两种社会制度的并存、竞争和斗争，或许也会存在于一个相当长的历史时期。

两大阵营关系的变化，对致力于把马克思列宁主义基本原理与中国具体实际“第二次结合”的中国共产党而言，影响是两方面的：一方面，两大社会制度及其在意识形态的差异和对立，对于巩固马克思主义在中国社会的指导地位、分清思想认识上的是非具有明显的鉴别指示作用；另一方面，社会主义阵营内部对于国际共产主义运动的历史经验及其引发的意识形态的争论、分歧，继而导致经济和政治上对立的扩大，增添了中国探索社会主义经济建设道路的复杂性，一定程度上延缓了“第二次结合”探索的历史进程。

二、国内经济政治形势发展与“第二次结合”的提出

由于帝国主义的掠夺和国民党反动派的腐朽统治，新中国成立初期的国民经济十分落后。城市衰落，工人失业，灾害连年，物价飞涨，通货膨胀，民生困苦，加上帝国主义的经济封锁、物资禁运、武装威胁，以及国民党武装的威胁破坏，相当大一部分群众对新生的人民政权能否巩固，中国共产党能否管好国家持观望甚至是怀疑的态度。

面对复杂的形势和考验，中国共产党及其领导的人民政府依靠新生的国营经济和人民的支持，采取有力的经济措施和必要的行政手段，打击投机资本的非法活动。1950 年 3 月，党中央决定：统一全国财政收入，统一全国物质调度，统一全国现金管理，“奠定了以集中为基础的财经管理体制的雏形”①。在财政经济情况开始好转之时，党中央清醒地认识到，要获得财政经济的根本好转，需要土地改革的完成、现有工商业的合理调整和国家机构所需经费的大量节减等社会条件的支持；毛泽东在七届三中全会上提出“不要四面出击”，“绝不可树敌太多”，“要把人民中间不满意我们的人变成拥护我们”的方针，提出团结一切可以团结的力量，“通过合理调整工商业，调整税收”，改善同民族资产阶级的关系，“认真、谨慎地做好统一战线工作”，使“工人、农民、小工业者都拥护我们，使民族资产

① 参见薄一波：《若干重大决策与事件的回顾》（上），人民出版社 1997 年版，第 86 页。

阶级和知识分子中的绝大多数人不反对我们”①。经过三年国民经济恢复时期和第一个五年计划的实行，我国经济和社会状况、国内阶级状况发生了极大的变化。经济上，在私人资本主义、个体经济、国家资本主义、合作社经济都得到发展的同时，社会主义性质的国营经济迅速发展。经济状况的改善，经济结构的变化为社会主义经济的大发展打下了坚实的基础。政治上，土地改革和其他民主改革，彻底根除了几千年封建制度的政治基础。1950 年，《中华人民共和国土地改革法》颁布，“废除地主阶级封建剥削的土地所有制，实行农民的土地所有制，借以解放农村生产力，发展农业生产，为新中国的工业化开辟道路”的土地改革运动的基本完成，彻底消灭了延续几千年的封建地主阶级土地所有制，1953 年第一届全国人民代表大会第一次会议通过的《中华人民共和国宪法》确立了新中国的根本政治制度。思想文化上，教育工作的改革，知识分子思想的改造，以及在思想理论界开展宣传唯物主义思想反对唯心主义思想的斗争，12 年科学技术发展远景规划的制定，彻底改变了中国人民的精神面貌，初步确立了社会主义建设的思想文化基础。经济、政治和思想文化上的变革必然导致社会主要矛盾的变化。1956 年 9 月，中国共产党第八次全国代表大会指出，在社会主义改造基本完成之后，“我国的无产阶级同资产阶级之间的矛盾已经基本上解决，几千年来的阶级剥削制度的历史已经基本结束，社会主义的社会制度在我国已经基本上建立起来了”。“我们国内的主要矛盾，已经是人民对于建立先进的工业国的要求同落后的农业国的现实之间的矛盾，已经是人民对于经济文化迅速发展的要求同当前经济文化不能满足人民需要的状况之间的矛盾。”② 党的工作中心的急剧转变，经济关系和经济体制的深刻变革、社会结构的深刻变动、社会思想观念的激荡，党的执政地位的变化，历史性地提出了运用马克思主义的基本原理分析中国的现实，结合党的历史任务找到中国社会发展的正确道路，奠定实现中华民族伟大复兴的政治前提和制度基础。

概括而言，“第二次结合”的命题是在如下条件下提出的：

其一，1956 年社会主义改造基本完成，中国已进入全面建设社会主义时期，中国共产党必须正确回答面临的崭新历史课题：如何建设、巩固和

---

① 《毛泽东文集》第 6 卷，人民出版社 1999 年版，第 74—76 页。

② 转引自胡绳主编：《中国共产党的七十年》，中共党史出版社 1991 年版，第 373 页。

发展社会主义。这一历史课题包括两大方面的任务，即进行社会主义建设，防止资本主义复辟。

其二，现实实践中提出了新问题。从国外看，经过苏共二十大，苏联方面暴露了他们的一些缺点和错误。毛泽东说：“他们走过的弯路，你还想走？过去我们就是鉴于他们的经验教训，少走了一些弯路，现在当然更要引以为戒。”从国内看，我国第一个五年计划的建设虽然有成效，但是由于我们没有管理全国经济的经验，不得不照抄苏联的办法，这在当时是完全必要的。但是毛泽东对这种“基本照抄”的办法感到不满意，心情不舒畅，认为这不是长久之计。

其三，经过第一个五年计划的建设，中国在建设方面有了自己的初步实践，已经积累了一些经验，又有了苏联的经验和教训可借鉴。所以，在社会主义改造即将基本完成之际，毛泽东思考中国是否可以用一种更加适合中国情况的办法搞得快点多点，更好地建设社会主义。

其四，1956年赫鲁晓夫在苏共二十大作了全盘否定斯大林的秘密报告。随后，西方敌视社会主义的势力利用赫鲁晓夫的秘密报告攻击共产党和社会主义，叫嚣要“改变共产主义世界的性质”，掀起了世界性反共浪潮。这向中国共产党人提出了如何对待苏联经验的问题。

对于赫鲁晓夫在苏共二十大的秘密报告，毛泽东认为，秘密报告一是揭了盖子，这是好的。因为秘密报告有助于破除对苏联模式的迷信。“破除迷信，帮助我们思考问题。搞社会主义建设不一定完全按照苏联那一套公式，可以根据本国的具体情况，提出适合本国国情的方针、政策。”二是捅了娄子。这个秘密报告，无论在内容上或方法上，都有严重错误，苏联党和全世界各国党都没有思想准备，“全世界的共产党都出现了混乱”。针对这种情况，毛泽东和中共中央明确指出，必须坚持苏联革命和建设中那些具有普遍意义的基本经验。十月革命道路反映了人类社会发展长途中一个特定阶段内关于革命和建设的普遍规律，我们必须保卫十月革命所开辟的这一条马克思列宁主义的道路，这在目前的国际形势下具有特别重大的意义。同时，毛泽东和中共中央又强调要从中国的国情出发，找出在中国这块土地上建设社会主义的具体道路。这就是要求把坚持马克思列宁主义基本原理与从中国社会主义建设的具体实际出发两者有机地结合起来，不能片面地只强调一个方面而否定另一个方面。如果否定了马克思列宁主义的基本原理，否定了社会主义的共同性，即否定了社会主义必须具备的基本特征，那搞的就不是社会主义；如果不从中国实际出发，社会主义建设也不可能搞好。社会主义在各国的具体发展过程和表现形式绝不会是千篇一律的格式，每一个国家都有自己特别的具体的社会主义建设的形式和方法。

综合上述各方面的情况，1956 年 3 月 17 日，毛泽东在中央书记处讨论赫鲁晓夫秘密报告时表示："我认为最重要的教训是独立自主，调查研究，摸清本国国情，把马克思列宁主义的基本原理同我国革命和建设的具体实际结合起来，制定我们的路线、方针、政策。"民主革命时期，我们走过一段弯路，吃了大亏之后才成功地实现了这种结合，取得革命的胜利。"现在是社会主义革命和建设时期，我们要进行第二次结合，找出在中国进行社会主义革命和建设的正确道路。"他说，开始我们模仿苏联，因为我们毫无搞社会主义的经验，只好如此，但这也束缚了自己的积极性和创造性。"现在我们有了自己的初步实践，又有了苏联的经验教训，应当更加强调从中国的国情出发，强调开动脑筋，强调创造性，在结合上下功夫。"这是毛泽东新中国成立后首次提出"把马克思主义与中国革命和建设具体实际结合起来"，进行"第二次结合"的命题。

三、"第二次结合"的历史任务

马克思主义与中国实际第二次结合的提出，是中国共产党领导中国革命历史发展的必然结果。新中国成立前夕，毛泽东清醒地指出："严重的经济建设任务摆在我们面前。我们熟悉的东西有些快要闲起来了，我们不熟悉的东西正在强迫我们去做。这就是困难。""我们必须克服困难，我们必须学会自己不懂的东西。"而"苏联共产党就是我们的最好的先生，我们必须向他们学习"[①]。新中国成立后毛泽东进一步指出："要把一个落后的农业的中国变成为一个先进的工业化的中国，我们面前的工作是很艰苦的，我们的经验是不够的，因此，必须善于学习。要善于向我们的先进者苏联学习，要善于向各人民民主国家学习，要善于向世界各兄弟党学习，要善于向世界各国人民学习。""我们决不应当由于革命的胜利和在建设上有了一些成绩而自高自大。"[②] 无论就理论而言，还是就实际的建设经验而言，当时中国的社会主义建设的经验，只能来自对苏联社会主义建设的了解和借鉴。

---

① 《毛泽东选集》第 4 卷，人民出版社 1991 年版，第 1480、1481 页。

② 《毛泽东文集》第 7 卷，人民出版社 1999 年版，第 117 页。

新中国成立后，毛泽东依据马克思主义社会改造理论，结合中国实际提出了生产资料私有制的社会主义改造理论和过渡时期总路线，使我国由新民主主义社会逐步过渡到社会主义社会。经过社会主义改造和第一个五年计划，中国从总体上采纳了苏联社会主义模式：在所有制方面，消灭资本主义经济和个体经济，建立单一的社会主义公有制（全民所有制和集体所有制）；在分配制度方面，基本上实行按劳分配制度（在中国资本家还拿定息）；在经济体制方面，建立高度集中的计划经济体制，严格限制市场机制的作用，国民经济的产品分配纳入中央计划的直接控制之下；在社会主义工业化的道路方面，奉行优先发展重工业的指导方针，无论是资源的筹集和配置的方式，还是投资重点、工业化的发展战略，都主要是照搬苏联经验。由于没有管理全国经济的经验，新中国第一个五年计划的建设不得不照抄苏联的办法，“这在当时是完全必要的”。第一个五年计划的建设虽有成效，但具有从实际出发、实事求是、勇于和善于独立思考的历史传统的中国共产党领导人，对于这种从苏联那里学习到的“缺乏创造性，缺乏独立自主的能力”① 的社会主义建设模式和经验，“总觉得不满意，心情不舒畅”②，认为“不应当是长久之计”③。特别是随着经济发展规模的扩大，经济结构的复杂，发展目标和人民生活要求的多元化，单一的社会主义公有制及其高度集中的计划经济体制，愈来愈不适应日趋复杂的社会生产力发展的需要。苏联模式的这些弊端，毛泽东敏锐地觉察到了，并于三大改造完成以后着手改进体制。当赫鲁晓夫在苏共二十大作了全盘否定斯大林的秘密报告之后，毛泽东明确提出把“尽力找出在中国这块大地上建设社会主义的具体道路”，作为马列主义同中国实际的“第二次结合”的新课题。这是一个十分深刻而重要的思想，开启了探索适合中国情况的社会主义建设道路的艰难历程。

马克思主义与中国实际“第二次结合”的历史性探索，主要探讨的是中国社会主义建设道路即如何建设社会主义的问题，但这并不是唯一的问题，因为中国的建设和发展离不开世界。在当时苏联全盘否定斯大林，帝国主义利用苏联的错误做法全面否定社会主义制度及其历史实践、掀起反共反社会主义的浪潮中，如何看待苏联社会主义革命和建设的经验问题、

---

① 《毛泽东文集》第 8 卷，人民出版社 1999 年版，第 305 页

② 《毛泽东文集》第 8 卷，人民出版社 1999 年版，第 117 页

③ 《毛泽东文集》第 8 卷，人民出版社 1999 年版，第 305 页。

进而如何看待十月革命和社会主义的问题，必然引发毛泽东及其领导的中国共产党对如何防止党和国家变质、如何保持党和人民政权纯洁性的思考①。这也是毛泽东和中国共产党长期思考的一个问题。毛泽东在对马克思主义与中国实际“第二次结合”的两个历史性课题的思索中，明确了“第二次结合”的三大历史任务，即开创有别于苏联的中国社会主义建设道路、保持国家政权的社会主义性质、进行执政条件下马克思主义政党的建设。

（一）开创有别于苏联的社会主义建设道路

中国共产党第一代领导集体对于社会主义理论上的认识和了解，首先是来自马克思、恩格斯、列宁的著作。对于经济落后的国家进入社会主义阶段后，如何建设与中国落后的社会生产力相适合的经济、政治和文化，中国共产党是知之不多的。当时苏联是世界上第一个建成社会主义的国家，其社会主义建设实践对第二次世界大战后成立的东欧社会主义国家产生了极大影响，苏联社会主义模式是当时世界上唯一可供选择和借鉴的社会主义模式。新中国诞生后的国际环境，使中国人民别无选择地倒向以苏联为首的社会主义阵营，政治上的“一边倒”，加深了苏联模式在经济上对新中国的影响，因此通过借鉴苏联社会主义实践的经验来获得对社会主义的认识，是中国共产党第一代领导集体在当时历史条件下唯一的也是必然的选择。

然而，在社会主义建设的实践中，毛泽东并没有完全照搬苏联社会主义建设的模式。他依据新民主主义革命胜利后的经济政治条件，采取社会主义工业化和社会主义改造同时并举的方针，逐步改造生产资料私有制，从理论和实践上解决了在中国这样一个占世界人口近四分之一的、经济文化落后的大国中建立社会主义制度的艰难任务。他提出的调动一切积极因素，化消极因素为积极因素，以便团结全国各族人民建设社会主义强大国家的战略思想，实施的经济工作中城乡各阶层统筹安排和兼顾国家、集体、个人三者利益等一系列政策，倡导的工人是企业的主人，要实行干部参加劳动、工人参加管理、改革不合理的规章制度，和技术人员、工人、干部“三结合”的管理理念，制定的社会主义建设要统筹兼顾、综合平衡，不机械搬用外国的经验，而要从中国一个大农业国的实际情况出发，

① 参见梁柱：《毛泽东倡导实行马克思列宁主义同中国实际的第二次结合》，《党的文献》2003年第6期。

以农业为基础，正确处理重工业同农业、轻工业的关系，充分重视发展农业和轻工业的指导方针，体现了经济建设、政治建设、文化建设统筹发展的思想，开辟了一条与苏联有所不同的中国工业化的道路。

（二）保持国家政权的社会主义性质

探索中国社会主义建设道路，首要前提是保持国家的社会主义性质。20世纪50年代，在对社会主义国家武装干涉、军事包围和政治孤立遭到失败之后，国际帝国主义企图以经济、政治、思想和文化渗透为主要形式，促使社会主义国家政权从内部演变从而达到颠覆社会主义制度的目的。国际局势新的变化，使得反对和防止“和平演变”，保持政权社会主义性质成为无产阶级政党和社会主义国家面临的一个严峻的历史性任务。

毛泽东是最早警惕帝国主义“和平演变”战略的国际共产主义运动领导人之一。新中国成立前夕，针对美国的白皮书，毛泽东以新华社评论的形式发表《丢掉幻想，准备战斗》等5篇文章，批驳美国组建“第五纵队”，企图推翻中国共产党领导的人民政府的阴谋活动。20世纪50年代中期，当国际共产主义运动中出现全盘否定斯大林和波匈事件、美国大肆兜售“和平演变”战略之初，毛泽东敏锐地警觉到国际共产主义运动局势的严重性，在《再论无产阶级专政的历史经验》中指出，帝国主义者还是时时刻刻都想消灭我们，无论什么时候也不能忘记敌人同我们之间的严重斗争，这就是世界范围内的阶级斗争，告诫西方的“和平演变”在社会主义国家内部有一定的社会基础。50年代末，《参考资料》编发了杜勒斯的“和平演变”言论，毛泽东给予高度重视，要求高级干部研究国际问题，指示：“要看他（指杜勒斯——作者注）的讲话，一个字一个字地看，要翻英文字典……省委要指定专人看《参考资料》。”1959年的杭州会议开会前，毛泽东要秘书林克找出杜勒斯关于和平演变的一些讲话，又重新看了其中的几篇，发表看法，指示林克根据谈话内容拟写成“批注”，“连同杜勒斯三次讲话的全文印发给与会者”。在“批注”中，毛泽东针对杜勒斯要以“法律和正义”代替武力的叫嚣，指出：“美国在标榜希望和平的同时，正在加紧利用渗透、腐蚀、颠覆种种阴谋手段来……实现它的侵略野心的目的。……用和平转变，腐蚀我们。”实质是“意味着和平的转变”①。

① 参见林克：《毛泽东对杜勒斯和平演变言论的评论》，载中共中央文献研究室、中央档案馆《党的文献》编辑部编：《毛泽东重要著作和思想形成始末》，人民出版社1993年版，第346—350页。

他还高瞻远瞩地揭露美国的预言家把和平演变的希望寄托在第三代、第四代身上的阴谋，明确提出全党要警惕和防止西方的“和平演变”，提出反和平演变的战略思想。

（三）执政条件下马克思主义政党建设

在无产阶级专政和社会主义条件下，在帝国主义图谋对社会主义“和平演变”的条件下，马克思主义政党建设是保持国家政权社会主义性质和建设中国社会主义的组织保证。这也是新中国成立后毛泽东关于马克思主义与中国实际“第二次结合”着重思考的一个重大政治问题。

新中国成立初期，毛泽东严肃地把反贪污、反浪费、反官僚主义的斗争看作与镇压反革命的斗争同等的重要。20 世纪 50 年代中期以后，毛泽东又把党执政后防止腐败和防止和平演变作为重大历史课题摆在全党的面前，思考如何使我们党在执政条件下始终保持工人阶级先锋队的性质，担负起领导社会主义现代化建设的重任。60 年代初，毛泽东深刻批判了赫鲁晓夫“全民党”的错误观点，指出：“我们的党是无产阶级政党，是无产阶级的先进部队，是用马克思列宁主义武装起来的战斗部队。”认为只有这样的党，才能具有抵制诱惑的能力，才能承担起领导的责任。毛泽东在复杂的国际和国内形势下，为巩固社会主义政权和领导社会主义建设的胜利，为建设一个能够领导与完成经济建设和反对帝国主义“和平演变”战略的历史性任务的马克思主义政党，倡导开创“党的建设的伟大工程”新的历史任务。

毛泽东关于马克思主义与中国具体实际“第二次结合”的三大历史任务是一个相互联系的统一整体。一方面“开创有别于苏联的中国社会主义建设道路”是新民主主义革命的必然归宿，又是借鉴国际共产主义运动经验的现实选择和中华民族复兴的必然要求，“保持国家政权的社会主义性质”和“执政条件下马克思主义政党建设”是“开创有别于苏联的中国社会主义建设道路”的政治保证和组织保证，没有这两个基本的条件，就不会有“开创有别于苏联的中国社会主义建设道路”的完成；另一方面，“开创有别于苏联的中国社会主义建设道路”的探索和实现，是全党全国人民的政治目标，能够凝聚各阶级各阶层的政治力量，巩固无产阶级领导下的工农联盟，维护国家的社会主义性质，同时也为“执政条件下马克思主义政党建设”提出了新的要求，提供了广阔的舞台。再者，“保持国家政权的社会主义性质”是“执政条件下马克思主义政党建设”的政治使命和目标，奠定了“执政条件下马克思主义政党建设”的政治方向；“执政条件下马克思主义政党建设”是“保持国家政权的社会主义性质”的组织基石，一定意义上讲，“执政条件下马克思主义政党建设”状况，事关“保持国家政权的社会主义性质”和“开创有别于苏联模式的中国社会主义建设道路”的成败。

第二节 “第二次结合”初步探索的历史过程和原则

“中华人民共和国的成立就是标志着革命已经开始向社会主义转变。”① 中华人民共和国的成立，标志着新民主主义革命的任务基本完成，社会主义革命和建设的任务开始，一定意义上也是马克思主义与中国实际“第二次结合”的开始。党在“第二次结合”的过程中，面临的主要任务是“实现从新民主主义革命到社会主义的转变，进行社会主义革命，推进社会主义建设，为实现中华民族伟大复兴奠定根本政治前提和制度基础”②。

一、初步探索“第二次结合”的基本过程

从1949年到1976年，马克思主义与中国实际“第二次结合”的过程大致经历了如下阶段：

第一个阶段，从1949年中华人民共和国成立到1956年社会主义改造基本完成。这一时期之所以是马克思主义与中国实际“第二次结合”的重要阶段，从实践的逻辑上讲，中华人民共和国成立而建立起来的政治制度，社会主义改造基本完成而建立起来的经济制度，奠定了社会主义建设的政治和经济制度基础。从实践的内容来看，这一阶段，中国共产党人运用马克思主义关于无产阶级专政的学说，创造性地实行了对农业、手工业和资本主义工商业的社会主义改造，从而实现了中国历史上最伟大、最深刻的社会变革。正如毛泽东所说，我们在社会主义改造的过程中，在借鉴苏联经验的基础上也有自己的创造，比如在农业合作化问题上考虑怎样把合作社办得又多又快又好，在经济建设上考虑能否不用或者少用苏联的拐杖，根据中国的国情，把经济建设搞到又多又快又好又省，等等。这些都

---

① 《建国以来毛泽东文稿》第6册，中央文献出版社1992年版，第142页。

② 《中共中央关于党的百年奋斗重大成就和历史经验的决议》，人民出版社2021年版，第9页。

是马克思主义与中国实际相结合的新的时代产物。这一阶段，中国共产党领导中国人民完成了民主革命的遗留任务，并进行了恢复国民经济、争取国家财政经济状况基本好转的工作，抗美援朝的斗争有力地支援了国际共产主义运动和朝鲜人民的正义事业，1954 年第一次全国人民代表大会的召开，制定和通过了《中华人民共和国宪法》，开创了中国民主政治建设和法制建设的新纪元。特别是依据新民主主义革命胜利所创造的向社会主义过渡的经济政治条件，采取社会主义工业化和社会主义改造同时并举的方针，逐步实行生产资料私有制的社会主义改造，从理论和实践上解决了在中国这样一个经济文化落后的大国建立社会主义制度的艰难任务，促进了工农业和整个国民经济的发展。

第二阶段，从 1956 年社会主义改造基本完成到 1966 年“文化大革命”前夕。这是中国共产党开始把马克思主义与中国建设实际相结合，开始探索适合中国特点的社会主义建设道路，并开始全面建设社会主义的时期。

社会主义改造基本完成后，我国国内的主要矛盾“已经是人民对于建立先进的工业国的要求同落后的农业国之间现实之间的矛盾，已经是人民对于经济文化迅速发展的需要同当前经济文化不能满足人民需要的状况之间的矛盾”①。国内主要矛盾的变化，要求全党全国人民集中力量解决这个矛盾，尽快把我国从落后的农业国变为先进的工业国。同时，世界经济与科学技术的迅速发展，国际共产主义运动发生的一系列重大事件，为中国大规模社会主义经济建设提供了难得的机遇和严峻的挑战。1956 年 2 月，苏联共产党第二十次全国代表大会尖锐地揭露斯大林在领导苏联社会主义建设中的严重错误以及对他的个人崇拜所造成的严重后果，中国共产党一方面不赞成全盘否定斯大林领导苏联党和人民为社会主义而奋斗的历史，先后发表关于如何正确总结无产阶级专政历史经验的两篇文章，同时认为，揭开斯大林问题的“盖子”，对于包括中国共产党在内的各国马克思主义政党破除迷信，解放思想，探索适合本国情况的革命和建设道路具有重要意义。毛泽东提出独立思考，要进行“第二次结合”，找出在中国进行社会主义革命和建设的正确道路。

1956 年 2 月至 4 月间，中共中央政治局分别约集三十多个经济部门的负责人座谈，讨论社会主义建设中存在的各种问题。毛泽东集中大家的意

① 《建国以来重要文献选编》第 9 册，中央文献出版社 1994 年版，第 341 页。

见，在4月的政治局扩大会议上作《论十大关系》报告，确定了要把国内外一切积极因素调动起来，为社会主义事业服务的基本方针。《论十大关系》提出的许多重要方针和观点，对于后来国家的发展具有重要意义。毛泽东说《论十大关系》开始提出我们自己的建设路线，有我们自己的一套内容。1956年9月15日至27日，中国共产党第八次全国代表大会在北京举行。大会正确地分析国内外形势和国内主要矛盾的变化，确定了经济、政治、文化和外交工作的方针。这些方针包括：在经济建设方面，强调要从国家的财力物力的实际状况出发，坚持既反保守又反冒进即在综合平衡中稳步前进的方针。在管理体制方面，要求适当扩大地方管理权限，并调整一些经济管理体制。在政治关系方面，强调进一步扩大国家的民主生活，建立健全社会主义法制；共产党和各民主党派、无党派民主人士实行“长期共存，互相监督”的方针，坚持中国共产党领导的统一战线和多党合作。在科学文化建设方面，确认“百花齐放、百家争鸣”为发展科学和文化艺术的指导方针。在对外政策方面，坚持以互相尊重主权和领土完整、互不侵犯、互不干涉内政、平等互利、和平共处五项原则为基础的外交政策。大会还提出在全国执政的情况下加强党的建设的重要方针，要求更加重视发扬党的群众路线的优良传统，警惕执政党脱离群众和实际；强调对党的组织和党员的监督，坚持集体领导和个人负责相结合的制度，发扬党内民主，反对个人崇拜。党的八大制定的正确路线，确立的经济、政治、文化建设的新方针对我国探索自己的建设社会主义道路，具有深远历史意义，为社会主义事业的发展和党的建设指明了方向。

从1956年到1966年，是我们党领导全国各族人民开始转入全面的大规模的社会主义建设的十年，中国社会主义建设事业取得了很大的成就，“我国赖以进行现代化建设的物质技术基础，很大一部分是这个期间建设起来的；全国经济文化建设等方面的骨干力量和他们的工作经验，大部分是在这个期间培养和积累起来的。这是这个期间党的工作的主导方面”①。但是在前进的道路上也遭到过严重挫折，党的工作在指导方针上也出现过重大失误，特别是1958年的“大跃进”和人民公社化运动，更是造成了严重的消极后果。

第三阶段，从1966年5月到1976年10月。这是“文化大革命”的十

---

① 《三中全会以来重要文献选编》下，人民出版社1982年版，第753页。

年时期，也是马克思主义与中国革命和建设实际“第二次结合”曲折发展的时期。“文化大革命”是由领导者错误发动，被反革命集团利用，给党、国家和人民带来新中国成立以来最严重挫折和损失的内乱。党和人民在“文化大革命”中同“左”倾错误和林彪、江青反革命集团的斗争是艰难曲折的，是一直没有停止的。由于全党和广大工人、农民、解放军指战员、知识分子、知识青年和干部的共同斗争，“文化大革命”的破坏受到了一定程度的限制。我国国民经济虽然遭到巨大损失，仍然取得了进展。粮食生产保持了比较稳定的增长，工业交通、基本建设和科学技术方面取得了一批重要成就，其中包括一些新铁路和南京长江大桥的建成，一些技术先进的大型企业的投产，氢弹试验和人造卫星发射回收的成功，籼型杂交水稻的育成和推广，等等。在国家动乱的情况下，人民解放军仍然英勇地保卫着祖国的安全。对外工作也打开了新的局面。当然，这一切绝不是“文化大革命”的成果，如果没有“文化大革命”，我们的事业会取得大得多的成就。

二、探索“第二次结合”的原则

探索“第二次结合”，“走自己的路”，建设社会主义，从根本上说是要解决如何把马克思列宁主义的基本原理同中国社会主义建设的实际正确地结合起来的问题。对此，毛泽东提出了一系列思想，阐明了探索“第二次结合”的基本原则和实现“第二次结合”的主要途径与方法。

第一，必须以科学的态度对待马克思主义。在毛泽东看来，探索“第二次结合”，如同探索中国特色的革命道路一样，既要坚持马克思列宁主义的指导，同时又不能拘泥于经典作家的具体结论。对马克思主义，一要遵守、坚持，二要创造、发展。

要坚持马克思列宁主义，必须掌握其基本原理。马克思主义是科学，科学的东西，不经过认真的钻研是掌握不了的。毛泽东认为，应通过学习经典作家的著作，领会马克思列宁主义的精神实质。只有掌握了马克思主义，我们才能了解事物的本质及其发展趋向，具有政治上的坚定性和工作中的预见性。如果“不重视学习理论，天天搞事务，一定要迷失方向”①；只有掌握了马克思主义，我们才能正确地进行调查研究，科学地总结经

---

① 转引自《邓小平文选》第1卷，人民出版社1994年版，第316页。

验，使之系统化、条理化；我们“要学马克思主义，才有方法，才有共同语言”[①]，党内的团结和干部队伍的团结才能有牢固的思想基础。

早在解放战争胜利前夕，党的七届二中全会就确定了十二本干部必读的马克思主义书目。新中国成立后，更对干部学习理论规定了严格的制度。毛泽东在1957年强调：“说到马克思主义修养不足，这是普遍的问题，解决这个问题，只有好好地学。”[②] 为了纠正“大跃进”中的一些错误认识，毛泽东在1958年建议各级干部学习斯大林著《苏联社会主义经济问题》和《马克思恩格斯论共产主义社会》这两本书。1963年12月，他表示赞成中共中央宣传部提出的组织干部学习或选学马克思主义三十部著作的建议。在晚年，他还反复地讲过学习马克思主义的重要性。他说：“我党多年不读马、列，不突出马、列，竟让一些骗子骗了多年。”[③] 这个教训很严重，应当记取。

同时，毛泽东认为：“马克思主义的书要读，读了要消化。”[④]所谓“消化”，就是要把握马克思主义的精神实质，学会用马克思主义的立场、观点和方法观察和解决问题。他认为，学习马克思主义有两种方法：“一种是专门模仿；一种是有独创精神，学习与独创结合。”我们的思想方法，应当是“坚持原则和独创精神”[⑤]。独创，绝不是闭门造车，而是深入实际，深入群众，调查研究新的情况，总结新的实践经验，作出理论上的创造。所以，毛泽东明确提出：“我们已经进入社会主义时代，出现了一系列的新问题，如果单有《实践论》、《矛盾论》，不适应新的需要，写出新的著作，形成新的理论，也是不行的。”[⑥]“我们的实践超过了马克思。实践当中是要出道理的。”[⑦]所以，我们“要产生自己的理论”[⑧]。用马克思主义的基本原理和科学方法，解决实际问题，形成新的理论成果，这是对待马克思列宁主义理论的科学态度，是对马克思主义最好的坚持。

第二，注重调查研究。调查研究，这是把马克思列宁主义的基本原理

---

① 《建国以来毛泽东文稿》第7册，中央文献出版社1992年版，第197页。
② 《毛泽东文集》第7卷，人民出版社1999年版，第260页。
③ 《建国以来毛泽东文稿》第13册，中央文献出版社1998年版，第216页。
④ 《建国以来毛泽东文稿》第11册，中央文献出版社1996年版，第23页。
⑤ 《毛泽东文集》第7卷，人民出版社1999年版，第366页。
⑥ 《毛泽东文集》第8卷，人民出版社1999年版，第109页。
⑦ 《建国以来毛泽东文稿》第7册，中央文献出版社1992年版，第206页。
⑧ 《建国以来毛泽东文稿》第7册，中央文献出版社1992年版，第204页。

同中社会主义建设的具体实际结合起来不可或缺的中间环节，是探索中国社会主义建设规律的必由之路。

1961 年，毛泽东在分析“大跃进”中发生主观主义错误时指出，错误的原因在于“许多领导人员放松了在抗日战争期间和解放战争期间进行得很有成效的调查研究工作”①，满足于看报告听汇报，下去的时候也是走马看花，并且根据一些不符合实际的或者片面性的材料作出判断和决定。他反省自己和党的工作，恳切地说，新中国成立以来，特别是最近几年，我们对实际情况不大摸底了，大概是官做大了，我这个人就是官做大了，我从前在江西那样的调查研究，现在做得很少了。他表示：“我自己的毛病当然要坚决改正。”② 毛泽东发出了“大兴调查研究之风”的号召，希望大家都去做调查研究，“把实事求是的精神恢复起来”③。“要是不做调查研究工作，只凭想象和估计办事，我们的工作就没有基础。”④“用马克思列宁主义观点到群众中去做深入的调查研究，是做好一切工作的前提。”⑤

进行调查研究，这是向实践学习的过程、“向群众寻找真理”的过程。毛泽东强调，“各级党委，不许不作调查研究工作。绝对禁止党委少数人不作调查，不同群众商量，关在房子里，作出害死人的主观主义的所谓政策”⑥。为此，中共中央指示各级党委都要把调查研究定为经常的工作制度。

第三，勇于实践，善于总结实践经验。建设社会主义，必须按客观规律办事。然而，如何才能把握社会主义建设的客观规律呢？只有通过实践，积累经验。毛泽东说：“社会主义谁也没有干过，没有先学会社会主义的具体政策而后搞社会主义的。”⑦ 这里所说的经验，包括正面经验和反面经验两个方面。正面经验告诉人们怎么做是对的；反面经验告诉人们怎么做是不对的。毛泽东认为，不犯错误，人们的经验就不完全。“犯错误是正确路线形成的必要条件。”⑧ 任何一个阶级、政党或个人，不犯任何错

---

① 《建国以来毛泽东文稿》第 9 册，中央文献出版社 1996 年版，第 458—459 页。
② 《毛泽东文集》第 8 卷，人民出版社 1999 年版，第 250—251 页。
③ 《毛泽东文集》第 8 卷，人民出版社 1999 年版，第 237 页。
④ 《毛泽东文集》第 8 卷，人民出版社 1999 年版，第 233 页。
⑤ 《建国以来毛泽东文稿》第 9 册，中央文献出版社 1996 年版，第 518 页。
⑥ 《毛泽东文集》第 8 卷，人民出版社 1999 年版，第 272 页。
⑦ 《毛泽东文集》第 8 卷，人民出版社 1999 年版，第 276 页。
⑧ 《毛泽东文集》第 7 卷，人民出版社 1999 年版，第 375 页。

误是不可能的，重要的是要善于从所犯的错误中吸取教训，善于把正反两个方面经验加以比较和对照，才能使认识逐步地符合实际。我们对社会主义建设规律的认识也是如此。

当然，真理是要逐步完成的。1960 年，毛泽东在《十年总结》中指出：“对于我国的社会主义革命和建设，我们已经有了十年的经验了，已经懂得了不少的东西了。但是我们对于社会主义时期的革命和建设，还有一个很大的盲目性，还有一个很大的未被认识的必然王国，我们还不深刻地认识它。我们要用第二个十年时间去调查它，去研究它，从其中找出它的固有的规律，以便利用这些规律为社会主义的革命和建设服务。”① 对于一个人的一生来说，十年不是一个很短暂的时间。毛泽东在这里强调要再用十年时间去探索中国社会主义建设的规律，只是表明他认识到探索中国社会主义建设规律的艰巨性，并非是再用十年时间去探索就够了。从社会主义建设实践看，把握社会主义建设的规律是永无止境的、不断探索的过程。

毛泽东的这些思想，对于探索适合中国情况的社会主义建设道路，具有长远的指导意义。

三、“第二次结合”初步探索的历史地位

社会主义改造基本完成以后，中国共产党领导全国各族人民开始转入全面的大规模的社会主义建设。毛泽东在初步总结中国社会主义建设经验的基础上，提出把马克思列宁主义与中国革命和建设实际实行“第二次结合”的历史性课题，探索有中国特点的社会主义建设道路。党的八大的召开标志着中国共产党探索中国自己的建设社会主义道路取得初步的成果。我们党领导全国人民在进行马克思主义与中国实际“第二次结合”的过程中，取得了伟大的成就，积累了社会主义建设的重要经验。这一时期，无论是成功的经验，还是失误的教训，都是我们党宝贵的财富。正确认识和评价这些经验和教训，是我们进行社会主义现代化建设的重要思想基础。

马克思主义与中国实际“第二次结合”的过程中，我们党取得的伟大成就奠定了“第二次历史性飞跃”的政治制度基础、物质技术基础和思想基础。

---

① 《毛泽东文集》第 8 卷，人民出版社 1999 年版，第 198 页。

第一，建立和巩固了工人阶级领导的、以工农联盟为基础的人民民主专政即无产阶级专政的国家政权。这是中国历史上从来没有过的人民当家作主的新型政权，是建设社会主义的富强民主文明的现代化国家的根本保证。

第二，逐步建立了独立的比较完整的工业体系和国民经济体系，奠定了中国社会主义现代化建设的物质技术基础。全国工业固定资产按原价计算增长了3倍，棉纱、原煤、发电量、钢和机械设备等主要工业产品的产量，都有很大增长，电子工业、石油化工、原子能、航天等一批新兴工业逐步建设起来，初步改善了工业布局，形成有相当规模和一定技术水平的工业体系。铁路、公路、水运、航空、邮电等事业都有较大发展。农业基本建设和技术改造大规模展开，并逐步收到成效。教育事业有很大发展，教育质量得到显著提高。科学技术工作取得比较突出的成果，国防科学技术的进展最为显著。1964年10月16日，成功地爆炸第一颗原子弹，有力地打破了超级大国的核垄断和核讹诈，提高了我国的国际地位。导弹和人造卫星的研制也取得突破性进展。1965年，在世界上首次人工合成结晶牛胰岛素。这些成就集中代表了我国科学技术达到的新水平。

第三，积累了领导社会主义建设的重要经验。如，毛泽东在1957年春提出的必须正确区分和处理社会主义社会两类不同性质的社会矛盾，把正确处理人民内部矛盾作为国家政治生活的主题；提出的要“造成一个又有集中又有民主，又有纪律又有自由，又有统一意志、又有个人心情舒畅、生动活泼，那样一种政治局面”的要求；提出的要把党和国家的工作重点转到技术革命和社会主义建设上来；在纠正“大跃进”和人民公社化运动中的错误时，毛泽东提出的不能剥夺农民，不能超越阶段，反对平均主义，强调发展商品生产、遵守价值规律和做好综合平衡，主张以农轻重为序安排国民经济计划等观点，这些都具有长远的指导意义。又如：刘少奇提出的许多生产资料可以作为商品进行流通和社会主义社会要有两种劳动制度、两种教育制度的观点；周恩来提出的我国知识分子绝大多数已经是劳动人民的知识分子，科学技术在我国现代化建设中具有关键性作用等观点；陈云提出的计划指标必须切合实际，建设规模必须同国力相适应，人民生活和国家建设必须兼顾，制定计划必须做好物资、财政、信贷平衡等观点；邓小平提出的关于整顿工业企业，改善和加强企业管理，实行职工代表大会制等观点；朱德提出的要注意发展手工业和农业多种经营的观点；邓子恢等提出的农业中要实行生产责任制的观点；等等。所有这些，在当时和以后对我们仍然有重要的借鉴作用。

第四，提出了构成为中国特色社会主义理论体系直接理论来源的一系列重要思想。如毛泽东提出社会主义建设时期也要解放思想、实事求是的思想。1956 年 2 月，苏共二十大后，毛泽东提出要解放思想，在自己初步实践的基础上，从自己的国情出发，找到一条适合中国的建设社会主义的道路；后来在总结经济建设失误时，又提出反对主观主义，把我们党实事求是的精神恢复起来，“搞一个实事求是年”，这就把我党实事求是的思想路线推进到社会主义建设实践中，推动了思想路线的发展。又如，毛泽东提出的中国社会主义发展阶段的观点。他指出：“要建成社会主义社会，并不是轻而易举的事。我们可能经过三个五年计划建成社会主义社会，但要建成为一个强大的高度社会主义工业化的国家，就需要有几十年的艰苦努力，比如说，要有五十年的时间，即本世纪的整个下半世纪。”① 在纠正“大跃进”的错误中，又提出我国正处在“不发达的社会主义阶段”，并说从“不发达”到“比较发达”是一个相当长的时期。还如，关于经济建设，毛泽东适时地提出党的工作重心由社会主义革命转移到经济建设和技术革命上来，向自然界开战，发展经济，发展文化，1957 年又强调将我国建设成为一个具有现代工业、现代农业和现代科学文化的社会主义国家，提出我们的根本任务已经由解放生产力变为在新的生产关系下保护和发展生产力。再如，关于改革开放，毛泽东提出，在坚持独立自主、自力更生，不损害国家主权的条件下，学习外国一切有益的东西，吸收外国资金和科学技术，借鉴外国的先进管理经验。即使是对美国，毛泽东一直表示愿及早与之建立正常的政治经济交往关系。20 世纪 60 年代国民经济全面调整时期，毛泽东还提出过对经济体制进行改革的思想，主张加强中央的集中统一，搞好综合平衡，克服无计划状态和分散主义；改变农村的管理体制和管理制度，运用经济杠杆的调节作用；制定各种管理条例，加强经济监督；加强财政、银行监督与检查；试办托拉斯，用经济组织管理经济；改革企业管理体制，适当扩大企业和地方的管理权限；等等。这些思想是那个时代能够进行的改革开放的最初萌芽。其他诸如对社会主义经济体制，毛泽东提出了“社会主义商品生产”的概念，认为中国需要一个商

---

① 《毛泽东文集》第 6 卷，人民出版社 1999 年版，第 390 页。

品生产的发展阶段，特别强调农村应当在发展自给性生产的同时多搞商品生产，提出不能搞平均主义，要利用价值规律等思想；关于民主政治建设，毛泽东提出要在国家制度上做些改革，扩大人民代表大会的权力，并吸收西方资本主义民主的某些形式和方法；关于社会主义文化建设，毛泽东主张艺术上不同的形式和风格可以自由发展，科学上不同的学派可以自由争论，艺术和科学中的是是非非应该通过自由讨论来解决，通过艺术的和科学的实践去解决，而不能采取简单的行政方法去解决，提出并强调“百花齐放、百家争鸣”，认为这是我党发展文化科学长期性的根本方针；关于坚持党的领导和加强党的自身，毛泽东提出了从思想上、组织上和作风上加强党的建设的一整套方针和政策，包括一切任务顺利完成与否决定于党的领导是否正确的思想，围绕经济建设的中心工作，“努力学会管理城市、管理生产”，学习经济和科学技术，建立“学习型政党”的新型政党建设思想，从防止和反对“和平演变”和关系党和国家命运生死存亡的战略高度，培养和造就无产阶级革命事业接班人的组织建设思想，等等。

这一时期，我们党在领导社会主义道路的探索过程中，也经历了“大跃进”和人民公社化运动的严重挫折，经历了“文化大革命”的全局性错误。但是这些失误和错误是探索中的错误，而不是社会主义制度本身造成的。我们党在探索中犯错误的过程，也是党纠正错误、寻找新道路、总结经验、酝酿新理论的过程，是党不断从错误中重新武装起来，推进马克思主义中国化的过程。中国共产党是一个勇于克服自己错误的党，善于纠正自己错误的党，善于总结历史经验的党，并且在纠正错误中不断进行理论创新的党。中国共产党第十一届中央委员会第六次全体会议通过的《关于建国以来党的若干历史问题的决议》，对这一历史阶段我们党所犯的错误作了如下的总结：“新中国建立的时间不长，我们取得的成就只是初步的。由于我们党领导社会主义事业的经验不多，党的领导对形势的分析和对国情的认识有主观主义的偏差，‘文化大革命’前就有过把阶级斗争扩大化和在经济建设上急躁冒进的错误。后来，又发生了‘文化大革命’这样全局性的、长时间的严重错误。这就使得我们没有取得本来应该取得的更大成就。忽视错误、掩盖错误是不允许的，这本身就是错误，而且将招致更多更大的错误。但是，三十二年来我们取得的成就还是主要的，忽视或否认我们的成就，忽视或否认取得这些成就的成功经验，同样是严重的错误。我们的成就和成功经验是党和人民创造性地运用马克思列宁主义的结果，是社会主义制度优越性的表现，是全党和全国各族人民继续前进的基础。‘坚持真理，修正错误’，这是我们党必须采取的辩证唯物主义的根本立场。过去采取这个立场，曾使我们的事业转危为安、转败为胜。今后继续采取这个立场，必将引导我们取得更大的胜利。”①《中共中央关于党的百年奋斗重大成就和历史经验的决议》也指出：“从新中国成立到改革开放前夕，党领导人民完成社会主义革命，消灭一切剥削制度，实现了中华民族有史以来最为广泛而深刻的社会变革，实现了一穷二白、人口众多的东方大国大步迈进社会主义社会的伟大飞跃。在探索过程中，虽然经历了严重曲折，党在社会主义革命和建设中取得的独创性理论成就和巨大成就，为在新的历史时期开创中国特色社会主义提供了宝贵经验、理论准备、物质基础。”② 这是我们评价和认识新中国成立以后马克思主义与中国实际“第二次结合”中经历失误和错误的唯一科学的方法论。

第三节　“第二次结合”中若干重大关系的初步阐述

社会主义改造完成后，如何建设社会主义，对于中国共产党人来说仍然是一个全新的课题。从理论上讲，以毛泽东为核心的中国共产党第一代领导集体，对于社会主义的认识和了解，主要是从马克思、恩格斯、列宁的著作中获得的。他们对社会主义的理论，由于缺乏中国的实践检验，仅仅知道社会主义是建立在生产力高度发达的基础之上，必须坚持生产资料公有制，坚持按劳分配的原则，社会主义经济是集中的计划经济，而对于经济落后的国家进入社会主义阶段后，如何发挥其他经济成分的作用，如何建设与社会主义经济相适合的政治和文化则知之不多或者可以说知之甚少。在严重的经济建设任务面前，以毛泽东为核心的第一代领导集体清醒地认识到，必须克服困难，必须学会自己不懂的东西。“要学习苏联的先进经验”③，在全国范围内掀起学习苏联的高潮，来建设我们的国家。向苏联学习，走苏联所走过的道路，是社会主义改造完成后中国共产党领导

---

① 《三中全会以来重要文献选编》下，人民出版社1982年版，第797—798页。

② 《中共中央关于党的百年奋斗重大成就和历史经验的决议》，人民出版社2021年版，第14页。

③ 《毛泽东文集》第6卷，人民出版社1999年版，第263页。

人深思熟虑的结果。但对从苏联那里学习到的社会主义建设模式，特别是随着经济发展规模的扩大，单一的社会主义公有制及其高度集中的计划经济体制，同当时社会生产力发展水平不相适应等某些弊端，毛泽东敏锐地觉察到，三大改造完成以后，统得太死，于是着手改进体制。可以看出，中国社会主义改造的道路是属于自己的，在学习苏联的同时，保持着一定的“灵活性”。

按照过渡时期的总路线，社会主义改造和社会主义工业化，在过渡时期是同时并举的，社会主义改造顺利并提前完成，为发展工业和农业创造了社会条件，于是，毛泽东着手发展经济，加快工业化进程。毛泽东认为我们的工作在农业改造方面、资本主义工商业改造方面的主动更多了，但“在知识分子问题上没有主动，在工业方面没有主动”，“经济上没有独立，科学上没有独立”①，要在几十年内改变我国在经济上和科学文化上的落后状况，迅速达到世界上的先进水平，“决定一切的是要有干部，要有数量足够的、优秀的科学技术专家”②。这就需要“革技术的命”，“要搞科学，要革愚昧同无知的命”③，需要对自己的建设经验进行总结。

一、《论十大关系》对中国社会主义建设经验的初步总结

社会主义改造完成确立了中国社会主义制度，但新生的社会主义如同一个襁褓中的婴儿，还必须经过精心培育，才能屹立于世界民族之林。怎样才能使社会主义社会健康地发展？要发展经济，推进工业化，搞技术革命，首先要对实际情况进行系统而周密的调查研究，学习不懂的东西，总结成功的做法和失误的教训。从 1956 年 1 月 14 日到 4 月 24 日，毛泽东花了 43 天时间，听取了国务院 34 个部委以及地方党委的汇报和书面材料，进行了新中国成立后时间最长、规模最大的一次经济调查研究，在此基础上，于 1956 年 4 月 25 日在中共中央政治局扩大会议上发表了“谁也没有料到”的《论十大关系》的著名讲话，提出了具有中国特色的、属于中国自己道路的社会主义建设的思想，这就是经济建设、政治建设、文化建设统筹发展的中国社会主义建设方针，其核心是毛泽东在《论十大关系》提

① 《毛泽东传（1949—1976）》（上），中央文献出版社 2003 年版，第 469 页。
② 《毛泽东文集》第 7 卷，人民出版社 1999 年版，第 2 页。
③ 《毛泽东传（1949—1976）》（上），中央文献出版社 2003 年版，第 469 页。

出“努力把党内党外、国内国外的一切积极的因素，直接的、间接的积极因素，全部调动起来，把我国建设成为一个强大的社会主义国家”①。

《论十大关系》是总结社会主义革命和建设经验、探索中国社会主义建设自己道路的结果。在发表《论十大关系》的讲话时，毛泽东虽然强调苏联在建设社会主义过程中暴露了一些缺点和错误，要“以苏为戒”，但其主旨是总结中国社会主义革命和建设的经验。首先，《论十大关系》的直接目的是为中国共产党第八次代表大会做准备。据薄一波回忆，1956 年初，从杭州归来，毛泽东在听汇报时“偶然”听说刘少奇正在听取一些部委汇报，为起草中共八大政治报告作准备，当即表示“对这件事很感兴趣”，“也想听听”。在薄一波和有关部门的安排和配合下，这才有了奠定《论十大关系》基础的大调查。其次，毛泽东的这次经济调查和总结是社会主义改造和建设总结的继续。在《论十大关系》发表以前，对于农业社会主义改造的基本经验，毛泽东已经开始着手总结，如 1955 年下半年，毛泽东在阅读研究二百几十篇材料的基础上，主编出版《中国农村的社会主义高潮》一书，这一被毛泽东称为新中国成立后的“两次调查”之一的成果，对农村社会主义改造的经验，作出了“经得起历史经验”的总结，提出了一些“即使在改革开放的今天，也不失它的指导意义”的基本思想，如社会主义改造的检验标准、节约“是一切经济事业的方针”、“政治工作是一切经济工作生命线”、改进领导方法和工作方法等②。1955 年 12 月，毛泽东在杭州和天津同 14 个省委书记和内蒙古自治区党委书记共同商定“农业十七条”，对农业社会主义改造和建设的经验进行总结。这些都为《论十大关系》讲话的发表及其调查研究作了必要的准备。再次，从《论十大关系》讲话“引言”结构看，讲话主要着眼于中国社会主义实践经验。毛泽东指出“十大关系”是“最近几个月”听了中央工业、农业、运输业、商业、财政等部门的工作汇报，“从中看到一些有关社会主义建设和社会主义改造的问题”，是围绕“把国内外一切积极因素调动起来，为社会主义事业服务”的基本方针，我们“工作中间还有些问题需要谈一谈”的基本关系③，这就是说，“十大关系”是基于我国社会主义建设和社

① 《毛泽东文集》第 7 卷，人民出版社 1999 年版，第 44 页。

② 参见薄一波：《若干重大决策与事件的回顾》（上卷），人民出版社 1997 年版，第 400—401 页。

③ 《毛泽东文集》第 7 卷，人民出版社 1999 年版，第 23 页。

会主义改造建设中的问题而发的。最后，从总结“十大关系”的经济调查与“苏联方面集中暴露问题”的时间关系看，“十大关系”的基本思想只能是依据并总结中国自己经验的结果。《论十大关系》指出：“特别值得注意的是，最近苏联方面暴露了他们在建设社会主义过程中的一些缺点和错误，他们走过的弯路，你还想走?”毛泽东这里讲的“最近苏联方面暴露”的一些缺点和错误，显然指的是苏共二十大赫鲁晓夫在秘密报告中批评斯大林的错误，因为毛泽东听取34个部委汇报之时，正是苏联共产党二十大召开之际，而赫鲁晓夫秘密报告是在2月24日夜至25日凌晨作的，中共代表团是事后才得到苏联方面通报的。毛泽东在听汇报时第一次讲到苏联的经验和问题是在2月25日听重工业部汇报，指出：“我国工业化，工业建设，完全应该比苏联少走弯路。”其后3月2日，毛泽东听取地方工业部汇报时，再次谈到了苏联，指出：“苏联有一个时期很集中，也有好处，但缺点是使地方积极性减少了。我们现在要注意这个问题。地方政权那么多，不要使他们感到无事可做。”苏共二十大后，党中央于3月13日至4月11日集中研究和思考了赫鲁晓夫秘密报告引发的国际共运的重大问题，而在这之前，毛泽东在听报告时的谈话已经涉及中央与地方、沿海与内地、革命与反革命、中国与外国等多个关系问题[①]。因此我们有理由认为《论十大关系》是基于中国自己的实践经验总结的结论。

对于《论十大关系》，邓小平指出“对当前和今后，都有很大的针对性和理论指导意义”[②]。毛泽东认为，是“开始提出我们自己的建设路线”[③]，“开始找到自己的一条适合中国的路线”[④]。总体上讲，《论十大关系》是早期中国特色社会主义建设的理论纲领，是党开始探索中国自己的建设社会主义道路的标志。毛泽东在《论十大关系》中，“以苏为戒”，总结中国社会主义建设的经验，初步提出了中国社会主义建设道路的指导方针。第一，提出建设中国特色社会主义的思想路线，就是把马列主义的基本原理同中国建设的具体实际结合起来，探索建设社会主义的道路。第二，确立社会主义经济建设的新方针，就是要正确处理好经济建设和国防建设、大型企业和中小型企业、沿海和内地、中央和地方、自力更生和学

① 《毛泽东传（1949—1976）》（上），中央文献出版社2003年版，第476—478页。
② 转引自《毛泽东传（1949—1976）》（上），中央文献出版社2003年版，第486页。
③ 《毛泽东文集》第7卷，人民出版社1999年版，第369页。
④ 《建国以来毛泽东文稿》第9册，中央文献出版社1996年版，第213页。

习外国等各种关系，处理好积累和消费的关系，坚持工农业并举的工业化道路，确立了既反右倾保守又反急躁冒进以及综合平衡的经济建设方针。第三，提出社会主义对外开放的新思路，就是有批判有分析地学习一切民族、一切国家的长处，“一切民族、一切国家的长处都要学，政治、经济、科学、技术、文学、艺术的一切真正好的东西都要学。但是，必须有分析有批判地学，不能盲目地学，不能一切照抄，机械搬用”①。对于苏联和其他社会主义国家的经验，也应当采取这样的态度，对于外国资产阶级的一切腐败制度和思想作风要坚决抵制和批判。但这并不妨碍我们去学习资本主义国家先进的科学技术和企业管理方法中合乎科学的方面。第四，提出社会主义政治建设和文化建设的新思想，就是巩固统一战线和扩大人民民主，倡导共产党和民主党派保持“长期共存，互相监督”的关系，提出“百花齐放，百家争鸣”的方针，大兴学术和政治上的探索之风。第五，提出社会主义社会建设的新理论，就是正确区分和处理两类不同性质的矛盾。在人民内部，政治上实行“团结—批评—团结”，对待是非问题和犯错误的，采取“惩前毖后，治病救人”的方针，“帮助他们改正错误，允许他们继续革命”；加强无产阶级专政，“按照不同的情况，给反革命分子不同的处理”，对待社会上的反革命分子，“都应当给以生活出路，使他们有自新的机会”，“老百姓恨透了”的“少数人还是要杀的”，但“他们中的大多数”要“劳动改造”；对干部和人民群众进行广泛持久的无产阶级民族政策教育，要诚心诚意地积极地帮助少数民族发展经济建设和文化建设。总之，《论十大关系》奠定了中国社会主义建设道路的思想基石。

二、在“第二次结合”中对社会主义建设若干重大关系的初步阐述

当中国革命取得基本胜利的时候，毛泽东高瞻远瞩地提出，严重的经济建设任务已经摆在我们面前，发展经济、发展生产是共产党员和各级领导干部接管城市后的中心任务。1956年，社会主义改造基本完成后，毛泽东进一步思考、探索中国自己的社会主义建设道路的重大问题，包括中国工业化道路的问题，社会主义建设中的经济与政治的关系问题、国内经济建设与学习外国经验的问题、经济建设中的生产力布局问题，发表了一系

① 《毛泽东文集》第7卷，人民出版社1999年版，第41页。

列有关中国社会主义建设问题的谈话①，着重阐述了如何建设中国社会主义的重大原则。

第一，中国工业化道路中的重工业、轻工业和农业的关系。20世纪50年代，中国工业化面临两条道路的选择：一条是欧美日本走过的资本主义工业化道路；另一条是苏联走过的社会主义工业化的道路。近代中国发展道路表明，走资本主义工业化道路，只能使中国成为西方资本主义国家垄断资本的加工厂和廉价原料、劳动力的供应地，不可能摆脱对于外国垄断资本的依赖。而苏联和一些东欧国家，片面地注重工业，忽视农业和轻工业，在一个短时期内重工业虽然发展得快些，但是由于这些国家农业发展缓慢，轻工业发展很不平衡，基础不稳固，造成消费品供应紧张、物价和货币不稳定等严重的问题。毛泽东"以苏为戒"，创造性地把正确处理农业、轻工业和重工业的发展关系提到我国社会主义工业化道路的战略高度，明确了"重工业是我国建设的重点"，要用"多发展一些农业轻工业"的办法，"使重工业发展得多些和快些"的中国工业化道路的构思。毛泽东通过对新中国建设实践的经验教训的总结，从重工业和农业、轻工业之间互相依存，互相促进的辩证关系出发，撇弃片面追求重工业忽视轻工业和农业的发展模式，提出"要适当调整重工业和农业、轻工业的投资比例，更多地发展农业、轻工业"，认为加重对农业和轻工业的投资比重的结果，不仅更快地增加资金的积累，而且由于保障了人民生活的需要，会使它发展的基础更加稳固，"因而可以更多更好地发展重工业"。至于如何发展重工业，毛泽东说："我们现在发展重工业可以有两种方法，一种是少发展一些农业、轻工业，一种是多发展一些农业、轻工业。"他认为："从长远观点来看，前一种办法会使重工业发展得少些和慢些，至少基础不那么稳固，几十年后算总账是划不来的。后一种办法会使重工业发展得多些和快些，而且由于保障了人民生活的需要，会使它发展的基础更加稳固。"② 后来，毛泽东在《关于正确处理人民内部矛盾的问题》中又强调，"工业化道路的问题，主要是指重工业、轻工业和农业的发展关系问题。

① 这里指1956年4月，毛泽东在中共中央政治局扩大会议上发表的《论十大关系》《在中共中央政治局扩大会议上的总结讲话》和毛泽东在同拉丁美洲一些国家党的代表谈话，主要内容如《要团结一切可以团结的力量》（参见《毛泽东文集》第7卷，人民出版社1999年版，第23—66页）。

② 《毛泽东文集》第7卷，人民出版社1999年版，第25页。

我国的经济建设是以重工业为中心，这一点必须肯定。但是同时必须充分注意发展农业和轻工业”，提出“发展工业必须和发展农业同时并举”的思想①。1959年底1960年初，毛泽东进一步明确提出了工业和农业同时并举，“以工业为主导”的思想，提出要按照农、轻、重的次序安排国民经济的思想。1962年9月召开的中共八届十中全会，正式将“毛泽东提出的以农业为基础，工业为主导”的思想，确定为“发展国民经济的总方针”，从而从根本上解决了中国工业化的道路问题。毛泽东对中国工业化道路的构思和阐述，是在探索中国社会主义建设道路中的重大突破，为后来提出“建设有中国特色的社会主义”奠定了良好的基础。

第二，社会主义建设中经济与政治的关系问题。一方面，经济是政治的基础，政治是经济最集中的体现。在社会主义建设中，没有巩固的经济基础，就没有稳定的政治环境，这样经济的发展就必然会受到冲击；另一方面，政治又是为维护一定经济基础服务的，政治的发展从其积极的方面来看，能够促进经济的发展，从其消极的方面来，有可能延缓甚至阻碍经济的发展。社会主义建设中经济与政治的关系主要包括经济建设与国防建设，经济建设与政治建设、政党制度、民族关系，经济建设中的管理体制等，这些问题在以《论十大关系》为代表的著作中都得到深刻阐发。

关于经济建设与国防建设的关系。军事是政治的直接反映，是政治的继续。社会主义国防建设是军事建设的重要内容。毛泽东在《论十大关系》中认为，国防建设是极端重要的。“国防不可不有”，“现在我们把兵统统裁掉好不好？那不好。因为还有敌人，我们还受敌人欺负和包围嘛”！但是，他又强调：“只有经济建设发展更快了，国防建设才能有更大的进步”，加强国防建设，“一定要首先加强经济建设”。这样就把国防建设放在经济建设的全局高度来说明，从而解决了社会主义国防建设的战略方针问题。同时，毛泽东还从国防建设的具体方针上阐明了国防建设如何适应经济建设的问题，如在国防建设的投资比例问题，提出要“把军政费用降到一个适当的比例，增加经济建设费用”；在国防工业与民用工业的关系上，降低国防建设一定的费用，“抽出更多的资金，多开些工厂，多造一些机器”，“多搞经济建设”，这样“我们不但会有很多的飞机和大炮，而且还可能有自己的原子弹”②。

---

① 《毛泽东文集》第7卷，人民出版社1999年版，第240—241页。
② 《毛泽东文集》第7卷，人民出版社1999年版，第27—28页。

关于经济建设与政治建设的关系。这在《论十大关系》中，是毛泽东谈到的“革命和反革命的关系”“党和非党的关系”“汉族和少数民族的关系”问题。毛泽东在《论十大关系》中讲的“革命和反革命的问题”，实质是要不要坚持人民民主专政、怎样坚持人民民主专政的问题，又是一个在社会主义条件下如何调动一切积极因素，为社会主义建设事业服务的问题。毛泽东首先肯定，新中国成立初期的1951年和1952年镇压反革命是“必须的”，“按照不同的情况，给反革命分子不同的处理，是必要的”。针对有那么一种意见，认为那一次镇压反革命可以不搞，毛泽东严肃地批评说：“这种意见是错误的。”之所以镇压反革命是必须的，因为这是人民的意志和根本要求，是建设社会主义的根本要求，“如果没有那次镇压，今天我们采取宽大政策，老百姓就不可能赞成”。因此，社会主义条件下必须坚持人民民主专政，“让敌人混进我们的队伍，甚至混进我们的领导机关，那会对社会主义事业和无产阶级专政造成多么严重的危险，这是大家都清楚的”①。社会主义条件下，由于人民掌握了国家政权，由于实行了镇压反革命的政策，反革命分子已经“大为减少”，对敌人的专政也以“区别对待、劳动改造”为主，“对一切反革命分子，都应当给以生活的出路，使他们有自新的机会。这样做，对人们事业，对国际影响，都有好处”②。他提出了一个重要的思想：反革命抓到手以后，可以让他们给人民办点事情，这就是化消极因素为积极因素的方针。毛泽东以是否有利于社会主义事业为出发点，对社会主义政治制度如何发挥维护经济制度、服务经济建设作了科学的阐述。

对于经济建设和政党制度、民族关系的问题，毛泽东从我国的国情和历史出发，从为社会主义经济发展的大局出发，作出了符合中国实际的科学论断。政党制度，在我国主要是共产党与民主党派的关系问题。毛泽东明确指出：“究竟是一个党好，还是几个党好？现在看来，恐怕是几个党好。不但过去如此，而且将来也可以如此，就是长期共存，互相监督。”③他提出，一切善意向我们提意见的民主人士，我们都要团结。有爱国心的国民党军政人员，我们应当继续调动他们的积极性。就是那些骂我们的，也要养起来，骂得无理就反驳，骂得有理就接受。他要求抓好“统一战线

① 《毛泽东文集》第7卷，人民出版社1999年版，第36—38页。
② 《毛泽东文集》第7卷，人民出版社1999年版，第39页。
③ 《毛泽东文集》第7卷，人民出版社1999年版，第34页。

工作，使他们和我们的关系得到改善，尽可能把他们的积极性调动起来为社会主义服务”①。至于民族关系，主要是汉族和少数民族的关系。毛泽东说，中国地大物博，人口众多，实际上是汉族人口众多，少数民族地大物博，汉族与少数民族各有优势，历史上各个少数民族都对中国的发展作过贡献。建设社会主义，必须调动全国各族人民的积极性，充分发挥各民族的优势，做到优势互补。毛泽东指出，我们应当接受俄罗斯民族和少数民族的关系不正常的深刻教训，“必须搞好汉族和少数民族的关系，巩固各民族的团结”。“我们要诚心诚意地积极帮助少数民族发展经济建设和文化建设。”②

关于经济建设中的管理体制问题，涉及经济管理中的中央和地方的权限分配，以及企业的独立性和农民的自主性等一系列问题，毛泽东称之为“社会主义整个经济体制问题”③。对于社会主义整个经济体制问题，毛泽东提出了两个根本原则：一个是“全国平衡”，另一个是“民主管理”④。所谓“全国平衡”，就是“地方要有独立性，同时还要有全国的平衡”⑤，要“有中央和地方两个积极性”⑥。之所以要有“全国的平衡”，毛泽东认为，“没有全国的平衡，就会搞得天下大乱”⑦。“没有平衡，没有调剂，我们全国的大工业、全国的工业化就搞不起来。”⑧“全国平衡”体现在中央和地方的关系中，就是“为了建设一个强大的社会主义国家，必须有中央的强有力的统一领导，必须有全国的统一计划和统一纪律……同时，又必须充分发挥地方的积极性，各地都要有适合当地情况的特殊。这种特殊……是为了整体利益，为了加强全国统一所必要的特殊”⑨。这对我们建设强大的社会主义国家比较有利。“全国平衡”体现地方和地方的关系（包括省市之间的关系、地方的上下级之间的关系）上就是“顾全大局，互助互让”。“正当的独立性，正当的权利，省、市、地、县、区、乡都应

① 《毛泽东文集》第7卷，人民出版社1999年版，第36页。
② 《毛泽东文集》第7卷，人民出版社1999年版，第34页。
③ 《毛泽东文集》第7卷，人民出版社1999年版，第53页。
④ 《毛泽东文集》第7卷，人民出版社1999年版，第55页。
⑤ 《毛泽东文集》第7卷，人民出版社1999年版，第55页，
⑥ 《毛泽东文集》第7卷，人民出版社1999年版，第31页。
⑦ 《毛泽东文集》第7卷，人民出版社1999年版，第55页。
⑧ 《毛泽东文集》第7卷，人民出版社1999年版，第56页。
⑨ 《毛泽东文集》第7卷，人民出版社1999年版，第32页。

当有，都应当争”，并且是“从全国整体利益出发的争权，不是从本位利益出发的争权”①。“民主管理”就是“地方的独立自主”“统一领导下的独立性”，就是地方和企业的自主权问题。毛泽东指出：“从原则上说，统一性和独立性是对立的统一，要有统一性，也要有独立性。”② 在中央和地方的关系上，毛泽东坚决反对“像苏联那样，把什么都集中到中央，把地方卡得死死的，一点机动权也没有”的做法，主张“应当在巩固中央统一领导的前提下，扩大一点地方的权力，给地方更多的独立性，让地方办更多的事情”③。“在不违背中央方针的条件下，按照情况和工作需要，地方可以搞章程，条例，办法。”④ 这是“民主管理”的集中体现。毛泽东特别要求要研究“有些资本主义国家的经验”，如美国，认为“它们的制度和我们的制度根本不同”，但“只有一百多年就发展起来了，中国问题很值得注意”。结合美国各州有一定的自主性，毛泽东指出：“我们也要扩大一点地方的权力。地方的权力过小，对社会主义建设是不利的。”⑤ 在国家和企业的关系上，“民主管理”就是“工厂在统一领导下的独立性”，毛泽东强调“各个生产单位都要有一个与统一性相联系的独立性，才会发展得更加活泼”⑥。没有国家的统一领导，就不能保证企业的社会主义性质；没有企业的独立性，就不能充分调动和发挥企业的主动性和积极性。在国家和农民、合作社和农民的关系上，“民主管理”就是要给农民“一些自己活动的时间”。毛泽东批评“合作社什么都得听命令”是“发展了命令主义”，他肯定“集体化了，能听命令，一起上工，这就有极大的利益”，同时也指出“什么都得听命令，这就宽了”。纪律是相对没有纪律而言的，是对“自由主义”而言的。“现在我们反对自由主义，是反对在不应当搞自由的地方也搞了自由的那一部分，不是反对一切自由。”在合作社里，“命令要正确，范围不要太宽了，要给农民一些自己活动的时间，就是要有一点自由……人没有一点自由能活下去吗?”⑦ 毛泽东关于社会主义整个经济体制的精辟见解，为建立健全宏观和微观经济体制指明了改革的方向。

---

① 《毛泽东文集》第7卷，人民出版社1999年版，第33页。
② 《毛泽东文集》第7卷，人民出版社1999年版，第29页。
③ 《毛泽东文集》第7卷，人民出版社1999年版，第31页。
④ 《毛泽东文集》第7卷，人民出版社1999年版，第32页。
⑤ 薄一波：《若干重大决策与事件的回顾》（上），人民出版社1997年版，第505页。
⑥ 《毛泽东文集》第7卷，人民出版社1999年版，第29页。
⑦ 《毛泽东文集》第7卷，人民出版社1999年版，第55页。

第三，关于经济建设中的生产力布局问题。毛泽东着重论述了经济建设的地区布局问题，即沿海工业和内地工业的关系问题，经济发展中国家、集体和个人三者的关系问题，经济管理中的中央和地方的权限分配问题。对于沿海工业和内地工业的关系，毛泽东指出，“我国的工业过去集中在沿海”，“这是历史上形成的一种不合理的状况”①。社会主义经济建设，既要从这一实际出发，又要改变这种不合理的状况，为此“沿海工业的工业基地必须充分利用”，“内地工业必须大力发展”，这是一个根本原则。毛泽东针对第一个五年计划初期，对沿海工业的作用估计不足，对它的发展不那么十分注重的情况，提出必须“好好地利用和发展沿海工业的老底子”，“更多地利用和发展沿海工业，特别是轻工业”。他指出，“沿海可以建立一些新的厂矿，有些也可以是大型的”，“至于沿海原有的轻重工业的扩建和改建……以后还要大大发展”，“充分利用沿海工业的设备能力和技术力量，可以使我们更有力量来发展和支持内地工业”②。毛泽东认为，为了平衡工业发展的布局，内地工业必须大力发展。要有计划地在内地建立新的工业基地，充分利用当地资源，节约生产开支，逐步建立全国和地方的工业体系。鉴于苏联的经验和我国社会主义的实践，毛泽东在《论十大关系》中提出了国家、集体和个人“三兼顾”的原则，他说：“国家和工厂、合作社的关系，工厂、合作社和生产者个人的关系，这两种关系都要处理好。为此，就不能只顾一头，必须兼顾国家、集体、个人三个方面。”毛泽东历来主张个人利益必须服从国家和集体利益，“反对把个人物质利益看得高于一切”，主张关心群众生活，维护正当的个人利益。对于企业的工人，“随着整个国民经济的发展，工资需要适当调整”，在提倡和发扬艰苦奋斗精神的基础上“需要更多地注意解决他们在劳动和生活中的迫切问题”。对于农民，“必须在增加农业生产的基础上，争取百分之九十的社员每年的收入比前一年有所增加，百分之十的社员的收入能够不增不减，如有减少，也要及早想办法加以解决”。鉴于苏联的经验教训，毛泽东把坚持国家、集体和个人利益相兼顾的原则提到巩固社会主义，巩固无产阶级专政的高度，认为“这是一个关系到六亿人民的大问题，必须在全党和全国人民中间反复进行教育”③。这一思

① 《毛泽东文集》第7卷，人民出版社1999年版，第25页。
② 《毛泽东文集》第7卷，人民出版社1999年版，第25—26页。
③ 《毛泽东文集》第7卷，人民出版社1999年版，第28—31页。

想初步解决了社会主义时期利益矛盾的问题，丰富和发展了马克思主义物质利益观。

第四，关于国内经济建设与学习外国经验的问题。在《论十大关系》的“中国与外国的关系”中，毛泽东首先从分析新中国的国情着手，阐述了中国要向外国学习的必要性，指出，我国过去是殖民地半殖民地社会，工农业不发达，科学技术水平低，要把“一穷二白”的落后面貌根本改变，“不仅在第一个五年计划期间要向人家学习，就是在几十个五年计划之后，还应当向人家学习，一万年都要学习！”向外国学习，需要有勇气和实事求是的态度，“现在有些国家的领导人就不愿意提，甚至不敢提这个口号。这是要有一点勇气的，就是要把戏台上的那个架子放下来”。毛泽东提出，学习外国要有马克思主义的科学精神，要有全面开放的时代精神。他说：“我们的方针是，一切民族，一切国家的长处都要学，政治、经济、科学、技术、文学、艺术的一切真正好的东西都要学。”不仅要学习苏联社会主义的建设经验，即使是资本主义社会发展中的科学的方面也要学，“资本主义国家的先进的科学技术和企业管理方法中合乎科学的方面”，“工业发达国家的企业，用人少，效率高，会做生意，这些都应当有原则地好好学过来，以利于改进我们的工作”。向外国学习，“不加分析地一概排斥”和“不加分析地一概照办”都对我们的事业不利。要区分出不同的内容，“有分析有批判地学”，对社会科学的学习“一定要与中国实际相结合”，对自然科学方面“要有批判地学，不可盲目地学”，而在技术方面“大部分先要照办，因为那些我们现在还没有，还不懂，学了比较有利”，已经清楚的部分“就不要事事照办了”。毛泽东还特别强调，尽管我国经济文化还比较落后，但决不允许有任何奴颜婢膝、卑躬屈节的表现，“要鼓点劲，要把民族自信心提高起来”。毛泽东比较全面地论述了向外国学习的必要性，学习的对象和内容，学习的态度和方针原则，为社会主义改革开放提供了宝贵的思想财富。

第四节 党的八大与新的“重大时代课题”的明晰

1956 年 9 月召开的中国共产党第八次全国代表大会，是在我国社会主义改造基本完成，国际国内形势发生重大变化，社会主义建设即将全面展开的条件下召开的一次具有重大历史意义的大会①。这次大会适时地指出社会主义改造基本完成后我国社会主要矛盾的变化，提出全党工作重点转移到社会主义建设上来，并为此在政治上、思想上和组织上制定一系列正确的方针，初步开辟了有中国特点的社会主义建设道路，在马克思主义基本原理与中国具体实际“第二次结合”的过程中具有里程碑意义的会议。

一、初步提出社会主义建设道路的方针和政策

党的八大是在社会主义革命向社会主义建设重大历史转折关头召开的。大会的主要任务是总结中共七大以来的历史经验，团结全党，团结国内外一切可以团结的力量，为建设伟大的社会主义中国而奋斗。刘少奇在中共八大的政治报告，周恩来在中共八大关于发展国民经济第二个五年计划建议的报告，邓小平在中共八大关于修改党章的报告，陈云、董必武、彭德怀、李富春、薄一波等在中共八大的发言以及中共八大关于政治报告的决议和中共八大通过的党章，初步提出了中国社会主义建设道路的方针政策。其主要方面有：

第一，制定以发展生产力为中心的党的新时期政治路线。刘少奇在中共八大政治报告中指出：“我们党现时的任务就是要依靠已经获得解放和已经组织起来的几亿劳动人民，团结国内外一切可能团结的力量，充分利用一切对我们有利的条件，尽可能迅速地把我国建设成为一个伟大的社会主义国家。”② 这条政治路线的核心就是要大力发展生产力，尽可能迅速地实现国家的社会主义现代化。中共八大在分析社会主义改造基本完成后国内主要矛盾变化的基础上，明确党和国家的主要任务是由解放生产力变为保护和发展生产力，把中国尽快从落后的农业国变为先进的工业国。为达到此目的，中共八大的政治报告决议中明确提出 15 年的建设目标，“为了把我国由落后的农业国变为先进的社会主义工业国，我们必须在三个五年计划或者再多一点的时间内，建成一个基本上完整的工业体系，使工业生产在社会生产中占主要地位，使重工业生产在整个工业生产中占显著的优势，使机器制造工业和冶金工业能够保证社会主义扩大再生产的需要，使

① 关于中国共产党第八次全国代表大会的研究，参见石仲泉等主编：《中共八大史》，人民出版社 1998 年版。

② 《刘少奇年谱》（上卷），中央文献出版社 1996 年版，第 466 页。

国民经济的技术改造获得必要的物质基础"①。中共八大路线制定的政治路线反映了我国历史发展的客观规律，集中了全国人民建设社会主义的意愿，具有重大而深远的指导意义。

第二，提出综合平衡中稳步前进的经济工作方针。中共八大在认真总结"一五"计划经验教训的基础上，提出发展国民经济第二个五年计划的建议，认为要确保"二五"计划的实现，必须执行正确的指导方针，这就是既反保守又反冒进，坚持在综合平衡中稳步前进。周恩来作第二个五年计划建议的报告中总结"一五"计划的经验教训时指出："应该根据需要和可能，合理地规定国民经济的发展速度，把计划放在既积极又稳妥可靠的基础上，以保证国民经济比较均衡地发展。"② 中共八大政治报告的决议也指出，由于我国生产力获得了解放，我国有丰富的人力物力的资源等条件，我国的生产力可能高速度地发展。如果对于这种可能性估计不足，或者不努力把这种可能性变为现实性，那就是保守主义的错误。但是，我们也必须估计到经济上、财政上和技术力量上的客观限制，估计到保持后备力量的必要。如果不估计到这些情况而规定一种过高的速度，脱离经济发展的正确比例，就是冒险主义的错误。党的任务就是要随时注意防止和纠正右倾保守的或"左"倾冒险的倾向，积极地而又稳妥可靠地推进国民经济的发展。中共八大总结"一五"计划经验提出的既反保守、又反冒进，即在综合平衡中稳步前进的建设方针，为我国社会主义经济建设提供了根本的指导方针。

第三，提出社会主义经济体制的基本构想。中共八大提出发挥中央和地方两个积极性，强调适度调整中央和地方管理权限，调动各方面积极性。中共八大指出，要保证国民经济有一个较快的发展速度，就要对经济运行中的一系列重要关系进行调整。在中央和地方的关系上，强调必须把中央各部门和地方各经济组织的积极性正确结合起来，发挥中央和地方的两个积极性；在国家和企业的关系上，强调必须使上级机关强有力的领导同企业本身的积极性相结合，在保证国家的统一领导和统一计划下，使企业在计划、财务、人事和福利设施等方面有适当的自主权；在农业、手工业的集体生产和个体经营的关系上，强调在不影响集体生产的前提下，适

---

① 《中国共产党第八次全国代表大会文件》，人民出版社1956年版，第80页。

② 《中国共产党第八次全国代表大会文件》，人民出版社1956年版，第192页。

当给社员以必要的个人自由支配的劳动时间，允许农民经营适合个人经营的各种农副业；在国家建设和人民生活改善这两个方面得到适当的结合，使国民收入中积累和消费的比例关系得到正确的处理，提出我们的税收政策、物价政策、工资政策和合作社组织收益的分配政策，应当既能够保证社会主义建设所需要的资金积累，又能够保证人民生活的逐步改善。在微观经济运行机制方面，提出将计划经济与市场经济相结合。强调在国家统一市场的领导下，有计划地组织一部分自由市场，发挥价值规律在我国经济生活中的作用。八大的政治报告决议中采纳陈云的建议，提出了“三个主体、三个补充”的经济体制，即在工商业生产经营方面，以国家经营和集体经营为主体，同时附有一定数量的个体经济作为补充；在生产的计划性方面，全国工农业产品的主要部分按计划生产，又有一部分产品按市场的变化而在国家计划许可的范围内自由生产，以计划生产为主体，以自由生产作补充；在社会主义的统一市场里，以国家市场为主体，同时又附有一定范围的国家领导的自由市场作补充。中共八大关于经济体制改革方面的思想和方针，是对我国经济发展客观分析的结果，如能得到认真贯彻执行，将大大活跃我国的社会主义经济，促进生产力的发展。

第四，提出社会主义民主法制建设和文化建设的方针。党的八大把社会主义民主建设提到党的重要日程上来，对于扩大和发扬社会主义民主，从理论上和措施上作了开拓性的工作。刘少奇在党的政治报告中说，目前在国家工作中的一个重要任务，是进一步扩大民主生活；要充分集中群众的智慧，运用独立思考，实事求是地、创造性地解决问题；要发扬社会主义民主，进一步恢复和发扬党的优良传统，有效地改变干部的思想和作风，发挥干部和群众投身社会主义经济建设的积极性和创造性。政治报告还指出，为了达到发扬和扩大社会主义民主的目的，党从加强全党的思想教育和加强党和国家的民主制度建设入手，来扩大和保障民主精神的发扬，认为党必须“从国家制度和党的制度上作出适当的规定”，在“人民民主制度下，消除官僚主义”，用制度来保证广大群众和下级对党和政府工作的监督，用制度来保障党员和群众对党和政府工作中的缺点展开批评。

扩大社会主义民主，必须加强社会主义法制建设。党的八大决议指出，由于社会主义革命已经基本上完成，国家的主要任务已经由解放生产力变为保护和发展生产力，我们必须进一步加强人民民主的法制，巩固社会主义建设的秩序。国家必须根据需要，逐步地系统地制定完备的法律。董必武在八大上作了法制问题的专题发言。他指出，鉴于人们法制意识淡薄，特别是干部队伍中有相当一部分人违法乱纪，侵犯人民群众的民主权利，司法系统里出现了“违反党的政策和国家法律，违反革命人道主义的原则”的现象，党中央必须把法制问题摆到会议的日程上来。他认为，国家在法制建设方面滞后于经济建设的现状，如果再不加以重视和清除，“给予我们建设社会主义的损害将会更大”，这不仅“对国民经济的发展是有损害的”，还会影响到社会主义制度的巩固。董必武强调加强法制“可以进一步保卫人民民主制度，巩固法律秩序，保障人民民主权利，保护公共财产，更有效地发挥人民群众的积极性和创造性”，“保障社会主义建设事业的顺利进行。人民民主法制必须进一步加强才能适应党提出的任务”。为此，他提出法制建设必须有法可依、有法必依、违法必究、执法必严的基本要求，强调必须依法办事，反对一切随便不按规定办事的违法行为，对于违法犯罪分子，“不管他现在地位多高，过去功劳多大，必须一律追究法律责任”①。

全面开展社会主义建设事业，必须努力发展科学教育事业。在1956年初召开的关于知识分子问题会议上，周恩来在报告中指出，“在社会主义时代，比以前任何时代都更需要充分地提高生产技术，更加需要充分地发展科学技术，更加需要充分的发展科学和利用科学知识”②。只有科学技术发展了，才能最有效地提高劳动生产率，发展社会生产力，满足整个社会日益增长的物质、文化需要。党的八大十分注意发展科学、教育，加强思想文化建设。报告强调，为了适应国家工业化的需要，必须大力地发展文化教育卫生事业，特别是科学事业、高等教育和中等教育事业，报告指出：“在科学事业方面，党和政府必须大力帮助科学院和政府各部、各高等学校、各大企业的科学研究机关，使全国的科学家有必要的条件实现科学发展的十二年规划，争取许多最重要的科学和技术部门尽快地接近世界先进水平。”③ 党的八大强调继续坚持“百花齐放、百家

---

① 《中国共产党第八次全国代表大会文件》，人民出版社1956年版，第257—263页。

② 《周恩来选集》下卷，人民出版社1984年版，第160页。

③ 《中国共产党第八次全国代表大会文件》，人民出版社1956年版，第85—86页。

争鸣”的方针[①]，明确指出用行政的方法对于科学和艺术实行强制和专断，是错误的。对于封建主义和资本主义的思想，必须继续进行批判，但是，对于中国过去的和外国的一切有益的文化知识，必须加以继承和吸收，并且必须利用现代的科学文化来整理我国优秀的文化遗产，努力创造社会主义的民族的新文化。

第五，提出加强执政党建设的方针。中共八大的政治报告决议指出：“我们的一切任务能否胜利地完成，归根结底，是决定于党的领导是否正确。也就是说，决定于党的领导能否实事求是，能否将马克思列宁主义的普遍真理同中国革命的实践密切结合起来。”[②] 执政党思想、政治和组织能力关涉到社会主义现代化建设事业的成败。在社会主义建设中，作为初执全国政权、已经在全国范围内处于领导地位的中国共产党来说，经常面对着许多完全生疏的新的问题和工作，这对党是一个极大的考验。为了保持正确的、健全的领导，克服党内干部的思想上的主观性和片面性，必须不断地提高马克思列宁主义的思想水平，特别是提高高级干部的马克思列宁主义的思想水平，不断地同资产阶级、小资产阶级的思想倾向进行斗争；必须加强监督，“需要实行党的内部的监督，也需要来自人民群众和党外人士对于我们党的组织和党员的监督”，关键是发展党和国家的民主生活[③]；坚持用马克思列宁主义的实事求是的态度来指导工作，把我们的一切工作放在确实可靠的基础上。只有这样，我们才能够少犯错误和不犯严重的错误。

为了加强党的建设，中共八大对领袖、干部和普通党员都提出了更高的要求。对于无产阶级领袖，党的八大要求必须是密切联系群众的模范，

---

① 关于“双百”方针的提出。1951 年，毛泽东为中国戏曲研究院成立题写“百花齐放，推陈出新”的题词。1953 年，毛泽东就历史研究工作的方针提出“百家争鸣”。1956 年 4 月中央政治局会议上，毛泽东说：“艺术上的百花齐放，学术问题上的百家争鸣，我看应成为我们的方针。”此后，在 1956 年 5 月 2 日的最高国务会议上毛泽东再次阐述了这个方针，强调“在艺术方面的百花齐放的方针，学术方面的百家争鸣的方针，是必要的”。1956 年 8 月，毛泽东在《同音乐工作者的谈话》中阐述了世界各民族文化交流的历史必然性和党对于外来文化包括西方文化的基本态度，指出要努力学习外国的好东西，但是要中国化，要学到一套以后来研究中国的东西，把学的东西中国化。

② 《中国共产党第八次全国代表大会文件》，人民出版社 1956 年版，第 90 页。

③ 《邓小平文选》第 1 卷，人民出版社 1994 年版，第 215 页。

服从党的组织，遵守党的纪律的模范。对党的干部则要求他们永不脱离群众，永不自满和不怕困难，勇于接受自下而上的批评，不断改进自己的工作，并且用自己的榜样去耐心地教育他们领导的工作人员。对于党员，特别强调要严守党章、法律和共产主义道德。中共八大决议指出，为了夺取胜利和克服困难，为了人民的利益，党必须加强团结和统一。为了达到团结和统一的目的，必须正确开展党内斗争，对犯错误的要着重思想觉悟的提高，不应简单地“扣帽子”和简单地实行惩办的办法去解决问题，也就是要本着“治病救人，惩前毖后”的方针，反对在党内使用错误的“残酷斗争，无情打击”的办法。

中共八大还提出选拔和培养干部的问题。认为社会主义事业需要经过几代人的努力才能实现的，培养选拔干部是一件非常重要的工作，它关系到新老交替和党的事业是否后继有人的问题。社会主义建设事业的扩大需要选拔大量经过考验的干部充实到各级岗位上去，大会特别强调要“注意培养精通生产技术和其他各种专门业务知识的干部，因为这是建设社会主义的基础力量”。

二、社会主要矛盾的新认识与新的“重大时代课题”初步思考

党的八大处在中国历史的两次伟大革命（新民主主义革命、社会主义建设与改革）、两大实践主题（争取民族独立、实现民族复兴）的交汇点，也处在国际共产主义运动发展的历史节点上，是马克思主义基本原理同中国革命和建设的实际与世界实际相结合过程中具有重要意义的会议，在马克思主义中国化发展史上具有重要的历史地位。

首先，中共八大在国际共产主义运动史上首次自觉地认识到社会主义条件下正确处理人民内部矛盾是国家政治生活的主题，并根据社会主要矛盾的变化作出党和国家工作着重点转移的正确决策。

列宁曾经说过，在社会主义社会，对抗消失了，矛盾还存在。可是在相当长的时间，斯大林在理论上对社会主义社会矛盾的认识是不清醒的。“斯大林时期，环境更好了，阶级没有了。社会已经进入了没有阶级的社会，反革命更少了。但是斯大林的思想仍然停留在旧社会的时代。客观形势已经发展了，社会已经从这一个阶段过渡到另一个阶段，这时阶级斗争已经完结，人民已经用和平的方法来保护生产力，而不是通过阶级斗争来解放生产力的时候，斯大林在思想上却没有认识到这一点，还要继续进行

阶级斗争。”①

社会主义社会的矛盾，包括社会主义社会的基本矛盾、主要矛盾和两类矛盾等几个方面。1956年4月，党中央在《关于无产阶级专政的历史经验》中阐述了社会主义社会存在矛盾的观点。同年，毛泽东在《论十大关系》中分析了政治经济方面的十大矛盾。党的八大在此基础上对我国社会主义改造完成后面临的主要矛盾作出了正确判断，认为我国的无产阶级同资产阶级之间的矛盾已经基本上解决，几千年来的阶级剥削制度的历史已经基本上结束，社会主义的社会制度在我国已经基本上建立起来了。虽然中国人民还必须为解放台湾而斗争，还必须为彻底完成社会主义改造、最后消灭剥削制度而斗争，还必须为继续肃清反革命残余势力而斗争，“但是，我们国内的主要矛盾，已经是人民对于建立先进的工业国的要求同落后的农业国的现实之间的矛盾，已经是人民对于经济文化迅速发展的首要同当前经济文化不能满足人民需要的状况之间的矛盾”②。党和国家的根本任务，就是要集中力量发展生产力来解决这个矛盾，把我国尽快地从落后的农业国变为先进的工业国。党的八大后，在《关于正确处理人民内部矛盾的问题》中，毛泽东指出社会主义社会的基本矛盾仍然是生产关系和生产力之间的矛盾、上层建筑和经济基础之间的矛盾；革命时期的大规模的急风暴雨式的群众阶级斗争已经结束，社会生产和社会需要之间的矛盾将会长期存在，“我们的根本任务已经由解放生产力变为在新的生产关系下面保护和发展生产力”③。社会主义社会存在着敌我矛盾和人民内部矛盾两种不同性质的矛盾，就国家政治生活而言，正确处理人民内部矛盾是国家政治生活的主题。

其次，总结国际共产主义运动的经验教训，在社会主义发展的重要关头，回答了社会主义和中国的前途，坚定了社会主义信念。

党的八大正值苏共二十大全盘否定斯大林及其领导的苏联党和人民为社会主义奋斗的历史、帝国主义乘机掀起反共反社会主义浪潮、给人民造成不同程度思想混乱的重要历史关头，国际上关注中国这样一个经济落后的社会主义大国的前途和未来的选择，更关注社会主义的历史命运。中国

---

① 《毛泽东同外国党代表团的谈话摘述》，参见杨胜群、陈晋主编：《五十年的回望：中共八大纪实》，生活·读书·新知三联书店2006年版，第280页。

② 《中国共产党第八次全国代表大会文件》，人民出版社1956年版，第79—80页。

③ 《毛泽东文集》第7卷，人民出版社1999年版，第218页。

共产党第八次全国代表大会是向世界宣告中国党和人民历史选择的重要会议。

对于苏共二十大，中国共产党不赞成全盘否定斯大林时期苏联党和人民为社会主义而奋斗的历史。在《关于无产阶级专政的历史经验》（1956年4月）和《再论无产阶级专政的历史经验》（1956年12月）两篇文章中，中国共产党对这一点已经表明了原则立场。中共八大期间，毛泽东、刘少奇、周恩来等领导人会见外国代表团时，多次谈到斯大林的问题、苏联的经验，以及如何对待苏共二十大后的苏联等。关于苏联经验，1956年春天，毛泽东、刘少奇在听取各部门汇报时，多次指出要破除对苏联经验的迷信，探索一条适合我国情况的建设社会主义的新道路。中共八大期间，在谈到学习苏联经验时，又反复强调要采取分析的态度，任何外国的经验只能作参考，中国的经验不能照搬，苏联的经验也不能照搬，各国都要从本国的实际出发，把马克思主义的普遍原理同本国的具体实际相结合，去寻找和创造适合本国情况的建设道路。关于如何对待苏共二十大后的苏联的问题，毛泽东指出，苏联“有四个好：马列主义、十月革命、主力军、工业化”。毛泽东严肃地说：“敌人正利用对斯大林的批评在全世界展开攻势，我们应该支持苏联。就苏联而言，他们的正反面经验，也值得我们研究。斯大林后期犯的错误，对我们有很大教育意义。错误有两方面的性质：有损害党，损害人民的性质，又有教育党，教育人民的性质。我们要利用它的教育作用，只有正反面都研究了才全面。”毛泽东还指出，世界共产主义运动的中心在莫斯科，“我们以苏联为中心，一个头”①，“我们支持苏联为中心，这对社会主义运动有利”②。中共八大把“继续巩固和加强同伟大的苏联和各人民民主国家的永恒的、牢不可破的兄弟友谊”作为国际事务的方针之一，从根本上表明了坚持国际无产阶级团结的原则。在回答中国前途的问题时，毛泽东以坚定而明确的语气说，“中国的前途就是社会主义”，同时也表示，要使中国变成一个富强的国家，需要五十年到一百年的时光。他指出，中国是一个大国，它的人口占全世界人口的四分之一，但是它对人类的贡献是不符合它的比重

---

① 《毛泽东同外国党代表团的谈话摘述》，参见杨胜群、陈晋主编：《五十年的回望：中共八大纪实》，生活·读书·新知三联书店2006年版，第289页。

② 《毛泽东同外国党代表团的谈话摘述》，参见杨胜群、陈晋主编：《五十年的回望：中共八大纪实》，生活·读书·新知三联书店2006年版，第283页。

的，将来这种情况会改变的，可是这已不是我这一辈子的事，将来要变成什么样子，是要看发展的[①]。毛泽东既看到了中国社会主义的光明前景，对中华民族对人类做出新的伟大的贡献充满信心，也看到了这一发展前景的艰巨性。

中国共产党对国际共产主义运动新情况的判断，对社会主义发展道路的探索，以及对中国社会主义前途的信心，有力地回击了国际帝国主义势力的攻击，澄清了国际共产主义运动中对社会主义的疑惑，是对马克思主义中国化的重大贡献。

最后，初步思考新的“重大时代课题”，开辟有中国特点的社会主义建设道路。党的八大关于社会主义条件下社会主要矛盾的认识，关于党和国家工作着重点转移的认识，关于国民经济建设经验的总结和方针的认识，关于马克思主义与本国实际相结合探索有自己特点的社会主义建设道路的思想，关于国际共产主义运动的前途和命运的认识，关于社会主义民主建设的思想等等，初步回应了在中国这样一个人口众多、经济文化比较落后的国家“建设什么样的社会主义、怎样建设社会主义”这一新的时代课题，为中国社会主义建设开辟道路奠定了初步的政治思想基础。中共八大是我们党开始探索中国自己的建设社会主义道路的标志，也是自觉地把马克思主义与中国革命和建设实际相结合的实际起点。党的八大以前，我们党分析中国社会矛盾的全局，首先是分析阶级矛盾，分析无产阶级和资产阶级、社会主义和资本主义两条道路的矛盾，找到并带领人民开展新民主主义革命和社会主义革命的道路；《论十大关系》分析中国社会矛盾的全局，首先是分析经济建设中的大的矛盾，然后围绕建设的主题，分析思想文化和政治生活中的大的矛盾。这是认识中国社会矛盾全局的思路的变化[②]。党的八大根据并深化了《论十大关系》的新思路，明确提出国内主要矛盾已经发生根本性变化的新结论，明确提出党和人民的主要任务，就是集中力量解决社会的主要矛盾，把我国尽快从落后的农业国变为先进的工业国，“尽可能迅速地实现国家工业化，有系统、有步骤地进行国民经济的技术改造，使中国具有强大的现代化的工业、现代化的农业、现代化

---

① 《毛泽东文集》第 7 卷，北京：人民出版社 1999 年版，第 124 页。

② 参见龚育之：《中共八大的历史地位》，杨胜群、陈晋主编：《五十年的回望：中共八大纪实》，生活·读书·新知三联书店 2006 年版，第 232—233 页。

的交通运输业和现代化的国防”① 的战略目标。这一战略目标擘画“建设什么样的社会主义”的初始蓝图，为中国社会主义建设指明了方向。

在“怎样建设社会主义”的问题上，党的八大前后，以毛泽东为主要代表的中国共产党人，首先清晰地勾勒了两步走的构想：第一步，用三个五年计划的时间初步实现工业化；第二步，再用几十年的时间接近或赶上世界上最发达的资本主义国家。毛泽东指出，现在世界上最强大的资本主义国家就是美国，它有一亿七千万人口，我国人口比它多几倍，资源也丰富，气候条件跟它差不多，赶上是可能的，而且也是完全应该的，“假如再有五十年、六十年，就完全应该赶上它。这是一种责任。你有那么多人，你有那么一块大地方，资源那么丰富，又听说搞了社会主义，据说是有优越性，结果你搞了五六十年还不能超过美国，你像个什么样子？那就要从地球上开除你的球籍！所以，超过美国，不仅有可能，而且完全必要，完全应该”②。其次，在总结中国革命和国际社会主义运动的经验基础上，明晰了实现“两步走”步骤的思想原则，就是坚持把马克思主义同本国特点结合起来，理论与实际要统一。1956 年 4 月底，毛泽东在同拉丁美洲一些国家党的代表谈话时讲，中国现在经济上文化上还很落后，已取得真正的独立，实现国家的富强和工业现代化，还需要很长的时间，中国的经验有好的也有不好的，即使是好的经验也不一定同别的国家的具体情况相适合。照抄是很危险的，“各国应根据自己国家的特点决定方针、政策，把马克思主义同本国特点结合起来”③。8 月，他在同音乐工作者的谈话中又讲，“实现社会主义革命的基本原则，各个国家都是相同的。但是在小的原则和基本原则的表现形式方面是有不同的”④。这实质上也是在强调要把马克思主义基本原则同各国具体实际相结合，找到自己的方针和政策。在中国共产党第八次全国代表大会预备会议第一次会议上，毛泽东明确指出，在民主革命中，主观主义对我们影响的时间很长，危害甚大，我们受了很大的惩罚，现在社会主义革命和建设中，要“尽可能符合和接近中国的实际”；反对主观主义，“理论与实践的统一，是马克思主义的一个最基

---

① 中共中央文献研究室编：《建国以来重要文献选编》第 9 册，中央文献出版社 1994 年版，第 315—316 页。

② 《毛泽东文集》第 7 卷，人民出版社 1999 年版，第 88—89 页。

③ 《毛泽东文集》第 7 卷，人民出版社 1999 年版，第 64 页。

④ 《毛泽东文集》第 7 卷，人民出版社 1999 年版，第 76 页。

本的原则”，“马克思主义的普遍真理一定要同中国革命的具体实践相结合，如果不结合，那就不行”①。在中国共产党第八次全国代表大会上，毛泽东在致开幕词时又从党的历史经验总结的高度郑重地指出：“我国的革命和建设的胜利，都是马克思列宁主义的胜利，是把马克思列宁主义的理论和中国革命的实践密切联系起来，这是我党的一贯的思想原则。”② 同年9月25日，在同参加中国共产党第八次全国代表大会的拉丁美洲一些党的代表谈话时，毛泽东又强调，“任何外国的经验，只能作参考，不能当教条。一定要把马克思列宁主义的普遍真理和本国的具体情况这两个方面结合起来”③。把马克思列宁主义同中国具体实际相结合，理论与实践相统一，既是中国共产党的思想作风，也是“如何建设社会主义”的思想原则。再者，明确结合中国实际，学习一切国家、一切民族的长处，对“怎样建设社会主义”路径作了初步回答。苏共二十大后，摆在中国共产党面前的一个尖锐的问题，就是如何从理论上回答和看待苏联在社会主义建设中所犯的错误，要回答苏联的经验还管用不管用，还要不要学习苏联，对苏联的经验要学什么、怎么学等问题。在1956年4月召开的中央政治局扩大会议上，毛泽东在讲话（后来整理为《论十大关系》一文）的开始就鲜明提出了一个严肃的问题：“特别值得注意的是，最近苏联方面暴露了他们在建设社会主义过程中的一些缺点和错误，他们走过的弯路，你还想走？”这里，毛泽东把苏联方面的一些缺点和错误作为一个要“特别值得注意的”问题提出来，并且是以“他们走过的弯路，你还想走？”这样强烈的反问语气提出来，一方面表明党中央对苏联问题的关注，另一方面也表明党内对如何对待苏联的建设经验、还要不要向苏联学习等问题存在着疑惑。对于这样一个问题，毛泽东以“过去我们就是鉴于他们的经验教训，少走了一些弯路，现在当然更要引以为戒”给出了非常肯定的回答，而且从一分为二的辩证观点出发，认为每个民族都有它的长处也有它的短处，总结经验既要看到优点也要看到缺点，“对于苏联和其他社会主义国家的经验，也应当采取这样的态度”④。从这一点出发，毛泽东提出我们的方针——对于“一切民族、一切国家的长处都要学，政治、经济、科学、

① 《毛泽东文集》第7卷，人民出版社1999年版，第90页。
② 《毛泽东文集》第7卷，人民出版社1999年版，第116页。
③ 《毛泽东文集》第7卷，人民出版社1999年版，第133页。
④ 《毛泽东文集》第7卷，人民出版社1999年版，第41页。

技术、文学、艺术的一切真正的东西都要学”，但“必须有分析有批判地学，不能盲目地学，不能一切照搬，机械搬用”，既要学习社会科学也要学习自然科学；对于社会科学，“我们要学的是属于普遍真理的东西，并且学习一定要与中国实际相结合”①。同样对于外国资产阶级的一切腐败制度和思想作风，“我们要坚决抵制和批判。但是，这并不妨碍我们去学习资本主义国家的先进的科学技术和企业管理方法中合乎科学的方面”②。这就从方法论上初步解决了如何向外国学习包括向苏联学习的问题。在1956年4月底，毛泽东同拉丁美洲一些国家党的代表谈话时，又从马克思主义认识论的高度，阐释了在苏联暴露了一些缺点和错误的时候为什么还要学习它的问题。毛泽东指出，“犯错误是难免的”，“不犯错误是不可能的，如果我们相信唯物论的话。人的思维不可能完全地反映客观实际。人类只能在认识事物的过程中逐渐克服认识的不足，这是没有办法的事”。斯大林问题不是个别人、个别国家的事情，而是整个国际无产阶级事业中的事情。“错误往往是由于经验不足造成的，马克思主义总共只有一百多年的历史。错误一定是会犯的，各个国家的革命和建设都会发生错误。”③ 以此为思想基础，毛泽东在党的八大期间进一步说明“苏联是世界上第一个社会主义国家，经历又那么长久，不发生错误是不可能的”，而且它的错误是“暂时的、部分的，是可以纠正的”，“它有许多东西我们可以学”④，“必须善于学习。要善于向我们的先进者苏联学习”⑤，从而从根本上解决了如何对待苏联的建设经验、还要不要向苏联学习等问题的思想疑惑。经过思考和分析，毛泽东把“怎样建设社会主义”的回答归结到一点上，就是“团结国内外一切可能团结的力量，为了建设一个伟大的社会主义的中国而奋斗”⑥，从而初步回答了在中国“建设什么样的社会主义、怎样建设社会主义”这一新的“重大时代课题”。

党的八大以新形势下国内主要矛盾的分析为基础，在经济、政治、文化和外交等方面作出了一系列重要决策，也对加强执政党的建设提出了正

① 《毛泽东文集》第7卷，人民出版社1999年版，第41—42页。
② 《毛泽东文集》第7卷，人民出版社1999年版，第43页。
③ 《毛泽东文集》第7卷，人民出版社1999年版，第65页。
④ 《毛泽东文集》第7卷，人民出版社1999年版，第91页。
⑤ 《毛泽东文集》第7卷，人民出版社1999年版，第117页。
⑥ 《毛泽东文集》第7卷，人民出版社1999年版，第114页。

确方针。“八大制定的路线是正确的，提出的许多新方针和设想是富于创造性的。”① 尽管八大以后我们党和国家在社会主义建设中走过很多曲折的道路，也发生了毛泽东希望避免的“较长时期的、大的错误”，但历史证明，我们党有能力自己纠正自己的错误，中共八大的路线在党的十一届三中全会以后得到了坚持和发展。中共十一届三中全会路线制定的“一个中心，两个基本点”的路线，是从中共八大前后的正确认识和决策中发展而来的。对此，胡乔木在1979年指出：“在经济方面我们现在所执行的政策基本上没有超出《论十大关系》的范围，政治上也都是按照毛主席在‘八大’提出的去做的。”②《关于建国以来党的若干历史问题的决议》也指出：“‘八大’的路线是正确的，它为新时期社会主义事业的发展和党的建设指明了方向。”③ 这些都说明了中共八大路线和十一届三中全会路线的关系。

第五节　对社会主义社会矛盾问题的创造性阐释

苏共二十大后，东欧一些社会主义国家先后发生了严重的动荡，国内也出现了不安定情况。新的矛盾面前，许多党员干部缺乏思想准备，习惯于用老眼光看新问题，用旧办法处理新矛盾，甚至有的人也对“百花齐放、百家争鸣”和“长期共存、互相监督”的方针存有怀疑。在全党全国工作重点转向经济文化建设的时候，如何教育党员干部正确认识和学会处理社会主义矛盾问题，成为一个必须回答的理论问题。1957年2月27日，毛泽东在最高国务会议第十一次（扩大）会议上发表讲话，运用马克思主义矛盾学说，第一次系统地创造性地回答了“如何处理人民内部矛盾的问题”。毛泽东关于社会主义社会矛盾的理论包括社会主义社会的矛盾存在的思想、社会主义社会基本矛盾和主要矛盾的思想、社会主义社会矛盾不同性质及其解决方式的思想，它们共同构成社会主义社会矛盾理论的完整体系，成为毛泽东和中国共产党处理社会生活问题的重大理论原则。

---

① 中共中央党史研究室：《中国共产党历史》第二卷（1949—1978）（上卷），中共党史出版社2011年版，第403页。

② 《关于叶剑英国庆三十周年讲话稿起草情况的说明》，《胡乔木文集》第2卷，人民出版社1993年版，第125页，

③ 《三中全会以来重要文献选编》（下），人民出版社1982年版，第802页。

一、社会主义社会存在着矛盾

社会主义社会是否存在矛盾？社会主义社会的基本矛盾是什么？马克思、恩格斯没有亲历过社会主义的实践，他们创立科学社会主义的理论时不可能对这些问题给予确定的结论，但他们关于社会矛盾的思想为处理社会主义社会矛盾提供了方法论指导。列宁在领导苏维埃社会主义建设的实践中，注重运用马克思主义辩证法分析社会主义社会的矛盾，断定社会主义社会矛盾仍然存在，但表现方式与资本主义社会有所不同，指出，“对抗和矛盾完全不是一回事。在社会主义下，对抗将消失，矛盾仍将存在”①。列宁这里明确承认社会主义社会矛盾的存在，并初步涉及社会主义社会矛盾的特点。斯大林在社会主义社会矛盾问题上，虽然承认社会主义社会矛盾的存在，但很长一段时间内对社会主义社会矛盾运行方式和状况的认识是错误的，不能从根本上说明社会主义社会发展的动力。

毛泽东是彻底的辩证法论者，他把马克思主义的唯物辩证法理论运用到分析、研究社会主义社会的矛盾问题，进而明确地规定了社会主义社会的矛盾。1956年4月《人民日报》发表的经中央政治局讨论、毛泽东修改的《关于无产阶级专政的历史经验》，明确指出否认矛盾就是否认辩证法，“有人认为唯心论和唯物论的矛盾可以在社会主义社会或者共产主义社会中消除掉，这个意见显然是不正确的。只要还存在着主观和客观的矛盾，还存在着先进和落后的矛盾，存在着社会生产力和生产关系的矛盾，那么，唯物论和唯心论的矛盾在社会主义社会和共产主义社会中也就还将存在”②。毛泽东这里虽然讲的是唯物论和唯心论的矛盾在社会主义社会和共产主义社会将存在，但他认为，唯物论和唯心论的矛盾是包括生产力和生产关系的矛盾的反映，显然这是承认社会主义社会也存在着矛盾。“各个社会的矛盾性质不同，解决矛盾的方式不同，但是社会的发展总是在不断

① 《列宁全集》第60卷，人民出版社1990年版，第281—282页。

② 注：理论界比较流行的观点认为，斯大林否认社会主义矛盾的存在，其依据是斯大林在《论辩证唯物主义和历史唯物主义》中的一段话：“苏联的社会主义国民经济是生产关系完全适合生产力的性质的例子，这里的生产资料的公有制同生产过程的社会性完全适合，因此在苏联没有经济危机，也没有生产力破坏的情形。”笔者认为，斯大林这段话并没有否认社会主义社会的矛盾，而是认为苏联社会主义“生产关系完全适合生产力”“生产资料的公有制同生产过程的社会性完全适合”，否认的是生产关系和生产力、生产资料的公有制和生产过程的社会性之间不存在“不相适合”的状况。

的矛盾中进行的。社会主义社会的发展也是在生产力和生产关系的矛盾中进行的。”在《论十大关系》的最后，毛泽东总结指出，十种关系都是矛盾，“世界是由矛盾组成的，没有矛盾就没有世界。我们的任务，是要正确处理这些矛盾。这些矛盾在实践中是否能完全处理好，也要准备两种可能性，而且在处理这些矛盾的过程中，一定还会遇到新的矛盾，新的问题”。这实际上是把如何处理社会主义实践中的矛盾问题提到了社会生活的日程上①。同年，毛泽东在接见拉丁美洲一些国家党的代表、同罗马尼亚驻华大使会见时又反复强调，有人认为，一到社会主义社会，什么都十分美好，没有什么坏的东西，这是一种迷信；在我们的社会里，一定有好的东西，有坏的东西，有好人，也有坏人，有先进的，也有落后的，自古以来是这样，一万年以后也会这样。1957 年 2 月毛泽东在《关于正确处理人民内部矛盾的问题》一文中，一开始就指出：“我们的国家现在是空前统一的。资产阶级民主革命和社会主义革命的胜利，以及社会主义建设的成就，迅速地改变了旧中国的面貌。祖国的更加美好的将来，正摆在我们的面前。人民所厌恶的国家分裂和混乱的局面，已经一去不复返了。我国的六亿人民正在工人阶级和共产党的领导下，团结一致地进行着伟大的社会主义建设。国家的统一，人民的团结，国内各民族的团结，这是我们的事业必定要胜利的基本保证。但是，这并不是说在我们的社会里已经没有任何的矛盾了。没有矛盾的想法是不符合客观实际的天真的想法。”因为对立统一规律是宇宙的根本规律，不论是在自然界，还是在人类社会和人们的思想中，都普遍存在着矛盾。矛盾着的对立面又统一又斗争，由此推动事物的运动和变化。“许多人不敢公开承认我国人民内部还存在着矛盾，正是这些矛盾推动着我们的社会向前发展。”国家的统一，人民和各民族的团结，并不是也不能否认矛盾的存在，“许多人不承认社会主义社会还有矛盾，因而使得他们在社会矛盾面前缩手缩脚，处于被动地位；不懂得在不断地正确处理和解决矛盾的过程中，将会使社会主义社会内部的统一和团结日益巩固”②。毛泽东在这里把社会主义社会的统一和团结看成是一个不断正确处理和解决矛盾的过程。

社会主义社会存在着矛盾，矛盾推动社会主义社会的发展，这就需要正确处理矛盾。在中共八届二中全会上，毛泽东开始思考如何处理社会主

---

① 《毛泽东文集》第 7 卷，人民出版社 1999 年版，第 44 页。

② 《毛泽东文集》第 7 卷，人民出版社 1999 年版，第 213 页。

义社会矛盾的问题，他指出："国内阶级矛盾已经解决，但是应该注意仍然存在的一部分反革命分子的活动。对于资产阶级分子和知识分子的旧思想和旧习惯的改造，要在巩固团结他们的方针下，继续进行长期的教育。人民内部的问题和党内问题的解决方法，不是采取大民主而是采取小民主。要知道，在人民方面说，历史上一切大的民主运动，都是用来反对阶级敌人的。"① 毛泽东在这里明确指出了社会主义改造完成后我国社会矛盾已不是阶级矛盾，提出要用"小民主"来处理"人民内部的问题和党内问题"，"大民主""反对阶级敌人"，包含着区分两类不同性质的矛盾，用不同的方法处理人民内部矛盾和敌我矛盾的思想。这一思想在《给黄炎培的信》《同工商界人士的谈话》中得到明确阐述，直至《在省市自治区党委书记会议上的讲话》提出，"要运用马克思主义的对立统一学说，观察和处理社会主义社会阶级矛盾和阶级斗争的新问题，观察和处理国际斗争中的新问题"②。随后的 1957 年 2 月《关于正确处理人民内部矛盾的问题》的讲话就是这一思想的具体展开和运用。

二、社会主义社会的基本矛盾

毛泽东指出，社会主义社会的基本矛盾仍然是生产关系和生产力之间、上层建筑和经济基础之间的矛盾，这些矛盾可以经过社会主义制度本身不断地得到解决。

1957 年初，毛泽东在《省市自治区党委书记会议上的讲话》中指出，斯大林没有认识到社会主义制度下生产关系和生产力之间的矛盾，上层建筑和经济基础之间的矛盾，是推动社会主义社会向前发展的基本矛盾③。接着，他在《关于正确处理人民内部矛盾的问题》一文中，再次指出，"在社会主义社会中，基本的矛盾仍然是生产关系和生产力之间的矛盾，上层建筑和经济基础之间的矛盾"④。1956 年 11 月他在中国共产党八届二中全会上讲话时还指出，将来全世界的帝国主义都打倒了，阶级消灭了，那个时候还有生产关系同生产力的矛盾，上层建筑同经济基础的矛盾。这就是说，在毛泽东的观念中，生产关系和生产力、上层建筑和经济基础之

---

① 《毛泽东文集》第 7 卷，人民出版社 1999 年版，第 160—161 页。
② 《毛泽东文集》第 7 卷，人民出版社 1999 年版，第 201 页。
③ 《毛泽东选集》第 5 卷，人民出版社 1977 年版，第 356 页。
④ 《毛泽东文集》第 7 卷，人民出版社 1999 年版，第 214 页。

间的矛盾，是在社会主义社会之前、在社会主义社会之中、在社会主义社会之后始终存在的矛盾，也就是贯穿于人类社会始终的社会基本矛盾。毛泽东在马克思主义发展史上第一次确认，生产关系和生产力、上层建筑和经济基础之间的矛盾仍然是社会主义社会的基本矛盾。

毛泽东具体地分析了社会基本矛盾在社会主义社会中所具有的特殊性，指出社会主义社会的基本矛盾与旧社会相比具有根本不同的性质和情况，能够通过社会主义自身的改革来解决。毛泽东指出，就我国社会主义生产关系和上层建筑来说，总体上是适应生产力和经济基础的，但是，由于它刚刚建立，社会主义生产关系还很不完善，生产关系和生产力、上层建筑和经济基础之间又有不相适应的、相矛盾的方面。从生产关系来看：一方面，社会主义的生产关系比较旧时代的生产关系更能适合生产力的发展性质，这些不完善的方面与生产力的发展是相矛盾的。能够容许生产力以旧社会没有的速度迅速发展，从而使生产不断扩大，使人民不断增长的需要能够逐步得到满足。另一方面，在所有制、生产和交换的相互关系以及积累和消费的分配上都存在一些问题，需要继续加以解决。从上层建筑来看：一方面，人民民主专政的国家制度和法律、以马克思主义为指导的社会主义意识形态，是和社会主义的经济基础相适应的；另一方面，资产阶级意识形态、国家机构中某些官僚主义作风、国家制度中某些环节缺陷的存在，又是和社会主义的经济基础相矛盾的。社会主义社会的矛盾同旧社会的矛盾，例如同资本主义社会的矛盾，是根本不相同的，旧社会的基本矛盾由基本适应到基本不适应，再到完全不适应，表现为剧烈的对抗和冲突，表现为剧烈的阶级斗争，最终导致旧制度的彻底毁灭，“资本主义社会的矛盾，那种矛盾不可能由资本主义制度本身来解决，而只有社会主义革命才能够加以解决”。社会主义社会的基本矛盾运动的特点表现为既相适应又相矛盾，并且以适应的方面是主要的，不适应的方面是次要的，它不是对抗性的矛盾，这就决定了社会主义社会的矛盾“它可以经过社会主义制度本身，不断地得到解决”①。毛泽东关于社会主义社会基本矛盾的理论初步揭示了社会主义社会基本矛盾运动的规律，提出了解决社会主义社会基本矛盾的方法。

毛泽东对社会主义社会基本矛盾特性的分析，为进行社会主义性质的

① 《毛泽东文集》第7卷，人民出版社1999年版，第213—214页。

改革提供了理论上的根据。社会主义社会基本矛盾的特性，决定了社会主义社会运动变化的主要形式是社会主义的改革，即在坚持和巩固社会主义基本制度的前提下，调整社会主义的经济体制和政治体制，使之更加适应社会生产力的发展。1957 年 3 月，毛泽东指出："中国的改革和建设靠我们来领导。""我们国家要有很多诚心为人民服务、诚心为社会主义事业服务、立志改革的人。我们共产党员都应该是这样的人。"他还说："我们还需要一批党外的志士仁人，他们能够按照社会主义、共产主义的方向，同我们一起来为改革和建设我们的社会而无所畏惧地奋斗。"[①] 1958 年 1 月，他进一步提出，"共产党准备大改革"[②]。这个思想，他以后又反复讲过多次。比如，经他修改的关于 1960 年国民经济报告稿就指出，"根据生产力迅速发展的要求，对生产关系和上层建筑进行不断的改革就为生产力的不断发展开辟了广阔的道路。而生产力的发展，又迫使生产关系和上层建筑不能不进行不断的改革"[③]。

毛泽东提出社会主义社会基本矛盾理论，在马克思主义发展史上具有极其重要的意义。它驱散了形而上学无冲突论的迷雾，坚持用对立统一规律去观察社会主义社会的发展过程，指出在社会主义社会又相适应又需要不断解决的生产关系和生产力之间、上层建筑和经济基础之间的矛盾，仍然是推动社会向前发展的基本矛盾，推进了马克思主义以生产关系和生产力、上层建筑和经济基础之间的矛盾为基本线索，去揭示社会结构和人类历史发展的世界观和方法论。对于毛泽东关于社会主义社会矛盾的理论，邓小平曾经作了充分肯定，他指出："关于基本矛盾，我想现在还是按照毛泽东在《关于正确处理人民内部矛盾的问题》一文中的提法比较好。毛泽东说：'在社会主义社会中，基本的矛盾仍然是生产关系和生产力之间的矛盾，上层建筑和经济基础之间的矛盾。'他在这里说了很长的一段话，现在不重复。当然，指出这些基本矛盾，并不就完全解决了问题，还需要就此作深入的具体的研究。但是从二十多年的实践看来，这个提法比其他的一些提法妥当。"[④]

---

① 《毛泽东文集》第 7 卷，人民出版社 1999 年版，第 275 页。

② 《建国以来毛泽东文稿》第 7 册，中央文献出版社 1992 年版，第 43 页；《建国以来毛泽东文稿》第 9 册，中央文献出版社 1996 年版，第 109 页。

③ 《邓小平文选》第 2 卷，人民出版社 1994 年版，第 181—182 页。

④ 《毛泽东文集》第 7 卷，人民出版社 1999 年版，第 205 页。

三、社会主义社会两类不同性质的矛盾

社会主义社会两类不同性质的矛盾学说，是毛泽东关于社会主义社会矛盾理论中浓墨重彩的一笔。它在马克思主义发展史上首次确立了严格区分和正确处理社会主义社会两类不同性质的社会矛盾的理论，为我们正确处理纷繁复杂的社会矛盾及正确认识和把握社会主义社会发展的客观规律奠定了理论基础，指明了基本方向。

正确区分两类不同性质的矛盾，是毛泽东一贯的思想。毛泽东指出，在社会主义社会存在着两类不同性质的社会矛盾，即敌我矛盾和人民内部矛盾。在我国社会主义巩固和建设时期，敌我矛盾和人民内部矛盾界限清楚，“一切赞成、拥护和参加社会主义建设事业的阶级、阶层和社会集团，都属于人民的范围；一切反抗社会主义革命和敌视、破坏社会主义建设的社会势力和社会集团，都是人民的敌人”①。人民内部矛盾“在劳动人民之间说来，是非对抗性的；在被剥削阶级和剥削阶级之间说来，除了对抗性的一面，还有非对抗性的一面”②。在我们国家里，即使是工人阶级同民族资产阶级的矛盾也属于人民内部的矛盾，因为我国的民族资产阶级有两面性：在资产阶级民主革命时期，它有革命性的一面，又有妥协性的一面；在社会主义革命时期，它有剥削工人阶级取得利润的一面，又有拥护宪法、愿意接受社会主义改造的一面。毛泽东对民族资产阶级的这种实事求是的分析，着眼于最大限度调动一切积极因素，是国际共产主义运动史上的一个创举。

生产资料私有制方面的社会主义改造基本完成以后，共产党所处的地位和担负的任务都发生了根本性变化，由主要是领导革命、局部执政的党变成主要领导社会建设、执掌全国政权的党，由带领人民开展对敌斗争变成进行社会主义建设。在新形势下，人民内部矛盾逐渐大量显露出来。因此，毛泽东在《关于正确处理人民内部矛盾的问题》一文中，重点谈的是人民内部矛盾。人民内部矛盾是在人民利益根本一致基础上的矛盾，它表现在三个方面：一是人民内部不同阶级、阶层和社会集团内部的矛盾及其之间相互的矛盾。前者如工人阶级内部的矛盾，农民阶级内部的矛盾，知识分子内部的矛盾；后者如工农两个阶级之间的矛盾，工人、农民同知识分子之间的矛盾，工人阶级和其他劳动人民同民族资产阶级之间的矛盾，

---

① 《毛泽东文集》第7卷，人民出版社1999年版，第205页。

② 《毛泽东文集》第7卷，人民出版社1999年版，第209页。

民族资产阶级内部的矛盾，等等。二是人民政府同人民群众之间的矛盾。从本质和性质上讲，中国共产党领导的人民政府代表人民利益，是为人民服务的，但是人民政府同人民群众之间也有矛盾。其中包括国家利益、集体利益同个人利益之间的矛盾，民主同集中之间的矛盾，领导同被领导之间的矛盾，国家机关某些工作人员的官僚主义作风同人民群众之间的矛盾，等等。三是客观规律同主观认识之间的矛盾。毛泽东说："社会主义社会经济发展的客观规律和我们主观认识之间的矛盾，这需要在实践中去解决。这个矛盾，也将表现为人同人之间的矛盾，即比较正确地反映客观规律的一些人同比较不正确地反映客观规律的一些人之间的矛盾，因此也是人民内部的矛盾。"①

正确区别敌我矛盾和人民内部矛盾这两类不同性质的矛盾，其根本目的是要用不同的方法处理两类不同性质的矛盾。敌我矛盾要用人民民主专政的方法来解决。我们工人阶级领导的、以工农联盟为基础的人民民主专政就是压迫国家内部的反动阶级、反动派和反抗社会主义革命的剥削者，压迫那些对于社会主义建设的破坏者，是为了解决国内敌我之间的矛盾，也是防御国家外部敌人的颠覆活动和可能的侵略，担负对外解决敌我之间的矛盾的任务。"专政的目的是为了保卫全体人民进行和平劳动，将我国建设成为一个具有现代工业、现代农业和现代科学文化的社会主义国家。"专政的制度不适用于人民内部，人民自己不能向自己专政，不能由一部分人民压迫另一部分人民。人民中间的犯法分子要受到法律的制裁，但是这和压迫人民的敌人的专政是有原则区别的。

对人民内部矛盾是实行民主与集中制，要用民主的方法，团结—批评—团结的方法和自我教育的方法解决，造成一个又有集中又有民主，又有纪律又有自由，又有统一意志，又有个人心情舒畅、生动活泼那样一种政治局面。毛泽东特别强调，我们的民主集中制是民主和集中的统一，自由和纪律的统一。这种有领导的自由，集中指导下的民主，"在任何意义上都不是说，人民内部的思想问题、是非的辨别问题，可以用强制的方法去解决。企图用行政命令的方法，用强制的方法解决思想问题，是非问题，不但没有效力，而且是有害的"②。过去国内外的敌我斗争很尖锐，人民内部矛盾还不像现在这样被人们注意，所以许多人觉得用民主方法解决

---

① 《毛泽东文集》第7卷，人民出版社1999年版，第242页。

② 《毛泽东文集》第7卷，人民出版社1999年版，第209页。

人民内部矛盾的问题是一个新的问题，“事实并不是这样。马克思主义者从来就认为无产阶级的事业只能依靠人民群众，共产党人在劳动人民中间进行工作的时候采取民主的说服教育的方法，决不允许采取命令主义态度和强制手段”①。正确处理人民内部矛盾的出发点和归宿，就是为了发展我们的经济和文化，巩固社会主义新制度，建设社会主义新国家。这些思想，不仅在当时具有十分紧迫的指导意义，而且对我们今天的建设事业仍然有着不可低估的理论意义和现实意义。

在社会主义条件下大量存在的是复杂的人民内部矛盾，要把正确处理人民内部矛盾作为国家政治生活的主题。敌我矛盾是对抗性的矛盾，人民内部矛盾是非对抗性的矛盾，但如果处理不好，或者失去警觉，也有发展到对抗性的一面。20 世纪 50 年代下半叶，面对层出不穷的人民内部矛盾，特别是对于当时有些地方发生的工人罢工、学生罢课、农民闹社的事件，执政不久的中国共产党缺乏足够的思想准备。为此，毛泽东特别提醒广大干部要警惕官僚主义作风，尽速学会正确处理人民内部矛盾的本领，“不要形成一个脱离人民的贵族阶层”。他说：“县委以上的干部有几十万，国家的命运就掌握在他们手里。如果搞不好，脱离群众，不是艰苦奋斗，那末，工人、农民、学生就有理由不赞成他们。我们一定要警惕，不要滋长官僚主义作风，谁犯了官僚主义，不去解决群众的问题，骂群众，压群众，总是不改，群众就有理由把他革掉。”② 针对一些共产党员和领导干部沿用老办法解决新问题，甚至动用武力对待闹事群众的错误做法，毛泽东还说，“对人民闹事，要采取完全新的方法。对犯了法的人，应该按照法律程序处理。其他的人，应该说服教育，不要开除。你这里开除，是以邻为壑。许多人对于人民跟我们闹事没有精神准备。因为过去我们跟人民一道反对敌人，现在敌人不在了，看不见敌人了，就剩下我们跟人民，他有事情，不向你闹，向谁去闹呢？对于人民闹事，有主张用老办法对付的，就有几个地方叫警察抓人。我说，学生罢课叫警察抓人，这是国民党的办法。”③ 为了及时、正确地处理人民内部新出现的复杂的矛盾，中共中央在

---

① 《毛泽东文集》第 7 卷，人民出版社 1999 年版，第 211 页。

② 逄先知、金冲及：《毛泽东传（1949—1976）》（上），中央文献出版社 2003 年版，第 612 页。

③ 逄先知、金冲及：《毛泽东传（1949—1976）》（上），中央文献出版社 2003 年版，第 648 页。

1957年3月专门发出《中共中央关于处理罢工、罢课问题的指示》，明确指出，1956年9月以后的半年内，全国各地的罢工、罢课“从根本上说，是在推翻了共同敌人，消灭了剥削制度以后，人民群众和他们的领导者之间的矛盾，就在新的历史条件下显露出来”①。为了防止这类事件的发生，“根本的办法是随时注意调整社会主义社会内部关系中存在的问题，首先克服官僚主义，扩大民主”。在工厂实行和加强党委领导下的群众监督，在学校确实保证学生会、教职员工会、青年团和党的支部会议能够充分地自由地对学校工作提意见，有民主党派的学校尽量吸收他们参与学校的管理工作，随时听取他们的意见。同时加强对群众的思想政治教育，使群众懂得建设社会主义必须经过一个艰苦奋斗的过程②。这是党适时地将正确处理人民内部矛盾作为政治生活的主题集中体现。

毛泽东和党中央之所以把正确处理人民内部矛盾作为国家政治生活的主题，也是借鉴国际共产主义运动基本经验和教训得出的基本结论。将人民内部矛盾和敌我矛盾混淆起来的做法，在苏联和东欧国家共产党执政时期已有深刻教训。斯大林时期，对党和政府的工作有意见、有批评，就被怀疑是阶级敌人，用专政的方式来对待，造成20世纪30年代后期的肃反扩大化，这是混淆人民内部矛盾和敌我矛盾；斯大林逝世后，苏共领导人用同样的办法对待斯大林，同样混淆了人民内部矛盾和敌我矛盾。对于1956年10月至11月匈牙利发生的反政府事件，毛泽东和中国共产党认为，其主要原因是本国的工作没有做好，没有考虑到本国的具体情况，引起了人民群众的不满。事件发生虽然有国内外反革命势力挑拨离间兴风作浪，但主要的是匈牙利执政党没有对群众的情绪加以正确引导，反而把群众当成敌人，结果国家和人民都受到了损害。国内外的经验反复证明，在社会主义国家，严格区分和正确处理两类不同性质的矛盾，特别是正确处理人民内部矛盾，在社会政治生活中具有极其重要的意义。

四、社会主义社会的主要矛盾

社会基本矛盾在运动过程中总是要通过一定时期一定阶段的社会主要矛盾表现出来，社会主义社会的基本矛盾同样如此。新中国成立后，国内

① 马齐彬等主编：《中国共产党执政四十年》，中共党史出版社1989年版，第125页。

② 参见《建国以来毛泽东文稿》第6册，中央文献出版社1992年版，第372页。

以消灭地主阶级和官僚资产阶级的剥削和压迫，改变买办的封建的生产关系，解放生产力为任务的主要矛盾，即帝国主义、封建主义和官僚资本主义与广大劳动人民的矛盾，总体上来讲，逐渐让位于在新的社会制度下以保护和发展生产力为主要任务的矛盾。随着中国社会的剧烈变动，这种矛盾的发展和转变呈现出非常复杂的形态，毛泽东和党中央对社会主义社会主要矛盾的认识也经历了一个曲折的过程。

随着新民主主义革命在全国胜利和土地制度改革以后，我国社会进入一个新的发展阶段。基于资本主义工业产值占全国工业总产值的55.8%，个体经济占农业手工业90%以上的现实，毛泽东指出：“在打倒地主阶级和官僚资产阶级以后，中国内部的主要矛盾即是工人阶级与民族资产阶级的矛盾。”[①] 以此为依据，中国共产党制定了过渡时期的总路线，并在实践中基本实现对农业、手工业和资本主义工商业的社会主义改造，奠定了保护和发展生产力的制度基础。社会主义改造基本完成以后，中国社会的主要矛盾是什么，这是中国共产党在新的历史发展时期必须回答的理论和实践问题。1956年，党的八大政治报告决议指出：“我们国内的主要矛盾，已经是人民对于建立先进的工业国的要求同落后的农业国的现实之间的矛盾，已经是人民对于经济文化迅速发展的需要同当前经济文化不能满足人民需要的状况之间的矛盾。这一矛盾的实质，在我国社会主义制度已经建立的情况下，也就是先进的社会主义制度同落后的社会生产力之间的矛盾。党和全国人民的当前的主要任务，就是要集中力量来解决这个矛盾，把我国尽快地从落后的农业国变为先进的工业国。”[②] 八大闭幕不久，毛泽东就对决议中关于主要矛盾实质的提法表示质疑[③]，并在1957年3月12日的全国宣传工作会议上的讲话中说：“人民内部的斗争为主，还是阶级斗争为主？有好些人提出这个问题，一定要讲个为主。似乎那个意思就是，讲阶级斗争为主恐怕好一点，舒服一点。而我恰好换了个位。我在最高国务会议上讲的就是这个题目，叫作如何处理人民内部的斗争。这里面包括一部分阶级斗争，比如我们把民族资产阶级放在人民内部来处理。人

---

① 《毛泽东文集》第6卷，人民出版社1999年版，第231页。

② 逄先知、金冲及：《毛泽东传（1949—1976）》(上)，中央文献出版社2003年版，第536页。

③ 逄先知、金冲及：《毛泽东传（1949—1976）》(上)，中央文献出版社2003年版，第537、658—659页。

民内部斗争现在很突出。八大作了结论的，大规模的阶级斗争已经完结了，现在突出的是人民内部的斗争。”① 在这里毛泽东依然是把人民内部的斗争作为强调的重点。他还说，我们花了几十年工夫才学会了阶级斗争。现在的任务不像过去搞阶级斗争，而是要搞建设、学科学，学会在大学里头当教授，在科研机关做实验，学会当工程师、当技术人员、当医生，学会正确处理人民内部矛盾。因此，不要使用老办法来解决新问题。很明显，毛泽东对于社会主义改造基本完成后，社会主要矛盾的转变的认识是明确而坚定的。对中共八大作出的“大规模的阶级斗争基本结束”的结论，毛泽东又在 1957 年 3 月 18 日的讲话中作了解释：“我们现在处在这么一个时代，就是大规模的阶级斗争基本上结束，社会主义改造基本完成，这是第八次代表大会作了结论的，这个结论是合乎情况的。我们过去反对蒋介石，解放战争，是大规模的阶级斗争；土改，镇压反革命，抗美援朝，是大规模的阶级斗争；社会主义改造，也是阶级斗争。这么一场大斗争到去年上半年基本上结束了，人民内部的问题就显出来了。”“所谓基本结束，就是说还有阶级斗争，特别是表现在意识形态这一方面。只说基本结束，不说全部结束。这一点要讲清楚，不要误会。这个尾巴要吊很长时间。特别是意识形态这一方面的阶级斗争，就是无产阶级思想跟资产阶级思想的斗争。我们是把它当作内部矛盾来处理的。阶级斗争基本结束，我们的任务转到什么地方？转到搞建设，率领整个社会，率领六亿人口，同自然界作斗争，把中国兴盛起来，变成一个工业国。”② 毛泽东认为，作出“大规模的阶级斗争基本上结束”的结论“是合乎情况的”，今后的任务即主要矛盾是要“转到搞建设”，“同自然界作斗争”，把我国“变成一个工业国”。由于 1957 年春夏之交，极少数右派分子向共产党向社会主义制度的猖狂进攻，引起毛泽东高度警惕，以及随之而来的反右派斗争，使毛泽东对社会主义社会主要矛盾的认识发生了微妙的、重要的变化。在《一九五七年夏季的形势》中，毛泽东指出：“在我国社会主义革命时期，反共反人民反社会主义的资产阶级右派和人民的矛盾是敌我矛盾，是对抗性的不可调和的你死我活的矛盾”，批判资产阶级右派“是一个在政治战线上

---

① 逄先知、金冲及：《毛泽东传（1949—1976）》（上），中央文献出版社 2003 年版，第 639 页。

② 逄先知、金冲及：《毛泽东传（1949—1976）》（上），中央文献出版社 2003 年版，第 645 页。

和思想战线上的伟大的社会主义革命”，“单有一九五六年在经济战线上（在生产资料所有制上）的社会主义革命，是不够的，并且是不巩固的”，“必须还有一个政治战线上和一个思想战线上的彻底的社会主义革命”①。但从在这篇讲话中强调要造成又有集中又有民主、生动活泼的政治局面；强调“总题目是正确地处理人民内部的矛盾和正确处理敌我矛盾”；着重把资产阶级区分为“右派”“中间派”和“左派”，要求各单位领导制定“团结左派，争取中间派，孤立右派”的马克思主义策略，强调“必须建立对中间派的巩固的领导权”；强调对资产阶级右派的斗争方式“在一段必要时间之后，应当由急风暴雨的形式转变为和风细雨的形式”；强调进一步发展生产力，“准备着逐步地由社会主义过渡到共产主义的必要条件”；强调“准备以八个至十个五年计划在经济上赶上并超过美国”的发展战略②等方面来，毛泽东在这里并没有完全改变对社会主义社会主要矛盾的看法。真正完全地改变了对社会主义社会主要矛盾认识，是在1957年9月19日，在中共八届三中全会召开之前的一次中央政治局扩大会议上。正是这次会议上，毛泽东讲：“整个过渡时期，总的矛盾是社会主义与资本主义，即工人阶级与资产阶级的矛盾。我们过去一个时期，主要提人民内部矛盾，敌我矛盾没有提。……现在看来，两个矛盾都同样存在。去年所有制是改变了，但人并没有改造。工人阶级与资产阶级的矛盾、社会主义与资本主义的矛盾是整个过渡时期的主要矛盾。工人阶级与资产阶级、社会主义与资本主义的矛盾中，包含两类矛盾。八大讲目前敌我矛盾基本解决了，现在看来也对，但只能是在经济方面的，如从政治方面、思想方面看，就不能这样说了。”③ 毫无疑问，毛泽东这里明确地发表了他对社会主义社会主要矛盾的“新认识”，并且认为这是对八大关于社会主义社会主要矛盾认识的完善。因为“工人阶级与资产阶级、社会主义与资本主义的矛盾中，包含两类矛盾”（既有人民内部矛盾又有敌我矛盾），这两类矛盾既表现在生产关系、所有制领域，又表现在上层建筑、思想政治领域，而思想关系、政治关系具有相对独立性，在经济关系的改造由私有制转

① 《建国以来毛泽东文稿》第6册，中央文献出版社1992年版，第543、548页。

② 《建国以来毛泽东文稿》第6册，中央文献出版社1992年版，第543—544、548—549、550、552页。

③ 逄先知、金冲及：《毛泽东传》（1949—1976）（上），中央文献出版社2003年版，第717—718页。

变为公有制之后，思想政治方面的改造未必就同步完成了，所以所有制方面的敌我矛盾解决了，并不意味着政治方面、思想方面的敌我矛盾也就解决了。毛泽东对社会主义社会主要矛盾的认识变化判断的依据，是基于对 1957 年资产阶级右派反人民反社会主义的猖狂进攻的认识，这是当时思想政治领域严重的斗争形势。由于当时毛泽东和全党都缺乏领导社会主义条件下意识形态斗争的经验，以及对右派进攻和整个阶级斗争形势作出了过分严重的估计，毛泽东在党的八届三中全会期间阐明的"无产阶级和资产阶级的矛盾，社会主义道路和资本主义道路的矛盾，毫无疑问，这是当前我国社会的主要矛盾"看法，最终在党的八大二次会议上得到确认①，至此，党的八大关于社会主义社会主要矛盾的论断被根本改变了。中共八大二次会议对主要矛盾修改为"无产阶级同资产阶级的斗争，社会主义道路同资本主义道路的斗争，始终是我国内部的主要矛盾"，离开了正确处理人民内部矛盾的主题，为阶级斗争扩大化提供了理论根据，在社会主义社会建设实践中造成了严重的后果②。直到中共十一届三中全会以后，中国共产党才逐步形成对社会主义社会主要矛盾的正确认识，这就是在剥削阶级作为阶级被消灭以后，我国社会存在的矛盾大多数不具有阶级斗争的性质，阶级斗争已经不再是我国社会的主要矛盾。我国现阶段所面临的主要矛盾，是人民日益增长的物质文化需要同落后的社会生产之间的矛盾。也以此作为理论依据，制订了社会主义初级阶段理论和基本路线，领导人民开创了中国特色社会主义建设的新的伟大事业。

毛泽东和中国共产党对社会主义社会主要矛盾认识的曲折变化，一方面说明了社会主义建设的复杂性和艰巨性；另一方面说明即使是无产阶级政党并且是领导过革命胜利、具有把马克思主义基本原理同中国具体实际相结合的优良传统的政党，也应该不断总结历史经验，以使我们的认识逐步接近客观事物和社会发展的规律性。

---

① 党的八大二次会议对社会主义社会主要矛盾的表述为："在整个过渡时期，也就是说，在社会主义社会建成以前，无产阶级同资产阶级的斗争，社会主义道路同资本主义道路的斗争，始终是我国内部的主要矛盾。"参见逄先知、金冲及：《毛泽东传（1949—1976）》（上），中央文献出版社 2003 年版，第 815 页。

② 参见邱守娟：《毛泽东关于社会主义社会矛盾学说的当代价值》，《毛泽东邓小平理论研究》2006 年第 6 期。

五、正确处理人民内部矛盾的方法

人民内部矛盾包含着一个极其复杂的矛盾系统，既有思想是非问题，又有物质利益分配问题；既有科学艺术领域不同学派、不同观点的矛盾，又有社会生活纠纷甚至社会聚众事件；等等。毛泽东以用民主的方法解决人民内部矛盾为原则，对诸多社会生活中的具体矛盾给予分析，探讨解决矛盾的方法，制定出具体的方针。

在《关于正确处理人民内部矛盾的问题》中，毛泽东从经济、政治、思想、文化等方面分析了人民内部矛盾的表现，提出了至今仍有重大指导意义的处理人民内部矛盾的方法。如关于“肃反问题”，毛泽东明确指出，“肃清反革命分子的问题是敌我矛盾的斗争问题”，肃清反革命方面的成功是我们国家巩固的重要原因之一。新中国成立初期肃清和惩处一批反革命分子是完全必要的，是“为了解放生产力”。在全国反革命分子的主要力量已经肃清，“我们的根本任务已经由解放生产力变为在新的生产关系条件下面保护和发展生产力”的时候，有些人不了解我们今天的政策适合于今天的情况，过去的政策适合于过去的情况，想利用今天的政策去翻过去的案，想否定过去的肃反工作的巨大成绩，这是人民群众所不允许的。针对当时对肃反问题存在的错误思想认识，毛泽东指出有右倾思想的人不分敌我，认敌为友；有“左”倾思想的人则把敌我矛盾扩大化，以致把某些人民内部的矛盾也看作敌我矛盾，“这两种看法都是错误的，都不能正确地处理肃反问题”[①]。毛泽东还严肃地警告说：“原有的反革命分子肃清了，还可能出现一些新的反革命分子。如果我们丧失警惕性，那就会上大当，吃大亏。”[②] 毛泽东在这里对于肃反问题的矛盾性质以及人民思想认识问题的分析，对于肃反问题上敌我矛盾和人民内部矛盾及其转化的分析，对今天社会主义初级阶段我们处理类似于肃反问题的矛盾仍然具有借鉴和指导意义。

至于经济方面表现的人民内部矛盾，毛泽东着重分析了“农业合作化”“节约”和“中国工业化的道路”等问题。关于“农业合作化问题”，毛泽东是从“我国经济的发展和政权的巩固”“五亿多农业人口”战略的高度来认识和处理人民内部矛盾的。毛泽东认为，合作化的完成“解决了

---

① 参见《毛泽东文集》第7卷，人民出版社1999年版，第216—217页。

② 参见《毛泽东文集》第7卷，人民出版社1999年版，第219页。

我国社会主义工业化同个体农业经济之间的大矛盾”①，对于合作化巩固过程中国家同合作社之间、合作社内部、合作社之间需要解决的矛盾，毛泽东强调“必须经常注意从生产问题和分配问题上处理”。生产问题上，毛泽东提出合作社经济要“在不违背国家的统一计划和政策法令下保持自己一定的灵活性和独立性”；分配问题上，“必须兼顾国家利益、集体利益和个人利益”，必须经常注意调节国家税收、合作社积累和农民收入三者的关系，“尽可能使农民能够在正常年景下，从增加生产中逐年增加个人收入”②。节约问题的实质是经济建设中的规模与效益的关系和矛盾，毛泽东指出，在一个社会主义大国与经济落后的穷国之间进行大规模经济建设，是一个很大的矛盾，“全面地持久地厉行节约，就是解决这个矛盾的一个方法”③。在投资规模方面，必须逐步地建设一批规模大的现代化的企业为骨干（没有这个骨干就不能使我国在几十年内变为现代化的工业强国），但是“应当更多地建立中小企业，并且应当充分利用旧社会遗留下来的工业基础，力求节约，用较少的钱办较多的事”；在管理方面，“要求精简机构，下放干部，使相当大的一批干部回到生产中去”，“要使我国富强起来，需要几十年艰苦奋斗的时间，其中包括执行厉行节约、反对浪费这样一个勤俭建国的方针”④。经过近三十年改革开放的实践证明，毛泽东关于保持集体经济“一定的灵活性和独立性”，“兼顾国家利益、集体利益和个人利益”，“更多地建立中小企业”，“用较少的钱办较多的事”的勤俭节约建国方针，仍然是我们建立社会主义市场经济体制中处理经济建设中，人民内部矛盾的基本方针。

在政治方面处理人民内部矛盾，毛泽东针对不同的矛盾表现形式提出了不同的矛盾解决方法。在共产党与民主党派的关系上，实行“长期共存，互相监督”的方针；在汉族和少数民族的关系上，实行各民族团结平等，反对大汉族主义和地方民族主义的方针；在科学文化方面，实行“百花齐放、百家争鸣”的方针；在处理党群关系、克服某些国家机关工作人员的官僚作风上，采取整风和马克思主义教育的方针；在社会管理方面，坚持“统筹兼顾、适当安排”的方针，调动一切积极因素，团结一切可能

---

① 参见《毛泽东文集》第7卷，人民出版社1999年版，第220页。

② 参见《毛泽东文集》第7卷，人民出版社1999年版，第221页。

③ 《毛泽东文集》第7卷，人民出版社1999年版，第239页。

④ 《毛泽东文集》第7卷，人民出版社1999年版，第240页。

团结的人，尽可能地将消极因素转变为积极因素，为建设社会主义社会伟大事业服务；在处理社会聚众事件上，要“坚决地克服官僚主义，很好地加强思想政治教育，恰当地处理各种矛盾”，要在群众中间经常“进行细致的工作”，进行生动的、切实的政治教育，把发生的困难向群众讲清楚，和他们一起研究解决困难的办法。这些都是社会主义建设过程中处理人民内部矛盾必须长期坚持的方针。

在思想文化方面处理人民内部矛盾，毛泽东强调在科学文化方面，实行“百花齐放，百家争鸣”的方针，强调“马克思主义在思想界的领导地位”。社会主义改造完成以后，我国知识分子的大多数赞成社会主义制度，愿意为社会主义事业服务，但是知识分子“世界观的彻底改变需要一个很长的时间”，这就需要耐心地做工作，“需要加强思想政治工作”，需要学习马克思主义。促进艺术发展和科学进步，促进社会主义文化繁荣，要提倡“百花齐放、百家争鸣”，这是思想文化方面处理人民内部矛盾的根本方针。但是科学和艺术中的是非问题通过自由讨论去解决，并不意味着对于非马克思主义的思想、对于思想意识方面的错误思想，可以“不加批评，看着错误思想到处泛滥，任凭它们去占领市场”。有错误就得批判，有毒草就得斗争，要“力求用辩证方法”对各种错误思想“科学的分析”，有充分说服力的分析。毛泽东严正指出，在批判教条主义的时候，同时必须注意对右倾机会主义的批判。右派机会主义是一种资产阶级思潮，比教条主义有更大的危险性，因为“他们攻击的正是马克思主义的最根本的东西”，“反对或者歪曲唯物论和辩证法，反对或者企图削弱人民民主专政和共产党的领导，反对或者企图削弱社会主义改造和社会主义建设”。毛泽东提出的对于明显的反革命分子、破坏社会主义事业的分子“剥夺他们的言论自由”，对于人民内部错误思想采取讨论、批评、说理的方法克服错误的处理思想领域人民内部矛盾的方法，提出的以“社会主义道路和党的领导”为核心的区分政治思想方面是非问题的“六条标准”，至今仍然闪耀着智慧的光芒。

总之，毛泽东关于社会主义社会两类矛盾学说为科学社会主义理论开辟了一个新的领域，解决了社会主义建设时期国际共产主义运动中的一个重大难题，为执政的社会主义国家共产党正确认识和处理社会主义社会的社会矛盾，提供了马克思主义方法论的指导。他提出的那些正确处理和调控社会矛盾的方法和手段，对于保障社会主义社会协调有序的发展，至今仍然是十分有意义的。

第六节 对新的“重大时代课题”的实践探索

1956年1月，社会主义改造即将完成之际，毛泽东在最高国务会议第六次会议上提出了“应该有一个远大的规划，要在几十年内，努力改变我国在经济上和科学文化上的落后状况，迅速达到世界上的先进水平”的历史任务和奋斗目标①，实际上提出了社会主义改造基本完成后，经济文化落后的中国“建设什么样的社会主义”的实践主题。任务和目标提出以后，采取什么样的战略和路线即“如何建设社会主义”就显得特别关键了。对于经济和科学文化落后的国家，要在几十年内走完发达国家一百多年、几百年走过的工业化道路，“迅速达到世界上的先进水平”，亦步亦趋地发展是不可能办到的，必须走自己的道路，要有“敢为人先”的勇气和“赶超意识”，并且尽可能地创造实现赶超的社会条件。20世纪50年代的“赶超构想”就是这样的历史产物。

一、“赶超构想”与社会主义建设总路线

“赶超构想”酝酿于“一五”计划期间，但却是中国共产党第一代领导人强烈的责任意识、忧患意识、富民意识及特定社会历史条件的反映。

责任意识。毛泽东认为，中国为了建设一个伟大的社会主义国家，是中华民族为人类的贡献和国际共产主义运动的责任使然。1956年毛泽东在中共八大同南斯拉夫客人谈话说，人口占全世界人口的四分之一的中国，它对人类的贡献是不符合它的人口比重的，将来这种状况是会改变的，要使中国变成一个富强的国家，需要五十年到一百年的时光。他在中共八大预备会上讲话也说：“超过美国，不仅有可能，而且完全必要，完全应该。如果不是这样，那我们中华民族就对不起全世界各民族，我们对人类的贡献就不大。”② 他认为在五六十年内赶上和超过美国“是一种责任”③。1957年在苏联莫斯科参加世界共产党和工人党代表会议期间，毛泽东说，

① 《毛泽东文集》第7卷，人民出版社1999年版，第2页。

② 《毛泽东传（1949—1976）》（上），中央文献出版社2003年版，第541—542页。

③ 《毛泽东文集》第7卷，人民出版社1999年版，第89页。

现在世界分为两大阵营，对抗的两大阵营。谁的力量更强些？为了壮大社会主义阵营的实力，赫鲁晓夫提出苏联十五年超过美国的设想，“我也可以讲，十五年后我们可能赶上或者超过英国。…… 在十五年后，在我们阵营中间，苏联超过美国，中国超过英国。……到那个时候，我们就天下无敌了，没有人敢同我们打了，世界也就可以得到持久和平了”①。

忧患意识。毛泽东认为，建设强大的社会主义中国，事关中华民族的前途和命运。如果把我国建设成一个伟大的社会主义国家，“将完全改变过去一百多年落后的那种情况，被人家看不起的那种情况，倒霉的那种情况，而且会赶上世界上最强大的资本主义国家，就是美国”。“应不应该赶上呢？完全应该。你六亿人口干什么呢？在睡觉呀？是睡觉应该，还是做工作应该？”“你有那么多人，你有那么一块大地方，资源那么丰富，又听说搞了社会主义，据说是有优越性，结果你搞了五六十年还不能超过美国，你像个什么样子呢？那就要从地球上开除你的球籍？”② 斯大林去世后，国际共产主义运动发生了分化，毛泽东预感到，“苏联领导人正在变成与资本主义世界联手反华的修正主义”。中国要真正独立，就不能依赖外国，必须依靠自己的力量迅速建设强大的社会主义国家，毛泽东说：“中国是一个大国，但又是一个穷国。敌人希望我们永远穷，就是那些朋友……有的也未必愿意我们超过他们，还得靠自己哟！我们还要走得很长很长的路，我们要赢得时间。像老太太那样一步一步扭不行，像一般人那样走路也不行，要像比赛跑步那样，非鼓足干劲不可。”③

富民意识。无产阶级革命不是为了建立政权，而是为了解放生产力，使人民过上幸福富足的生活。怎样使人民尽快过上富裕的日子，是毛泽东时刻挂念和考虑的事。据李银桥回忆，1957 年警卫中队一位战士探亲回队后，向毛泽东反映，家乡农民生活还很苦，他们吃的是又黑又硬的窝头。毛泽东眼圈红晕地颤抖着接过一个窝窝头，边吃边说：“这就是我们农民的口粮，这就是种粮人吃的粮食啊！”“我们是社会主义么，不该是这样，要想个办法。”④ 他思考着人民当家作主了，为人民群众自身搞生产，生产力应该如何解放的问题。在这诸多因素的促动下，毛泽东考虑要加快经济

---

① 《毛泽东文集》第 7 卷，人民出版社 1999 年版，第 325—326 页。
② 《毛泽东文集》第 7 卷，人民出版社 1999 年版，第 89 页。
③ 权延赤：《毛泽东与赫鲁晓夫》，内蒙古人民出版社 2004 年版，第 97—98 页。
④ 李银桥：《在毛泽东身边十五年》，河北人民出版社 1991 年版，第 230 页。

发展，加快中国工业化步伐，就必须在发展中央办工业同时，积极发展地方工业。

当然，“赶超构想”的形成还是当时社会政治经济条件的反映。早在1955年，中国农村社会主义改造如火如荼地进行、农业合作化运动高涨之时，毛泽东就感慨道：“这件事告诉我们，中国的手工业和资本主义工商业的社会主义改造，也应当争取提早一些时候去完成，才能适应农业发展的需要。”① 可以说，农业社会主义改造顺利发展的社会需要，催生了手工业和资本主义工商业改造的提速，其中蕴藏于人民群众之中的巨大力量促使毛泽东对社会主义建设的速度作出了乐观的估计，“中国的工业化的规模和速度，科学、文化、教育、卫生等项事业的发展的规模和速度，已经不能完全按照原来所想的那个样子去做了，这些都应当适当地扩大和加快”②。社会主义制度的建立，使古老的中国人民焕发了潜伏已久的革命和建设热情，1957年第一个五年计划大幅度地超额完成，工业生产的成就短短几年就远远超过旧中国一百年，这一成就同世界其他国家工业起飞时期的增长速度相比也名列前茅。经济发展的现实，显示了社会主义制度的优越性，大大提高了党和国家领导人建设社会主义的信心。1957年12月，刘少奇在中国工会第八次全国代表大会致词时宣布：“我国工人阶级和人民在今后10年到15年内的基本任务，就是要在优先发展重工业的基础上，实现工农业同时并举的方针，把我国建成为一个具有现代工业、现代农业和现代科学文化的社会主义强国。”“在15年后，苏联的工农业在最重要的产品的产量方面可能赶上或者超过美国，我们应当争取在同一期间，在钢铁和其他重要工业产品的产量方面赶上或者超过英国。那样，社会主义世界就将把帝国主义国家远远抛在后面。”③ 与此同时，李富春也认为，15年后中国钢产量将达到4000万吨，英国目前生产2000多万吨钢，将不可能达到那个指标，同时，在煤炭、机床、水泥、化学肥料等方面的产量，在15年后我国肯定能够超过英国。再加上国际形势向和平方向发展的有利趋势，苏联的支持和苏联专家的帮助，应该说，在一个不太长的时

① 《建国以来毛泽东文稿》第5册，中央文献出版社1992年版，第485页。

② 《建国以来毛泽东文稿》第5册，中央文献出版社1992年版，第485页。

③ 参见薄一波：《若干重大决策与事件的回顾》（下卷），人民出版社1997年版，第716页。

期内在主要工业产品的产量方面赶上或者超过英国是完全有把握的①。

思想的实现要通过一定的方针、政策来落实。1958年，“二五”计划的开局之年，采取怎样的方针实现赶超设想，是毛泽东思考的重大政治问题。其实，在国务院着手编制国民经济发展的十五年远景规划及其“二五”计划的1955年，毛泽东开始思考这一问题，在写《中国农村的社会主义高潮》序言时他提出“多快好省”的方针。次年的《人民日报》元旦社论又明确提出“又多、又快、又好、又省”的要求。1956年初始，对于从1955年第四季度开始出现的经济建设上层层抬高数量指标和忽视综合平衡的冒进势头，国务院采取一系列措施，遏制经济过快增长。然而1957年下半年，由于国际上社会主义阵营内部形势的趋缓，国内反右派斗争基本结束，“一五”计划提前超额完成，毛泽东认为，反冒进束缚了群众正在高涨的建设热情，给群众的积极性泼了冷水，开始批评反冒进。1957年9月、10月的中共八届三中全会，毛泽东批评反冒进扫掉了“多快好省”，1958年1月的南宁会议，他说反冒进是政治问题，泄了6亿人的气。3月的成都会议是社会主义建设总路线形成前的一次重要会议。毛泽东在会上指出，反冒进是个方针性的错误，不尊重唯物论也不尊重辩证法。针对党内存在的经济建设速度认识的分歧，他提出两种建设方法的问题，即快一些、好一些的方法和慢一些、差一些的方法，把批评反冒进上升到两种建设方针、两条建设路线的高度。同时对社会主义建设总路线提出了一些新的看法。一方面，他认为总路线“还在创造中，基本点已经有了”，但是“少数人感觉这条总路线是正确的”，“很多人是将信将疑，或者说是不自觉的”；另一方面，认为总路线在理论和若干工作实践上的正确性还有待证实，总路线“是好，还是天下大乱，我现在没有把握”，“看到有问题就调节一下”。总之，“总路线开始形成，但是尚待完善，尚待证实，不可以说已经最后完成了”②。正是在这次会议上，毛泽东在修改中央准备提交中共八大二次会议的“报告草稿”时，提出今后的任务是“调动一切积极因素，正确处理人民内部矛盾，鼓足干劲、力争上游、多快好省地建设社会主义”的“总路线”③。成都会议在形成社会主义建设总路线过程中起了重

① 薄一波：《若干重大决策与事件的回顾》（下卷），人民出版社1997年版，第744—745页。

② 《毛泽东传（1949—1976）》（上），中央文献出版社2003年版，第796页。

③ 《建国以来毛泽东文稿》第7册，中央文献出版社1992年版，第157页。

要作用。随后，在 4 月的武汉汇报会上，毛泽东再次强调反冒进是右倾保守思想，指出这个“盖子不解决，压在劳动者、干部身上，精神不振，生产力不解放”，提出要在中共八届二中全会着手解决这个问题①。

1958 年 5 月 5 日，中共八大二次会议开幕，刘少奇代表中央委员会作工作报告，将毛泽东在社会主义建设方面的基本理论和观点概括、提炼为社会主义建设的总路线，指出：“党中央认为，鼓足干劲、力争上游、多快好省地建设社会主义的总路线的基本点是：调动一切积极因素，正确处理人民内部矛盾；巩固和发展社会主义的全民所有制和集体所有制，巩固无产阶级专政和无产阶级的国际团结；在继续完成经济战线、政治战线和思想战线上的社会主义革命的同时，逐步实现技术革命和文化革命；在保证重工业优先发展的条件下，轻工业和农业并举；在集中领导、全面规划、分工协作的条件下，中央工业和地方工业并举，大型企业和中小型企业并举；尽快地把我国建设成为一个具有现代工业、现代农业和现代科学文化的伟大的社会主义国家。”② 社会主义建设总路线是为实施“赶超设想”而对我国社会主义建设时期的基本方针、基本任务、基本战略和基本目标作出的明确规定，提出了一条以发展生产力为主要目标的社会主义建设的方针和政策。

社会主义建设的总路线把建设社会主义这一主题鲜明地摆在全党和全国人民的面前，其正确的一面是反映了广大人民群众迫切要求改变我国经济文化落后状况的普遍愿望。社会主义建设总路线是与党的八大一次会议作出的党和国家的工作重点从“解放生产力”到“保护和发展生产力”的决策相适应的，也是毛泽东《论十大关系》《关于正确处理人民内部矛盾的问题》开始探索适合中国国情的社会主义道路的继续，它发挥了马克思主义与中国实际“第二次结合”中的积极成果。“总路线及其基本点，包含着党中央和毛主席对中国的社会主义建设进行积极的有益的探索的内容，这也是可贵的，任何时候都应该肯定。”③ 这条总路线及其基本点的缺点是忽视了客观的经济规律，夸大了主观意志和主观努力的作用，使

① 参见薄一波：《若干重大决策与事件的回顾》（下卷），人民出版社 1997 年版，第 664 页。

② 《建国以来重要文献选编》第 11 册，中央文献出版社 1995 年版，第 303—304 页。

③ 薄一波：《若干重大决策与事件的回顾》（下卷），人民出版社 1997 年版，第 701 页。

当时党内业已存在的急于求成、不顾中国国情的“左”的错误急剧发展起来。

二、新的“重大时代课题”的初步实践

社会主义建设总路线的确立，只是提出了马克思主义与中国实际“第二次结合”的行动纲领，这一纲领的落实还必须有相应的群众实现形式。

20 世纪 50 年代中后期，毛泽东提出了在不太长的时间内迅速赶上或者超过英美，达到世界先进水平的“赶超设想”，但是，当时对什么是“世界上的先进水平”、需要多久才叫“迅速”等问题的认识，党的领导人还不是完全清楚的。关于赶超的评价标准，1956 年到 1957 年，毛泽东主要是以“钢”的产量作为“世界上的先进水平”的评价依据，到 1958 年初又有了“全面赶超”的萌芽；比较和超越的对象主要是美国和英国，有时指苏联①。至于需要多久才能实现设想中的赶超，由最初的“相当长的时间”“几十年”到“四五十年”，再到“十五年”“十年或稍多一点时间赶上英国，二十年或稍多一点时间赶上美国”，最后到“在党内小范围里头，掌握的口径是，七年赶英，十五年赶美，但公开讲，还是十五年赶英”，并在中共八大二次会议的中央委员会工作报告中宣布“十五年或者更短的时间赶上英国”②。“赶超设想”的核心问题是社会主义建设的发展速度，

---

① 1956 年 8 月，毛泽东在中国共产党第八次全国代表大会预备会第一次会议上讲话指出：“美国建国只有一百八十年，它的钢在六十年前也只有四百万吨，我们比它落后六十年。假如我们再有五十年、六十年，就完全应该超过它。”这里指的就是“钢产量”。同年 12 月，在同工商界人士的谈话中也讲：“现在我们只有四百多万吨钢，明年有五百万吨，再搞五年也只有一千多万吨钢。……要赶上美国一亿吨钢，还要四五十年。”1957 年 11 月在莫斯科共产党和工人党代表会议上，毛泽东宣布苏联用 15 年超过美国，中国也要用 15 年超过英国时也是讲钢的产量。直到 1958 年 1 月，毛泽东在《工作方法六十条（草案）》中才改变“赶超”的评价依据，提出“从今年起，这样和省、市、自治区党委要着重抓工业，抓财金贸。……再不抓，十五年赶上英国的口号就可能落空”。这里毛泽东似乎有了“全面赶超”的设想。至于把苏联作为“世界上的先进水平”的国家，毛泽东是在 1957 年 1 月 6 日在苏联最高苏维埃庆祝十月革命四十周年会上的讲话中，指出“现在苏联已经成为世界上第一等强大的工业国家”（相关内容参见《毛泽东文集》第 7 卷，人民出版社 1999 年版，第 89、182、326—327、347、313 页）。

② 《毛泽东传（1949—1976）》（上），中央文献出版社 2003 年版，第 793—794、815 页。

在这一问题上，党的领导人之间存在着极大的分歧，表现为“反冒进”与“反反冒进”的思想交锋，最后成为发动“大跃进”和人民公社化群众运动的思想基础。

1958年至1960年，史称共和国的“大跃进”年代。1961年后，“大跃进”运动不再进行，但作为一种经济建设思想，直至1978年的中共十一届三中全会后才不再作为中国社会主义经济建设的指导方针①。“跃进”一词大致有五种含义，即一种敏捷的动作、一种实现突变的认识过程、一种跳跃式的前进方式、一种比通常快得多的发展速度、事物达到一种新的发展阶段等。毛泽东在其著作中，最初是在后两种意义上使用的，如“从感性认识跃进到理性认识”(《实践论》)、“农业由使用畜力农具的小规模的经营跃进到使用机器的大规模的经营”(《关于农业合作化问题》)。周恩来1957年6月26日在人大一届四次会议上的政府工作报告中指出，1956年的经济计划“采取了跃进的步骤”，这是党和国家领导人第一次明确地用“跃进”一词来表达“经济发展步伐和状况”。同年的10月27日，即《一九五六年到一九六七年全国农业发展纲要〈修正草案〉》公布次日，《人民日报》发表《建设社会主义农村的伟大纲领》的社论，指出按照纲要的要求，有关农业和农村的各方面工作，都要在12年内，“按照必要和可能，实现一个巨大的跃进”，这是党中央机关报正式发出实现“农业大跃进”的号召。11月13日《人民日报》社论《发动全民，讨论四十条纲要，掀起农业生产的新高潮》指出：“有人害了右倾保守的毛病，像蜗牛一样爬行得很慢，他们不了解在农业合作化以后，我们就有条件也有必要在生产战线上来一个大的跃进。这是符合于客观规律的。1956年的成绩充分反映了这种跃进式发展的正确性。”首次把1956年的“跃进”与当年的“反冒进”尖锐地对立起来，把“跃进”扩展成为生产各个领域的一种前进方式，使“跃进”“大跃进”成为与1956年的“反冒进”相对立的经济建设方式。到1958年1月，“全面大跃进”成为普遍存在于全国各地和各行各业的口号。所谓“全面大跃进”，首先是要求各个地域、各个行业、各种工作乃至各个阶层的人们，都要“大跃进”。如1958年2月2日《人民日报》社论说：“我们国家现在正面临着一个全国大跃进的新形势，工业建设和工业生产要大跃进，农业生产要大跃进，文教卫生事业也要大跃进。”

---

① 参见鲁振祥：《共和国史上“大跃进”一词的应用与演变》，《新华文摘》2004年第10期。

其次是要求各个行业和各种工作本身都要“全面大跃进”。工业、农业、交通、商业、林业都要“全面大跃进”；经济事业以外，科学、教育、文化、卫生、体育都要“全面大跃进”；艺术领域，要戏剧、音乐、美术、舞蹈、曲艺“全面大跃进”；工作上，要在领导方法和领导作风上“全面大跃进”，以此推动工作的全盘“大跃进”；不但在工作上，而且在思想和世界观的改造上也要“全面大跃进”；不但社会主义建设要“全面大跃进”，社会主义革命也要“全面大跃进”。再次，“全面大跃进”不仅指经济建设和各项工作的发展速度，而且指一种精神，一种气势，一种图景，要在全国上上下下都形成一种“大跃进”的氛围①。1961 年以后，毛泽东等党和国家领导人对“大跃进”作了明确的解释。刘少奇 1962 年 1 月在七千人大会上说，这几年在总路线的执行上有偏差，以后要更多地注意好省，要在产品的品种、质量上面跃进。对大跃进的正确解释，还是应该按照毛主席几年以前讲过的，就是要从一个历史时期来看。不能就一个短时期的成绩来解释，比如说，不能就某年增加多少或减少多少来解释，而应该就一个历史时期内全国人民努力奋斗的结果来解释。在这一个历史时期内，实行并做到了比苏联更快一点、更好一点地建设社会主义，就是大跃进②。毛泽东 1964 年 12 月在审阅周恩来向第三届全国人大第一次会议所做的政府工作报告时写道：“我们不能走世界各国技术发展的老路，跟在别人后面一步一步地爬行。我们必须打破常规，尽量采用先进技术，在一个不太长的历史时期内，把我国建设成为一个社会主义的现代化的强国。我们所说的大跃进，就是这个意思。”③

“大跃进”的发动同毛泽东对反冒进的批评相伴而生。毛泽东对反冒进一直是不满意的。毛泽东之所以对反冒进不满意，是因为他认为主张冒进的人是为了搞好社会主义建设，是人民群众建设社会主义积极性的反映。他多次强调气可鼓不可泄，主张保护干部、群众的积极性。从八届三中全会开始，经南宁会议、成都会议到八大二次会议，毛泽东反复强调反冒进打击了群众的积极性，是右倾保守的思想。由于毛泽东在党内的崇高

---

①　参见鲁振祥：《共和国史上“大跃进”一词的应用与演变》，《新华文摘》2004 年第 10 期。

②　参见鲁振祥：《共和国史上“大跃进”一词的应用与演变》，《新华文摘》2004 年第 10 期。

③　《毛泽东著作选读》（下），人民出版社 1986 年版，第 849 页。

威望及其高超的思想政治工作艺术，也由于当时中国社会主义建设的时间不长，经验不多，党内绝大多数干部（包括党的高级领导人）都自觉地接受了毛泽东的意见，并在八大二次会议上把思想统一到社会主义建设总路线上。八大二次会议通过的“鼓足干劲、力争上游、多快好省地建设社会主义”的总路线，通过的十五年赶上和超过英国的目标，通过的提前五年完成全国农业发展纲要和“苦干三年，基本改变面貌”的政治口号，标志着“大跃进”重大决策的最后确立。“在批评反冒进的基础上提出来的社会主义建设总路线，基本上是指导1958年发动的‘大跃进’和人民公社化运动的路线。”①

“大跃进”是在“总路线”指导下实现“赶超构想”的群众性经济建设运动。“大跃进”的战略目的是以大规模经济建设来改变“一穷二白”的落后面貌，这是中共八大提出的从革命转变到建设的正确战略思想的继续。“大跃进”的战略核心是超高速发展经济，“用最高的速度来发展我国的社会生产力，实现国家的工业化和农业现代化”②。“大跃进”的战略重点是重工业（主要是钢铁工业），这是“赶超构想”的主要指标。毛泽东认为，一个粮食，一个钢铁，粮食解决吃饭问题，钢铁解决生产资料问题，有了这两个东西就什么都好办了。重点发展钢铁工业是生产资料优先增长规律在社会主义经济建设中的反映。“大跃进”的实现方式是群众运动。毛泽东认为，经济建设不能冷冷清清而应该轰轰烈烈，要搞群众路线。在他看来，群众路线和群众运动是我们党在战争中、土改中行之有效的工作方法，是我们党的传统，也是实现经济超高速发展的最佳途径。“大跃进”的动力是充分发挥人的主观能动性、调动人民群众的积极性和创造性的思想解放。毛泽东认为，我们探索自己的建设道路，要做前人没有做过的事，创造前人没有创造的业绩，就必须冲破各种束缚，只有思想解放了，无论遇到国际问题或国内问题、政治问题和经济问题，都会有一个正确的态度。“我们的党，我们的国家，现在需要大批敢说敢做的人，敢于破除迷信、革新创造的人，敢于坚持真理、为真理冲锋陷阵、树立先进和革命旗帜的人，依靠这样的人，我们才能够领导人民跃进再跃进，多

---

① 薄一波：《若干重大决策与事件的回顾》（下卷），人民出版社1997年版，第701页。

② 《力争高速度》，《人民日报》1958年6月21日。

快好省地完成伟大的社会主义建设事业。”[①] “大跃进”的战略措施是技术革命。1956 年，毛泽东在八大预备会议第二次全体会议上讲话指出，世界上的新的工业技术、农业技术我们还没有学会，我们还要做很大的努力。1958 年初，毛泽东根据马克思主义不断革命的理论，提出要在继续完成政治战线和思想战线上的社会主义革命的同时，“把党的工作重点放到技术革命上去”[②]。同年 9 月，他在最高国务会议上指出，新中国成立后的七八年，“没有抓工业，重点不放在这里，放在革命去了，搞什么土地革命，镇压反革命，抗美援朝，三反五反，整风反右，公私合营，合作化，这都是属于革命范畴。……现在要转过方向。人有两只手，一手抓农业，一手抓工业”[③]。可以看出，“大跃进”是一场领导人发动的、以群众运动为实现方式，以“赶超构想”为目标的探索社会主义建设道路的经济运动。

“大跃进”是领导人推动的经济建设运动。毛泽东作为党和国家的主要领导人和“大跃进”的倡导者，对“大跃进”自然是极力推动。但是，“刘少奇、周恩来、邓小平都没有反对，陈云没有说话，所有的有关决定都是中央集体作出的”[④]。1958 年，周恩来指出，资本主义发展的初期可以跃进，我们的社会主义为什么不可以跃进？他认为中国的社会主义建设可以大跃进[⑤]。中共八大二次会议后，毛泽东和刘少奇、周恩来、朱德、彭德怀等领导人到湖北、上海、河北、河南、安徽、湖南等地视察，在各地发表鼓舞群众大干快上的指示，进一步推动“大跃进”运动的发展。刘少奇在视察时对以群众运动的方式搞经济建设大加赞赏，积极推动和支持“大跃进”。他在石景山发电厂同工人座谈时说：“现在赶上英国不是十几年，二年三年就行了。十五年是赶上美国的问题。其实也用不了十五年，七八年就行了。国家大有希望，大有前途，超过英美就变成世界上最富强的国家。”[⑥] 领导人的直接推动，促成了全民大办工业、大炼钢铁的群众性经济运动。

---

① 《建国以来重要文献选编》第 11 册，中央文献出版社 1995 年版，第 322—323 页。

② 《建国以来毛泽东文稿》第 7 册，中央文献出版社 1992 年版，第 52 页。

③ 《建国以来毛泽东文稿》第 7 册，中央文献出版社 1992 年版，第 398 页。

④ 有林等主编：《国史通鉴》第 2 卷，红旗出版社 1993 年版，第 11 页。

⑤ 王景森：《振荡中发展——新中国经济 30 年》，中央文献出版社 2006 年版，第 144 页。

⑥ 金冲及主编：《刘少奇传》(下)，中央文献出版社 1998 年版，第 832 页。

如果说“大跃进”主要的是生产力发展方面探索马克思主义与中国实际“第二次结合”的实现形式的话，那么，人民公社化运动则主要表现为生产关系和社会制度的变革方面，对马克思主义与中国实际“第二次结合”实现形式的探索。

1957年冬到1958年春，全国农村大搞农田水利建设。由于一些大型水利工程建设，在土地、劳动力的使用等方面打破了原有的社、乡组织的界线，原有的农村组织不适应新的社会生产发展的需要。毛泽东考虑到以兴修水利为主的农业生产建设发展的特点，在成都会议上提议把小型的农业生产合作社有计划地适当地合并为大型的农业生产合作社。4月，中共中央发出《关于把小型的农业合作社适当地合并为大社的意见》，指出农业合作社如果规模过小，在生产的组织和发展方面将发生诸多不便，为适应农业生产和文化革命的需要，在有条件的地方，把小型的农业合作社有计划地适当地合并为大型的合作社是必要的。自此全国各地掀起并社的高潮。并社过程中，广大群众自发地把新型的农村组织冠以“共产主义公社”“人民公社”“集体农庄”等名称。与此同时，党和国家最高领导人正谋划着适应中国社会主义发展道路的新的组织形式。1958年4月下旬，刘少奇在去广州的火车上同周恩来、陆定一、邓力群等人说，建设社会主义要为共产主义准备条件，要使前一阶段为后一个阶段准备条件；我们现在建设社会主义，就要为共产主义创造一些顺利条件。刘少奇还在郑州嘱时任河南省省长的吴芝圃“你们可以试验一下”。在广州，毛泽东向刘少奇等人透露了他关于农村发展的设想，认为几十年后我国的乡村中将是许多共产主义的公社，每个公社有自己的农业、工业，有大学、中学、小学，有医院，有科学研究机关，有商店和服务行业，有交通事业，有托儿所和公共食堂，有俱乐部，也有维持治安的民警，等等。若干乡村围绕着城市，又成为更大的共产主义公社。前人的“乌托邦”想法，将被实现，并将超过①。这些新的设想被《红旗》杂志编辑部发表在1958年7月1日（《红旗》第3期）的一篇文章（《全新的社会，全新的人》）概括为“把一个合作社变成既有农业合作社又有工业合作社的基础组织单位，实际上农业和工业相结合的人民公社”。这表明，当时党的领导人正考虑适应生产社会化条件下的社会组织形式问题。

---

① 薄一波：《若干重大决策与事件的回顾》（下卷），人民出版社1997年版，第756—758页。

对于中国这样经济落后的农业大国来说，怎样的形式才适合于社会主义建设呢？1959 年，毛泽东在读苏联《政治经济学教科书》中关于建设社会主义形式的论述时，对其中“每一个国家都有具体的建设社会主义的形式和方法”大表赞赏。他说：“‘每一个’国家都‘具有自己特别的具体的社会主义建设的形式和方法’，这个提法好。”并表示 1957 年各国共产党的莫斯科宣言“就讲到了普遍规律和具体特点相结合的问题”①。按照毛泽东当时的理解，所谓“自己特别的具体的社会主义建设的形式”，应该包括两方面的主要内容，第一，它必须是社会主义的，必须体现社会主义的一般原则、一般规律。苏联是社会主义国家，苏联的革命和建设的经验体现了社会主义的一般原则，这一点是必须坚持的。第二，它必须体现各个国家的具体特点，必须适合各个国家的具体国情。中国在“基本上照搬苏联的办法”的同时考虑“用一种更多更快更好更省的办法建设社会主义”②。中国是一个落后的农业大国，农村人口占了大多数，因此建设中国的社会主义，关键在于如何引导农民走上社会主义道路；建设中国社会主义的形式问题，首先是农村采取怎样的形式建设社会主义的问题。

早在 1953 年，毛泽东就设想通过以公有制为基础的农业生产合作社的形式，在农村建设社会主义。当时，农村中存在的是富农的资本主义所有制和像汪洋大海一样的个体农民的所有制，农村中的资本主义自发势力一天一天发展，许多富裕中农力求把自己变为富农，几年之间新富农已经到处出现，而许多贫农因为生产资料不足，仍然处于贫困地位，有些人出卖土地，或者出租土地。这种情况使农村向两极分化的演变趋势一天一天地严重起来。如何才能解决这些问题呢？毛泽东指出：“这个问题，只有在新的基础之上才能获得解决。这就是在逐步地实现社会主义工业化和逐步地实现对于手工业、对于资本主义工商业的社会主义改造的同时，逐步地实现对于整个农业的社会主义的改造，即实行合作化，在农村中消灭富农经济制度和个体经济制度，使全体农村人民共同富裕起来。”③ 在毛泽东看来，工业的现代化和农村个体经济是不相适应，是矛盾的，只有实现了农业合作化才能解决工农业之间的矛盾。因为社会主义的工业化离不开农业的合作化，一方面只有实现了农业合作化，开展大规模的农业生产，才能

① 《毛泽东文集》第 8 卷，人民出版社 1999 年版，第 116 页。
② 《毛泽东文集》第 8 卷，人民出版社 1999 年版，第 117 页。
③ 《毛泽东文集》第 6 卷，人民出版社 1999 年版，第 437 页。

满足工业不断增长的对商品粮食和工业原料的需要；另一方面一部分工业产品的价值实现，需要农业合作化。就是说要解决工农业之间的矛盾、工业现代化和农村个体经济之间的矛盾，首先必须实行社会主义改造，发展农业生产合作社。显然，毛泽东告诉人们，合作化才是中国农民实现共同富裕的真正出路，也只有实现农业合作化，才能实现社会主义的工业化；而实现农业合作化的形式就是农业合作社。农业合作社既体现了社会主义的一般原则，同时也适合中国农村的具体实际，是引导农民走向社会主义、解决社会矛盾的好形式。正因为如此，当在农业合作化基础上出现了人民公社这一新事物的时候，毛泽东等领导人欣喜异常，把人民公社作为建设中国社会主义并向共产主义过渡的最好形式①。

人民公社何以就是建设中国社会主义的形式呢？毛泽东认为：第一，在社会主义阶段，同时存在着两种社会主义的所有制，即集体所有制和全民所有制，这两种所有制既矛盾又统一，既对立又结合。人民公社的根本性质是生产资料集体所有，同时又包含全民所有制的核心因素，是社会主义多种所有制共同结合的有效形式。第二，在社会主义阶段，不仅是集体所有制和全民所有制并存，而且同时存在着共产主义全民所有制的因素，社会主义不仅应该而且可以允许共产主义因素的增长，人民公社这种形式能同时容纳这三种所有制。第三，人民公社规模大，实现了工农兵学商、农林牧副渔的结合，能够形成强大的引导农民走社会主义道路的物质基础，因而应该“积极运用人民公社的形式，探索出一条过渡到共产主义的具体途径”②。

毛泽东将人民公社认定为建设中国社会主义的最好形式，是与他对什么是社会主义、如何建设社会主义的认识分不开的。在毛泽东看来，社会主义革命的任务，就是要变私有制为公有制，变个体所有制为集体所有

---

① 刘少奇（1958 年 8 月）说，公社是由社会主义过渡到共产主义的最好形式，也是基层政权的组织形式。邓小平（1958 年 8 月）指出，公社本身是社会主义性质，为共产主义作准备（见《毛泽东传（1949—1976）》（上），中央文献出版社 2003 年版，第 834 页）。毛泽东（1958 年 11 月）认为，公社是我国社会主义社会结构的工农商学兵相结合的基层单位，现阶段同时是基层政权的组织，是实现两个过渡（即社会主义的集体所有制到全民所有制的过渡，社会主义的全民所有制到共产主义的全民所有制的过渡）的最好形式，是将来共产主义社会结构的基层单位（参见《建国以来毛泽东文稿》第 7 册，中央文献出版社 1992 年版，第 515 页）。

② 《建国以来重要文献选编》第 11 册，中央文献出版社 1995 年版，第 450 页。

制。社会主义的经济基础是公有制，终极目标是全民所有制。国民经济中公有制的成分和比例代表公有制的发展状况，社会主义的优越性集中体现在公有制上，公有化程度越高，就越能显示出社会主义的优越性。同时，以公有制为本质特征的社会主义，是以机械化大生产为特征的现代化经济，社会主义生产就是大生产，社会主义经济就是大经济，“大”就是社会主义，越大越是社会主义。按照毛泽东这样的理解，“一大二公”的人民公社当然就是建设社会主义的最好形式。

人民公社是否是建设中国社会主义的最好形式，历史已经作了否定的回答。毛泽东晚年一直把“大跃进”和人民公社化运动作为马克思主义与中国的具体实际相结合的、具有中国民族特点和民族形式的社会主义建设道路和方式，急于完成从社会主义向共产主义的过渡，固然同他对社会主义认识的简单化有关，同他背离自己一贯倡导的实事求是的思想路线和科学有效的工作方法有关，更主要的是我国社会主义建设时间不长，经验不多，因而对社会主义的实现形式和建设社会主义的规律处在初期的探索之中。正如邓小平指出的那样，如果没有“文化大革命”的教训，就不可能制定中共十一届三中全会以来的思想、政治、组织路线和一系列政策；同样我们也可以说，如果没有“大跃进”和人民公社化运动的教训，就不可能有对社会主义初级阶段的深刻认识，就不可能制定中国特色社会主义建设道路的一系列方针和政策，就不可能有对马克思主义与中国实际“第二次结合”实现形式的深刻认识，因而也就不可能有“第二次结合”的历史性飞跃。从这个意义上说，毛泽东探索马克思主义与中国实际“第二次结合”的实现形式对我国正在进行的社会主义改革和建设，对世界各国社会主义革命和社会主义建设的实践，仍然有值得深思的借鉴价值。

第八章 “怎样建设社会主义”的独创性理论成果

从1956年开始，围绕在人口多、经济文化落后的中国“建设什么样的社会主义、如何建设社会主义”的新的“重大时代课题”，中国共产党领导全国人民进行了艰难探索。尽管其间由于各种原因导致经济建设中指导思想一度犯了严重的“左”倾错误，影响了社会主义建设的速度，但在提出并初步实践的适合中国国情的工业化道路、制订的中国社会主义经济政治和文化建设的重要指导方针中，形成了“怎样建设社会主义”的独创性理论成果。

第一节 中国工业化道路的基本方针

毛泽东在《论十大关系》中提出：“努力把党内党外、国内国外的一切积极的因素，直接的、间接的积极因素，全部调动起来，把我国建设成为一个强大的社会主义国家。”① 在社会主义建设过程中，以毛泽东为代表的中国共产党人形成了有中国特点的工业化道路的基本方针。

一、发展工业和发展农业同时并举

毛泽东指出，工业化道路的问题主要是指重工业、轻工业和农业的发展关系问题。我国的经济建设是以重工业为中心，这一点必须肯定。但是同时必须充分注意发展农业和轻工业。“我国是一个大农业国，农村人口占全国人口的百分之八十以上，发展工业必须和发展农业同等并举。”②“发展工业必须和发展农业同等并举”，正确处理好农、轻、重三者之间的关系，是毛泽东工业化道路思想的核心，也是中国工业化道路的主要任务。按照这一思路，毛泽东提出了国民经济发展中的农、轻、重顺序及

① 《毛泽东文集》第7卷，人民出版社1999年版，第44页。

② 《毛泽东文集》第7卷，人民出版社1999年版，第241页。

“以农业为基础，以工业为主导”的总方针。

以农、轻、重为序安排国民经济，以农业为基础，以工业为主导的方针，改变了以前“先重后农”的片面发展思想，开创了一条既搞工业，同时又发展农业生产，使农民生活不断改善的工业化道路。

毛泽东十分重视农业在国民经济中的地位和作用，他认为，农业关系到五亿农村人口的吃饭问题、吃肉吃油问题，以及其他日用的非商品性农产品问题，关系到城市和工矿区人口的吃饭问题；农业是轻工业的重要市场，又是重工业的重要市场；农产品出口换汇，可以进口各种工业设备，也是积累的重要来源。因此在中国工业化的初期，没有农业的发展就没有轻工业和重工业，“农业和轻工业发展了，重工业有了市场，有了资金，它就会更快地发展”。工业发展是实现工业化的主体。工业是我国国民经济发展的主导，这种主导作用体现在工业特别是重工业对国民经济的支撑、改造和引导作用。工业为国民经济其他部门提供需要的能源和原材料。能源对于国民经济的发展具有决定性影响，各经济部门都必须有足够的能源作保证，生产才能得以顺利进行。工业对其他部门提供的原材料，是以一种生产加工的结果再进入生产领域而成为被加工的对象的，其数量和质量直接影响和制约着生产过程本身。工业还可以向国民经济其他部门输送新技术新装备。与农业生产相比，工业生产因其创造性、发明性特点，决定了它必然是新知识、新技术、新思想的策源地和实现地。工业之所以成为新的生产力和生产形式的代表，主要原因就在于它的这种创新和发明性。工业对其他经济部门的改造作用，主要是通过它的生产结果即物化的新劳动力和新形式的劳动资料，向其他生产部门的渗透来实现的，其结果必然带来整个社会物质生产领域的大改观。

以农业为基础、以工业为主导的发展国民经济的总方针在实际经济工作中表现为恰当处理农、轻、重的关系。毛泽东在1959年7月召开的庐山会议上第一次提出了要按照农、轻、重的次序安排国民经济计划的思想。以农、轻、重为序，是指在安排国民经济计划时，必须从发展农业出发，在资金、物资和劳动力的分配方面，首先考虑农业，再考虑轻工业，然后根据农业和轻工业的情况安排重工业。而重工业的安排，又必须首先考虑同农业有关的那些部门。把农业放在第一位，首先就是要解决粮食、棉花问题，即要使全国人民都要吃饱饭，穿暖衣。把轻工业放在第二位，是因为从整体上讲，我国公民的消费水平比较低下，轻工业对于满足人民群众的生活需要，为发展农业和重工业提供更多的积累，具有重要意义。把重工业放在第三位，并不是因为重工业不重要或者重要性次于农业和轻工业，而是因为重工业只有基于农业和轻工业所创造的一定的物质资料条件才能得以存在和发展。以农、轻、重为序来安排国民经济的方法反映了我国社会主义工业化初期社会经济发展水平以及居民消费水平较低的客观现实，因为在这样的历史阶段，真正对解决现实的生存问题和基本的积累问题有直接帮助的是农业和轻工业。随着我国国民经济的进一步发展，居民收入和消费水平进一步提高，基本的生活和积累有了一定的保障之后，在安排国民经济计划时，农、轻、重的顺序必将改变。

二、独立自主与向外国学习同时并举

中国的社会主义工业化建设，主要取决于中国人民自己，同时也需要借鉴别国的经验。据此毛泽东明确提出了自力更生为主、争取外援为辅的方针，强调一切从中国实际出发，走中国自己的建设道路。在主要依靠中国人民自己的智慧和力量的同时，积极争取外援，开展与外国的经济交流，引进外国的先进技术、设备和资金。他响亮地提出“向外国学习”，指出每个民族都有他们的长处，为了使我国变为工业国，必须向外国学习，“我们的方针是，一切民族、一切国家的长处都要学，政治、经济、科学、技术、文学、艺术的一切真正好的东西都要学。但是，必须有分析有批判地学，不能盲目地学，不能一切照抄，机械搬用。他们的短处、缺点，当然不要学”①。毛泽东还强调，现在要特别努力学习资本主义国家的先进的科学技术和管理经验，以便高速度高起点地进行我国社会主义工业化、现代化建设。“一切国家的好经验我们都要学，不管是社会主义国家的，还是资本主义国家的，这一点是肯定的。”② 学习外国，首先是向苏联学习，因为苏联有了四十年社会主义建设的经验，对我国的工业化建设有着重大的启迪和示范作用。在学习外国的过程中，毛泽东反对教条主义的机械搬运，强调要立足于中国的国情，有分析有批判地学，不能盲目地学，要“学那些和我国情况相适合的东西，即吸取对我们有益的经验”③，但在科学技术方面，毛泽东则认为，由于中国的科学技术还很落后，很多

① 《毛泽东文集》第7卷，人民出版社1999年版，第41页。
② 《毛泽东文集》第7卷，人民出版社1999年版，第242页。
③ 《毛泽东文集》第7卷，人民出版社1999年版，第242页。

东西我国还没有，还不懂，因而主张“大部分先要照办”，化为中国自己的技术，这对于我国的工业化建设“比较有利”①。同时大量培养技术人才，在全国范围内，设置各类工农学校、技术学校，调整高校及其专业设置，普及中小学教育，扫除文盲，选拔优秀分子当苏联专家的助手，在工作中学习技术，并派遣大批知识青年赴苏联留学，将把我国建设成为一个强大的高度工业化的社会主义国家的希望寄托在他们身上。此外，团结资产阶级知识分子，充分利用资产阶级现有的技术人才，为工业化建设服务。资产阶级虽然人数不多，但“它的影响在某些时候比工人阶级还大”，他们懂技术，因此对民族资产阶级不但要斗争，而且还要给他们利益。一是给他们工作，继续让他们当厂长；二是给他们选举权，使他们变为工人阶级的组成部分。

三、社会革命与技术革命同时并举

1957 年，毛泽东提出怎样处理社会主义社会的敌我矛盾和人民内部矛盾是一门科学，并把正确处理社会主义社会人民内部矛盾作为国家政治生活的主题。在《关于正确处理人民内部矛盾的问题》的讲话中把“中国工业化的道路”作为重要问题之一，意即把“中国工业化”问题作为社会革命的内容。在研究中国工业化道路时，毛泽东提出要制定科学规划，把社会革命和技术革命结合在一起搞。1958 年 1 月毛泽东在《工作方法六十条(草案)》中指出：“要在继续完成政治战线上和思想战线上的社会主义革命的同时，把党的工作的着重点放到技术革命上去。这个问题必须引起全党的注意。”②

在社会主义建设实践中，中国共产党认识到技术革命是实现中国工业化的必要条件，社会主义工业化是一条依靠最新科学技术和广大劳动者，特别是知识分子的积极劳动才能实现的道路，提出向科学技术进军。毛泽东密切关注当时世界科学技术革命的最新成果，系统总结了世界各国经济发展的经验，指出：“资本主义各国，苏联，都是靠采用最先进的技术，来赶上最先进的国家，我国也要这样。”③ 要加快我国社会主义现代化建设，推进工业化进程，必须依靠科学技术和文化

① 毛泽东文集》第 7 卷，人民出版社 1999 年版，第 42 页。

② 毛泽东文集》第 7 卷，人民出版社 1999 年版，第 350—351 页。

③ 《毛泽东文集》第 8 卷，人民出版社 1999 年版，第 124—125 页。

教育。“提高劳动生产率，一靠物质技术，二靠文化教育，三靠政治思想工作。”① 因此，要把党的工作的着重点放到科学技术革命上去，“科学技术这一仗，一定要打，而且必须打好”。“不搞科学技术，生产力无法提高。”②

在中国，如何通过技术革命来完成社会主义工业化，毛泽东提出了“两步走”的战略设想。第一步是在社会主义改造过程中，以政治革命为主技术革命为辅；第二步是社会主义改造完成后要由以政治革命为主转到以技术革命为主。1955 年，毛泽东在谈到农业合作化问题时指出，社会主义工业化和社会主义改造都不是容易的事情，要将广大的农户由个体经营改变为集体经营，并且进而完成农业的技术改革，确有很多的困难，但我们应当相信，我们党是能够领导群众克服这些困难的。“我们现在不但正在进行关于社会制度方面的由私有制到公有制的革命，而且正在进行技术方面的由手工业生产到大规模现代化机器生产的革命，而这两种革命是结合在一起的。”③ 毛泽东认为，在第一第二两个五年计划时期内，农村中的改革将还是以社会改革为主，技术改革为辅，大型的农业机器必定有所增加，但还是不很多。在第三个五年计划时期内，农村的改革将是社会改革和技术改革同时并进，“中国只有在社会经济制度方面彻底地完成社会主义改造，又在技术方面，在一切能够使用机器操作的部门和地方，统统使用机器操作，才能使社会经济面貌全部改观”④。毛泽东充分地估计到，由于我国的经济条件，技术改革的时间，比较社会改革的时间，会要长一些，“估计在全国范围内基本上完成农业方面的技术改革，大概需要四个至五个五年计划，即二十年至二十五年的时间”⑤。全党必须为这个伟大任务的实现而奋斗。

第二节　社会主义现代化战略的初步设想

新中国成立伊始，党提出的我国发展战略目标是实现工业化，即由一

---

① 《毛泽东文集》第 8 卷，人民出版社 1999 年版，第 351 页。

② 《毛泽东文集》第 8 卷，人民出版社 1999 年版，第 351 页。

③ 《建国以来毛泽东文稿》第 5 册，中央文献出版社 1991 年版，第 249 页。

④ 《建国以来毛泽东文稿》第 5 册，中央文献出版社 1991 年版，第 256 页。

⑤ 《建国以来毛泽东文稿》第 5 册，中央文献出版社 1991 年版，第 256 页。

个落后的农业国变成一个富强的工业国。毛泽东和第一代中央领导集体在领导社会主义建设中逐步认识到，仅仅把工业化作为目标是不完全的，开始逐步以“四个现代化”取代单一的工业化目标。

一、现代化战略目标的提出和完善

1951 年底，我国尚处在争取国民经济迅速恢复的关键时期，毛泽东即提出从 1953 年起进行大规模经济建设，“准备以二十年时间完成中国的工业化”，并明确指出，“为了完成国家工业化，必须发展农业，并逐步完成农业社会化，但是首先重要并能带动轻工业和农业向前发展的是建设重工业和国防工业”①。这是党的领导人首次把工业、农业和国防工业联系在一起考虑。但是，毛泽东这里显然是把“国家工业化”作为唯一的战略目标，“农业”和“国防工业”只是与“国家工业化”相联系的、为“国家工业化”服务的两大任务，而不是国家发展战略的目标。尽管在 1953 年 6 月，周恩来在审定一个报告时意识到不应该孤立地只提工业化，因为在过渡时期，工业化作为“唯一目标”“没有包含农业集体化和改造资本主义工业”，“是不完全的”②，但在毛泽东 1952 年下半年开始提出的、1953 年 6 月 15 日中共中央政治局会议上完整表述、1953 年 8 月正式写入周恩来在全国财经工作会议上的结论中的对“党在过渡时期的总路线”的表述，依然把“逐步实现国家的社会主义工业化”作为战略目标。1954 年 6 月，毛泽东在中央人民政府第 20 次会议上作关于中华人民共和国宪法草案的讲话时，开始把“社会主义工业化”，“农业的社会主义化、机械化”同时作为“建设一个伟大的社会主义国家”目标③。1954 年 9 月第一届全国人民代表大会上，毛泽东提出“在几个五年计划之内，将我们现在这样一个经济上文化上落后的国家，建设成为一个工业化的具有高度现代文化程度的伟大的国家”，明确地用包括“工业化”在内的“高度现代文化程度的国家”的目标取代“国家工业化”的单一目标。也正是在这次全国代表大会上，周恩来在政府工作报告中明确提出“建设起强大的现代化的工业、现代化的农业、现代化的交通运输业和现代化的国防”最初的“四个现代化”的目标。但是在 1955 年，毛泽东还是主要地强调把“工

① 《毛泽东文集》第 6 卷，人民出版社 1999 年版，第 207 页。
② 《周恩来年谱》（上卷），中央文献出版社 1997 年版，第 311 页。
③ 《毛泽东文集》第 6 卷，人民出版社 1999 年版，第 329 页。

业化”作为战略目标[①]。1956年1月全国知识分子会议召开以及之后出现的“向科学进军”的高潮，使“科学技术和文化”的在社会生活中的地位凸显出来，催生了“科学文化现代化”的提出。1957年3月，毛泽东在党的全国宣传工作会上提到“将我国建设成为一个具有现代工业、现代农业和现代科学文化的社会主义国家”[②]，这是毛泽东首次把“现代科学文化”作为“强大的社会主义国家”的战略目标。此时，毛泽东对现代化的战略目标已经明确确定地包括“工业”“农业”两个方面，而对“国防”“交通运输”和“科学文化”至少还没有明确科学地表达其含义并作为战略目标，或者说这一时期的现代化或者从属于工业化，或者是解释工业化，或者是工业化的同一语，并没有变工业化的战略目标为清晰的“四个现代化”的战略目标。

“四个现代化”战略目标明确清晰地提出，是在20世纪50年代末60年代初。1959年12月至1960年2月，在研读苏联《政治经济学教科书》时，毛泽东明确地提出，建设社会主义，原来要求是工业现代化、农业现代化、科学文化现代化，现在还要加上国防现代化，第一次比较完整地提出了“四个现代化”的概念[③]。1960年2月中旬，周恩来在广州从化与国务院部分部委及中南局在读书时，提出将“科学文化现代化”改为“科学技术现代化”。1963年1月28日，周恩来在上海市委召开的各界民主人士春节座谈会上提出：“我们要为实现我国的农业现代化、工业现代化、国防现代化和科学技术现代化的目标而奋斗。”同年12月闭幕的二届人大四次会议，号召全国人民为把我国建设成为一个具有现代农业、现代工业、现代国防和现代科学技术的强大的社会主义国家而奋斗。1964年12月21日，周恩来在三届人大一次会议上作《政府工作报告》时，正式向全国人民宣布我国今后的战略目标是：“要在不太长的历史时期内，把我国建设成为一个具有现代农业、现代工业、现代国防和现代科学技术的社会主义强国。”从此，四个现代化成为我国社会主义建设的战略目标。1975年1月18日，在四届全国人大一次会议上，周恩来向全国人民重申了在20世纪末实现四个现代化的方针。1977年党的十一大和1978年2月

---

① 《毛泽东文集》第6卷，人民出版社1999年版，第390、392、395、431—432、483页；《毛泽东著作专题摘编》（上），中央文献出版社2003年版，第926页。

② 《毛泽东文集》第7卷，人民出版社1999年版，第268页。

③ 《毛泽东文集》第8卷，人民出版社1999年版，第116页。

的五届全国人大一次会议再次重申了在20世纪内实现四个现代化的目标，并且把它规定为我国新时期的总任务。1978年12月召开的具有重大历史意义的党的十一届三中全会，作出了把党的工作重点转移到社会主义现代化建设上来的战略决策。邓小平强调：“我们党在现阶段的政治路线，概括地说，就是一心一意地搞四个现代化。”

二、实现现代化目标的战略部署

为实现把我国从一个落后的农业国建设成为一个伟大的社会主义现代化国家的目标，毛泽东在初步探索的基础上，作出了“分三步”逐步实现现代化的战略部署。

第一步，实行对国家的社会主义改造，确立社会主义工业化的政治制度基础。建立社会主义制度，是中国共产党在新民主主义革命时期就已经明确了的奋斗目标。1940年，毛泽东指出，中国革命的历史进程必须分两步，第一步是民主主义革命，第二步是社会主义革命。在完成了建立以中国无产阶级为首领的中国各个革命阶级联合专政的新民主主义社会后，再“使之发展到第二个阶段，以建立中国的社会主义社会”①。党的七届二中全会上，毛泽东等领导人又强调使中国由农业国转变为工业国、由新民主主义社会发展到将来的社会主义社会的基本方向，并且指出实现向社会主义的过渡大概是在新中国成立后“二三十年”的事情，至少要十年②。新中国成立后，随着国民经济的恢复和民主革命任务的完成，1952年，中国共产党把过渡时期的历史任务提上议事日程，并于1953年提出“在一个相当长的时期内，逐步实现国家的社会主义工业化和农业、手工业、资本主义工商业的社会主义改造”的“过渡时期的总路线和总任务”③。按照毛泽东的想法，实现社会主义改造是为大大地发展工业和农业的生产创造社会条件，而完成国家工业化，只是奠定建设强大的社会主义国家的制度基础和初步的物质基础。

第二步，建立独立的、比较完整的工业体系和国民经济体系，奠定社会主义国家比较充分的物质基础。1957年，毛泽东指出，在我国建立一个

---

① 《毛泽东选集》第2卷，人民出版社1991年版，第672页。

② 胡绳主编：《中国共产党的七十年》，中共党史出版社1991年版，第320—321页。

③ 《毛泽东文集》第6卷，人民出版社1999年版，第316页。

现代化的工业基础和现代化的农业基础，从现在起，还要十年至十五年。只有经过十年至十五年的社会生产力的比较充分的发展，我们的社会主义的经济制度和政治制度，才算获得了自己的比较充分的物质基础（现在，这个物质基础还很不充分），我们的国家（上层建筑）才算充分巩固，社会主义社会才算从根本上建成了。现在还未建成，还差 10 年至 15 年时间①。这里毛泽东提出了用 10 年至 15 年的时间来发展生产力，为建设社会主义现代化国家奠定完成基础的重要观点。后来，周恩来总理在 1964 年的第三届全国人民代表大会第一次会议上作政府工作报告时，明确地把这一部署概括为"要在不太长的历史时期内，把我国建设成为一个具有现代农业、现代工业、现代国防和现代科学技术的社会主义强国，赶上和超过世界先进水平"的伟大历史任务，"从第三个五年计划开始，我国的国民经济发展，可以按两步来考虑：第一步，建立一个独立的比较完整的工业体系和国民经济体系；第二步，全面实现农业、工业、国防和科学技术的现代化，使我国经济走在世界的前列"②。1975 年的第四届全国人民代表大会第一次会议上，周恩来总理又重申了这一部署。

第三步，全面实现现代化的发展目标。1954 年 6 月，毛泽东在中央人民政府第 20 次会议上的讲话中，比较明确地阐述了这一设想。他说，我们要实现社会主义工业化，要实现农业的社会主义化、机械化，要建成一个伟大的社会主义国家，究竟需要多少时间？"现在不讲死，大概是 3 个五年计划，即 15 年左右，可以打下一个基础。到那时，是不是就很伟大了呢？不一定，我看，我们要建成一个伟大的社会主义国家，大概经过 50 年即 10 个五年计划，就差不多了，就像个样子了，就同现在大不一样了。"③ 1955 年 3 月，毛泽东在中国共产党全国代表会议上讲话时说，要建成社会主义社会并不是轻而易举的事情，"我们可能经过三个五年计划建成社会主义社会，但要建成为一个强大的高度社会主义工业化的国家，就需要几十年的艰苦努力，比如说，要有五十年时间，即本世纪的整个下半世纪"④。同年 10 月，毛泽东在中国共产党第七届中央委员会扩大的第六次全体会议上回答"将来趋势如何？"这个问题时，又强调了这一设想："大

---

① 《建国以来毛泽东文稿》第 6 册，中央文献出版社 1992 年版，第 549—550 页。
② 《周恩来年谱》《中卷》，中央文献出版社 1997 年版，第 696 页。
③ 《毛泽东著作选读》（下），人民出版社 1986 年版，第 711—712 页。
④ 《毛泽东文集》第 6 卷，人民出版社 1999 年版，第 390 页。

约在五十年到七十五年的时间内，就是十个五年计划到十五个五年计划的时间内，可能建成一个强大的社会主义国家”①。实际上把实现社会主义现代化的时间延长了25年。1956年9月，毛泽东在中共八大预备会上讲话时说：“我们这个国家建设起来，是一个伟大的社会主义国家，将完全改变过去一百多年落后的那种情况……而且会赶上世界上最强大的资本主义国家，就是美国。”“假如我们再有五十年、六十年，就完全应该赶过它。”②美国当时是世界上现代化水平最高的国家，毫无疑问，赶上美国也就意味着中国社会主义现代化的水平达到世界前列。然而，由于“大跃进”和人民公社化运动给我国经济带来了严重的困难，用毛泽东的话说，就是“我们碰了钉子”，党的领导人对经济建设的艰巨性复杂性有了更清醒的认识，到1961年，毛泽东对全面实现现代化的战略目标设想的第三步构想，在时间上又谨慎了许多。他在会见英国蒙哥马利将军时说：“至于建设强大的社会主义经济，在中国，五十年不行，会要一百年，或者更多的时间。”③显然，毛泽东意识到实现现代化目标要有新的部署，于是在1964年，周恩来总理在第三届全国人民代表大会第一次会议上作政府工作报告，提出“全面实现现代化，使我国经济走在世界的前列”时，没有对这一步骤实现的时间做出具体的规定。

毛泽东关于现代化战略及其部署的思想是依据我国的具体情况构思的。新中国成立前，中国经济是落后的半殖民地半封建经济，中华人民共和国成立后经过几年的恢复，虽然现代工业仅占10%的极落后的比例有所改变，但国家经济的基本状况依旧。对此，毛泽东是有比较清醒的认识的。他多次强调由于我国的经济条件，技术改造比社会改造更艰难，我们在落后的基础上搞建设，任务是十分艰巨的，困难是很大的，要建成社会主义社会，使我国富强起来，要花更长的时间，需要几十年的艰苦奋斗，因此，必须在使社会主义获得比较巩固的物质基础之后继续前进。“中国只有在社会经济制度方面彻底完成社会主义改造，又在技术方面，在一切能够使用机器操作的部门和地方，统统使用机器操作，才能使社会经济面貌全部改观。”④尽管原定的用15年时间完成社会主义改造，仅仅用三年

① 《毛泽东著作专题摘编》(上)，中央文献出版社2003年版，第926页。
② 《毛泽东文集》第7卷，人民出版社1999年版，第89页。
③ 《毛泽东著作选读》(下)，人民出版社1986年版，第827页。
④ 《毛泽东文集》第6卷，人民出版社1999年版，第438页。

就在1956年提前实现，毛泽东也未改变至少用50年至75年时间实现现代化的战略构想。毛泽东的战略构想是中国历史上第一个比较完整的科学的宏伟的工业化蓝图。它集中代表了几代先进的中国人振兴中华的理想，为中国的社会主义建设指出了正确的方向，成为当时鼓舞全党和全国人民建设社会主义的强大的精神力量，是中共八大制定社会主义建设战略方针的基本依据，也是新时期我们制定四个现代化宏伟目标“三步走战略”方针的基础。

三、实现现代化目标的技术路径

毛泽东在形成、提出和完善现代化战略目标，实施现代化战略目标部署的过程中，同时也思考现代化战略的着力点，提出实行技术革命的战略路径。

早在延安时期，毛泽东指出，人们为着要在社会上得到自由，就要用社会科学来了解社会，改造社会进行社会革命。人们为着要在自然界里得到自由，就要用自然科学来了解自然，克服自然和改造自然，从自然那里得到自由。新中国成立后的1955年3月党的全国代表会议上，他又指出，更多地懂得客观世界的规律，我们在社会主义建设时期少犯主观主义的错误，这里包括两方面的内容：一是要懂得马克思列宁主义，二是要懂得自然科学。毛泽东把“懂得自然科学”提到同“懂得马克思列宁主义”同等重要的地位，这对于社会主义建设的意义是不同寻常的。1953年12月13日，毛泽东在修改中共中央宣传部起草的关于过渡时期总路线的宣传提纲时写道，完成生产资料所有制的过渡“有利于社会生产力的迅速向前发展，有利于在技术上起一个革命，把我国绝大部分社会经济中使用简单的落后的工具农具去工作的情况，改变为使用各类机器甚至最先进的机器去工作的情况，借以达到大规模地出产各种工业和农业产品，满足人民日益增长着的需要，提高人民的生活水平”①。这是毛泽东第一次提出“技术革命”，他认为，“技术上起一个革命”，可以大幅提高社会生产力。毛泽东在这里阐明了这样的关系：社会主义改造为生产力的发展和技术革命创造了条件，生产力的发展和技术革命为满足人民的需要，提高人民的生活水平奠定基础。这是从技术革命的目的和重要性意义上阐明为什么要实行技

---

① 《毛泽东文集》第6卷，人民出版社1999年版，第316页。

术革命。此后，毛泽东又从提高生产力的途径上阐发了实行技术革命的重要性。1954年6月，毛泽东指出，人民要求大量增产，改善生活与落后的生产技术之间的矛盾，成了农业生产上“带根本性质的矛盾”，解决的方法“就是实行技术革命，即在农业中逐步使用机器和实行其他技术改革”①。1958年1月，毛泽东在酝酿和提出赶超英国的战略构想时，不但更进一步地强调了实行技术革命的重要性、必然性，而且正式提出“要把党的工作重点放到技术革命上去”②，在继续完成政治思想革命的同时，着重搞好技术革命。毛泽东认为，发展工业和农业的生产，提高生产力要靠科学技术。“科学技术这一仗，一定要打，而且必须打好。……搞上层建筑搞生产关系的目的就是为了解放生产力。现在生产关系是改变了，就是要提高生产力。不搞科学技术，生产力无法提高。”③ 实行技术革命是发展生产力，也是实现现代化的必然选择。

实现现代化要依靠技术革命。在中国经济文化落后的条件下怎样开展技术革命，同样是毛泽东思考的战略问题。围绕着技术革命，毛泽东在思考中还提出了若干重要的思想。一是要“独立自主”地进行技术革命。1958年6月，毛泽东明确指出：“自力更生为主，争取外援为辅，破除迷信，独立自主地干工业、干农业、干技术革命和文化革命，打倒奴隶思想，埋葬教条主义，认真学习外国的好经验，也一定研究外国的坏经验——引以为戒，这就是我们的路线。”④ 独立自主、自力更生，是毛泽东思想的精髓，在社会主义现代化建设中进行技术革命，同样要实行这一方针。二是紧盯世界科技前沿，赶超世界科学发展的先进水平。1955年3月，毛泽东就提出“要钻原子能”的问题。同年，在中共中央召开的知识分子问题会议上，毛泽东又号召全党努力学习科学知识，同党外知识分子团结一致，为迅速赶上世界科学先进水平而奋斗。对于“世界科学先进水平”，周恩来在《关于知识分子问题的报告》指出，“人类面临着一个新的科学技术和工业革命的前夕”，这个革命就其意义来说，远远超过蒸汽机和电的出现而产生的工业革命⑤。显然，这里所指的就是20世纪后期出

---

① 《建国以来毛泽东文稿》第4册，中央文献出版社1990年版，第497页。
② 《毛泽东文集》第7卷，人民出版社1999年版，第351页。
③ 《毛泽东文集》第8卷，人民出版社1999年版，第351页。
④ 《毛泽东文集》第7卷，人民出版社1999年版，第380页。
⑤ 《周恩来年谱》上卷，中央文献出版社1997年版，第540页。

现的、后来国际上通称的“第三次浪潮”和“新科技革命”。在当时的条件下，新中国不但要实现从手工操作到半机械化、机械化的技术革命，而且应当努力接近和赶上世界科学发展的先进水平，毫无疑问，这是一个伟大的革命。正因为如此，毛泽东把这个“产业革命或者说经济革命”，称作是“第二个革命”[①]。三是全心全意依靠自己的工人阶级知识分子，建设一支又红又专的科研队伍。新中国成立以后，毛泽东多次围绕技术革命的问题论述了培养知识分子队伍的必要性。在党中央召开的知识分子问题会议上，毛泽东说，搞技术革命，没有科技人员不行，不能单靠我们这些大老粗。认为“无产阶级没有自己的庞大的技术队伍和理论队伍，社会主义是不能建成的”[②]。为了给科技人员创造良好的科研环境，1961年7月，毛泽东和党中央批准了聂荣臻《关于自然科学工作中若干政策问题的批示报告》和国家科委党组《关于自然科学研究机构当前工作十四条意见（草案）》，从思想上、政策上明确了对知识分子队伍建设的具体措施，如保证科学家和科技工作者六分之五的时间从事科研业务，给科学家配备科研助手；各类科研机构在建立时必须有带头的学科专家和明确的科研任务、科研方向；树立良好的社会风尚，全党要尊重知识、尊重人才，奖励有贡献的科学家；建设一支又红又专的科研队伍；等等。这些政策受到全国科学家、科技工作者的热烈拥护，被赞誉为“科学工作第一部宪法”。

第三节　社会主义经济建设的重大指导方针

由农业国转变为工业国、实现工业化，是毛泽东为代表的中国共产党孜孜追求的目标。早在民主革命时期，毛泽东就指出，中国落后的原因主要的就是没有新式工业，“我们共产党是要致力于中国的工业化的”[③]。在《论联合政府》中，毛泽东进一步指出：“在新民主主义的政治条件获得之后，中国人民及其政府必须采取切实的步骤，在若干年内逐步建立重工业和轻工业，使中国由农业国变为工业国。”[④] 党的七届二中全会上，毛泽东在报告中提出了“建立独立的完整的工业体系”的任务，并且认为，这个

---

① 《毛泽东文集》第8卷，人民出版社1999年版，第217页。
② 《毛泽东文集》第7卷，人民出版社1999年版，第309页。
③ 《毛泽东文集》第3卷，人民出版社1996年版，第146—147页。
④ 《毛泽东选集》第2版第3卷，人民出版社1991年版，第1081页。

任务在肃清帝国主义、封建主义、官僚资本主义和国民党统治之后，“只有待经济上获得广大的发展，由落后的农业国变成了先进的工业国”才能最后完成。在中国共产党的视界里，工业化与社会主义现代化之间存在着密切的联系。1953 年经过毛泽东修改和审定的过渡时期总路线宣传提纲中提出，实现国家的社会主义工业化，就可以促进农业和交通运输业的现代化，就可以建立和巩固现代化国防。这说明了社会主义工业化对现代化的促进作用，实际上也提出了现代化是工业化发展战略第二步目标的思想。工业化是现代化的基础和核心内容，是过渡时期总路线的核心，总路线的目标要把中国从一个落后的农业国建设成为强大的社会主义工业国，也就是实现中国的现代化。

在中国共产党第一代领导集体中，毛泽东是较早地把“国家工业化”与“四个现代化”联系起来作为社会发展目标的领导人之一。1954 年 6 月，毛泽东指出，“我们的总目标，是为建设一个伟大的社会主义国家而奋斗”①。1954 年 9 月，他在全国人大一届一次会议的开幕词中提出要在几个五年计划之内，将我们现在这样一个经济上文化上落后的国家，建设成为一个工业化的具有高度现代文化程度的伟大的国家②。1957 年毛泽东提出今后党和人民的主要任务是正确处理人民内部矛盾，团结全国各族人民向自然开战，将我国建设成为一个具有现代工业、现代农业和现代科学文化的社会主义国家③。1959 年底至 1960 年初，毛泽东在读苏联《政治经济学教科书》社会主义部分时又指出，建设社会主义国家，原来的要求是工业现代化、农业现代化、科学现代化。现在要加上国防现代化。1964 年的全国三届人大一次会议上，根据毛泽东的建议，周恩来正式宣布了实现四个现代化的历史任务：“要在不太长的历史时间内，把我国建设成为一个具有现代农业、现代工业、现代国防和现代科学技术的社会主义强国，赶上和超过世界先进水平。”④“四个现代化”对 20 世纪后半叶及其当今中国的社会经济发展产生了深远的影响，成为中国人民的强大精神支柱。对实现四个现代化的苦苦追求与思索，实质上是对“如何建设社会主义”的根本探求与思考。

---

① 《毛泽东文集》第 6 卷，人民出版社 1999 年版，第 329 页。
② 《毛泽东文集》第 6 卷，人民出版社 1999 年版，第 350 页。
③ 《毛泽东文集》第 7 卷，人民出版社，1999 年版，第 268 页。
④ 《周恩来选集》下卷，人民出版社 1984 年版，第 439 页。

一、既反保守又反冒进，在综合平衡中稳步前进

中国的社会主义经济建设怎么样进行，特别是处在资本主义包围和封锁的具体条件下，在经济文化落后的基础上，如何恰当地处理一个农业大国的经济发展速度问题，是关系到社会主义建设能否健康发展的重大问题。在总结新中国成立初期，特别是第一个五年计划的经验教训的时候，中共八大确定了既反保守又反冒进，在综合平衡中稳步前进的方针。

中华人民共和国成立前夕，毛泽东对中国人民革命的胜利和独立民主的政治制度的建立，对于随之带来的经济大发展寄予迫切的期望。在七届二中全会上，他指出由于中国共产党的领导，加上世界各国工人阶级的援助，特别是苏联的援助，中国经济建设的速度“将不是很慢而可能是相当地快的，中国的兴盛是可以计日程功的”[①]。新中国建立之初，在社会主义改造和建设的方针上，中国共产党制定的是反“左”反右，逐步过渡的方针。对于社会主义改造，毛泽东指出“党的任务是在十年至十五年或者更多一些时间内，基本上完成国家工业化和社会主义的改造”[②]。“一年一小步，五年一大步，三个大步就差不多了。基本上完成，不等于全部完成。讲基本上完成，是谨慎的讲法，世界上的事情总是谨慎一点好。”[③] 要反“左”反右，逐步过渡，最后全部过渡完。在经济建设上是稳步前进，三年恢复，十年、二十年发展，“欲速则不达，必须稳步前进”[④]。后来，由于发展比较顺利，毛泽东认为，原定的社会主义改造和经济建设的速度太慢了，批评中共中央农村工作部在农业合作化问题上“像一个小脚女人”，要“击一猛掌”，并且提出农业、工业、手工业的生产和工业、交通运输业的基本建设的规模和速度，科学、文化、教育、卫生等各项事业都要“不断地批判右倾保守主义思想”[⑤]，大大地加快发展，于是发生了经济建设上的急躁冒进倾向。

1956 年，针对经济建设中出现的求快、求多的冒进苗头，周恩来在国

---

① 《毛泽东选集》第 4 卷，人民出版社 1991 年版，第 1433 页。

② 《建国以来毛泽东文稿》第 4 册，中央文献出版社 1990 年版，第 251 页。

③ 《毛泽东文集》第 6 卷，人民出版社 1999 年版，第 280 页。

④ 《周恩来统一战线文选》，人民出版社 1984 年版，第 238 页。

⑤ 《建国以来毛泽东文稿》第 5 册，中央文献出版社 1991 年版，第 234、486—487 页。

务院第24次全体会议上提出“应小心谨慎”的警告，认为要多和快，还要好和省，要有利于提高劳动效率，“超过现实的可能和没有根据的事，不要乱提，不要乱加快，否则就很危险”。提出“各部门订计划，不管是十二年远景计划，还是今明两年的年度计划，都要实事求是”①。同年5月，刘少奇主持中央会议确定了既反保守又反冒进的方针。在党的八大上，周恩来提出根据需要和可能合理地规定国民经济的发展速度，既反对保守又反对冒进，把计划放在积极稳步可靠的基础上，保证国民经济比较均衡地发展。中共八大的政治决议提出必须估计到当前的经济上、财政上和技术力量上的客观限制，估计到保持后备力量的必要，而不应当脱离经济发展的正确比例。党的任务就是要随时注意防止和纠正右倾保守的或“左”倾冒险的倾向，积极地而又稳妥可靠地推进国民经济的发展。八大决定把既反保守又反冒进，在综合平衡中稳步前进作为经济发展的指导方针。

二、从实际出发，在调查和总结中掌握经济建设的主动权

1960年6月18日，毛泽东在中央政治局扩大会议上对新中国成立以来头10年工作做了总结发言。在发言中，毛泽东指出：“主动权是一个极端重要的事情。主动权，就是‘高屋建瓴’、‘势如破竹’。这件事来自实事求是，来自客观情况对于人们头脑的真实的反映，即人们对于客观外界的辩证法的认识过程。”“我们对于社会主义时期的革命和建设，还有一个很大的盲目性，还有一个很大的未被认识的必然王国。我们还不深刻地认识它。我们要以第二个十年时间去调查它，去研究它，从其中找出它的固有的规律，以便利用这些规律为社会主义的革命和建设服务。”②

调查研究是保证党的科学决策和正确领导，防止或减少工作失误的一个法宝，也是帮助我们迅速纠正失误、渡过难关的一个法宝。1960年12月24日至1961年1月13日，中共中央在北京召开工作会议，讨论经济建设中的问题和1961年国民经济计划问题。在会议的最后一天，毛泽东发表了大兴调查研究之风的讲话。毛泽东批评“这些年来，我们的调查工作不做了”的现象，指出“要是不做调查研究工作，只凭想象和估计办事，我们的工作就没有基础”，认为社会主义建设时期，“调查研究极为重要”，各级省委都要“做调查研究”，强调“不做调查，情况就不清楚”，

① 《周恩来选集》下卷，人民出版社1984年版，第190—191页。
② 《毛泽东文集》第8卷，人民出版社1999年版，第197—198页。

要把我们党实事求是的精神恢复起来，把马克思主义的普遍真理同中国的实际相结合，提出“搞一个实事求是年”[①]。1月18日，他又在中共八届九中全会结束时发表讲话，提出希望1961年“成为一个调查年，大兴调查研究之风”。会后，毛泽东直接领导广东、湖南和浙江的三个调查组，深入最基层做系统的历史的调查研究。同期，刘少奇、周恩来、朱德、陈云和邓小平等也深入湖南、河北等基层，对农村人民公社的若干问题进行重点调查。正是在全党调查研究、总结社会主义建设实践经验的基础上，毛泽东和党中央制定了农业六十条、工业七十条、商业四十条、教育六十条、科学十四条和文艺十条等工作条例，迅速扭转了社会主义建设的困难局面。这一系列的成果不仅反映党对社会主义建设规律的认识前进了一步，对恢复和发展国民经济、繁荣社会主义事业起了积极作用，更重要的是通过调查研究“终于使我们党把过去单凭政治热情和浮夸不实的材料所构想的许多错误观念和做法，一个又一个地纠正过来了”[②]。在调查研究的基础上，毛泽东明确认识到，1957年关于“社会主义革命和社会主义建设取得经验的时间是不是可以缩短一点”，这只“是一种设想”，关键取决于我们能不能总结经验，提高对错误的“免疫力”[③]。这一次大规模深入基层的调查研究，使全党对社会主义的认识，对于怎样建设社会主义的认识大为深入，对经济建设中的主动权也大大加强。

调查研究能够从实践上总结怎样建设社会主义的政策和策略，解决经济建设中出现错误的理性经验问题，掌握实践的主动权，政治总结则能够从理论层面总结社会主义建设的政治原则，解决经济建设中出现错误的领导作风问题，掌握经济建设思想上的主动权。

党中央于1962年1月11日至2月7日在北京召开扩大的中央工作会议，即“七千人大会”，是在“大跃进”和人民公社化运动使中国共产党遭遇到自遵义会议以来最严峻的困难局面下召开的[④]。会上，毛泽东作了以民主集中制为中心的长篇讲话，对经济建设中所犯错误的性质、原因、改正的方法和怎样建设社会主义等重大问题进行了全面总结。毛泽东指

① 《毛泽东文集》第8卷，人民出版社1999年版，第235—237页。

② 薄一波：《若干重大决策与事件的回顾》（下卷），人民出版社1997年版，第931页。

③ 《毛泽东文集》第8卷，人民出版社1999年版，第276页。

④ 参见张素华《变局——七千人大会始末》，中国青年出版社2006年版，第5页。

出，在提出社会主义建设总路线的一个相当长时间内，我们还没有来得及、也没有可能规定一整套适合情况的具体的方法、政策和办法，因为经验不足。这样的错误，是工作中的是和非的问题，正确和错误的问题，其性质是属于人民内部矛盾。我们在社会主义建设上存在着“很大的盲目性”，还有“许多未被认识的必然王国”①，以及有些“对于马克思、列宁所说的民主集中制，还不理解”②，“领导机关凭着片面的或者不真实的材料决定问题”，主观主义地制定路线、方针和政策，核心是违背民主集中制的原则③。毛泽东强调，人对客观世界的认识，由必然王国到自由王国的飞跃，要有一个过程。“对于建设社会主义的规律的认识，必须有一个过程。必须从实践出发，从没有经验到有经验，从有较少的经验，到有较多的经验，从建设社会主义这个未被认识的必然王国，到逐步地克服盲目性、认识客观规律、从而获得自由，在认识上出现一个飞跃，到达自由王国。”④ 建设社会主义需要经历相当长的历史时期。在中国建设强大的社会主义经济，五十年不行，会要一百年或者更多的时间。“中国的人口多、底子薄，经济落后，要使生产力很大地发展起来，要赶上和超过世界上最先进的资本主义国家，没有一百多年的时间，我看是不行的。也许只要几十年，例如有些人所设想的五十年，就能做到。果然这样，谢天谢地，岂不甚好。但是我劝同志们宁肯把困难想得多一点，因而把时间设想得长一点。三百几十年建设了强大的资本主义经济，在我国，五十年内外到一百年内外，建设起强大的社会主义经济，那又有什么不好呢？”⑤ 他一方面对建设强大的社会主义充满信心，另一方面对建设社会主义过程中的困难比以前估计得更充分。毛泽东告诫全党，没有民主，就不可能正确地总结经验。他要求，首先，“把民主集中制健全起来”⑥。在我们国家，如果不充分发扬人民民主和党内民主，不充分实行无产阶级的民主制，就不可能有真正的无产阶级的集中制。“没有高度的民主，不可能有高度的集中，而没有高度的集中，就不可能建立社会主义经济。”⑦ “没有民主集中制，无

① 《毛泽东文集》第8卷，人民出版社1999年版，第302页。
② 《毛泽东文集》第8卷，人民出版社1999年版，第290页。
③ 《毛泽东文集》第8卷，人民出版社1999年版，第294页。
④ 《毛泽东文集》第8卷，人民出版社1999年版，第300页。
⑤ 《毛泽东文集》第8卷，人民出版社1999年版，第302页。
⑥ 《毛泽东文集》第8卷，人民出版社1999年版，第310页。
⑦ 《毛泽东文集》第8卷，人民出版社1999年版，第296—297页。

产阶级专政不可能巩固”[①]，“没有广泛的人民民主，无产阶级专政不能巩固，政权会不稳。没有民主，没有把群众发动起来，没有群众的监督，就不可能对反动分子和坏分子实行有效的专政”[②]。如果没有充分的民主生活，没有真正实行民主集中制，就不可能实行批评和自我批评这种方法。其次，要发扬人民民主，调动人民的积极性。“我们现在不是有许多困难吗？不依靠群众，不发动群众和干部的积极性，就不可能克服困难。如果不向群众和干部说明情况，不向群众和干部交心，不让他们说出自己的意见，他们还对你感到害怕，不敢讲话，就不可能发动他们的积极性”，“克服困难，没有民主不行”[③]。没有民主，不可能有正确的集中。意见不是从群众中来，就不可能制定出好的路线、方针、政策和办法。再次，在发扬民主的基础上作系统的周密的调查研究，制定正确的方针、政策和办法。毛泽东指出，有了总路线还不够，还必须在总路线指导之下，在工、农、商、学、兵、政、党各个方面，有一整套适合情况的具体的方针、政策和办法，才有可能说服群众和干部，并且把这些当作教材去教育他们，使他们有一个统一的认识和统一的行动，然后才有可能取得革命事业和建设事业的胜利，否则是不可能的。而要在总路线指导下制定一整套适合情况的具体的方针、政策和办法，“必须通过从群众中来的方法，通过作系统的周密的调查研究的方法，对工作中的成功经验和失败经验，作历史的考察，才能找出客观事物所固有的而不是人们主观臆造的规律，才能制定适合情况的各种条例”。他郑重地告诫各级各部门党的领导，“这件事很重要，请同志们注意到这点”[④]。毛泽东强调，必须实现“两个结合”，即“为了这个事业，我们必须把马克思列宁主义的普遍真理同中国社会主义建设的具体实际、并且同今后世界革命的具体实际，尽可能好一些地结合起来，从实践中一步一步地认识斗争的客观规律”[⑤]，从实践中总结经验，一步一步地取得对客观规律性的认识，取得事业的最后胜利。他说，从现在起，五十年内外到一百年内外，是世界上社会制度彻底变化的伟大时代，是一个翻天覆地的时代，是过去任何一个历史时代都不能比拟的。处

① 《毛泽东文集》第8卷，人民出版社1999年版，第297页。
② 《毛泽东文集》第8卷，人民出版社1999年版，第298页。
③ 《毛泽东文集》第8卷，人民出版社1999年版，第293页。
④ 《毛泽东文集》第8卷，人民出版社1999年版，第305页。
⑤ 《毛泽东文集》第8卷，人民出版社1999年版，第302页。

在这样一个时代，我们必须准备进行同过去时代的斗争形式有着许多不同特点的伟大的斗争，要准备着由于盲目性而遭受到许多的失败和挫折，从而取得经验，取得最后的胜利。

七千人大会是我党历史上一次影响深远的重要会议，在当时的历史条件下取得了成功，“基本上达到了总结经验，统一认识的目的”①。会议对缺点错误的比较实事求是的态度，会议的民主精神和自我批评精神，在动员全党为战胜困难方面起了积极作用。特别是毛主席和其他中央领导对民主集中制问题的论述，把党的民主集中制理论大大推进了一步。更为重要的是，毛泽东和中央领导抓住政治上违背民主集中制这一点来分析“大跃进”以来所犯错误的原因，切中问题的要害，使我们党对1957年以来社会主义建设经验的总结上升到一个新的高度。我们党的全部历史经验表明，“能不能坚持贯彻执行民主集中制，贯彻执行得好不好，直接关系到党和国家的政治生活是否正常，党和政府的决策是否正确，党和人民的事业是否顺利发展。因此，民主集中制是一个涉及党和国家全局、前途的一个大原则、大制定、大问题，任何时候疏忽不得”②。

三、发展商品生产，利用价值规律，为社会主义建设服务

建立在生产力不发达基础上的社会主义，对社会主义是不是还应该存在商品、货币，以及商品生产、商品交换、价值规律等问题，长期以来有着不同的认识。马克思恩格斯曾经设想无产阶级取得革命胜利后，社会占有全部生产资料，消除商品生产、商品交换的条件，从而商品经济也就消失了。十月革命后，列宁的最初想法是沿袭马克思恩格斯的观点，认为社会主义社会要消灭商品生产和商品交换。后来列宁根据俄国实际，提出新经济政策，认为在从资本主义向共产主义过渡的初期，立即消灭货币是不可能的③，社会主义建设必须特别重视商品生产和商品交换的问题，这就第一次承认了社会主义社会存在商品生产和商品交换。斯大林继承了列宁的思想，明确肯定社会主义社会仍然存在商品生产和商品流通的客观必然

① 薄一波：《若干重大决策与事件的回顾》（下卷），人民出版社1997年版，第1077页。

② 薄一波：《若干重大决策与事件的回顾》（下卷），人民出版社1997年版，第1070页。

③ 参见《列宁选集》第3卷，人民出版社1995年版，第749页。

性，指出两种社会主义公有制形式的并存是社会主义社会商品生产存在的根本原因。毛泽东则在中国社会主义建设实践中提出发展商品经济，利用价值规律为社会主义建设服务的方针。

1956 年社会主义改造基本完成之时，针对当时自由市场活跃，“地下工厂”“地下商场”与国家市场成对成双的现状，毛泽东认为，“社会有需要，就发展起来”，要使地下成为地上、合法化，可以雇工，可以开“私营大厂”，开“投资公司”，“可以消灭了资本主义，又搞资本主义”。毛泽东还提出对“华侨投资的，二十年、一百年不要收”，这就肯定了资本主义私营企业在一定时期一定程度上的存在和发展①。在农业合作化过程中，对于合作社的积累和社员收入的比例关系，毛泽东提出“合作社要利用价值法则搞经济核算，要勤俭办社，逐步增加一点积累”②。这表明，毛泽东认为“价值法则”不仅仅是私营经济的法则，在集体经济也可以利用，开始探讨和思考把“价值法则”运用到集体经济的发展上面。

1958 年 11 月，毛泽东在郑州召集部分中央领导人和部分地方负责人举行会议。会上，毛泽东批评了急于想使人民公社由集体所有制过渡到全民所有制、由社会主义过渡到共产主义，以及企图废除商品生产等主张。毛泽东认为，实现共产主义是要有步骤的，现在有些人总是想在三五年内搞成共产主义，苏联有些人不喜欢经济学，“不赞成商品生产，以为苏联已经是共产主义了，实际上还差得很远。我们搞社会主义只有几年，则差得更远”③。我国是商品生产很不发达的国家，必须肯定社会主义商品生产和商品交换还有积极作用，“需要有一个发展商品生产的阶段”④，发展社会主义的商品生产和商品交换。有些人向往共产主义，“一提商品生产就发愁，觉得这是资本主义的东西，没有分清社会主义商品生产和资本主义商品生产的区别，不懂得在社会主义条件下利用商品生产的作用的重要性”⑤。首先，商品生产和商品交换在社会主义社会相当长的时期内存在，不能把商品生产与资本主义混为一谈。毛泽东根据马克思主义生产力理论认为，只有当一切生产资料都归国家所有了，只有当社会产品大为丰富

---

① 《毛泽东文集》第 7 卷，人民出版社 1999 年版，第 170 页。
② 《毛泽东文集》第 7 卷，人民出版社 1999 年版，第 200 页。
③ 《毛泽东文集》第 7 卷，人民出版社 1999 年版，第 434 页。
④ 《毛泽东文集》第 7 卷，人民出版社 1999 年版，第 436 页。
⑤ 《毛泽东文集》第 7 卷，人民出版社 1999 年版，第 437 页。

了，而中央组织有权支配一切产品的时候，才有可能使商品经济不必要而消失，相反，“只要两种所有制没有变成单一的社会主义全民所有制，商品生产就还不可能废除，商品交换也还不可能废除”。“即使是过渡到了单一的社会主义全民所有制，如果产品还不很丰富，某些范围内的商品生产和商品交换仍然有可能存在。”① 怕商品生产无非是怕资本主义。在存在两种所有制的条件下，国家同人民公社做生意，早已排除了资本主义。商品生产要看它同什么经济制度相联系，“同资本主义制度相联系就是资本主义的商品生产，同社会主义制度相联系就是社会主义的商品生产”，所以“不要怕”，“要大大发展商品生产”②。中共中央在《关于人民公社若干问题的决议》中明确指出，社会主义商品生产和交换是“在社会主义公有制基础上有计划地进行的”，资本主义商品生产和商品交换则是“在资本主义私有制的基础上无政府状态下进行的”。其次，既然社会主义商品生产是客观存在的，价值法则也就必然要发挥作用。有些人没有分清社会主义商品生产和资本主义商品生产的区别，不懂得在社会主义条件下利用商品生产的作用的重要性，这是“不承认客观法则的表现，是不认识五亿农民的问题”③。有些人急于要宣传人民公社是全民所有，“废除商业，实行产品调拨，这就是剥夺农民。”④ 毛泽东还认为在没有了资本主义的经济基础的社会主义社会，“商品生产可以乖乖地为社会主义服务，把五亿农民引导到全民所有制”⑤。价值法则“是一个伟大的学校，只有利用它，才有可能教会我们的几千万干部和几万万人民，才有可能建设我们的社会主义和共产主义。否则一切都不可能”⑥。毛泽东把价值法则看作一个伟大的学校，实质上揭示了社会主义商品经济的本质，是对社会主义建设道路的一个重大突破。再次，发展社会主义商品生产和交换同时必须限制商品生产与交换的消极作用。商品生产和商品交换作为“有用的工具”，能够为社会主义服务，但是“商品生产有没有消极方面呢？有就限制它嘛”⑦。毛泽

① 中共中央文献研究室编：《毛泽东著作专题摘编》（上），中央文献出版社 2003 年版，第 976—977 页。

② 《毛泽东文集》第 7 卷，北京：人民出版社 1999 年版，第 439 页。

③ 《毛泽东文集》第 7 卷，北京：人民出版社 1999 年版，第 437 页。

④ 《毛泽东文集》第 7 卷，北京：人民出版社 1999 年版，第 438 页。

⑤ 《毛泽东文集》第 7 卷，北京：人民出版社 1999 年版，第 440 页。

⑥ 《毛泽东文集》第 8 卷，人民出版社 1999 年版，第 34 页。

⑦ 《毛泽东文集》第 7 卷，人民出版社 1999 年版，第 435 页。

东提出绝不允许商品生产完全以无政府状态活动，必须实行计划，让商品生产和商品交换在计划的基础上发挥作用。他认为，资本主义社会国民经济的平衡是通过危机来实现的，社会主义社会国民经济则有可能经过计划来实现平衡，关键是我们“能否掌握有计划发展的规律，掌握到什么程度；在于是否善于利用这个规律，能利用到什么程度”。他说：“在社会主义社会里，有可能经过计划来实现国民经济的平衡，但是不能认为社会主义里就没有自发性和自流性。在一个时期内，可以有这样的计划，也可以有那样的计划，不能说这些计划都是完全合乎规律的。”①因此制定国民经济计划要充分尊重经济规律，避免盲目性。毛泽东把计划看成是发挥商品生产和交换的必要手段，认为“计划是意识形态”，对“实际起反作用”，计划之类意识形态的东西，对经济的发展和不发展、对经济发展的快慢，有很大的作用，社会主义的商品交换应当有计划地进行，要把国家和公社的商品交换，纳入计划的轨道，要逐步推广合同制。

毛泽东在研究社会主义商品经济问题时，对计划与市场的关系问题所作的初步探讨，为我们提供了一条发展社会主义商品经济的重要方法。这些重要思想不仅为当时探索适合中国特点的社会主义建设道路，而且对于改革开放后社会主义有计划商品经济理论的形成，无疑奠定了坚实的基础。

四、“统筹兼顾、适当安排”的经济管理方针

所有制问题解决以后，最重要的问题是管理问题，即全民所有制的企业管理问题和集体所有制企业的管理问题，这是社会主义社会人与人的关系问题。社会主义改造基本完成后，毛泽东着重领导了对社会主义经济发展过程中存在着的大量管理工作的探索，这里既有宏观的管理又有微观的管理，涉及经济发展政策和经济体制等多个方面。

1956 年，毛泽东在《论十大关系》的讲话中，以苏联为戒，提出调动一切积极因素为社会主义事业服务，提出“必须兼顾国家、集体和个人三个方面”的经济管理原则，后来在《关于正确处理人民内部矛盾的问题》中概括为“统筹兼顾、适当安排”。“统筹兼顾”首先要正确处理国家、生产单位和生产者个人的关系，正确处理中央和地方的关系。针对苏联“把

① 《毛泽东文集》第 8 卷，人民出版社 1999 年版，第 118—119 页。

什么东西统统都集中在中央或省市，不给工厂一点权力，一点机动的余地，一点利益”的高度集中的管理体制，毛泽东指出这“恐怕不妥”，“要研究”，“从原则上讲，同一性和独立性是对立的统一，要有统一性，也要有独立性”①。各生产单位都要有一个与统一性相联系的独立性，才会发展得更加活泼。鉴于苏联和我们自己的经验，今后务必更好地解决这个问题。“应当在巩固中央统一领导的前提下，扩大一点地方的权力，给地方更多的独立性，让地方办更多的事情。……我们不能像苏联那样，把什么都集中到中央，把地方卡得死死的，一点机动权也没有。”他认为：“要发展社会主义建设，就必须发挥地方的积极性。”② 关于国家、合作社和农民的关系，他认为“苏联的办法是把农民挖得很苦。……使农民的生产积极性受到极大的损害”。我们对农民的政策是“兼顾国家和农民的利益”。虽然我们同农民的关系历来都是好的，但也曾经犯过错误，有过教训，鉴于苏联在这个问题上的严重错误和我们自己的教训，“必须更多地注意处理好国家同农民的关系”。他把国家、生产单位和生产者个人的关系，国家、合作社和农民的关系上升到巩固社会主义、巩固无产阶级专政的高度来认识，指出“国家和工厂，国家和工人，工厂和工人，国家和合作社，国家和农民，合作社和农民，都必须兼顾，不能只顾一头。无论只顾哪一头，都是不利于社会主义，不利于无产阶级专政的”。强调“这是一个关系到六亿人民的大问题，必须在全党和全国人民中间反复进行教育”③。

1958年以来的“大跃进”和人民公社化运动，造成我国国民经济比例严重失调的困难和经济管理中的混乱局面。1960年中共中央提出“调整、巩固、充实、提高”的方针。为了纠正1959年庐山会议“左”倾错误造成的“共产风”重新泛滥，毛泽东提出要解决“两个平均主义”的问题，即“大队内部生产队与生产队之间的平均主义问题，生产队（过去小队）内部人与人之间的平均主义问题”④，取消了人民公社的供给制，承认集体之间在财产占有上的差别和同一集体内部个人之间劳动贡献的差别，实行统筹兼顾国家、集体和个人利益的社会主义按劳分配原则。1962年1月，在

① 《毛泽东文集》第7卷，人民出版社1999年版，第28—29页。

② 《毛泽东文集》第7卷，人民出版社1999年版，第31页。

③ 《毛泽东文集》第7卷，人民出版社1999年版，第30—31页。

④ 《毛泽东文集》第8卷，人民出版社1999年版，第250页。

中国共产党扩大工作会议（即七千人大会）上，刘少奇代表党中央总结的“十六条经验”① 涉及经济管理的多方面问题，其根本点在于通过对经济管理的“统筹兼顾”方针的落实，扭转经济建设的被动局面，争取更多的主动。其间中共中央发出的《农村人民公社工作条例（草案）》（简称“农业六十条”）、《关于改进商业工作的若干规定（试行草案）》（简称“商业四十条”）、《关于城乡手工业若干政策问题的规定（试行草案）》（简称“手工业三十五条”）、《国营工业企业工作条例（草案）》（简称“工业七十条”），提出了经济管理一系列的指导原则和政策，完善了“统筹兼顾、适当安排”的基本方针。

管理体制要通过一定的制度来坚持和执行。毛泽东制定了企业管理的民主原则，他指出：“不能以为，在社会主义制度下，不用做工作，就自然会出现劳动者和企业领导人员的创造性结合”②。他倡导“领导人员要以普通劳动者的姿态出现，以平等态度待人……对企业管理，采取集中领导和群众运动相结合，干部参加劳动，工人参加管理，不断改革不合

① “十六条经验”是：(1) 我国社会主义建设总路线所提出的多、快、好、省这几个方面，是互相促进、互相制约的；(2) 以农业为基础来发展我国国民经济，是我们的一个根本方针；(3) 社会主义的两种所有制，即全民所有制和集体所有制，是不能混淆的；(4) 社会主义的全民所有制，在我国现有的各种所有制中居于领导地位；(5) 社会主义经济，要有统一的国家计划，计划指标必须符合实际，并且适当地留有余地，保持必要的后备力量；(6) 文化、教育、科学、卫生事业的发展，必须同经济建设的发展相适应，保持适当的比例关系，既要考虑经济建设和人民群众的需要，又不能超过实际的可能性，不能要求过多过急；(7) 国家计划的统一性和地方的积极性要结合起来；(8) 无产阶级的民主集中制，是最彻底的民主集中制，是在人民内部实行的根本制度，是在高度民主基础上的高度集中和在高度集中指导下的高度民主；(9) 必须充分发展商品交换，加强和改进全民所有制和集体所有制之间、工业和农业之间、城市和农村之间、地区和地区之间的经济联系；(10) 社会主义不是平均主义，共产主义也不是平均主义，在社会主义阶段，我们的分配原则，是按劳分配，我们的交换原则，是等价交换；(11) 我们必须随时随地爱惜群众的精力，把群众的精力用在最恰当的地方，以便取得最大的效果；(12) 任何一个国家的无产阶级事业都需要吸取其他国家的经验，也需要其他国家的无产阶级和人民的支援；(13) 勤俭建国是我们必须长期坚持的方针；(14) 国家机构和企业、事业机构过于庞大，非生产人员过多，是阻碍国民经济的发展；(15) 必须实行政治和经济的统一，政治和技术的统一；(16) 在社会主义建设事业中，必须加强党的领导。参见《刘少奇选集》下卷，人民出版社 1985 年版，第 361—367 页。

② 《毛泽东文集》第 8 卷，人民出版社 1999 年版，第 129—130 页。

理的规章制度，工人群众、领导干部和技术人员相结合”①。“两参一改三结合”是既符合马克思主义又适合中国国情的社会主义企业管理方针。

在经济管理方面，我们党不仅在理论上，而且在实践中也进行了大胆的探索。20 世纪 60 年代初期，中共中央根据新中国成立以来经济建设的实践，已经逐步发现单靠行政办法管理经济、管理企业存在不少弊端，造成对企业的多头行政管理，重复建设，重复生产，浪费严重，以及人浮于事，效率低下等等问题。针对这种情况，在毛泽东、刘少奇、周恩来、邓小平等提议下，中央决定借鉴西方工业发达国家管理企业的组织形式在工业、交通部门试办托拉斯（产品相同的企业或生产有密切联系的企业组成的联合经营的公司），以改善我国的工业组织管理工作，提高企业的经营效益，加快国民经济的发展。1960 年 3 月，在天津召开的中共中央政治局常委扩大会议上，邓小平说：“我们研究，恐怕要走托拉斯道路。就是主席提过的，一行为主，搞其他多行，搞托拉斯。”毛泽东说：“资产阶级发明的这个托拉斯，是一个进步的方法。托拉斯制度实际上是个进步的制度，问题是个所有制，资本主义国家是资本所有，我们是国有。”② 在传达天津会议时，邓小平还专门讲到，毛主席几年前就提出了这个问题，说我们的工业建设可以走托拉斯的道路，托拉斯是工业发达国家找到的比较进步的组织管理形式，机器设备利用得比较合理，搞得也比较快。组织托拉斯，是生产关系的改革，也是上层建筑的改革。薄一波在回忆录中也讲到，1964 年 1 月，在他们汇报工作时，毛泽东“也指示我们要学会按照经济办法改进工业管理体系”。根据毛泽东等中央领导人的决策，第一批试办的托拉斯共 12 个，其中全国性的 9 个、地方性的 3 个。这个试办，收到了初步的成效，可惜在“文化大革命”期间未能持续地进行下去。薄一波认为，当年中央决定试办托拉斯，是“期望以此为契机，逐步改变中央权力过分集中而束缚生产力发展的经济体制，是有远见卓识之举”，“是我国改革经济管理体制的一次有益的尝试”③。

---

① 《毛泽东文集》第 8 卷，人民出版社 1999 年版，第 135 页。

② 《毛泽东传（1949—1976）》（下），中央文献出版社 2003 年版，第 1065 页。

③ 薄一波：《若干重大决策与事件的回顾》（下卷），人民出版社 1997 年版，第 1209、1211—1222、1226—1227 页。

第四节 造成又有民主又有集中的生动活泼的政治局面

1945 年，毛泽东在延安接待了黄炎培等民主人士，发表了著名的关于民主政治的谈话。毛泽东指出，对于避免历史上的“其兴也勃”“其亡也忽”的“周期率”，中国共产党已经找到了“新路”，“就是民主”，让人民来监督政府，政府才不敢松懈，只有人人起来负责，才不会人亡政息①。

1941 年，毛泽东在《新民主主义论》中明确指出，中国民主革命胜利后所要建立的国家的国体是“各革命阶级联合专政”，即人民民主专政的国家制度。1948 年毛泽东在中央政治局会议上指出，“关于建立民主集中制的各级人民代表大会制度问题，我们政权的制度是采取议会制呢，还是采取民主集中制？……我们采用民主集中制，而不采用资产阶级议会制”②。新中国成立前夕，毛泽东在《论人民民主专政》一文中，总结了根据地执政经验，提出我国要实行人民代表大会制度的政体。毛泽东指出：“总结我们的经验，集中到一点，就是工人阶级（经过共产党）领导的以工农联盟为基础的人民民主专政。”③ 这是根据中国的特殊国情得出的科学结论，从理论上基本构架设计了新中国政治文明建设。

人民代表大会制度充分体现了一切权力属于人民的原则，能够充分发扬最广泛的人民民主，吸引广大人民群众参加国家管理，行使当家作主的权利；充分体现了民主集中制原则，既保证国家权力的统一，又使国家机关分工合作、密切配合；既能保证中央集中统一领导，又能充分发挥地方的主动性和积极性；既有利于实现党对国家事务的领导，又有利于国家的统一和稳定，是建设社会主义民主的重要途径和形式。人民代表大会制度采取协商和表决相结合的原则，有利于保证国家重大决策的正确性和科学性，有利于巩固安定团结的政治局面。但是，毛泽东同时指出，人民民主专政的“基础是工人阶级、农民阶级和城市小资产阶级的联盟，而主要是工人和农民的联盟，因为这两个阶级占了中国人口的百分之八十到九十”④。在人民民主专政政权中，工人阶级是领导阶级，因为“工人阶级最

---

① 参见黄炎培：《八十年来》，文史资料出版社 1982 年版，第 148—149 页。
② 《毛泽东文集》第 5 卷，人民出版社 1996 年版，第 136 页。
③ 《毛泽东选集》第 4 卷，人民出版社 1991 年版，第 1480 页。
④ 《毛泽东选集》第 4 卷，人民出版社 1991 年版，第 1478—1479 页。

有远见，大公无私，最富有革命的彻底性”。1949年《中国人民政治协商会议共同纲领》肯定了这一制度。

1954年9月，具有伟大历史意义的第一届全国人民代表大会在北京召开。大会通过《中华人民共和国宪法》，标志着我国人民代表大会制度的全面建立。为了保证宪法关于我国人民代表大会制度的各项原则规定的贯彻实施，这次会议还制定了我国国家机构的5个组织法，即全国人大组织法、国务院组织法、人民法院组织法、人民检察院组织法、地方各级人大和各级人民委员会组织法。人民代表大会制度关系到国家权力的行使，人民民主专政的实现，是当代中国的根本政治制度，是具有中国特色的民主政治制度。

人民民主专政的国家政权为社会主义民主政治建设提供了根本的政治保障。新中国成立后，怎样建设并完善社会主义民主政治，毛泽东提出了一系列富有重大指导意义的方针。

一、社会主义民主政治建设的目标

社会主义民主政治建设的目标是“造成一个又有集中又有民主，又有纪律又有自由，又有统一意志、又有个人心情舒畅、生动活泼，那样一种政治局面”。

民主既是中国革命和建设的目的，也是中国革命和建设的手段。人民的广泛参与既是中国革命成功的重要因素，也是我国革命和建设的重要内容和手段。特别是1956年社会主义改造的基本完成和社会主义基本制度在中国的全面确立，革命时期的大规模的急风暴雨式的群众阶级斗争基本结束，中国社会面临的主要矛盾和主要任务也发生了变化，中国社会的主要矛盾，已经是人民经济文化迅速发展的需要同当前经济文化不能满足人民需要的状况之间的矛盾，中国面临的主要任务就是要把一个落后的农业的中国改变成为一个先进的工业化的中国，也就是要开始全面建设社会主义，为把中国建设成为一个伟大的社会主义现代化国家而奋斗，“社会主义建设是亿万群众切身的事业”，必须团结一切可以团结的力量，调动一切可以调动的积极因素，才有可能胜利地把这个事业推向前进。那么采用什么方式才能达到这个目的，这就是人民民主。

人民民主是人民内部民主和集中、自由和纪律的统一。“在人民内部，不可以没有自由，也不可以没有纪律；不可以没有民主，也不可以没有集中。这种民主和集中、自由和纪律的统一，就是我们的民主集中制。”① 人民在享受充分的民主和自由的同时，又必须用社会主义的纪律约束自己。人民民主是社会主义须臾不可缺少的，特别是在社会主义改造基本完成，国家的工作重心转移到经济建设上来以后。因为社会主义建设不是一个人或单个组织的问题，而是整个国家和民族的问题。一个人、一个组织难免能力有限，难免犯错误，集思广益，群策群力，集民族之力，大事乃成，而民主的好处就在于此。

那么，为了社会主义革命和建设事业的发展，应当建设的社会主义民主的目标是什么呢？毛泽东指出：“我们的目标，是想造成一个又有集中又有民主，又有纪律又有自由，又有统一意志、又有个人心情舒畅、生动活泼，那样一种政治局面。”② 只有这样，才能发动群众的积极性，才能克服在经济社会发展过程中面临的诸多问题和困难，较快地建设我国的现代工业和现代农业，党和国家较为巩固，较为能够经受风险。

二、切实保障人民当家作主的各项权利

20世纪50年代末期，毛泽东在读苏联《政治经济学教科书》时强调指出：“劳动者管理国家、管理军队、管理各种企业、管理文化教育的权利”，“是社会主义制度下劳动者最大的权利，最根本的权利”③。首先，毛泽东所讲的“社会主义制度下劳动者最大的、最根本的权利”，明确了社会主义制度下劳动者权利的科学内涵。通常人们讲劳动者的权利的时候，大多是指劳动者的工作权、休息权、受教育权，以及享有言论、出版、集会、结社、游行、示威等自由的权利。但是在毛泽东看来，这些确实是劳动者应享有的权利，却不是最大的、最根本的权利。劳动者最大的、最根本的权利，是管理国家、管理军队、管理各种企业、管理文化教育的权利。因为对国家和社会各方面的管理权实质上是国家政权的具体体现，它直接反映着政权的构成、政权运行的性质和方向。从实现阶级的统治权意义上讲，一个阶级若失去了对国家和社会各方面的管理权，掌握政权就变成了一句空话。国家的管理权掌握在谁手里，实际上就是政权掌握在谁手里。在社会主义条件下，劳动者掌握了这些管理权，也就是掌握了国家政

---

① 《毛泽东文集》第7卷，人民出版社1999年版，第209页。

② 《建国以来毛泽东文稿》第6册，中央文献出版社1992年版，第543页。

③ 《毛泽东文集》第8卷，人民出版社1999年版，第129页。

权。由劳动者来管理国家、管理军队、管理各种企业、管理文化教育，劳动者的权利就是实实在在的；若劳动者未能掌握这些最根本的权利，劳动者的其他权利，如“劳动者的工作权、休息权、受教育权等等权利，就没有保证”[①]。所以毛泽东强调，人民自己必须管理上层建筑，不管理上层建筑是不行的。不能够把人民的权利问题，理解为国家只由一部分人管理，人民在这些人的管理下享受劳动、教育、社会保险等等权利。因此，社会主义国家规定劳动者的权利，最重要、最根本的是管理国家、管理军队、管理各种企业、管理文化教育的权利。其次，毛泽东所讲的“社会主义制度下劳动者最大的、最根本的权利”，揭示了社会主义民主的根本性质。在毛泽东看来，劳动者切实有效地参与国家的管理，这是社会主义民主的实质所在[②]。社会主义民主的精髓就是通过劳动者掌握管理国家等权利，来保证人民的权利的实现。要做到这一点，必须充分认识到在社会主义条件下，一切国家机关、部队、企业和文化教育事业掌握在谁手里，对于保证人民的权利问题，关系极大，这就是要十分重视领导权问题。领导权掌握在谁的手里，是一个根本问题。只有确保一切国家机关、部队、企业、文化教育事业的领导权牢牢掌握在忠于党、忠于人民、忠于社会主义的马克思主义者手里，才能克服各种敌对势力和它们的影响，保证社会主义方向，真正发展社会主义民主，从而保证人民的民主权利得到实现。

毛泽东不仅在继承马列主义经典作家思想的基础上，结合时代特点和中国实际基础上提出劳动者管理国家、管理军队、管理各种企业、管理教育的权利的思想，而且从理论和实际的结合上，把领导和吸引广大人民群众参与国家政治生活作为调动其建设社会主义强大国家积极性的战略举措，大力探索推进人民当家作主的方式和途径。他强调在企业活动中要切实贯彻民主管理的原则，批评“马钢宪法”（即苏联大钢厂马格尼托哥尔斯克工厂所实行的一长制等办法），推行“鞍钢宪法”（即中国鞍山钢铁厂所实行的“两参一改三结合”方针）。他签发的《国营工业企业工作条例（草案）》，总结中华人民共和国成立以来职工参加企业管理的经验，进一步完善了党委领导下的职工代表大会制，并把它确认为我国企业管理的重要指导原则和基本制度。在农业生产方面他强调了民主管理的问题，提出

---

① 《毛泽东文集》第 8 卷，人民出版社 1999 年版，第 129 页。

② 参见梅荣政、王飞霞：《社会主义制度下劳动者最根本的权利》，《高校理论战线》2008 年第 12 期。

民主办社的原则，要求按期召开社员大会、代表大会，定期选举合作社的管理委员会和监察委员会，社务必须定期向社员报告，接受社员监督。他要求把文化教育事业的管理权掌握在马克思主义者手里，以保证人民权利的实现。他提出并且实施了一系列防止社会公仆变成社会主人的措施，强调共产党员特别是党的干部要坚持共产主义的崇高理想，摆正自己同人民群众的位置，正确和谨慎地使用自己手中的权力。要通过加强教育和健全制度来防止干部脱离群众，防止党和人民政权蜕化变质，防止在共产党内、在干部队伍中形成特殊阶层、贵族阶层。他提出了我国政治生活领域需要改革的问题，如提出进一步扩大民主生活、健全社会主义法制、加强党内民主、进一步健全党内民主集中制、废除干部领导职务终身制等问题。所有这些探索，发展了社会主义民主，丰富了马克思主义国家学说。

三、坚持“长期共存、互相监督”，处理好中国共产党同各民主党派的关系

中国共产党同各民主党派的关系以及爱国统一战线的形成和确立，是在新民主主义革命过程中逐渐发展起来的。1941 年，毛泽东就指出，国事是国家的公事，不是一党一派的私事，共产党只有同党外人士实行民主合作的义务，没有排斥别人和垄断一切的权利①。

中华人民共和国成立后，中国共产党同各民主党派的合作和爱国统一战线进入到一个新的阶段。新中国成立初期的第一次全国统战工作会议（1950 年 3 月）上，针对党内严重存在的“左”倾关门主义倾向，毛泽东强调要在党内广泛开展对统一战线政策的宣传教育。他指出要充分看到民主党派的作用，从整体和长远上看，必须要有民主党派②。1950 年 6 月，毛泽东又指出，必须巩固我们的统一战线，领导全国人民稳步地达到自己的目的。针对当时民族资产阶级、城市小资产阶级担心在土改之后“虽想为人民效力也没有机会”的彷徨顾虑。毛泽东肯定地说：“不，不会这样的。只要谁肯真正为人民效力，在人民还有困难的时期内确实帮了忙，做了好事，并且是一贯地做下去，并不半途而废，那末，人民和人民的政府

---

① 《毛泽东选集》第 3 卷，人民出版社 1991 年版，第 809 页。

② 中共上海市委宣传部编：《中国共产党 80 年事典》，上海人民出版社 2001 年版，第 484 页。

是没有理由不要他的，是没有理由不给他以生活的机会和效力的机会的。”① 这是各党派可以长期共存的政治基础。1956 年社会主义改造基本完成后，毛泽东在《论十大关系》中进一步论述了共产党领导的多党合作的问题，认为究竟是一个党好，还是几个党好？现在看来，恐怕是几个党好，“不但过去如此，而且将来也可以如此，就是长期共存，互相监督”②。明确提出共产党同民主党派“长期共存，互相监督”的方针。这一方针后来在中国共产党第八次全国代表大会上再次得以肯定，1957 年，在《关于正确处理人民内部矛盾的问题》中，毛泽东对这一方针的科学内涵作了进一步阐述，指出，实行民主党派和共产党长期共存，“这是因为凡属一切确实致力于团结人民从事社会主义事业的、得到人民信任的党派，我们没有理由不对它们采取长期共存的方针”。各党派互相监督，“就是各党派互相提意见，作批评”。共产党可以监督民主党派，民主党派也可以监督共产党。“这是因为一个党同一个人一样，耳边很需要听到不同的声音。大家知道，主要监督共产党的是劳动人民和党员群众。但是有了民主党派，对我们更为有益。”③

共产党同民主党派的“长期合作、互相监督”，是通过中国人民政治协商制度来实现的。中国人民政治协商会议既是共产党同民主党派政治协商的政治组织，又是民主党派对国家事务监督的政治组织。政治协商充分体现了无产阶级领导的民主精神，既能实现最大多数人民的民主权利，又能尊重占少数地位的人民的民主权利。人民政协对国家事务的监督是国家政治生活中发扬社会主义民主的重要形式，是克服官僚主义，提高政府工作效率的基本方式，有“这么一个‘各民主阶级、各民主党派、各人民团体的广泛的人民民主统一战线’，可以安定各阶层，安定民族资产阶级和各民主党派，安定农民和城市小资产阶级”④。政治协商会议是在人民代表大会制度条件下，人民管理国家和社会事务的重要途径和形式。

四、坚持人民民主，使中国“变成一个大强国而又使人可亲”

把正确处理人民内部的矛盾作为国家政治生活的主题，坚持人民民主，尽可能团结一切可以团结的力量，使中国“变成一个大强国而又使人

① 《毛泽东文集》第 5 卷，人民出版社 1999 年版，第 80—81 页。

② 《毛泽东文集》第 7 卷，人民出版社 1999 年版，第 34 页。

③ 《毛泽东文集》第 7 卷，人民出版社 1999 年版，第 235 页。

④ 《毛泽东著作选读》下册，人民出版社 1986 年版，第 709 页。

可亲”，是毛泽东提出的又一重要方针。

毛泽东历来很重视工作方法。社会主义制度在我国全面确立后，他根据我国社会生活中客观存在两类矛盾的现实，提出采用专政和民主两种不同的方法来处理两类不同性质的矛盾的基本原则。1957 年 1 月，他在《在省市自治区党委书记会议上的讲话》中明确指出，怎样处理社会主义社会的敌我矛盾和人民内部矛盾，这是一门科学，值得好好研究。“就我国的情况而言，一部分是敌我矛盾，大量表现为人民内部矛盾。”① 同年 2 月，在《关于正确处理人民内部矛盾的问题》中，毛泽东开宗明义地指出，“关于正确处理人民内部矛盾的问题，这是一个总题目”，明确了正确处理人民内部矛盾的问题是社会主义国家政治生活的主题。

正确处理人民内部矛盾，根本方法是实事求是、群众路线，用说服的方法而不是用压服的方法，也就是充分发扬人民民主的方法。发扬民主是处理人民内部矛盾的普遍方法，不仅对科学艺术领域适用，对政治领域同样适用。1962 年，在扩大的中央工作会议上，毛泽东谈到文化艺术的问题时指出：“不但在纯粹科学艺术的问题上，而且在涉及政治性的是非问题上，只要不属于反革命一类，也让他们自由讲话。一般人民说错了话，或者闹事，不能对他们使用专政的方法，只能采取民主的方法。”在谈到共产党跟党外人士的关系时又说，我们跟党外人士的关系应该比过去进一步，党与非党有一点界限是必要的，但是“不要有一条深沟”。现在的情况是“有许多地方党内党外这个沟太深了，应该把这个沟填起来。要跟他们讲真心话，这样，他们会进步得更快些。不要讲一半，还留一半在家里”。毛泽东满怀信心地说，“我们采取上面所说的这些方针，我相信，我们的文化、科学、经济、政治，我们的整个国家，一定可以繁荣发展起来，我们国家就会变成一个有近代农业的、工业化的国家，人民的生活会要好起来，人民的政治情绪，人民跟政府的关系，人民与人民之间的关系，将是一种合理的、活泼的关系。我们希望造成这样一个中国，希望把我们国家变成这样一个活泼的国家，使人们敢于批评，敢于说话，有意见敢于说话，有意见敢于说，不要使人不敢说。按照这样的方针，我们的希望就一定可以实现”②。“采取现在的方针，文学艺术、科学［技］术会繁

---

① 《毛泽东选集》第 5 卷，人民出版社 1977 年版，第 357 页。

② 《毛泽东传（1949—1976）》（上），中央文献出版社 2003 年版，第 651—652 页。

荣发达，党会经常保持活力，人民事业会欣欣向荣，中国会变成一个大强国又使人可亲。”①

实行民主集中制，发扬民主之所以重要，因为只有充分发扬民主，才能有正确的集中，才能有中国共产党对社会主义事业的正确的领导。没有民主，意见不是从群众中来，而是从部分领导者的脑子中来，就不可能制定出好的路线、方针、政策和办法。没有决策的民主化，就不可能做到决策的科学化，因为没有民主、不了解下情，不充分搜集各方面的意见，上级领导机关的集中就不可能是真的、正确的，而只能是假的、空的、错误的。共产党领导的多党合作和政治协商制度，通过合作、协商和沟通，实现了自上而下的决策，也实现了决策成果有效地上传下达。

毛泽东关于建立健全民主集中制重要性的论述，尤其是通过发扬人民民主，让实行无产阶级专政的国家，使中国成为一个让人感到可亲的强大国家的设想，不仅是深刻的，而且是富有新意的，寄托着中国共产党第一代领导人对社会主义的现代中国的理想和希望。

五、加强和改进政治领导体制

新中国成立后，随着国民经济恢复任务的完成，经济建设的任务凸显，对中共的执政能力和执政水平提出了更高的要求。为适应大规模经济建设的到来，毛泽东和中共中央在思考社会主义经济建设过程中，也开始酝酿加强和改进政治体制的问题。

20 世纪 50 年代，毛泽东在分析社会主义社会的基本矛盾时提出，应当自觉地调整政治上层建筑和经济基础中不相适应的部分，克服国家制度中某些环节上的缺陷和国家机构中的官僚主义作风。中共八届二中全会上，刘少奇在讲到“资本主义国家中有些人当过部长，当过总理，结果又去当教授，当律师，当经理，当校长”时，毛泽东当时即插话说：“我们如果那样，叫受处罚。”② 这表明他对当时的那种领导干部职务终身制和干部只能官、不能民的情况是不满意的，思考着如何建立和完善政治领导体制的问题。

加强党内民主，进一步健全党内的民主集中制的问题。为了进一步发扬党内民主，毛泽东在党内率先思考并提出“仿照人民代表大会的办法，

① 《建国以来毛泽东文稿》第 6 卷，中央文献出版社 1992 年版，第 405 页。

② 《中国共产党八十年珍贵档案》，中国档案出版社 2001 年版，第 236 页。

设党的常任代表”的设想。毛泽东在 1956 年 4 月 28 日《在中共中央政治局扩大会议上的总结讲话》中，讲到中共八大要修改党章时指出：“是否可以仿照人民代表大会的办法，设党的常任代表。我们有人民的国会，有党的国会，党的国会就是党的代表大会。我们已经有十年没有开党的代表大会了，有了常任代表制度，每年就非开会不可。是否可以考虑采用这个办法，比如五年一任。这还没有写到党章草案上去，提出来请大家考虑，看是否可以。”① 毛泽东的这个制度创新的建议，立即得到党中央领导集体的一致赞同。9 月 16 日，邓小平在中共八大所作的《关于修改党的章程的报告》中指出，为了彻底克服长期不召集党代表大会这个缺点，“把党的民主生活提高到更高的水平，党中央委员会在党章草案中，决定采取一项根本的改革，就是把党的全国的、省一级的和县一级的代表大会，都改作常任制”②。邓小平讲，党的代表大会实行代表常任制，最大好处“是使代表大会可以成为党的充分有效的最高决策机关和最高监督机关，它的效果，是几年开会一次和每次重新选举代表的原有制度所难达到的”，“这种改革，必然可以使党内民主得到重大的发展”③。这一制度设计无疑是具有重大价值的，为党在条件具备后改革党内制度提供了重要的思路和借鉴。

为保护和扩大党员的民主权利，中共八大通过的党章规定，党员有权利在工作中充分发挥创造性，以便激发党员在党的纪律所允许的范围内，运用独立思考，实事求是地、创造性地解决问题。党章还规定，党员有权利在党的会议上或者在党的报刊上参加党的政策的理论和实际问题的自由的切实的讨论；党员对党的决议如果有不同意的地方，除了无条件执行以外，有权保留自己的意见，并且有权向党的领导机关提出自己的意见。邓小平认为：“只要党的决议是正确的，这些持有不同意见的党员又是愿意服从真理的，他们终于会心悦诚服地认识党的正确和自己的错误。如果真理被证明是在少数方面，那末，保护少数的这种权利，也可以使党更容易地认识真理。”④

加强和改进中央的集体领导体制。1953 年底，毛泽东提出中央领导分为一线二线、自己退居二线的设想。当时还就是否增设中央副主席或总书

① 《毛泽东文集》第 7 卷，人民出版社 1999 年版，第 54 页。
② 《邓小平文选》第 1 卷，人民出版社 1994 年版，第 233 页。
③ 《邓小平文选》第 1 卷，人民出版社 1994 年版，第 233 页。
④ 《邓小平文选》第 1 卷，人民出版社 1994 年版，第 249 页

记的问题，在党内征询过意见。1955 年，筹备党的八大时，加强和改进中央领导机构的问题再次提上议事日程。1956 年 4 月 28 日，毛泽东在中央政治局扩大会议的总结讲话中，专门就修改党章问题讲了话，再次提出了机构改革问题。他说：“中央究竟是设一个副主席还是设几个副主席，也请你们讨论。少奇提出设几个副主席，现在的这个党章草案上是说设一个副主席。”[①] 毛泽东赞同刘少奇的建议，即中共中央不是设一个副主席而是设几个副主席；他并且主张，再设一个总书记。9 月 13 日，毛泽东主持召开七届七中全会第三次会议。在讨论选举问题时，毛泽东着重就设几个中央副主席和总书记的问题讲了话。他说：“上一次也谈过，中央准备设四位副主席，就是少奇，恩来，朱德，陈云。另外，还准备设一个书记处，书记处的名单还没有定，但总书记准备推举邓小平。四位副主席和总书记的人选是不是恰当？当然，这是中央委员会的责任，由中央委员会去选举。但是要使代表们与闻，请你们去征求征求意见，好不好？对于我们这样的大党，这样的大国，为了国家的安全、党的安全，恐怕还是多几个人好。”[②] 毛泽东改进和加强集体领导的“中心目的就是为了国家的安全，多几个人，大家都负一点责任好”[③]，即使发生意外，“那末总还有人顶着。我们这个国家也不会受影响，不像苏联那样斯大林一死就不得下地了。我们就是要预备那一手。同时，多几个人，工作上也有好处”[④]。

在总结 1958 年“大跃进”运动等的教训时，毛泽东更着重地论述了贯彻执行党的民主集中制的问题，强调了实行集体领导、反对个人专断的重要性。他说：“各级党委是执行集中领导的机关。但是，党委的领导，是集体领导，不是第一书记个人独断。在党委会内部只应当实行民主集中制。第一书记同其他书记和委员之间的关系是少数服从多数。”[⑤] “如果不是这样，就是一人称霸。这样的第一书记，应当叫做霸王，不是民主集中制的‘班长’。”[⑥]

考虑废除干部领导职务终身制。在国际共产主义运动史上，党的最高

---

① 《毛泽东文集》第 7 卷，人民出版社 1999 年版，第 54 页。
② 《毛泽东文集》第 7 卷，人民出版社 1999 年版，第 110 页。
③ 《毛泽东传（1949—1976）》（上），中央文献出版社 2003 年版，第 510 页。
④ 《毛泽东文集》第 7 卷，人民出版社 1999 年版，第 110—111 页。
⑤ 《毛泽东文集》第 8 卷，人民出版社 1999 年版，第 294 页
⑥ 《毛泽东文集》第 8 卷，人民出版社 1999 年版，第 295 页。

领导职务的任期是一个一直未能得到很好解决的大问题，并成为长期困扰社会主义国家执政党建设的历史难题。毛泽东在总结国际共产主义运动的经验时，提出了废除领导职务终身制的设想。

早在1956年夏季，在北戴河召开准备中共八大的一次会议上，毛泽东就向中央提出他不再当国家主席的设想，同时提出他也准备不再当党的主席的设想。关于在第二届全国人民代表大会召开时不再提名他为国家主席的建议。当时“大家认为可行”。关于党的主席一职，他说，我是准备了的，就是到适当的时候就不当主席。后一个设想大家也认为将来适当时机可行，只是暂时还不可行①。9月13日中共七届七中全会第三次会议上，毛泽东在讨论中共中央设副主席、总书记问题时，具体论述了领导层实行新老交替的必要性。他说：“我们这些人，包括我一个，总司令一个，少奇半个（不包括恩来、陈云跟邓小平，他们是少壮派），就是做跑龙套工作的。我们不能登台演主角，没有那个资格了，只能维持维护，帮助帮助，起这么一个作用。”“我是准备了的，就是到适当的时候就不当主席了，请求同志们委我一个名誉主席。名誉主席是不是不干事呢？照样干事，只要能够干的都干。”② 中共八大通过的《中国共产党章程》规定：“中央委员会认为有必要的时候，可以设立中央委员会名誉主席一人”，这一条款体现了毛泽东和党中央准备进行废除实际存在的领导职务终身制和国家领导体制改革的重大设想。

毛泽东废除干部领导职务终身制的设想是经过较长期的酝酿和思考的，并准备付诸实施。中共八大以后，毛泽东逐渐向党外、国外透露他不再当主席的设想。1957年4月30日，他对民主党派负责人和无党派人士谈话时，更明确地表示到二届全国人大时一定辞去国家主席职务，以便集中力量研究党的问题。1957年5月，他进一步提出，“可以考虑修改宪法，主席、副主席连选时可以再任一期”，即最多可以任两期不超过十年。在解释了不当国家主席的理由时，他说：“以便集中精力研究一些重要问题（例如在最高国务会议上，以中共主席或政治局委员资格，在必要时，我仍可以做主题报告）。这样，比较做主席对国家利益更大。现在杂事太多，

---

① 参见龚育之：《毛泽东与八大党章的两个特点》，《中共党史研究》2004年第2期。

② 《毛泽东文集》第7卷，人民出版社1999年版，第111页。

极端妨碍研究问题。”[1] 1958年1月，毛泽东再次提出，“今年九月以前，要酝酿一下我不做中华人民共和国主席的问题”。要在干部和群众中做好工作，“取得多数人的同意”。当年年底召开的中共八届六中全会通过决议，同意了他提出的关于自己不做下届共和国主席候选人的建议。到1959年4月召开第二届全国人大时，毛泽东辞去了国家主席，其职务由刘少奇接任，实现了他不当国家主席的设想。

尽管毛泽东在辞去国家主席后由于党的事业的需要，一直在党的主席职位上为人民工作，没有很好地实现他准备废除实际存在的领导职务终身制的设想，但是，毛泽东关于废除干部领导职务终身制设想仍是我们党珍贵的政治文明遗产，对当代中国的政治体制改革产生了重大而深远的影响，具有重大的理论价值和历史意义。

改变“党的中央委员会的成分”，建立一个“科学中央委员会”的构想。新中国成立后，中国共产党成为执政党。为适应由革命到建设任务的历史性转变，有效实施对整个国家的领导，就需要建立一个科学的领导体制。为此，毛泽东首次提出改变“党的中央委员会的成分”，建立一个“科学中央委员会”的构想。

1956年9月，毛泽东在党的八大预备会议第二次全体会议上谈到中央委员会选举问题时说，现在搞建设对我们是比较新的事情，希望建设中少犯错误，要缩短犯错误的时间，避免栽那么多的跟斗。避免栽跟斗是一个学习、积累经验的过程。我们安排经济，对人、对资本家、对民主党派、对知识分子的工作，有二十二年根据地的经验，比较地学会了，搞建设的经验有了一些经验，但是搞新的科学技术我们还没有经验，世界上新的工业技术、农业技术我们还没有学会，“虽然我们已经有了六年的经验，学会了许多东西，但是从根本上说，我们还要作很大的努力”。搞建设，搞科学技术是需要大批懂科学懂技术的人才，需要大量懂科学技术的领导人才，而“现在我们只有很少的知识分子”，因此，“我们要造就知识分子”。毛泽东接着讲，旧中国留下来的高级知识分子只有十万，我们计划在三个五年计划之内造就一百万到一百五十万高级知识分子（包括大学毕业生和专科毕业生），“到那个时候，我们在这个方面就有了十八年的工作经验，有了很多的科学家和很多的工程师。那时党的中央委员会的成分也会改

---

① 《建国以来毛泽东文稿》第6卷，中央文献出版社1992年版，第460页。

变，中央委员会中应该有许多工程师，许多科学家。现在的中央委员会，我看还是一个政治中央委员会，还不是一个科学中央委员会。所以，有人怀疑我们党能领导科学工作、能领导卫生工作，也是有一部分道理的，因为你就是不晓得，你就是不懂。现在我们这个中央的确有这个缺点，没有多少科学家，没有多少专家”①。

毛泽东提出“科学中央委员会”的构想，与党的工作重点的转移有密切的关系。在民主革命时期，党的中心工作的主要内容是政治和军事，政治中央、军事中央是适应这一中心工作的领导体制的。新中国成立前夕，随着党的工作重心的转移，毛泽东初步意识到原来的中央政治结构与经济建设的某种矛盾。在中共七届二中全会上，他发出“必须用较大的努力去学习生产的技术和管理生产的方法”，党的组织工作，政权机关的工作都要“围绕着生产建设这一中心工作并为这个中心工作服务”的指示，并且告诫全党，“如果我们在生产工作上无知，不能很快地学会生产工作，不能使生产事业尽可能地恢复和发展，获得确实的成绩……那我们就不能维持政权，我们就站不住脚，我们就会失败”②。社会主义改造基本完成后，经济、文化建设将成为党和国家工作的中心，经济建设的关键是科学技术的发展。1955 年 3 月，毛泽东在中国共产党全国代表会议上指出，我们现在所从事的、所思考的、所钻研的，是钻社会主义工业化，钻社会主义改造，钻现代化的国防，并且开始钻原子能这样的历史的新时期。1956 年 1 月，毛泽东在知识分子会议上，提出要造就大批的高级知识分子，号召全党努力学习科学知识，同党外知识分子团结一致，为迅速赶上世界先进科学水平而奋斗。1957 年 10 月党的八届三中全会上，毛泽东再次强调“基本上完成建立无产阶级知识分子队伍的伟大任务”，认为再有一个“十年计划”加上过去的八年，“十八年树人，估计可以基本造成马克思主义的工人阶级的专家队伍”，“非此不能建立社会主义”③。“不搞科学技术，生产力无法提高”④。可见，毛泽东提出“科学中央委员会”的构想，是适应全面经济建设客观要求的远见卓识。

毛泽东关于“科学中央委员会”的构想，是实现党的领导体制及其决

---

① 《毛泽东文集》第 7 卷，人民出版社 1999 年版，第 101—102 页。
② 《毛泽东选集》第 4 卷，人民出版社 1991 年版，第 1428 页。
③ 《建国以来毛泽东文稿》第 6 卷，中央文献出版社 1992 年版，第 594 页。
④ 《毛泽东文集》第 8 卷，人民出版社 1999 年版，第 351 页。

策科学化的重要思想。尽管毛泽东和党中央为此做了巨大的努力，由于时代的局限性和政治体制改革的艰巨性，这一目标也并非短期能够达到，而且在毛泽东时代也没有能够成为现实，但是这一思想为实现党的领导集体知识化、专业化指明了方向。

第五节 “百花齐放、百家争鸣”与“推陈出新”的文化建设方针

新中国成立初期，毛泽东就曾指出：“随着经济建设的高潮的到来，不可避免地将要出现一个文化建设的高潮。中国人被人认为不文明的时代已经过去了，我们将以一个具有高度文化的民族出现于世界。”① 强调把社会主义作为一个经济、政治、文化全面发展的社会，在经济发展的同时，繁荣和发展社会主义文化。怎样使文化和经济、政治的发展相适应，怎样建设社会主义的文化，建设什么样的社会主义文化，毛泽东进行了卓越的探索，为社会主义文化建设提供了基本的指导思想和理论基础。

一定的文化是一定社会的政治和经济在观念形态上的反映。生产资料私有制社会主义改造基本完成，社会主义社会在我国基本建立后，大规模的急风暴雨式的群众阶级斗争已经基本结束，但是还有阶级斗争，主要是政治战线和思想战线上的阶级斗争，无产阶级和资产阶级在意识形态方面的阶级斗争还将是长时期的、曲折的，有时甚至是很激烈的，要彻底解决这个问题，几十年内是不行的，需要一百年到几百年的时间才能成功。怎样进行社会主义文化建设？毛泽东和党中央在思考这一问题时提出了一系列重大的方针。

一、思想政治工作是经济工作和其他一切工作的生命线

思想政治工作是经济工作和其他一切工作的生命线，要实行政治和经济的统一、政治和技术的统一、又红又专的方针。毛泽东和中国共产党在民主革命时期就特别强调思想政治工作。新中国成立后，又强调思想政治工作是经济工作和其他一切工作的生命线，强调思想意识形态工作的极端重要性。1955 年，毛泽东提出“政治工作是一切经济工作的生命线”② 的

---

① 《毛泽东著作选读》(下册)，人民出版社 1986 年版，第 692 页。

② 《毛泽东文集》第 7 卷，人民出版社 1999 年版，第 449 页。

论断。20世纪50年代初，帝国主义提出和平演变的战略，引起毛泽东的高度警觉。在1956年中共八届二中全会、1957年的省市自治区党委书记会议和《关于正确处理人民内部矛盾的问题》的讲话中，毛泽东反复强调要警惕资本主义的思想渗透，指出任凭外国资产阶级的一切腐败制度和思想作风及其他错误思想到处泛滥，"任凭它们占领市场，当然不行"①。针对当时知识分子和青年学生中间思想政治工作减弱，一些人理想信念淡薄，不关心祖国的前途的情况，毛泽东指出"要加强思想政治工作"，党、团、政府、学校"各个部门都要负责"，知识分子和青年学生"除了学习专业之外，在思想上要有所进步，政治上也要有所进步"，就需要"学习马克思主义"，因为"没有正确的政治观点，就等于没有灵魂"②。1957年3月，毛泽东又强调"全党都要加强政治思想工作"③。1958年，毛泽东在《工作方法六十条（草案）》中，又进一步阐明了思想政治工作对于经济工作和技术工作的意义，论述了政治与业务的关系。他指出："思想工作和政治工作，是完成经济工作和技术工作的保证，它们是为经济基础服务的。思想和政治又是统帅，是灵魂。只要我们的思想工作和政治工作稍为一放松，经济工作和技术工作就一定会走到邪路上去。"如果不注意思想和政治，成天忙于事务，就会成为迷失方向的经济家和技术家，是很危险的，因此"要批判不问政治的倾向，一方面要反对空头政治家，另一方面要反对迷失方向的实际家"。他用对立统一的规律分析政治与业务、政治与经济的关系，认为政治与经济、政治与技术的统一，"年年如此，永远如此。这就是又红又专"④。实际上提出了造就既懂政治又懂业务的"又红又专"人才的方针。

二、必须坚持和巩固马克思主义的指导地位

思想文化领域中必须坚持和巩固马克思主义的指导地位，坚持工人阶级及其政党的领导权。要不要马克思主义的指导地位是关系到国家前途和命运的头等大事，是关系社会主义事业成败的关键。毛泽东认为，要建设社会主义文化，就必须坚持以马克思列宁主义为指导，因为只有这样才能

---

① 《毛泽东文集》第7卷，人民出版社1999年版，第233页。
② 《毛泽东文集》第7卷，人民出版社1999年版，第226页。
③ 《毛泽东文集》第7卷，人民出版社1999年版，第351页。
④ 《毛泽东文集》第7卷，人民出版社1999年版，第116页。

保证社会主义文化的前进方向。他在第一届全国人大开幕词中指出，领导我们事业的核心力量是中国共产党，指导我们思想的理论基础是马克思列宁主义。在党的八大开幕词中，他又强调：“我们的革命和建设的胜利，都是马克思列宁主义的胜利。把马克思列宁主义的理论和中国革命的实践密切地联系起来，这是我们党的一贯的思想原则。”[①] 为此，毛泽东号召广大干部认真学习马克思主义，强调要坚持用马克思主义去占领思想文化阵地，在全民族、全社会逐步地抛弃资产阶级的世界观，而树立无产阶级的、共产主义的世界观。

社会主义国家在确立了马克思主义的指导地位后，之所以还要坚持马克思主义，用马克思主义去占领思想文化阵地，是因为社会主义国家里还有非马克思的思想存在，也有反马克思主义的思想存在，“无产阶级和资产阶级之间在意识形态方面的阶级斗争，还是长期的、曲折的，有时甚至是很激烈的”。毛泽东强调在无产阶级专政的国家里，当然不能让毒草到处泛滥，无论在党内，还是在思想界、文艺界，主要的和占统治地位的，必须力争是香花，是马克思主义；毒草，非马克思主义和反马克思主义的东西，只能处在被统治的地位[②]。对于错误的思想，凡是毒草，凡是牛鬼蛇神，都应该进行批判，决不能让他们自由泛滥。

思想文化领域中坚持和巩固马克思主义的指导地位，必须坚持党对社会主义文化建设的领导权。文化建设的性质和政治方向，是通过文化建设的领导者对文化建设的领导来实现的。文化建设沿着什么方向前进，具有什么政治性质，首先取决于它是不是处在作为“整个运动及其根本和主要目的的代表”的“党”的领导之下。只有始终坚持党在文化领域的领导地位和执政地位，才能保证文化建设的社会主义性质。在整个文化领域，“辨别香花和毒草的标准”，最重要的就是“看它是坚持还是否定党的领导”。“有利于巩固中国共产党的领导”的，就是“香花”；“摆脱或者削弱这种领导的”，就是“毒草”。思想政治工作是领导社会主义文化建设的关键。文化建设作为社会意识形态的重要内容，根本的就是要在正确的政治方向下，逐步解决人们的世界观、人生观、价值观问题，确立马克思主义在整个思想文化领域乃至在全社会的主导和支配地位。这个任务的实现，绝不能够采取任何形式的强制手段，必须靠切实的思想政治工作。毛泽东

---

① 《毛泽东文集》第7卷，人民出版社1999年版，第116页。
② 《毛泽东文集》第7卷，人民出版社1999年版，第197页。

明确指出，克服各种非无产阶级思想，逐步树立共产主义世界观，虽然具有某种程度上的阶级斗争意义，但具体到承载这一问题的人民内部的每个个人却是属于思想认识问题、是非辨别问题。因此决不能用阶级斗争的办法、更不能用所谓“专政”的方法去加以解决。“凡属于思想性质的问题，凡属于人民内部的争论问题，只能用讨论的方法、批评的方法、说服教育的方法去解决，而不能用强制的、压服的方法去解决。”① 向人民群众“灌输社会主义思想”的思想政治工作，是社会主义文化建设中的思想、道德建设的最为重要、最为经常的有效手段。思想政治工作是一切工作的生命线，也是“文化建设”生命线。通过思想政治工作去解决意识形态问题，“要用唯物论代替唯心论，用无神论代替有神论”，但是，这“是在战略目的上说的。在策略阶段上就不同了，就有妥协了”②。我们“在不损伤马克思列宁主义的原则下，接受人家一些可以接受的意见，放弃自己一些可以放弃的意见”③，以求得思想上的共识和统一，这也是推进和提升思想、理论建设的有效方式。1960 年，毛泽东在“关于《政治经济学教科书》（社会主义部分）笔记”中指出，社会主义民主的问题，首先就是劳动者有没有权利来克服各种敌对势力和它们的影响的问题，“像报纸刊物、广播、电影这类东西，掌握在谁手里，由谁来发议论，都属于权利的问题”，“一切国家机关、一切部队、一切企业、一切文化教育事业掌握在哪一派手里，对于保证人民的权利问题，关系极大。掌握在马克思列宁主义者手里，绝大多数人民的权利就有了保证”④。可见，用马克思主义占领意识形态的阵地，掌握社会主义文化建设的领导权，对保证绝大多数人民的权利的极端重要性。“工、农、商、学、兵、政、党这七个方面，党是领导一切的。党要领导工业、农业、商业、文化教育、军队和政府。”⑤

三、坚持“古为今用、洋为中用”与“推陈出新”的方针

社会主义文化建设必须批判地继承优秀的民族文化，吸收、借鉴外国

---

① 《毛泽东文集》第 7 卷，人民出版社 1999 年版，第 209 页。

② 《毛泽东文集》第 7 卷，人民出版社 1999 年版，第 331 页。

③ 《毛泽东文集》第 7 卷，人民出版社 1999 年版，第 332 页。

④ 转引自范贤超、李琳：《艰辛的探索——〈毛泽东读苏联《社会主义政治经济学》批注和谈话〉研究》，湖南人民出版社 2003 年版，第 317 页。

⑤ 《毛泽东著作选读》（下册），北京：人民出版社 1986 年版，第 832 页。

进步文化，实行“古为今用”、“洋为中用”、“推陈出新”的方针。提出“古为今用，洋为中用”的科学方法，正确处理文化建设中的“古今”关系和“中外”关系，是近代中国先进文化建设所面临的关键问题。毛泽东提出，马克思主义基本原理在各国的实践表现形式应有所不同，马克思主义一定要和中国的革命实际相结合。“社会主义的内容，民族的形式，在政治方面是如此，在艺术方面也是如此”，“无论东方西方，各民族都要有自己的东西”①。应该大量吸收外国的进步文化，作为自己文化食粮的原料。一切民族、一切国家的长处都要学，政治、经济、科学、技术、文学、艺术的一切真正好的东西都要学。这是发展民族文化的必要条件。进行社会主义文化建设，必须“要以自己的东西为主”，要有民族特色，要有自己的特殊风格，独树一帜。他特别告诫马克思主义“民族化”要批判地继承民族文化的优秀传统。要继承我们民族文化传统中优秀的并且对于今天仍然有用的东西，首先必须把中国几千年的文化中“封建主义的东西和非封建主义的东西区别开来”，要“把封建主义发生、发展时期和它没落、灭亡时期的文化区别开来”，即使是“反封建主义的文化”，也要“进行具体分析，有批判、有区别地加以利用”。只有全面、科学、正确地解决好批判地继承民族文化优秀传统的问题，才能立足中国国情，建设民族的、科学的、大众的社会主义文化。社会主义文化建设也必须吸收、借鉴外国文化的有用成分。马克思主义绝不是离开世界文明发展大道而产生的一种故步自封、僵化不变的学说，它吸收和改造了两千多年来人类思想和文化发展中一切有价值的东西，因此只有在这个基础上，按照这个方向才能发展真正的无产阶级文化。毛泽东明确提出，文化上对外国的东西一概排斥，或者全盘吸收，都是错误的。外国有用的东西都要学，其目的是用来改进和发扬中国的东西，创造中国独特的新东西。“要向外国学习科学的原理。学了这些原理，要用来研究中国的东西。”② 接受外国的长处，会使我们自己的东西有“一个跃进”。建设中国社会主义的先进文化，必须“要把外国的好东西都学到”③，“应该越搞越中国化，而不是越搞越洋化”④，也就是对外国不要“一切照搬”，应该在中国自己的基础上，批判

① 《毛泽东文集》第7卷，人民出版社1999年版，第78、77页。

② 《毛泽东文集》第7卷，人民出版社1999年版，第78页。

③ 《毛泽东文集》第7卷，人民出版社1999年版，第81页

④ 《毛泽东文集》第7卷，人民出版社1999年版，第82页。

地吸收西洋有用的成分，在学的时候“要反对教条主义”。吸收、借鉴外国文化有用成分，能够使我国的社会主义文化建设融入世界文明发展的历史大潮，借助世界文化优秀成分，才能培育出民族的、科学的、大众的社会主义文化之果。

四、实行“百花齐放、百家争鸣”的方针

“百花齐放、百家争鸣”的方针是毛泽东在新中国成立初期形成的推动社会主义文化向前发展的战略性方针。1956 年社会主义制度建立后，党和国家的中心任务转到发展社会生产力、实现国家工业化上面，作为上层建筑领域的科学文化必须与生产力发展相适应，为发展生产力服务。“百花齐放、百家争鸣”作为思想政治文化发展的方针，实际上解决了党对意识形态领域、对文化艺术、科学技术领导，以及整个政治体制、上层建筑如何建设的问题。“双百”方针的提出是针对生产力发展的需要和思想文化发展的实际现状的。新中国成立初期，在科学文化领域曾出现如用行政手段粗暴干涉理论研究和艺术创作自由；只允许发展一种学派，不允许发展另一种学派；在学术和艺术问题上打棍子、扣帽子等种种压制和限制文化发展等现象，思想僵化窒息了科学文化的发展。这种情况下毛泽东指出：“百花齐放、百家争鸣的方针，是促进艺术发展和科学进步的方针，是促进我国社会主义文化繁荣的方针。艺术上不同形式和风格可以自由发展，科学上不同的学派可以自由争论。利用行政力量，强制推行一种风格，一种学派，禁止另一种风格，另一种学派，我们认为有害于艺术和科学的发展。艺术和科学中的是非问题，应当通过艺术界科学界的自由讨论去解决，通过艺术和科学的实践去解决，而不应当采取简单的方法去解决。”① 1957 年 2 月，毛泽东作了《关于正确处理人民内部矛盾的问题》的讲话，对“双百”方针作了进一步的论述。他说：“正确的东西总是在同错误的东西作斗争的过程中发展起来的。真的、善的、美的东西总是在同假的、恶的、丑的东西相比较而存在，相斗争而发展的。”② “实行百花齐放、百家争鸣的方针，并不会削弱马克思主义在思想界的领导地位，相反地正是会加强它的这种地位。”③ 马克思主义也必须在同非马克思主义的斗

---

① 《毛泽东文集》第 7 卷，人民出版社 1999 年版，第 229 页。

② 《毛泽东文集》第 7 卷，人民出版社 1999 年版，第 230 页。

③ 《毛泽东文集》第 7 卷，人民出版社 1999 年版，第 232 页。

争中才能发展。之后，毛泽东在中国共产党全国宣传工作会议上又发表讲话说：“百花齐放、百家争鸣的方针，对于科学和艺术的发展给了新的保证。”“百花齐放、百家争鸣，这是一个基本性的同时也是长期性的方针，不是一个暂时性的方针。”① “百花齐放是一种发展艺术的方法，百家争鸣是一种发展科学的方法。百花齐放、百家争鸣这个方针不但是使科学和艺术发展的好方法，而且推而广之，也是我们进行一切工作的好办法。”②

从1956年我们党初步把“双百”方针确定为党和国家在科学文化工作中的一条基本方针，并加以宣传和贯彻执行后，我国科学文化事业呈现出一派勃勃生机的景象。“双百”方针的提出，打破了文化界的僵化状态，实现了科学文化自我发展和完善及学术自由，是社会主义文化建设领域的一项重大改革，符合事物发展的客观规律。

五、向科学进军，努力赶超世界先进水平

要向科学进军，培养和造就一支宏大的工人阶级知识分子队伍，努力赶超世界先进水平。1956年社会主义改造基本完成后，毛泽东提出“要在几十年内，努力改变我国在经济上和科学文化上的落后状况，迅速达到世界上的先进水平”③ 的科学文化发展的伟大目标。在《论十大关系》中，毛泽东提出在自然科学方面“特别要努力向外国学习”，在技术方面“大部分先要照办”，“学了比较有利的”④ 主张。1957年，毛泽东在南京上海党员干部会议上提出，现在处在由过去的革命到技术革命和文化革命的转变时期。1958年1月，毛泽东根据1956年社会主义改造基本完成、1957年整风运动后政治战线和思想战线上的社会主义革命取得基本胜利的新形势，明确提出“七月一日之后”要“来一个技术革命”，“在继续完成政治战线上和思想战线上的社会主义革命的同时，把党的工作的着重点放到技术革命上去”，强调“这个问题必须引起全党的注意”，要“把全党的主要注意力转到技术革命上面去”，要鼓足干劲，“学习并且完成历史所赋予我们的伟大的技术革命”⑤。毛泽东改变中国经济文化和技术落后的状态

① 《毛泽东文集》第7卷，人民出版社1999年版，第278页。
② 《毛泽东文集》第7卷，人民出版社1999年版，第279页。
③ 《毛泽东文集》第7卷，人民出版社1999年版，第2页。
④ 《毛泽东文集》第7卷，人民出版社1999年版，第42页。
⑤ 《建国以来毛泽东文稿》第5册，中央文献出版社1991年版，第350—351页。

的历史任务直到1963年、1964年还萦绕于心。他指出，我国经济建设落后的状况开始有了一些改变，但是要彻底改变至少还要几十年的时间，“如果不在今后近十年内，争取彻底改变我国经济和技术远远落后于帝国主义国家的状态，挨打是不可避免的”。我们应当“力求在一个不太长的时间内改变我国社会经济、技术落后的状态，否则我们就要犯错误”①。

对于如何才能在不太长的时间内改变我国技术落后的状态，毛泽东在理论和实践上都做了可贵的探讨。理论上，毛泽东提出发展科学技术的基本方针。一是打破常规，尽量采取先进技术。我们不能走世界各国技术发展的老路，跟在别人后面一步一步地爬行。要在一个不太长的历史时期内把我国建设成为一个社会主义的现代化强国，就必须打破常规，引进吸收外国一切好的经验、好的技术，既要向现有的发达国家已经达到的科学技术水平进军，又要随时注意世界科学技术发展的前沿和最新动态，向世界的尖端科学进军；既要加强实用的科学研究，也要加强理论研究，“不搞理论是不行的”②。二是要把技术革命变成群众的实践，培养和造就一支宏大的工人阶级知识分子队伍。在毛泽东看来，技术革命不仅是科学家、技术专家的事，也是千百万人民群众的事业。技术革命的过程是先进的科学知识转化为工程技术和生产技术的过程，是科学知识转化为物质生产力的过程，这一过程的主体既包括知识分子和技术人员，也包括广大的工人和农民。“要培养一批懂理论的人才，也可以从工人农民中间来培养。”③ 为了建成社会主义，工人阶级必须有自己的技术干部的队伍，必须有自己的教授、教员、科学家、新闻记者、文学家、艺术家和马克思主义理论家的队伍。“这个工人阶级知识分子宏大新部队没有造成以前，工人阶级的革命事业是不会充分巩固的。”④ 要造就这样一支宏大的队伍，共产党员、青年团员和全体人民，都要努力学技术、学业务、学理论，使自己成为内行，又红又专。

实践上，根据周恩来总理在关于知识分子问题的会议上的提议，1956年2月，中共中央政治局会议批准成立国务院科学规划委员会，指导制定1956年至1967年的12年科学技术发展远景规划。毛泽东先后多次接

---

① 《毛泽东文集》第8卷，人民出版社1999年版，第340—341页。
② 《毛泽东文集》第8卷，人民出版社1999年版，第351页。
③ 《毛泽东文集》第8卷，人民出版社1999年版，第351页。
④ 《建国以来毛泽东文稿》第6册，中央文献出版社1992年版，第550页。

见科技界的专家，鼓励他们破除迷信，解放思想，敢于走前人没有走过的道路，独立自主，努力赶超世界科技先进水平。在毛泽东和党中央的领导下，12 年科学技术发展的远景规划的实现，“解决了第一和第二个五年计划国家经济建设和国防建设中迫切需要解决的一批科技问题，填补了我国科学研究的一些重要空白，加强了某些重要的基础学科，发展了原子能、电子学、半导体、自动化、计算技术、喷气和火箭技术等新兴学科，并为以后科学技术和国家各项建设事业的继续发展打下了良好的基础”①。

毛泽东在经济建设中对科技发展战略的思考及其对一些重大科技问题的正确决策，为我们党和国家科技科学技术政策的形成起到了开创性、奠基性的作用，为我们建立完整的科技政策体系和科技发展战略，提供了正确的观点、思路和方法，对我国科技事业的发展贡献巨大，影响深远。

第六节　社会主义社会发展阶段理论的初步成果

毛泽东在领导社会主义建设的过程中，不断思考社会主义建设的过程和规律，提出了从实际出发，在总结经验中掌握社会主义建设规律的一系列理论重大原则，对社会主义社会的发展过程及其阶段有了更深刻的认识。

一、在总结经验中思考社会主义社会建设的规律

对社会主义建设的探索过程，也是毛泽东对社会主义建设规律认识和思考的过程。在这个过程中，毛泽东和党的领导集体经历了一个从学习、借鉴到总结、探索，在学习中借鉴，在借鉴中总结，在总结中探索，逐步认识社会主义建设规律的历程。

新中国成立前夕，毛泽东清醒地意识到，我们熟悉的东西有些快要闲起来了，我们进行国家建设的经验是不够的，严重的经济建设任务摆在我们面前，必须学会自己不懂的东西。“要认真学习苏联的先进经验。”“要在全国范围内掀起学习苏联的高潮，来建设我们的国家。”② 同时，在学习、借鉴中思考适合中国特点的社会主义建设道路。在社会主义改造过程

① 薄一波：《若干重大决策与事件的回顾》（上卷），人民出版社 1997 年版，第 532—533 页。

② 《毛泽东文集》第 6 卷，人民出版社 1999 年版，第 264 页。

中，毛泽东在学习和借鉴苏联的经验的基础上，也在思考诸如在农业合作化问题上考虑怎么把合作社办得又多又快又好，在建设上考虑能否不用或者少用苏联的拐杖，不像第一个五年计划那样搬苏联的那一套，根据中国的国情，建设得又多又快又好又省等问题①。在社会主义改造即将基本完成的时候，毛泽东当时就想，苏联和中国都是社会主义国家，我们是不是可以搞得快点多点，提出了在整个社会主义革命和建设期间要实行马克思列宁主义和中国实际的第二次结合的基本原则，提出要独立自主，调查研究，摸清本国国情，把马克思列宁主义的基本原理同我国革命和建设的实际结合起来，制定我们的路线、方针、政策。

1960 年，毛泽东在对十年社会主义建设的基本经验总结的基础上，写出了《十年总结》一文。文中除了对十年建设的历程进行了分析和概括，还提出了对社会主义建设规律探索的几点基本认识。第一，十年的学习、借鉴和探索，对社会主义建设规律有了自己的初步认识。“前八年照抄外国的经验。但从 1956 年提出十大关系起，开始找到自己的一条适合中国的路线。1957 年反右整风斗争，是在社会主义革命过程中反映了客观规律，而前者则是开始反映中国客观经济规律。”② 肯定了《论十大关系》对社会主义建设规律的认识的成果。第二，对社会主义建设规律的认识还不充分，走了不少弯路，还要进行艰苦的探索，掌握经济建设的主动权。毛泽东在文章中指出，1958 年的“大跃进”、人民公社“乱子出得不少，与秋冬大办钢铁同时并举，乱子就更多了”；武昌会议作出的“人民公社的长篇决议，基本正确，但只解决了集体、国营两种所有制的界线问题，社会主义与共产主义的界线问题，一共解决两个外部的界线问题，还不认识公社内部的三级所有制问题”；“农业方面则犯了错误，指标高了，以至不可能完成”；提出要在总结经验，改正错误的过程中掌握“主动权”，主动权“是来自实事求是，来自客观情况对于人们头脑的真实的反映，即人们对于客观外界的辩证法的认识过程。我们过去十年的社会主义革命和社会主义建设，就是这样一个过程。中间经过许多错误的认识，迅步改正这些错误，以归于正确”③。毛泽东作出了经济建设要“实事求是”，“要以第二个

---

① 逄先知、金冲及：《毛泽东传》（1949—1976）（上），中央文献出版社 2003 年版，第 506 页。

② 《建国以来毛泽东文稿》第 9 册，中央文献出版社 1996 年版，第 213 页。

③ 《建国以来毛泽东文稿》第 9 册，中央文献出版社 1996 年版，第 213—215 页。

十年时间去调查它，去研究它，从其中找出它的固有的规律，以便利用这些规律为社会主义的革命和建设服务”①的重大部署。第三，毛泽东初步阐明了对社会主义建设规律认识的理论原则和方法，深刻论述了认识社会主义建设规律的重要性、艰巨性和长期性。毛泽东指出，“真理不是一次完成的，而是逐步完成的”②，对于社会主义建设规律这一客观真理的认识同样是逐步完成的。我们是辩证唯物论的认识论者，不是形而上学的认识论。自由是必然的认识和改造。由必然王国到自由王国的飞跃，是在一个长期认识过程中逐步地完成的，对于我国的社会主义革命和建设，我们已经有了十年的经验了，已经懂得了不少的东西了。但是我们对于社会主义时期的革命和建设，还有一个很大的盲目性，还有一个很大的未被认识的必然王国。要在社会主义建设的实践中继续调查研究，从而找到社会主义建设的规律，为社会主义建设服务。

1962年，毛泽东在扩大的中央工作会议上又从更宏大的视角对社会主义建设规律的认识进行了思考，既总结了历史的经验，又指明了未来，增强了全党认识社会主义建设规律的自觉性和信心。毛泽东首先论述了中国共产党人在民主革命时期对中国革命规律艰难而成功的认识过程，说明对客观事物规律的认识是一个长期的艰难的过程，中国革命的规律只能靠中国自己来认识来掌握，中国共产党人能够掌握社会主义建设的规律。毛泽东指出：“人对客观世界的认识，由必然王国到自由王国的飞跃，要有一个过程。”③ 从党的建立到抗战时期，中间有北伐战争和十年土地革命战争，我们经过了两次胜利，两次失败，在实际工作中犯过一些错误，吃了苦头，有了经验了，经过胜利、失败，再胜利、再失败，两次比较，我们才认识了中国这个客观世界。毛泽东说，他在抗日战争前夜和抗日战争时期写的一些论文，如《中国革命战争的战略问题》《论持久战》《新民主主义论》《〈共产党人〉发刊词》，都是革命经验的总结。这些经验“只有在那个时候才能产生，在以前不可能，因为没有经过大风大浪，没有两次胜利和两次失败的比较，还没有充分的经验，还不能充分认识中国革命的规律”④。“中国这个客观世界，整个地说来，是由中国人认识的，不是由共

① 《建国以来毛泽东文稿》第9册，中央文献出版社1996年版，第216页。
② 《建国以来毛泽东文稿》第9册，中央文献出版社1996年版，第215页。
③ 《毛泽东文集》第8卷，人民出版社1999年版，第298页。
④ 《毛泽东文集》第8卷，人民出版社1999年版，第299页。

产国际管中国问题的同志们认识的。”① 对于中国这个客观世界，我们自己在很长时间内都认识不清楚，何况外国呢？到抗战时期，我们已经干了二十来年的革命，“过去那么多年的革命工作，是带着很大的盲目性的。如果有人说，有哪一位同志，比如说中央的任何同志，比如说我自己，对于中国革命的规律，在一开始的时候就完全认识了，那是吹牛，你们切记不要信，没有那回事。过去，特别是开始时期，我们只是一股劲儿要革命，至于怎么革法，革些什么，哪些先革，哪些后革，哪些要到下一阶段才革，在一个相当长的时间内，都没有弄清楚，或者说没有完全弄清楚”②。中国新民主主义革命的艰难历程和成功经验启示全党，“对于建设社会主义的规律的认识，必须有一个过程。必须从实践出发，从没有经验到有经验，从有较少的经验，到有较多的经验，从建设社会主义这个未被认识的必然王国，到逐步地克服盲目性、认识客观规律、从而获得自由，在认识上出现一个飞跃，到达自由王国”③。其次，毛泽东还从国际视野系统阐释了社会主义建设的长期性和艰巨性，提出社会主义建设不仅要“把马克思列宁主义的普遍真理同中国社会主义建设的具体实际、并且同今后世界革命的具体实际，尽可能好一些地结合起来”重大原则。讲话中，毛泽东讲到他同美国记者斯诺和英国蒙哥马利元帅谈话时对社会主义建设的认识，指出：“建设强大的社会主义经济，在中国，五十年不行，会要一百年，或者更多的时间。在你们国家，资本主义的发展，经过了好几百年。十六世纪不算，那还是在中世纪。从十七世纪到现在，已经有三百六十多年。在我国，要建设起强大的社会主义经济，我估计要花一百多年。”④ 社会主义和资本主义比较，有许多优越性，我们国家经济的发展，会比资本主义国家快得多。可是，“中国的人口多、底子薄，经济落后，要使生产力很大地发展起来，要赶上和超过世界上最先进的资本主义国家，没有一百多年的时间，我看是不行的。也许只要几十年，例如有些人所设想的五十年，就能做到。果然这样，谢天谢地，岂不甚好”⑤。毛泽东劝诫全党在社会主义建设中，宁肯把困难想得多一点，把时间设想得长一点，“三百几

① 《毛泽东文集》第8卷，人民出版社1999年版，第299页。
② 《毛泽东文集》第8卷，人民出版社1999年版，第300页。
③ 《毛泽东文集》第8卷，人民出版社1999年版，第300页。
④ 《毛泽东文集》第8卷，人民出版社1999年版，第301页。
⑤ 《毛泽东文集》第8卷，人民出版社1999年版，第302页。

十年建设了强大的资本主义经济，在我国，五十年内外到一百年内外，建设起强大的社会主义经济，那又有什么不好呢？从现在起，五十年内外到一百年内外，是世界上社会制度彻底变化的伟大时代，是一个翻天覆地的时代，是过去任何一个历史时代都不能比拟的”。“我们必须准备进行同过去时代的斗争形式有着许多不同特点的伟大的斗争。为了这个事业，我们必须把马克思列宁主义的普遍真理同中国社会主义建设的具体实际、并且同今后世界革命的具体实际，尽可能好一些地结合起来，从实践中一步一步地认识斗争的客观规律。要准备着由于盲目性而遭受到许多的失败和挫折，从而取得经验，取得最后的胜利。由这点出发，把时间设想得长一点，是有许多好处的，设想得短了反而有害。”① 毛泽东这里提出的社会主义建设中的“两个相结合”是对 1956 年提出的实行“第二次结合”的深化，初步解决了怎样实现探索中国社会主义道路的问题，同时也是对社会主义建设规律认识的深化。再次，毛泽东阐述了认识和探索社会主义建设及其规律的总体方向。毛泽东指出，总体上说来，“社会主义经济，对于我们来说，还有许多未被认识的必然王国”②。经济建设工作中间的许多问题，有的不大懂，有的懂一点，但懂得不多，“我注意得较多的是制度方面的问题，生产关系方面的问题。至于生产力方面，我的知识很少。社会主义建设，从我们全党来说，知识都非常不够。我们应当在今后一段时间内，积累经验，努力学习，在实践中间逐步地加深对它的认识，弄清楚它的规律。一定要下一番苦功，要切切实实地去调查它，研究它”③。这是毛泽东向全党提出的研究生产力发展规律的任务，是今后认识社会主义建设规律的首要任务。不仅如此，在社会主义生产关系方面，“我们已经制定、或者正在制定、或者将要制定各个方面的具体政策。已经制定了的，例如农村公社六十条，工业企业七十条，高等教育六十条，科学研究工作十四条，这些条例草案已经在实行或者试行，以后还要修改，有些还可能大改。正在制定的，例如商业工作条例。将要制定的，例如中小学教育条例。我们的党政机关和群众团体的工作，也应当制定一些条例。军队已经制定了一些条例。总之，工、农、商、学、兵、政、党这七个方面的工作，都应当好好地总结经验，制定一整套的方针、政策和办法，使它们在

---

① 《毛泽东文集》第 8 卷，人民出版社 1999 年版，第 302 页。
② 《毛泽东文集》第 8 卷，人民出版社 1999 年版，第 302 页。
③ 《毛泽东文集》第 8 卷，人民出版社 1999 年版，第 303 页。

正确的轨道上前进”①。在总的方向上，我们有了正确的社会主义建设的总路线，但是还必须在总路线的基础上，完善适合情况的具体的方针、政策和办法。“有了总路线还不够，还必须在总路线指导之下，在工、农、商、学、兵、政、党各个方面，有一整套适合情况的具体的方针、政策和办法，才有可能说服群众和干部，并且把这些当作教材去教育他们，使他们有一个统一的认识和统一的行动，然后才有可能取得革命事业和建设事业的胜利，否则是不可能的。”②毛泽东指出，从1958年起，我们就确立了自力更生为主、争取外援为辅的方针，党的八大二次会议上又通过了“鼓足干劲，力争上游，多快好省地建设社会主义”的总路线，但在提出社会主义建设总路线的一个相当时间内，我们还没有来得及、也没有可能规定一整套适合情况的具体的方针、政策和办法，因为经验还不足。“要经过一段时间，碰过一些钉子，有了正、反两方面的经验，才有这样的可能。现在好了，有了这些东西了，或者正在制定这些东西。这样，我们就可以更加妥善地进行社会主义革命和社会主义建设。”③ 他特别强调，在总路线指导之下，制定一整套的具体的方针、政策和办法，必须通过从群众中来的方法，通过作系统的周密的调查研究的方法，对工作中的成功经验和失败经验，作历史的考察，才能找出客观事物所固有的而不是人们主观臆造的规律，才能制定适合情况的各种条例，“这件事很重要，请同志们注意到这点”④。这是毛泽东向全党提出的研究生产关系发展规律的任务，是今后认识社会主义建设规律的又一重大任务。毛泽东最后豪迈地指出：“我们对于客观世界的认识，要有一个过程。先是不认识或者不完全认识，经过反复的实践，在实践里面得到成绩，有了胜利，又翻过斤斗，碰了钉子，有了成功和失败的比较，然后才有可能逐步地发展成为完全的认识或者比较完全的认识。到那个时候，我们就比较主动了，比较自由了，就变成比较聪明一些的人了。自由是对必然的认识和对客观世界的改造。只有在认识必然的基础上，人们才有自由的活动。这是自由和必然的辩证规律。所谓必然，就是客观存在的规律性，在没有认识它以前，我们

---

① 《毛泽东文集》第8卷，人民出版社1999年版，第303—304页。

② 《毛泽东文集》第8卷，人民出版社1999年版，第304页。

③ 《毛泽东文集》第8卷，人民出版社1999年版，第305页。

④ 《毛泽东文集》第8卷，人民出版社1999年版，第305页。

的行动总是不自觉的，带着盲目性的。”① 在扩大的中央工作会议上，毛泽东对社会主义建设规律的认识，着眼于人类社会发展的规律，着眼于借鉴资本主义社会建设的经验，对社会主义建设规律做出了整体的思考，为深入探索社会主义建设的规律性指明了方向，解决了社会主义全局性的认识问题。

需要说明的是，毛泽东在思考和认识社会主义建设规律的过程中，非常注重用马克思主义理论武装全党，注重用马克思主义方法总结历史经验。他多次倡导全党开展马克思主义理论的学习，特别是在革命和建设的重大转折关头，要求全党学习马克思主义的著作。1958 年，“大跃进”“共产风”席卷全国，经济建设出现了一定的问题，11 月 9 日，毛泽东致信中央、省市、地、县四级党委，发出“读书”的倡议，提议读斯大林的《苏联社会主义经济问题》和《马恩列斯论共产主义社会》两本书，也提出将来有时间还可以读苏联《政治经济学教科书》。后来在八届六中全会、庐山会议和 1960 年 1 月的上海中央工作会议上相继号召读“三本书”。1959 年 12 月至 1960 年 2 月，毛泽东联系我国社会主义建设的实践，在读《政治经济学教科书》做了大量的评论（据不完全统计，毛泽东读教科书过程中，插话批注五百九十一处，七万四千多字，最长的一处达四千四百多字），内容涉及哲学、经济、政治、军事和历史等领域。这些评论有对国际共产主义运动的科学总结，有对中国特色社会主义建设理论的开拓，有对经济建设现实问题的艰辛探索，有对未来社会发展的科学预见，是继《论十大关系》和《关于正确处理人民内部矛盾的问题》之后，毛泽东对社会主义建设经验进行的又一次系统的初步的理论总结，是毛泽东思考社会主义建设规律的重要著作。

二、社会主义社会发展阶段论

1956 年社会主义改造基本完成时曾经宣布，中国进入了社会主义社会的正确判断。但由于对在经济文化落后的中国建设社会主义的长期性、艰巨性估计不足，中共中央一度认为，“共产主义在我国的实现，已经不是什么遥远将来的事情了”②。后来由于在“大跃进”中碰了钉子，中共中央

---

① 《毛泽东文集》第 8 卷，人民出版社 1999 年版，第 306 页。

② 马齐彬等：《中国共产党执政四十年（1949—1989）》，中共党史资料出版社 1989 年版，第 152 页。

领导人开始矫正对中国社会主义发展阶段的认识，逐步形成了对社会主义社会发展阶段的正确思想。

中国人口多、底子薄，经济落后，农业占国民经济的主导地位，中国工业化的道路只能从大农业国这个基本国情出发，走自己的道路。这也是判断新中国社会发展阶段的基本国情。对于我国社会所处的阶段，从党的七届二中全会到三大改造完成，毛泽东曾多次讲到建成社会主义十五年只能打个基础，真正建成要五十到一百年。在1955年的中国共产党全国代表会议上，毛泽东首次从生产关系和生产力两个方面区别了社会主义的发展阶段，即“建成社会主义社会”和“建成强大的高度社会主义工业化的国家”。前者是指生产关系方面建立经济基础，建成社会主义，后者是在生产力意义上对社会主义社会阶段的说明。毛泽东还指出，要建成社会主义社会“可能经过三个五年计划”，但要“建成为一个强大的高度社会主义工业化的国家，就需要有几十年的艰苦努力，比如说，要有五十年的时间，即本世纪的整个下半世纪”①。在纠正“大跃进”的错误，读苏联《政治经济学教科书》的谈话中，毛泽东又提出了一个重要的观点：“社会主义这个阶段，又可分为两个阶段，第一个阶段是不发达的社会主义，第二个阶段是比较发达的社会主义。后一阶段可能比前一阶段需要更长的时间。经过后一阶段，到了物质产品、精神财富都极为丰富和人们的共产主义觉悟极大提高的时候，就可以进入共产主义社会了。”他说：“在我们这样的国家，完成社会主义建设是一个艰巨的任务，建成社会主义不要讲得过早了。”②“不发达的社会主义阶段”，按照邓小平后来说的就是“社会主义初级阶段”③。至于最后“建成社会主义社会”，毛泽东从生产力和生产关系、上层建筑的演进说明这是要经过一系列发展阶段的长期性过程，他说：“问题是将穷队提高到富队生产水平这样一个过程”需要较多的时间，“这个过程即是农业机械化电气化、公社工业化、国家工业化、人民社会主义、共产主义觉悟程度和道德品质提高、文化教育技术水平提高，当然这只是第一个阶段，以后还有第二、第三个提高阶段，才能完全建成社会主义”④。

---

① 《毛泽东文集》第6卷，人民出版社1999年版，第390页。

② 《毛泽东文集》第8卷，人民出版社1999年版，第116页。

③ 《邓小平文选》第3卷，人民出版社1993年版，第252页。

④ 《建国以来毛泽东文稿》第8册，中央文献出版社1993年版，第61页。

毛泽东关于社会主义社会发展阶段的论述，包含着极为丰富的思想①。第一，社会主义过渡到共产主义是一个长期的过程，这个过程只有在社会物质生产、精神生产和人们思想觉悟极大提高的条件下才有可能，因此，社会主义社会必须发展生产力，创造向共产主义社会过渡的物质和精神条件。考察社会主义社会的发展，不仅要从生产关系的完善程度，更要以社会生产力的发达程度和人民生活富裕程度来确定其阶段性特征。第二，社会主义社会的发展也是一个长期的过程，其间经历着部分质变，有着“不发达的社会主义”和“比较发达的社会主义”之分，建成“比较发达的社会主义”比建设“不发达的社会主义”需要更长的时间，不能超越社会发展阶段。第三，在社会主义制度下，完成从一个阶段向另一个阶段的发展，虽然没有一个阶级推翻另一个阶级的革命，但还是有技术革命、文化革命，就是说要通过生产力和上层建筑的社会改造来推动社会主义社会的发展。第四，不仅社会主义社会的发展具有阶段性，共产主义社会的发展同样具有阶段性。“到了共产主义阶段，也还是要发展的。它可能要经过几万个阶段。能够说到了共产主义，就什么都不变了，就一切都‘彻底巩固’了？难道那个时候只有量变而没有不断的部分质变吗？”② 第五，社会主义、共产主义的阶段性是由事物发展的质变或部分质变引起的，归根结底是由事物的矛盾发展引起的，否认阶段性就是否认质变或部分质变，就是否认矛盾是事物发展的动力。毛泽东关于社会主义社会发展阶段的理论，无论过去还是现在都对我们认识社会发展，尤其是社会发展的阶段性特征具有重要的思想价值。

三、发展生产力，为向共产主义过渡准备条件

“为了建成社会主义，工人阶级必须有自己的技术干部的队伍，必须有自己的教授、教员、科学家、新闻记者、文学家、艺术家和马克思主义理论家的队伍。这是一个宏大的队伍，人少了是不成的。这个任务，应当在今后十年至十五年内基本上解决。十年至十五年以后的任务，则是进一步发展生产力，进一步扩大工人阶级知识分子的队伍，准备着逐步地由社

① 参见谢经华主编：《毛泽东与中国社会主义》，湖北人民出版社 1993 年版，第 78—79 页。

② 《毛泽东文集》第 8 卷，人民出版社 1999 年版，第 108 页。

会主义过渡到共产主义的必要条件。”[①] 在巩固社会主义社会的经济制度和政治制度的基础上，进一步发展生产力，逐步准备向共产主义过渡的必要条件，这是毛泽东提出的关于社会发展阶段理论的又一重要思想。

马克思恩格斯认为，无产阶级在夺取政权后，必须利用从资产阶级那里剥夺的生产资料，尽可能快地增加生产力的总量。列宁把发展生产力提高到十分重要的地位，认为这是保证新社会制度胜利的最重要最主要的东西。生产力是人类社会发展的最终决定力量。进入社会主义阶段后，毛泽东高度重视生产力的发展在巩固社会主义经济制度和政治制度的根本作用，认为只有社会生产力比较充分地发展，社会主义社会才算从根本上建成了。在“大跃进”和“人民公社化”运动中，针对一些干部、理论家不顾社会客观条件，只重视生产关系的变革，急于向共产主义过渡片面性，毛泽东给予反复告诫和批评。1958 年 11 月的第一次郑州会议上，毛泽东谈到“关于过渡到共产主义的问题”时，提醒党的高级干部“我们不要冒险”[②]，对“山东范县提出一九六〇年过渡到共产主义”，认为“时间太仓促，只三年”[③]。同月，在修改《十五年社会主义建设纲要四十条（一九五八——一九七二年）》时，又明确提出“经过人民公社这种社会组织形式，高速度地发展社会生产力，促进全国工业化、公社工业化、农业工厂化，逐步地使社会主义的集体所有制过渡到社会主义的全民所有制，逐步地使不完全的社会主义的全民所有制过渡到完全的社会主义的全民所有制，建成社会主义”，“在社会主义建设的过程中，共产主义的因素必将逐步增长，这就将在物质条件方面和精神条件方面为社会主义过渡到共产主义奠定基础”[④]，强调社会生产力的发展是向共产主义过渡的物质基础，而不能根据人们的主观愿望随意过渡，“集体所有制向全民所有制过渡的迟早，取决于生产发展的水平和人民觉悟的水平这些客观存在的形势，而不能听凭人们的主观愿望，想迟就迟，想早就早”[⑤]。随后召开的武昌会议上，针对干部中“有的说两年，有的说三年，有的说四年，也有的说五年”要

① 《建国以来毛泽东文稿》第 6 册，中央文献出版社 1992 年版，第 550 页。

② 逄先知、金冲及：《毛泽东传（1949—1976）》（下），中央文献出版社 2003 年版，第 892 页。

③ 《建国以来毛泽东文稿》第 7 册，中央文献出版社 1992 年版，第 494 页。

④ 《建国以来毛泽东文稿》第 7 册，中央文献出版社 1992 年版，第 504 页。

⑤ 《建国以来毛泽东文稿》第 7 册，中央文献出版社 1992 年版，第 570 页。

“抢先于苏联”过渡到共产主义，毛泽东严肃地批判道：“哪有这个事呀?”并指出我国现在是一穷二白，五亿多农民人均年收入不到八十元，穷得要命，这种“穷过渡”“吹得太大了”，“是不合事实，没有反应客观实际”。他还以苏联作比较，说：“苏联一九三八年宣布社会主义建成了，现在又提出，从现在起十二年准备进入共产主义的条件，因此，我们就要谨慎”①。毛泽东对“穷过渡”的批评，着眼于我国社会生产力发展的实际和苏联社会发展的经验和教训。在修改《关于人民公社若干问题的决议》初稿时，毛泽东再一次对我国生产力落后的现状给予全党高度警示，指出，尽管我们“广泛地实现国家工业化、公社工业化和农业机械化电气化，建成具有高度发展的现代工业、现代农业和现代科学文化的社会主义国家”“前进的速度较快”，但“全部完成这个过程”“需要的时间还将很长”，“从现在起，将需要经历十五年、二十年或者更多一些的时间”②，因此向共产主义过渡更是将来的事情，需要社会生产力发展的充分准备。毛泽东在读斯大林《苏联社会主义经济问题》谈话中指出，“现在有一种偏向，好像共产主义越快越好。实现共产主义是有步骤的。……现在有些人总是想在三五年内搞成共产主义”③。他还结合斯大林提出的从集体所有制向全民所有制过渡，从社会主义向共产主义过渡的“三个条件”④评述说：“斯大林提的三个决定条件是对的，主要是第一条。这几条的基本点，就是极大地增加生产资料和消费资料，发展社会生产，发展社会生产力”⑤。这一思想在党的八届六中全会通过的《关于人民公社若干问题的决议》(1958 年 12 月 10 日）作了充分的表达：“无论由社会主义的集体所有制向社会主义的全民所有制过渡，还是由社会主义向共产主义过渡，都必须以一定程度的生产力发展为基础。生产关系一定要适合生产力的性质，只有生产力发展到某种状况才会引起生产关系的某种变革，

① 逄先知、金冲及：《毛泽东传（1949—1976)》(下)，中央文献出版社 2003 年版，第 901 页。

② 《建国以来毛泽东文稿》第 7 册，中央文献出版社 1992 年版，第 570 页。

③ 《毛泽东文集》第 7 卷，人民出版社 1999 年版，第 436 页。

④ 即：“（一）增加社会产品，首先是生产资料；(二）将集体所有制提高到全民所有制，将商品交换提高到产品交换，使中央能掌握全部社会产品；(三）高度文化水平，全面发展智体。”参见《建国以来毛泽东文稿》第 7 册，中央文献出版社 1992 年版，第 596—597 页。

⑤ 1958 年 11 月毛泽东在读斯大林《苏联社会主义经济问题》一书时的谈话。

这是马克思主义的一条基本原理。同志们要记着，我国现在的生产力发展水平，毕竟还是很低的。苦战三年，加上再努力若干年，全国的经济面貌可以有一个很大的改变，但是那时离开全国高度工业化、全国农业机械化电气化的目标，还将有一段不小的距离；至于离开社会产品大大丰富、劳动强度大大减轻、劳动时间大大缩短这些目标，就还有一段更长的距离。而没有这些，当然就谈不到进入人类社会的更高发展阶段——共产主义。因此，我们既然热心于共产主义事业，就必须首先热心于发展我们的生产力，首先用大力实现我们的社会主义工业化计划，而不应当无根据地宣布农村的人民公社'立即实行全民所有制'，甚至'立即进入共产主义'，等等。"①

在毛泽东看来，从社会主义向共产主义过渡，是一个长期的过程，这既是社会主义生产关系发展中新的因素逐渐积累的过程，更重要的是社会生产力发展的过程。因此，社会主义社会的重要任务，就是进一步发展生产力，准备着逐步地由社会主义过渡到共产主义的必要条件。

第七节 执政条件下党的建设的理论

毛泽东在领导社会主义建设的过程中，对于怎样巩固党的执政地位有着深刻而系统的思考，解决了执政条件下如何保持党的工人阶级先锋队性质，全心全意为人民服务的问题，执政党建设的主要任务问题，发展了无产阶级政党的民主集中制原则，提出了加强党风建设，反对官僚主义、主观主义和腐败现象，提出了培养和造就千百万无产阶级革命事业接班人，防止和反对帝国主义"和平演变"的战略构想等一系列马克思、恩格斯、列宁都没有完全解决的问题，为加强无产阶级执政党建设留下了宝贵的思想财富。

一、增强党的团结

党由领导人民进行革命到领导人民进行建设的地位变化，只是革命任务的变化，党的任务更加艰巨，工作更加艰难，需要学习的东西更多，更需要增强党的团结。

---

① 《建国以来重要文献选编》第11册，中央文献出版社1995年版，第606—607页。

早在新民主主义革命时期，毛泽东就强调，“中国共产党内部的团结，是团结全国人民夺取抗日胜利和建设新中国的最基本的条件”①，因为“只有经过共产党的团结，才能达到全阶级和全民族的团结，只有经过全阶级和全民族的团结，才能战胜敌人，完成民族和民主革命的任务”②。新中国成立后，为增强全党和全国人民的团结，毛泽东提出了一系列新的思想和举措，发展了马克思主义政党理论。（1）党中央和党的高级干部的团结是全党团结的关键。毛泽东反复强调，党是阶级的领袖，中央是全党的领袖，只有中央与高级干部是团结的，全党必能团结。1954 年 2 月党的七届四中全会通过的《关于增强党的团结的决议》，强调党的团结是党的生命，要求全党，尤其是党的高级干部提高维护党的团结的自觉性，同一切破坏党的团结、损害中央的威信、妨碍中央的统一领导的言论和行动作坚决的斗争。在揭露和批判高岗、饶漱石事件时，毛泽东告诫全党“应该引以为戒，务必使党内不要重复出现这样的事件”，实际上提出“务必增强党的团结”的要求。“务必增强党的团结”同党的七届二中全会上毛泽东提出的“两个务必”一起，是无产阶级执政党建设的基本要求。（2）在马克思主义基础上加强团结。“所谓团结是什么呢？当然是马克思列宁主义基础上的团结，不是无原则的团结。”③ 马克思列宁主义是无产阶级政党团结的思想基础。马克思主义是形成党的共同理想、信念和共同的行动准则的基础，是克服党内各种非无产阶级思想，提高党的政治觉悟和党性修养的基础。只有在马克思主义基础上才能形成思想上的高度统一，进而达到政治上、组织上和行动上的统一。马克思主义的纲领路线是党的团结的政治基础。历史经验表明，当党的正确的政治路线形成并为全党所把握时，党内的团结才是最牢不可破的，因为党的政治路线确定了全党奋斗的目标和行动方向，成为凝聚全党的力量。“总路线是照耀我们各项工作的灯塔。”④（3）从制度的完善上巩固党的团结。民主集中制是党的团结的组织基础。但是单有民主集中制，没有保证民主集中制的制度，党的团结也难以巩固。只有改进党的组织管理机制，从制度上保证民主集中制的执行，才能根本上巩固党的团结，“为着建成社会主义社会这一个目的，中央委员会

① 《毛泽东选集》第 2 卷，人民出版社 1991 年版，第 535 页。

② 《毛泽东选集》第 1 卷，人民出版社 1991 年版，第 278 页。

③ 《建国以来毛泽东文稿》第 13 册，中央文献出版社 1998 年版，第 127 页。

④ 《建国以来毛泽东文稿》第 4 册，中央文献出版社 1998 年版，第 405 页。

认为有必要在这个时候按照党章成立中央监察委员会，代替过去的纪律委员会，借以在新的激烈的阶级斗争时期加强党的纪律，加强对各种违法乱纪现象的斗争，特别是防止像高、饶反党联盟这一类严重危害党的利益的事件重复发生”[①]。（4）要团结与自己意见不同的人。在革命和建设中，党内不同意见的、不同主张的矛盾经常会发生，难免会出现党内的分歧。毛泽东主张在批判与自我批评的基础上团结和自己意见不同的人一道工作，他特别强调“要团结那些跟自己做过斗争的人”。他指出：“所谓团结，就是团结跟自己意见分歧的，看不起自己的，不尊重自己的，跟自己闹过别扭的，跟自己做过斗争的，自己在他面前吃过亏的那一部分人。至于那个意见相同的，已经团结了，就不会发生团结的问题。”[②]（5）以党内团结带动党与人民的团结。毛泽东特别重视“两个团结”，“一种是党内的团结，一种是党与人民的团结，这些就是战胜艰难环境的无价之宝，全党必须珍惜这两个无价之宝”[③]。领导我们事业的核心是中国共产党，党内的关系如何，关系到能不能团结全国人民、团结全世界人民。1957 年在全国宣传工作会议上，毛泽东强调“两个团结”时说，过去我们搞好团结是为了打败压迫我们和侵略我们的共同敌人，现在是为了领导中国的改革和建设，为了建设新中国。为此目的，单靠党内团结是不够的，我们还必须团结一切可以团结的力量，需要一批党外的志士仁人能够按照社会主义、共产主义的方向，同我们一起为改革和建设无所畏惧地奋斗。“单有党还不行，党是一个核心，它必须要有群众。我们的各项具体工作，包括工业、农业、商业、文化教育等等工作，百分之九十不是党员做的，而是非党员做的。所以，要好好团结群众，团结一切可以团结的人一道工作。”[④] 在党内团结的基础上，尽可能团结更多的人在党的纲领之下，争取党外人士同党团结与合作。

毛泽东关于党的团结理论极大地丰富了马克思主义党的学说和党的建设的思想宝库，是加强执政党建设的重要思想基础。

二、开展积极的思想斗争和意识形态领域的斗争

无产阶级政党是阶级社会里为争取无产阶级利益而建立的政党。社会

① 《毛泽东文集》第 6 卷，人民出版社 1999 年版，第 391 页。
② 《毛泽东文集》第 7 卷，人民出版社 1999 年版，第 92 页。
③ 《毛泽东文集》第 3 卷，人民出版社 1996 年版，第 22 页。
④ 《毛泽东文集》第 7 卷，人民出版社 1999 年版，第 88 页。

的阶级矛盾和新旧事物的矛盾必然会反映在党内，因此党内不同思想的对立和斗争是经常发生的，党内如果没有矛盾和解决矛盾的思想斗争，党的生命力就停止了。无产阶级政党是在同各种非无产阶级思想的斗争中成长和发展的。

党内只要存在非无产阶级思想，就必须开展思想斗争和意识形态领域的斗争。无产阶级政党执政后，还要不要开展积极的思想斗争，要不要开展意识形态领域的阶级斗争？毛泽东对这些问题进行了严肃的探讨，作了科学的判断。他在1953年夏季全国财经工作会议上针对党内受资产阶级思想侵蚀状况指出，党内有三种人，有的是坚定的，没有动摇的，是马克思列宁主义思想；有一部分，基本上是马克思列宁主义，但夹杂着一些非马克思列宁主义的思想；少数人是不好的，是非马克思列宁主义思想。他认为，这种非马克思列宁主义思想表现在党的工作的很多方面，应引起足够的重视。1957年，他结合国际共产主义运动的新动向，要求党内开展对“修正主义思想”的批判，指出对“背叛无产阶级革命事业，向党猖狂进攻”的人，“必须充分揭露，并把他们开除出去，借以纯洁党团组织”①。后来在《关于正确处理人民内部矛盾的问题》中特别强调：“在社会主义国家里，马克思主义的地位不同了。但是就是在社会主义国家，还是有非马克思主义的思想存在，也有反马克思主义的思想存在。……无产阶级和资产阶级之间的阶级斗争，各派政治力量之间的阶级斗争，无产阶级和资产阶级之间在意识形态方面的阶级斗争，还是长时期的，曲折的，有时甚至是很激烈的。无产阶级要按照自己的世界观改造世界，资产阶级也要按照自己的世界观改造世界。在这一方面，社会主义和资本主义之间谁胜谁负的问题还没有真正解决。”“我国社会主义和资本主义之间在意识形态方面的谁胜谁负的斗争，还需要一个相当长的时间才能解决。这是因为资产阶级和从旧社会来的知识分子的影响还要在我国长期存在，作为阶级的意识形态，还要在我国长期存在。如果对于这种形势认识不足，或者根本不认识，那就要犯绝大的错误，就会忽视必要的思想斗争。”②毛泽东这些科学的分析，指明了社会主义社会里党内思想斗争和开展意识形态领域的斗争的客观依据，具有极其重要的意义。

戒“左”戒右。“左”和右是在革命和建设中偏离正确路线的错误思

---

① 《建国以来毛泽东文稿》第6册，中央文献出版社1992年版，第544页。

② 《毛泽东文集》第7卷，人民出版社1999年版，第230—231页。

想及路线的两种倾向。要正确批判“左”和右的倾向，就必须对其性质和表现有正确而科学的认识与界定。1955年，毛泽东总结党内反对“左”和右的倾向的历史经验，对“左”和右作了生动阐述：“什么叫‘左’？超过时代，超过当前的情况，在方针政策上、在行动上冒进，在斗争的问题上、在发生争论的问题上乱斗，这是‘左’，这个不好。落在时代的后面，落在当前情况的后面，缺乏斗争性，这是右，这个也不好。我们党内不但有喜欢‘左’的，也有不少喜欢右的，或者中间偏右，都是不好的。我们要进行两条战线的斗争，既反对‘左’，也反对右。”① 同年，毛泽东结合合作化运动对“左”和右做了哲学上的概括。他指出，什么叫“左”右倾？过去我们讲过，事物在空间、时间中运动。这里主要讲时间，人们对事物的运动观察得不合实际状况，时间还没有到，他看过头了，就叫“左”倾，不及，就叫右倾。比如讲合作化运动，本来有群众的积极性、互助组的普遍存在和党的领导力量这些成熟的条件，可是有些说还没有；合作化运动这个事物在现在这个时候（不是早几年，而是现在）已经可以大发展了，他们说还不能，这都叫右倾。如果农民的觉悟程度和党的领导力量这些条件还不成熟，就说要在一个很短的时间内，全国来个百分之八十合作化，这叫“左”倾。我们要根据具体的条件办事，是自然地而不是勉强地达到我们的目的。总之，事物在时间中运动，到那个时候该办了，就要办，你不准办，就叫右倾；还没有到时候，你要勉强办，就叫“左”倾。正确路线是在条件成熟时采取行动。可见，毛泽东把超越“具体的条件”，不注意事物发展情况提出解决问题的办法和行为这样的偏离正确路线的倾向和行动称为“左”和右。

在如何开展党内思想斗争和意识形态领域的斗争问题上，毛泽东提出既要反“左”又要反右，戒“左”戒右。在社会主义建设中，毛泽东非常注意反对“左”和右的错误。在合作化运动中，他就提醒全党要注意“左”的倾向。他说，是不是有发生“左”倾错误的可能？我们回答：完全可能。只要某个地方的领导方面，不管是乡支部、区委、县委、地委、省委，不去注意群众的觉悟程度，不去注意互助组的发展情况，又没有规划，又没有控制，不是分期分批，而是专喜欢数量，不爱好质量，就一定会出现严重的“左”倾错误。他强调：“必须注意防‘左’。防‘左’是马

① 《毛泽东文集》第6卷，人民出版社1999年版，第403页。

克思主义，不是机会主义。马克思主义并没有说要‘左’倾，‘左’倾机会主义不是马克思主义。”① 在1955年的肃反问题上，当一些单位的领导认识上存在着右倾麻痹思想，对运动的重要性认识不足，不敢广泛发动群众时，毛泽东强调要反对右的倾向；而当运动开展起来，毛泽东针对可能发生的“左”的错误，强调要注意政策，防止斗争扩大化，指出“一切确实发生‘左’的倾向的单位就要采取措施加以克服，不要讳言‘左’的偏向。同必须克服右的偏向一样，我们必须认真地克服‘左’的偏向，才能使肃反运动自始至终得到健康的发展”②。这充分反映了毛泽东反对“左”倾和右倾错误的思想原则和决定立场。

当然，由于事物发展的复杂性，由于社会主义建设探索的艰巨性和深刻性，在当时的历史条件下，毛泽东晚年在“反击右倾翻案风”的思想引导下又出现了比较严重的“左”的错误。但这要历史地对待，不能因为他晚年的失误而否定他关于反对“左”、右倾错误的正确思想和历史功绩。

用马克思主义占领意识形态领域的阵地。意识形态问题是事关党和国家政权生死存亡的重要问题，任何时候都不能忽视。意识形态领域的阵地，马克思主义、社会主义不能占领，非马克思主义和反马克思主义、非社会主义和反社会主义的思想就一定要去占领。社会主义的反对者要颠覆无产阶级国家政权，总是要先造成舆论，先做意识形态方面的工作。毛泽东时刻认识到这一点，始终关注思想领域、意识形态领域的动向，富有洞察力地提出要开展意识形态领域的阶级斗争，反对资产阶级的“和平演变”。

社会主义改造基本完成后，在剥削阶级作为一个完整的阶级被消灭，社会主义制度和社会主义意识形态的主导地位基本确立的时候，毛泽东对国内阶级斗争的状况作出了冷静而客观的分析，指出“革命时期的大规模的急风暴雨式的群众阶级斗争已经基本结束”，但由于“被推翻的地主买办阶级的残余还是存在，资产阶级还是存在，小资产阶级刚刚在改造，阶级斗争并没有结束”③。我国还存在一定范围内的阶级斗争，无产阶级和资产阶级之间在意识形态方面的斗争还是长期的，曲折的，有时甚至是很激烈的。他告诫全党，“如果对于这种形势认识不足，或者根本不认识，那

---

① 《毛泽东文集》第6卷，人民出版社1999年版，第477页。

② 《建国以来毛泽东文稿》第5册，中央文献出版社1991年版，第426页。

③ 《建国以来毛泽东文稿》第6册，中央文献出版社1992年版，第344页。

就要犯绝大的错误，就会忽视必要的思想斗争”①。其结果只能是各种反社会主义的意识形态死灰复燃，甚至泛滥成灾，从而导致社会主义意识形态主导地位的削弱和动摇。因此，他提出要巩固新的社会制度，还必须在政治战线和思想战线“进行经常的、艰苦的社会主义革命斗争和社会主义教育”② 的任务。这是一项长期的任务。之所以如此，毛泽东认为，在政治思想领域，社会主义和资本主义之间谁胜谁负的斗争需要一个很长的时间才能解决，“几十年内是不行的，需要一百年到几百年的时间才能成功。在时间上与其准备短些，宁可准备长些；在工作问题上，与其看得容易些，宁可看得困难些”③。如果对于这种形势认识不足，或者根本不认识，那就要犯绝大的错误。“凡是错误的思想，凡是毒草，凡是牛鬼蛇神，都应该进行批判，决不能让它们自由泛滥。”但由于意识形态斗争不同于一般的阶级斗争，所以，毛泽东又指出：“这种批判，应该是充分说理的，有分析的，有说服力的，而不应该是粗暴的、官僚主义的，或者是形而上学的、教条主义的。”④ 正是在毛泽东领导下，全党对各种错误思想，尤其是反马克思主义思想进行坚决有力的批判，使各种错误思潮从未在中国形成大的政治气候。这一点是应当充分肯定的，也是毛泽东执政党思想理论建设的重要思想财富。

三、正确把握社会生活中判断是非的政治标准

1957 年 5 月，针对整风运动的鸣放中出现的反对和否定党的领导的错误倾向，毛泽东提出了政治上鉴别资产阶级及资产阶级知识分子“真假善恶”的标准问题，认为主要是看“是否真正要社会主义和真正接受共产党的领导”⑤，强调没有党的领导，“社会主义就不能建成，我们民族就要受到绝大的灾难”⑥。后来在 6 月 9 日发表的《关于正确处理人民内部矛盾的问题》中，毛泽东又具体地提出判断人们言论和行动是非的“六条政治标准”，即（一）有利于团结全国各族人民，而不是分裂人民；（二）有利于

① 《建国以来毛泽东文稿》第 6 册，中央文献出版社 1992 年版，第 345 页。
② 《毛泽东文集》第 7 卷，人民出版社 1999 年版，第 268 页。
③ 《建国以来毛泽东文稿》第 11 册，中央文献出版社 1996 年版，第 102 页。
④ 《建国以来毛泽东文稿》第 6 册，中央文献出版社 1992 年版，第 393 页。
⑤ 《建国以来毛泽东文稿》第 6 册，中央文献出版社 1992 年版，第 474 页。
⑥ 《建国以来毛泽东文稿》第 6 册，中央文献出版社 1992 年版，第 473 页。

社会主义改造和社会主义建设，而不是不利于社会主义改造和社会主义建设；（三）有利于巩固人民民主专政，而不是破坏或者削弱这个专政；（四）有利于巩固民主集中制，而不是破坏或者削弱这个制度；（五）有利于巩固共产党的领导，而不是摆脱或者削弱这种领导；（六）有利于社会主义的国际团结和全世界爱好和平人民的国际团结，而不是有损于这些团结。他强调，“这六条标准中，最重要的是社会主义道路和党的领导两条”①。“六条政治标准”是社会生活中判断是非的根本原则。首先，“六条政治标准”体现了宪法的精神和原则，反映了最大多数人民的共同意志和我国各党派的共同政治主张。1954 年 9 月 20 日，中华人民共和国第一届全国代表大会第一次会议通过的《中华人民共和国宪法》，以 1949 年的《中国人民政治协商会议共同纲领》为基础，对工人阶级领导的、以工农联盟为基础的人民民主专政的国家性质、建设社会主义的总目标和步骤、人民代表大会的政治制度和人民的权利与义务等都作了明确的规定。宪法巩固了我国人民革命的成果和中华人民共和国建立以来政治上、经济上的新胜利，并且反映了国家在过渡时期的根本要求和广大人民建设社会主义社会的共同愿望；指出中华人民共和国的人民民主制度，是我国通过和平的道路消灭剥削和贫困，建成繁荣幸福的社会主义社会的政治保证；以中国共产党为领导的各民主阶级、各民主党派、各人民团体的广泛的人民民主统一战线，今后在动员和团结全国人民完成国家过渡时期总任务和反对内外敌人的斗争中，我国的人民民主统一战线将继续发挥它的作用。其次，区分了政治是非与学术讨论、科学文化发展问题的界限。毛泽东指出，“六条政治标准”是“一些政治标准”，不是也不能代替科学论点、艺术作品水准的“各自的标准”，科学论点的正确或者错误，艺术水准“当然还需要一些各自的标准”。但是为了使科学论点、学术的观点得到“自由讨论”，“批评和自我批评沿着正确的轨道前进”，就必须有这些“鉴别人们的言论行动是否正确，究竟是香花还是毒草”的政治标准，“在我国这样的社会主义国家里，难道有什么有益的科学艺术活动会违反这几条政治标准的吗?”② 就是说，坚持这“六条政治标准”，是我国社会主义建设和各项事业发展沿着正确方向前进的政治保证。再次，“六条政治标准”把发展社会主义同坚持社会主义有机地结合起来，为全党和全国人民判断

① 《毛泽东文集》第 7 卷，人民出版社 1999 年版，第 234 页。

② 《毛泽东文集》第 7 卷，人民出版社 1999 年版，第 234 页。

人们言论和行动的原则是非、提高防止“和平演变”的警惕性、自觉地维护党的领导和走社会主义道路，指明了方向。

第八节 维护国家独立的和平发展思想

中华人民共和国成立后，中共中央和毛泽东等领导人根据马克思列宁主义关于国家政权和无产阶级专政的学说，以及无产阶级国际原则，根据当时国内国际的具体情况，及时提出了维护国家主权和民族独立的对外政策，提出建立强大的国防，加强人民军队现代化建设，制定了一系列实现国防现代化的战略措施和对外关系理论，保卫了社会主义革命和社会主义建设的成果。

一、维护国家独立的根本保证

国防建设和人民军队建设是巩固新民主主义革命胜利果实，巩固社会主义革命和建设成就的重要基础。新中国成立后，毛泽东在思考国家军事战略和军队建设问题时，贯彻始终的一个基本出发点是维护国家主权的独立，警惕外国的干涉和侵略，保卫祖国的安全和全体人民的和平劳动。以此为基础，毛泽东提出了指导人民军队和国防建设的重大战略原则和方针。

第一，人民军队建设和国防建设要以党和国家工作重心的转变为着眼点。随着新民主主义革命的胜利和大规模的军事行动的基本结束，国民经济的恢复和工农业生产和建设日益成为党和人民政府工作的中心和重点，中国人民政治协商会议共同纲领规定的人民军队在和平时期“在不妨碍军事任务的条件下，应有计划地参加农业和工业生产，帮助国家的建设工作”① 也成为军队建设的重点和发展方向。1949年12月5日，毛泽东就发布了《军委关于一九五〇年军队参加生产建设工作的指示》（以下简称《指示》）。《指示》指出，全军“除继续作战服务者而外，应当承担一部分生产任务，使我人民解放军不仅是一支国防军，而且是一支生产军，借以协同全国人民克服长期战争所遗留下来的困难，加速新民主主义的经济建设”。《指示》还指出，人民军队有着高度的政治觉悟和各种生产技能，在

① 转引自《毛泽东文集》第6卷，人民出版社1999年版，第27页。

战争结束了的地区，“已有充裕时间参加生产建设工作”，因此参加“生产任务是必须而且可能实现的”。人民解放军参加生产，不是临时的，而是长期的，重点“在于以劳动增加社会和国家的财富”，因此“应订出较长时期的计划和具体步骤”。人民军队的生产运动“必须严格禁止开商店从事商业行为”等“扰乱经济秩序”“为法令所不容许”的活动，而且在农业生产时，“必须注意不要因开荒引起水患，不要因争地引起人民不满”①。为保证军队生产运动的正确而有力地开展，《指示》对军队开展生产运动作了六项具体规定。《指示》是为适应党和国家工作重点转移而发布的人民军队建设的重大方针。1950 年，为争取国家财政经济状况的基本好转，毛泽东又作出了人民军队“精简整编”的部署，提出“在保障有足够力量用于解放台湾、西藏，巩固国防和镇压反革命的条件下”，人民解放军在 1950 年应“复员一部分，保存主力”，提出“必须谨慎地进行此项复员工作，使复员军人回到家乡安心生产”，使军队行政系统整编“处理的编余人员”“获得工作和学习机会”②。“精简整编”是新中国成立初期党和政府工作重点转移而作出的军队建设的重大战略部署。8 月 1 日，毛泽东又发出《军委关于在军队中实施文化教育的指示》，指出国家的伟大的经济和文化建设工作业已开始，人民解放军的任务“除必须解放西藏、台湾及剿灭残余土匪外，主要的就是要进行国防建设，准备对付帝国主义的可能侵略，维持国内治安，巩固人民民主专政。同时，也要尽可能地参加国家的经济建设工作和其他工作”。毛泽东把“国防建设”提到特别重要的高度，同时强调军队参加经济建设工作的重要性。结合当时人民解放军指战员、指导员“文化水平太低”的情况，在《指示》中，毛泽东指出：“为了要完成伟大的新任务，就必须提高全体指战员、指导员的文化科学和技术水平，并在军队中培养大批的从工农出身的知识分子。”③ 明确提出军队建设的“三大重点”工作，即作战任务、生产任务和学习文化，并对开展“学习文化”工作从领导、目标要求、方针方法等方面作了“十项规定”。这是在朝鲜战争业已爆发、危及我国国家安全的条件下，党中央对军队建设和国防建设作出的重大决策和部署。

1952 年初，抗美援朝、土地改革、镇压反革命的运动取得伟大的胜

---

① 《毛泽东文集》第 6 卷，人民出版社 1999 年版，第 27—29 页。

② 《毛泽东文集》第 6 卷，人民出版社 1999 年版，第 71 页。

③ 《毛泽东文集》第 6 卷，人民出版社 1999 年版，第 88—91 页。

利，国民经济获得很大恢复，国家财政状况基本好转，毛泽东又提出了“建设一个独立、自由、繁荣、富强的新中国”的伟大目标。“中国民族和人民要彻底解放，必须实现国家工业化。”① 要实现国家工业化，就“必须大力加强国防建设，巩固人民民主专政，巩固国防”，以此“保障祖国的建设”；“而发展工农业生产，又是加强国防建设的物质基础”②。这是毛泽东对国防建设和经济建设关系的重要论断。从这一认识出发，结合胜利了的中国对世界和平的国际责任，毛泽东在《军委关于部队转业的命令》中号召人民解放军，“在已有的胜利基础上，站在国防的最前沿，经济建设的最前沿，协同全国人民，为独立、自由、繁荣、富强的新中国而继续奋斗”！“在生产建设的战线上，成为有熟练技术的建设突击队。”“把战斗的武器保存起来，拿起生产建设的武器。当祖国有事需要召唤你们的时候，我将命令你们重新拿起战斗的武器，保卫祖国。”③ 这是毛泽东为适应经济建设需要而发出的人民军队建设的时代强音。

中国人民解放军是党领导的人民军队，具有高度的爱国主义和国际主义精神，秉持全心全意为人民服务的宗旨。为了维护世界和平，保卫国家安全，适应国家经济建设的需要，“把战斗的武器保存起来，拿起生产建设的武器”，体现了人民军队的根本宗旨，是人民军队建设的根本方针。

第二，建设巩固的国防和现代化、正规化的人民军队。1949 年 9 月 21 日，毛泽东在中国人民政治协商会议第一届全体会议上，发出了建设强大国防的号召，指出：“我们的国防将获得巩固，不允许任何帝国主义者再来侵略我们的国土。在英勇的经过了考验的人民解放军的基础上，我们的人民武装力量必须保存和发展起来。我们将不但有一个强大的陆军，而且有一个强大的空军和一个强大的海军。”④ 这一新中国国防建设的宣言，表达了中国人民要求建设强大国防的强烈愿望。

新中国成立后，毛泽东高度重视国防建设，提出“国防不可不有”的重要战略思想。1950 年 9 月 25 日，毛泽东郑重提出：“中国必须建立强大的国防军，必须建立强大的经济力量，这是两件大事。这两件事都有赖于同志们和全体人民解放军的指挥员、战斗员一道，和全国工人、农民及其

① 《毛泽东文集》第 6 卷，人民出版社 1999 年版，第 223 页。
② 《毛泽东文集》第 6 卷，人民出版社 1999 年版，第 223 页。
③ 《毛泽东文集》第 6 卷，人民出版社 1999 年版，第 224 页。
④ 《毛泽东文集》第 5 卷，人民出版社 1996 年版，第 345 页。

他人民一道，团结一致，协同努力，方能达到目的。”① 同月，毛泽东为全国战斗英雄代表会议的题词指出：“为建设强大的国防军而奋斗。”② 1954 年 10 月 18 日，毛泽东《在国防委员会第一次会议上的讲话》指出：“中国是个大国，要有强大的陆、海、空军。我国有那样长的海岸线，一定要建设强大的海军。”③ 1956 年 4 月 25 日，毛泽东在中央政治局扩大会议上的讲话中强调指出：“国防不可不有。”④ 毛泽东非常重视国家的安全问题，对中国的安全问题随时保持高度警惕。他认为，在战争的危险性经常存在，我国的经济技术状况又是落后的情况下，要确保人民和国家的长远利益不受损失，就必须准备应付最严重的情况，“以可能挨打为出发点”⑤ 来部署经济建设和国防建设的工作。从这样一个基本点出发，他提出了国家经济建设和国防建设的一系列重大战略部署，如安排国家建设，要首先集中力量发展重工业，包括发展军事工业，为国家工业化和国防现代化打好基础。在国防建设的各个方面，抓常备军建设，不能忘记武装群众；发展军工生产，要实行平战结合、军民结合；改善军队武器装备，要把需要与可能结合起来，循序渐进，并实行土洋结合，尖端武器与常规武器结合；搞战场建设，要考虑到我国南北方不同的自然条件；修筑国防工事，部署防卫力量，要根据我国边防线漫长、不同战略方向面临不同的形势与任务的特点，实行重点设防，重点守备；等等。20 世纪 60 年代以后，由于国际形势的再度紧张，我国的安全与发展受到来自南北两个方面的威胁，毛泽东又提出“要准备打仗”，“备战，备荒，为人民”，要求抢时间、争速度，全面加强国防建设。

巩固的国防需要强大的人民军队。新中国成立后，毛泽东和党中央、中央军委提出了人民军队现代化、正规化建设的战略任务。1952 年至 1953 年给军事学院等院校的训词中，毛泽东指出，在中国人民尚未取得全国胜利之前，由于客观物质条件的限制，军事建设尚处于比较低级的阶段。自从革命在全国取得胜利，这种客观情况已经起了根本的变化，我们现在已经进入了建军的高级阶段，也就是进到建设现代化、正规化国防部

---

① 《毛泽东文集》第 6 卷，人民出版社 1999 年版，第 95—96 页。

② 《人民日报》1950 年 9 月 27 日。

③ 《毛泽东文集》第 6 卷，人民出版社 1999 年版，第 358 页。

④ 《毛泽东文集》第 7 卷，人民出版社 1999 年版，第 27 页。

⑤ 《毛泽东文集》第 8 卷，人民出版社 1999 年版，第 341 页。

队的阶段。毛泽东还对军队现代化、正规化建设提出了具体的要求，“我们现在已经进到了建军的高级阶段，也就是进到掌握现代技术的阶段，客观条件已完全具备了这种可能……与现代化装备相适应的，就是要求部队建设的正规化，就是要求实行统一的指挥、统一的制度、统一的编制、统一的纪律、统一的训练，就是要求实现诸兵种密切的协同动作”。为此必须要有“从教育训练上来培养的那种组织性、计划性、准确性和纪律性。这是建设正规化、现代化的国防部队所不可缺少的重要的条件之一。同时，为了组织这种复杂的、高度机械化的、近代的战役和战斗，没有健全的、具有头脑作用的、富于科学的组织和分工的司令机关不行。过去那种不健全的、效率不高的、甚至是极不胜任的司令机关，今后就必须大大地加强起来。过去那种只重视政治工作（重视政治工作是对的，今后也还必须重视），而忽视参谋工作的现象，必须加以坚决的改变。过去把一些比较弱的、缺乏组织能力的、甚至是犯了一些错误而积极性不高的人来做司令机关的工作，因而也或多或少地影响到对司令机关的缺乏威信，影响到若干指挥人员不愿意当参谋长、不愿意当参谋，这种现象必须加以根本上的改正。……这同样是建设正规化、现代化的国防部队所不可缺少的重要的条件之一”①。1953 年底 1954 年初，中共中央召开全国军事系统党的高级干部会议。经过一个多月的讨论总结，对军队建设的方针、任务和一系列重大问题做出了决定，规定我军建设的总方针和总任务是在现有的基础上，积极地有步骤地把我军建设成为一支优良的现代化的革命军队，解放台湾，防御帝国主义侵略，保卫我国社会主义建设，保卫亚洲与世界和平；明确提出现代化的军队必须有现代化的装备和现代化的交通及交通工具，依靠发展我国自身的工业，特别是重工业来建设现代化军队的建设道路；强调正规训练是我国现代化建设中长期的经常的中心工作，特别是干部训练②。这是人民军队现代化、正规化建设史上具有决定性历史作用的重要会议。

巩固的国防和现代化、正规化的军队，必须实现武器装备的现代化。尽管在朝鲜战争的战场上，我军同现代化武器装备起来的敌人斗争的过程中，积累了宝贵的经验，但毛泽东在国防和军队现代化建设中还是特别强

---

① 《毛泽东文集》第 6 卷，人民出版社 1999 年版，第 234 页。

② 参见杨超、毕剑横主编：《毛泽东思想史》第三卷，四川人民出版社 2001 年版，第 343 页。

调武器装备的现代化建设。1953 年，毛泽东在分别给总高级步兵学校、后勤学院和军事工程学院的训词中指出：“为了保卫祖国免受帝国主义者的侵略，依靠我们过去和较为落后的国内敌人作战的装备和战术是不够的了，我们必须掌握最新的装备和随之而来的最新的战术。我们必须向苏联的军事科学学习，以便迅速把我军提高到足以在现代化的战争中取胜的水平。”“对于现代的军队，组织良好的后方勤务工作有极其重大的意义。任何轻视后勤工作、以为后勤工作不是重要的专门的科学、不需要有系统的学习、不需要精通业务的观点是完全错误的。我们必须学习苏联军队完整的后勤工作建设，研究朝鲜战争中后勤工作的状况和经验，以达到我军后勤工作现代化和正规化的目的。”“为了建设现代化的国防，我们的陆军、空军和海军都必须有充分的机械化的装备和设备，这一切都不能离开复杂的专门的技术。”① 1956 年，在《论十大关系》中，毛泽东又提出“要有原子弹”，“过去我们也没有飞机和大炮，我们是用小米加步枪打败了日本帝国主义和蒋介石的。我们现在已经比过去强，以后还要比现在强，不但要有更多的飞机和大炮，而且还要有原子弹”。他指出：“在今天的世界上，我们要不受人家欺负，就不能没有这个东西。”② 后来他又提出要搞一点氢弹、洲际导弹等，在他看来，只有尽快研制先进武器和尖端武器，在武器装备上赶上世界先进水平，实现装备的现代化，人民军队和国防建设的现代化才有了巩固和可靠的物质基础。

第三，正确处理国防建设和经济建设的关系。经济是国防建设的基础，加强国防一定要首先加强经济建设。早在 1945 年党的七大上，毛泽东就指出：“没有工业，便没有巩固的国防，便没有人民的福利，便没有国家的富强。”③ 阐明了工业在国家安全、人民福利和国家富强中的基础地位，以及国防对人民安全幸福和国家富强的保障作用。新中国成立后，在我国经济还没有很大发展，财政经济严重困难，各方面建设资金紧缺，经济建设任务繁重，同时国家安全形势又十分严峻，国防建设亟待加强的条件下，怎样正确处理国防建设与经济建设的关系问题，是关系到国家的生死存亡、兴衰治乱的重大问题。毛泽东和党中央根据国内外形势的发展变化，审时度势，确立了正确处理国防建设与经济建设关系的重大战略

① 《建国以来毛泽东文稿》第 4 册，中央文献出版社 1990 年版，第 12、34、309 页。
② 《毛泽东文集》第 7 卷，人民出版社 1999 年版，第 27 页。
③ 《毛泽东选集》第 3 卷，人民出版社 1991 年版，第 1080 页。

思想。

首先，要加强国防，一定要首先加强经济建设。国防建设和经济建设是国家建设的两个重要方面，互相联系，互相影响，互相作用，互相制约。国防建设和国家安全是经济建设和国家发展的保障，经济建设和国家发展又为国防建设和国家安全提供必要的物质基础。不顾国民经济的发展实际，国防建设势必影响和制约国家经济建设；反之，忽视国防建设，势必影响经济建设，危及国家安全，最终也必然会影响乃至打断经济建设的正常发展。

新中国建立之初，毛泽东及时确定了“一手抓经济，一手抓国防”的方针。1950 年 6 月 28 日，中央人民政府人民革命军事委员会和政务院根据毛泽东的有关指示，联合作出了《关于人民解放军 1950 年的复员工作的决定》，指出：在国家生产建设开始时，人民解放军既必须进行一部分复员，去参加国家经济建设工作，以帮助国家经济的恢复和发展，又必须继续加强国防军的建设，以捍卫人民祖国；复员工作的原则，是服从国家经济建设与国防军建设的需要，并使两者联系起来。9 月 25 日，毛泽东又明确指出：“中国必须建立强大的国防军，必须建立强大的经济力量，这是两件大事。”① 1952 年 2 月 1 日，毛泽东在《军委关于部队集体转业的命令》中说：“在新民主主义建设中，以及将来过渡到社会主义的建设中，国内外的敌人会千方百计地进行破坏和抵抗，我们还必须大力加强国防建设，巩固人民民主专政，巩固国防，来保障祖国的建设；而发展工农业生产，又是加强国防建设的物质基础。”② 毛泽东把经济建设和国防建设当作国家建设的“两件大事”，提出“一手抓经济，一手抓国防”的建设方针，充分体现了他对国防的重视程度。

国防建设和经济建设是“两件大事”，要“一手抓经济，一手抓国防”，就要找准着力点。这个着力点是什么？1956 年 4 月毛泽东在《论十大关系》中指出：“只有经济建设发展得更快了，国防建设才能够有更大的进步。”他认为，国防建设要服从经济建设的大局，基本要求就是严格控制国防费用在整个国家预算中的比例，可靠的办法是“把军政费用降到一个适当的比例，增加经济建设费用”，并把能否“降低军政费用的比重，多搞经济建设”提到“战略方针的问题”上来认识。“我们一定要加强国

---

① 《毛泽东文集》第 6 卷，人民出版社 1999 年版，第 95 页。

② 《毛泽东文集》第 6 卷，人民出版社 1999 年版，第 223 页。

防，因此，一定要首先加强经济建设。”① 在经济建设和工业建设中，毛泽东又强调基础工业、重工业在国防建设中的重要地位，因为没有基础工业，便没有巩固的国防，国防工业离不开重工业的支撑。1964 年 5 月，他在听取计划领导小组关于“三五”计划汇报时，把“国防”和“农业”放在同等重要的位置，提出了“两个拳头，一个屁股”的建设思路。他说国民经济有两个拳头，一个屁股，农业是一个拳头，国防工业是一个拳头，基础工业是屁股。建设要按客观规律办事，有多少钱办多少事。要把基础工业同各方面的关系摆好，工业、农业、国防和其他建设事业只能搞那么多了，只有那么多钱②。6 月 6 日的中央工作会议上，毛泽东提出要搞“三线工业基地建设”，重点强调要搞酒泉和攀枝花钢铁厂的建设。指出攀枝花钢铁工业基地的建设要快，但不要潦草，攀枝花搞不起来，睡不着觉。还风趣地说：你们不搞攀枝花，我就骑着毛驴去那里开会，没有钱，拿我的稿费去搞③。毛泽东“一手抓经济，一手抓国防”的方针以及采取的抓住重点带动全局的有效措施，既发展了国防工业，又带动了国民经济的发展。

其次，把国防建设纳入国家建设的整体规划。正确处理好国防建设与经济建设的关系，必须将国防建设纳入国家建设的整体规划，大力加强国防建设，使国防建设与经济建设协调发展。1959 年 12 月 31 日，中共中央、国务院发出《关于经济建设与国防建设关系中若干问题的指示》，要求在集中力量发展经济的同时，必须对国防建设给予足够的重视，明确提出把国防建设纳入国家建设规划之中。毛泽东要求党和政府的各级领导及有关部门，把国防现代化作为国家奋斗目标的重要组成部分，把经济建设同国防建设有机结合起来，通盘考虑。20 世纪 50 年代末，他要求军队方面提出关于国防建设的长期规划和年度规划，交由国家计委统一平衡，全面安排。20 世纪 60 年代初，在制定第三个五年计划的时候，毛泽东和党中央考虑经济力量能否适应战时需要，和平时期的生产能力能否有效转为战时的生产能力，提出了“调整一线，建设三线，改善工业布局，加强国

① 《毛泽东文集》第 7 卷，人民出版社 1999 年版，第 27—28 页。

② 参见薄一波：《若干重大决策与事件的回顾》（下），人民出版社 1997 年版，第 1235 页。

③ 参见薄一波：《若干重大决策与事件的回顾》（下），人民出版社 1997 年版，第 1236 页。

防，进行备战”的重大战略部署。在国家边防受到侵扰的威胁、国民经济经过调整有了好转的情势下，“三五”计划把国防建设放在第一位，加快三线建设，积极地，有目标、有重点地发展新技术，努力赶上和超过世界先进技术水平，“是加快实现我国农业、工业、国防、科技四个现代化建设进程的一个重大战略步骤”①。

第三，毛泽东强调科学技术是国防工业建设的关键。第二次世界大战后，科学技术在军事领域得到了空前的应用，从而使战争与科学技术紧密结合在一起。从 20 世纪 50 年代开始，我国就不失时机地注意发展新兴科学技术，加快国防现代化建设步伐。50 年代中期，在制定中国科学技术发展十二年规划时，国防科学技术也纳入规划中。1958 年 6 月，毛泽东在军委会议上说：“搞一点原子弹、氢弹，我看有十年功夫完全可能。”② 1963 年，在审阅《关于关于发展问题（初稿）》时，毛泽东分析了旧中国落后挨打的历史教训，认为社会制度的腐败和经济技术的落后，是两个重要的原因。指出在社会制度这个原因“基本解决”，经济技术落后“也已经有了一些改变，但要彻底改变至少还需要几十年时间”的情况下，“如果不在今后几十年内，争取彻底改变我国经济和技术远远落后于帝国主义国家的状态，挨打是不可避免的”③。后来他又提出：“我们也要搞人造卫星。”④ 由于毛泽东和其他老一辈革命家的努力和重视，20 世纪 60 年代到 70 年代中期，中国先后成功地研制出原子弹、氢弹，成功地发射人造卫星和返回式遥感卫星，培养了一大批国防科技人才，国防现代化建设为经济建设和国家各方面建设作出了重大贡献。

第四，全民办国防的积极防御战略。以保护人民利益为根本出发点，正确地确定并适时调整国防建设的战略地位和重点，是毛泽东国防建设战略思想的核心。在战争年代，毛泽东创立了人民战争思想。新中国成立后，毛泽东把人民战争思想的基本原理运用于指导国防建设，确立了在党的统一领导下全民办国防的基本指导原则。《中国人民政治协商会议共同

① 参见薄一波：《若干重大决策与事件的回顾》（下），人民出版社 1997 年版，第 1253 页。

② 《响彻云霄的毛泽东思想凯歌——记我国第一颗氢弹爆炸成功》，《人民日报》1967 年 6 月 18 日。

③ 《毛泽东文集》第 8 卷，人民出版社 1999 年版，第 341 页。

④ 《红色卫星飞长空　宇宙响彻〈东方红〉》，《人民日报》1970 年 4 月 27 日。

纲领》规定：“中华人民共和国国民均有保卫祖国，应征兵役的义务。”“中华人民共和国实行民兵制度，保卫地方秩序，建立国家动员基础，并准备在适当时机实行义务兵役制。”1954年颁布的《中华人民共和国宪法》以正式条文把上述规定确定下来，确立了在党的集中、统一领导下，动员、依靠全国人民保卫国防、建设国防的思想和原则。20世纪50年代中期，中共中央军委召开扩大会议，着重讨论保卫中国的战略方针、国防建设等问题，提出了“根据我国是社会主义国家的性质和我军的实际状况，在未来反侵略战争初期，应采取积极防御的战略方针”，即“在战争爆发之前，不断加强我国的军事力量，继续扩大我国的国际统一战线活动，从军事上和政治上来制止和推迟战争的爆发”①。积极防御的战略方针是反对单纯军事观点的、从军事和政治等方面遏制战争的和平方针。根据毛泽东的指示，1958年4月中共中央作出规定，省军区、军分区、人武部是地方党委的军事工作部，受同级地方党委领导，地方党委书记兼任同级军事机构的政治委员。这个规定，是坚持党对军队的绝对领导原则的具体体现，也是对毛泽东关于要在党的集中、统一领导下，动员全党、全军和全国人民建设国防、保卫国防的思想的具体落实。9月，毛泽东提出“我们不但要有强大的正规军，我们还要大办民兵师”，使帝国主义侵略我国时“寸步难行”②。1960年1月，全国民兵工作会议讨论贯彻中国共产党批转中央军委的《关于民兵工作问题的指示报告》，研究构成全民防御网的民兵战略布局的方法问题。20世纪60年代中期，毛泽东根据对当时国际形势和我国国家安全环境的判断，提出“备战，备荒，为人民”，从做好反侵略战争准备方面集中体现了他的人民国防人民办、人民国防为人民的重要国防战略思想。全民办国防的战略思想着眼于保卫国家和人民的利益，贯彻“平战结合、军民结合、劳武结合”的基本原则，是有中国特色的国防建设指导思想。

二、独立自主地发展对外关系

捍卫国家主权和国家安全。维护民族独立和民族尊严，维护世界和平，始终是毛泽东和新中国对外关系的根本准则。1949年10月1日，毛泽东在开国大典上向各国政府庄严宣布：“凡愿遵守平等、互利及互相尊

① 《中国人民解放军六十年大事记》，军事科学出版社1988年版，第557页。
② 《建国以来毛泽东文稿》第7册，中央文献出版社1992年版，第430页。

重领土主权等项原则的任何外国政府，本政府均愿与之建立外交关系。”①从而向全世界宣告了新中国对外关系的根本方针。毛泽东主张，新中国必须在平等、互利、互相尊重主权和领土完整的基础上同各国建立和发展关系，尤其是加强经济和文化方面的往来；同时，必须坚持独立自主、自力更生的方针，坚定不移地走自己的路。他强调，不管资本主义大国也好，社会主义大国也好，哪个大国要控制我们，反对我们，都是不允许的。1950年，当美国发动侵略朝鲜的战争，并派海军第七舰队入侵台湾海峡、直接威胁中国的国家安全时，以毛泽东为主席的中共中央毅然决定派中国人民志愿军赴朝作战。抗美援朝战争的胜利给了帝国主义者以必要的教训，使他们懂得，中国人民已经组织起来了，是惹不得的。20世纪50年代末，苏联提出在中国领土和领海上建立中苏共有共管的长波电台和联合舰队的建议，显露出在军事上控制中国的意图。毛泽东当即严词予以拒绝。之后，他更带领全党和全国人民同苏联的大国霸权主义进行了坚持不懈的斗争。

独立自主地发展同各个国家的关系，争取国家经济建设和平的国际环境，是20世纪五六十年代毛泽东为新中国制定的国际战略和对外工作方针所要达成的根本目标。1954年，他在会见英国工党代表团时指出，“不同的制度是可以和平相处的”，中国着力于改变落后的农业国的面貌，“要变为工业国需要几十年，需要各方面帮助，首先需要和平环境”。他深有感触地说，“我们的国家现在还很穷，如果能得到几十年的和平就好了”，他甚至“希望美国也采取和平共处的政策”，向美国发出“我们大家统统解除武装”② 的倡议。同年，在同印度总理尼赫鲁谈话时说，我们现在需要几十年的和平，至少几十年的和平，以便开发国内的生产，改善人民的生活，“假如能创造这样一个环境，那就很好”。他还希望世界“长期和平”，希望中印“共同努力来防止战争，争取持久的和平”③。以毛泽东为核心的第一代中央领导集体，始终不渝地奉行独立自主的外交政策，倡导和坚持和平共处五项原则，支持世界各国人民反对帝国主义、霸权主义、殖民主义和种族主义的斗争，积极发展同各国、同各国人民的友好往来。主张同社会主义国家，同亚洲、非洲、拉丁美洲民族独立国家加强团结和合作；

① 《毛泽东文集》第5卷，人民出版社1999年版，第2页。

② 《毛泽东文集》第6卷，人民出版社1999年版，第339—340页。

③ 《毛泽东文集》第6卷，人民出版社1999年版，第365、370页。

争取同美国以外的资本主义国家发展关系；对于美国，在反对它对中国的威胁同时，也要争取同它和平共处。正是在毛泽东的领导下，新中国与同自己接壤或临近的多个亚洲国家妥善地解决了边界问题，坚决地支持了越南人民的抗法战争和抗美战争，有力地支持亚洲、非洲、拉丁美洲广大地区出现的民族解放运动高潮。特别是1971年10月新中国在联合国合法席位的恢复，中国与日本、西方国家外交关系的建立，中美关系正常化大门的开启，“开创了中美关系和中日关系的新阶段”①，逐步打破了美国等西方国家对中国的封锁，使独立的中华民族成为维护世界和平的坚强力量。

维护社会主义国家的团结，促进世界社会主义运动的发展，是争取世界和平，赢得国内经济建设良好国际环境的重要保障。新中国成立前，毛泽东依据对战后国际形势和性质的科学分析，制定了依靠自力更生和重视国际援助的对外关系原则，明确提出“一边倒”的方针，宣布新中国是站在以苏联为首的和平民主阵营的一边，指出“我们必须和一切爱好和平自由的国家和人民团结在一起，首先是和苏联及各新民主国家团结在一起，使我们的保障人民革命胜利成果和反对内外敌人复辟阴谋的斗争不致处于孤立的地位”②。1950年，朝鲜战争爆发，新生的人民政权又一次面临着战争与和平的艰难选择。在决策中国人民支援朝鲜人民正义战争的过程中，对于是否出兵支援朝鲜人民，毛泽东主要着眼于两点：一是世界社会主义运动的发展，“让整个朝鲜被美国人占去了，朝鲜革命力量受到根本的失败，则美国侵略者将更为猖獗，于整个东方都是不利的”。二是中国经济建设的发展。对于是否出兵朝鲜，起初毛泽东考虑“最不利的情况”是中美两军相持成为僵局，“是中国现在已经开始的经济建设计划归于破坏，并引起民族资产阶级及其他一部分人民对我们不满”；后来又考虑到苏联提供武器装备是租借还是用钱买，因为这是关系到国内建设和一般军费的资金能否保证，以及是否影响国内经济稳定的问题③。及至抗美援朝后期，对于谈判及其进程的把握，毛泽东决策的依据是“毫不妨碍国内的国防建设和其他建设”④，把战争对经济建设的影响减少到最低限度。20世纪50年代中后期开始，世界社会主义阵营出现复杂的新情况，中国

---

① 《邓小平文选》第2卷，人民出版社1994年版，第172页。

② 《毛泽东文集》第5卷，人民出版社1996年版，第344页。

③ 《毛泽东文集》第6卷，人民出版社1999年版，第97—98、103—104页。

④ 《毛泽东传（1949—1976）》（上），中央文献出版社2003年版，第173页。

政府认为，社会主义国家都是独立的主权国家，应该以互相尊重主权和领土完整、互不侵犯、互不干涉内政、平等互利、和平共处五项原则为准则发展相互关系，同时应当以社会主义的共同理想和无产阶级的国际主义精神团结在一起。中国共产党始终维护“以苏联为首的社会主义阵营和国际共产主义运动的团结”①，争取各社会主义国家和各国共产党在“1957 年莫斯科会议宣言和 1960 年莫斯科会议声明”② 基础上的“加强社会主义阵营的团结和国际共产主义运动的团结”，即使后来中苏两党分歧公开化、两国关系紧张，中国共产党仍然强调“两党、两国在马克思列宁主义和无产阶级国际主义的基础上团结起来”③。之所以中国共产党特别强调社会主

① 注：20 世纪 50、60 年代，国际共产主义运动发生分歧，毛泽东和中国共产党率先提出并坚持的社会主义和国际共产主义运动的团结“以苏联为首”（参见逄先知、金冲及《毛泽东传（1949—1976）》上册，中央文献出版社 2003 年版，第 736 页）。同一时期，中国共产党和中国政府在同社会主义国家的共产党、工人党和政府公开往来的电报电文中，使用“维护以苏联为首的社会主义阵营和国际共产主义运动的团结”用语直到 1960 年 11 月底（参见《建国以来毛泽东文稿》第 9 册，中央文献出版社 1996 年版，第 372 页）。1957 年 11 月在莫斯科召开十二个社会主义国家共产党和工人党代表会议，1960 年 11 月在莫斯科召开八十一国共产党和工人党代表会议，分别通过相关宣言和声明。从 1961 年 4 月，中国共产党和中国政府在同社会主义国家的共产党、工人党和政府往来的电报电文中不再使用“以苏联为首的社会主义阵营和国际共产主义运动的团结”，改用“在莫斯科会议声明的基础上”“1957 年莫斯科会议宣言和 1960 年莫斯科会议声明基础上”维护“社会主义阵营的团结和国际共产主义运动的团结”（参见《建国以来毛泽东文稿》第 9 册，中央文献出版社 1996 年版，第 464、609 页）。

② 分别指 1957 年 11 月在莫斯科召开十二个社会主义国家共产党和工人党代表会议上通过的《社会主义国家共产党和工人党宣言》，1960 年 11 月在莫斯科召开八十一国共产党和工人党代表会议上通过的《各国共产党和工人党代表会议声明》。

③ 《建国以来毛泽东文稿》第 11 册，中央文献出版社 1996 年版，第 192 页。据初步查阅，中国共产党在同社会主义阵营往来中使用“马克思列宁主义和无产阶级国际主义基础上的”“友谊”“团结”的用语是在 1960 年，最初是与“以苏联为首”并用，后逐步取代“以苏联为首”的用语。首次使用中苏两国人民建立在“马克思列宁主义和无产阶级国际主义基础上”的团结，是在 1961 年 11 月 6 日《毛泽东等祝贺苏联十月社会主义革命四十四周年的电报》中（参见《建国以来毛泽东文稿》第 9 册，中央文献出版社 1996 年版，第 29、121、240、343 页）。经查阅《建国以来毛泽东文稿》，这种提法在对苏联共产党和政府的交往中，最后一次使用可能是《毛泽东等祝贺苏联十月社会主义革命四十八周年的电报》中，而对东欧国家的政党和政府的往来中，最后使用可能在 1974 年 11 月祝贺阿尔巴尼亚解放三十周年的电文（参见《建国以来毛泽东文稿》第 13 册，中央文献出版社 1996 年版，第 408 页）。

义阵营的团结，是因为“世界范围内的谁胜谁负的问题没有解决。还有严重的斗争，还有战争的危险。要防备疯子”①。这就是说，无产阶级革命的彻底胜利，社会主义运动的发展，需要争取和维护世界和平，需要反对帝国主义的战争威胁。

历史表明，毛泽东制定的独立自主的国际战略和对外工作方针，使新中国“在国际事务中发挥着越来越重大的积极作用。这一切为我国的社会主义建设创造了有利的国际条件，促进了国际形势朝着有利于世界人民的方向发展”②，也为后来中国逐步实行对外开放政策创造了有利条件。“我们能在今天的国际环境中着手进行四个现代化建设，不能不铭记毛泽东的功绩。”③

三、“三个世界”的理论

毛泽东在晚年警觉地注意维护我国的安全，坚决支持各国人民的正义斗争，执行正确的对外政策，提出了划分三个世界的正确战略和我国永远不称霸的重要思想。

第二次世界大战后，国际形势发生了根本性变化。帝国主义势力遭到沉重打击，亚非拉民族解放运动蓬勃发展。1955 年的万隆亚非会议和 1961 年第一次不结盟国家和政府首脑会议的成功召开，1964 年联合国第一届贸发会议上 77 个发展中国家和地区联合发表 77 国宣言形成 77 国集团，这一系列重大事件表明，亚、非、拉民族独立地区的广大不发达国家作为一支独立的政治力量登上历史舞台，成为反对霸权主义和强权政治的主要力量。如何认识亚非拉国家的战略地位及其对世界政治经济格局变化的影响，是以毛泽东为核心的中国共产党领导集体争取和维护世界的和平和发展，制定中国对外关系战略，形成广泛的国际统一战线的重大课题。

20 世纪 50 年代初，毛泽东不断思考国际形势的新变化，洞察国际力量变化而形成的新矛盾。1954 年，毛泽东在会见英国工党代表团时尖锐地指出，美国的目标是在经济和军事上控制两大阵营之外的广大中间地带的国家，使这些国家都弱下去。这实际上提出存在着辽阔的中间地带的思

① 逄先知、金冲及：《毛泽东传（1949—1976）》（上），中央文献出版社 2003 年版，第 736 页。

② 《三中全会以来重要文献选编》（下），人民出版社 1982 年版，第 797 页。

③ 《邓小平文选》第 2 卷，人民出版社 1994 年版，第 172 页。

想。1956年苏伊士运河事件后，毛泽东又提出了“两类矛盾，三种力量”的观点，指出，除了帝国主义与社会主义之间的矛盾外，世界还存在“两类矛盾和三种力量”，“两类矛盾，一类是帝国主义跟帝国主义之间的矛盾，即美国跟英国、美国跟法国之间的矛盾；一类是帝国主义跟被压迫民族之间的矛盾。三种力量，第一种力量是最大的帝国主义美国，第二种是二等帝国主义英法，第三种就是被压迫民族”①。20世纪60年代，在国际形势发生“大动荡、大分化、大改组”的情势下，毛泽东将过去的“中间地带”理论进一步发展为“两个中间地带”理论，对中间地带的内部结构进行了精细的分析，突出中间地带力量性质的多元性质②。1962年，他根据社会主义和美国之间“中间地带”国家性质的差异性，对“中间地带”作了初步的细分，认为“中间地带”的国家有的有殖民地（如英、法、比、荷等国），有的被剥夺了殖民地但仍有强大的垄断资本（如西德、日本），有的取得真正的独立（如几内亚、加纳等），有的名义上独立实际上仍然是附属国，中间地带国家的性质各不相同。1963年和1964年，毛泽东又侧重于对美国和苏联之外的“中间地带”的国家进行分析，指出：“中间地带有两个，一个是亚、非、拉，一个是欧洲。”在同日本社会党访问团成员谈话时，他说：“我们现在提出这么一个看法，就是有两个中间地带：亚洲、非洲、拉丁美洲是第一个中间地带；欧洲、北美加拿大、大洋洲是第二个中间地带。日本也属于第二个中间地带。”③ 日本、加拿大、法国对美国是不满意的，“东欧各国对苏联赫鲁晓夫就那么满意？我不相信”，“苏联与东欧各国的矛盾也有明显发展，关系紧张得很”④。这就明显地把反对美国的帝国主义和反对苏联的霸权主义联系起来了，把以亚洲、非洲和拉丁美洲经济落后的国家、以欧洲为代表的帝国主义国家和发达的资本主义国家“反对美国的控制”与“东欧各国反对苏联的控制”对等看待。中间地带理论，是毛泽东在20世纪60年代美苏对峙、争夺世界霸权的条件下，为建立多极世界和制定我国保卫世界和平的路线和策略方针的重要依据。因为一方面，亚洲、非洲、拉丁美洲等国家的民族解放运动，对削弱帝国主义、牵制和束缚帝国主义的手脚、增强制止世界战争的力量

---

① 《毛泽东文集》第7卷，人民出版社1999年版，第188页。
② 参见唐洲雁：《毛泽东的美国观》，陕西人民出版社2009年版，第287页。
③ 《毛泽东文集》第8卷，人民出版社1999年版，第345页。
④ 《毛泽东文集》第8卷，人民出版社1999年版，第343—344页。

具有极其重要的意义；另一方面，利用“第二个中间地带”的国家与美国的矛盾，把整个欧洲团结起来，可以使帝国主义的整体力量趋向分散和削弱，这对于反对美国推行霸权主义、强权政治，防止世界战争、维护世界和平，是具有积极意义的。做好中间地带的工作，支持那里的反占领、反控制斗争，对于制止新的世界战争、保卫世界和平，具有特别重大的战略意义。

毛泽东的“中间地带”理论是“三个世界”国际战略理论的先导①。20 世纪 70 年代，毛泽东以其非凡的洞察力，周密地观察战后的国际形势，深刻地分析世界各种基本矛盾和政治力量的发展演变，于 1974 年在会见赞比亚总统卡翁达时，提出了“三个世界”的国际战略理论。他说：“我看美国、苏联是第一世界。中间派，日本、欧洲、澳大利亚、加拿大是第二世界。咱们是第三世界。”第三世界人口很多，“亚洲除了日本，都是第三世界，整个非洲都是第三世界，拉丁美洲也是第三世界”②。他还明确指出，中国属于第三世界，中国坚定地与第三世界站在一起，绝不谋求霸权。同年 4 月，经毛泽东批准，邓小平在联合国第六届特别会议的发言中，第一次正式向全世界系统阐述了毛泽东“三个世界”划分的理论。邓小平指出，从国际关系的变化看，现在的世界实际上存在着互相联系又互相矛盾着的三个方面、三个世界。美国、苏联是第一世界。亚非拉发展中国家和其他地区的发展中国家，是第三世界。处于这两者之间的发达国家是第二世界③。此后，毛泽东又从不同角度论述了三个世界的各自特征及其相互矛盾，使之形成了比较系统的思想。“三个世界”的理论表明：

第一，当时世界的主要矛盾是争霸与反霸，主要危险是霸权与战争。苏、美两霸是第一世界，它们互相争夺世界霸权。苏联既要充当超级大国，就不能不走同美国争霸的道路；美国要保住其昔日世界霸主的地位，也不能不同苏联激烈争夺。为免受战争灾难，大多数国家和包括美苏两国人民在内的全世界人民必然要坚决反对苏美两国的霸权主义和战争政策，这一矛盾也就成为国际范围内具有突出地位的主要矛盾。

---

① 杨超、毕剑横主编：《毛泽东思想史》（第三卷），四川人民出版社 2001 年版，第 424 页。

② 《毛泽东外交文选》，中央文献出版社，世界知识出版社 1994 年版，第 600 页。

③ 参见唐洲雁：《毛泽东的美国观》，陕西人民出版社 2009 年版，第 329—330 页。

第二，占世界人口大多数的第三世界国家和人民，是反帝、反殖、反霸的主力军。第三世界国家人口众多，分布广阔，而且由于他们在历史上曾长期受殖民主义和帝国主义的压迫，在现实中又饱受超级大国的欺负和侵略威胁，甚至成为超级大国在争霸中任意宰割的对象，因此具有强烈的反抗精神和开展联合斗争的要求。占世界人口五分之一的中国，已经由当年的半殖民地半封建国家变为强大的社会主义国家，同其他坚持反帝反霸的社会主义国家一道，坚定地站在第三世界一边，成为第三世界中不可动摇的力量。

第三，第二世界是第三世界在反霸斗争中可以争取或联合的力量。在上述两者之间的发达国家，如英国、法国、西德、日本等是第二世界，它们具有两面性。这些国家并不甘心于受超级大国的控制，出于自身的利益考虑，他们有时不得不参加超级大国之间的角逐，但总是力求摆脱超级大国对他们的控制。其中一些老牌的帝国主义国家虽然同第三世界有着深刻矛盾，不愿放弃旧的殖民统治，但是美苏两国的霸权主义和战争政策对他们的威胁则更直接、更现实。这使得联合第二世界共同反霸，不仅有必要，而且有可能。

“三个世界”理论明确了当时国际斗争中谁是主要的革命力量，谁是主要的斗争对象，谁是可以联合、争取的中间力量，为国际无产阶级在世界范围内的阶级斗争中，团结一切可以团结的力量，结成广泛的国际统一战线，反对苏美两霸和它们的战争政策，维护世界和平，促进人类社会共同发展，提供了强大的思想武器①。

“三个世界”的理论是毛泽东根据国际形势和世界基本矛盾的变化而提出的重大国际战略理论，具有重大的战略意义。首先，它指出了威胁世界和平与发展的根源。在“三个世界”的理论中，毛泽东把美苏两个霸权主义国家作为敌对力量，把广大第三世界国家作为进步力量，把其他主要资本主义国家作为中间力量。这样就使世界人民清楚地认识到霸权主义的侵略政策和战争政策是世界和平的主要威胁者，认识到在反对霸权主义、维护世界和平的斗争中应该反对谁、联合谁。其次，“三个世界”的理论强调第三世界国家和人民是反对霸权主义、促进人类进步事业的伟大力量。毛泽东认为第三世界是世界范围内反对殖民主义、帝国主义和霸权主

① 参见杨超、毕剑横主编：《毛泽东思想史》（第三卷），四川人民出版社 2001 年版，第 427 页。

义的主力军，大大鼓舞了第三世界国家人民反殖、反帝、反霸的斗争，有力地促进了人类进步事业的发展。毛泽东认为只有依靠各国人民，才能有效地保卫世界和平。世界和平的取得，主要应当依靠各国人民的坚决斗争。“我们无论国内、国外，主要靠人民，不靠大国领袖。靠人民靠得住。”①再次，以经济和军事实力以及对霸权和战争的态度为标准，划分为世界政治力量，提供了认识世界格局的新方法。美苏两个超级大国，尽管社会性质不同，但由于经济和军事力量强大，又执行霸权主义政策，属于第一世界；中国和广大亚非拉发展中国家，尽管社会制度不同，意识形态各异，相互间也存在着各种矛盾，但维护民族独立、摆脱贫穷与落后、反对霸权主义和战争威胁等现实任务却是共同的，都列为第三世界；处于两者之间的一批欧洲国家及日本、加拿大等国，经济上虽都比较发达，但军事上实力不如甚至依赖于美苏两国，政治上也受着这个或那个超级大国的控制，既无力发动战争以谋求霸权，又害怕因发生战争而蒙受损失，又都具有维护国家主权和独立的要求，毛泽东把西欧各国和美国相区别，把东欧国家同苏联相区别，将它们划为第二世界。这里，毛泽东改变了以往用社会制度和阶级属性为标准划分世界政治力量的传统做法，代之以经济和军事实力以及对霸权和战争的态度，就比较准确地反映了新的世界格局，有利于制定正确的外交方针和政策。最后，“三个世界”的理论有利于中国的社会主义现代化建设，对于提高中国的国际地位发挥了重要作用，为中国后来的改革开放和社会主义现代化建设营造了有利的国际环境。正如邓小平所说，毛泽东关于划分三个世界的理论，“对于团结世界人民反对霸权主义，改变世界政治力量对比，对于打破苏联霸权主义企图在国际上孤立我们的狂妄计划，改善我国的国际环境，提高我国的国际威望，起了不可估量的作用”②。

---

① 《毛泽东文集》第8卷，人民出版社1999年版，第344页。

② 《邓小平文选》第2卷，人民出版社1994年版，第160页。

结　　语

——“马克思主义行”与“中国共产党能”的双重变奏：百年来马克思主义中国化的内在规律

2022 年 1 月，在省部级主要领导干部学习贯彻党的十九届六中全会精神专题研讨班开班式上，习近平总书记发表重要讲话指出：“中国共产党为什么能，中国特色社会主义为什么好，归根到底是因为马克思主义行。马克思主义之所以行，就在于党不断推进马克思主义中国化时代化并用以指导实践。”① 这一重要论述深刻阐释了两个重大命题：一是“中国共产党为什么能”，“归根到底是因为马克思主义行”，也就是说中国共产党百年奋斗所取得的重大成就有着深刻的经济、政治、文化原因，但就思想理论武器而言，“归根到底是因为马克思主义行”；二是“马克思主义之所以行”根本上在于“党不断推进马克思主义中国化时代化并用以指导实践”，也就是说“马克思主义行”不仅仅因为它是科学的真理、行动的指南，更是在于中国共产党不断用马克思主义理论指导实践并检验和创新理论。这两个重大命题从理论与实践结合的高度、真理性评价与价值性评价相统一的维度，揭示了“中国共产党能”与“马克思主义行”的根本关系和内在统一，揭示了百年来马克思主义中国化的内在规律。新的时代征程上，要回应现实需要，科学回答中国之问、世界之问、人民之问、时代之问，就必须深刻认识马克思主义“行”的理论逻辑与实践逻辑，从历史与现实、理论与实践相统一的角度更好地掌握马克思主义的科学性，坚定不移地用党的最新理论成果武装头脑、指导实践，更好地发挥马克思主义理论的真理力量与时代价值，夯实中国特色社会主义事业行稳致远的思想基础。

① 习近平：《更好把握和运用党的百年奋斗历史经验》，《求是》2022 年第 13 期。

第一节 “中国共产党为什么能”“归根到底是因为马克思主义行”

马克思主义在崇尚价值与遵从科学的实践中，揭示了人类社会发展的普遍规律，建构了未来社会的理想蓝图，也为中国社会主义的发展建设提供了重要的方法指导。马克思主义之所以“行”，首先在于它本质上是科学的理论体系，蕴含着科学的世界观和方法论。

一、马克思主义“行”，行在它是科学的真理

马克思主义“行”不是自封的，而是由其内在思想品质决定的。马克思主义之所以“行”，是因为其本身的科学真理性。“马克思创建了唯物史观和剩余价值学说，揭示了人类社会发展的一般规律，揭示了资本主义运行的特殊规律，为人类指明了从必然王国向自由王国飞跃的途径，为人民指明了实现自由和解放的道路。”① 它始终以开放发展的形态关注着时代的演进和社会的变革，实现了理论与实践的互促共进，始终保持着理论的生命活力，彰显了与时俱进的理论特质。

马克思主义汲取了前人创造的优秀文明成果，奠定了思想理论的文明基础。列宁指出，马克思主义绝不是离开世界文明发展大道而产生的故步自封、僵化不变的学说，而是他那个时代“哲学、政治经济学和社会主义极伟大的代表人物的学说的直接继承者”②。19 世纪上半叶的自然科学和社会科学成果为马克思主义的诞生作了充足理论准备，尤其是德国古典哲学、英国古典政治经济学、英法空想社会主义等社会科学成就，以及生物进化论、细胞学说、能量守恒和转化定律等自然科学成就，成为马克思主义的重要思想来源。马克思和恩格斯吸取黑格尔哲学中辩证法的合理内核而摈弃其唯心主义，吸收费尔巴哈哲学中唯物主义的基本内核而突破其形而上学束缚以及社会历史层面的唯心观点，在批判继承德国古典哲学的基础上创立了马克思主义哲学；他们运用辩证唯物主义和历史唯物主义对资本主义生产方式进行了深入分析，以英国古典政治经济学的先进思想成果

① 习近平：《在纪念马克思诞辰 200 周年大会上的讲话》，人民出版社 2018 年版，第 8 页。

② 《列宁选集》第二卷，人民出版社 2012 年版，第 309 页。

为基石，阐释了科学的劳动价值论和剩余价值学说，为马克思主义政治经济学思想的建构奠定了坚实根基；他们借鉴空想社会主义对社会制度的分析与对未来社会的构想，进一步指出了社会历史发展规律以及共产主义理想实现路径，促成了社会主义从空想到科学的伟大飞跃。他们还关注自然科学的发展，盛赞科学技术发展是推动人类社会的“最强有力的杠杆”①，描绘了人类社会发展的未来美好前景②。基于对人类社会和时代发展状况的敏锐洞察，基于对阶级关系、历史运动、社会规律等的深刻把握，马克思主义实现了社会科学理论的革命性转变，为无产阶级政党认识世界、改造世界提供了强大思想武器。

马克思主义创造性地揭示了人类社会发展规律，“科学揭示了人类社会最终走向共产主义的必然趋势”③。衡量一种理论是否具有科学真理性的重要标尺，就在于它能否真正揭示客观对象的变化规律，以及能否以此为指导照亮现实，创造实践伟力。马克思主义问世前，空想社会主义等各种社会主义思潮受制于历史和阶级局限性，缺乏对社会发展本质规律的认识，无法提出改变现实的有效方法，更不可能真正对历史进步产生实质作用。以马克思“两大发现”为突出内容的马克思主义，成为人类自觉到自身发展普遍规律及资本主义社会发展特殊规律的科学指引，明确了实现人的自由解放与全面发展的现实道路，为创建人类文明新形态提供了理论依据和实践原则。“一切社会变迁和政治变革的终极原因，应当到生产方式和交换方式的变更中去寻找”④，马克思主义在社会有机体各种因素的交互作用中，发现了最具有决定性意义的“生产力”及以它为最终动因的历史

---

① 1882年，当慕尼黑电气展览会上展出法国物理学家德普勒在米斯至慕尼黑之间架设的第一条实验性输电线路时，恩格斯于1883年2月致信爱德华·伯恩斯坦，指出：“德普勒的最新发现在于，能够把高压电流在能量损失较小的情况下通过普通电报线输送到迄今连做梦也想不到的远距离，并在那一端加以利用——这件事还只是处于萌芽状态——，这一发现使工业彻底摆脱几乎所有的地方条件的限制，并且使极遥远的水力的利用成为可能，如果在最初它只是对城市有利，那么到最后它将成为消除城乡对立的最强有力的杠杆。但是非常明显的是，生产力将因此得到大发展，以至于越来越不再需要资产阶级的管理了。”见《马克思恩格斯选集》第4卷，人民出版社2012年版，第556页。

② 《列宁选集》第2卷，人民出版社2012年版，第309页。

③ 习近平：《在纪念马克思诞辰200周年大会上的讲话》，人民出版社2018年版，第16页。

④ 《马克思恩格斯文集》第三卷，人民出版社2009年版，第547页。

发展总路线，即生产力与生产关系、经济基础与上层建筑之间的矛盾运动存在于一切社会形态之中，推动着人类社会由低级向高级发展。唯物史观清楚阐明了人类社会的演变进程与发展规律，在此基础上马克思主义进一步阐释了资本主义社会发展的特殊规律，以劳动价值论与剩余价值学说为核心的政治经济学，切中了资本主义经济生产的内在矛盾、本质特点以及剥削秘密，从而科学论证了无产阶级的历史使命，不仅深化了人们对“两个必然”的认识，也帮助人们找到了实现变革理想的通路。马克思主义把对社会主义的追求建立在对两大规律的真理性认识基础上，确立了切实的社会理想即共产主义蓝图，以及合理的价值诉求即人的自由解放，并且通过改造世界的具体实践不断表现出其思想伟力和广泛影响。

马克思主义在时代变迁中不断回应重大时代课题，具有与时俱进的理论特质和强大的生命活力。“马克思的整个世界观不是教义，而是方法。它提供的不是现成的教条，而是进一步研究的出发点和供这种研究使用的方法”①，马克思主义不是封闭的书斋学问，也不是僵化的教条理论，而是观察世界和解决问题的基本立场、观点、方法。它深深扎根于实践、服务于实践，随时代和实践的变化而发展，在回答“重大时代课题”、不断自我革新和自我超越中永葆生机活力。马克思主义的科学性就在于其实事求是的理论特质以及与时俱进的实践力量。纵观马克思主义发展史，无论是马克思、恩格斯还是他们的后继者们，都敢于承认自身理论的局限性，站在时代前沿，立足社会实践，不断推动马克思主义的实际运用与创新发展。他们结合时代特征和世界潮流，着眼于探索中提出的新课题，坚持以马克思主义引导人类破解自身发展难题，创造人类文明新形态，在现实回应中展现了马克思主义的科学真理性。马克思恩格斯在参与工人运动实践中，针对不同国家无产阶级力量和社会发展状况，制定了各个国家无产阶级革命的不同策略，推动社会主义从空想到科学、从理论创建到现实实践运动的发展。列宁在领导俄国革命和建设过程中，把马克思主义基本原理与俄国实际结合，制定了经济落后的国家进行无产阶级革命的方针策略，领导十月革命推翻了资产阶级的统治，在世界上建立起第一个苏维埃社会主义国家政权，实现社会主义从理论到实践的发展。马克思列宁主义传入中国，中国共产党结合世情、国情、党情，不断推进马克思主义中国化、

① 《马克思恩格斯文集》第十卷，人民出版社2009年版，第691页。

时代化、大众化，形成了毛泽东思想、中国特色社会主义理论体系等重要理论成果，指导中国革命、改革、建设、发展取得了诸多成就，在谋求中华民族伟大复兴的道路上表现出非凡生命力与创造力。

马克思主义为我们揭示了人类历史的发展规律，指明了人类社会的发展道路，提出了社会理想的实现路径。马克思主义的科学性铸就了马克思主义“行”的思想理论基石。坚信马克思主义理论，在尊重客观规律基础上充分发挥主观能动性，与时代发展同频共振，就能够自觉推动人类社会的发展。

二、马克思主义“行”，行在它是行动的思想指南

1859年，当马克思出版《政治经济学批判（第一分册）》时，恩格斯欣喜地评价了“建立在唯物主义历史观基础上”的马克思主义政治经济学，即“科学的、独立的、德国的经济学”，他指出，当德国的资产阶级、学究和官僚“把英法经济学的初步原理当成不可侵犯的教条死记硬背，力求多少有些了解的时候”，随着德国无产阶级政党的出现产生的这一思想理论，“不仅对于经济学，而且对于一切历史科学（凡不是自然科学的科学都是历史科学）都是一个具有革命意义的发现”，“不仅对于理论，而且对于实践都是革命的结论”，而且“只要进一步发挥我们的唯物主义论点，并且把它应用于现时代，一个强大的、一切时代中最强大的革命远景就会立即展现在我们面前”①。深刻表明马克思主义不仅是科学的理论，而且是指导无产阶级革命和建设的思想指南。

欲为而不善为，有为而无成效，形成这一思想与实际相脱节问题的根源即是方法的缺失。理论与实践之间形成良性互动关系需要以科学方法为中介，在当代，就是要用马克思主义基本原理之“箭”对准新时代中国发展之“靶”。马克思主义之所以“行”，是因为它为我们认识世界和改造世界提供了方法论支撑。马克思主义包含“辩证唯物论”基本立场、“辩证唯物主义认识论”思维规律、“唯物辩证法”本质精髓、“唯物史观”科学基础、“科学社会主义”原则建构等内容，深刻阐释了自然界、人的思维、人类社会的发展规律，为中国共产党在革命和建设的各个时期制定战略策略、构建制度体系、解决实际问题提供了方法指导。

---

① 《马克思恩格斯选集》第二卷，人民出版社2012年版，第8—9页。

马克思主义是中国共产党人的看家本领。中国共产党把马克思主义基本原理同中国具体实际相结合、同中华优秀传统文化相结合，在历史征程中逐步找到中国新民主主义革命、社会主义革命的道路和中国特色社会主义道路，取得了革命和建设的伟大成就。中国共产党坚持世界物质统一性原理，坚持一切从实际出发，提出实事求是的思想方法、工作方法、领导方法。辩证唯物主义认识论阐释了认识和实践的辩证关系原理，强调实践第一的观点，重视调查研究即是其在工作中的具体运用，只有通过实践调研及深入分析，才能准确把握问题本质和规律，研究透彻解决的思路，进而制定科学的对策。唯物辩证法要求我们在实践中不断增强辩证思维、历史思维、战略思维、创新思维、法治思维、底线思维能力，增强工作的科学性、预见性、系统性、创造性和原则性。矛盾的观点是唯物辩证法的根本观点，矛盾分析法指出要突出问题导向，抓住事物的主要矛盾和矛盾的主要方面，坚持两点论和重点论的统一，既要有全局观即对全面了解各种矛盾，又要紧紧围绕主要矛盾和中心任务，优先解决主要矛盾和矛盾的主要方面从而带动其他矛盾的解决。新时代，中国共产党抓住现阶段社会主要矛盾已经转变为人民日益增长的美好生活需要和不平衡不充分的发展之间的矛盾，强调只有牢牢抓住这一变化，使得工作有主次、有侧重，党和人民的事业才能沿着正确方向顺利推进。作为马克思主义哲学的另一个核心部分，唯物史观为我们明晰了社会矛盾和社会动力的分析方法，基于生产力是人类社会发展的最终决定力量，我们必须坚持大力发展生产力，同时推进生产力和生产关系、经济基础和上层建筑相协调；基于人民群众是社会历史的创造者和推动者，我们必须坚持以人民为中心的实践原则和价值取向，贯彻落实群众观点和群众路线，发挥人民的首创精神与主体作用，实现物的不断丰富与人的全面发展相统一。

马克思主义政治经济学中也蕴含着丰富的辩证唯物主义和历史唯物主义的方法论，马克思、恩格斯正是在此基础上揭示了资本主义社会经济运动规律，创立了较为完备的政治经济学体系。将马克思主义政治经济学原理及其方法论作为认识经济运动过程、分析复杂经济现象、把握经济发展规律的利器，有助于更好地驾驭社会主义市场经济，应对我国经济发展的理论和实践问题。马克思主义生产力理论和社会再生产理论，为我们定位社会主义市场经济各种因素并准确制定经济政策制度指明了方向，促进了扩大内需战略与供给侧结构改革的深化实施，推动了“以国内大循环为主体、国内国际双循环相互促进的新发展格局”的加快构建。马克思主义政治经济学以剩余价值学说等理论，揭露了资本主义平等表象掩盖下的剥削秘密，抨击了不合理的社会制度和不公正的社会秩序，落脚于无产阶级的自由解放，表达了坚定的人民立场；中国特色社会主义政治经济学对其继承发展，提出了“以人民为中心的发展思想”，强调紧紧围绕人民福祉和发展需求开展工作。除此之外，马克思主义政治经济学剖析了资本主义的内在矛盾和现实问题，作出了“两个必然”的前瞻性预判，对资本主义经济运行规律的分析亦是对人类社会发展必然趋势的探寻，对资本主义的反思性批判蕴含着对未来社会基本特征的展望，其科学的诠释对于我们认识当代资本主义和社会主义的经济新变化具有重要作用。

第二节 “马克思主义行”在“中国共产党能”的实践中得到检验证实

诞生于西欧的马克思主义，不仅在其故乡沦为边缘性的社会思潮，在其他发展中国家也不受重视，反而在东方、在中国这个文化精神迥异、文化背景悬殊的古老文明国度“活”得越来越好，“活”出了高品质，达到了新高度，其根源就在于做好了“结合”这篇大文章，关键即是成功推动了马克思主义中国化时代化①。“马克思主义之所以行”，就在于中国共产党人把马克思主义基本原理与中国实际相结合，不断推进马克思主义中国化时代化并用以指导实践，实现了马克思主义的中国化发展，这即是马克思主义“行”的实践逻辑。马克思主义作为立党治国的指导思想，成功指导中国革命、建设和改革的壮阔实践，深刻改变了中国的社会面貌与国际地位，创造了世界罕见的“革命独立奇迹”和“发展富强奇迹”，实现了中华民族从站起来、富起来到强起来的伟大飞跃，马克思主义中国化在创新发展中焕发活力，在历史实践中得到充分证明，这是对“马克思主义为什么行”最有力的回答。

从建党的“开天辟地”到新中国成立的“改天换地”，从改革开放的“翻天覆地”到新时代的“惊天动地”，贯穿百年党史的重要主线便是共产党人始终坚持把马克思主义普遍原理与不同时期的世情、国情、社情相结

---

① 陈曙光：《文化精神与马克思主义的生成逻辑——理解“两个结合”的另一个视角》，《天津社会科学》2022 年第 1 期。

合，创造性地走出了一条符合时代特点与实践需要的中国特色社会主义道路。中国共产党之所以能领导人民在革命、建设和改革中取得辉煌成就，带领中华民族走向伟大复兴，关键因素正是在救国救民实践中找到了马克思主义并不断推动其创新发展，彰显出其强大的理论威力和实践效应。

中国革命、建设、改革开放的正确道路，是在“结合”中开创的。中国共产党在马克思主义的指导下夺取了新民主主义革命伟大胜利。1840年以后中国逐步沦为半殖民地半封建社会，面对国家蒙辱、人民蒙难、文明蒙尘，各阶级的仁人志士开始探索不同的救亡图存道路，但均以失败告终；十月革命给中国送来了马克思列宁主义，在马列主义和工人运动实践结合过程中，中国共产党应运而生。革命斗争中毛泽东等共产党人，正是因为坚持把马克思主义基本原理与中国革命实际状况相结合，对艰苦探索中积累的独创性经验进行总结概括，才创立了毛泽东思想作为根本指导，开辟出“农村包围城市、武装夺取政权”的正确革命道路，为新民主主义革命指明前进方向，并进而推翻了“三座大山”的压迫，以新中国成立开启了民族复兴和历史发展的新纪元。中国共产党在马克思主义的指导下完成了社会主义革命和社会主义建设任务。从新中国成立到改革开放前夕，以毛泽东同志为主要代表的中国共产党人，结合新的实际丰富和发展了毛泽东思想，提出了关于社会主义建设的一系列重要思想，带领人民有步骤地实现了从新民主主义到社会主义的转变，确立了社会主义基本制度，发展了社会主义的经济、政治和文化，推动形成了最广泛而深刻的社会变革。中国共产党在马克思主义的指导下推进了改革开放和社会主义现代化建设。党的十一届三中全会以后，以邓小平、江泽民、胡锦涛同志为主要代表的中国共产党人坚持以经济建设为中心，持续推进改革开放，继续探索中国建设社会主义的正确道路，成功开创并发展了中国特色社会主义。从农村家庭联产承包责任制的率先突破到城市经济体制改革的全面铺开，党坚持多点发力广泛推进经济体制改革，同时深化政治、文化、社会、生态、党建等方面的机制改革，以各领域的协同建设加快推进社会主义现代化；从兴办深圳等经济特区到推动沿海沿边沿江和内陆中心城市对外开放再到加入世界贸易组织，党将对外开放作为基本国策，建立起全方位多层次的对外关系新格局，为国际国内两个市场、两种资源的结合利用创造了有利条件。在中国特色社会主义理论体系的科学指引下，党领导人民探索出建设中国特色社会主义的方向战略、任务目标、发展动力，创造了举世瞩目的伟大成就，我国实现了从高度集中的计划经济体制到充满活力的社会主义市场经济体制、从封闭半封闭到全方位开放的历史性转变，实现了从生产力相对落后的状况到经济总量跃居世界第二的历史性突破，实现了人民生活从温饱不足到总体小康、奔向全面小康的历史性跨越，更快更好地推动了社会主义现代化进程。中国共产党在马克思主义的指导下开创了中国特色社会主义新时代。中国特色社会主义进入新时代，党的思想理论更加成熟，前进道路更加清晰，社会主义制度更充满活力。十八大以来，以习近平同志为核心的党中央坚持辩证唯物主义和历史唯物主义，深刻总结并充分运用历史经验，科学回答新时代的“重大时代课题”，对事关党和国家事业发展的一系列重大理论与实践问题进行了思考研判，提出了一系列原创性的治国理政新理念新思想新战略，创立了习近平新时代中国特色社会主义思想。新时代党以新思想为指导，带领全国各族人民砥砺奋进，如期实现了全面建成小康社会的目标，取得了全方位、深层次、开创性的历史成就，彰显了中国特色社会主义的强大生机活力，为实现中华民族伟大复兴奠定了更加坚实的基础。“马克思主义的命运早已同中国共产党的命运、中国人民的命运、中华民族的命运紧紧连在一起，它的科学性和真理性在中国得到了充分检验，它的人民性和实践性在中国得到了充分贯彻，它的开放性和时代性在中国得到了充分彰显！”①

中国社会发展的历史性飞跃是在“结合”中实现的。中国共产党诞生后，把马克思主义基本原理与中国革命建设具体实际相结合，取得了革命和建设事业的胜利，实现了中华民族从“东亚病夫”到站起来的伟大飞跃；改革开放后，党又把马克思主义基本原理同中国改革开放的具体实际相结合，开启了建设中国特色社会主义新的伟大实践，使得中国从“落后于时代”转变为“赶上时代”，再跨越到“引领时代”，实现了中华民族从站起来到富起来的伟大飞跃；中国特色社会主义进入新时代，党坚持把马克思主义基本原理同中国具体实际相结合、同中华优秀传统文化相结合，进行伟大斗争、建设伟大工程、推进伟大事业、实现伟大梦想，推动党和国家事业取得了全方位、开创性历史成就，中华民族迎来了从富起来到强起来的伟大飞跃。在中国社会实现历史性巨变的过程中，马克思主义经受了一系列的重大考验和实践检验，面对诡谲多变的内外部环境，马克思主

---

① 习近平：《在纪念马克思诞辰200周年大会上的讲话》，人民出版社2018年版，第14页。

义展现了不竭的生机和活力，越走越宽广的中国式现代化道路生动诠释了“马克思主义为什么行”。

中国社会的思想解放和理论自觉创新是在“结合”中创造的。1915 年兴起的新文化运动高举民主和科学的旗帜，打开了遏制新思想涌流的闸门，掀起了近代中国历史上空前的思想解放潮流，为适合中国需要的新思潮特别是马克思主义在中国的传播创造了有利的条件，也为五四爱国运动的爆发奠定了思想基础；五四运动进一步推动了马克思主义同中国工人运动的结合，为中国共产党成立做了准备，促进了新的革命斗争登上历史舞台。在新民主主义革命、社会主义革命和建设的过程中，党始终坚持以马克思主义为指导，并基于马克思主义基本原理对中国国情和革命建设规律进行了深刻研究，创立了毛泽东思想，实现了马克思主义中国化的第一次历史性飞跃；改革开放和社会主义现代化建设新时期，党从新的实践和时代特征出发，以高度的理论自觉创造性运用马克思主义，建立了科学社会主义在中国有效实现的新形式，即形成了以邓小平理论、“三个代表”重要思想、科学发展观为主要内容的中国特色社会主义理论体系，科学回答了“什么是社会主义、怎样建设社会主义”，“建设什么样的党、怎样建设党”，“实现什么样的发展、怎样发展”等问题，实现了马克思主义中国化新的飞跃；在中国特色社会主义新时代，习近平新时代中国特色社会主义思想就“新时代坚持和发展什么样的中国特色社会主义、怎样坚持和发展中国特色社会主义，建设什么样的社会主义现代化强国、怎样建设社会主义现代化强国，建设什么样的长期执政的马克思主义政党、怎样建设长期执政的马克思主义政党”① 等重大时代课题，提出一系列原创性的治国理政新理念新思想新战略，在“两个结合”基础上实现了马克思主义中国化新的飞跃，是当代中国马克思主义、二十一世纪马克思主义。中国共产党不仅在“结合”中提出了诸多重大的战略思想，创造了丰硕的理论成果，而且积淀形成了丰富的思想工作方法。党成立百年来始终是一个高度重视方法论的马克思主义政党，善于把马克思主义基本原理转化为指导实践的思想方法和工作方法，实现了马克思主义世界观方法论的创造性应用与创新性发展。在不断探索中国革命与社会主义建设道路的过程中，在与本本主义、主观主义等错误观念作斗争的过程中，以毛泽东为代表的共产党人

① 《中共中央关于党的百年奋斗重大成就和历史经验的决议》，《人民日报》2021 年 11 月 17 日。

形成了阶级分析法、矛盾分析法、理论联系实际、从群众中来到群众中去等独具中国特色的思想方法理论，其中实事求是是一以贯之的核心思想，是基于马克思主义唯物辩证法和认识论而产生的中国化马克思主义方法论，为党和国家事业健康发展提供了根本保障。进入社会主义现代化建设新时期，以邓小平为代表的中国共产党人坚持解放思想与实事求是辩证统一的思想方法，在两者的长效互动中找准利益症结和突破方向，推动改革开放朝着符合实际的方向深化；坚持矛盾的普遍性与特殊性辩证统一的思想方法，发展具有中国特色和优势的社会主义市场经济，因地制宜层层推进对外开放；坚持突出重点和统筹兼顾辩证统一的思想方法，以经济建设为中心同时开展多方面的现代化建设，整体建设开放新格局的同时重点突破区域困境，在马克思主义思想方法创新应用的过程中开创了中国特色社会主义道路①。以江泽民、胡锦涛为代表的中国共产党人在“解放思想、实事求是”的基础上，创造性地践行“与时俱进”的思想方法与“求真务实”的精神要求，进一步在实践中发展了中国化马克思主义的根本思想方法。立足新时代的新使命，以习近平为核心的领导集体将马克思主义世界观方法论与中国共产党治国理政具体实践相结合，自觉运用适应新时代要求的科学方法指导工作，丰富发展了实事求是、问题导向、统筹兼顾、重点施治、唯物辩证、群众路线等重要的思想方法，不仅奠定了习近平新时代中国特色社会主义思想的哲学基础，为中国化马克思主义方法论体系以及科学社会主义理论体系注入了新活力，而且有助于提升党员干部的能力本领，提升党执政的科学化水平，为分析解决新时代中国特色社会主义事业发展面临的系列问题提供了方法指南。

总之，“马克思主义行”，行在源于实践、归于实践，在“中国共产党能”的实践中不断凸显和验证其科学本质，在结合实际的具体运用中不断丰富发展。

第三节 在回答时代重大课题中更好地实现理论之“行”与实践之“能”的统一

马克思主义是迄今为止最科学且最有生命力的理论体系，没有一种理

---

① 郑又贤：《邓小平思想方法及其对全面深化改革的重要启迪》，《马克思主义哲学论丛》2014 年第 3 期。

论能够像马克思主义一样始终占据真理和道义的制高点，发挥着沁人心脾的磅礴伟力。作为时代精神的坐标与人民行动的指南，作为我们立党立国的根本指导思想，它引领党和国家的事业沿着正确方向不断前进，克服了一个又一个困难，取得了一次又一次胜利，无论是理论层面的逻辑还是实践层面的事实都证明了马克思主义“行”。新时代必须毫不动摇地坚持马克思主义指导地位，通过理论创新不断开拓马克思主义发展新境界，通过党的执政能力建设不断增强马克思主义的实践转化效应，通过科学回答“世界之问”和“人民之问”，深入推进马克思主义中国化、时代化、大众化，让马克思主义在新实践中继续展现出“行”之真理力量。

一、在理论与实践的互动中推进马克思主义理论创新

“坚持理论创新”是《中共中央关于党的百年奋斗重大成就和历史经验的决议》指出的十条历史经验之一，揭示了马克思主义永葆生机活力的奥秘所在，对于新时代坚持和发展马克思主义具有重要指导意义。马克思主义自诞生以来，就跟随时代脚步不断变化自身具体形态，在不断创新中延续强大生命力，百年党史也证明中国共产党高度重视理论创新、善于进行理论创新并取得了丰硕理论创新成果，中国共产党人既是马克思主义事业的坚守者，也是推动科学理论发展的探索者。

百年前，立党救国先驱者们从众多思潮中选择了马克思主义作为指导思想，但马克思主义并不能直接对中国的革命建设之路作出应答，无法提供可供复制的现成经验，只有结合实践不断实现理论创新，坚持发展马克思主义的理论自觉和理论自信，才能真正发挥马克思主义的时代价值。百年来，我们党坚持培元固本和守正创新相统一，坚持“结合论”的原则方法，立足马克思主义基本立场观点之“不变”以及社会历史条件之“变”，在理论与实践的良性互动中不断促进理论创新，为丰富和发展马克思主义作出了诸多原创性贡献。新时代继续在与实践的互动中推进理论创新，必须巩固马克思主义在意识形态领域的指导地位，坚持运用马克思主义的立场、观点、方法来应对问题；必须通过学习和实践马克思主义进一步强化理论武装，汲取智慧力量；必须坚持党性原则，坚持正确的原则立场和思想方向，以高度的理论自觉反对错误思潮。最重要的是要在“两个结合”中推动理论创新，即坚持把马克思主义基本原理同中国具体实际相结合、同中华优秀传统文化相结合，不断开辟当代中国马克思主义发展新境界。

马克思主义之所以行，是因为其以中国实际为中心实现了新发展，“同中国具体实际相结合”要求发展马克思主义必须考虑社会基础和实践需要，把握历史主动，洞察发展大势，勇立时代潮头，倾听人民心声；马克思主义之所以在中国行，是因为其与中华优秀传统文化相通相融，在熔铸中华民族精神追求和价值共识的过程中实现了“真理本土化”，“同中华优秀传统文化相结合”要求发展马克思主义必须把弘扬优秀传统文化同贯彻基本观点立场方法融合，形成具有独有气派、独特风格、民族特色的中国化马克思主义，从而为其传播奠定文化和心理根基。

二、在历史与现实的交汇中把握历史主动增强现实担当

习近平总书记指出，“在一百年的奋斗中，我们党始终以马克思主义基本原理分析把握历史大势，正确处理中国和世界的关系，善于抓住和用好各种历史机遇”①。百年来党始终掌握事业发展的历史主动，对所处的历史方位和遇到的复杂问题保持高度清醒、作出科学研判，才不断带领人民从胜利走向胜利，迎来了实现中华民族伟大复兴的光明前景。

赢得历史主动、走在时代前列，开创辉煌成就，选择正确的“主义”和道路至关重要。回首党的百年奋斗历程，马克思主义作为中国共产党人的科学理论思维和思想价值指引，逐步融入中华民族的精神特质中，成为推动中华民族走向主动、赢得主动、驾驭主动的强大武器。近代民族危亡之际，各种政党组织以不同的主义主张探索救亡图存之路，但均以失败告终，中国共产党选择马克思主义指导思想和新民主主义革命道路，对“中国向何处去”的问题作出了可行有力的回答，使得中国革命的面貌焕然一新。在社会主义革命、建设和改革开放的各个历史时期，党始终把马克思主义基本原理同中国实际相结合，把握世界错综复杂的发展形势，把握革命、建设、改革不同时期的历史矛盾、历史任务、历史动力、历史趋向，立足现实担当顺势而为，着眼实际需要乘势而上，在马克思主义的具体运用中开拓了越来越坚定的历史主动道路，厚植了越来越自信的历史主动力量。中国特色社会主义进入新时代，以习近平同志为核心的党中央，以伟大的历史主动精神、巨大的政治勇气、强烈的责任担当，推动党和国家事业取得历史性成就、发生历史性变革。

---

① 习近平：《在党史学习教育动员大会上的讲话》，人民出版社2021年版，第13页。

历史主动精神彰显了中国共产党在科学理论指导下把握历史发展规律、顺应历史发展大势、抓住历史发展机遇的自觉和自信，体现了中国共产党掌握斗争与发展的主动权、发挥主观能动性建功立业的辟新勇气和使命意识。历史主动精神蕴含着中国共产党“能”的制胜密码，也凸显出马克思主义“行”的真理力量，只有坚持守正创新推动马克思主义中国化发展，并通过一以贯之地把握历史主动释放出马克思主义的实践效应，彰显马克思主义的时代价值，才能更好地推动中国特色社会主义事业发展，推动历史朝着有利于中华民族伟大复兴的方向前进。在中国革命道路重大转折时刻，中国共产党人以毛泽东思想为指导，开始走向根本扭转民族历史命运的主动；在中国社会主义建设道路重大选择时刻，中国共产党人以中国特色社会主义理论为指导，实现了从“站起来”到“富起来”历史性飞跃的经济社会发展的主动；当今中国发展正处在中华民族伟大复兴重大跃升时刻，中国共产党人以习近平新时代中国特色社会主义思想为指导，迈向了建设社会主义现代化强国、实现国家富强和人民幸福的新的历史时代的主动。在历史发展的新阶段，我们要用马克思主义中国化的最新理论成果科学把握世界大势和中国发展，不断提高运用当代马克思主义观察把握问题、分析解决问题的能力，勇立时代潮头，面向人民需求，善于抓住机遇，自信迎接挑战，在实践中将马克思主义的真理力量转化为实现中华民族伟大复兴的历史创造力量，在掌握历史主动担使命中放射出马克思主义更加耀眼的时代光芒。

历史主动精神体现历史创造和现实担当的统一。历史是人民群众创造的，是人民用鲜血、汗水、泪水书写的，蕴含着珍贵的历史经验和历史智慧。马克思主义的唯物史观是共产党人认识把握历史的根本方法。坚持唯物史观，准确把握党的历史发展的主题主线、主流本质，从历史经验中提炼出克敌制胜的法宝，汇聚人民推动中华民族伟大复兴的磅礴力量，“认清当代中国所处的历史方位，增强历史自觉，把苦难辉煌的过去、日新月异的现在、光明宏大的未来贯通起来，在乱云飞渡中把牢正确方向，在风险挑战面前砥砺胆识”①，才能在具有许多新的历史特点的伟大斗争中不断增强斗争经验、提升斗争本领，提高治国理政能力和水平，创造新的时代伟绩。一代人有一代人的历史际遇，一个时代有一个时代的现实担当，当今世界正经历百年未有之大变局，国际格局深刻调整，不稳定不确定因素明显增

① 习近平：《在党史学习教育动员大会上的讲话》，人民出版社2021年版，第13页。

多；我们的国家正在走向繁荣富强，我们的民族正在走向伟大复兴，我们的人民正在走向更加幸福美好的生活，实现中华民族伟大复兴正处于关键期，推进更高水平的改革开放正处于攻关期，建设社会主义现代化强国正处于蓄势期，更加需要以历史主动精神担当时代重任，以马克思主义的科学精神破解发展难题，以“敢教日月换新天”的创造精神推动文明进步。

三、在治国理政中强化马克思主义指导实践的能力建设

无产阶级政党的最大优势和优点就是“有一个新的科学的世界观作为理论基础”①。中国共产党是有独特优势的马克思主义政党，以马克思主义为立党之本，以实现共产主义为最高理想，以全心全意为人民服务为根本宗旨，在与时俱进的创造性工作中不断印证马克思主义的科学性、实践性、人民性、发展性。作为马克思主义理论创新和实践主体，党必须始终加强执政能力建设，架构好理论向实践转化的桥梁，提升理论本身与国家富强、民族复兴、人民幸福目标的契合度，并通过政治、经济、文化等多个领域的具体行动强化马克思主义指导思想的实践效应，才能更好地发挥马克思主义的时代价值。

强化马克思主义指导实践的能力建设绝不是一个纯理论或者纯实践问题，而是要着眼理论与实践的紧密结合，党要在提高理论思维水平的基础上加强“相结合”的能力建设。“哲学把无产阶级当作自己的物质武器，同样，无产阶级也把哲学当作自己的精神武器”②，习近平总书记强调马克思主义是我们共产党人的“真经”，共产党人只有念好自己的“真经”才能拥有实现历史使命的精神武器。念好马克思主义的“真经”首先要重视学习、善于学习马克思主义理论。我们党历来重视学习，是一个勤于并善于学习的马克思主义政党，党在每一个重大转折时期面对新形势新任务，都会号召全党同志加强学习，以马克思主义的思想武器探究中国革命、建设、改革的规律依据，从而以此科学指导具体实践，这是党不断从胜利走向胜利、不断推动国家和人民事业向前发展的一条重要经验。善于学习马克思主义，最为关键的是将马克思主义与中国具体实际紧密结合，“独立自主地按照马克思主义的精神实质办事”③，这是发展中国化马克思主义并

---

① 《马克思恩格斯选集》第二卷，人民出版社 2012 年版，第 10 页。

② 《马克思恩格斯选集》第一卷，人民出版社 2015 年版，第 16 页。

③ 《毛泽东文集》第七卷，人民出版社 1999 年版，第 262 页。

以此解决中国实际问题的根本原则。百年来中国共产党人坚持反对主观主义和教条主义，践行实事求是的科学态度和工作方法，主动对革命、建设、改革中的现实问题进行理论思考，将总结性经验和本质性规律升华到理论高度，既丰富发展了马克思主义理论体系，又通过实践的再应用、知与行的循环，增强了工作的预见性、科学性、有效性，提升了党的政治领导力、思想引领力以及决策执行力。

强化马克思主义指导实践的能力建设要在“相结合”上下功夫。在新的历史条件下推动党的执政能力建设与马克思主义指导实践的能力是相辅相成的，党要通过执政能力建设不断强化马克思主义的实践效应。首先，要不断加强党的思想建设。理论思维能力直接影响工作的原则性、系统性和创造性，加强党的思想建设是提升党的执政能力的重要途径，只有研究透彻了基础理论用以指导，才能促进执政理论与执政实践的紧密结合。因此我们要坚持思想建党、理论强党，持之以恒抓好理论学习，坚定马克思主义理想信念，加强马克思主义理论武装；并自觉将学习成果运用到工作实践中，切实增强理论联系实际的能力，在分析和解决问题中进一步优化党的指导思想、完善党自身的建设。其次，要以更宽广的视野、更长远的眼光，思考和把握国家未来发展将要面临的一系列重大战略问题，在理论上不断拓展新视野、作出新概括。再次，要服从和服务于“坚持和发展中国特色社会主义”这个伟大主题的需要，以利于我们进行伟大斗争、建设伟大工程、推进伟大事业、实现伟大梦想为准绳，准确判断西方思想文化中的成分能否为我所用，有利者取之，无利者去之，有害者拒之。我们应当善于独立思考，从中国的具体实际出发，在马克思主义的科学指导下，将西方思想文化中积极合理的部分加工改造，转化成对坚持和发展中国特色社会主义有用的东西；我们必须通过批评与自我批评坚决抵制反动思想观点、错误政治倾向、不良工作作风等的侵蚀，以科学可行的理论指导实践，以切实的落地行动证明理论，以“刮骨疗毒”的勇力纠正实践偏离理论、理论脱离实践等偏差，弥补两者之间的裂缝，建立健全保障和促进理论与实际相结合的有效机制。

四、在坚持回答时代之问中彰显马克思主义生机活力

一种理论是否具有强大生命力，评判的标准关键在于其能否准确捕捉时代的脉搏。马克思主义理论创新问题，本质上是马克思主义时代化问

题；立足实践推动马克思主义发展，根本上是要不断应对时代之变。新的历史征程上，要坚持用马克思主义观察时代、把握时代、引领时代，不断赋予马克思主义以鲜明的时代特色，在不断回答时代之问中促进马克思主义与中国实际更好结合，彰显马克思主义生机活力。“回答时代之问”即是与时俱进地回应世情、国情、民情，宏观视野上“回答世界之问”，微观聚焦于“回答人民之问”。

马克思主义要在回答世界之问中突显“中国之智”。党的十八大以来，习近平同志深刻洞察世界发展大势，作出“世界百年未有之大变局”与“中华民族伟大复兴战略全局”两个大局交织激荡的战略研判，这是当代中国与世界深度融合的显著表现，也是党和国家事业发展必须把握的时代本质。面对国际政治经济格局和体系秩序前所未有的改变，面对“命运共同体”建构的必然及其逆流的冲撞，面对诡谲多变的环境与扑朔迷离的前景，人类产生“世界怎么了、我们怎么办”的困惑，迫切需要科学理论的引路与创新理论的破局。对此，中国共产党坚持以习近平新时代中国特色社会主义思想为指导，坚持马克思主义大局观、历史观、世界观，抓住机遇，迎接挑战，破解了消除贫困、国家治理、政党建设等世界性难题，以“中国式现代化新道路”和“人类文明新形态”为回答世界之问贡献了中国智慧和中国方案。新时代必须以发展21世纪马克思主义的意识自觉推进理论武装，在促进中国与世界的融合发展、中国主题与时代主题的有机统一中形成中国特色话语体系，面向世界和平发展推动马克思主义中国化的发展，着眼变化发展的实际提炼出反映本质规律、事关发展全局的“时代课题”，并真正为“人类社会向何处去”提供时代之思。

马克思主义要在回答人民之问中贯穿“中国之情”。人民是时代的主体、历史的主角、国家的主人，立足实践与时俱进即要紧密联系人民生活，树立问题导向发展即要认真聆听人民心声，某种意义上回答时代之问就是回答人民之问，推动马克思主义落地生根必须抓住人民群众需求。“马克思主义之所以具有跨越国度、跨越时代的影响力，就是因为它植根人民之中，指明了依靠人民推动历史前进的人间正道”①，人民性是马克思主义的根本价值属性和最耀眼的底色，马克思主义第一次站在人民的立场探求人类解放的道路，描绘了人的自由全面发展的理想社会蓝图。百年来

① 习近平：《在纪念马克思诞辰200周年大会上的讲话》，人民出版社2018年版，第12页。

党在推进马克思主义中国化和时代化过程中，以为绝大多数人民利益而奋斗为基本原则，站稳人民立场发展马克思主义，自始至终贯彻人民主线，表现了深厚的人民情怀和人民底蕴。新时代党以习近平新时代中国特色社会主义思想为指导，坚持为人民谋幸福的初心使命，把人民对美好生活的向往作为奋斗目标；坚持以人民为中心的发展思想，围绕人民获得感幸福安全感的价值实现精准发力；坚持人民群众是社会历史发展的主体力量，赋予群众更广泛切实的创新创造权利与空间，以实际行动作答人民之问、回应人民期待。群众的需求观念和生活实践往往最能反映社会发展趋势，历史新征程上继续坚持和发展马克思主义要充分尊重人民的智慧创造，并及时从人民群众的生动实践中总结经验，注重实践经验与理论武装的相互转化、相辅相成。要积极推动当代马克思主义大众化，一方面以大众诉求为价值取向，深入群众生活，回应群众关切，直面利益难题，解开思想困境，让大众“愿意听”；另一方面大力创新马克思主义理论学习宣传手段，以人民群众简单通俗的语言和喜闻乐见的方式，不断增强其感召力和亲和力，让大众“听得懂”并内化为自身思想力量，积极运用到生活实践中。

波澜壮阔的中国共产党百年历史，是不断推进马克思主义中国化时代化的历史，也是马克思主义科学理论在中国实践和创新的历史。马克思主义“行”的逻辑与中国共产党“能”的逻辑，相互支撑融于一体。深刻认识和把握马克思主义“行”的逻辑，才能自觉地践行中国共产党“能”的逻辑，也才能在实现中华民族伟大复兴新征程中增强理论和行动的自觉性，不断推进马克思主义中国化时代化。

参考文献

［1］中共中央马克思恩格斯列宁斯大林著作编译局. 马克思恩格斯选集［M］. 北京：人民出版社，2012.

［2］中共中央马克思恩格斯列宁斯大林著作编译局. 列宁选集［M］. 北京：人民出版社，2012.

［3］毛泽东. 毛泽东选集［M］. 北京：人民出版社，1991.

［4］中共中央文献研究室. 毛泽东文集：第6—8卷［M］. 北京：人民出版社，1999.

［5］中共中央文献研究室. 建国以来毛泽东文稿：第1—13册［M］. 北京：中央文献出版社，1987—1998.

［6］中共中央文献编辑委员会. 毛泽东著作选读［M］. 北京：人民出版社，1986.

［7］中共中央文献研究室. 毛泽东著作专题摘编［M］. 北京：中央文献出版社，2003.

［8］中华人民共和国国史学会. 毛泽东读社会主义政治经济学批注和谈话：清样本［M］. 北京：［出版者不详］，1998.

［9］中共中央文献研究室. 毛泽东早期文稿［M］. 长沙：湖南出版社，1990.

［10］中共中央文献研究室. 毛泽东书信选集［M］. 北京：人民出版社，1983.

［11］金冲及，逄先知. 毛泽东传［M］. 北京：中央文献出版社，2003.

［12］中共中央文献研究室. 毛泽东年谱（1949—1976）［M］. 北京：中央文献出版社，2013.

［13］中共中央文献编辑委员会. 刘少奇选集［M］. 北京：人民出版社，1981、1985.

［14］中共中央文献编辑委员会. 周恩来选集［M］. 北京：人民出版版

社，1980、1984.

［15］邓小平．邓小平文选：第1—3卷［M］．北京：人民出版社，1994、1993.

［16］中共中央文献研究室．邓小平年谱（1975—1997）［M］．北京：中央文献出版社，2004.

［17］江泽民．江泽民文选［M］．北京：人民出版社，2006.

［18］中共中央文献研究室．江泽民论有中国特色社会主义（专题摘编）［M］．北京：中央文献出版社，2002.

［19］胡锦涛．胡锦涛文选［M］．北京：人民出版社，2016.

［20］习近平．习近平谈治国理政：第1—3卷［M］．北京：外文出版社，2014、2017、2020.

［21］习近平．习近平论中国共产党历史［M］．北京：中央文献出版社，2021.

［22］李大钊．李大钊文集［M］．北京：人民出版社，1984.

［23］陈独秀．陈独秀文章选编［M］．北京：生活·读书·新知三联书店，1984.

［24］瞿秋白．瞿秋白选集［M］．北京：人民出版社，1985.

［25］蔡和森．蔡和森文集［M］．北京：人民出版社，1980.

［26］恽代英．恽代英文集［M］．北京：人民出版社，1984.

［27］邓中夏．邓中夏文集［M］．北京：人民出版社，1983.

［28］《张闻天选集》编辑组．张闻天选集［M］．北京：人民出版社，1985.

［29］中共中央文献研究室，中央档案馆．建党以来重要文献选编（1921—1949）［M］．北京：中央文献出版社，2011.

［30］中央档案馆，中共中央文献研究室．中共中央文件选集（1949年10月—1966年5月）［M］．北京：人民出版社，2013.

［31］中共中央文献研究室．三中全会以来重要文献选编［M］．北京：人民出版社，1982.

［32］中共中央文献研究室．十二大以来重要文献选编［M］．北京：人民出版社，1986.

［33］中共中央文献研究室．十三大以来重要文献选编［M］．北京：人民出版社，1991.

[34] 中共中央文献研究室. 十四大以来重要文献选编 [M]. 北京：人民出版社，1996.

[35] 中共中央文献研究室. 十五大以来重要文献选编 [M]. 北京：人民出版社，2003.

[36] 中共中央文献研究室. 十六大以来重要文献选编 [M]. 北京：中央文献出版社，2011.

[37] 中共中央文献研究室. 十七大以来重要文献选编 [M]. 北京：中央文献出版社，2013.

[38] 中共中央文献研究室. 十八大以来重要文献选编 [M]. 北京：中央文献出版社，2018.

[39] 中共中央文献研究室. 十九大以来重要文献选编：上、中 [M]. 北京：中央文献出版社，2019、2021.

[40] 中国共产党中央委员会.《关于若干历史问题的决议》和《关于建国以来党的若干历史问题的决议》[M]. 北京：中共党史出版社，2010.

[41] 中共中央关于党的百年奋斗重大成就和历史经验的决议 [M]. 北京：人民出版社，2021.

[42] 中共中央党史和文献研究院. 中国共产党的一百年大事记（1921年7月—2021年6月）[M]. 北京：人民出版社，2021.

[43] 中共中央党史和文献研究院. 马克思主义中国化一百年大事记（1921—2021年）[M]. 北京：中央文献出版社，2022.

[44] 中国社会科学院近代史研究所，中山大学历史系孙中山研究室，广东省社会科学院历史研究所孙中山研究室. 孙中山全集 [M]. 北京：中华书局，2011.

[45] 中国社会科学院近代史研究所翻译室. 共产国际有关中国革命的文献资料（1919—1928）：第1辑 [M]. 北京：中国社会科学出版社，1981.

[46] 中共中央党史资征集委员会，中央档案馆. 遵义会议文献 [M]. 北京：人民出版社，1985.

[47] 江西档案馆，中共江西省委党校党史教研室. 中央革命根据地史料选编 [M]. 南昌：江西人民出版社，1982.

[48] 中共代表团梅园新村纪念馆. 国共谈判文献资料选辑：增订本 [M]. 南京：江苏人民出版社，1984.

[49] 魏宏运. 中国现代史资料选编：第 1 册 [M]. 哈尔滨：黑龙江人民出版社，1981.

[50] 薄一波. 若干重大决策与事件的回顾 [M]. 北京：人民出版社，1997.

[51] 薄一波. 七十年奋斗与思考：上册 [M]. 北京：中共党史出版社，1996.

[52] 逄先知，金冲及. 毛泽东传（1949—1976）[M]. 北京：中央文献出版社，2003.

[53] 逄先知，李捷. 毛泽东与抗美援朝 [M]. 北京：中央文献出版社，2000.

[54] 胡乔木. 胡乔木回忆毛泽东 [M]. 北京：人民出版社，2003.

[55] 胡绳. 帝国主义与中国政治 [M]. 北京：人民出版社，1963.

[56] 胡绳. 从鸦片战争到五四运动 [M]. 北京：人民出版社，1981.

[57] 胡绳. 马克思主义与改革开放 [M]. 北京：中国社会科学出版社，2000.

[58] 龚育之. 从毛泽东到邓小平 [M]. 北京：中共党史出版社，2002.

[59] 龚育之. 党史札记 [M]. 杭州：浙江人民出版社，2004.

[60] 龚育之，杨春贵，石仲泉，等. 重读邓小平 [M]. 北京：中共中央党校出版社，2004.

[61] 龚育之. 中国特色社会主义论二十题 [M]. 北京：中共中央党校出版社，1995.

[62] 龚育之，石仲泉. 马克思主义中国化研究：历史进程和基本经验 [M]. 北京：北京出版社，2009.

[63] 石仲泉. 我观毛泽东 [M]. 北京：中共党史出版社，2004.

[64] 石仲泉. 我观邓小平 [M]. 北京：中共党史出版社，2004.

[65] 石仲泉，等. 中共八大史 [M]. 北京：人民出版社，1998.

[66] 石仲泉. 毛泽东的艰辛开拓 [M]. 北京：中共党史出版社，1996.

[67] 中共中央党史研究室. 中国共产党历史（1921—1949）[M]. 北京：中共党史出版社，2002.

[68] 沙健孙. 中国共产党通史：第 1—5 卷 [M]. 长沙：湖南教育出

版社，1996—2000.

［69］当代中国研究所．中华人民共和国史稿：序卷、第 1—4 卷［M］．北京：人民出版社，2012.

［70］邓力群．经济战略家毛泽东［M］．北京：中央民族大学出版社，2004.

［71］邓力群．政治战略家毛泽东［M］．北京：中央民族大学出版社，2004.

［72］邓力群．毛泽东的文化思想［M］．北京：中央民族大学出版社，2004.

［73］许征帆．时代风云变幻中的马克思主义［M］．北京：中国人民大学出版社，1996.

［74］靳辉明．中国特色社会主义体系研究［M］．海口：海南出版社，1998.

［75］靳辉明．社会主义历史、理论与现实［M］．合肥：安徽人民出版社，2000.

［76］陈先达．陈先达文集：第三卷（马克思和马克思主义）［M］．北京：中国人民大学出版社，2006.

［77］梁柱．毛泽东思想若干理论研究［M］．北京：高等教育出版社，1999.

［78］梁柱，等．历史智慧的启迪［M］．北京：北京大学出版社，1999.

［79］梁柱．内在的统一与发展：马克思主义中国化的两大理论成果［M］．北京：北京大学出版社，2004.

［80］庄福龄．马克思主义中国化伟大理论成果［M］．北京：人民出版社，2004.

［81］庄福龄．马克思主义中国化研究［M］．北京：人民出版社，2008.

［82］许全兴．毛泽东晚年的社会主义探索与试验［M］．昆明：云南人民出版社，2004.

［83］顾海良，等．世纪中国：有中国特色社会主义与 21 世纪［M］．合肥：安徽人民出版社，2000.

［84］顾海良．马克思主义发展史［M］．北京：中国人民大学出版

社，2009.

［85］顾海良. 马克思主义中国化史［M］. 北京：中国人民大学出版社，2018.

［86］顾龙生. 毛泽东经济评传［M］. 北京：中国经济出版社，2000.

［87］顾龙生. 毛泽东经济思想引论［M］. 太原：山西经济出版社，1992.

［88］李君如. 毛泽东与当代中国［M］. 福州：福建人民出版社，1997.

［89］李君如. 中国共产党执政规律新认识［M］. 北京：浙江人民出版社，2003.

［90］梅荣政. 中国特色社会主义基本问题研究［M］. 武汉：武汉大学出版社，2007.

［91］梅荣政. 党的最高纲领与最低纲领的统一论［M］. 北京：中国人民大学出版社，2004.

［92］梅荣政. 马克思主义中国化史［M］. 北京：中国社会科学出版社，2010.

［93］毕剑横，等. 国外毛泽东研究述评［M］. 杭州：浙江人民出版社，1993.

［94］陈泽华. 马克思主义中国化的理论与实践［M］. 武汉：湖北人民出版社，2004.

［95］陈明显. 晚年毛泽东：1953—1976［M］. 南昌：江西人民出版社，1998.

［96］陈汉楚. 社会主义在中国的传播和实践［M］. 北京：中国青年出版社，1984.

［97］成龙. 海外马克思主义中国化理论研究［M］. 广州：广东人民出版社，2009.

［98］程又中. 苏联模式的兴衰［M］. 武汉：湖北人民出版社，2000.

［99］储成仿. 新中国经济发展战略重大转折研究（1953—1965）［M］. 合肥：安徽大学出版社，2002.

［100］曹屯裕，肖东波. 毛泽东的理论创新和对马克思主义中国化的卓越贡献［M］. 长春：吉林人民出版社，2004.

［101］崔桂田. 当代社会主义发展模式比较研究［M］. 济南：山东人

民出版社，2005.

［102］戴锐. 列宁社会主义改革思想述论［M］. 合肥：合肥工业大学出版社，2003.

［103］邓剑秋. 马克思主义中国化思想［M］. 北京：人民出版社，2009.

［104］丁守和，殷叙彝. 从五四启蒙运动到马克思主义的传播［M］. 北京：生活·读书·新知三联书店，1979.

［105］范贤超，李佑新，李晖，等. 毛泽东思想发展的历史轨迹［M］. 长沙：湖南出版社，1993.

［106］范贤超，李琳. 艰辛的探索：毛泽东读苏联《社会主义政治经济学》批注和谈话研究［M］. 长沙：湖南人民出版社，2003.

［107］樊瑞平，张乐岭. 当代中国科学社会主义：从毛泽东到邓小平［M］. 济南：山东大学出版社，1996.

［108］冯金武，李明金. 毛泽东思想与中国共产党的实践［M］. 北京：改革出版社，1992.

［109］郭根山. 毛泽东与中国现代化道路［M］. 北京：中央文献出版社，2005.

［110］郭湛波. 近五十年中国思想史［M］. 济南：山东人民出版社，1997.

［111］郭学旺. 毛泽东与中国社会的变迁［M］. 北京：中国言实出版社，1997.

［112］何一成. 马克思主义中国化历程研究［M］. 长沙：湖南师范大学出版社，2007.

［113］何萍，李维武. 马克思主义中国化探论［M］. 北京：人民出版社，2002.

［114］何继龄. 马克思主义中国化问题研究［M］. 北京：中国社会科学出版社，2006.

［115］何明. 伟人毛泽东（1893—1976）［M］. 北京：中央文献出版社，2003.

［116］何明，罗锋. 中苏关系重大事件述实［M］. 北京：人民出版社，2007.

［117］侯树栋，辛国安. 马克思主义中国化的基本经验［M］. 北京：

人民出版社，2009.

［118］江流，徐崇温．20—21世纪社会主义的回顾与展望［M］．北京：中国社会科学出版社，1995.

［119］姜义华．社会主义学说在中国的初期传播［M］．上海：复旦大学出版社，1984.

［120］李崇富，尹世洪．历史唯物主义与马克思主义中国化［M］．北京：中国社会科学出版社，2008.

［121］李会滨．社会主义：20世纪的回顾与前瞻［M］．武汉：华中师范大学出版社，1999.

［122］李敬煊．中国现代化与马克思主义中国化互动关系研究［M］．武汉：华中师范大学出版社，2005.

［123］李学林，侯伦广．马克思主义中国化的哲学解读［M］．成都：西南交通大学出版社，2004.

［124］李吉．毛泽东邓小平江泽民马克思主义同中国实际相结合理论比较研究［M］．长沙：湖南人民出版社，2004.

［125］李声禄，张国新．马克思主义理论中国化：从毛泽东邓小平到江泽民［M］．成都：四川人民出版社，2001.

［126］李胜章．马克思主义中国化的光辉典范［M］．合肥：合肥工业大学出版社，2007.

［127］罗本琦，汪青松，余精华．马克思主义中国化机制论［M］．北京：中国社会科学出版社，2007.

［128］罗荣渠．现代化新论：世界与中国的现代化进程［M］．北京：北京大学出版社，1993.

［129］刘光杰．毛泽东经济变革与发展思想研究［M］．武汉：武汉大学出版社，1993.

［130］刘德厚．毛泽东人民民主国家思想的历史发展［M］．武汉：武汉大学出版社，2001.

［131］刘宗洪．中国共产党执政规律研究［M］．上海：上海三联书店，2004.

［132］刘宋斌，姚金果．中国共产党创建史［M］．福州：福建人民出版社，2002.

［133］刘明逵，等．中国近代工人阶级与工人运动［M］．北京：中共

中央党校出版社，2002.

［134］柳国庆. 马克思主义中国化历史经验研究［M］. 杭州：浙江大学出版社，2006.

［135］林克，徐涛，吴旭君. 历史的真实［M］. 北京：中央文献出版社，1998.

［136］林代昭，潘国华. 马克思主义在中国：从影响的传入到传播［M］. 北京：清华大学出版社，1983.

［137］卢之超，王正泉. 斯大林与社会主义：世界第一个社会主义模式剖析［M］. 北京：社会科学文献出版社，2002.

［138］卢先福，端木婕. 中国执政党建设研究［M］. 上海：上海人民出版社，2002.

［139］庞松. 毛泽东时代的中国（1949—1976）［M］. 北京：中共党史出版社，2003.

［140］彭继红. 传播与选择：马克思主义中国化的历程（1899—1921年）［M］. 长沙：湖南师范大学出版社，2001.

［141］皮明庥. 近代中国社会主义思潮觅踪［M］. 长春：吉林文史出版社，1991.

［142］邱守娟. 毛泽东的思想历程［M］. 北京：人民出版社，2003.

［143］曲庆彪. 超越乌托邦：毛泽东的社会主义观［M］. 北京：北京出版社，1996.

［144］雍涛. 毛泽东哲学的历史发展［M］. 武汉：武汉大学出版社，1993.

［145］雍涛. 毛泽东的探索：中国的1956—1976［M］. 郑州：河南人民出版社，1994.

［146］沈宗武. 斯大林模式的现代省思［M］. 昆明：云南人民出版社，2004.

［147］宋士昌. 马克思主义中国化的最新成果：以胡锦涛为总书记的党中央战略思想研究［M］. 济南：山东人民出版社，2006.

［148］施维树. 马克思主义中国化论析［M］. 成都：四川大学出版社，2007.

［149］商志晓. 马克思主义政党先进性研究［M］. 北京：中共中央党校出版社，2006.

[150] 孙代尧，薛汉伟．与时俱进的科学社会主义［M］．合肥：安徽人民出版社，2004.

[151] 田克勤．马克思主义中国化的理论轨迹［M］．北京：中共党史出版社，2006.

[152] 田克勤．中国共产党与二十世纪中国社会的变革［M］．北京：中共党史出版社，2004.

[153] 唐宝林．马克思主义在中国100年［M］．合肥：安徽人民出版社，1998.

[154] 吴冷西．十年论战［M］．北京：中央文献出版社，1999.

[155] 吴江．社会主义前途与马克思主义的命运［M］．北京：中国社会科学出版社，2001年.

[156] 汪青松．两次历史性飞跃与马克思主义中国化［M］．上海：上海社会科学院出版社，2018.

[157] 汪青松．马克思主义中国化与中国化的马克思主义［M］．北京：中国社会科学出版社，2004.

[158] 王明生，尚庆飞．思想的力量：马克思主义中国化的历史进程［M］．南京：江苏人民出版社，2007.

[159] 王东．中华腾飞：毛泽东、邓小平、江泽民三代领导集体的理论创新［M］．北京：中国人民大学出版社，2001.

[160] 王敏．毛泽东的社会主义观［M］．长沙：湖南师范大学出版社，2002.

[161] 王守常，等．马克思主义哲学在中国：20世纪西方哲学东渐史［M］．北京：首都师范大学出版社，2002.

[162] 谢经华．毛泽东与中国社会主义［M］．武汉：湖北人民出版社，1993.

[163] 谢立中．当代中国社会变迁导论［M］．保定：河北大学出版社，2000.

[164] 徐双敏．二十世纪社会主义“左”倾错误及其根源［M］．武汉：湖北人民出版社，2001.

[165] 徐义君．新民主主义革命思想的开端［M］．长沙：湖南人民出版社，1985.

[166] 肖浩辉．马克思主义中国化的理论与实践［M］．长沙：湖南人

民出版社，2001.

［167］肖东波．中国共产党理论建设史纲（1921—1949）［M］．北京：中共党史出版社，2004.

［168］邢和明．中共眼里的斯大林模式［M］．福州：福建人民出版社，2006.

［169］杨胜群，陈晋．五十年的回望：中共八大纪实［M］．北京：生活·读书·新知三联书店，2006.

［170］杨奎松．马克思主义中国化的历史进程［M］．郑州：河南人民出版社，1994.

［171］杨超，毕剑横．毛泽东思想史［M］．成都：四川人民出版社，2001.

［172］于光远，韩刚．“新民主主义社会论”的历史命运［M］．武汉：长江文艺出版社，2005.

［173］俞可平．全球化时代的“马克思主义”［M］．北京：中央编译出版社，1998.

［174］叶自成．新中国外交思想：从毛泽东到邓小平：毛泽东、周恩来、邓小平外交思想比较研究［M］．北京：北京大学出版社，2001.

［175］张素华．变局：七千人大会始末［M］．北京：中国青年出版社，2006.

［176］张启华．读懂毛泽东［M］．成都：四川人民出版社，2001.

［177］张静如．中国共产党思想史［M］．青岛：青岛出版社，1991.

［178］张高陵．中共领导人与中国现代化［M］．北京：中央文献出版社，2004.

［179］张伟瑄，刘五一，肖星．共和国风云四十年 1949—1989［M］．北京：中国政法大学出版社，1989.

［180］张爱武．世界历史性社会主义研究［M］．北京：社会科学文献出版社，2005.

［181］张乐天．告别理想：人民公社化制度研究［M］．北京：东方出版社，1998.

［182］张光明．社会主义由西方到东方的演进：马克思到邓小平的社会主义思想史考察［M］．昆明：云南人民出版社，2005.

［183］赵向军．马克思主义中国化的理论与实践［M］．合肥：中国科

学技术大学出版社，2006.

［184］郑德荣. 二十世纪中国三次历史性巨变研究［M］. 长春：东北师范大学出版社，2002.

［185］郑克岭，崔春梅. 马克思主义中国化的理论与实践［M］. 长春：吉林大学出版社，2006.

［186］郑永廷. 中国化马克思主义发展概论［M］. 北京：中国人民大学出版社，2007.

［187］郑谦. 延伸与准备：新中国成立后马克思主义中国化的曲折历程（1949—1978）［M］. 北京：中共党史出版社，2009.

［188］郑邦兴. 中国早期共产主义知识分子研究：科学社会主义在中国的传播［M］. 武汉：华中师范大学出版社，1993.

［189］曾长秋. 马克思主义中国化的基本理论［M］. 长沙：湖南大学出版社，2003.

［190］曾德祥. 马克思主义中国化发展进程研究［M］. 成都：西南财经大学出版社，2005.

［191］周承恩. 毛泽东对社会主义建设道路的探索［M］. 杭州：浙江人民出版社，1993.

［192］钟家栋. 重铸中国魂：20 世纪马克思主义中国化的历程［M］. 上海：复旦大学出版社，2001.

［193］朱兰芝，王立胜，宋福范. 社会主义建设历程的哲学反思［M］. 东营：石油大学出版社，1997.

［194］中国人民大学马克思主义发展史研究所. 马克思主义史［M］. 北京：人民出版社，1996.

［195］中共中央文献研究室，中央档案馆党的文献编辑部. 毛泽东重要著作和思想形成始末［M］. 北京：人民出版社，1993.

［196］中共中央党史研究室第三室. 西方学者论毛泽东思想［M］. 北京：中共党史出版社，1993.

［197］刘先春. 马克思主义中国化专题研究［M］. 北京：北京师范大学出版社，2021.

［198］赵付科. 马克思主义中国化专题研究［M］. 北京：中央编译出版社，2019.

［199］何一成. 马克思主义中国化专题研究［M］. 长沙：湖南人民出

版社，2005.

［200］金民卿. 马克思主义中国化思想史论［M］. 北京：社会科学文献出版社，2017.

［201］李君如. 马克思主义中国化思想史［M］. 福州：福建人民出版社，2020.

［202］周全华. 马克思主义中国化学术史［M］. 广州：广东人民出版社，2018.

［203］王向明. 马克思主义中国化的历史进程及其理论成果［M］. 北京：中国人民大学出版社，2022.

［204］张乾元. 马克思主义与中国实际“第二次结合”的开篇（1949—1966年）研究［M］. 北京：中国社会科学出版社，2010.

［205］张乾元，钟佩君. 重读《实践论》《矛盾论》：新时代下“两论”解读［M］. 武汉：长江出版社，2018.

［206］陈留根. 历史选择与初步探索：马克思主义中国化研究（1921—1927）［M］. 郑州：河南人民出版社，2010.

［207］孙建华. 马克思主义中国化思想通史［M］. 北京：人民出版社，2022.

［208］杨金海. 马克思主义在中国的创新与发展［M］. 沈阳：辽宁人民出版社，2022.

［209］泰韦斯. 从毛泽东到邓小平［M］. 王红续，等译. 北京：中共中央党校出版社，1991.

［210］迈斯纳. 毛泽东的中国及后毛泽东的中国［M］. 杜蒲，李玉玲，译. 成都：四川人民出版社，1990.

［211］迈斯纳. 马克思主义、毛泽东思想与乌托邦主义［M］. 张宁，陈铭康，等译. 北京：中国人民大学出版社，2005.

后　记

习近平总书记在党的十九大报告中，用“重大时代课题”来概括十八大以来党“从理论和实践结合上”对“新时代坚持和发展什么样的中国特色社会主义、怎样坚持和发展中国特色社会主义”的系统回答，并将这一回答形成的“新时代坚持和发展中国特色社会主义的总目标、总任务、总体布局、战略布局和发展方向、发展方式、发展动力、战略步骤、外部条件、政治保证等”统称为“基本问题”，鲜明地说明了“重大时代课题”与“基本问题”的关系。这是党的文献中一个新的表达和论述①，引起了我对相关问题的关注和思考：什么是“重大时代课题”？从马克思主义发展史上看，马克思主义者回答了哪些“重大时代课题”？马克思主义中国化的历史过程中，中国共产党人回答了哪些“重大时代课题”？马克思主义发展史上的“重大时代课题”与马克思主义中国化史上的“重大时代课题”有什么样的关联性？21 世纪的马克思主义的“重大时代课题”是什么？对这些问题的思考，使我萌发了从“重大时代课题”的新角度来研究马克思主义中国化史的兴趣。

大约在 2020 年 1 月初，我和杨军相约去看望博士导师梅荣政教授。在聊到学术研究展望时，我们不约而同地想到中国共产党成立一百周年，应该在马克思主义中国化研究方面有所推进，于是议定了“马克思主义中国化百年史”一题，拟议撰写上下两卷，由导师梅荣政教授担任总主编，我和杨军各自分工担任上下册的分主编。杨军很快按照初步拟定的计划拿出了“写作提纲（1 稿）”，“写作提纲（1 稿）”拟设“上卷　马克思主义

---

① 从党的十四大始，包括《中共中央关于党的百年奋斗重大成就和历史经验的决议》在内的党的文献中，对“如何建设社会主义、如何巩固和发展社会主义”，“什么是社会主义、怎样建设社会主义”，“什么是社会主义、怎样建设社会主义，建设什么样的党、怎样建设党”，“建设什么样的社会主义、怎样建设社会主义，建设什么样的党、怎样建设党，实现什么样的发展、怎样发展”，“实现什么样的发展、怎样发展”等理论问题，都是以“重大问题”“基本问题”“根本问题”来概括的。

中国化第一次飞跃及其成果（1921—1978）”和“下卷　马克思主义中国化第二次飞跃及其成果（1978—　）”。然而，突如其来的新冠肺炎疫情打乱了拟议中的计划。及至2020年7月，我又在杨军拟定的“写作提纲（1稿）”的基础上，修订了“上卷　马克思主义中国化第一次飞跃及其成果（1921—1978）”的“写作提纲（2稿）”，经导师梅荣政教授审阅修改后大体上就形成了指导着手写作的“写作提纲（3稿）”。导师在审阅修改“写作提纲（2稿）”时，特地嘱咐“每一章要选几篇经典文献进行解读。百年史要体现历史进程、理论发展与经典文献的统一。注意阅读国史、中共党史90年几本书”。同年12月，我与挚友刘从德教授（华中师范大学马克思主义学院教授、华中师范大学出版社总编辑）一起出差，在从北京回汉的列车上，聊起最近的学术思考，偶尔提及拟议中的《马克思主义中国化百年史》计划，他以特有的职业敏感性、专业精神和能力，当即做起了我的思想工作，希望将“八字还没有一撇”的书稿交给华中师范大学出版社，我很乐意地答应了。2021年7月1日，习近平总书记在庆祝中国共产党成立一百周年大会上的讲话中指出：“中国共产党为什么能，中国特色社会主义为什么好，归根到底是因为马克思主义行!”我们“必须继续推进马克思主义中国化。”“坚持把马克思主义基本原理同中国具体实际相结合、同中华优秀传统文化相结合，用马克思主义观察时代、把握时代、引领时代，继续发展当代中国马克思主义、21世纪马克思主义!”“我们坚持和发展中国特色社会主义，推动物质文明、政治文明、精神文明、社会文明、生态文明协调发展，创造了中国式现代化新道路，创造了人类文明新形态。”这些重要论断，让我明白拟议中《马克思主义中国化百年史》（上下卷）已经难以按计划撰写了。于是，我的思路又回到了党的十九大报告中提出的“重大时代课题”这一点上。在与导师商量后，又将“写作提纲（3稿）”加以修改，按照“‘重大时代课题’与马克思主义中国化”思路展开，撰写文稿。党的十九届六中全会通过《中共中央关于党的百年奋斗重大成就和历史经验的决议》后，将原题修改为“马克思主义中国化第一次历史性飞跃史论”。2022年3月，在文稿纳入华中师范大学出版社选题计划时，接受出版社学术出版中心冯会平主任的专业建议，将书名定为“马克思主义中国化第一次飞跃史论”。

我把“重大时代课题”作为新的学术范式，用以思索马克思主义发展史和马克思主义中国化史，基本的想法大致可以表述如下：时代课题是时代发展的主要问题。每个时代都有属于自己时代的问题，每个时代的主要问题构成时代课题。“重大时代课题”是时代课题解决过程中形成的根本性理论问题。马克思主义发展史上，无产阶级政党已经回答和正在回答的三个“重大时代课题”是：“无产阶级为什么能够取代资产阶级、如何取代资产阶级，未来新社会为什么能够代替资产阶级旧社会、如何取代资产阶级旧社会”；“两制共处下建设什么样的社会主义、怎样建设社会主义”；“21 世纪无产阶级政党要坚持和发展什么样的社会主义、怎样坚持和发展社会主义”。中国共产党在马克思列宁主义指导下，坚持马克思主义与中国具体实际相结合，根据中国国情发展的历史和现实，回答了与马克思主义发展史上“重大时代课题”基本相一致的三个“重大时代课题”，即“半殖民地半封建的中国为什么要进行中国革命、怎样进行中国革命”（1921—1956 年）、“执政的中国共产党要建设什么样的社会主义、怎样建设社会主义”（1956—2012 年）和“新时代坚持和发展什么样的中国特色社会主义、怎样坚持和发展中国特色社会主义，建设什么样的社会主义现代化强国、怎样建设社会主义现代化强国，建设什么样的长期执政的马克思主义政党、怎样建设长期执政的马克思主义政党”（2012 年至今）。这些基本想法的合理性，有待学术界专家学者赐教指正。《马克思主义中国化第一次飞跃史论》拟研究中国共产党对“半殖民地半封建的中国为什么要中国革命、怎样进行中国革命”（1921—1956 年）、“执政的中国共产党要建设什么样的社会主义、怎样建设社会主义”（1956—1976 年）[①] 回答的历史进程和理论成果。章节的安排大体上遵循理论与实践相统一、逻辑与历史相统一的原则，以中国共产党实现中华民族伟大复兴的实践和理论探求为经，以中国共产党对“重大时代课题”所演化的不同历史阶段社会主要矛盾的解决为纬，着力于中国共产党把马克思主义与中国实际相结合的问题导向和理论创新，展示中国共产党围绕“重大时代课题”推进马克思主义中国化第一次飞跃的恢宏理论。

本书是我带领指导博士研究生学习研究马克思主义中国化史的初步成果。尹惠娟（第一章、第二章和第三章）、刘甲星（第四章、第五章）和

① 我的博士学位论文《马克思主义与中国实际“第二次结合”的开篇研究（1949—1966 年）》，是对“执政的中国共产党要建设什么样的社会主义、怎样建设社会主义”这一“重大时代课题”的初步研究成果。本书第七章和第八章是在这一成果的基础上修改而成的。

梅晓宇（第六章）按照研究提纲和写作原则、要求分别撰写了各自负责的章节，我（第七章、第八章，结语）对他们提供的文稿进行了修改。“结语”是在我和硕士研究生胡熙涵共同完成的一篇文章①的基础上修改而成。写作过程中，我们参考了国内理论界学术界大量的研究成果（专著和论文），特别是梅荣政教授的《马克思主义中国化史》。文稿对所引用的观点和材料尽可能完整地做了脚注，在此特向相关专家、学者致谢。当然作者和读者如发现写作规范方面的遗漏和问题，敬请给予批评指正。恩师梅荣政教授一直关心文稿的写作进度和质量，给予持续的关注和督促，并在文稿初步完成后，欣然应邀以《“重大时代课题”与马克思主义中国化史》为题，撰写序言，提升了文稿的品质，深化对研究论题的认识。每每在我需要指导帮助之时，导师总是竭力支持鼎力相助。导师的恩情没齿难忘。感谢华中师范大学的刘从德教授，我们“一起战斗”时海阔天空研讨相关学术问题，激发了我对很多问题的思考；也正是在他的督促下，让久患拖延症的我能够了却一桩心思。感谢华中师范大学出版社学术出版中心冯会平主任，她为书稿申请“湖北省公益学术著作出版专项资金项目”资助做了大量的工作。感谢责任编辑张建英为书稿的编辑出版付出的辛勤劳动。感谢父母和妻、儿对我多年来未尽到责任的理解和宽容。

张乾元

2022 年 7 月 19 日

---

① 张乾元、胡熙涵：《“马克思主义行”与“中国共产党能”的辩证统一》，《湖南第一师范学院学报》2022 年第 2 期。